W0061170

PETER COULMAS

Weltbürger

GESCHICHTE EINER MENSCHHEITSSEHNSUCHT

ROWOHLT

Einige Kapitel der vorliegenden Arbeit sind im Wissenschaftskolleg zu Berlin entstanden. Für die während dieser Zeit erhaltenen Anregungen danke ich den Fellows der Jahrgänge 1987/88 und 1988/89 sowie dem Gründungsrektor, Professor Dr. Peter Wapnewski, und dem heutigen Rektor, Professor Dr. Wolf Lepenies.

1. Auflage April 1990
Copyright © 1990 by Rowohlt Verlag GmbH
Reinbek bei Hamburg
Alle Rechte vorbehalten
Schutzumschlag- und Einbandgestaltung Walter Hellmann
Satz Bembo (Linotronic 500)
Gesamtherstellung Clausen & Bosse, Leck
Printed in Germany
ISBN 3 498 00885 4

Danae Coulmas,
der kritischen Leserin zugeeignet

Inhalt

Vorbemerkungen

In diesem Buch wird zum ersten Mal der Versuch unternommen, eine Geschichte des Kosmopolitismus zu schreiben. In keiner der mir zugänglichen Sprachen bin ich auf einen entsprechenden Titel gestoßen. Die wissenschaftliche Literatur zum Kosmopolitismus *einzelner Epochen*, insbesondere der beiden wichtigsten, des hellenistischen Zeitalters und des 18. Jahrhunderts, ist reichhaltig. Auch in den letzten Jahrzehnten, während deren dem Thema wenig Geschmack abgewonnen wurde, sind – vor allem auf französisch, englisch, auch italienisch – wichtige Werke und Abhandlungen zu diesen Zeitabschnitten und zu Einzelaspekten des Kosmopolitismus (Reisen, Exil, der Fremde) erschienen. An Gesamtdarstellungen aber fehlt es. Wohl sind mehrere ideen- oder institutionengeschichtliche Werke über die Geschichte des *Internationalismus*[1] geschrieben worden, die in den einschlägigen Abschnitten auch das Phänomen Kosmopolitismus behandeln. Aber trotz vieler Berührungspunkte handelt es sich um unterschiedliche Begriffe, die zwar gemeinsamen *universalistischen* Wurzeln entspringen, aber insbesondere seit Mitte des 19. Jahrhunderts gegensätzlich nuanciert sind. «Der Internationalismus steht definitionsgemäß in Gegensatz zum Kosmopolitismus; denn dieser ist seinem Wesen nach einheitlich (unitaire) und visiert die ganze Menschheit als eine einzige soziale Gruppe an. Der Internationalismus hingegen gründet sich auf die Nationen»[2], lautet eine zu enge, aber verbreitete Definition.

Daß nur *einzelne* kosmopolitische Epochen zum Gegenstand von Untersuchungen genommen worden sind, folgt aus der Tatsache, daß es eine Geschichte des Kosmopolitismus *als Ganze* nicht gibt, jedenfalls nicht in dem Sinne, wie es eine Geschichte der griechischen Polis, des chinesischen Reiches, der burmesischen Tempelarchitektur oder der Mikrobiologie gibt, also eines sich in steter Entwicklung befindlichen historischen Subjekts. Der Kosmopolitismus hat keine Kontinuität über die Jahrtausende hinweg aufzuweisen – weder im Rahmen einer ideen- noch einer ereignisgeschichtlichen Darstellung.

Unterbrechungen werden selbst lexikalisch erkennbar. In dem «Historischen Handwörterbuch der Philosophie»[3] ist ein mit ausführlichen Zitaten und zuverlässigen Quellenangaben dokumentierter Artikel «Kosmopolit, Kosmopolitismus» zusammengestellt worden. Darin folgt auf die antiken Autoren von Anaxagoras bis Augustinus ein Jahrtausendsprung. Ohne Übergang werden nach einem beiläufigen Verweis auf Dante die einschlägigen Texte von Autoren der Renaissance bis zur Gegenwart, von Erasmus bis Oswald Spengler aufgeführt. Die Zwischenzeit erscheint als Epoche ohne Kosmopolitismus.

Tatsächlich aber hat es im Verlauf der abendländischen Geschichte fast niemals Zeiten gegeben, in denen kosmopolitische Vorstellungen oder Verhaltensweisen völlig gefehlt hätten. Auch wenn der Begriff Kosmopolitismus aus dem öffentlichen Bewußtsein verschwunden war, haben sich doch kosmopolitische Elemente erhalten, haben sich Menschen als Kosmopoliten gefühlt und betragen, haben an einzelnen Punkten – z. B. während des «byzantinischen Jahrtausends» in Konstantinopel – kosmopolitische Verhältnisse geherrscht. Dadurch ergab sich ein *«konstellativer Kosmopolitismus»* – après ou avant la lettre: der Begriff wurde nicht verwendet, auch nicht gedacht, aber es entstanden Situationen, deren Ausdrucksformen wir unter das Phänomen Kosmopolitismus subsumieren können. Kosmopolitische Tendenzen sind – ins Jenseits transportiert, aber auch aufs Diesseits bezogen – von der christlichen Religion und Philosophie fortgeführt worden. Die Christenheit war eine Gemeinschaft der Gläubigen, für die weder

Grenzen noch Herkunftszugehörigkeiten galten. Im Mittelalter waren überdies auf den unruhigen Straßen Europas Reisende aus verschiedenen Ländern unterwegs, Pilger, Händler, Fahrende, die einander begegneten und durch diese Kontakte kosmopolitisch aufgeschlossen wurden. In einem Zeitalter der kleinen abgeschlossenen Gemeinschaften bedeutete es viel, Fremde kennenzulernen und zu Hause über Fremdes berichten zu können.

Kosmopolitismus, wie von den Sophisten ersonnen – «ich bin ein Bürger der Welt» –, von den Stoikern zur Jahrhunderte vorherrschenden Doktrin erhoben, in hellenistischer und römischer Zeit als Völker überschreitende, urbane, sublime Mischkultur praktiziert und nach dem Jahrtausendsprung in der Renaissance wieder aufgenommen und im Zeitalter der Entdeckungen auf universale (oder wie man aus der interstellaren Optik der Gegenwart lieber sagt: *globale* oder *planetarische*) Dimension erweitert – dieser Kosmopolitismus ist nur in Europa heimisch.[4] Groß- und Weltreiche hat es in vielen Kulturen gegeben. Die Universalreligionen verkünden ihre alleinseligmachenden Wahrheiten weltweit. China hat sich als Reich der Mitte verstanden, um das herum sich die anderen Länder gleichsam in konzentrischen Ringen von abnehmender Wichtigkeit legten. Das Syndrom Kosmopolitismus ist aber in der einmaligen Verbindung seiner Elemente ein Produkt des – trotz Christentums und Mystik – stark diesseits- und realitätsbezogenen, rationalen abendländischen Geistes, zu dem es in anderen Kulturen keine Entsprechung gibt. Der universal gültige Rang der heutigen europäisch geprägten Weltzivilisation, die zu übernehmen und zu assimilieren sich *alle* Länder der Welt befleißigen, hängt mit dem spezifisch europäischen kosmopolitischen Anspruch zusammen.[5]

Dieser Kosmopolitismus wird durch drei Faktoren bestimmt: Ganzheit, Frieden, Freiheit, die zu verschiedenen Zeiten in verschiedener Weise und Stärke zur Geltung kamen. Der Erfahrungshorizont des Kosmopoliten wird *erstens* als das *irdische Universum*, als die *ganze* Welt verstanden, so eng und räumlich begrenzt er in den Anfangszeiten auch tatsächlich gewesen sein mochte; die «Welt» reichte häufig kaum bis über die nächste Gebirgskette. Der Kosmopolit aber hat sich seit frühesten Zeiten aufgemacht, die

Welt kennenzulernen, zu erschließen, zu besiedeln, auch zu erobern. Der Glaube an den historischen Fortschrittt, der sich damit – wertfrei – verbindet, ist eine Voraussetzung der kosmopolitischen Inanspruchnahme der Welt. In dieser einen Welt mußte – *zweitens* – *Frieden* herrschen. Das war Sinn und Inhalt der Universalität. Ohne Frieden wäre die ganzheitliche Absicht leer und bloß formal geblieben. Frieden war über alle Zeiten ein Desiderat der Menschheit, dessen Verwirklichung im Diesseits oder im Jenseits mit unterschiedlicher Intensität und Dringlichkeit angestrebt wurde. Als absolutes politisches Postulat ist aber eine Welt ohne Krieg zuerst von Erasmus formuliert worden. Toleranz gegenüber Andersartigen und Andersgläubigen ergibt sich aus dem Friedensgebot und bildet eine weitere Determinante des Kosmopolitismus. In dieser einheitlichen und befriedeten Welt muß – *drittens* – *Freiheit, vor allem für Mobilität* herrschen. Die Geschichte des Reisens ist ein Unterkapitel der Geschichte des Kosmopolitismus. Der Kosmopolit muß sich frei und ungehindert bewegen und frei agieren können, sowohl in politischer Partizipation wie in der privaten Entfaltung des Individuums. Die tellurischen, ständischen, religiösen Bindungen müssen gelöst oder im Begriff sein, sich aufzulösen. Erst dann entsteht die urbane, weltläufige, geschliffene Lebensattitüde, jene Sicherheit gegenüber dem Anderssein und die Überlegenheit im Auftreten des Kosmopoliten. Die Welt als Terrain ohne Grenzen will von dem Kosmopoliten durchschritten, er-fahren, er-kundet, er-wandert, er-kannt werden – gemäß der alten Händlerdevise «mein Feld ist die Welt».

Der Begriff Kosmopolitismus wird in zwei zwar zusammengehörigen, aber unterschiedlichen Bedeutungen nebeneinander oder konkurrierend verwendet. Einerseits ist gemeint, daß die Menschheit eine Einheit bildet oder bilden soll; die stoische *Kosmopolis* war die übergreifende Gemeinschaft, der (alle) Menschen und Götter angehörten. Über die Jahrtausende hinweg wurden diejenigen als Kosmopoliten bezeichnet, die den Anspruch erhoben, überall auf dieser Erde ein Heimatrecht zu haben und die die Grenzen, Ab- und Ausschließungen, Ein- und Ausreiseverbote und sonstigen Sperren und Barrieren für illegitim hielten.

Andererseits bezeichnet Kosmopolitismus das Interesse an fremden Menschen und fremden Ländern. Kosmopoliten sind Personen, die bereit sind, Mühe dafür aufzuwenden, Kenntnisse über die Fremde zu erwerben und sich mit Fremden zu verständigen – z. B. durch Erlernen fremder Sprachen oder durch Reisen in fremde Länder – und denen es darum leichtfällt, sich im Ausland aufzuhalten und mit Ausländern umzugehen.

Im Gegensatz zum Kosmopolitismus stehen alle Vorstellungen, die nach innen gerichtet sind, die die kleineren Einheiten abschließen und einer naiven oder archaischen patriotischen Gruppenidealisierung anhängen. Diese Einstellung wird trotz aller Rückfälle in nationalistisches Denken Ende des 20. Jahrhunderts von immer mehr denkenden Menschen als anachronistisch empfunden. In wenigen Jahrtausenden haben die Menschen die Erde ausgekundschaftet, in Besitz genommen und sich zu immer größeren Organisationseinheiten zusammengefügt. Es entstanden Gruppen von wachsendem Umfang. Heute ist unser Planet zumindest auf technisch-wissenschaftlichem, kommunikativem, verkehrsmäßigem und wirtschaftlichem Gebiet eine Einheit geworden. Ob dieser häufig unterbrochene, aber konsequent verlaufene Prozeß bis zu dem bisher als Utopie anvisierten Punkt der Vereinheitlichung des Menschengeschlechts fortschreitet oder nicht, ist eine prophetische Frage, die hier nicht zu erörtern ist. Daß dieser Punkt aber als Ziel erkannt wird, lehren nicht nur die vielen neuen Komposita des Begriffs Welt – von Weltbürger zu Weltkrieg und Welt*bürger*krieg, von Weltliteratur zu Weltwirtschaft, Weltachse, Weltausstellung, Weltruf, Weltherrschaft –, sondern auch die zahlreichen in diese Richtung zielenden ungewohnten Appelle und Überlegungen von Politikern und Intellektuellen. Zu dem Zeitpunkt, da diese Vorbemerkungen geschrieben werden, mahnte Bundespräsident von Weizsäcker die in Bonn akkreditierten Diplomaten beim Neujahrsempfang 1988, sie sollten helfen, die *eine* Welt zu schaffen (statt der ersten, zweiten, dritten und vierten, für die kein Bedarf bestehe); prognostizierte eine britische Finanzzeitschrift[6] die *eine* Weltwährung («nennen wir sie Phönix»), die von den Verhältnissen über kurz oder lang erzwungen werde; diagnostizierte der Sprachwissenschaftler Harald Weinrich «Mehrsprachigkeit» als «natürlichen Zustand des Menschen als eines geselligen Lebewesens»[7]; und forderte Präsident Mitterrand als Vehikel weltweiter Kommunikation die Erlernung mehrerer Fremdsprachen. Internationalität bewegt die Zeitgenossen, Globalismus ist ein Reizwort von hoher Aktualität – trotz der nationalistischen Rückschläge des 19. und 20. Jahrhunderts. Die Welt als Einheit ist eine der großen Menschheitssehnsüchte. Wir insistieren nicht auf dem Terminus Sehnsucht, der nicht gemeinte psychologische Assoziationen wecken könnte. Die historischen Abhängigkeiten und Filiationen über die Epochen hin sind schwer nachzuzeichnen. Aber erkennbar ist das unermüdliche Neubeginnen, der nicht nachlassende Wunsch nach Einheit, bei Alexander dem Großen *Pothos* geheißen, von den Portugiesen *saudade* benannt, bei Nietzsche als *Fernweh* wieder auftauchend.

Gegenstand dieses Buches ist also der vielgestaltige und verflochtene Prozeß des allmählichen Zusammenwachsens der Menschheit und damit einhergehend ihrer allmählichen Zivilisierung. Dieser Prozeß erfolgt in immer neuen Anläufen und unter unterschiedlichen Benennungen, die zugleich begriffliche und intentionale Veränderungen und Differenzierungen anzeigen. Was in der Antike als Kosmopolitismus angestrebt wurde, hieß zu anderen Zeiten Universalismus, Internationalismus, Globalismus. Entscheidend ist, daß es sich um ein die Geschichte durchziehendes, den Menschen konditionierendes Ziel handelt. Mit Völkerbund, Vereinten Nationen und den zahlreiche Staaten übergreifenden und multinationalen Institutionen und Organisationen sind Stationen zu diesem Ziel, wenn auch nicht das Ziel selbst erreicht worden. Die Vielfältigkeit der Ansätze und Begriffe erklärt in letzter Instanz, warum bisher eine Geschichte des Kosmopolitismus noch nicht geschrieben worden ist. Der Prozeßcharakter der Entwicklung rechtfertigt den Versuch, es doch zu tun.

1 Christian L. Lange, Histoire de l' Internationalisme. Band 1–3. Publications de l' Institut Nobel Norvégien. Kristiania 1919. Das umfangreiche, genau dokumentierte, allerdings nicht beendete Werk steht unter der Vorgabe der Völkerbundsidee, deren abendländische Vorgeschichte im pazifistischen Denken und im Völkerrecht der Verfasser bis zum 17. Jahrhundert analysiert. Band 2 mit, Band 3 von August Schon (bis 1815 bzw. 1914).
Théodore Ruyssen, Les sources doctrinales de l' internationalisme. 3 Bände. Paris 1954, 1958, 1962. Ebenfalls ein Standardwerk, dessen Gegenstand, die Fortschritte der Einigung der Menschheit sind.
M. Russel, Theories of international Relations. New York 1936.
Wilhelm Grewe, Epochen des Völkerrechts. Baden-Baden 1985.

2 Christian L. Lange, Histoire de l' Internationalisme. Band 1–3. Publications de l' Institut Nobel Norvégien. Kristiania 1919. Band 1 S. 12f.

3 Historisches Handwörterbuch der Philosophie, hg. von Joachim Ritter und Karlfried Gründer. Darmstadt 1974.

4 Théodore Ruyssen, Les sources doctrinales de l' internationalisme. 3 Bände. Paris 1954, 1958, 1962. Band 1, S. 18.

5 Vgl. hierzu Francis Fukuyama, der in seinem vieldiskutierten Aufsatz das «Ende der Geschichte» diagnostiziert, worunter er – nach dem Abwirtschaften von Faschismus und Kommunismus – den weltweiten Triumph des demokratischen Liberalismus versteht, zu dem es nun keine Alternative mehr gibt. Die ganze Welt strebt – nach dem Vorbild von Nietzsches «letztem Menschen» – nach materiellem Glück. Das Zeitalter der Langeweile bricht an. Im Sinne von Marx: das Ende der Vorgeschichte und der Beginn der Geschichte; der Staat stirbt ab, es gibt nur noch Verwaltung, Wirtschaft und Fortschritt – nur unter kapitalistischem statt kommunistischem Vorzeichen. The National Interest, Sommer 1989; deutsch: Europäische Rundschau, Wien, 89/4.

6 Get ready for the Phoenix. The Economist, January 9, 1988. S. 9.

7 Harald Weinrich, «Mit den Nachbarn in ihrer Sprache reden». Die Zeit, 7. November 1987 (Bilder und Zeiten).

TEIL 1

Kosmopolis

KAPITEL 1

Welt

Einheit der Schöpfung: Mythen – Einheit des Denkens: Die ionischen Philosophen – Einheit der Herrschaft: Sumer – Titulaturen – Schiffahrt und Reisen – Gastfreundschaft – Bericht über die damalige Welt: Herodot

Der Mensch lebt auf der Welt. Danach könnte er sich gleichsam von Natur aus als Bewohner und «Bürger der Welt» verstehen; Bürger in dem schlichten Sinn, daß er ein Wohnrecht auf diesem Aufenthaltsort Erde besitzt. Dem ist natürlich nicht so. Denn bevor der Gedanke des Welt-Bürgers, des Kosmopoliten gefaßt werden konnte, mußte die Welt als eine zusammengehörige Einheit ins Bewußtsein des Menschen treten und der Gedanke des Bürgers konzipiert werden. Das erforderte ein großes Ausmaß an Phantasie und nahm lange Zeit in Anspruch, viel länger als die Jahrtausende, die die bekannte Geschichte ausmachen.

Wann sich der Mensch die Welt als Einheit vorgestellt hat, wissen wir nicht, wohl aber, daß es in vorgeschichtlicher Zeit geschehen sein muß. Denn schon die Völker und Kulturen, deren Spuren wir – in Mesopotamien – am weitesten in die Vergangenheit zurückverfolgen können, gingen, wie wir aus Mythen, Titulaturen, Landkarten wissen, von einer universalistischen Vorstellung der Welt aus. Es dauerte Jahrtausende, bis der nächste Schritt erfolgte und der Begriff Bürger entwickelt wurde. Zwar war schon Sumer, wo «die Geschichte begann» [1], eine Stadtkultur. Zahlreiche Städte und Stadtstaaten rivalisierten miteinander und wurden zuzeiten von starken Herrschern zu Reichen zusammengezwungen. Bürger mit politischen Pflichten und Rechten haben in diesen Städten jedoch nicht gelebt, auch wenn – der gewiß allzu philosumerischen

Auffassung Samuel N. Kramers zufolge – die sumerischen Herrscher «keine Tyrannen»[2] waren, weil ihnen ein aus Adligen und Volksvertretern bestehendes Zwei-Kammer-Parlament zur Seite stand. «Man kommt sich wie in Athen oder im republikanischen Rom vor», behauptet Kramer. Das ist aber eine zu euphemistische Darstellung, denn das sumerische «Parlament» hatte, sofern wir von dieser Interpretation des amerikanischen Gelehrten ausgehen dürfen, nur eine den Herrscher beratende Funktion. Das bewußt als solches begriffene Recht aller freien Männer, selbständig über die politischen Vorgänge der Gemeinschaft zu entscheiden, ist eine historische Neuerung, die zum ersten Mal in der griechischen Polis seit etwa dem 6. Jahrhundert erprobt worden ist. Damit begann die Demokratie. Und es mußten wiederum Jahrhunderte vergehen, bis im 4. Jahrhundert ein Bürger, Diogenes von Sinope, zum ersten Mal den Anspruch erhob, «Bürger der Welt» zu sein.

Die Einheit der Welt stellte sich dem Menschen in der Morgenfrühe der Zeiten in dreierlei Weise dar: als große geographische Ausdehnung, als sakrale Zugehörigkeit zu einer universalen Macht und als Herrschaft einzelner über ihre Mitmenschen. Es ist bezeugt, daß das Problem der Einheit die Phantasie der Völker, ihrer Priester und Könige von früh an beschäftigte.

Nach dem Selbstverständnis ihrer Wissenschaft sagen die Geographen, «man's world includes what can be perceived on or from the surface of the earth»[3], die Welt des Menschen umfaßt, was auf der oder von der Oberfläche der Erde aus wahrgenommen werden kann. Aus der Optik der frühen Völker ist diese Definition auf die ihnen jeweils bekannten oder als bekannt vorgestellten Teile der Erde zu relativieren. Größe und Grenzen der Erde oder auch nur eines Kontinents wurden in jenen Zeiten nicht anvisiert, geschweige denn abgetastet. Die frühen Vorstellungen von Welt bezogen sich nur auf die von den Zeitgenossen überblickten Räume, schlossen auch vermutete, vom Hörensagen bekannt gewordene Gebiete mit ein. Sie reichten darum bis zu den jeweils als solchen angenommenen «Enden» der Welt. Der Bitterfluß Marratu der babylonischen Weltkarte, der, wie der Okeanosfluß der Griechen, die

Erdscheibe ringförmig umspülte, galt als räumliches Ende der Welt. Und die sogenannten Alexanderaltäre an dem in das Indus-Delta mündenden Hyphasis, die der große Feldherr zu Ehren des Gottes Okeanos und seiner Schwester-Gemahlin Thetis errichten ließ, wurden als Symbole für das östliche Ende der Ökumene angesehen, wie die «Säulen des Herakles» für das westliche. «Die Welt der Antike», resümiert Christian Lange, «war äußerst begrenzt»[4]. Das *theatrum mundi* der Odyssee reichte im Westen bis Sizilien, im Süden bis Ägypten, im Südosten bis Kleinasien und zur Levante und im Norden bis zu den Kimerern, die an der Nordküste des Schwarzen Meeres siedelten, auch wenn vom Hörensagen weitere Gebiete bekannt waren.

Einheit der Schöpfung: Mythen

Wichtiger als die Projektionen räumlicher Einheit sind die auf vorgeschichtliche Zeiten zurückgehenden Versuche, die Vielfalt der Erscheinungen auf einen mythisch-religiösen Ursprung oder Urgrund zurückzuführen. Der unübersehbaren Fülle von Schöpfungsmythen, Theo- und Kosmogonien ist gemein, daß sie, gleich wie sich der Schöpfungsvorgang darstellte, eine einheitliche Welt der Götter und Menschen hypostasierten. Der Mensch erhielt darin einen Platz, von dem aus er sich orientieren konnte. In vielen Kulturen wird über Anfang und Entstehung des Seins berichtet, dem das Chaos oder die Finsternis vorausgegangen bzw. aus denen die Formen des Seins aufgetaucht waren.

Für die Sumerer stellte sich der Beginn in dem aus dem Urwasser sich erhebenden Urhügel oder Weltberg dar; die Phönizier nahmen das Weltei als Ursprung, das bei den Orphikern als Silberei wiederkehrt. Australische, melanesische und indonesische, nord- und südamerikanische und nordasiatische Stämme bezeichneten den Weltbaum als aller Dinge Anfang, die Germanen die Weltesche, andere den Weltpfahl oder die sagenhaften Lianen, an denen die Schamanen den Himmel erklommen. In der indischen Mythologie wurde die Erde als Ganzes in der Form einer überdimensionalen Teeschale dargestellt, die auf den Rücken dreier Riesenelefanten

Lebens- bzw. Regierungszeiten der wichtigsten in diesem Kapitel erwähnten Personen	
Lugalzagessi von Uruk	≈ 2360
Sargon I., der Große	2350 – 2295
Naram-Sin	2334 – 2297
Thales von Milet	640 – 545
Anaximander	≈ 611 – 547
Parmenides	≈ 540
Heraklit	≈ 540 – 480
Xenophanes	≈ 530
Hekataios	≈ 500
Anaxagoras	500 – 428
Herodot	484 – 424
Empedokles	483 – 424
Pythagoras	≈ 480 – 410
Demokrit	460 – 371
Diogenes von Sinope	412 – 323
Lukian	125 – 190 (n. Chr.)
Shalpur I.	241 – 272

ruhte, welche sich ihrerseits auf den Panzer einer gigantischen Schildkröte stützten. Auch die orphischen Mysterienreligionen begriffen die Welt als eine Einheit, in der ein unabänderliches Gesetz, der kosmische Kreislauf des Werdens und Vergehens herrschte, wie diese zwei Fragmentzeilen dartun:

> «Eins ist Hades und Zeus und Helios und Dionysos,
> Ein Gott wohl in allen»[5].

Auch der Mensch war in den Kreislauf der Erscheinungen durch die Seelenwanderungslehre einbezogen. In diesen Gleichnissen, sagenhaften Ausgestaltungen und Metaphern tat sich das Bemühen des Menschen kund, seine mannigfaltigen und disparaten Erfahrungen auf einen einzigen Grund zurückzuführen; damit wurde die Einheit dessen, dem der Mensch im Leben gegenüberstand, was er erfuhr und was ihm widerfuhr, mythologisch postuliert. Er «besetzt allmählich immer weitere Zonen des Planeten und ‹kosmisiert› sie nach dem Musterbeispiel, das der kosmogonische Mythos geoffenbart hat. Dank diesem Mythos wird auch der Mensch zu einem Schöpfer. Auf den ersten Blick wiederholt er nur immer wieder die gleiche archetypische Geste, in Wirklichkeit aber erobert er unermüdlich die Welt, er organisiert sie, er wandelt die natürliche Landschaft in einen kulturellen Lebensraum um. Hierin ruht das große Geheimnis des kosmogonischen Mythos: er treibt den Menschen dazu, zu erschaffen, er eröffnet seinem schöpferischen Geist ständig neue Perspektiven»[6].

Im gleichen Sinne wurden in der Vielfalt und Verschiedenartigkeit der Erscheinungen allgemeine Regelhaftigkeiten gesucht, die meist den Vorgängen in der Natur abgesehen wurden: Geburt, Wachstum, Verfall und Tod, Tag und Nacht, Jahreszeiten, Lauf der Himmelsgestirne. Entsprechend wurden Periodizitäten festgelegt als Kreislauf der Äonen, goldene, silberne, eherne Zeitalter oder im Tagesrhythmus zum Beispiel als Fahrt des Sonnengottes Ra über den Nil von Ost nach West nebst nächtlicher Rückkehr durch das Totenreich zum Ausgangspunkt. Von welcher Seite man die Vorstellungen der Frühzeit betrachtete: Das Weltall bildete ein Ganzes.

So großartig und bewundernswert der frühe geistige Aufbruch nun auch war, er stellte nur einen ersten Schritt dar. Die Idee der Einheit der Welt wurde in Chiffren ausgedrückt, mehr erahnt als exakt definiert oder konzeptuell erkannt. Die universalistischen Formulierungen waren nicht mehr als kühne Vorblicke. Der Mensch war noch nicht zu dem kosmologischen Frageansatz durchgedrungen, von dem aus die Welt als ein gedanklich geordnetes Ganzes verstanden werden konnte. Noch forschte niemand in systematischer Absicht nach ihrem Ursprung und den Weisen ihrer Entfaltung, unternahm keiner den Versuch, ihr inneres Wesen und ihre Sinnhaftigkeit ontologisch zu deuten oder ihr Telos, ihre Zweckbestimmung zu enträtseln. Die sumerischen Skribenten, die als erste die Mythen auf Tontafeln festhielten, die Schriftsteller und Dichter also priesen die Götter und ihre oft wunderbaren Taten, die als Wesen anderer Qualität genommen und nicht in Frage gestellt wurden. Sie suchten weder nach theoretischen Beweisen noch nach logischen Argumenten. Sie schrieben Geschichten auf, die auf die

Phantasie ihrer Mitmenschen wirken sollten. Auch die späteren babylonischen Anstrengungen der Welterfassung entsprangen – trotz ihrer deskriptiv-chronikalischen Genauigkeit – nicht dem Geist der Rationalität. «Die erste Regel des westlichen Bewußtseins: ‹Erkenne dich selbst›, wäre für einen Mesopotamier unbegreiflich gewesen, und das daraus sich ergebende Gebot, daß ‹das angemessene (richtige) Studium der Menschheit der Mensch ist›, wäre ihm wie ein frivoler, ja gefährlicher Unsinn vorgekommen. Dem Mesopotamier galt das gesamte dingliche Universum als das entscheidende und hartnäckig verfolgte Studienobjekt, ohne Vermittlung des eigenen Ichs zwischen Beobachter und Beobachtetem. Wahrscheinlich hat es nie eine andere Zivilisation gegeben, die so aufrichtig darauf erpicht war, Informationen anzuhäufen und jegliche Verallgemeinerung oder Erklärung von Prinzipien zu vermeiden.»[7]

Einheit des Denkens: die ionischen Philosophen

Die Einheit der Welt denkerisch zu erfassen, haben sich erst und als erste die Griechen zur Aufgabe gesetzt. Mit der Bildung des Begriffs Kosmos (= Ordnung) schritten sie von den bildhaft mythischen Weltentstehungsvisionen und den religiös bestimmten, zumeist praxisbezogenen, d. h. magischen Glaubens- und Weltweisheiten zur rationalen Untersuchung der ihnen vorliegenden empirischen Tatsachen. Sie betraten damit wissenschaftlich-philosophisches Territorium, als erster Thales von Milet. Die klassischen Historiker der vorsokratischen Philosophie[8] haben zum Verständnis des neuen Weltzugriffs den Gegensatz zur alten Mythenwelt deutlich betont und in dem Neuen einen klar erkennbaren Fortschritt gesehen. Schon frühzeitig haben die Griechen, die eine starke Abstraktionsfähigkeit besaßen, ihre religiösen Vorstellungen als das erkannt, was sie waren: Gebilde einer künstlerischen Phantasie. Aus einem mythischen Wunderglauben wurde eine Welt des Logos, die den Anspruch erheben konnte, die Wirklichkeit natürlich zu erklären. Heute schreiben manche Gelehrte, einem Bedürfnis der Zeit entsprechend oder nachgebend, dem

Mythos einen autonomen Erkenntniswert zu. Das Irrationale gilt nicht mehr als eine überwundene oder noch zu überwindende Stufe im Sinne des Noch-nicht-Rationalen. An Stelle von Gegensätzen setzen sie fließende Übergänge, die die Kontinuität der Entwicklung herausarbeiten. «Im ganzen gesehen beruhen die von den ersten Philosophen ausgearbeiteten kosmogonischen Systeme auf einer uralten Tradition. Die Ionier setzen die Orientalen fort und diese die ‹Primitiven›. Man muß indessen präzisieren: das philosophische Denken, das Nachdenken über letzte Wirklichkeit ist nicht nur aus einer verstandesmäßigen Neugier, die ersten Ursachen zu kennen, entsprungen – sondern aus der ‹rituellen Vertrautheit› mit den Weltanfängen, aus der Gewißheit, daß die zwischen dem Schöpfungsaugenblick und dem gegenwärtigen Augenblick verflossene Zeit kein unüberwindliches Hindernis darstellte, denn diese Zeitspanne konnte aufgehoben oder übersprungen werden» [9].

Die Philosophiehistoriker deuten die Entwicklung jeweils auf ihre Weise. Der Gedanke der Einheit hat sich über die Zeiten hinweg erhalten. Die Übergänge können natürlich verschieden akzentuiert werden, mehr zur mythischen oder zur wissenschaftlichen Seite hin. Cornford [10] betont den Einfluß orientalischen Gedankenguts auf die Kosmogonie der Ionier. Wolfgang Röck schreibt abwägend, daß «zweifellos mythische Vorstellungsweisen... von großem Einfluß gewesen sind... Trotzdem kommt Thales das Verdienst zu, eine Erklärung des Weltprozesses von der Art wissenschaftlicher Erklärungen versucht und damit eine Betrachtungsweise eröffnet zu haben, die von der mythischen prinzipiell verschieden ist» [11]. Kirk / Raven schließlich urteilen lapidar: «In Ionien fanden die ersten völlig rationalen Versuche statt, die Natur der Welt zu beschreiben» [12]. Die Hellenen haben als erste auf die Grundfrage der Menschheit wissenschaftlich-rationale Antworten gesucht.

Tief beeindruckt von der Beobachtung des Wandels – Leben und Sterben, Blühen und Verwelken – stellten die ionischen Philosophen, als wichtigster Parmenides von Elea, «als nächstliegende unter allen philosophischen Fragen die nach der verborgenen Einheit des ganzen Seins, das immer doch nur in Vielfalt und Spaltung, im Mannigfaltig-Bunten der Erfahrung sich zeigt»[13], eine Frage, die, so naheliegend sie aus der Rückschau erscheinen mochte, jahrtausendelang niemandem unter der Sonne zu stellen eingefallen war. Sie wurde im sechsten Jahrhundert im kleinasiatischen Milet – am Schnittpunkt zwischen Orient und Okzident – gestellt, und zwar in der definitorischen Zuspitzung nach dem «Urstoff», aus dem alles Sein in all seinen Verschiedenartigkeiten entstehe. Die mythologische Reduktion auf einen Entstehungskern oder Schöpfungsakt wurde damit in die Helle rationalen Denkens erhoben und zu einem «abstract materialism»[14] verdichtet. Bis zum heutigen Tage suchen die Physiker weiterhin nach dem «Urstoff», der letzten nicht mehr teilbaren Einheit; aber sie schreiten auf diesem Weg in das Reich des Subatomaren immer weiter fort.

Wasser (Thales), Luft bzw. das Pneuma (Anaximenes); das Unbegrenzte, noch Ungeschiedene, *to apeiron* (Anaximander), das unendlich ist, «damit das Werden nicht aufhört»[15]; der Geist (Anaxagoras[16]), der allein für sich selbst und ewig ist[17]; das Feuer (Heraklit), «das immer war und ist und sein wird»[18] und das das Zusammenfallen der Gegensätze symbolisiert (Heraklit); das All-Eine, das Immer-Gleiche, Kugelförmige, Unbewegte, das *hen kai pan*, das geistiger als der Geist ist (Xenophanes von Elea[19]); schließlich als die abstrakteste Größe die Zahl und die Zahlenverhältnisse (Pythagoras und die Pythagoräer); und zuletzt das Atom, das Unteilbare (Demokrit), wurden von den großen Vordenkern der Menschheit als die letzten – immer stofflich verstandenen – Elemente (Bestandteile) des Seins, die *stoicheia,* als die Wurzeln, die *rhizomata* von allem (Empedokles) vorgeschlagen; Stoff und Kraft wurden nicht unterschieden, bildeten ein natürliches Ganzes.

Die entscheidende Erkenntnisleistung der griechischen Philosophen bestand darin, hinter die Äußerlichkeit der Dinge zu dringen und eine *arché,* ein Prinzip zu postulieren, von dem aus sich alle Erscheinungen ableiten ließen. Die Vorsokratiker entwickelten damit – als die unbestrittenen Pioniere wissenschaftlicher Forschung – erstmals die Konzeption eines unumstößlichen Gesetzen gehorchenden Universums, das nicht von Willkür oder Laune beherrscht wurde, sondern regelhaft nach Ursache und Wirkung ablief, und sie legten damit, wenn auch noch teils mit primitiven Ergebnissen, den Grund für eine wissenschaftliche Kosmologie. Die Welt wurde als geordnetes Ganzes, der Mensch als Teil davon erkannt. Mit diesem philosophischem Vorstoß war eine Voraussetzung für die weitere Erforschung und Erschließung der Welt geschaffen, die den Nachkommen neue Aufgaben stellte.

Der universalistischen Kosmologie entsprach eine ebenso universalistische Anthropologie. Die hellenischen Denker zielten von vornherein auf den Menschen und auf die Menschheit als Ganze; sie postulierten gedanklich die Zusammengehörigkeit aller, die Menschenantlitz trugen. Trotz der Einbindung in die Polis, der sie sich verpflichtet wußten, richteten sie den Blick über deren enge Grenzen hinaus. Schon die frühe orphische Mysterienreligion überwand die hergebrachten, lokal begrenzten Kulte der archaischen Zeit, die dem sich entwickelnden Gefühlsleben der Zeitgenossen nicht mehr genügten, visierten weitere Bezüge an. Ihr gehörten nur ein paar tausend Gläubige an. Deren Einfluß aber war groß. Sie war die erste Weltreligion, in die die Gläubigen nicht hereingeboren wurden. Die neue Lehre verkündete eine von einzelnen frei wählbare Botschaft[20].

Einheit der Herrschaft: Sumer

Die Welt als Einheit war nun nicht nur als geographischer Raum und Aufenthaltsort des Menschen erfaßt und erkundet, und nicht nur als mythisch-religiöser Ursprung vorgestellt und als philosophisch-wissenschaftliches Prinzip gedacht worden; im gleichen geschichtlichen Ansatz war Einheit auch als politische Ordnung gefordert und in blutigen Kämpfen angestrebt worden. Männer mit starkem Machtwillen griffen über die ihnen bekannten, von ihresgleichen bewohnten Gebiete hinaus. Noch einmal kehren wir zu den Anfängen der Geschichte zurück. Nach 2700 v. Chr., schreibt Casson, «kamen die Mächtigeren (unter den Sumerern) auf den Gedanken, ihre Nachbarn zu unterwerfen»[21]. Diese scheinbar launige Formulierung meint doch, daß die Pleonexie keineswegs – als Folge von Geschlechterflüchen, der Erbsünde, der Bedingtheit alles Irdischen, der «gebrechlichen Einrichtung der Welt» (Kleist) oder der aggressiven psychischen Konditionierung des Menschen – von Natur vorgegeben und unabänderlich, sondern, wie Toynbee formuliert, «eine Angewohnheit»[22] ist, die man sich auch wieder abgewöhnen kann und muß. Jedenfalls attackierten seither die Mächtigen benachbarte Stämme und Völkerschaften, unterwarfen sie und strebten weiter – tendenziell immer unersättlich – bis zum Ende bzw. bis zur Vereinheitlichung der Welt. «Schon in dieser Periode», schreibt Sabatino Moscati, tritt «jener Zug zur universellen Monarchie auf, von dem die ganze Geschichte Vorderasiens bis zum Islam durchdrungen sein sollte»[23]. Welteinheit artikulierte sich als Wille zur Weltherrschaft. Daß Herrschaft nicht nur Einheit und Ordnung, sondern auch schmerzhafte Unterdrückung mit sich brachte, war schon den Sumerern bewußt. Die gute Göttin Nansche, die in der sumerischen Mythologie über die Moral der Menschen wachte, wußte, «was ein Waise ist», «was eine Witwe ist» und kannte «die Unterdrückung des Menschen durch den Menschen»[24]. Doch wurde das ohne Verwunderung zur Kenntnis und hingenommen. Die Menschen unterschieden sich nicht von den (anthropomorph vorgestellten) Göttern, die ihrerseits Ränge und Herrschaftsordnungen kannten und in Kämpfe gegeneinander verstrickt waren.

In Sumer, später Sumer und Akkad, wie das Land nach dem ersten Zusammentreffen mit den Semiten und ihrem Staat Akkad genannt wurde, bildete sich an der Wende des vierten zum dritten Jahrtausend in der Frühdämmerung historischer Zeit die erste Hochkultur aus. Diese Völker, die einst die Welt erzittern ließen und deren vom Wüstensand verschlungene Existenz während der letzten zwei Jahrtausende buchstäblich vergessen worden ist, wurden im 19. Jahrhundert entdeckt – nicht durch Ausgräber und Archäologen, sondern durch die logischen Deduktionen von Entzifferern, Philologen und Linguisten.

In unserem Zusammenhang interessieren die politischen Ordnungsformen der Sumerer, insofern sie als erste «bestimmte Techniken von power politics» gleichsam erfunden haben, oder richtiger, wir besitzen von ihnen als frühester Quelle Kunde darüber. Das Gedicht, das Vorgänge dieser Art Machtpolitik beschreibt, hat noch «in unseren Ohren einen vertrauten Klang»[25]. Denn von Machtpolitik hat sich die Menschheit bis heute nicht losgesagt.

Aus Sumer, das die Hebräer und Griechen später Babylon hießen, sind auch die ersten universalistischen Postulate und Formulierungen überliefert, die ein König in politischer Absicht geprägt hat. Wie die Götter Herrschaftsordnungen begründeten – im seligen Zeitalter, als die Völker den Windgott Enlil verehrten und sich alle in der gleichen Sprache verständigten –, so herrschte auch «Vater-Herr, der Vater-Fürst, der Vater-König Enki, der Vater-Fürst, Vater-König»[26] über die Menschen. Überliefert sind zur Darstellung der Herrschaftsstellung die epischen Selbstberühmungen der Stärke, Macht und Herrlichkeit, die ihrerseits aus der Politik der Völker und Nationen bis heute nicht verschwunden sind.

Sumer entstand am Unterlauf der damals näher beieinander fließenden Ströme Tigris und Euphrat als frühes Produkt der Wasserwirtschaft, ähnlich wie die anderen Hochkulturen am Hoangho, Indus, Nil. Unzugängliches, aber potentiell fruchtbares Sumpf- und Schwemmgebiet mußte entwässert und dann für die ersten seßhaften Siedler systematisch bewässert werden. Es gelang bei dieser welthistorisch relevanten Bemühung, eine erste arbeitsteilige Gesellschaft zu begründen, deren Landwirtschaft eine nichtbäuerliche Minderheit für Erfinden und Planen, für Herstellung, Verwaltung und Herrschaftsdienst mitzutragen, kurz zum Zwecke der Spezialisierung freizustellen vermochte[27]. So formte sich hier das Leben der Gemeinschaft zu fester Ordnung und Sitte, deren Umrisse noch nach fünf Jahrtausenden an den Monumenten, Plastiken, Siegelzylindern, erzählenden Reliefs, Weihplatten oder Tontafeln der Zeit abzulesen sind. Damals wurden die Grundlagen einer städtischen Zivilisation gelegt – mit ihren Priesterfürsten und deren hierarchisierten Beamten, der zentralen Steuerung des Arbeitseinsatzes, einer rationalen Wehr- und Rechtsordnung und einem Götterdienst für einen Pantheon von 3600 Einzelgöttern verschiedener Herkunft.

Die nachhaltigste Wirkung dieser Kultur auf die Nachwelt ging von der Entwicklung der (Keil-)Schrift und des (sexagesimalen) Zahlensystems mit der Zahl 360 (Tage im Sonnenjahr) im Mittelpunkt aus, den aus technischer Notwendigkeit entstandenen Hilfsmitteln zur Abwicklung der monopolisierten Wirtschaftsgeschäfte und zugleich der zeitüberdauernden Medien, in denen sich einmal festgelegte Satzungen, Gesetze und quantifizierbare Ordnungen (z. B. Höchstpreise), die sozialen Innovationen und Errungenschaften jener schöpferischen Gesellschaft also, fixieren ließen. Regelhaftigkeit und Berechenbarkeit politischer und gesellschaftlicher Vorgänge wurden damit erstmals in der Geschichte möglich. Schließlich dienten die bequem zu handhabenden Schriftzeichen zur Ausbreitung der – in sumerischer Schrift geschriebenen – akkadischen Sprache, die später für ein Jahrtausend zum internationalen Verständigungsmittel der damaligen Ökumene wurde.

Mit diesen universalistischen Instituten und Vorstellungsweisen hat Sumer das Abendland maßgeblich beeinflußt. Alle vorgeschichtlichen Lebensgemeinschaften entstanden und vergingen, ohne eine zivilisatorische Spur zu hinterlassen; in Sumer verwirklichte sich erstmals eine Gesellschaft, deren Nachwirkungen bis in die Gegenwart reichen: «Von Alt-Sumer her sind Ausstrahlungen in einer Mächtigkeit wirksam geworden, wie sie nur ganz wenige Male – in den Kulturen Chinas und Indiens, im klassischen Hellas, im Christentum und im Islam – auf unserer Welt erscheinen. Diese Wirkungen haben sich fast ausschließlich dem Westen zugewandt – in einem Maße, das uns berechtigt, die sumerische Kultur eindeutig für die Entwicklungsgeschichte des Abendlandes in Anspruch zu nehmen»[28].

Natürlich führt keine lebendige, direkte oder indirekte Tradition von Sumer zur Gegenwart, was uns das Einfühlen in die damalige Mentalität erschwert; «der Hiatus von viermal tausend Jahren trennt uns unabänderlich»[29]. Dennoch hängt die abendländische Zivilisation mit ungezählten Wurzeln an den materiellen und geistigen Errungenschaften der Sumerer. Ähnlichkeiten, wenn auch teilweise nur oberflächliche, mit der griechischen Polis und der olympischen Götterwelt sind augenfällig. Hier wie dort lokale

Stadtgottheiten, rivalisierende und in Machtkämpfe verstrickte Stadtherren, hier wie dort stadtüberragende Tempelbauten, Zikkurate und Akropolen; hier wie dort eine frühe heroische Literatur, die von Sängern an den Höfen vorgetragen wurde, um nur einige Analogien aufzuführen. Andere Formelemente wurden erst in später Zeit übernommen, z. B. der Gewölbebogen, den griechische Architekten bei den Alexanderzügen in Babylon kennenlernten[30].

Den sumerischen Herrschern ist es gelungen, in und über Mesopotamien hinaus ein nach damaligen Größenvorstellungen riesiges Reich zusammenzuzwingen und zumindest ansatzweise kulturell zu vereinigen. Sargon I., dem nach dem Urteil der Sumerologen zu Recht der Beiname «der Große» gebührt, war ein mächtiger Emporkömmling, Mundschenk seines Herrn und Königs Lugalzagessi, der nach Zeiten der Wirren – Erhebungen lokaler Könige und Angriffe von jenseits der Grenze – den Thron eroberte. Als erster Herrscher des Orients fixierte er seine Residenz in einer von ihm selbst gegründeten Stadt, Akkad. Mit seinen beweglichen Einheiten, die er zu einem stehenden Heer von angeblich 5400 Kriegern organisierte, «die täglich vor ihm aßen», zog er gegen die schwerfälligen, in fester Schlachtordnung kämpfenden Sumerer, schlug den «Herrn der Länder», den berühmten, aber gealterten Großkönig Lugalzagessi, «der immer gesiegt hatte», stellte den Besiegten in einem Prangerkäfig vor dem Enliltempel zur Schau, zerstörte die Städte, die sich widersetzten, so «daß selbst Vögel dort nicht hausen konnten»[31], unterwarf in kühnen Heereszügen die Bergvölker des Nordens, gelangte bis zu den Zedernwäldern des Libanon und zum Taurusgebirge mit seinen Silbergruben und im Westen durch eine maritime Expedition bis Zypern, im Osten bis Elam und gründete damit das erste «Weltreich». Die Historiker, die diesen Begriff für angemessen halten, begründen die universalhistorische Wortkomponente einerseits durch die geographische Dimension des Herrschaftsgebietes, das die gesamte damals – durch Handels- und Kriegszüge – bekannte Welt Vorderasiens «in ihrer Länge und Breite» umschloß (erst später wurde der Versuch unternommen, auch Ägypten einzubeziehen); als universalistisch gilt andererseits und vornehmlich der einen gewaltigen Macht- und

Eroberungswillen verratende Anspruch Sargons, als alleiniger Herrscher dieses Ranges anerkannt zu werden und keinen Gleichen neben sich zu dulden. Das war mehr, als was die heutigen Weltmachtformeln ausdrücken, die die USA mit «secend to none», die Sowjetunion mit Parität oder Gleichrangigkeit definieren. Der Anspruch Sargons drückte sich, wie schon damals üblich, in Titulaturen aus, die von Untergebenen und Rivalen anerkannt werden mußten. Anfangs griffen die Herrscher mit ihren definitorischen Titeln einfach über das tatsächlich beherrschte Gebiet hinaus, womit sie territoriale Hoffnungen dokumentierten, Besitzansprüche anmeldeten, künftige Eroberungen vorausnahmen. Später schrieben sie sich allumfassende Merkmale zu, die ihre Größe und universale Macht ausdrückten. Ob diese Expansionsvorstellungen von Welteinheit und Weltherrschaft als tatsächlich gemeinte politische Ansprüche aufgefaßt werden müssen; ob es sich bloß um die in Frühzeiten allgemein gebräuchlichen epischen Übertreibungen handelte (die sumerischen Königslisten addieren zu 72000 Jahren, weil, wie schon Eduard Meyer [32] vermutete, zur gleichen Zeit lebende lokale Dynastien im zeitlichen Nacheinander aufgeführt wurden [33]); oder ob sie, wie Gollwitzer mutmaßt, «in eher aphoristischer Weise» [34] artikuliert wurden, läßt sich, da nach Motiven gefragt wird, aus dem Abstand von Jahrtausenden nicht mit Sicherheit ausmachen.

Titulaturen

Aus der frühsumerischen Meslimzeit (2600–2500 v. Chr.) ist die Existenz eines gleichnamigen (in den Königslisten allerdings nicht aufweisbaren) Königs von Kisch überliefert, der sich in einer Art protokollarischer Aggression «König des ganzen Landes» nennen ließ, weil er die anderen Könige damit deklassierte. Lugalzagessi, der für sich in Anspruch nahm, die Ordnung im Reich gewährleistet, nämlich «die Straßen sicher gemacht zu haben» [35], übernahm nach Besiegung seines Oberherrn dessen Titel «König von Uruk»; nachdem er weitere Städte «zahlreich wie Kräuter» [36] unterworfen hatte, gewährte ihm der Luftgott Enlil, «der Herr des Sturms», der die Könige ein- und absetzt, als erstem, «die fremden Länder von Sonnenaufgang bis Sonnenuntergang» zu erobern, indem er ihm «die Wege vom unteren Meere (Persischer Golf) über das Zweistromland bis zum oberen Meer (Mittelmeer)» ebnete, wo die Menschen fortan in Frieden leben sollten. Diese universalistischen Forderungen weisen Lugalzagessi als ersten großen Eroberer der Geschichte aus. Sargon I. entwickelte die expansionistische Rhetorik fort. Er nannte sich in bildkräftiger Sprache «Herr der vier Weltgegenden» und forderte den Gehorsam «der Gesamtheit der Menschen». In anderer Nuancierung deutete sich Sargon als «König der vier Teile», insofern er die Herrschaft über Akkad und Sumer (Südmesopotamien), Subartu (nördliches Mesopotamien), Elam (östlich des Tigris) und Amuru (der Westen bis Syrien und Libanon) gewonnen hatte. Die Reihe dieser selbstdeutenden Titulaturen setzt sich fort. Über König Shulgi et Abi-Simti von Ur (um 2093–2046) dichteten die Hofpoeten:

> Ich, der König,
> ich bin ein Krieger seit der Brust meiner Mutter
> Ich, Shulgi, der Mächtige seit dem Tag meiner Geburt
> bin ein Löwe mit wilden Augen,
> von einem Drachen erzeugt,
> Ich bin der König der vier Weltgegenden[37].

Die Vier-Himmelsrichtungen-Symbolik kehrt über lange Zeiträume wieder. Denn sie repräsentiert die Universalität und im Hinblick auf die Herrschaft zugleich die Omnipotenz. Die Mythenforscher erläutern die Bedeutung des Motivs an seinem inneren Gehalt. Der primitive Mensch, der sich als in die Welt «geworfen» erfuhr und sich nicht zurechtfand, suchte nach räumlichen Maßgaben und fand sie z. B. in dem leicht überblickbaren Vierermuster[38].

Ein Nachfolger Sargons, Naram-Sin (2334–2297), variierte den Titel zur Unterstreichung seiner Siege zu der noch umfassenderen Formel «König der vier Weltländer (oder Weltufer)». Diese Bezeichnung war jedoch, Joan Oates zufolge, noch «vergleichsweise bescheiden. Zu einem bestimmten Zeitpunkt während seiner

Regierung nahm Naram-Sin nämlich Beinamen an, die bis dahin ausschließliches Vorrecht der Götter gewesen waren. Auf seinen eigenen Inschriften ist nun seinem Namen das Bestimmungswort für ‹Göttlichkeit› vorangestellt, d. h. das Keilschriftzeichen für ‹Gott›, das normalerweise vor den Namen eines Gottes gesetzt wird. In den Texten, die ihm geweiht wurden, ist die Sprache noch weniger zurückhaltend: Seine ‹Diener› reden ihn nicht nur als ‹göttlich› an, sondern als ‹Gott von Akkad› in der vollen Wortbedeutung»[39].

Diese in der Folgezeit allgemein gebräuchlichen Titel aus dem sumerisch-akkadisch-assyrisch-babylonischen Hofzeremoniell übernahmen die Perser nach ihrem Sieg über Babylon. Titel, Herrschaftsanspruch und große Gebärde wurden zu konventionell verwendeten, protokollarisch fixierten, wenn auch variiert ausgeschmückten Selbstdarstellungsformen der Großen der Erde.

In dem bewußten Anstreben der Weltherrschaft lag der große Schritt – von Fortschritt mag man zumindest in moralischer Absicht angesichts des erobernd-kriegerischen Fortgangs der Menschheitsgeschichte nur zögernd sprechen – über die gleichzeitigen, auch gewaltsamen, aber selbstgenügsamen Staats- und Reichsgründungen hinaus. Die Ägypter, die andere Hochkultur dieser Epoche, blieben an ihren Strom mit seinen wechselnden Zeiten gebunden; sie lebten in einer Art großen Oase und zeigten gewisse Neigungen zur Abgeschlossenheit. Universalistische Motive durchzogen dennoch ihre politischen Vorstellungen. Die Verbindung von Ober- und Unterägypten, deren zwei Kronen der Pharao trug, wurde von ihnen selbst wie später von den Griechen ökumenisch gedeutet[40] – im Sinne einer allerdings auf den angestammten Raum bezogenen Gesamtheit. Veranschaulicht wurde dieser Anspruch durch das ägyptische Königszeremoniell, das in diesem einen Detail in Analogie zur sumerischen Idee der vier Weltgegenden stand. Der Pharao, der den Sonnengott Ra inkarnierte, mußte einen Pfeil in die vier Himmelsrichtungen abschießen, damit seine Macht über das vorgestellte Universum symbolisierend, und wurde danach viermal inthronisiert[41].

In späterer Zeit – seit der 18. Dynastie des Neuen Reiches –

griff Ägypten über die heimische Nilregion auch machtpolitisch hinaus: Nubien wurde unterworfen und als Provinz verwaltet, die ägyptische Vorherrschaft erstreckte sich bis zum Euphrat. Den Kontakten folgten Einflußnahmen. Wir begegnen seither auch mesopotamischen Formeln und Titeln. Die Furcht vor dem Herrscher, heißt es, durchdrang die Länder «bis an die Grenzen der vier Himmelspforten»; seinen Sitz hatte der Pharao «auf der Erde in ihrer Länge und Breite, westwärts und ostwärts»[42].

Übertreibend universalistische Deutungen und Forderungen treffen wir später in allen Teilen der Welt. Der Prophet Jesaia schilderte den Anspruch des assyrischen Königs in der unnachahmlich plastischen Sprache des Alten Testaments: «Ich ließ die Grenzen der Völker verschwinden und plünderte ihre Vorräte und wie ein Allmächtiger stieß ich die Thronenden herunter. Und meine Hand griff nach dem Reichtum der Völker wie nach einem Nest und wie man verlassene Eier nimmt, so nahm ich *die ganze Erde*, ohne daß einer die Flügel regte oder den Schnabel aufsperrte und zirpte»[43]. Eine der ausgreifendsten Visionen entwickelte Xerxes. Nach dem Bericht des Herodot verhieß der Großkönig, wenn die Griechen niedergerungen sein würden, «so machen wir zur Grenze des Perserlandes die Lüfte des Himmels... Alle Welt wird ihm untertan sein, dem Großkönig, König der Könige, König der Länder, König dieser großen Erde und auch fernerhin»[44]. Ein halbes Jahrtausend später entwickelte Shalpur I. den Titel im gleichen expansiv-übertreibenden Sinn weiter und nannte sich «König von Iran und Nicht-Iran», also aller irdischen Gebiete, gelegentlich noch erweitert durch den Zusatz «Herr des Universums, Abkömmling der Götter, Bruder der Sonne und des Mondes, Genosse der Sterne»[45].

Auch im Mittleren und Fernen Osten sowie bei den mittel- und nordamerikanischen Stämmen entwickelten die Menschen frühzeitig und offenkundig ohne Beeinflussung von außen Vorstellungen einer als Einheit begriffenen Welt; sie wurde von einem Herrn verwaltet, dessen Reich auch in der «Mitte» der Welt lag und dessen Hauptstadt die Achse der Welt darstellte. Der «Sohn des Himmels» herrschte in China über «alles, was unter dem Himmel ist»; damit wurde freilich nur eine über alle Zweifel erhabene Rangordnung, nicht ein Herrschaftsanspruch ausgedrückt. Bis in unsere Zeit haben die chinesischen Kaiser (anders als fremde Herrscher auf dem chinesischen Thron) das Reich der Mitte als saturiertes Land begriffen, das auf Eroberungen verzichten konnte und gelegentliche Übergriffe nicht zwecks Territorialgewinns, sondern für begrenzte politische Ziele vornahm. Im vorarischen Indien herrschte ein halbgöttlicher König, der der Chakra, dem kreisenden Sonnenrad nachschritt, die Fürsten aller Himmelsrichtungen zum Gehorsam zwang und über die Erde gebot. Zusammenfassend ist festzustellen, daß es kaum je eine Zivilisation gegeben hat, die sich nicht als Mittelpunkt der Welt gesehen und Himmel und Götter auf sich bezogen hat: das Reich der Mitte, das auserwählte Volk, das Volk der Griechen gegenüber der unübersehbaren Masse der Barbaren, Rom, *urbs* und *urbs aeterna*, Mekka als Nabel der Welt zeugen von dieser Vorstellung.

Die Idee einer friedlichen Ökumene als Bruderschaft aller Geschöpfe, die Menschenantlitz tragen, ist in den frühen Großzivilisationen jedoch nicht aufgekommen, sondern erst vom Christentum entwickelt worden: Weltherrschaft der Ecclesia durch einen *über*irdischen Weltenherrscher. Auch die Idee einer «freien Koexistenz von befreundeten oder rivalisierenden Mächten», von stärkeren oder schwächeren, aber prinzipiell gleichen, in der Balance lebenden Fürsten war vorchristlichen Denkern noch nicht erfaßbar[46]. Die griechischen Amphiktyonien, beschworene Friedens- und Schlichtungsgemeinschaften, die als «Embryos internationaler Organisation» bezeichnet worden sind, umfaßten nur wenige Städte (keine «barbarischen»), die bekannteste von ihnen, die in Delphi ihren Sitz hatte, schloß ihrer zwölf zusammen; ihr politischer Einfluß war gering.

Die «Welt» der frühen Zeiten war trotz der großsprecherischen Ganzheits-Rhetorik ihrer Könige auf das jeweils erreichbare Territorium «eng begrenzt». In der Folgezeit mußte der Horizont auf das jeweilige Aktionsfeld des Menschen hin erweitert werden, bis die tatsächliche Ausdehnung der Erdoberfläche erkannt war, die anfangs isolierten Siedlungsräume miteinander in Kontakt traten und aus der postulierten eine tatsächliche Einheit der Welt werden konnte. Dieser Prozeß, der zeitlich mit der Dauer der bisherigen Geschichte zusammenfällt, nahm mehr als 15000 Jahre in Anspruch und vollzog sich in wachsender Geschwindigkeit.

Schiffahrt und Reisen

Der Blick des Menschen über seine Welt begann sich nach Seßhaftwerdung in erregender Weise zu erweitern, insbesondere seit frühe Völker seegängige Schiffe zu bauen lernten, mit denen sie, wenn auch nur tagsüber und sommers bei gutem Wetter und entlang der Küsten, weite Strecken zurücklegten. Die älteste bildliche Darstellung eines primitiven Segelschiffes stammt aus dem vierten Jahrtausend. Im dritten Jahrtausend verkehrten Frachtschiffe zwischen Ägypten und der Levante, von wo die Waren – Bauholz, Erze, Edelmetalle – auf dem Landweg nach Sumer geschafft wurden; ebenso zwischen Ägypten und Arabien auf dem Roten Meer sowie entlang des Persischen Golfes bis zur Nordwestküste Indiens.

Für die Phönizier, die von angelsächsischen Historikern in Anlehnung an ihre eigene Erfahrung und Terminologie als «merchant adventurers» bezeichnet werden, stellte sich die Welt seit dem zweiten Jahrtausend v. Chr. als das von ihren Schiffen beherrschte Seegebiet des östlichen Mittelmeers einschließlich der Ägäis dar, an dessen Küsten – vom Fruchtbaren Halbmond über Kreta bis Griechenland – sie Niederlassungen und Handelskontore gründeten. Die dabei erworbenen astronomischen und nautischen Kenntnisse hüteten sie – wie zweitausend Jahre später die Portugiesen – als Staatsgeheimnisse. Die Weltschau des gebildeten Römers zu Beginn des zweiten Jahrhunderts v. Chr. umfaßte bereits das Gebiet zwischen Britannien und Skandinavien im Nordwesten und Ceylon im Südosten. Was doch nur etwa 10% der Landfläche der Erde und höchstens 3% der Wasseroberfläche ausmachte. Die gewaltigen Ausdehnungen der großen Ozeane lagen noch außerhalb ihres Blickfeldes.

Innerhalb dieser bekannten Welt wurden schrittweise Verkehrswege zu Wasser und zu Lande eröffnet und netzartig untereinander verbunden. In bestimmten Gebieten waren schon zu sumerischer Zeit regelmäßige Verkehrs- und Postdienste errichtet und unterhalten worden. Zwischen den frühesten Städten der Geschichte bestanden, wenn nicht regelmäßige, so doch geregelte Beziehungen. Staatskuriere überbrachten Regierungsschreiben und begründeten damit außenpolitische Verbindungen. Im- und Exporteure beförderten ihre Waren, und Pilger reisten an heilige Stätten.

Diesen in stetem und unumkehrbaren Gang befindlichen Prozeß der Welterweiterung trieben phantasievolle, erfindungsreiche und wagemutige Wegbereiter, Bahnbrecher, Landnehmer, Seefahrer und Entdecker voran, indem sie von dem Ort, an den sie das Schicksal geworfen hatte, wegstrebten, sich in die Ferne aufmachten, in unbekannte Gegenden vordrangen – kurz, reisten. Ihre Motive waren von früh an sehr verschiedenartig, zugleich materieller und ideeller Art; sie differenzierten sich vielfältig im Laufe der Zeiten, ohne daß jedoch prinzipiell neue Antriebe und Zielsetzungen hinzutraten.

Ausgekundschaftet haben die Menschen ihre Umwelt seit frühesten Zeiten. Schon die in Wildbeuterhorden nomadisch zusammenlebenden Jäger und Sammler haben auf ihren Wanderungen durch Steppe und Savanne praktische Kenntnisse über ergiebige Jagdgründe, angenehme Lebensumstände, an bestimmte Gegenden gebundene, von Menschen, Tieren und Mächten drohende Gefahren und über Möglichkeiten des Schutzes erworben und den nachfolgenden Generationen weitergegeben. Die geographischen Kenntnisse des Menschen erweiterten sich ständig.

Auch die griechischen Sagen kannten Fahrten in unbekannte Fernen, die den Zeitgenossen Kenntnisse über fremde Menschen und Länder vermittelten. So fuhr Jason auf der «Argo» mit der fünfzigköpfigen Besatzung, den Argonauten, nach Kleinasien, um das von einem nie schlafenden Drachen bewachte goldene Widderfell heimzuholen. Im Verlauf dieses Unternehmens bestand er, insbesondere auf der Rückfahrt, die ihn über den westlichen Okeanos nach Libyen und durch das Mittelmeer bis zu den Säulen des Herakles führte, zahlreiche Abenteuer. Die Reiseerfahrungen, die er dabei sammelte, gaben der Erzählung, die den homerischen Menschen allgegenwärtig war, ihren eigenen Reiz und begründeten die weitere Entwicklung des Themas Reise in der griechischen Geschichte. All diese Ergebnisse des Kundschaftens wurden aber weder planmäßig noch in zielgerichteter Forschungstätigkeit, sondern in pragmatischer Absicht und zufällig erzielt.

Die zweckfreie und systematische Erkundung der «Welt» ist wie die Philosophie das Werk der Griechen der klassischen Epoche, die auf empirische Weise, d. h. durch eigene zu diesem Zweck veranstaltete Unternehmungen, ihre erd- und landeskundlichen Kenntnisse zu erweitern und sich ein stichhaltiges Bild der Welt zu machen vornahmen. Damit wurde das Reisen einzelner – im Gegensatz zu den frühen Stammes- und Völkerwanderungen, Handelsfahrten und Kriegszügen – zu einer neuen Zielsetzung des Menschen.

Gewiß haben die Griechen – ebenso wie die alten Völker – ihre ersten Reisen aus Not unternommen, um ihre materiellen Bedürfnisse zu befriedigen. Der Mangel an zahlreichen Wirtschaftsgütern, insbesondere Metallen und seltenen Luxuswaren[47], deren Vorhandensein im Nahen Osten bekannt war, wirkte auf den Handel stimulierend. Der Schmied, der Kriegswerkzeuge herstellte und Pferde beschlug, war auf Lieferungen von auswärts angewiesen, die die Händler vom Frachtschiff, einem schwimmenden Stapellager, aus verkauften. Reiseerfahrungen und Kenntnisse aus der Fremde brachten See- und Kaufleute mit in die Heimat, aber erst der bewußte Wille zur geographischen und völkerkundlichen Information veränderte Sinn und Funktion des Reisens. Erst wenn die Ferne als Exotik, als ein andersartiges, aber dem eigenen Kosmos möglicherweise zu integrierendes Stück Welt erlebt wurde; erst wenn Fremdes mit Heimischem verglichen, Besonderes und Gemeinsames kritisch geschieden wurde, konnte die systematische Erkundung der Welt, der auf ihr lebenden Menschen und ihrer Geschichte beginnen.

Dieser erste Schritt der bewußten Inanspruchnahme und Einbeziehung der Fremde in die eigene Welt artikulierte sich zuerst in der Reiseliteratur, und es ist bezeichnend, daß das erste und unerreichte Werk dieser Gattung in Griechenland entstand, dessen Weltoffenheit und Wißbegier die Geschichte der menschlichen Gattung für Jahrtausende beeinflussen sollte. Der Held des großen Epos, das in solchem Weltausgriff keine Parallele hat, Odysseus, strebte wie die anderen Könige und Heerführer von Troja heimwärts, wurde aber anders als diese von Poseidon, den er beleidigt hatte, immer wieder an der Rückkehr gehindert. Von der nimmer versiegenden Sehnsucht nach der Gemahlin Penelope und dem Heimweh ergriffen, «auch nur den Rauch von seinen heimischen Hügeln steigen zu sehen und dann zu sterben» [48] und von Pallas Athene beschützt und geleitet, erfuhr, besichtigte und erlebte er die damalige Welt. Seine mannigfaltigen Abenteuer während der Irrfahrten quer durchs Mittelmeer, seine Schiffbrüche, sein «unnennbarer Schmerz» über den Verlust der Genossen, den er nicht hindern konnte («sie schufen sich selbst durch ihre Missetat ihr Verderben» [49]), seine keineswegs immer unangenehmen Aufenthalte an Orten, auf die er verschlagen worden war – etwa die Jahre bei der zaubrischen Kirke [50] oder der flechtenschönen Nymphe Kalypso [51] – bilden den Inhalt der vierundzwanzig Gesänge. Das Leitmotiv der Fahrten, die Odysseus zum unfreiwilligen Forschungsreisenden und Touristen werden lassen, ist in der Anrufung der Muse im Proömion ausdrücklich formuliert: berichten soll sie von dem vielgereisten Mann, der «vieler Menschen Städte gesehen und ihre Sinnesart erkundet» [52].

Die homerischen Gesänge, welche von Rhapsoden, den Sängern «des Ruhmes der Männer», vorgetragen wurden, dienten der Erbauung und Unterhaltung, stellten Vorbilder und Maßstäbe heldischen, ritterlichen und menschlichen Verhaltens dar, artikulierten Weltweisheiten, schilderten das Walten der Götter untereinander und im Umgang mit den Menschen. Homer ist einer seit Xenophanes immer wieder geäußerten Meinung zufolge «der Erzieher ganz Griechenlands» [53]. Obwohl die Odyssee in Mythologie eingebettet ist, obwohl Märchenphantasie und Abenteuerfabulieren den Gesängen einen beträchtlichen Teil ihres Reizes verleihen, wird das Werk zugleich – und insbesondere gegenüber den in der Ilias geschilderten heroisch-turbulenten Vorgängen (auch auf dem Olymp) – von Rationalität, Realismus und humaner Verhaltenheit geprägt. In liebevoller, oft genreartiger Detailmalerei werden Begebenheiten, Örtlichkeiten und Zustände geschildert, die Odysseus und seine Genossen bei dem jahrelangen Umherirren erlebten oder kennenlernten. «Das Epos wird zum Roman»[54]. Und der Roman wird kosmopolitisch.

Odysseus hat auf seinen Reisen Umgang nicht nur mit Menschen aus der ganzen Ökumene, weißen und schwarzen, Griechen und Barbaren, sondern auch mit Fabelwesen, mit Riesen («so groß wie Berggipfel»), mit zauberkundigen Halbgöttinnen, ja selbst mit den Toten im Hades. Der Held, der sich schon im Trojanischen Krieg als listenreicher, in allen Künsten beschlagener, alle Notlagen bezwingender Mann ausgewiesen hatte, ist durch die Schicksale während der Heimreise zum welterfahrenen, weltklugen Kosmopoliten, wenn man diesen Begriff schon benützen will, gebildet worden.

Begegnungen mit Fremden waren gefährlich. «Die Leute sind hier den Fremden nicht allzu gewogen»[55]. In dieser Verszeile kommt die urtümliche Auffassung zum Ausdruck: das Unbekannte war unheimlich, rief Angst und Unbehagen hervor. Straßen und Meer waren unsicher; Räuber, Wegelagerer, Piraten trachteten dem Reisenden nach Gut und Leben. Geriet ein Fremder gar nach dem unwirtlichen Tauris, so war es um ihn geschehen. Er wurde den Göttern geopfert; verschlug Poseidon Odysseus und die Genossen zu den Lästrygonen, so wurden die, die ergriffen wurden, «wie Fische» auf Spieße gezogen und vertilgt[56]. «Die Sicherheit des Ankömmlings stellte ein reelles Problem dar, und wenn Athen zu Beginn des 6. Jahrhunderts Reisende und Einwanderer anzog, so weil sie sich hier sicheren Aufenthaltes erfreuten»[57].

Gastfreundschaft

Je fremdartiger der Fremde, um so mehr Furcht erweckte er, um so unwillkommener war er – wie Danaos in den Schutzflehenden nüchtern erkannte: «Fremd ist meine Tracht und Art»[58]. Aber schon bei Homer wurde der Fremde auch geachtet. Das beherzte Verhalten Nausikaas wird in der Odyssee klar herausgestellt. Anders als die Gespielinnen, die vor dem schiffbrüchigen, vom Meeresschlamm besudelten Odysseus wegrennen, faßt sich die Königstochter ein Herz und geht ihm entgegen, um ihn zu dem Vater zu geleiten. Denn Gastfreundschaft galt gerade wegen der allgemeinen Unsicherheit viel unter den Griechen; sie war in der archaischen Zeit die Bedingung der Möglichkeit eines geregelten Reise- und diplomatischen Verkehrs. Höfe und Familien waren als Gastfreunde einander verpflichtet und durch feste Rituale verbunden; vom fünften Jahrhundert an ist die Aufnahme von Fremden eine genau umrissene, einem Gemeindemitglied reihum übertragene öffentliche Funktion. Der eigens für die Betreuung der Fremden bestellte *Proxenos* geleitete ihn in die neue Umgebung, half ihm bei den Behörden, fungierte zugleich als sprachkundiger Dolmetscher. Proxenos bedeutet übrigens noch heute im Neugriechischen Konsul, zu dessen Obliegenheiten die Vertretung der Fremden und Reisenden seiner Nationalität im Gastland gehören.

Der Gastfreund war heilig (wie der Gesandte, «ein neuer Typ des Reisenden»[59]), sie alle, Pilger oder die an den Altären Schutz Suchenden, standen unter dem Schutz des Zeus und der Athena, die den Beinamen Xenios bzw. Xenia trugen (Xenos bedeutet zugleich Fremder = Feind und Gast = Gastfreund). Die heiligen Gebote der Gastfreundschaft waren religiös sanktioniert, Verstöße wurden durch göttliche Strafen geahndet. Der Fremde wurde in der Haus- oder Stadtgemeinschaft eingeführt und bekannt gemacht, wurde vom Hausherrn an seinem Tisch bewirtet, erhielt eine Schlafstätte und hatte dadurch Anspruch auf dessen persönlichen Schutz gegen Feinde. Die Entwicklung des Fremden vom Feind zum Gastfreund stellt eine der großen Zivilisationsleistungen der Menschheit dar, zugleich einen wichtigen Schritt bei der Öffnung geschlossener, eingeigelter Gemeinschaften in Richtung auf eine kosmopolitische Welt.

Die Odyssee ist wie ein Lehrbuch dieses Zusammenhangs von Fremde, Reisen und Inbesitznahme der Welt. Des Helden glückliche Erfahrungen werden ebenso ausführlich wie die Leiden der Fahrten geschildert – aus dem Abstand eines halben Jahrtausends: man braucht nur an manche Begebenheiten zu erinnern, an das märchenhaft glückliche Leben der Phäaken, an die im Norden wohnenden gerechten Abier oder an die trotz ihrer Dunkelhäutigkeit «tadellosen» Äthiopier. Große Teile des Berichts sind Erzählungen des Helden, der, nachdem er den gastfreundlichen Phäaken seine Identität offenbart hat, einem Rhapsoden gleich seine reichen Erfahrungen am Hof des Königs Alkinoos zum besten gibt. Das setzt Distanz zu den geschilderten Vorgängen, relativiert die Leiden, so spannend, mitleiderregend und anschaulich er, der sich noch immer fern der Heimat weiß, auch seine Erlebnisse und Widerfahrnisse schildert. Gleichzeitig spürt man dem Bericht den Spaß an, den der Erzähler an seinen Reiseerfahrungen und der Begegnung mit dem Ungewohnten, Unbekannten, Außerordentlichen hat, ob es um den Zyklopen Polyphem geht, den Odysseus zu überlisten weiß[60], um Charybdis, die dreimal am Tag das Wasser einschlürft[61] und wieder emporspeit, den Windschlauch des Aiolos[62], den die vorwitzigen Genossen öffnen, oder die hilfreiche Meeresgöttin Leukothea, die den schiffbrüchigen Odysseus mit ihrem Schleier rettet[63]. Die Reise wird zum Gegenstand einer Abenderzählung und rückt damit aus der unmittelbaren Mitteilung einer erlebten Wirklichkeit in den Rang einer literarischen Darstellung.

In Parallele zu den Reisen des Helden vollzieht sich innerhalb der Odyssee eine weitere Reise, jedoch ohne Abenteuer- und Seemannsgeschichten, die Fahrt des erwachsen gewordenen Telemachos, der auszieht, um bei den glücklich heimgekehrten Kampfgenossen des Vaters, mit denen er durch Familiengastfreundschaft verbunden war, nach dessen Schicksal zu forschen. Geleitet von Pallas Athene, die die Gestalt des älteren Freundes Mentor angenommen hat, besucht der noch weltunerfahrene und bescheidene junge Mann befreundete Herrscher und Höfe, lernt Fremde und Fremdartiges kennen, erhält Gelegenheit, die gewohnten kleindimensionierten Verhältnisse auf dem heimischen Bauerngut mit den Lebensumständen in der großen Welt zu vergleichen – bei dem weisen Patriarchen Nestor in Pylos oder in Sparta bei Menelaos, dem Völkerhirten, mit dessen Palästen und Besitztümern kein Sterblicher die seinen messen kann, und seiner schicksalhaften Gemahlin Helena, die «als das Urbild der großen Dame, als ein

Muster vornehmer Eleganz und souveräner gesellschaftlicher Form und Repräsentation geschildert wird»[64].

Für Telemach bilden die Stationen der Fahrt Etappen eines Bildungsprogramms. Er läßt sich wie die späteren Reisenden den Wind der Fremde um den Kopf blasen, sammelt Lebenserfahrung und Menschenkenntnis, eignet sich gesellschaftlichen und kosmopolitischen Schliff an; er bereitet sich auf die Rückkunft des Vaters, des Odysseus, vor und stählt sich seelisch und charakterlich für den Kampf mit den und das Strafgericht über die Freier. Die Reise ist für die Geschichte der menschlichen Gesittung zum Element der Bildung avanciert.

Das Bedürfnis zu reisen und sich literarisch aufs Reisen vorzubereiten, setzte sich in den folgenden Jahrhunderten fort. Solon «ging zehn Jahre außer Landes, um die Welt zu sehen», eigentlich aber, nach dem Urteil des Herodot, «um nicht gezwungen zu sein, das eine oder andere seiner Gesetze wieder aufzuheben»[65], die er erlassen hatte, um die Krankheit des athenischen Staates zu heilen. Informative Reiseführer, «Periplous», Hafenbücher und ähnliche Werke wurden in Menge produziert, sind aber größtenteils verloren oder nur fragmentarisch erhalten. Anaximander von Milet zeichnete eine Weltkarte, die sein Landsmann Hekataios für seine Reisen benutzte. Die von Thukydides so benannten Logographen wie die Berufsschriftsteller Hekataios, Pherekydes, Xanthos u. a. behandelten in ihren landeskundlichen, geo- oder topographischen Schriften beiläufig Reisethemen.

Bericht über die damalige Welt: Herodot

Die nächsten und entscheidenden Schritte in Richtung auf eine rationalere Reisetätigkeit und eine Systematisierung der Reiseerfahrungen unternahm Herodot, der als erster Geschichte thematisiert und damit der Geschichtsschreibung neue Dimensionen eröffnet hat, wie die Ionier der Philosophie. Herodot wird der «Vater der Geschichtsschreibung» genannt, weil er als erster den Gegenstand seiner historischen Untersuchungen definierte – Entstehung und Organisation des Persischen Reiches und dessen Angriff auf

Griechenland – und die Entwicklung seines Themas methodisch analysierte; vorher hatten, wie wir aus den «Genealogien» oder «Historien» des Hekataios von Milet wissen, nur Chronisten lokale Ereignisse in kalendarischer Weise vermerkt. Herodot war zugleich auch der Vater der Auslands- und Reisekorrespondenten, weil er als erster sich mit einem fest umrissenen Reiseprogramm aufmachte, um an Ort und Stelle Informationen zu sammeln. Er besichtigte die Stätten, an denen die geschichtsbestimmenden Begebenheiten stattgefunden haben oder wo er Völkern und Menschen begegnen konnte, die ihm aus erster Hand über verschiedene Ereignisse Mitteilung machen konnten. Unvoreingenommen und tolerant stellte er in knapper Zusammenfassung sein Programm an den Anfang seiner ausführlichen Abhandlungen über den damaligen Zustand der Welt. «Was Herodot von Halikarnassos erkundigt, das hat er hier aufgezeichnet, auf daß nicht mit der Zeit vergehe, was von Menschen geschah, noch die großen Wundertaten ruhmlos vergehen, die Hellenen nicht minder als Barbaren vollbracht, vor allem aber, warum sie wider einander Krieg geführt haben»[66].

Herodot setzte also die rhapsodische Tradition des Berichts über die Ruhmestaten der Männer fort, gab aber als einleuchtenden Grund dafür an, daß er die offenbar für wertvoll erachteten Geschehnisse der Vergänglichkeit entreißen wollte und sie darum schriftlich fixierte. Das Geschehen wurde damit zur Geschichte verdichtet, und der Historiker stellte seine Mitteilung unter das neue rationale Gebot der empirischen Forschung und Objektivität. Der Zeithistoriker unternahm es, selbst, in eigener Arbeit und vor Ort herauszufinden, «wie es eigentlich gewesen ist». Er relativierte als unabhängiger, keiner Partei verpflichteter Beobachter sogar die bisher von allen akzeptierte und von keinem bezweifelte Vorstellung vom grundlegenden Unterschied zwischen Hellenen und Barbaren, ohne freilich den Stolz auf die eigene Abkunft in Frage zu stellen. Damit dekretierte er fast beiläufig die Gleichheit der Menschen, die eine Voraussetzung künftigen weltbürgerlichen Denkens und Verhaltens bildet. Wie ungewöhnlich und fortschrittlich dieses Urteil war, zeigen künftige Kritiker. Lukian beispielsweise änderte die «Wundertaten der Griechen und Barbaren» in «griechische Siege und barbarische Niederlagen»[67] um. Schließlich verband Herodot die Fragestellung, unter der sein Werk steht – die Entstehungsbedingungen der Perserkriege –, mit der philosophischen Frage nach dem Grund, der Menschen in Kriege gegeneinander stürzt.

Bei der Darstellung seiner Erkundigungen befleißigte sich Herodot, wiederum als erster, der kritischen Methode. Er nennt die Quellen, denen er seine Kenntnis verdankte, befragte andere Gewährsleute, verglich ihre bestätigenden oder widersprechenden Aussagen, zog Mitteilungen in Zweifel, wenn sie unwahrscheinlich oder in sich widerspruchsvoll klangen und zog sich, wenn er keine weitere Recherchiermöglichkeit hatte, auf den relativierenden Standpunkt des Berichterstatters zurück: «Ich will darüber nicht sagen, ob dies so oder anders geschah». Kurz, er distanzierte sich von den Vorgängen, über die er berichtete – auch dann im Ton nüchterner Sachlichkeit, wenn es um Wunderdinge ging, deren Stichhaltigkeit er als kritischer Beobachter in Frage stellte. Oder er beschränkte sich auf die Wiedergabe von Berichten über tatsächlich unbekannte und staunenswerte Hervorbringungen oder Leistungen des Auslandes, wie die gewaltig dimensionierte persische Reichsstraße von Susa (in der Nähe des Persischen Golfs) nach Ephesus an der Ägäis, mit ihren regulären Stationen – Vorformen der Herbergen und Hotels –, Sicherheitsanlagen und ihrem Postsystem, über das die Befehlsübermittlung abgewickelt wurde. Immer hatte Herodot dabei die Zustände in Griechenland als Maßstab im Auge. So stellte er in immer neuen Ansätzen die multinationale und polyglotte, aber unter einem einheitlichen Kommando stehende Armee des Großkönigs den Streitigkeiten der griechischen Koalitionstruppen gegenüber, deren Angehörige dem gleichen hellenischen Kultur- und Sprachraum entstammten, sich in ihrem Freiheitsstreben keinem König oder Oberkommandierenden unterstellten, aber dem Gesetz gehorchten, das sie «zu siegen oder zu sterben» hieß; durch diese Arete, diese tugendhafte Befähigung erwiesen sie sich schließlich trotz der zahlenmäßigen Überlegenheit der Perser als fähig, sie niederzuzwingen. Dies alles berichtet Herodot als Ergebnis seiner Reise. Als unausgesprochene Devise scheint ihm dabei vorzuschweben: ich breite das Material aus, der Leser möge sich selbst ein Urteil bilden.

Die neun nach den Musen benannten Bücher des Herodot waren das Ergebnis eines unerhörten geistigen Vorstoßes in das unbekannte Gelände der Historiographie und zugleich diszipliniert und zuverlässig geführter Notizen, die er sich während seiner viele Jahre beanspruchenden, ausgedehnten und sicherlich höchst beschwerlichen Reisen gemacht hat. Sie führten ihn im Süden nach Oberägypten bis Assuan und an das Rote Meer, im Osten nach Syrien, Babylon, bis ins elamitische Susa, ins kleinasiatische Lydien und nach Byzantium an der Kontinentalscheide, im Norden schließlich nach Thrakien und Makedonien; er erreichte den Donaufluß und das Schwarze Meer.

Kosmopolitischen Ideen begegnen wir in den Geschichten nicht. Die Zeit ist noch nicht reif dafür. Aber Voraussetzungen und Grundlagen wurden gelegt. Die Auslandsreisen in informatorischer Absicht vermittelten eine bis dahin unerreichte geistige Überschau, relativierende historische und geographische Vergleiche und, nicht zu vergessen, die Weltläufigkeit und gesellschaftliche Politur, deren geistigen Charakter Horaz später als «nil admirari» definieren wird, als die diskrete Überlegenheit des erfahrungsgesättigten Mannes, den anders als den naiven Provinzler nichts in Erstaunen zu setzen vermag. Die Welt als Einheit war in ersten Ansätzen abgetastet. Das war ein erster und bedeutender Schritt. Auf dem Weg zum Kosmopolitismus bedurfte es weiterer Vorstöße. Aus dem Bewohner einzelner Territorien und dem Untertanen herrschender Fürsten mußte der am politischen Geschehen selbst teilnehmende Bürger werden.

1 Samuel Noah Kramer, L' Histoire commence à Sumer. Paris 1986.

2 Samuel Noah Kramer, L' Histoire commence à Sumer. Paris 1986. S. 57.

3 Preston E. James, All possible Worlds. A History of geographical Ideals. Indianapolis, New York 1972. S. 2.

4 Christian L. Lange, Histoire de l' Internationalisme. Publications de l'Institut Nobel Norvégien. Band 1–3. Kristiania 1919. Band 1. S. 19.

5 Orphicorum Fragmenta, hg. von O. Kern. 1922. 21.239.

6 Die Schöpfungsmythen. Ägypter, Sumerer, Hurriter, Hethiter, Kanaaniter, Israeliten. Mit einem Vorwort von Mircea Eliade. Darmstadt 1980. S. 18.

7 J. J. Finkelstein. Mesopotamian Historiography. In: Proceedings of the American Philosophical Society Bd. 107. 1963. S. 463.

8 Z. B. Zeller, Gomperz, Capelle, Nestle.

9 Die Schöpfungsmythen. Ägypter, Sumerer, Hurriter, Hethiter, Kanaaniter, Israeliten. Mit einem Vorwort von Mircea Eliade. Darmstadt 1980. S. 34.

10 F. M. Cornford, Principium Sapientiae. The Origins of Greek Philosophical Thought. Cambridge 1952. S. 187. – Vgl. auch Kap. XI. «Patterns of Ionian Cosmogony». S. 159, 188, 225.

11 Wolfgang Röck, Geschichte der Philosophie. Die Philosophie der Antike, 1. Von Thales bis Demokrit. München 1976. S. 34f.

12 Geoffrey S. Kirk and John E. Raven, The Presocratic Philosophers. Cambridge 1957. S. 73.

13 Heinz Heimsoeth, Die sechs großen Themen der abendländischen Philosophie. Berlin-Steglitz 1934. S. 19.

14 Frederic Coplestone S. J., A History of Philosophy. Vol I. Greece and Rome. London 1951. S. 21.

15 Aristoteles, Physik III, 8. 208a8.

16 Aristoteles, Von der Seele I. 2. 405a 13ff.

17 Hermann Diels, Fragmente der Vorsokratiker, hg. von Walther Kranz. Berlin 1956 (8. Aufl.) Band 2. Anaxagoras 59, 12.

18 Hermann Diels, Fragmente der Vorsokratiker, hg. von Walther Kranz. Berlin 1956 (8. Aufl.) Band 2. Heraklit B 30.

19 Hermann Diels, Fragmente der Vorsokratiker, hg. von Walther Kranz. Berlin 1956 (8. Aufl.) Band 1. Xenophanes 21.

20 Lewig R. Farnell, The Higher Aspects of Greek Religion. Oxford 1896. S. 139.

21 Lionel Casson, Reisen in der alten Welt. München o. J. (1976). S. 22.

22 Arnold J. Toynbee, Menschheit – woher und wohin? Plädoyer für den Weltstaat. Stuttgart, Berlin, Köln, Mainz 1969. S. 130.

23 Sabatino Moscati, Geschichte und Kultur der semitischen Völker. Stuttgart 1955. S. 48.

24 Samuel Noah Kramer, L'Histoire commence à Sumer. Paris 1986. S. 117.

25 Samuel Noah Kramer, L'Histoire commence à Sumer. Paris 1986. S. 47.

26 Samuel Noah Kramer, L'Histoire commence à Sumer. Paris 1986. S. 129.

27 Arnold J. Toynbee, Menschheit – woher und wohin? Plädoyer für den Weltstaat. Stuttgart, Berlin, Köln, Mainz 1969. S. 63.

28 Hartmut Schmökel, Das Land Sumer. Die Wiederentdeckung der ersten Hochkultur der Menschheit. Stuttgart 1956. S. 159f.

29 Jean Bottéro, Préface zu Samuel Noah Kramer, L'Histoire commence à Sumer. Paris 1986. S. 19.

30 Leonard Wooley, The Sumerians. Oxford 1929. S. 191.

31 Eduard Meyer, Geschichte des Altertums. 1. Band, zweite Hälfte. Die älte-

sten geschichtlichen Völker und Kulturen bis zum 16. Jahrhundert. Darmstadt 1977. S. 519.

32 Eduard Meyer, Die ältere Chronologie. S. 38. Vgl. Thorkild Jacobsen, The Sumerian Kinglist. The oriental Institute of the University of Chicago, Assyriological Studies 11. 1939.

33 Joan Oates. Babylon. Stadt und Reich im Brennpunkt des alten Orient. Bergisch Gladbach 1983 (London 1977). S. 22.

34 Heinz Gollwitzer, Geschichte des weltpolitischen Denkens. Band 1. Zeitalter des Imperialismus und der Weltkriege. Göttingen 1982. S. 36.

35 Joan Oates. Babylon. Stadt und Reich im Brennpunkt des alten Orient. Bergisch Gladbach 1983 (London 1977). S. 40.

36 Eduard Meyer, Geschichte des Altertums. 1. Band, zweite Hälfte. Die ältesten geschichtlichen Völker und Kulturen bis zum 16. Jahrhundert. Darmstadt 1977. S. 453f.

37 Samuel Noah Kramer, L'Histoire commence à Sumer. Paris 1986. S. 176.

38 Die Schöpfungsmythen. Ägypter, Sumerer, Hurriter, Hethiter, Kanaaniter, Israeliten. Mit einem Vorwort von Mircea Eliade. Darmstadt 1980. S. 15. «Die Orientierung, d. h. letzten Endes die Teilung des Raumes in vier Himmelsrichtungen, war gleichbedeutend mit einer Gründung der Welt. Die Homogenität des unbekannten Raumes war in gewissem Maß dem Chaos gleichgestellt. Die Erlangung eines ‹Zentrums› durch die Kreuzung zweier gerader Linien und die Projektion der vier Horizonte in die vier Hauptrichtungen stellte eine wahrhafte Schöpfung der Welt dar. Der Kreis – oder das von einem Zentrum aus konstruierte Viereck – war eine imago mundi». Oder anders gewendet (S. 12): «Die Besitznahme eines unbekannten oder fremden Gebietes, die Errichtung eines Dorfes, die Aufstellung eines Heiligtums oder einfach eines Hauses – sie alle stellen symbolische Wiederholungen der Kosmogonie dar. Wie das ganze sichtbare Universum sich von einem Mittelpunkte aus entwickelt und sich gegen die vier Hauptrichtungen ausbreitet, so entsteht auch das Dorf um eine Kreuzung».

39 Joan Oates. Babylon. Stadt und Reich im Brennpunkt des alten Orient. Bergisch Gladbach 1983 (London 1977). S. 51.

40 F. Doornik, Early Christian and Byzantine Philosophy. Band I. Washington 1966. S. 16.

41 Heinz Gollwitzer, Geschichte des weltpolitischen Denkens. Band 1. Zeitalter des Imperialismus und der Weltkriege. Göttingen 1982. Band I. S. 37.

42 Adolf Rein, Die europäische Ausbreitung über die Erde. Potsdam 1931. S. 10.

43 Jesaia, 10. 13f.

44 Walter Schücking, Die Organisation der Welt. In: Festgabe für Paul Laband. Band 1. Tübingen 1908. S. 541.

45 Atiya Aziz, Crusade, Commerce and Cultures. Bloomington/Indiana 1962. S. 25.

46 Christian L. Lange, Histoire de l'Internationalisme. Publications de l'Institut Nobel Norvégien. Band 1–3. Kristiania 1919. Band 1. S. 20f.

47 Karl Wilhelm Welwei, Die griechische Polis. Stuttgart, Berlin, Köln, Mainz 1983. S. 45f.
48 Odyssee, I, 57f.
49 Odyssee, I, 7.
50 Odyssee, X, 210f.
51 Odyssee, V, 55f.
52 Odyssee, I, 3.
53 Hermann Diels, Fragmente der Vorsokratiker, hg. von Walther Kranz. Berlin 1956 (8. Aufl.) Band 1. Xenophanes, Sillen 11. Fr. 9. – Platon, Politeia, 606 E.
54 Werner Jäger, Paideia. Berlin 1954. Band I, S. 43.
55 Odyssee, VII, 32.
56 Odyssee, X, 124.
57 Marie-Françoise Baslez, L'Étranger dans la Grèce antique. Paris 1984. S. 34.
58 Aischylos, Die Schutzflehenden, Vers 496.
59 Marie Françoise Baslez, L'Étranger dans la Grèce antique. Paris 1984. S. 59.
60 Odyssee, IX, 105f.
61 Odyssee, XII, 113.
62 Odyssee, X, 60.
63 Odyssee, X, 333.
64 Werner Jäger, Paideia, Band I. Berlin 1954. S. 74.
65 Herodot I, 29f.
66 Herodot I. Proömion.
67 Hugh Harris, The Greek origins of the Idea of Cosmopolitanism. In: The International Journal of Ethics. Band 38. Chicago. 1927f. S. 5.

KAPITEL 2

Der Bürger

Polis – Kolonisierung – Ständerevolution: Nomos und Dike – Individuelle und Politische Freiheit

Die Entwicklung zum Weltbürger verlief doppelgleisig, den beiden Wortbestandteilen nach, in einem objektiven und einem subjektiven Strang. Zuerst wurde die Welt als einheitliches Gegenüber erkannt, ohne daß sie schon als ganzheitlicher Siedlungsraum und zusammengehöriges Aktionsfeld der Menschheit beansprucht wurde; sodann verselbständigte sich der bislang gesellschaftlich eingebundene Mensch zum Individuum, das sein Leben und seine Aktivitäten selbstverantwortlich und rational innerhalb der Gruppe gestaltete. Er lernte sich als Bürger, als mitwirkendes und mitbestimmendes Glied der Gruppe begreifen. Natürlich besteht keine unmittelbare Abhängigkeit zwischen den zwei Entwicklungen, die sich im Abstand von Jahrtausenden und in weit voneinander entfernten Räumen abgespielt haben. Nur aus der Rückschau erscheint es so, als zielten die Entwicklungen auf einen gemeinsamen Punkt hin. Tatsächlich verflechten sich die Ereignisse und lassen das Neue entstehen. Der Bürger ist ein relativ spätes Produkt der Geschichte. Eine, wenn auch nicht die einzige Voraussetzung für das Auftreten des Bürgers waren Städte, die schon in Mesopotamien und Ägypten vorhanden waren. Bürger bewohnen Städte. Stadt und Bürger bedingen einander, sind nicht ohne einander. Der Bürger lebt in der Stadt, zugleich baut er die Stadt. Er haucht ihr seinen Geist ein, sie prägt ihm ihre Besonderheit auf. Der Bürger in dem hier gemeinten Sinn ist freilich mehr, Spezifischeres als bloßer

Stadtbewohner, und die Stadt ist mehr, Eigeneres als eine bloße Agglomeration zahlreicher Einwohner: die ungegliederten Millionenstädte der heutigen Dritten Welt verdeutlichen den Unterschied; ihnen fehlt zumeist der Bürgergeist. Stadt und Bürger entstehen im und als Gegensatz zur Siedlungsweise auf dem flachen Land – durch Konzentration der ursprünglich verstreut lebenden Bewohner eines bestimmten Raumes zu einem enger zusammenlebenden Personenverband und durch beginnende Differenzierung in Arbeit und Beruf. Im Umkreis der Burg eines mächtigen oder reichen Grundherren oder an einem geographisch begünstigt gelegenen Platz sammelten sich zunehmend mehr Familien, um ihr Land besser gegen Überfälle verteidigen, um die Produktion arbeitsteiliger organisieren, die Gemeinschaftsaufgaben zweckmäßiger verwalten zu können. Es bildeten sich Städte, wo sich die wirtschaftlich und geistig regeren, moderneren, unternehmenderen Gemeinschaftsglieder zusammenfanden und die Oberschicht ihren Sitz nahm. In der Stadt verwirklichte sich der Fortschritt.

Die Übergänge zwischen ländlichem und städtischem Leben sind fließend. Die neue Sozialform bildet sich innerhalb der älteren heraus, die beide nebeneinander fortexistieren. Das geschah auf zweierlei Weise. Einerseits entstanden im Orient kultisch-politische Mittelpunkte um die Sitze der Priesterfürsten oder um die Höfe der Könige größerer Reiche herum, andererseits konstituierten sich in den griechischen Gemeinwesen genossenschaftlich organisierte Siedlungsgemeinschaften freier und gleicher, wehrhafter Männer.

In der mesopotamischen und ägyptischen Stadtkultur haben mächtige Könige, wie wir gesehen haben, größere Gebiete mit mehreren Städten zusammengezwungen. Ihnen, die zugleich Hüter des Kultes waren oder die Gottheit selbst verkörperten, traten frühzeitig Gehilfen zur Seite, die mit der Verwaltung der Heiligtümer, der Flußregulierung, der Kanalisierung, Wasserzuteilung usw. betraut waren. Durch diese Aufgabenübertragung an eigens dafür bestellte Personen oder Instanzen bildeten sich Bürokratien heraus, die dem König unmittelbar unterstanden. Darüber hinaus differen-

Lebens- bzw. Regierungszeiten der wichtigsten in diesem Kapitel erwähnten Personen	
Lykurg	≈ 750
Hesiod	≈ 700
Solon	≈ 650–560
Tyrtaios	7. Jahrhundert
Theognis	≈ 584–nach 537
Aischylos	525–456
Anaxagoras	500–428
Xerxes	486–465
Herodot	484–424
Thukydides	≈ 460–nach 400
Aristipp	435–355
Xenophon	430–354
Platon	427–347

zierten sich verschiedene Tätigkeiten zu spezialisierten Berufen aus, außer Bauern und Priestern: Seher, Richter, Handwerker, Schiffersleute.

Die Residenzen zogen Dienstpersonal an, vom flachen Land kamen Bittsteller, Neugierige, Helfer; die Hofhaltung wuchs sich zur Residenzstadt aus. Sie erreichte, wie die Ausgrabungen zeigen, beträchtliche Ausmaße. Ob Formulierungen wie «das Häusermeer von Babylon» [1] zutreffende Eindrücke erwecken, mag dahingestellt bleiben. Jedenfalls fluktuierte in diesen Städten, die insofern mit Großstädten späterer Epochen verglichen werden können, bereits ein lebhafter Verkehr, es fanden vielfältige Begegnungen statt, es wurden Kulthandlungen unter Teilnahme von Massen vollzogen, die Angehörigen der Oberschicht entfalteten Pracht und Prunk, präsentierten Reichtum in Bediensteten, Überfluß und Luxusgegenständen des persönlichen Gebrauchs.

Als Bürger aber konnten die Bewohner dieser Städte, so groß und mächtig und glanzvoll einzelne in ihrem Auftreten auch gewesen sein mochten, nicht bezeichnet werden. Dazu fehlte ihnen in den despotisch regierten Staaten die Selbständigkeit und der Freiheitsraum, der zur Entfaltung der Individualität, ihrer Dynamik und ihres Arbeitsgeistes nötig waren; es fehlten also die Eigenschaften, die für die Konstituierung einer von ihren Bürgern getragenen Stadt später maßgebend werden sollten. Diese Eigenschaften drückten sich zum ersten Mal bei den Griechen aus, die den geistigen Elan und die politische Phantasie zu dem Prozeß aufbrachten, an dessen Ende der politisch verantwortliche Bürger in dem auf genossenschaftlicher Basis entstehenden Gemeinwesen *polis* stand.

In unserem Zusammenhang interessiert weniger die Entstehung der Polis, deren Anfänge bis in die mykenische Zeit zurückreichen, als des dort lebenden Menschentypus Bürger, des *polites*, als dessen Grundzug «der starke Selbstbestimmungsdrang» erkannt wird, «der ihn trieb, sich sein persönliches Urteil über die ihn umgebenden Dinge zu bilden und sich daraufhin nach eigenem Ermessen sein Leben zu gestalten» [2].

Die in den homerischen Epen ausführlich beschriebenen Städte, das Troja des Priamos, die Phäakenstadt, in der Alkinoos milde waltete, oder das Ithaka des Odysseus waren nach modernen Begriffen eher Dörfer, wo jeder jeden kannte. Die Bewohner dieser Städte lebten inmitten einer hauptsächlich bäuerlichen Gesellschaft, aus der sich die adligen Familien hervorhoben. Ihre Angehörigen brauchten selbst den Pflug nicht mehr zu führen, sie verfügten über mäßige Privilegien, hatten Diener oder Hintersassen, die Nachkommen unterworfener Stämme oder verarmter Familien. Auf der Agora, dem Markt, oder in der *lesche*, der Versammlungshalle, trafen sich die wehrfähigen Männer, besprachen ihre Angelegenheiten, regelten ihre Streitigkeiten, beschlossen in der Volksversammlung unter Führung des zunehmend einflußreicher werdenden «Rats der Vornehmen» Maßnahmen, die das Gemeinwohl betrafen. Sie nahmen an dem noch bescheiden dimensionierten Leben der Gemeinde teil, die schon Polis hieß, und waren insofern Polites, Bürger – aber doch noch nicht in dem späteren Sinn, daß sie klar definierte Pflichten und Rechte besaßen.

Die Griechen der archaischen Zeit lebten völlig innerhalb der Gemeinschaft, ohne individuelle Ansprüche zu stellen und gemäß den überkommenen Geboten und Maßstäben, die die Vorfahren ausgebildet hatten oder, wie sie sagten, die ihnen von den Göttern auferlegt worden waren. Die *feme*, der gute Ruf, was die anderen über einen sagen[3], bestimmte ihr Selbstgefühl und war maßgebend für ihren Einfluß in der Gesellschaft und ihr Fortkommen im Leben.

Polis

Eine Loslösung aus der Einbindung in diese Gesellschaftsordnung war undenkbar. Der einzelne stellte seine angestammte Rolle in der Gruppe nicht in Frage. Das verdeutlichte die traditionelle Selbstdefinition im rituellen Frage- und Antwortspiel beim Gastfreund durch Nennung des Namens, des eigenen und des väterlichen, und des Ortes, woher der Betreffende stammte. Vorrangig war die Gruppenzugehörigkeit. In diesen Jahrhunderten vor und nach der Jahrtausendwende, als bäuerliche Adelsgesellschaft und bürgerliches Leben nebeneinander bestanden und einander überlagerten, wurde die genossenschaftliche Poliskultur endgültig geprägt. Nicht Staatsvolk, Staatsterritorium und Staatsgewalt, die als die Aufbauelemente des modernen Staates angesehen werden, sondern die Bürgergemeinschaft, die die Quelle der politischen Gewalt und der Rechtsgebote war, machten die Substanz der Polis aus. Man könnte mit einem modernen Begriff von einem Verfassungspatriotismus sprechen. Aristoteles definierte als Ergebnis seiner verfassungspolitischen Studien die Polis als «Gemeinschaft der Freien und Gleichen», als «eine Anzahl von Bürgern, die politische Rechte besitzen»[4], d. h., sie müssen imstande sein, die wichtigsten Entscheidungen in der Polis zu fällen.

Diese Form der sich selbst bestimmenden Demokratie ist der Stolz der freien Griechen, die sich Despoten nicht beugten. Die Literatur ist voll von Erzählungen und Hinweisen auf diese Gesinnung[5]. Die freien Bürger bildeten allerdings nur einen Teil der Gemeinschaft, der Unfreie, Metöken und Periöken[6] in vielfältiger, von Stadt zu Stadt unterschiedlich verfaßter Abstufung angehörten. Das Besondere und Neue an der Polis war die Gemeinschaft der Freien, die als Vorbild und Anspruch bis zur Gegenwart maßgebend geblieben ist. «System und Theorie der freien Selbstbestimmung sind erstmals in der Poliswelt entwickelt worden, die hierdurch ihren unverlierbaren Rang in der Universalgeschichte besitzt»[7].

Daß sich die Poleis (Plural von Polis) in Griechenland haben bilden können, verdanken sie einer ungewöhnlichen weltpolitischen Konstellation, die zu keinem vorherigen Zeitpunkt bestanden hat. Die Städte konnten sich mehrere Jahrhunderte hindurch gedeihlich und unbehindert von äußeren Einwirkungen zu voller Blüte entfalten. Um die Wende des 1. Jahrtausends zerfiel das vorderasiatisch-nordafrikanische Großmächtesystem; die hethitischen Reststaaten in Anatolien lösten sich in inneren Aufständen auf, das ägyptische Weltreich sank – unter dem Vorstoß der Seevölker – allmählich zur Bedeutungslosigkeit herab, die kretisch-mykenische Herrschaftsordnung der in ihren Burgen und Palästen lebenden Fürsten brach um 1200 aus bisher ungeklärten Gründen – Eindringen fremder Völkerschaften, Machtkämpfe, Erdbebenkatastrophen – zusammen. Die kleinräumig-überschaubare hellenische Poliswelt konnte sich so nach den sogenannten dunklen Zeiten (1000–750), über die wir fast nichts wissen, ohne Druck von außen unter glücklichen Umständen entwickeln. Es bildete sich im Widerstreit der Interessen und Ideen jene bunte Vielfalt heraus, die Reiz und Lebendigkeit des hellenischen Lebens ausmacht.

Seine Dynamik erhielt dieser Prozeß aus der übergreifenden Spannung zwischen panhellenischem Zusammengehörigkeitsbewußtsein (gegenüber der Außenwelt der «Barbaren», wie es am deutlichsten alle vier Jahre in dem Gottes- und Sportfrieden der Olympischen Festspiele zum Ausdruck kam) und den endlosen Fehden und Ränken, persönlichen und politischen Machtkämpfen, Kriegen und Friedensschlüssen der verschiedenen Gruppen und Mächte. Der leistungssteigernde Wettbewerb, das Kräftemessen der Besten untereinander wurde zu einem Charaktermerkmal griechischen Seins. Die Städte rivalisierten um Einfluß und Macht, aber auch um Strahlungskraft und Vorbildlichkeit. Jeder wollte hervorragen, keiner unterlegen sein. Da keines der zahlreichen Gemeinwesen zur Großmacht emporwuchs, die die anderen deklassiert hätte, konnte sich jedes nach dem Gesetz entfalten, nach dem es angetreten.

Erst *Xerxes*, der von seinen Vorfahren das ausgedehnteste Reich der Geschichte geerbt hatte, versuchte – was gemessen an den bisherigen Eroberungen als eher geringes Unterfangen erscheinen mußte – das unruhige Gewirr der griechischen Poliswelt in einem Streich seinem Großreich einzuverleiben. Er scheiterte an der Kraft der Poleis, d. h. am Freiheitswillen ihrer Bürger. Umgekehrt erfuhren die freiheitlichen Poleis durch diese Bewährungsprobe eine innere Stärkung und weiteren Aufschwung. «Die Demokratie ist eine Tochter des Sieges; der Imperialismus ernährt die Demokratie»[8]; denn er forderte nach dem Urteil der französischen Althistorikerin Marie-Françoise Baslez den Freiheits- und Widerstandswillen der Angegriffenen heraus. Der *Pluralismus* und Partikularismus der griechischen Welt, der zugleich ihren Ruhm und ihre untergangsschwangere Schwäche ausmachte, hatten hier wie in der geographischen Besonderheit dieser in sich so verschiedenartigen festländischen und insularen Kleinlandschaft ihren Ursprung. Die Mannigfaltigkeit des griechischen Lebens war so reich, die Differenzierung so ausgeprägt, daß generalisierende Feststellungen – über die politischen und gesellschaftlichen Verhältnisse in Hellas insgesamt und im Schichtenbau der sozialen Gruppen, ihre besondere Rechtsstellung, die Bodenreform, die wirtschaftliche Lage, den Götterdienst – sich nicht treffen lassen.

Überall wurden jedoch geistige, moralische und politische Kräfte der höchsten Intensität entbunden, die die Griechen aus der Enge ihrer bisherigen Heimat in die Ferne hinaustrieben und jene einzigartige Kolonisation des 8. bis 6. Jahrhunderts ermöglichten. Nach der herkömmlichen Deutung der Historiker, die sich dabei auf die antiken Schriftsteller stützten, haben Ströme von Auswanderern die – an den damaligen Verhältnissen gemessen – übervölkerten, gleichzeitig an Landnot und Armut leidenden Städte verlassen und haben sich, ohne nennenswerten Widerstand zu finden, an der kleinasiatischen Küste niedergelassen. Tatsächlich aber legen «die Archäologie, die Geographie und auch der gesunde Menschenverstand die Vermutung nahe, daß meist der Handel einer Besitznahme vorausging, und daß im Falle einiger der frühesten Kolonien die Handelsbeziehungen und nicht die Bodenbeschaffenheit bei der Wahl eines Platzes den Ausschlag gaben... Es wäre sinnlos, leugnen zu wollen, daß kaufmännische Überlegungen bei den Motiven für die Gründung mancher Kolonien mitspielten und bei einigen sogar überwogen... Fest steht, daß man Informationen über Plätze, die für koloniale Entwicklung geeignet waren, nur aus den Berichten der Kaufleute gewonnen haben konnte» [9]. Der französische Historiker Paul Faure meint noch realistischer, bei dem, was man allzu pompös kommerzielle Gründe nenne, handle es sich nicht darum, Getreide zu verkaufen, sondern «es sich zu günstigsten Bedingungen zu beschaffen und Ländereien zu erobern» [10]. Jedenfalls wurden in einem weiträumigen, aber punktuellen Ausschwärmen Städte gegründet bis zu der Nordküste des Schwarzen Meeres und rund um das Mittelmeer – mit Gründungsschwerpunkten in Unteritalien, Sizilien, in der Cyrenaika, Tunesien, Südspanien. Es besteht kein Zweifel, daß es bei dieser Emigration und Kolonisation nicht eben idyllisch [11], wie frühere Historiker glauben machen wollten, sondern oft sehr rauh zuging. Nicht alle wanderten freiwillig aus, manche wurden, wie Herodot berichtet, durch das Los bestimmt [12], enttäuschte Rückkehrer wurden gewaltsam weggeschickt. Und mit den einheimischen Stämmen kamen die Griechen nicht nur durch geschicktes Verhandeln, durch Schmeichelei und List ins reine, vielfach wurde auch Gewalt gebraucht. Insgesamt aber erfolgten die Neusiedlungen, die bei aller Selbständigkeit den Mutterstädten familial und kommerziell verbunden blieben, wenn nicht in menschenleeren Räumen, so doch an Gestaden, wo sich keine festgefügte politische Macht etabliert hatte; ins Landesinnere brauchten die Kolonisatoren deshalb nicht zu dringen, da sie – anders als ihre Nachfahren zu Beginn der Neuzeit – sich nicht gezwungen sahen, aus Sicherheitsgründen Glacis und strategische Vorfelder anzulegen. Mit den ansässigen, kulturell unterlegenen Bevölkerungen wurden beiderseitig nützliche Handelsbeziehungen fortgeführt oder neu angeknüpft: die Einheimischen vermischten sich mit den Neuankömmlingen, assimilierten sich schließlich. Diese kraftvollen Aktivitäten förderten einerseits die Verselbständigung der Kolonisatoren, erweiterten andererseits ihren Horizont in der Welt, fundamentierten also die Voraussetzungen einer weltbürgerlichen Entwicklung.

Kolonisierung

Die Auswanderer, die den Schutz der heimischen Umgebung verließen, waren in der Fremde plötzlich auf sich selbst gestellt, auch wenn sie im Verbund und unter Leitung eines *oikistes*, eines erfahrenen Städtegründers, das Kolonisierungsvorhaben unternahmen und dabei strenge Disziplin übten. Sie mußten sich in unvertrauten Gefilden bewähren, angewiesen nur auf ihre eigenen Kräfte, zugleich Herren ihrer Entschlüsse. Sie wurden dadurch selbständiger, selbstverantwortlicher, selbstbewußter. Freiheit bekam unter diesen Umständen einen konkreten Inhalt, war weniger philosophische Idee und gesellschaftspolitisches Postulat als situationsbedingte praktische Notwendigkeit und persönliche Leistung im alltäglichen Kampf ums Dasein. Freiheit im elementaren Sinne wurde ein prägendes Merkmal und eine Voraussetzung der bürgerlichen und politischen Freiheit des Griechentums.

Mit der Kolonisation erwarben sich die Griechen, wo immer sie siedelten, eine bisher unbekannte Weite der Anschauungen. Die Beziehungen zu den Landsleuten «über See», in geringerem Maß auch zu fremden, «barbarischen» Völkerschaften weiteten sich aus und verdichteten sich. Gewiß hatten Seefahrt und Handel schon die vorhomerischen Griechen in die Ferne ausgreifen lassen; aber erst seit der kolonialen Erschließung der Gegenküsten Kleinasiens, Nordafrikas, Südrußlands wurde eine geschlossene, fest verknüpfte griechische Welt rund um die Ägäis und bis ans Schwarze Meer und westliche Mittelmeer begründet. Die Fremde wurde integriert, der Verkehr zu den Außenposten selbstverständliche Errungenschaft.

Die Kolonisten waren Fremde und begegneten Fremden. Sie mußten sich im Ausland zurechtfinden und durchsetzen, und sollten sich im Gegenzug Ausländern gegenüber aufnahmebereit zeigen. Sie lernten, daß die urtümliche Fremdenangst gegen das eigene

Interesse verstieß und für die Gemeinschaft schädlich war. Platon faßte die Diskussion in den «Gesetzen» in einer Passage von erstaunlicher Modernität zusammen: «Es geht nicht an, anderen schlechtweg die Aufnahme zu versagen und keinen der eigenen Bürger ins Ausland reisen zu lassen. Zudem würde es in den Augen der übrigen Welt als ein starker Mangel an Bildung des Verstandes und des Herzens erscheinen, wenn wir uns der vielberufenen, verhaßten Fremdenaustreibungen schuldig machen und einer Sinnesart huldigen wollten, die den Eindruck der Anmaßung und Unverträglichkeit macht. Es darf uns durchaus nicht gleichgültig sein, ob wir im Ausland im Ruf des Anstands stehen oder nicht» [13]. Die Kontaktbereitschaft gegenüber dem Ausland wuchs. Manche Auslandsgriechen traten in die Dienste asiatischer Potentaten – als Angehörige der Leibgarden, als Landsknechte, als «reisende Soldaten», wie es bei den Dichtern hieß, wurden Seeräuber (allerdings nicht zu Lasten von Hellenen) [14]. Sie verloren damit den Schutz ihrer Polis, wurden zu Randständigen, die der Gemeinschaft der Bürger fremd wurden; sie konnten sich nur auf den – vielleicht wankelmütigen – Tyrannen stützen, dem sie dienten, und mit ihren Waffenbrüdern Umgang pflegen. Auf jeden Fall aber kamen sie in Kontakt mit Fremden, ihren unterschiedlichen Staats- und Gesellschaftsverfassungen und Gesinnungen, was der Horizonterweiterung des Hellenentums insgesamt zugute kam. Reisen im griechischen Inland und im außergriechischen Ausland wurde – im Gegensatz zur Abenteuerfahrt der archaischen Zeit, die außergewöhnlichen Charakter hatte – zu einer üblichen, wenn auch nicht immer unbedingt beliebten Tätigkeit.

Die Schiffahrt schreckte. «Nur schwer entgeht man dem Unheil... Fürchterlich ist's, in den Wogen zu sterben» [15], schreibt Hesiod, der freilich aus der Perspektive der Landratte, des landsässigen Bauern blickt. Dennoch begann alle Welt zu reisen. Es reisten die Ärzte, um deren Dienstfertigkeit sich die Städte schon im 6. Jahrhundert mit höheren Honoraren überboten; es reisten die Wahrsager zu Staatsmännern und Generalen, die öffentliche Aufforderungen (z. B. zu den panhellenischen Spielen) zu verkünden oder Kriegserklärungen dem Gegner mitzuteilen hatten; es reisten die

Sportler zu den Wettkämpfen; es reisten die Dichter und Rhapsoden zum Vortrag an den Höfen; es reisten Handwerker – Bildhauer, Elfenbeinschnitzer – mit ihren mobilen Ateliers an Plätze, wo gerade große Bauten, Heiligtümer usw. in Arbeit waren; es reisten Pilger zu Weihestätten und Orakeln; es reisten die Liebesdienerinnen, die zuweilen verbotenerweise neue erotische Kulte einführten[16]; es «reisten» schließlich – unfreiwillig – die Gebannten, die die Heimat verlassen mußten, auf den Straßen irrten und um Aufnahme nachsuchten. Wer immer sich unter welchen Umständen auf Reisen begab, beförderte das gegenseitige Kennenlernen, erschloß die Welt und ermöglichte kosmopolitisches Verhalten.

Innerhalb dieses sich ausweitenden griechischen Lebenssystems wandelte sich allmählich die nachhomerische zur klassischen Polis, die Werner Jäger als «neue Entwicklungsstufe der menschlichen Gemeinschaft» bezeichnete[17]. König und Adel, die an der Spitze ihrer kleinen Gebietsherrschaften standen, gingen ihrer Führungspositionen verlustig. Traditionsgemäß hatten sie nicht nur in der Volksversammlung die maßgebliche Stimme, sondern sie nahmen als Heerführer und Richter die wichtigsten Funktionen der Gemeinschaft wahr, sorgten für die innere und äußere Sicherheit der Polis. Dadurch wurde die *Harmonia* unter den Bürgern aufrechterhalten.

Ständerevolution: Nomos und Dike

Dieses einigermaßen austarierte soziale Gleichgewicht verschob sich im Laufe der Zeiten. Die ursprüngliche Gleichheit der genossenschaftlich als Freie und Gleiche zusammenlebenden Polites erodierte. Die Adligen mißbrauchten häufig ihre richterlichen Vollmachten zu eigenem Vorteil. Es wurde ihnen Hochmut und Machtanmaßung vorgeworfen, die Hybris, die die Götter strafen. Insbesondere gerieten die freien Bauern infolge von Mißernten, Kriegseinwirkung oder Preisschwankungen oft an den Rand des wirtschaftlichen Ruins. Sie sahen sich nicht mehr imstande, die üblichen Abgaben an den Grundherrn zu entrichten, mußten sich zu Dienstleistungen verdingen und bei begünstigteren Grundherren

Schulden machen, bis sie schließlich – einem in der Geschichte mehrfach wiederholten Ablaufgesetz nach – in Schuldknechtschaft verfielen.

So ergaben sich im achten und siebten Jahrhundert soziale Spannungen mit ständerevolutionärem Charakter. Verarmte Schichten, die sich mit ihrem Schicksal nicht mehr abfinden wollten, gaben den «Oberen» die Schuld an den unheilvollen Verhältnissen. Mit sozialkämpferischer Spitze wurden die Vermögenden als die «Fetten» attackiert. Die «Geschenke fressenden Könige» lebten zum Verdruß der einfachen Leute untätig auf ihren Burgen und Landsitzen. Soziale Gärung wurde zum Dauerzustand. Es bildete sich eine Art Proletariat aus verarmten, enteigneten Gemeinfreien, Gelegenheitsarbeitern, Bettlern, den «ventres creux» der französischen Revolution, die klassenkämpferisch den Aufstand forderten und sich mit Gewalt und Raub «ihr Recht» holen wollten. Der die Gesittung des traditionellen Junkertums verteidigende Theognis wollte offen rachsüchtig «ihr dunkles Blut trinken» [18].

Das Schicksal der Unterschicht besang Hesiod, der als erster seine Dichtungen aus der Optik und im Sinne des arbeitenden Mannes, des freien, aber armen Bauern oder des proletarischen Tagelöhners verfaßte und die Arbeit des Alltags statt der außeralltäglichen Ruhmestaten der Kriegshelden pries. «Fleißige Arbeit macht dich auch den Ewigen werter. Und den Menschen dazu; sie hassen müßige Leute» [19].

Als Instrument des sozialen Wandels erwies sich in diesem historischen Augenblick die Forderung nach geschriebenem Recht, auf das sich der einzelne berufen konnte und das im Streitfall Rechtssicherheit gegenüber rivalisierenden Ansprüchen gewährleistete. Das war ein entscheidender Schritt über das patriarchalische Gewohnheitsrecht hinaus, das der Gebietsherr jeweils in seiner Weise auslegte. Obwohl die Griechen keine methodische Rechtslehre entwickelt, auch keine Staatsverfassung mit Gewalten- und Kompetenzenaufteilung entworfen haben. Diesen Beitrag zum Verständnis und Aufbau von Staat und Politik leisteten die Römer. Ihnen ist die metaphysische Begründung und begriffliche Grundlage von Recht und Gerechtigkeit zu danken.

Im Mittelpunkt der neuen Forderungen stand die *Dike*, die aus der Vorstellung des Ausgleichs hervorging. Dike geben und Dike nehmen hieß Entschädigung für erlittenen Schaden gewährleisten und erhalten. Das Prinzip des Rechts war damit noch nicht als juristische Kategorie logisch entfaltet. Dike, «des Zeus jungfräuliche Tochter / ruhmreich und bei den Göttern geehrt» [20] bekam jedoch die Weihe einer verfassungsmäßigen Garantie. Recht und Rechtlichkeit, Gesetz und Ordnung wurden Eckpfeiler der neuen Polis, die vom 6. Jahrhundert an das Gesicht Griechenlands bestimmte. Als höchste Arete galt fortan die Gerechtigkeit in Gesinnung und Tat. Sie verdrängte die herkömmlichen Werte – körperliche Tüchtigkeit und praktische Lebensmeisterung, Kraft, Tapferkeit, Gewandtheit, List –, wie wir sie insbesondere aus den homerischen Erzählungen her kennen. Es begann damit die Verrechtlichung des gesellschaftlichen Lebens, die noch heute und in weiter wachsendem Maß unser Dasein bestimmt.

Das Recht artikulierte sich staatsrechtlich als *Nomos*, Gesetz. Das war die Norm, nach der das Gemeinwesen in Form gehalten, d. h. in regelhafter und voraussehbarer Weise regiert und verwaltet wurde. Der Gesetzgeber erhielt damit in der griechischen Welt eine für die Staatlichkeit des Lebens konstitutive Bedeutung, die in früheren Kulturen häufig dem Stadtgründer zugeschrieben wurde. Lykurg für Sparta, Solon für Athen setzten Maßstäbe nicht nur fürs Regieren im engeren Sinne, sondern für das kultivierte Zusammenleben einer Gesellschaft. Der Nomos setzte Schranken und stellte anspruchsvolle Imperative auf, die dem Menschen erst erlaubten, sich als Mensch darzustellen und das Ideal der Paideia, der Bildung und des Gebildetseins zu verwirklichen. Die aristokratische Standesethik verglühte in den sozialen Ständerevolutionen und erstand auf höherer Ebene neu als für alle Bürger gleiche Staatsethik. Der Polites, der Mensch mit seinen von der Polis gewährten Pflichten und Rechten, wurde zur maßgebenden Figur des Zeitalters, das Bürgerrecht zur Grundlage jeder politischen Betätigung.

Der Mensch wurde nach der Definition des Aristoteles zum *zoon politikon*, zum politischen Lebewesen. Die Zugehörigkeit zu einer Polis war und blieb das wichtigste Privileg des einzelnen, die

Einbürgerung, die Zuerkennung des Bürgerrechts an Fremde ein formaler Akt, der je nach Zustand der jeweiligen Polis liberal oder restriktiv gehandhabt wurde. Zuzeiten war sogar die «Erschleichung des Bürgerrechts durch Eheschließung» untersagt. Der hellenische Bürger präsentierte sich in zwei Ausformungen – mit Akzentuierung der Pflichten in Sparta, mit Hervorhebung der Rechte in Athen.

Sparta, über dessen Lebensweise wir unmittelbar nur aus den idealistisch appellierenden Lehrgedichten des Tyrtaios und durch die romantisierend-rückblickende Darstellung «Der Staat der Lakedämonier» des spartafreundlichen Xenophon wissen, war der Staat einer Kriegerkaste. Die diszipliniert im Lager lebenden Krieger bestimmten das Gemeinwesen; bäuerliche Periöken ermöglichten ihnen durch ihrer Hände Arbeit das ausschließlich soldatische Dasein; alle nicht-militärischen Dienste wurden von den in völliger Rechtlosigkeit und Abhängigkeit gehaltenen Unterworfenen geleistet. Den besiegten Messeniern, die in immer neuen haßerfüllten Anläufen rebellierten, wurde alljährlich in einem Routine-Ritual formell der Krieg erklärt. Dieser Klassenstaat, in dem sich eine frühere durch Stammesdisziplin statt durch Bürgersinn geordnete Entwicklungsstufe verhärtet hatte, wurde von den Griechen als Muster der traditionellen Kriegerethik angesehen, auch wenn die verbündeten Korinther den Spartanern vorwarfen, «Zauderer» zu sein und die von den Feinden, sowohl von den Persern wie von den Athenern, drohenden Gefahren zu spät zu erkennen und sich zu spät zum Handeln zu entschließen[21].

Individuelle und politische Freiheit

Auch Athen war ursprünglich ein weitgehend geschlossener Raum, an dessen staatlichem Beginn ein Gesetzgeber gestanden hat. Solon, 597 als Archon mit außerordentlichen Vollmachten gewählt, um die «Krankheit des Staates» zu heilen, goß durch seine Gesetzesreformen den bis dahin noch losen Verband einzelner mächtiger Herren in eine staatliche Einheitsform. Seine erste Maßnahme war eine Landreform in Form einer allgemeinen Schuldentilgung, die *Seisachtheia* (Lastenabschüttelung), durch die die Not der Kleinbauern gelindert wurde; die «Schuldsklaven» wurden aus ihrer «schmachvollen Knechtschaft» befreit und wieder in das Korps der freien Bürger aufgenommen; und selbst die in anderen griechischen Gemeinden in Schuldknechtschaft geratenen Athener wurden zu Lasten der Staatskasse freigekauft[22]. Indem Solon schließlich den Geburtsadel, der Zeitentwicklung folgend, zurückdrängte und seine Befugnisse beschnitt, machte er das Volk der Freien zu Inhabern der politischen Macht. Der einzelne, der bisher hauptsächlich für seinen täglichen Broterwerb gearbeitet hatte, erhielt nunmehr einen zweiten Bezug und eine zweite Bindung: die politische. Er wurde Bürger mit Rechten und Pflichten und trug die Verantwortung für das Schicksal der Polis.

Das Verbum *politeuesthai* – sich politisch oder als Politiker betätigen – wird für diese Aktivität neu geprägt; es gehört noch im heutigen Neugriechisch bedeutungsgleich zur Alltagssprache. Der Mensch war nicht mehr bloßer *idiotes*, d. h. führte nicht mehr nur ein privates Dasein, sondern war aktives Glied der Polis. Parteinahme in der politischen Auseinandersetzung macht Solon den Bürgern zur Pflicht. Sie sollten nicht abseits stehen, sondern durch Meinungsbildung und -kundgabe Mitverantwortung für die Geschicke der Gemeinschaft auf sich nehmen. Das verleitete die leicht erregbaren und stets auf Neues bedachten Athener gelegentlich zu unüberlegten Aktionen und zu kriegerischen Ausfällen, die schon Thukydides[23] als überflüssig bewertete.

Athens besonderer Beitrag zur Herausbildung und Definierung des Bürgers bestand darin, daß die Freiheit des einzelnen mit dem Schicksal der Polis verknüpft wurde. Er war frei – im Sinne der politischen Partizipation, so daß er nicht durch Fremde bestimmt wurde; er war aber auch individuell frei im Sinne des späteren liberal-libertinen Athener Slogans «leben, wie man will». «Bei uns gibt es keine Interventionen des Staates ins Leben des Einzelnen», rühmte Thukydides, «und keiner der Mitbürger mißbilligt, wenn einer sein Leben nach eigenem Wohlgefallen führt»[24]. Platon aber hinterfragte die leichtfertig hingesprochene Devise, indem er ihren eigentlichen Sinn klarstellte, der nicht das subjektive Belieben des einzelnen, sondern das objektive Gute bedeutete, wonach der Mensch seiner Natur nach strebe[25].

Im Laufe der Entwicklung zur griechischen Klassik entstand aus diesem Gleichgewicht zwischen Freiheit und Bindung eine der schönsten Blütezeiten des menschlichen Geistes. Schließlich aber gewann die Ungebundenheit die Oberhand, die Freiheit nahm erklärtermaßen hedonistische Züge an: die bürgerliche Pflicht wurde als bloße Bürde aufgefaßt, deren man um höherer Lebensgenüsse willen – des philosophischen Diskurses mit Freunden, der goldenen Aphrodite, der Teilnahme an den Künsten – ledig werden wollte. Athen verlor nicht zuletzt darum im Peloponnesischen Krieg seine lange bewahrte politisch-militärische Vormachtstellung: die geistige Ausstrahlung dauerte jedoch bis in die spätrömische und frühchristlich-byzantinische Zeit.

Der Bürger hat damit seine höchste Entfaltung erreicht. Der einzelne war freilich noch immer unlösbar an die Polis gebunden, nur aus ihr zu verstehen. Wer, aus welchen Gründen immer, außerhalb ihres Rechtsrahmens lebte, als Verbannter oder Flüchtiger, galt als Heimatloser, als *apolis*, war seiner bürgerlichen Rechte verlustig gegangen, war der Ärmste unter den Menschen, den jeder geringachtete, den niemand ehrte und liebte. Noch nicht im Blick war die freiwillige Loslösung aus der heimatlichen Bindung um weiterer oder höherer Bezüge willen, wie sie einem Aristipp vorschweben mochte, der fast bonmotartig betonte, daß es von überall auf Erden gleich weit zum Hades[26] sei und damit die kosmopolitische Lebenshaltung präludierte. Die begrifflichen Voraussetzungen für die ersten weltbürgerlichen Visionen waren gelegt: die Vorstellungen der Welteinheit und des Bürgers, die sich alsbald in vielfältigen Äußerungen zu der weltoffenen Sicht und Haltung «mein Feld ist die Welt» verbinden sollten.

1 Hans Freyer, Weltgeschichte Europas, Band 2. Wiesbaden 1948. S. 110.
2 Max Pohlenz, Griechische Freiheit. Heidelberg 1955. S. 5.
3 Platon, Gesetze St. 950 B, C.: «Es ist durchaus zu loben, wenn die meisten

Staaten dazu aufmuntern, auf den guten Ruf bei der großen Masse der Menschen besonderen Wert zu legen.»

4 Aristoteles, Politik, 1279a21; 1274b41.

5 Aischylos, Die Perser. Vers 242: Über die siegreichen Griechen sagt Atossa, die Mutter des Xerxes: «Sie sind nicht Sklaven, keinem untertan». Oder: Herodot VI, 11: «Auf des Messers Spitze, ihr ionischen Männer / schwebt unser Schicksal, ob wir frei oder Knechte sein werden».

6 Metöken sind Fremde, meist Gewerbetreibende und Handwerker, mit zwar verminderten, aber festgelegten Pflichten und Rechten in der athenischen Polis. Periöken hingegen sind in Sparta freie Männer, die weniger fruchtbare Böden bebauen, ihre Dörfer selbst verwalten, aber in der lakedämonischen Polis keinerlei politische Rechte genießen.

7 Karl-Wilhelm Welwei, Die griechische Polis. Stuttgart, Berlin, Köln, Mainz 1983. S. 301.

8 Marie-Françoise Baslez, L'Étranger dans la Grèce antique. Paris 1984. S. 90.

9 John Boardman, Kolonien und Handel der Griechen. Vom späten 9. bis zum 6. Jahrhundert. München 1981 (London 1964). S. 192.

10 Paul Faure, La vie des colons grecs de la mer noire à l'atlantique au siècle de Pythagore, 6ième siècle a. J. Chr. Paris 1978. Die griechische Welt im Zeitalter der Kolonisation. Stuttgart 1981. S. 48–52.

11 Pythagoras, akousmata kai symbola. In: Hermann Diels / Walther Kranz, Fragmente der Vorsokratiker. Band 1, S. 462–466.

12 Herodot, IV, 153.

13 Platon. Gesetze, Buch 12. St. 950 A–E.

14 Herodot, VI, 17.

15 Hesiod, Werke und Tage 684, 687.

16 Marie-Françoise Baslez, L'Étranger dans la Grèce antique. Paris 1984. S. 50–58; 171.

17 Werner Jäger, Paideia. Die Formung des griechischen Menschen. Band 1–3. Berlin (1936) 1954. Band 1. S. 161.

18 Theognis, Elegien 346–349.

19 Hesiod, Werke und Tage, 309f.

20 Hesiod, Werke und Tage, 256f.

21 Thukydides, 1. Buch. 69f, 84.

22 Solon, D 24.

23 Thukydides, 1. Buch, 70.

24 Thukydides, 2. Buch, 37. So auch Plutarch, Lyk. 24: «In Athen durfte jeder leben, wie er wollte, in Sparta hatte keiner dieses Recht».

25 Platon, Staat St. 557 A–C.

26 Aristipp, Fragmente 85.

KAPITEL 3

Der Weltbürger

Es stürzt das Götterrecht – Wenn die Pferde Götter hätten – Kein Mensch wird als Sklave geboren

Kaum hatten die Menschen gelernt, ihren Lebensraum als die eine und kohärente Welt zu erkennen und sich selbst als freie Gestalter ihres Schicksals (in der Polis) zu fühlen, da bildete sich schon, wiederum bei den Griechen, die Vorstellung des Bürgers der Welt, des Weltbürgers heraus, des Kosmopoliten, den keine chthonisch-mutterhafte Verwurzelung, keine bodenständige «Gemeinschaft», kein ausschließendes Gesetz an einen Ort band, der vielmehr, geistbestimmt und der als willkürlich verstandenen Grenzen nicht achtend, die ganze Welt für sich und für alle Menschen beanspruchte, sich überall zu Hause empfand und empfinden wollte.

Diese umfassende Vorstellung entfaltete sich in vielen Facetten in einem Jahrhunderte übergreifenden Prozeß. Beide Wortbestandteile erfuhren dabei Veränderungen. Der ursprünglich rein geographisch-ausdehnungsmäßige oder physikalische Begriff Welt erhielt in späterer Zeit, insbesondere im Hellenismus, eine human-kulturelle Dimension, in der christlichen Philosophie seine metaphysische Plafondierung im Diesseits-Jenseits-Gegensatz. Der Begriff Bürger wiederum, der ursprünglich unauflösbar an die Polis gekoppelt war, weitete sich aus und wandelte sich in Richtung aufs Individualistisch-Kosmopolitische.

Dieser Prozeß nahm beträchtliche Zeit in Anspruch. Dabei ist schon auf frühe Ansätze zu blicken. Zu Recht konstatiert der amerikanische Historiker Hugh Harris: «Nach einer vorwaltenden Auffassung, die, wie ich glaube, der Korrektur bedarf, ist der griechische Geist nicht vor dem alexandrinischen Zeitalter und der Begründung der stoischen Schule über den engen Stadtstaat-Patriotismus und die unüberbrückbare Kluft zwischen Griechen und Barbaren hinausgekommen. Tatsächlich aber lassen sich die Anfänge dieser Idee des Kosmopolitismus schon in der frühklassischen Periode auffinden» [1]. Mögen auch Begriff und ausdrücklicher Inhalt des Kosmopolitismus in jener Zeit noch nicht erfaßt worden sein, rückblickend lassen sich doch die Voraussetzungen erkennen, aus denen dieser Gedanke entstehen mußte. Auf einzelne universalistische Bezüge – die Weltentstehungs- und Weltherrschaftslehren und die Forschungsreisen in entfernte Weltgegenden – ist im Zusammenhang mit dem Auftauchen des rationalen Begriffs Welt aus dem Mythischen schon hingewiesen worden. Nicht minder bedeutsam ist die allgemein-menschliche Perspektive in der Dichtung, die schon die homerischen Gesänge durchzieht. In der herzbewegenden Szene, in der der greise Priamos den Achill um Herausgabe der Leiche seines Sohns Hektor bittet, den dieser getötet hat, sprechen nicht zwei Fürsten, Staats- und Kriegslenker miteinander, sondern zwei Menschen, die wissen, daß sie dem Schicksal [2] unterworfen sind; und daß es Gesetze gibt, die nicht nur für eine Polis gelten. Der Troer appelliert, Achill möge «im Gedenken an den eigenen Vater» [3] Erbarmen zeigen, was er trotz seines übermäßigen Zorns im Blick auf «das weiße Haupt und das weiße Kinn» [4] auch tut; aus menschlichem Takt läßt Achill schließlich die schlimm zugerichtete Leiche Hektors «abseits waschen und salben, daß Priamos ihn nicht erblickt» [5]. Menschlichkeit siegt über nationale und politische Gegensätze.

Ähnlich allgemein-menschlicher Gesinnung begegnen wir bei den Tragikern. Aischylos schildert den Perserkrieg aus der Perspektive des besiegten Feindes – «Europae succubuit Asia», Asien unterlag Europa – ohne Überheblichkeit, verständnisvoll, ja mit Sympathie; er transzendiert die enge nationalistische Interpretation. Das Schicksal waltet über allen, Freund und Feind gleichermaßen, «tragen muß der Mensch, was ihm die Götter schmerzvoll verhängt» [6]. Auch die Hybris, deren sich Xerxes schuldig gemacht,

Lebens- bzw. Regierungszeiten der wichtigsten in diesem Kapitel erwähnten Personen	
Hesiod	≈ 700
Xenophanes	570–475
Simonides	556–468
Heraklit	540–480
Pindar	532–446
Aischylos	525–455
Anaxagoras	500–428
Hekataios	≈ 500
Herodot	484–424
Gorgias	483–399
Euripides	480–406
Antiphon	480–411
Demokrit	460–371
Kritias	≈ 460–403
Hippias	≈ 450
Aristophanes	445–385
Diogenes	412–323
Alkidamas	≈ 400
Krates	≈ 330
Lykophron	≈ 280
Ovid	43 v. Chr. – 18 n. Chr.

indem er seines Vaters Dareios Erbe in Selbstüberschätzung aufs Spiel setzte, ist in der Sicht des Aischylos Werk der Götter. Xerxes' Mutter Atossa stellt der Dichter als gerecht und vorurteilslos hin, indem er sie rhetorisch fragen läßt: «Wer fing ihn an, den Kampf; die Griechen etwa? / Oder mein Sohn, gestützt auf die Macht?» Der Bote aber entgegenet: «Ein Daimon, Herrin, ein vernichtender / Zum Unheil aufgestiegen, fing ihn an»[7].

Euripides porträtiert in seinen trojanischen Stoffen (Die Troerinnen, Andromache) den Gegner als den Göttern unterworfenen Menschen, dessen Gefühle weit umfassender sind als der normale Patriotismus. Das Interesse des Dichters richtet sich auf die psychologischen Vorgänge und Verstrickungen der menschlichen Herzen – ungeachtet ihrer Herkunft. Ob aus Hellas oder Tauris, Ägypten oder Persien, der Mensch verdient des Mitmenschen Aufmerksamkeit und Mitleid. Denn wichtiger als die Zufälligkeiten von Rasse und Nationalität ist der Mensch: «Viel Unheimliches birgt die Welt. / Das Allerunheimlichste ist der Mensch»[8], hatte schon Sophokles erkannt. Der Gegensatz zwischen Griechen und Nicht-Griechen wird relativiert, wenn Andromache, Hektors Frau, auf die anmaßend-verletzende Feststellung ihrer Feindin Hermione «Barbarenbräuche kennt man nicht in dieser Stadt» die moralisch überlegene Antwort gibt: «So dort wie hier bringt Schande, was schmachwürdig ist»[9]. Das waren noch nicht wirklich kosmopolitische Vorstellungen im Sinne gesellschaftlicher Forderungen, aber humane, die naturhaften Gemeinschaftsbindungen transzendierende Gedanken.

Das Erstgeburtsrecht am Kosmopolitismus wird von den Ideenhistorikern verschiedenen Philosophen zugeschrieben, wie das häufig bei begriffsgeschichtlichen Untersuchungen der Fall ist. Unterschiedliche Kriterien sind dafür maßgebend. Häufig genügen aphoristische Äußerungen. Das gilt z. B. für Anaxagoras, der auf den Vorwurf, er vernachlässige Familie und Vaterland, mit der Hand gen Himmel wies und bemerkte: «Da ist mein Vaterland»[10]. Oder für Heraklit, der als Vordenker und Vorläufer kosmopolitischen Denkens bezeichnet wird, weil er als erster eine für alle gleiche Weltordnung behauptet hat. Lapidar sein Satz: «Gemeinsam ist allen das Denken»[11]. Beim Denken müsse man sich aufs Allgemeine stützen, lehrte er, wie die Polis aufs Gesetz. «Denn es nähren sich alle menschlichen Gesetze von dem Einen, dem Göttlichen»[12]. Menschen sind also Vernunftwesen und insofern gleich. Tatsächlich aber, so klagte Heraklit in einem anderen Fragment, ignorierten die meisten von ihnen diese Erkenntnis. «Statt dem Allgemeinen zu folgen», tun sie so, «als hätten sie ein eigenes Denken für sich»[13].

In epigrammatischer Weise erhob Demokrit, allerdings in einem Fragment zweifelhafter Echtheit, einen universalistischen, wenn auch auf die Elite beschränkten Anspruch: «Dem weisen Mann, lehrt er, steht jedes Land offen; denn einer trefflichen Seele Vaterland ist die ganze Welt»[14]. Der Weise dürfe also die Bindung an seine Polis überschreiten. Schließlich befand Platon, daß der Philosoph nur körperlich in der Polis lebte (der staatsbürgerlichen

Pflicht gehorchend), während seine Seele «dies alles für gering achtend... überall umherschweift, unter der Erde und über dem Himmel»[15]. Auch in diesem Fall ist mit solchen Äußerungen nur eine Richtung gewiesen, denn noch ist die kosmopolitische Grundvorstellung, daß alle Menschen auf der ganzen Welt heimisch sein sollten, erst ansatzweise erfaßt.

Eine Öffnung der – in Poleis gegliederten, nach verschiedenen Gesetzen regierten – griechischen Welt steuerten erst die *Sophisten* durch Relativierung der bisherigen Ordnungen an. Sie stellten dem staatlichen ein überstaatliches, allgemeingültiges, allgemein menschliches Gesetz gegenüber. Hippias aus Elis war es, Platons Darstellung zufolge, der diese Vorstellung mit klaren Worten formulierte: «Ich denke, ihr hier anwesenden Herren, daß wir alle verwandt, befreundet und Mitbürger sind: von Natur aus, nicht durch Gesetz»[16]. Das Wort *Kosmopolites* gebrauchte oder prägte als erster, soviel wir wissen, der Kyniker Diogenes aus Sinope, der «Existentialist der Antike». Auf die Frage, woher er stamme, antwortete er, er sei Kosmopolit, ein Bürger der Welt: damit wollte er sich in polemischer Argumentation über die engstirnig-kleinräumigen Streitereien der griechischen Stadtstaaten erheben und sein Desinteresse am politischen Alltag der Zeitgenossen bekunden[17]. Mit seiner provokativen Lebensdevise von der, wie es später hieß, «Umprägung der Münze Mensch»[18] (ursprünglich bezog sich der Begriff auf eine Münzfälscherei, in die sein Vater verwickelt war) formulierte er in pädagogischer Programmatik eine neue Menschheitslehre. Sein Schüler Krates aus Theben, der aus wohlhabenden Verhältnissen stammte, demonstrierte die geforderte Haltung, indem er auf Reichtum und gesellschaftliche Stellung verzichtete. Er folgte seinem Meister mit Ränzlein und lumpigem Mantel: «Ich bin ein Bürger der Länder Ruhmlosigkeit und Armut, unüberwindbar vom Schicksal, ein Mitbürger des Diogenes»[19].

Die Entwicklung zum Weltbürger nahm ihren Ausgangspunkt beim Bürger, freilich nicht dergestalt, daß dieser sein Aktions- und Anspruchsfeld von der Polis auf die Welt ausdehnte; denn die Welt als politisches Ganzes existierte damals auch nicht einmal anspruchsweise. Die imperialen Visionen, Titel, Postulate der orientalischen Großkönige und Großreiche waren den Griechen wohl bekannt, bestimmten aber nicht ihr politisches Denken und Handeln. Der Weg zum Kosmopolitismus wurde vielmehr dadurch geöffnet, daß die Poleis ihre ausschließliche Bedeutung für den Bürger einbüßten. Als Folge des Autonomiestrebens gemäß der demokratischen Struktur des griechischen Zusammenlebens wandelten sich die politischen Vorstellungen nicht durch Herrschaftszwang von oben, sondern dadurch, daß die Bedürfnisse der Bevölkerung sich änderten. Die Grundelemente der überkommenen Polisordnung wurden in Frage gestellt.

Es stürzt das Götterrecht

Grundlage der Polis war der *Nomos*, ihre Grenze identisch mit seinem Geltungsraum. Auch in klassischer Zeit wurde das Gesetz noch immer, wie es Pindar in altertümlicher Gläubigkeit definierte, als *Basileus*, als König der Gemeinschaft aufgefaßt; man hielt daran fest, daß es auf göttliche Stiftung zurückging und Ursprung aller menschlichen Sitte und politischen Regelungen war, mochte der alte Götterglaube auch längst seine unbezweifelte Geltung eingebüßt haben. Das Gesetz der Stadtgottheit galt jedoch nur für die eigene Stadt; die Nachbarstadt stand unter einem anderen Nomos. Wie das Bürgerrecht war also auch das Stadtgesetz ein ausschließendes Privileg der Bürger. Einen den Bürger verpflichtenden Welt-Nomos hätte sich zu dieser Zeit kein Grieche vorstellen können.

Die Stabilität der Polis, festgefügt durch Gesetz und Sitte, begann sich aufzulösen. Auf allen Gebieten kam seit dem sechsten und insbesondere im fünften Jahrhundert Bewegung in die griechische Gesellschaft und machte sie empfänglich für das aufkeimende Neue. Es bildete sich ein einzigartiges geistiges Klima aufnahmefreudiger Bewußtheit und austauschfreudiger Kommunikation. Daß diese Offenheit möglich wurde in einer geschlossenen Welt mit ausschließenden Zugehörigkeiten, ist eine der bemerkenswertesten Entwicklungen an der Schwelle des klassischen Zeitalters. Die Exklusivität der Polis wurde aufgebrochen. Es genügte einzelnen Zeitgenossen nicht mehr, Korinther oder Thebaner, nicht einmal, Griechen zu sein: als solche wußten sie sich ohnehin. Aber das panhellenische Feiertagsbewußtsein besaß im Alltag keine Anbindekraft. So entstand für den unabhängigen Geist allmählich das Bedürfnis, sich einer weiteren, wenn auch abstrakten, nämlich weltbürgerlichen Gemeinschaft angehörig und verpflichtet zu fühlen.

In dieser Konstellation bildete sich ein Stand, dem durch seine ambulante Lebensweise der weitere Blick eigen war. Das waren die Sophisten, Wanderlehrer, die ohne feste bürgerliche Stellung von Stadt zu Stadt mit ihrer Wissenschaft und ihrer Botschaft zogen und zu einer Institution des griechischen Lebens wurden. Sie führten eine Tradition fort. In homerischen Zeiten zogen Rhapsoden von Hof zu Hof und erfüllten mit ihren Gesängen, die die Zuhörer erfreuten, zugleich die Funktion von Chronisten, die festhielten und überlieferten, was wert war, erinnert zu werden, und von Nachrichtenvermittlern, die bei ihren Wanderungen alles aktuell Wissenswerte erfuhren und weitertrugen. Am Ende der archaischen Zeit kamen die Herolde, Wahrsager und andere von Ort zu Ort Reisende hinzu, die eine eigene wohlhonorierte und privilegierte Klasse darstellten.

In der seßhaften Gesellschaft entstand damit eine neue horizonterweiternde Mobilität. Die Sophisten erschienen den konservativen Ständen als Wortverdreher, «Händler mit Seelennahrung», die «leere Scheinweisheit»[20] vermittelten, oder, wie Xenophon den Sokrates sagen ließ, die Sophisten waren, weil sie ihre Weisheit für Geld verkauften, Hurenböcke[21]; sie «reden, um zu betrügen»[22]. Dieser pejorative Beiklang haftet dem Begriff Sophist noch im heutigen Sprachgebrauch an.

In Wirklichkeit stellten die Sophisten den neuen individuellen Menschentyp dar, der auftauchte, weil er einem gesellschaftlichen Bedürfnis entsprach. Das ursprünglich einfache und übersichtliche Leben in der Polis komplizierte sich, nachdem mit wachsender Bevölkerung, vielfältiger werdenden Wirtschaftsvorgängen und demokratischerer Führung die alten Adelstugenden der *Kalokagathia* (körperliche und geistige Tüchtigkeit) zur Bewältigung der sich neu stellenden Aufgaben nicht mehr genügten. Die verwickelten

Weisen des Handelsaustauschs, die vertraglicher Abreden bedurften, die administrativen Beschlußfassungsmechanismen und Wahlvorgänge für die politischen Entscheidungsgremien machten spezifische Kenntnisse erforderlich, die sich nicht durch das aristokratische Privileg des *«göttergleichen Blutes»* und der bloßen Dazugehörigkeit erben, sondern nur lernen ließen.

Diese Kenntnisse und Problemvermittlung besorgten die Sophisten. An die Stelle der sich von selbst verstehenden, unbezweifelten Moral traten Einsichten, die sich nur rationaler Bemühung erschlossen. Damit betrat der *Intellektuelle* die politische Szene, und zwar in seiner ursprünglichen Funktion als Lehrender. Gegenstand seines Unterrichts waren nicht mehr die Vorgänge der Natur (wie bei den ionischen Philosophen, deren abstrakt-theoretische Fragestellung nach den Elementen des Seins damals kein Interesse mehr zu wecken vermochte); in den Mittelpunkt des Interesses der Zeitgenossen rückten jetzt die Probleme des Zeitgeschehens, des menschlichen Zusammenlebens, Sprache, Religion, Politik, Ethik, Pädagogik. Es galt Führungspersönlichkeiten für die Polis heranzubilden. Die Sophisten leiteten diese Aufgabe, deren revolutionäre Auswirkungen sie anfangs nicht voraussahen, von der Tradition ab; sie verstanden sich als Lehrer des Volkes, nicht als Gelehrte, ihre Absicht war weniger die reine Erkenntnis als die politische Einflußnahme. Die erzieherische Dimension ihrer Tätigkeit war ihnen von der Poesie her so selbstverständlich wie ihren Zuhörern.

Homer vermittelte in seinen Gedichten praktische Kenntnisse von der Navigation bis zur Viehhaltung. Simonides, Pindar und andere haben in ihren Weisheitssprüchen ihren Zeitgenossen menschlich-politische Ratschläge erteilt. Die Sophisten führten diese Entwicklung fort und stützten sich dabei auf die in den Dichtungen enthaltenen Weltweisheiten, die sie in praktischer Absicht auslegten. Ihr Ziel war Menschenbildung, die aber nicht mehr durch bloße Darstellung idealer Verhaltensweisen bei den ruhmreichen heldischen Vorfahren vermittelt werden konnte, sondern durch rationale Abwägung und Diskussion dessen, was gut, geziemend, gerecht war. Damit wandelte sich der Logos, auf den sie rekurrierten, zum Instrument der Politik. Die Sophisten faßten ihre pädagogische Tätigkeit als Einübung in politischer Techne auf, die bei der Führung der Staatsgeschäfte gebraucht wurde.

Mit der Interpretation der überlieferten Dichtungen wurden zugleich deren moralisch-pädagogische Inhalte aus kritischer Distanz betrachtet. Die Imperative, die sich einst von selbst verstanden, wurden in Frage gestellt; die als allgemeingültig und unveränderlich angesehenen Werte und paradigmatischen Verhaltensweisen erschienen als abhängig von Zeit und Umständen; die durch Herumwandern zufließenden Einsichten, die zunehmend in Bezug zueinander gesetzt wurden, wirkten auflösend auf die überlieferte Ordnung. Wenn differierende Auffassungen zu den Grundnormen des sozialen Lebens bestanden, wenn gut und böse, gerecht und ungerecht von Ort zu Ort verschieden, zuweilen gegensätzlich ausgelegt wurden – die in Hellas als anstößig empfundene Geschwisterehe zum Beispiel wurde in den orientalischen Hochkulturen nicht beanstandet –, dann erodierten unversehens Autorität und Verhaltenssicherheit. «Es stürzt das Götterrecht»[23]. Mißtrauen in die absolute Geltung der überkommenen Wertungen keimte auf. Wie die Vielzahl der aufeinander folgenden ionischen Urstoff-Theorien, die die Glaubwürdigkeit jeder einzelnen relativierte, so löste sich durch die Vergleiche der verschiedenen *nomoi* auch der Glauben an den Nomos als solchen auf.

Wenn die Pferde Götter hätten

Hinzu trat, daß die einsetzende Massenproduktion von Gesetzen und der demokratische, oft genug menschlich-allzumenschliche Kampf der Personalfraktionen und Interessengruppen die Grundüberzeugungen der Gesellschaft zu relativieren begannen. Das Resultat von Vergleichen ist Skepsis. Auch in dieser Hinsicht standen die Sophisten in einer Tradition. Der Zweifel ist ein Grunderlebnis des wachen griechischen Geistes. So nahm beispielsweise schon Xenophanes aus Kolophon, der als 25jähriger die Heimat verlassen und während mancher Irrfahrten Erfahrungen gesammelt und zu vergleichen gelernt hatte, an der überlieferten Vorstellung der anthropomorphen olympischen Götter Anstoß, die «stehlen, ehebrechen und sich gegenseitig betrügen»[24], und deutete sie in aufklärerisch-kritischem Geist als Schöpfungen des Menschen. «Die Äthiopen stellen sich ihre Götter schwarz und stumpfnasig vor, die Thraker dagegen blauäugig und rothaarig»[25]. Wir wissen also nicht, wie sie wirklich sind. Und noch provokativer formulierte Xenophanes mit seinem Räsonnement: «Wenn Kühe, Pferde oder Löwen Hände hätten und damit malen und Werke wie die Menschen schaffen könnten, dann würden die Pferde Pferde, die Kühe kuhähnliche Götterbilder malen und solche Gestalten schaffen, wie sie selber haben»[26]. Sogar Selbstkritik wurde furchtlos geübt. Hekataios von Milet schrieb im ersten Satz des ältesten griechischen Geschichtswerks: «Dieses schreibe ich, wie ich es für wahr halte; denn was die Dichter erzählen, ist meines Erachtens widerspruchsvoll und lächerlich»[27]. Noch schroffer drückte Anaxagoras den gleichen Gedanken aus, wenn er die – so muß man hinzufügen: hergebrachten – Theorien der Griechen als «falsch» und «ins Blaue herein phantasiert»[28] bezeichnete. Daraufhin wurde der vorurteilslose, über patriotischen Stolz erhabene Philosoph von einem altgläubigen, «reaktionären» Bürger wegen Gottlosigkeit (er bezeichnete die Sonne als glühende Steinmasse![29]) angeklagt und dann wegen «Perserfreundlichkeit» (medismos) aus Athen verbannt; im 20. Jahrhundert kehren ähnliche Vokabeln selbst in demokratischen Staaten wieder, so in Senator McCarthys Kampf gegen die «unamerican activities». Xenophanes war der erste Abendländer, der von der Staatsgewalt wegen freier Forschung angeklagt und verurteilt worden ist; nur die Freundschaft zu Perikles soll ihn vor dem Tod errettet haben.

Die Sophisten machten sich Skepsis, Kritik und Vorurteilslosigkeit zum Gesetz. Nichts war ihnen heilig, nichts stand außerhalb rationaler Überprüfung; nicht nur die Attribute, sogar die Existenz der Götter wurde ideologiekritisch hinterfragt. In dem Satyrspiel «Sisyphos» des Kritias[30] wurden Götter als «Erfindung» eines klugen Mannes bezeichnet – mit dem Ziel, die Bürger einzuschüchtern und so von bösen Taten abzuhalten. Auch wenn in dieser Denkfigur dem «Erfinder» der Götter ethische Motive zugebilligt wurden (anders als seinen Nachfahren im 18. und 19. Jahrhundert, denen vorgeworfen wurde, in eigensüchtigem Interesse die «Absurditäten» der Religion zu verfechten: «Pfaffentrug», «Opium fürs Volk»), lief die Betrachtung der griechischen Aufklärer doch auf die Relativierung und Erschütterung des Glaubens hinaus: es gab in Wahrheit gar keine Götter, sie wurden nur instrumental zur Disziplinierung der Bürger eingesetzt.

Das galt auch für den absolut, weil gottgesetzt genommenen Nomos. Die Sophisten erkannten, durchschauten, entlarvten die darauf gebaute Ordnung als bloße Konvention und Üblichkeit; die Polis wurde demgemäß als irdischer Zweckverband zur Gewährleistung eines geordneten Zusammenlebens gedeutet. «Das Gesetz ist ein Vertrag, in dem sich die Bürger gegenseitig das Recht garantieren»[31]: mit dieser Behauptung provozierte Lykophron die konservativen Stände. Nicht übersinnliche Weihe sanktioniere das Gesetz zur Handlungsmaxime, den Staat als unabänderliche und verpflichtende Heimat der Bürger; Staat und Gesetz seien vielmehr Ergebnis gesellschaftlicher Vereinbarung, eines zwischen Menschen geschlossenen Vertrages, der also auch aufgelöst, nach den gesellschaftlichen Notwendigkeiten verändert, neuen Vorstellungen gemäß verbessert werden konnte. Protagoras leugnete schlicht, daß es eine absolute Religion, eine absolute Sittlichkeit, ein absolutes Recht gebe. Denn der *Mensch* war das *Maß aller Dinge*. Dieser apodiktische Satz des ersten und bedeutendsten aller Sophisten beantwortete die Generationen lang gestellte Frage nach dem Ursprung der Gesetze, Sitten und Institutionen dahin gehend, daß die überkommene Zivilisation (vom Götterkult über die sozialen Unterscheidungen zwischen Adel und Gemeinen, Freien und Sklaven, Hellenen und Barbaren bis zu den Erziehungsnormen) nicht Werk der Götter sei, das Absolutheitsanspruch erheben könnte, sondern des Menschen eigene, also nur relativ gültige Schöpfung. Der einst heilige *Nomos* verlor an Strahlkraft, wurde altmodisch, war verbindlich nur noch für die Unaufgeklärten.

Mit der Charakterisierung der überkommenen Werte als Erzeugnissen der Verabredung wurde ein neuer philosophischer Begriff geprägt, der sich als einer der folgenreichsten der Geschichte herausstellen sollte. Als Gegenbegriff zur Übereinkunft tauchte der Begriff der *Physis*, der Natur auf. Konventionen sind veränderlich, die Natur ist überzeitlich, heißt es erstmals bei dem Arzt Hippokrates in dem Traktat «Über Winde, Gewässer, Gegenden»[32]. Wer suchte, was ewig und überall Geltung hatte, mußte hinter die auf bloßer Setzung (*thesei, nomo*) beruhenden, von den jeweils wechselnden Verhältnissen abhängigen Ordnungen und Äußerungen (der staatlichen Gewalt, der Gesetzgebung, der Rechtsprechung) blicken und fand dabei allgemeingültige, weil allgemein menschliche, von den Verhältnissen unabhängige, also in der Natur der Dinge liegende, gleichsam kosmische Begriffe.

Damit war eine geistige Wende vollzogen. Die Rangordnung der Werte war in ihr Gegenteil verkehrt, der Schritt von der Transzendenz zur Immanenz verwirklicht. Indem die Götter und ihre Weisungen als Produkte des naiven oder listigen Menschen selbst gedeutet wurden, büßte das bisherige Absolute an Autorität und Weihe ein, wurde das Heilige entsakralisiert und säkularisiert. Absolute Geltung erhielten fortan Wahrheiten, Werte, Ordnungen, die von Natur aus – an sich – so sind, wie sie sind, und demgemäß für alle Zeiten, alle Menschen, unabhängig von ihren ethnischen oder rassischen Unterschieden gelten.

Der Begriff Natur ist von Haus aus mehrdeutig bis zur Gegensätzlichkeit, ein Umstand, der seine weiterwirkende Karriere mit begründet hat. Schon die Griechen unterschieden frühzeitig im gesellschaftlich-politischen Bereich zwei Wortbedeutungen. Nach der einen Auffassung begründet die Natur das *Recht der Stärkeren*. Diese Theorie richtet sich gegen die überlieferten Gebote und Ideale der Stammes- und Standesethik, die den einzelnen sozial einbanden, aber den Stärkeren begünstigten. «Es ist ein Naturgesetz», lehrte der Sophist Gorgias, «daß der Stärkere von dem Schwächeren nicht gehindert wird, sondern daß der Schwächere von dem Stärkeren beherrscht und geführt wird, daß der Stärkere vorangeht und der Schwächere folgt»[33]. Die Pleonexie, der Wille zur Macht, bestimmt den Starken «und erleuchtet in seinem Glanz das Recht der Natur».

Der zweiten, historisch besonders wichtigen Auffassung nach wird Natur umgekehrt als höheres vorstaatliches Gesetz verstanden: Natur ist gleichbedeutend mit Vernunft. Im Gegensatz zum «Recht» des Stärkeren, das schon Hesiod als Gesetz der Raubtiere bewertete, stellten die Philosophen selbst ein Ideal als naturgegebenes, als Naturrecht auf. Natürlich, so lautete die neue Lehre, ist dem Menschen, menschlich zu sein, das ihm Anstehende zu tun, das, was ihn vom Tier unterscheidet und hervorhebt. Der Mensch weiß sich nach dieser Auffassung vornehmlich von Geist und Vernunft bestimmt, nicht von Trieb und Machtwillen. Damit wurde erstmals die Gleichheit aller Menschen als politischer Wesen behauptet, weil ihnen natürlich sei, einem höheren Gesetz gemäß zu leben, weil ihnen vernunftgemäßes, humanes Handeln von Natur aus ziemte. Die dadurch begründete Gleichheit aller Menschen richtete sich gegen Sonderrechte (des Bürgers) oder Sonderfreiheiten (des Adels). Das internationale Gleichheitsideal stand also in vollem Gegensatz zur herkömmlichen Polis-Demokratie und begründete die kosmopolitische Sichtweise. Der die Schwachen, Besitzlosen und sozial Benachteiligten begünstigende Egalitarismus enthielt eine revolutionäre Dynamik. «Gott hat alle freigelassen», lehrte der Sophist Alkidamas von Elea, «die Natur hat niemanden zum Sklaven gemacht»[34]. Das Rechtsstatut der Sklaverei sei also von der Konvention gesetztes Unrecht, sei das Ergebnis von Unterdrückung von Menschen durch Menschen, Schwachen durch Starke. Zur (göttlichen, vernünftigen) Natur des Menschen gehöre die Achtung vor und Solidarität mit dem als gleich erkannten Mitmenschen; widernatürlich sei, wenn sich der Mensch vom (tierischen) Machttrieb beherrschen lasse und sich soweit erniedrigt, seine Genossen zu unterjochen und zu versklaven.

Was von dem Gegensatz zwischen Freien und Sklaven galt, ließ sich analog auf das Verhältnis von Männern und Frauen übertragen, wie aus dem Spott des Aristophanes (Ekklesiazousai, Lysistrata) zu schließen, ebenso auf das Verhältnis von Griechen und Barbaren. Der onomatopoetische Begriff *Barbar* wurde ursprünglich auf Fremde, z. B. die Trojaner angewendet, die eine den Griechen unverständliche Sprache benutzten. Sie galten nicht als minder, ihre Vornehmen waren den griechischen Königen und Fürsten ebenbürtig. Den Charakter des Verächtlichen nahm der Begriff erst seit den Perserkriegen (490–479) an, als die nationalistische Kriegspropaganda um sich griff: die Hellenen betrachteten und bewerteten sich nunmehr als höherrangig, *weil* sie Hellenen, die Fremden als niederklassig in Geist und Körper, nach Herkunft, Moral und Tüchtigkeit, *weil* sie Fremde waren. Man blickte auf sie herab, sie wurden ausdrücklich von den panhellenischen Sportveranstaltungen und den Mysterienfestlichkeiten ausgeschlossen. Mit dem Wort Barbaros wurde fortan nicht mehr derjenige bezeichnet, der ein scheinbar unverständliches Kauderwelsch sprach, sondern derjenige, der als ungeschliffen, gesetzlos, grausam, auch knechtischer Gesinnung angesehen wurde. Daß «die Griechen zum Herrschen, die Barbaren zum Dienen berufen seien»[35], war vorherrschende Meinung.

Dieser der aristokratischen Tradition zugehörigen, diskriminierenden Einschätzung wurde schon frühzeitig widersprochen. Antiphon von Athen zum Beispiel, der älteste der zehn attischen Redner, meinte: «Von Natur sind alle in jeder Hinsicht gleich, ob Barbaren oder Hellenen. Das kann man aus dem erkennen, was von Natur für alle Menschen notwendig ist. Alle haben die Möglichkeit, es sich auf demselben Wege zu beschaffen, und in all diesem ist weder ein Barbar von uns verschieden noch ein Hellene. Denn wir atmen alle durch Mund und Nase die Luft aus, und wir essen alle mit den Händen.»[36] Und er bezeichnete die Unterscheidungen zwischen Vornehmen und Geringen, Griechen und Barbaren selbst als Zeichen von Barbarei: der demokratisch-egalitäre Geist erhob sich gegen den aristokratischen Blutvorzug der Tradition. Nicht Unterscheidungsmerkmale, sondern Gemeinsamkeiten wurden gesucht und hervorgehoben. Abgrenzende, differenzierende Begriffe wie fremd oder barbarisch wurden als relativ, d. h. auf den jeweiligen Standort bezogen entlarvt. Das drückte etwa das Bonmot aus: «Anacharsis spricht für die Athener fremdartig, die Athener aber ebenso für Anacharsis.» Diese einprägsam formulierte Erkenntnis wurde ein Topos der Literatur. «Ovid, über dessen lateinische Rede ‹die dummen Geten› seines Verbannungsortes Tomi lachten, ist zu dem ärgerlichen Schluß gekommen: ‹Hier bin *ich* Barbar und werde von niemandem verstanden›, und Paulus spricht den Gedanken ganz allgemein aus: ‹Wenn ich die Bedeutung der Rede nicht verstehen kann, werde ich für den Redenden der Barbar sein und der Redende für mich ein Barbar›»[37]. Aus der Relativierung wurde allmählich die Gleichstellung der Fremden. In der Übergangsphase war es so, daß die Ausländer, die die griechische Bildung annahmen, nicht mehr als Barbaren galten. Der Geist machte gleich.

Aus dieser Einsicht in die Relativität der zwischenmenschlichen Bezüge folgte die Erkenntnis, daß der Mensch im Mittelpunkt steht. Daraus ergab sich einerseits als politisch-revolutionäres Postulat die Emanzipation der Unfreien, Sklaven und sonstigen Benachteiligten, andererseits wurde eine diese Ordnung transzendierende, geistesaristokratische Möglichkeit aufgewiesen, nämlich die einer Elite freier, hochstehender, an die traditionellen Kollektive nicht gebundener Personen.

Es waren also Intellektuelle, die im fünften Jahrhundert aus der überkommenen Welt der kleinen rivalisierenden Griechenstädte ausbrachen und neue weiträumigere Entwicklungen vorbereiteten. Ihre Philosophie der Gleichheit bekundete noch nicht ausdrücklich eine kosmopolitische Gesinnung, aber sie bereitete sie vor. Die Sophisten plazierten sich jenseits der Zwänge der Nomoi, weil sie ihre Geltung aus der Höhe ihrer vergleichenden Welterfahrung beurteilten und relativierten. Ihr vielberufener Kosmopolitismus blieb trotz aller vorbereitenden Theorien doch bloß abstrakter Vorentwurf, theoretische Folge bestimmter moralischer und sozialer, insbesondere egalitärer Überzeugungen, jedoch noch ohne postulative Kraft, ohne politische Veränderungsdynamik, ohne praktische Relevanz. Der Begriff Bürger erfuhr als Folge der physischen und geistigen Mobilität der Zeit eine Umdeutung, die die Ausweitung zum Weltbürger erlaubte und nahelegte. Der freie, weil das Schicksal der Gemeinschaft und damit seiner selbst mitbestimmende, keinem Oberherrn untertänige Polites wandelte sich zu dem unabhängig denkenden, auf sich selbst gestellten, festen Ordnungen abholden, sie häufig in Frage stellenden Individuum, das seine Normen aus der eigenen Vernunft nahm. Seine wichtigste Determinante war wiederum die Freiheit, aber die persönliche, nicht die politische. Diese Freiheit konnte zur Bindungslosigkeit werden, sie mußte es nicht; politisches Engagement und politische Indifferenz waren ihm gleichermaßen möglich. Auf jeden Fall aber war diese Schicht moderner individualistischer Intellektueller nicht auf geschlossene Gruppen orientiert, sondern prinzipiell offen, grenzüberschreitend, bezogen auf alle Menschen in der ganzen Welt. Aus dem Bürger wurde so wenigstens intentional der Weltbürger. Werner Jäger spannt den Bogen über Jahrhunderte, wenn er formuliert: «Von der Aufreißung der Kluft zwischen staatlichem und kosmischem Gesetz führt ein gerader Weg zum Weltbürgertum der hellenistischen Zeit. Es fehlt unter den Sophisten nicht an solchen, die diese Folgerung aus ihrer Kritik am Nomos ausdrücklich gezogen haben. Sie sind die ersten Kosmopoliten» [38].

1 Hugh Harris, The Greek Origins of the Idea of Cosmopolitanism. The International Journal of Ethics. Vol 38. Oktober 1927. S. 2.
2 Ilias, XXIV, 525f.
3 Ilias, XXIV, 485.
4 Ilias, XXIV, 516.
5 Ilias, XXIV, 583.
6 Aischylos, Die Perser, Vers 293.
7 Aischylos, Die Perser, Verse 351–354.
8 Sophokles, Antigone, 1. Standlied des Chores.
9 Euripides, Andromache, Verse 243f.
10 Anaxagoras, B 14.
11 Heraklit, B 113.
12 Heraklit, B 114.
13 Heraklit, B 2.
14 Demokrit, Fr. 2478. Fast wortgleich: Aristophanes, Ploutos, 1151.
15 Platon, Theaitetos. 173 E – 174 E.
16 Platon, Protagoras 337 C.
17 D. R. Dudley, A History of Cynism. London 1937. S. 34f.
18 Platon, Protagoras 337 C.

19 Diogenes Laertius, Leben berühmter Männer, VI, 93.
20 Platon, Sophistes, 213 B.
21 Xenophon, Erinnerungen an Sokrates, I 6 und 13.
22 Xenophon, Buch von der Jagd, 13. 8.
23 Sophokles, Ödipus auf Kolonos, Verse 908–910.
24 Hermann Diels, Fragmente der Vorsokratiker, Xenophanes, 12 fr 14; 19–22. Sillen 11, 12.
25 Hermann Diels, Fragmente der Vorsokratiker, Xenophanes, 24 fr 16. Sillen 16.
26 Hermann Diels, Fragmente der Vorsokratiker, Xenophanes, 25 fr 15. Sillen 15.
27 Hekataios, Historiai.
28 Aristoteles, Metaphysik I, 3. 984 b 15 ff.
29 Diogenes Laertius II, Leben berühmter Männer, II, 8–10.
30 Kritias, einer der 30 Tyrannen, der 403 im Kampf gegen Thrasybulos fällt, stammt aus altadligem Geschlecht, gehört aber als Schriftsteller zu den Sophisten. Hermann Diels, Fragmente der Vorsokratiker, Bd. 1. fr 25. Aus Kritias' Drama ‹Sisyphus Satyrikos›.
31 Aristoteles, Physik I, 2 S. 185 b, 25 ff.
32 Hermann Diels, Fragmente der Vorsokratiker, 18 fr 4: «Von den Göttern vermag ich nichts festzustellen, weder daß es sie gibt, noch daß es sie nicht gibt».
33 Platon, Gorgias 482 E ff.
34 Aristoteles, Rhetorik III 3 p. 1406 b, 11.
35 Euripides, Iphigenie in Aulis, Vers 1400.
36 Hermann Diels, Fragmente der Vorsokratiker, B fr 44 B.
37 Julius Jüthner, Hellenen und Barbaren. Aus der Geschichte des Nationalbewußtseins. Leipzig 1923. S. 50.
38 Werner Jäger, Paideia, Band 1. S. 412.

KAPITEL 4

Alexanders Weltreich

Der erste Flächenstaat – Verschmelzung der Nationen – Hellenisierung des Orients – Städtegründungen – Orientalisierung des Hellenentums – Proskynese – Massenhochzeit zu Susa

Soweit waren die Elemente des weltbürgerlichen Gedankens entwickelt und begrifflich zusammengefaßt worden, als ein säkulares Ereignis des äußeren Geschichtsganges neue realpolitische Voraussetzungen schuf. Alexander, der Einzigartige, betrat die Bühne der Geschichte, der Mann, der nach dem Urteil Voltaires «das Gesicht Asiens, Griechenlands und Ägyptens veränderte und der Welt eine neue Richtung gab» [1], die Gewaltnatur, die *megale physis*, die durch die «große Hellenisierung... den Weg zu den anderen Nationen gebahnt hat und ohne den wir» nach Jacob Burckhardts exzessivem Urteil «von den Griechen wahrscheinlich wenig wissen und dies wenige nicht zu wissen begehren» [2] würden.

Alexanders Bild wandelte sich in der Geschichte. Das ist schon aus Gründen der epochenbedingten Parteinahme verständlich und um so erklärlicher, als die Historiker über keine schriftlichen Primärquellen verfügen; was wir wissen, entstammt Berichten, die Jahrhunderte später verfaßt worden sind[3]. Alexander wird teils als Menschenfreund und Heilsbringer verehrt, teils als Despot und Menschenschlächter verteufelt, als Halbgott oder als Halbirrer porträtiert. «Doch war es eine Torheit der modernen Forscher», liest man in einer der jüngsten Darstellungen, die Quellen ganz generell in dem Herrscher freundliche und dem Herrscher feindliche Autoren aufzuteilen. «Viele Quellen mischten je nach dem jeweiligen Verhalten Alexanders Lob und Tadel recht bunt durcheinander, so wie das auch in modernen Darstellungen geschieht»[4]. Doch stellen ihn Zeiten und Autoren in jeweils eigener Sichtweise dar. Jedes Zeitalter zeichnet ein den eigenen Bedürfnissen angepaßtes Bild.

Im Mittelalter, insbesondere während der Kreuzzüge, wurde der König als ritterlicher Held gesehen, der die orientalischen Weiten durchzog, um Abenteuer zu bestehen und seine Tapferkeit unter Beweis zu stellen. In der Renaissance erschien er als *galantuomo*, im 18. Jahrhundert als aufgeklärter Monarch, in der Romantik als Weltbeglücker, der Morgenland und Abendland vereinigte. Für Nietzsche war Alexander der Übermensch, der eine Zeit über sich hinausführte. Die deutschen Historiker der Jahrhundertwende sahen in ihm eine Art hellenischen Bismarck, den Einiger der griechischen Welt; in den Jahren des angelsächsischen Völkerbund-Idealismus wurde er, beispielsweise von W. W. Tarn[5], zum Apostel des Ausgleichs und der Versöhnung, zu einem Vorläufer der Einigung der Welt stilisiert. Und im heutigen Iran hat ihn der französische Historiker Paul Faure im Jahrtausendzorn «Alexander den Kleinen»[6] nennen hören. Aber selbst in unserer heldenfeindlichen Gegenwart anerkennt dieser Historiker, der – im Sinne von Bert Brechts Gedichtzeile: «Der junge Alexander eroberte Indien. Er allein?»[7] – Alexanders Leistungen hauptsächlich seinen Technikern und Ingenieuren, Kriegsmaschinenerfindern, Schiffs- und Festungsbauern zuschreibt, daß «seine Erfolge ein Rätsel bleiben»[8].

Wie immer man aber Alexanders Impulse und Zielsetzungen deutet, er konzipierte und verwirklichte zumindest ansatzweise die Vision eines die unterschiedlichen Völker und Länder des bekannten Erdkreises umfassenden und vereinenden Welt- und Menschheitsreiches. Er sprach als erster die universale Vorstellung aus, daß alle Menschen Kinder des gleichen Vaters und also Brüder seien und deshalb, ungeachtet ihrer Herkunft und Zugehörigkeit, in *Homonoia*, in geistig-seelischer Übereinstimmung leben sollten. Auf die Klagen der makedonischen Soldaten, der König hätte die Perser «Verwandte» genannt, aber nicht sie, entgegnete er, daß er sie alle zu Verwandten erhebe, küßte sie und brachte danach bei dem Festmahl für Griechen und Perser «aus einem und demselben Misch-

Lebens- bzw. Regierungszeiten der wichtigsten in diesem Kapitel erwähnten Personen		
Thukydides	≈	460– 403
Alkibiades	≈	450– 404
Aristoteles		384– 322
Philipp II.		383– 336
Dareios		380– 330
Theophrast	≈	372– 287
Ptolemaios I. Soter		360– 283
Kallisthenes	≈	360– 327
Alexander der Große		356– 323
Zenon		330– 264
Eratosthenes		275– 195 v. Chr.
Nero		37– 68 n. Chr.
Plutarch	≈	46– 120
Flavius Arrian	≈	95– 175
Antoninus Pius		138– 161
Otto von Bismarck		1815–1898
Friedrich Nietzsche		1844–1900
Konstantin Kavafis		1863–1933
Lawrence Durrell		1912–

krug schöpfend»[9] den Göttern Opferspenden dar, nicht nur den Olympiern, sondern auch den orientalischen Göttern. Dazu schrieb später Plutarch, großzügig mit den Geschichtszahlen umgehend (Alexander starb, als Zenon 13 Jahre alt war): «Was Zenon als Traum des ‹Kosmopolitismus› geschrieben, hat Alexander verwirklicht... Wie in einem Mischkrug hat er alle Völker der ganzen Welt vereint»[10]. Nach dem Tod Alexanders und der Aufspaltung des Reiches in zwar noch sehr ausgedehnte, aber rivalisierende Nachfolgestaaten vollzog sich als Folge seines Wirkens einer der größten Verschmelzungsprozesse in der Geschichte der Menschheit. Dessen Eigenart bestand darin, daß die Vermischung der bis dahin geformten Gesellschaften nicht als zwangsweise Verbindung von Siegern und Besiegten, sondern hauptsächlich als Zivilisationsvorgang, als Übernahme der überlegenen hellenisch-alexandrinischen und später griechisch-römischen Kultur durch die autochthonen afrikanischen und asiatischen Gesellschaften oder als synkretistische Durchdringung der verschiedenen auf dem gleichen Raum aufeinander stoßenden Glaubens- und Gesittungsformen erfolgte. Ein erstes Mal in der Geschichte leuchtete als verwirklichbare Möglichkeit die Kosmopolis auf.

Gewiß hatten Kyniker und Sophisten in ihren Theorien kosmopolitischen Boden betreten. Aber von ihrer philosophischen Doktrin, der Loslösung von der heimatlichen und traditionellen Polis-Bindung und dem selbstdeutenden Postulat, überall zu Hause und Bürger der Welt zu sein, bis zu der schöpferischen Aktion Alexanders, ein die Ökumene umfassendes Reich zu integrieren, lag ein weiter Weg. Der individualistisch-naturrechtliche Denkansatz der Sophisten war im Kern apolitisch. Das gilt sogar, wenn man in die sophistisch-kynischen Theorien auch sozialreformerische, sogar sozialrevolutionäre Absichten «im Konflikt besonders zwischen den Nichtbesitzenden und Besitzenden» [11] hineininterpretiert. Das Hauptziel der kritischen Philosophen bestand darin, sich über die kleindimensionierte Politik der damaligen Städte in die philosophischen Höhen der Staat- und Bedürfnislosigkeit zu erheben. Alexander zielte umgekehrt auf die Verbreiterung und Globalisierung der überkommenen Politik. Er wollte allen Bewohnern des Weltreiches die Vorzüge des Lebens in der griechischen Polis vermitteln, ohne sich darüber Rechenschaft zu geben, daß ihre Besonderheit in der Selbstbestimmung ihrer Bürger lag. Das Reich jedenfalls sollte in aktiver Fürsorge Tugend und Glück aller fördern, sollte eine kosmopolitische Weltzivilisation nach hellenischem Maßstab begründen. Kosmopolitismus war für den König also nicht das philosophische Ideal, dem der Weise nachstrebte, sondern ein Mittel zur Erreichung seines universalistischen Staatszwecks. Dafür setzte er alle Mittel ein. «Im Nilland war (er) Nachfolger der Pharaonen, in Babylon erwies er dem Reichsgott Marduk seine Reverenz, den Persern gegenüber wollte er als der legitime Nachfolger der Achämeniden erscheinen. So haben alle alten Weltreiche an der Wiege des neuen universalen Königtums gestanden» [12].

Erst Alexanders Idee eines völkerverbindenden Weltreichs schlug jene hellen Denkschneisen in die Zukunft, die die Stoiker mit der Theorie betreten werden, daß die Besonderheiten der historisch gewordenen Nationalitäten zu ignorieren und an ihre Stelle das «homogene Menschentum geläuterter Bildung» (Eduard Meyer) zu setzen sei. Kosmopolitismus wurde zur Devise der Zukunft. Über ein halbes Jahrtausend bestimmten die stoischen Lehren das Denken des nach Süden und Osten erweiterten Abendlandes, länger als je zuvor oder danach die einer Philosophenschule, vom Hellenismus bis ins Römische Reich hinein. Diese großen Ideale und Visionen haben die Zukunft maßgebend beeinflußt, die Kosmopolis haben sie nicht auf die Erde gebracht. Weder Alexanders gewaltiger Anlauf noch die Stoa mit ihrer jahrhundertelangen Erziehung zur Humanität vermochten die Menschheit unter einem politischen oder religiösen Friedensdach zu versammeln. Aber daß das Ziel einmal definiert worden ist, hat die Zukunft entscheidend geprägt.

Als die Makedonen unter Philipp II. und danach seinem Sohn Alexander die stärkste Macht Griechenlands wurden, war die Welt der freien Bürger in den griechischen Stadtstaaten im Begriff, sich in wenigen Jahrzehnten selbst zu zerstören. Die politischen Kräfte der zersplitterten Staatenwelt waren in der großen Anstrengung der Perserkriege und den hohen Leistungen der perikleischen Klassik überspannt worden.

Nach der Blütezeit hob eine Zeit der Unruhe und Unordnung an. Der Peloponnesische Krieg brach aus, weil, was nach Thukydides' Urteil nur selten ausgesprochen wird, «die Athener so mächtig wurden, daß sie den Lakedämoniern Furcht einflößten» [13]. Die beiden Vormächte bekriegten und besiegten einander, die lange Mauer wurde geschleift und wieder aufgerichtet, die dreißig Tyrannen kamen und fielen, Alkibiades, der extravagante, wankelmütige Götterliebling und Feldherr, kämpfte je nach Lage auf athenischer und spartanischer Seite, für Demokraten und für Oligarchen, wurde – als angeblicher Anstifter der Hermen-Verstümmelung – verbannt und zurückgeholt, weitete den Krieg bis Sizilien und nach Persien aus, immer sich selbst und seinen Ruhm zum Motiv und Ziel seiner glanzvollen Handlungen nehmend: ein frecher Sohn der Zeit. Die athenische Seeherrschaft löste sich auf, die spartanische Vormachtstellung wurde gebrochen, die kurzlebige thebanische Hegemonie über Griechenland sank darnieder. Die Griechen, in ihren Poleis bisher Herren ihres Geschicks, wurden zu Objekten der Politik. Über ihr Schicksal wurde im Ausland – in Persien, in Syrien, in Babylonien – entschieden. «In Zukunft wird Griechenland ein Zuschauer des Dramas, das jetzt beginnt und Griechen nehmen daran auf beiden Seiten teil»[14].

Der erste Flächenstaat

Nach siebzig Jahren der Kriege und Wirren, in deren Mitte als Menetekel die Verurteilung des Sokrates (399) fiel, errichtete König Philipp II. die Herrschaft der Makedonen über Hellas, womit der erste Flächenstaat Europas entstand. Die freien Städte hörten nicht auf zu bestehen, aber verloren gegenüber der neuen Herrschaft ihren Glanz und ihre geistige Selbständigkeit. Philipp empfahl ihnen, d. h. zwang sie, sich in einem Bund zusammenzuschließen und einen unaufkündbaren, «für immer» geltenden Landfrieden zu schließen, wie in unserer Zeit die kriegsgeschwächten Staaten Westeuropas nach dem Zweiten Weltkrieg innerhalb der Pax americana die Europäischen Gemeinschaften gründeten. Eine föderale Struktur gewährleistete die Autonomie der Mitgliedstaaten, sicherte ihre eigenständigen Verfassungen, institutionalisierte eine zu Korinth tagende Gesandtenversammlung als Bundesrat, das *Synedrion*, das als oberstes Organ Klagen der Partnerstaaten insbesondere wegen Verletzung der Friedenspflicht zu behandeln, gegebenenfalls durch eine Bundesexekutivmacht die Verhältnisse wieder herzustellen hatte; die Gemeinschaft bildete eine *Symmachie*, ein Militärbündnis von der Art der atlantischen Allianz, deren Oberbefehlshaber für alle Zeiten und von Positions wegen der makedonische König sein sollte, wie die Streitkräfte der NATO, wenn nicht nach den Vertragsklauseln, aber aus politischen Gründen von einem amerikanischen General befehligt werden. Philipps Fernziel war, die Griechen durch eine militärische Unternehmung gegen Persien zu einigen; er starb jedoch, gemeuchelt, bevor das Werk recht in Gang gekommen war, das der Sohn alsbald auf seine Weise in Angriff nehmen und vollenden sollte.

Vorerst war damit die hellenische Poliswelt in einer panhellenischen Organisation zwar nicht aufgegangen, aber neutralisiert worden; über sie gestaltend hinauszugreifen, lag nicht in Philipps Absicht. Das war nur natürlich. Denn die nationale Dynastie der Makedonen war die letzte, historisch «verspätete» Monarchie des heroischen Zeitalters: das Königtum leitete sich von göttlicher Herrschaft ab, der König selbst wurde – als «Herzog» – von den Gefährten der Armee bestimmt, deren Führer sich alle noch als miteinander verwandt ansahen. Um so gewaltiger war der Schritt, den Alexander unternahm, wenn er, das Zeitalter der Poleis und der übergreifend-panhellenischen Verbindungen gleichsam überspringend, den Horizont zum Übernationalen aufbrach. Sein Ziel und seine Originalität bestanden darin, daß er, von titanischer Sehnsucht, von der schöpferischen Intuition, dem *pothos* getrieben, den der seinen Helden stets verklärende Arrian entdeckte, die aus sumerischer Urzeit bekannte Vorstellung der Welteinheit zu verwirklichen in Angriff nahm, der erste Visionär der Tat, ein Kriegshandwerker, der einem romantischen Traum folgte, einem «Traum, der größer war als alle seine Eroberungen»[15].

Der Streit der Historiker, ob Alexander, der Bahnbrecher des Kosmopolitismus, die «Welt» in ihrer Gänze entdecken, erobern und beherrschen oder nur dem persischen Großkönig als Herrn des damals ausgedehntesten Reiches nachfolgen wollte und «nicht daran dachte, bis an den Ganges und weiter zu gehen»[16], läßt sich an Hand der Quellen nicht schlüssig entscheiden. Vermittelnd urteilt Paul Cloché, «wenn es auch zweifelhaft ist, daß der Sohn Philipps die universale Herrschaft erträumt hat, so scheint es doch gewiß, daß er seine Aktivitäten nicht auf die Eroberung des Persischen Reichs beschränken wollte, haben doch seine Truppen dessen Grenzen im Südosten beträchtlich überschritten»[17].

In unserem, dem Kosmopolitischen nachspürenden Zusammenhang ist die Frage ohnehin nur von begrenzter Bedeutung. Der Begriff Welt war damals noch eine Übertreibung, die Welt war nicht entdeckt, ihre Grenzen waren unbekannt, Alexander hat weite, zumindest dem Hörensagen nach bekannte Teile Ostindiens, Nord- und Ostasiens weder erreicht, noch scheint er geplant zu haben, sie zu erreichen. Indien hingegen gehörte zum Reich des Dareios; dessen vollständige und ständige Unterwerfung mußte dem Sieger als selbstverständliche Aufgabe erscheinen. Daß er den nach schweren Kämpfen eroberten Pandschab aufgab, beweist für die einen, daß er keine Welteroberungsabsicht hegte; die anschließenden maritimen Expeditionen und Projekte (Indus, Kaspisches Meer, Umschiffung Arabiens) verdeutlichen für die anderen die universale Absicht des Königs. Aus beider Sicht aber erscheint der König als der Weltversöhner und Hirte der Menschheit, dessen weitfliegende Pläne darauf abzielten, die Menschen in dem von ihm beherrschten riesigen Gebiet zu einer interkommunizierenden Einheit zu integrieren, die einander fremden Völkerschaften zu «Brüdern» umzukneten. «Was immer Alexanders Motiv gewesen sein mag: er ist der große Katalysator im hellenistischen Schmelztiegel»[18].

Die Basis legte Alexander mit den noch heute unglaubwürdig anmutenden militärischen Leistungen. Er warf, kaum daß er die Hofkabalen nach dem Tod seines Vaters überwunden hatte, alle Gegner nieder, die sich ihm entgegenstellten – rebellierende Griechenstädte, die ihn alsbald in der Nachfolge Philipps als *hegemon autokrator*, als selbstherrschenden Anführer im Kampf gegen die Perser anerkannten. Das aufrührerische Theben wurde in einer unverhältnismäßigen, der reinen Abschreckung dienenden Strafaktion dem Erdboden gleichgemacht, unter Schonung der Tempel und des Geburtshauses von Pindar: man erkennt in dieser Maßnahme schon früh eine von Alexanders symbolkräftigen, publizitätswirksamen Gesten. Er schlug die kriegerischen Bergstämme im nördlichen Balkan, setzte in einem überraschenden Ausgriff über die Donau, damit gleichzeitig seinem übermäßigen Leistungsstreben Genüge tuend und die schreckensreiche Bewunderung der Zeitgenossen auf sich ziehend; er befreite – unter dem enthusiastischen Beifall der großgriechischen Nationalisten – die ionischen und äolischen Pflanzstädte in Kleinasien; fegte die oligarchischen und Tyrannen-Regime, die sich mit den Persern arrangiert hatten, hinweg und richtete dort Demokratien nach hellenischem Zuschnitt ein; stürmte in unermüdlichen Märschen ins persische

Herzland vor, überall als Befreier der unterdrückten Völker vom persischen Joch auftretend, besiegte in erbarmungslosen Kämpfen die Streitmacht des Dareios, woraufhin er den Titel «König von Asien» einforderte und den Perser warnte: «Wage es nicht, dich in Briefen mir gleichzustellen. Wenn du etwas bedarfst, rede mich an als Herrn alles Deinigen» [19], brachte dann Syrien, hernach Ägypten unter seine Botmäßigkeit, machte sich das Reich des Großkönigs untertan, überschritt schließlich am Hindukusch die Grenzen der sagenumwobenen Wunderwelt Indiens – mit ihren Fakiren und Steliten, den schon damals üblichen Witwenverbrennungen, den weltfernen Gurus, den Kriegselefanten und dem furchtbaren Monsunregen, der auch heute noch alle militärischen Operationen unterbricht. Aber Indien war kein Selbstzweck der Eroberung wie das engere Reich des Großkönigs. Die romantische Unternehmung beeindruckte die Zeitgenossen aufs tiefste, war aber nicht von bleibender Wirkung; griechischer Geist und griechische Institutionen schlugen in Asien keine Wurzeln. Indien blieb Alexander fremd und fern – wie seinen Soldaten, die schließlich nach einem dramatischen dreitägigen Willenskampf den Rückzug erzwangen, bevor er das östliche «Ende der Welt» am Okeanos erreichen konnte. Den analogen Zug zum westlichen Weltende, der dem König vielleicht vorschwebte, vermochte er nicht einmal mehr zu planen. Er starb, vom Malariafieber, von übermäßigen Anstrengungen und Ausschweifungen verzehrt, in Babylon im Jahre 323 v. Chr., von wo aus er den Seeweg rund um die arabische Halbinsel bis zum Roten Meer und nach Ägypten erkunden und für die Schiffahrt eröffnen wollte.

Der einbalsamierte Leichnam des 32jährigen in seinem gläsernen Sarg wurde von Ptolemaios I. auf der Agora von Alexandria ausgestellt und blieb daselbst, bis fanatische Christen nach mehr als einem halben Jahrtausend, Ende des 4. Jahrhunderts, die Verehrung des Königs verboten. Alexander blieb dennoch bis in moderne Zeiten der mit immer neuen Attributen geschmückte Held immer neu gestalteter Legenden, Romane, Filme. Am Beginn der langen Reihe von Darstellungen stand der teils auf vorhandenen Quellen, teils auf fiktiven Dokumenten beruhende Briefroman, der vermutlich im

1. Jahrhundert v. Chr. verfaßt, aber Alexanders Hofhistoriographen Kallisthenes zugeschrieben wird. Als populäre Darstellung großer historischer Ereignisse ist der «Pseudo-Kallisthenes» immer neu aufbereitet worden.

Dabei wurde Alexander häufig auf den Typ des listigen, alle Schwierigkeiten bewältigenden, insofern odysseischen Abenteurers fixiert; im Mittelalter – insbesondere in Frankreich[20] – wurde auf die Folie des großen Reichsbildners der Gedanke des (katholischen) Weltimperiums projiziert. Die Literarhistoriker zählen bis zum 16. Jahrhundert achtzig Versionen des Alexanderromans, die davon zeugen, daß nicht nur die Taten des Helden, sondern nicht minder die rein märchenhaften Partien der Erzählung die Phantasie der Nachfahren aufs stärkste gefesselt haben, so Alexanders Reise ins Land der ewigen Nacht, wo er fast das Wasser des Lebens gefunden hätte; seine Luftfahrt; seine Fahrt zum Meeresgrund; das Orakel der weissagenden Bäume. In 30 Sprachen taucht die Gestalt des großen Königs auf, die gleichsam aus der Geschichte herausgenommen und als Paradigma aufgefaßt worden ist, in immer neuem Gewand. «Nachdem er Ägypter geworden war, wurde er Äthiopier, Perser, Inder, dann Gote, Sachse, Franke, Slawe und nicht zuletzt auch Afghane. Diese unaufhörliche ‹Metempsychose› Alexanders war nichts anderes als der Versuch der Völker, sich Alexander anzueignen. Alexander setzte aber seinen mythischen Feldzug fort, bis er selbst das Allerheiligste seiner ‹Untertanen› erstürmte. Er drang in ihre Glaubensschriften, in ihre heiligen Bücher ein. Im Alten Testament wird über die Herrschaft Alexanders ‹prophezeit›, und im Koran wird Alexander als ein von Gott gesandter Bestrafer dargestellt»[21]. In der Gegenwart begegnen wir ihm schließlich als Helden amerikanischer Western.

Die außergewöhnliche Bedeutung des Heerführers und Eroberers Alexander besteht darin, daß für ihn zur Eroberung der ausgedehnten Gebiete zugleich ihre Erforschung und Erschließung gehörte. Die Eroberungsmärsche durch Asien dienten auch der Erweiterung der geographischen, ethnologischen, aber auch botanischer, zoologischer und sonstiger Kenntnisse. Zu der zeitweise außerordentlich großartigen und aufwendigen Hof- und Lagerhaltung (mit – in Damaskus – fast tausend Köchen, Musikspielerinnen, Kranzflechtern, Salbenmischern usw.) gehörte auch ein ganzes Team von Gelehrten, Geographen, Historikern, Naturbeobachtern, Schriftstellern. Alexander war nicht umsonst Schüler des enzyklopädisch gebildeten und enzyklopädisch interessierten Philosophen Aristoteles. Er übernahm von dem berühmten Mann, den sein Vater mit seiner Erziehung betraut hatte, den Imperativ der Geistigkeit, die alles menschliche Tun überformen sollte. Alles was den Griechen unbekannt erschien, wurde von dem wissenschaftlichen Stab, der die Expedition begleitete, im Kriegstagebuch aufgezeichnet und für spätere Zeiten festgehalten. Die *Bematisten* (bema = Schritt, also Schrittzähler) haben die für Strategen, Beobachter und Wissenschaftler gleich wichtigen Entfernungen in den fremden Ländern gemessen und dementsprechend genaue Landkarten erstellt. Historiker, Schriftsteller, Astronomen, Naturwissenschaftler haben alle Merkwürdigkeiten der Landschaft, der Natur, Gebrauchsgegenstände der fremden Völker untersucht, gesammelt und in Probestücken nach Hause geschickt. Ebenso dienten die maritimen Unternehmungen außer militärischen auch Zwecken der Erkundung. Verschiedene Forschungsreisen etwa an der Küste Westarabiens entlang bis zum Vorgebirge Deire an der Straße von Bab el-Mandeb[22] sind in den Mitteilungen des Theophrast verzeichnet. Theophrast ist es auch gewesen, der in seiner «Pflanzengeographie» die botanischen Forschungen des Alexanderzuges in umfassender Weise verarbeitet hat, das «Glanzstück» seiner Mitteilungen über den riesigen indischen Feigenbaum, den Banyan, beweist «einen so genialen morphologischen Scharfblick, daß sie nach über zwei Jahrtausenden noch unsere Bewunderung»[23] erregen. Aristoteles, der Lehrer Alexanders, entfernte sich schon frühzeitig von dem Zug, er ließ aber seinen Neffen beim König. Der verlockte seine Soldaten immer wieder zum Durchhalten und Weitermachen, indem er sie neugierig machte, etwa mit der Ankündigung: «Ich werde euch zeigen, daß der byrkanische (kaspische) und der indische Meerbusen und der persische Golf zusammenhängen; denn der Okeanos umgibt die ganze Erde. So werden wir mit unserer Flotte vom persischen Meer über Libyen (Afrika) zu den Säulen des Herakles fahren, Libyen umschiffen und dann ganz Asien, so daß die Grenzen unserer Herrschaft mit denen zusammenfallen, die Gott der Erde gesetzt hat»[24].

Die Verschmelzung der Nationen

Diese zivilisatorische Mission, durch die er sein Machtstreben zu veredeln unternahm, gewann zusätzliche Singularität dadurch, daß Alexanders imperiale Landnahmen von früh an von kosmopolitischem Geist erfüllt waren. Die Kriegszüge, die seine Herrschaft erweitern sollten und seinen Soldaten Beute aus asiatischen Schatzkammern in asiatischer Übertreibung verhießen, waren zugleich Forschungsreisen ins Unbekannte, die der Erkundung fremder Völker, ihrer Lebensumstände und Errungenschaften dienten. Das odysseische Grundmotiv – vieler Menschen Städte zu sehen und ihre Sitten zu erkunden – erwies seine fortwirkende Kraft. Die Feldzüge haben in Griechenland ein außerordentliches geographisches Interesse geweckt. Alle überkommenen Vorstellungen gerieten in Fluß. Das Streben der ionischen Philosophen, den Kosmos als Einheit zu begreifen, erstreckte sich von nun an auch auf die äußere Welt und stand damit zugleich in Verbindung zur kosmopolitischen Sehnsucht der Einigung.

Schon zu Beginn seiner Feldzüge folgte Alexander der ihn bestimmenden Vorstellung, die verschiedenen Stämme und Völker des Reiches zusammenzuzwingen und in einer höheren geistigen über- oder transnationalen Einheit zu verbinden; sein Reich sollte mehr als eine bloße Addition botmäßiger Länder werden. Zu diesem Zweck wollte er bei seinen neuen Untertanen nicht als Fremder, als Eindringling und Bedrücker erscheinen, sondern als einer der ihren, als der Herr also, der allen Reichsuntertanen ungeachtet ihrer Herkunft in gleichem Abstand gegenübertrat, allen die gleiche Gerechtigkeit und Fürsorge verhieß. Es galt, den Eroberer hinter dem Repräsentanten und Garanten der Reichseinheit vergessen zu lassen. Die Gleichstellung der Makedonen, Perser, Ägypter, Babylonier sowie der kleinasiatischen und der Festlands- und Inselgriechen, deren Städte nicht Teil des Reiches, sondern ihm «assoziiert» waren – implizierte die Relativierung der eigenen griechischen Überlegenheit. Alexander wollte nicht als Makedonenkönig auch über die Perser herrschen, sondern wollte gleichzeitig und gleichwertig König der Makedonen und Perser sein. Dieses Sich-über-sich-hinaus-Erheben bis zum Universalen war schon dem Anspruch nach ein unerhörtes Unterfangen. Denn in Jahrhunderten war der Gegensatz zwischen Hellenen und Barbaren fest eingeschliffen, im Laufe der Zeiten allerdings auch nuanciert worden. Alexander aber setzte sich über diese Unterschiede hinweg; er meinte mit den Sophisten, das eigentliche Unterscheidungsmerkmal liege nicht in der ethnischen Herkunft der Menschen, sondern in ihrer moralischen Einstellung. Nach dem berühmten Wort des Isokrates macht der Geist (dianoia), nicht das Blut (genos, physis) den Griechen[25]. Dazu merkt Droysen aus der nationalistischen Sicht des 19. Jahrhunderts an: «Das Kühnste war, was ihm die Moralisten(!) bis auf den heutigen Tag zum schwersten Vorwurf machen: er zerbrach das Werkzeug, mit dem er seine Arbeit begonnen... den stolzen Haß der Hellenen gegen die Barbaren zu sättigen»[26].

Alexander war es nicht schwergefallen, über die engen lokalen und nationalen Bindungen und Begrenzungen hinauszugreifen. Trotz königlicher Abkunft hatte er früh gelernt, sein dynastisches Heimatgefühl zu transzendieren, sein Bewußtsein auf die Weite seiner tatsächlichen oder projektierten Eroberungen einzustellen. Er war immer bar allen Heimwehs. Sich über die Würde des makedonischen Volkskönigs zu erheben, war keine schwere Aufgabe.

Sein hellenisches Erbe jedoch hintanzustellen, war schwieriger. Noch motivierte die Griechen, einen Demosthenes, auch einen Aristoteles, und auch einen Alexander, der panhellenische Anspruch. Mit dem Weltbürgerlichen griff der große König der Zeit voraus. Natürlich lockte der Orient seit langem, und besonders einen Alexander, der die Berichte der Historiker und Ethnographen über fremde Länder genau kannte. Reisen in das Reich des Großkönigs waren an der Tagesordnung. Griechische Spezialisten – Bildhauer, Ärzte, Kunsthandwerker, Seher und sogar Söldner in den Leibschwadronen und Gardetruppen – arbeiteten im Dienst der prächtigen und aufwendigen Hofhaltungen in Kleinasien und in Persepolis: die kürzlich entdeckte dreisprachige Stele (griechisch, aramäisch, Volksdialekt)[27] bezeugt den Zusammenhang. Dennoch war der Orient eine fremde Welt, die Alexander nicht als die seine empfand. Manche Historiker haben, um Alexanders Globalgesinnung zu unterstreichen, es als eine seiner großen Leistungen bezeichnet, daß er Identität und Ansprüche der eigenen Nation seiner Weltherrschaft geopfert habe. Das aber trifft insofern nicht zu, als das Hellenische zugleich als das allgemein Menschliche, weil Vernünftige und Maßvolle definiert wurde. Die kosmopolitische Zielsetzung war dadurch mit motiviert; Kosmopolitisierung war – zumindest auch – identisch mit Hellenisierung. Alexander wollte bei seinem Vordringen das asiatische Ideal hinter sich lassen, «dépasser l'idéal asiatique»[28]. Die Fremden rühmten sich ihrer höheren griechischen Bildung, was etwa in der späteren Selbstbezeichnung nicht-griechischer, z. B. parthischer Potentaten als Philhellenen[29] zum Ausdruck kam. Auch Römer wie die Kaiser Antoninus Pius oder Nero ließen sich gern durch diesen schmückenden Beinamen schmeicheln, wie aus aufgefundenen Münzen deutlich wird. Ein Analogon wäre, wenn ein amerikanischer Präsident es als schmeichelhaft empfände, als «Europafreund» charakterisiert zu werden.

Die Erhebung der eigenen Nation zum allgemeinen Vorbild und Maß ist ein Topos der Geschichte des Kosmopolitismus, den wir als *nationalen Universalismus* bezeichnen und dem wir immer wieder begegnen werden. Es ist der Versuch, die Werte der eigenen national begrenzten Ordnung als allgemein menschlich und verbindlich zu setzen. Für Alexander gilt es also nicht, sein Griechentum zu opfern, sondern eine Versöhnung zwischen den unterschiedlichen Gesinnungen und Gesittungen der wichtigsten Reichsvölker herbeizuführen. Das war ein schwieriges, fast noch unlösbares Vorhaben; denn wie konnten Griechen mit ihrer Poliskultur, für die die freie Äußerung auf dem Markt und im Rat selbstverständliches und unverzichtbares Recht des Bürgers war, mit persischen Baronen oder babylonischen Priestern gleichgestellt werden, denen hierarchische Devotion seit unvordenklichen Zeiten als Gebot der Selbstachtung erschien? Von primitiven Kopfjägerstämmen nicht zu reden, die ihrerseits in den unwegsamen Gebieten des persischen Reiches nach ihren urtümlichen Traditionen lebten. Hier war kein gemeinsames Maß zu finden – mit Ausnahme der rein formalen Idee der Einheit selbst, die sich in der Person des absoluten Herrschers materialisierte und sich als Friede unter den botmäßigen Völkern äußerte.

Die Hellenisierung des Orients

Das sah Alexander, der Herr der Völker, als seine eigentliche Aufgabe an: das Weltreich und seine Untertanen zur Einheit, zum friedlichen Miteinander-Auskommen, zur vielberufenen *Homonoia*, zu einer Union der Herzen, zu zwingen. Die Ächtung des Krieges, von einzelnen Historikern anachronistisch in diesen Begriff hineininterpretiert, war damit sicher nicht gemeint, jedenfalls nicht im pazifistischen Sinn eines bewußten Verzichts auf Gewalt als Mittel der Politik. Die Überzeugung, daß die Teilung der Menschen in einander bekriegende Staaten absurd sei, konnte in Zeiten nicht aufkommen, in denen der Krieg zwar als «männermordend» und furchtbar, aber auch als Anlaß zu Ruhmerwerb und Nachleben angesehen wurde. Wie sein Ahnherr Herakles wollte auch Alexander in (kriegerischer) Mühe und Menschenfreundlichkeit – *ponos kai philanthropia* – ein ethisches Weltregiment errichten. In einem symbolhaften Bild, das Eratosthenes überliefert, hieß er in dem Gebet zu Opis, «einem der wendenden Momente der Geschichte»[30], Hellenen und Barbaren wie in einem Kelch umfassender Liebe sich vermischen. Sie sollten, so kündete er, die Welt als ihr eigentliches Vaterland ansehen. Alexander deutete sich als Wohltäter der Völker, der sie ihre nationalen Begrenzungen und Vorurteile in liebendem Dienst an der Menschheit sprengen lehrte. Der persische Adel, auf dessen Mithilfe und Mitwirkung bei der Verwaltung des Reiches er angewiesen war, begriff den Anspruch auf dynastische Loyalität gegenüber dem neuen Herrn. Dem unerhörten, in der Gleichstellungspolitik zum Ausdruck kommenden kosmopolitischen Gedanken des Königs vermochten die konservativen Herren jedoch nicht zu folgen. Alexander, der sich in diesen Gedanken, die natürlich auch seinen Makedonen fremd und ungemäß erschienen, zunehmend vereinsamt fühlte, suchte den Weltstaat darum, um seine eigene, alles überragende Person und herrscherliche Majestät zu begründen. Im allgewaltigen Herrn spiegelte sich die Einheit des Reiches, seiner Völker und Untertanen. Er, sein Wille, sein Machtdiktat sollten das Maß aller Dinge sein.

Diese Vereinigung und Verschmelzung sollte sich als Doppelprozeß, als Hellenisierung des Orients und als Orientalisierung des Hellenentums vollziehen. Alexander erkannte dabei frühzeitig die sich schon aus administrativen Gründen ergebende Notwendigkeit der *Polyglottie*. Er ermutigte darum Griechen ebenso wie Perser und Ägypter, die verschiedenen Sprachen und Idiome des Reichs zu erlernen. Die Integration des Riesenreiches war anders nicht zu gewährleisten. Die Übernahme des Griechischen gelang schon in alexandrinischer Zeit (und unter den Diadochen um so mehr), insbesondere bei den städtischen Oberschichten des Perserreiches, die mit den griechischen Offizieren und Verwaltern Umgang pflegten, auch bei den Frauen und ihren Familien, mit denen sich die Soldaten verbanden; aber es waren zu wenige, um wirklich einen Sprachwandel durchzusetzen, wie er später im Römischen Reich oder unter der Herrschaft der Araber in weiten Gebieten erfolgte.

Städtegründungen

Alexander, der sich dessen bewußt war, setzte darum auf Neugründungen von Städten, von denen er – wie heute bei den frühen Industriegründungen in der Dritten Welt – einen *spilling-over*-Effekt aufs flache Land erwartete. Das aber gelang nur in bescheidenem Umfang: Die Dörfer verharrten in der angestammten Lebensweise und traditionellen Volkssprache. Innerhalb des persischen Großreichs, als dessen legitimer Herr sich Alexander zunehmend fühlte, bestanden Städte nur in einzelnen Gebieten, insbesondere in Kleinasien und Mesopotamien; in anderen Teilen, wie im Ostiran, fehlten sie vollends und mußten neu gegründet werden. Alexander soll zahlreiche Städte neu angelegt haben. Mindestens sieben wurden nach dem König benannt, vom ägyptischen Alexandria bis zur

Alexandria-Escháte, dem heutigen Leninabad. Am Nildelta erbaute der König nach eigenen städteplanerischen und handelspolitischen Vorstellungen die Metropole, die eine prunkvolle Außenbastion der hellenischen Poliskultur darstellen sollte. Ihre neuerrichteten Hafenanlagen haben dem Handel zwischen Griechenland und Ägypten gedient, der bis in unser Jahrhundert seine hervorgehobene Bedeutung nicht verloren hat. Die weltbürgerlich orientalisch-griechische Urbanität der Stadt der vielen Völker und Kulte erhielt sich zweieinhalb Jahrtausende: in unserem Jahrhundert haben Konstantin Kavafis in seinen pointiert erzählenden Gedichten und Lawrence Durrell in seinen pastellfarben-elegischen Romanen ihr historisches Aroma aufgefangen. Das weltabgewandte, nach innen orientierte Ägypten lernte durch die neue Weltstadt, übers Mittelmeer in die Ferne zu blicken. Die hellenistische, die römische, die arabische Weltstunde klangen frühzeitig in Alexandria an, sollten hier historische Höhepunkte erfahren.

Viele Neugründungen dürften eher feste Plätze und Proviantstationen an den großen Verbindungsstraßen als eigentliche Städte gewesen sein, andere insbesondere am Rand des Ostmittelmeers entwickelten sich zu Handelsfaktoreien und trugen zu dem gewaltigen Wirtschaftsaufschwung bei, der das Jahrhundert nach dem Tod Alexanders und der Öffnung der weiten Gebiete für Verkehr und Handel gekennzeichnet hat. Die Kolonisierungen, die Alexander einleitete, waren größer dimensioniert und nachdrücklicher als jene der griechischen Poleis vom 8. bis zum 6. Jahrhundert. Die *Magna Graecia*, die sich an den Küsten des Mittelmeers mit ihren zahlreichen Pflanzstädten erstreckte, erweiterte sich nach Asien und in die heute als Nahost bekannte Region hin. Die Städte waren nach dem Muster der griechischen Polis organisiert. Das Bürgerrecht erhielten vorwiegend Griechen, die sich als Soldaten in den neuen Städten ansiedelten. Freilich kamen auch Einheimische in den Genuß des Bürgerrechts, wenn sie sich durch Sprache und Verhalten hellenisierten. Sie wurden sozusagen zu Ehrengriechen[31]. Schon Alexander förderte diese Assimilierung, indem er eingesessene junge Männer – von 30000 ist die Rede – griechisch erziehen und in militärischen Verbänden eingliedern und ausbilden ließ.

Orientalisierung des Hellenentums

Ein anderer Weg zur Völkervermischung und zur Akkulturierung war die Umsiedlung größerer Gruppen, die schon von den Assyrern vorgenommen wurden. Im Alexanderreich wurden solche Verpflanzungen, die nicht ohne Schmerzen für die einzelnen erfolgten, den Zeitsitten gemäß mit einem kruden Ausdruck *somaton metagogai* genannt, Verlagerung von Körpern. Heute spricht man bei vergleichbaren Vorgängen schamhaft von «Bevölkerungsaustausch», auch wenn die «displaced persons» nur in einer Richtung verlagert werden.

Analog den Bemühungen zur Hellenisierung der weiten Gebiete des Persischen Reiches versuchte Alexander auch die Griechen zu orientalisieren. Vor allem die Truppen und Neusiedler sollten sich den asiatischen Kulturen öffnen und anpassen. Der König selbst nahm Rücksicht auf die Sitten und Lebensweisen der Fremden, verletzte nicht ihre Gebräuche, auch wenn sie unverständlich erschienen, verehrte – was jedem Griechen selbstverständlich war – auch fremde Götter, nahm an ihren Kulthandlungen teil. Schließlich übernahm er Elemente der fremden Kultur – vom Hofzeremoniell bis zum Strafrecht. Er verbot während der persischen Feldzüge zumindest zeitweise das sonst übliche Plündern; Unterdrückung einheimischer Zivilisten suchte er mit allen Mitteln zu unterbinden. Er ließ Satrapen – Bezirkskommandeure –, die sich solcher Delikte schuldig machten, demonstrativ hinrichten, Griechen wie Perser. Wie weit er dabei zu gehen bereit, ja begierig war, zeigten Äußerlichkeiten in seinen herrscherlichen Allüren, die er den orientalischen Despoten absah. Er selbst und seine Führer lernten persisch und kleideten sich persisch. Die übertriebene Entfaltung von Pracht und Luxus in der Kleidung, der Dienerschaft, bei den Festmählern, in der Hofhaltung widersprach den Maximen hellenischen Maßes ebenso wie der oft grausame Umgang mit Untertanen, deren Leibeswohl, Unversehrtheit, ja Leben gegenüber dem Willen, oft auch der Willkür und den von übermäßigem Alkohol abhängigen Launen des Herrschers wenig galten.

Die Geschichte der Feldzüge ist voll von Begebenheiten, Episoden und Gesten, die den übergreifend-kosmopolitischen Sinn des Monarchen offenbaren oder so gedeutet werden können. Nach der Niederlage und Flucht des Dareios überließ dieser sein Heerlager mit seinen Frauen und Verwandten dem Sieger, der ihnen kein Leid anzutun befahl, sondern sie «voll Selbstbeherrschung»[32] mit chevaleresker Höflichkeit, standesgemäß also behandelte, es ihnen an nichts fehlen ließ. Dieses Verhalten war ein taktisches Erfordernis – des Großkönigs Mutter und Kinder waren wertvolle Geiseln; es zeugte aber auch von persönlicher Eitelkeit – der Mächtige konnte sich großherzig zeigen; es fügte sich schließlich auch in Alexanders kosmopolitische Konzeption. Der König war durch Dareios' Tod (er wurde umgebracht, um nicht in Feindes Hand zu fallen) und die Vergänglichkeit menschlicher Größe so betroffen, daß er «in einem spontanen Akt des Herzens», der alle Zeugen und späteren Betrachter ergriff, seinen Königsmantel auszog und über den toten Gegner breitete[33]. Diese beabsichtigten großmütigen Handlungen wurden von seinem Biographen Kallisthenes und in vielen späteren Alexandergesängen und -romanen erwähnt und gefeiert; sie entspringen einem weltumgreifenden Geist des Ausgleichs zwischen Sieger und Besiegten.

Der Wiener Historiker Fritz Schachtermeyr, dessen umfassendes Werk ein bei aller Gelehrsamkeit rauschhaftes Preislied auf das Genie Alexanders ist, deutet: fehl am Platze wäre es, in solchem Verhalten «nur theatralische Gesten, ein romantisches Sich-in-Szene-Setzen, bloß Propaganda zu sehen. Hier wirkte die Urkraft eines symbolischen Stils ... Wenn Alexander an Wendepunkten seines Schicksals den Göttern opferte, das Zeichen zum Beginn gab, wenn er die Lanze warf oder später die Fackel, er tat es ..., um dem Geschehen selbst den adäquaten Ausdruck zu leihen. Daher lag in solchen Handlungen immer etwas Priesterliches, Prophetisches. Es war, als interpretiere er staunend die Schöpferklänge, von denen sein Inneres hallte»[34].

Proskynese

Am deutlichsten und dramatischsten äußerte sich der Prozeß der Orientalisierung in der Übernahme der persischen Sitte des Fußfalls nebst Kuß, die Alexander seinem Gefolge bei Hofe aufzunötigen versuchte. Er bestand aber nicht darauf, als er bei den griechischen Truppen auf ernsthaften Widerstand stieß. Die *Proskynese*, die eine in dem Devotionskuß der griechischen Orthodoxie dem Popen gegenüber noch heute täglich geübte Gepflogenheit ist, stieß damals auf Unverständnis, weil ein Grieche auch dem König, der als Heerführer noch immer als Erster unter Gleichen empfunden wurde, nicht eine dem Göttlichen vorbehaltene Ehrerbietung erweisen konnte.

Alexander folgte dem fremden Brauch zugleich aus mehreren Gründen. Im Sinne der kosmopolitischen Reichsräson schien es ihm angebracht, sich vom hellenischen Ursprung zu entfernen und die orientalischen Vorstellungen zu übernehmen; damit sollte zugleich der griechische Nationaldünkel gegenüber den Barbaren gebrochen werden. Der naheliegende umgekehrte Weg – die fremden Völker in bezug auf die Freiheit den Griechen gleichzustellen und die Reichsgemeinschaft in der Erziehung aller zur selbstbewußt aufrechten Haltung gegenüber dem Fürsten zu suchen – widersprach dem König, der bei seinen Zügen orientalische Vorstellungen der Herrschaft sich gern zu eigen gemacht hat.

Einen Höhepunkt dieser – man könnte sagen – Transsubstantiation des Hellenen zum Weltherrscher war schon in Ägypten mit der Vergöttlichung des Königs erreicht, mochten die Ereignisse beim Altar des Ammon bei den Seinen auch bei weitem nicht solchen Widerspruch ausgelöst haben wie der spätere Fußfall. In der Oase *Siwa* wurde von alters her der Kult des Gottes Ammon begangen, der von den dort lebenden Kolonialgriechen mit Zeus gleichgesetzt wurde. Von den Priestern des Ammonaltars, zu dem Alexander wallfahrte, wurde er als Sohn des Gottes Ammon-Re begrüßt – eine nicht unübliche, aber ihn tief berührende Form der Verehrung. Er nahm die Begrüßung nur allzu willig als prophetisch-priesterliche Bestätigung seiner göttlichen Abkunft, ja seines göttlichen Wesens[35]. Göttliche Zeugung war den Griechen aus der olympischen Mythologie eine vertraute Vorstellung. Als Sohn eines Gottes war er selbst nicht Gott; die Grenzen waren durch den traditionellen Rang des Halbgottes, des Heros fließend. Des Königs Anspruch auf Weltherrschaft erhielt dadurch jedenfalls die Weihe des Numinosen, seine Taten (und Untaten) während der Eroberungszüge fanden eine Rechtfertigung aus der Transzendenz, obwohl diese Verheißung – im Sinne der alten Titulaturen – ein Ritual ohne besondere Bedeutung darstellte. Je weiter aber der Abstand zwischen der königlichen Majestät und der Masse der Untertanen aufgerissen und als solcher empfunden wurde, um so mehr ebneten sich die Unterschiede zwischen den Untertanen ein. «Die auf das höchste gesteigerte persönliche Herrschaft ist das Machtmittel zur Überwindung aller Gegensätze»[36].

Die Massenhochzeit zu Susa

Alexander ging auf diesem Weg mit einem exemplarischen Akt voran. Er nahm sich, obschon mit der persischen Satrapentochter Roxane, der «Perle des Orients»[37], verheiratet, die älteste und die jüngste Tochter des Dareios zu gleichberechtigten, legitimen Gattinnen; als Großkönig beanspruchte er mehrere Gemahlinnen. Dem König genügte aber dieser Akt einer symbolkräftigen dynastischen Verbindung nicht, die im Interesse des Reiches lag. Alexander, der Maßlose, suchte darum die Blutsbande zwischen den beiden Völkern durch eine Massenhochzeit so eng zu flechten, daß Griechen und Iraner in absehbarer Zukunft zu einer übergreifenden Nation zusammenschmelzen würden.

In einem fünf Tage währenden Riesenfest[38], dessen Symbolik und Übertreibung alles bisher Gehörte überbieten sollte und überboten hat – 9000 schwere Goldbecher ließ der König allein als Geschenke verteilen –, wurden 90 vom König selbst auserwählte Griechen aus der hohen Erb- und Militäraristokratie zu einer Hochzeit mit iranischen Adelstöchtern befohlen; weitere 10000 Soldaten heirateten zur gleichen Zeit ihre asiatischen Gefährtinnen. Sie erhielten alle eine ansehnliche Mitgift. Ihre Nachkommen sollten die Zukunft des Reiches bestimmen. Auch wenn in den überlieferten Zahlen Übertreibungen der Historiker eingerechnet werden müssen, verliert der Akt nichts an seiner die Phantasie der Völker beschäftigenden Kraft. Von einer solchen Aktion ist nie wieder im Laufe der Jahrtausende berichtet worden. Kritiker Alexanders haben die organisierte, fremdbestimmte «Zuchtwahl» als unnatürlich und barbarisch verurteilt. Zu Unrecht insofern, als es bei der Verbindung der 10000 größtenteils um die bloße Legalisierung schon bestehender Verhältnisse ging.

Diese Pläne und Vorhaben des großen Alexander sind natürlich nicht in dem von ihm angestrebten Maße und mit der erhofften Auswirkung verwirklicht worden. Nach seinem Tode haben viele der Jungvermählten, die ihren Nationalismus nicht zu überwinden vermochten und der Verschmelzungspolitik während des ganzen Feldzugs schon von Anfang an widerstrebten, ihre Frauen verstoßen und sind in ihre makedonische Heimat zurückgekehrt. Es ist dem König also weder die Vereinheitlichung der Ökumene noch die Verschmelzung der Völker gelungen. Ja, das Reich selbst zerfiel, kaum daß die Zügel seiner gewaltigen Hand entglitten. Die Kosmopolis unter Leitung des absoluten Herrschers wurde anvisiert, aber nicht begründet; eine kosmopolitische Gesellschaft gleichberechtigter und gleichgestellter freier Bürger wurde nicht Wirklichkeit, kam aber ins Blickfeld der Zeit.

Die Anstöße, die von seiner ins Grenzenlose vorstoßenden Phantasie, seinem unbeugsamen Willen und seinen unerhörten Taten ausgingen, wirkten über Jahrhunderte weiter und veränderten den Lauf der Welt. Die Idee der Gleichheit und des «liebenden» Aufeinanderbezogenseins der Menschen wurde zu einer ewigen Sehnsucht der Menschheit. Das Modell eines zentral verwalteten Weltstaates wurde entworfen, in Umrissen verwirklicht und ist seither nie wieder aus dem Bewußtsein der Menschheit geschwunden. Diese, wenn auch nur skizzenhafte Zusammenfassung der Völker und Nationen stellte angesichts der Dimensionen des Reichs und der – trotz Königsstraßen, Posthäusern und der Weltmünze Dareikos – noch wenig entwickelten Verkehrs- und Kommunikationsmittel eine gewaltige Leistung dar. Damit wurden die

Grundlagen für die allmähliche Herausbildung der hellenistischen Kultureinheit gelegt, innerhalb derer sich während der nächsten Jahrhunderte ein neuer Menschentypus, eine neue Geistigkeit, eine neue Gesellschaft entwickelten.

1 Voltaire, Artikel «Alexandrie», in «Questions sur l'Encyclopédie, par des amateurs». 1773. S. 145–150.

2 Jacob Burckhardt, Griechische Kulturgeschichte, Band 4 (Gesamtausgabe Band 11). Berlin, Leipzig 1931, S. 408.

3 Vor allem Arrian von Nikomedien, Mitte des 2. Jahrhunderts, der sich in der «Anabasis» auf die verlorenen Werke des Königs Ptolemaios sowie eines der Feldherren des Alexander, des Aristoboulos, stützt; außerdem Plutarch, Quintis Curtius usw.

4 Fritz Schachtermeyr, Alexander der Große. Das Problem seiner Persönlichkeit und seines Wirkens. Österreichische Akademie der Wissenschaften, Philosophische Klasse, Sitzungsbericht, 285. Band. Wien 1973. S. 609, Anm. 703.

5 William Woodthorpe Tarn, Alexander der Große, Band I und II. Darmstadt 1968. S. 150, 152, 748.

6 Paul Faure, Le mystère Alexandre le Grand. In: L'Histoire, Nr. 57, Juni 1983. S. 35.

7 Bert Brecht, Fragen eines lesenden Arbeiters, Gedichte III. Frankfurt/M. 1967. S. 657.

8 Paul Faure, Le mystère Alexandre le Grand. In: L'Histoire, Nr. 57, Juni 1983. S. 39.

9 Arrian, Anabasis. VII, 11.

10 Plutarch, De fortuna Alexandri, Kapitel VI.

11 Heinz Schulz-Falkenthal, «Ich bin ein Weltbürger». Wiss. Zeitschrift Univ. Halle. XXVIII 1979, H. 1. S. 31.

12 Hermann Bengtson, Griechische Geschichte. Von den Anfängen bis in die Römische Zeit. München 1950. S. 407.

13 Thukydides, Peloponnesischer Krieg I, 23.

14 Michael Rostovzeff, Geschichte der Alten Welt. Band 1. Der Orient und Griechenland. Leipzig 1941. S. 383.

15 William Woodthorpe Tarn, Alexander der Große, Band I und II. Darmstadt 1968. S. 821.

16 Johann Gustav Droysen, Geschichte des Hellenismus. Band 1, Buch 2. Geschichte Alexanders des Großen. Tübingen 1952. S. 156–163.

17 Benedictus Niese, Geschichte der griechischen und makedonischen Staaten seit der Schlacht bei Chaeronea. Band I. S. 10 ff.

18 Moses Hadas, Hellenistische Kultur. Werden und Wirkung (Helle-

nistic Culture, Fusion and Diffusion, New York 1959). Stuttgart 1963. S. 32.

19 Arrian, II, 14.

20 Beispielsweise Alberic de Besançon, Lambert le Tort, Alexandre de Bernai.

21 Georg Veloudis, Alexander der Große. Ein alter Neugrieche. Tusculum Schriften 435. München 1969. S. 9f.

22 Peter Högemann, Alexander der Große und Arabien. S. 81. In: Zetemata, Monographien zur klassischen Altertumswissenschaft. Heft 82. München 1985.

23 Hugo Bretzl, Botanische Forschungen des Alexanderzuges. Leipzig 1903. S. 159.

24 Arrian, V, 26.

25 Isokrates IV, 50 (Panegyrikos).

26 Johann Gustav Droysen, Geschichte des Hellenismus. Band 1, Buch 2. Geschichte Alexanders des Großen. Tübingen 1952. S. 286f.

27 Fouilles de Xanthos VI. La stèle trilingue de Létòon. Paris 1979.

28 Pierre Jouquet, L'impérialisme macédonien et l'hellénisation de l'Orient. Paris 1972. S. 17.

29 Konstantin Kavafis. Brichst du auf gen Ithaka. Sämtliche Gedichte. Übersetzt von W. Josing und Doris Gundert. Köln 1983. S. 31: «Vor allem gib acht... nach ‹Basileus› und ‹Soter› in eleganten Lettern ‹Philhellene› einzukerben.»

30 William Woodthorpe Tarn, Hellenistic Civilisation. London 1927. S. 69.

31 Moses Hadas, Hellenistische Kultur. Stuttgart 1963. S. 28.

32 Arrian, IV, 19.

33 Plutarch, De fortuna Alexandri, 43, 5.

34 Fritz Schachtermeyr, Alexander der Große. Das Problem seiner Persönlichkeit und seines Wirkens. Österreichische Akademie der Wissenschaften, Philosophische Klasse, Sitzungsbericht, 285. Band. Wien 1973. S. 165.

35 Arrian, IV, 9.

36 Walther Schücking, Die Organisation der Welt. Festgabe für Paul Laband, Band 1. Tübingen 1908. S. 543.

37 Jacob Burckhardt, Griechische Kulturgeschichte, Band 4 (Gesamtausgabe Band 11). Berlin, Leipzig 1931. S. 419.

38 Arrian IV, 4.

KAPITEL 5

Die stoische Weltgesellschaft

Kinder des Zeus, Brüder von Natur aus – Gesellschaft ohne Fremde – Sklaven menschlich behandeln – Humanität und Menschenwürde – Barbarische Weisheiten – Koiné und synkretistische Kulte – Ein ägyptisches Versailles

Die Stoa formulierte ein Kosmopolitismus-Konzept, das für die hellenistischen und die Jahrhunderte des Römischen Reichs, ja bis zur Gegenwart maßgebend geworden ist. Grundsätzlich neue, die innere Struktur oder die postulative Außenwirkung verändernde Gedankenelemente sind nie mehr hinzugefügt worden.

Der Kosmopolitismus der Sophisten war dem Wunsch des Individuums entsprungen, sich aus den vorgegebenen Ordnungen, von tellurischen Bindungen, ständischer Zugehörigkeit, Polis-Loyalität loszulösen und als Person zu entfalten. Mit Hilfe der sich autonom setzenden und universale Geltung beanspruchenden Vernunft begehrte der dynamisch vorwärtsstürmende, stets Neues entdeckende einzelne Ungebundenheit und Freiheit. In einer sich öffnenden Welt erstrebte er, um mit einem modernen Begriff zu reden, Selbstverwirklichung. Dieser Individualismus trug potentiell anarchische, disruptive Züge, weil soviel Emanzipation zum Dissens zu führen, so viele sich selbst bestimmende Willen zwangsläufig in Streit zu geraten drohten. Tatsächlich aber verursachten die Meinungsverschiedenheiten keine ernsthaften Konflikte, weil sich Sophisten, Aufklärer und Philosophen zwar als in der Öffentlichkeit wirkende Lehrer verstanden und ihre Schüler entsprechend beeinflußten, aber doch keine Massen bewegten. Ihr Tun bezog sich stets auf einzelne.

Die Sophisten wollten von den Banalitäten des täglichen Lebens und der, wie sie es empfanden, Kirchturmpolitik ihrer Poleis nichts wissen. Selbst in den großen Reichen wählten sie die Distanz. Als Alexander dem berühmten Kyniker Krates die Frage stellte, ob er den Wiederaufbau seiner zerstörten Vaterstadt Theben wünsche, erwiderte er ungerührt mit der Gegenfrage, was das denn für einen Zweck haben solle, vielleicht werde ein anderer Alexander die Stadt wieder zerstören [1].

Von der politischen Gewalt erwarteten Denker vom Schlage eines Krates, der in jedes Haus ging, um zum Guten zu mahnen und deshalb «Türöffner» [2] genannt wurde, nur die Gewährleistung der Sicherheit, daß sie ihr Leben in Ruhe und Behaglichkeit den hohen Zielen ihres Nachdenkens widmen könnten. Sie präformierten damit die im Liberalismus der Neuzeit wichtige Idee des *minimal state,* dessen Hauptintention Wohlstand, «Glück» und die Sicherung der Freiheit des einzelnen war; dieser – pejorativ gesprochen – Nachtwächterstaat stellte geradezu das Gegenteil des für die griechische Klassik bezeichnenden Idealstaates dar, der Platon und Aristoteles zufolge die Sittlichkeit auf Erden, d. h. das rechte und gute Leben der Bürger in dem und für den Staat verwirklichen sollte.

Die Gemeinschaft hatte im Leben und Denken der ethisch determinierten Griechen traditionsgemäß Vorrang vor dem Individuum, dessen Freiheit und Eigenbestimmung sich aus den gemeinsamen Pflichten und Rechten in der *politeia,* im Staatswesen ableitete. Die griechischen wie alle späteren Aufklärer hingegen hatten weder Interesse, noch zeigten sie Anteilnahme an den Poleis und ihren Schicksalen, die ihnen nur als Beliebigkeiten und Willkürlichkeiten des Menschlich-Allzumenschlichen erschienen, ohne Bezug zu den hohen Regeln rationaler Lebensführung, die zu befolgen dem Weisen anstand. Die Philosophen suchten daher, wenn schon eine Gemeinschaft sein mußte, Zuflucht unter dem abstrakten Dach des Kosmopolitismus. Fern lag ihnen allerdings der Gedanke an einen erdumspannenden, zwangsläufig mit großer Machtfülle ausgestatteten Weltstaat, der ein kosmopolitisches Leben ermöglichen würde. Aber auch die politische Utopie der Staatenlosigkeit schwebte ihnen nicht vor. Sie projektierten keineswegs die Niederreißung der bestehenden staatlichen Gemeinschaften – gemäß dem oft zitierten Wort des Euripides «Überall in der Luft ist der Adler zu Hause; auf der ganzen Erde hat der edle Mann sein Vaterland» [3]. Die Kosmopolis wurde vielmehr als Idealbild oder weniger philosophisch verpflichtend, als Wunschtraum – im Sinne der damals modernen Staatsromane – verstanden. «Die Große Polis bot dem Stoiker nicht nur einen äußerlichen Ersatz für den konkreten Einzelstaat; sie wurde ihm zu einem religiösen Erlebnis, das dem Menschen erst das volle Bewußtsein seiner gottähnlichen Hoheit, aber auch seiner Verantwortung gibt» [4].

Das zweite konstitutive Element des stoischen Kosmopolitismus geht auf Alexander zurück, dessen staatspolitische Grundlage die Gleichheit der verschiedenen Völker war – mit der Maßgabe, daß sie eine einzige Gemeinde bildeten. Ihre kosmopolitische Gesinnung zielte auf Identifikation mit, nicht auf Distanz zum Gemeinwesen hin. Die Menschen begannen zu lernen, in übergreifenden Zusammenhängen zu leben, sich als Brüder in einem einzigen irdischen Gemeinwesen zu fühlen, wozu W. W. Tarn einseitig, aber tendenziell richtig betont: «Nicht Zenon (der Gründer der stoischen Schule), sondern Alexander ‹war› der eigentliche Urheber» [5] der kosmopolitischen Umwälzung.

Der König hoffte in seinem Titanentum Entwicklungen binnen einer Generation zu vollenden, die, wenn sie überhaupt bewußt anzusteuern waren, Jahrhunderte in Anspruch nehmen mußten: die Geburt einer neuen Rasse aus der Verschmelzung der bestehenden Völker. Aber trotz seiner Politik der ethnischen Durchdringung und Vermischung verflüchtigte sich der Kosmopolitismus, seit er die Gleichheit der Menschen nur noch als gleiche Entfernung von seiner eigenen Majestät empfand. Aus selbstbewußten und selbstverantwortlichen Bürgern wurden – wie noch häufig im Laufe der Zeiten – gehorsame, nur auf die eigene Wohlfahrt bedachte Untertanen; die Menschen verloren sowohl ihre individuelle wie ihre politische Selbstbestimmung, wurden Glieder der großen Menschenherde, über die ein mehr oder weniger gütiger Hirt gebot. Diese Idee – Hirt und Herde – beeinflußte, metaphysisch überhöht, maßgeblich die christliche Vorstellungswelt und Philosophie.

Lebens- bzw. Regierungszeiten der wichtigsten in diesem Kapitel erwähnten Personen	
Lykurg	um 750
Theognis	584–nach 537
Euripides	480–406
Isokrates	436–338
Platon	427–347
Diogenes	412–323
Ptolemaios I. Soter	360–283
Zenon	336–264
Chrysipp	280–206
Hannibal	246–183
Cato	234–149
Antiochos III.	223–187
Polybios	≈ 201–120
Terenz	195–159
Scipio Aemilianus	185–129
Ptolemäus VII. Euergetes II.	170–116
Poseidonios	≈ 135– 50
Cicero	106– 43
Cäsar	101– 44
Kleopatra	52– 30
Augustus	31 v. Chr. – 14 n. Chr.
Philon	20 v. Chr. – 50 n. Chr.
Seneca	4 v. Chr. – 65 n. Chr.
Epiktet	50 n. Chr. –138
Domitian	81– 96
Marc Aurel	121–180
Lukian	≈ 135–190
Tertullian	160–nach 220

Kinder des Zeus, Brüder von Natur aus

Die Philosophen der stoischen Schule verknüpften den individualistischen Ansatz der Sophisten mit dem sozialen Alexanders. Sie lehrten, daß alle Menschen – nicht nur Hellenen, auch Ägypter, Kelten, Juden – Teilhaber an der alles bestimmenden Weltvernunft, dem Logos, seien und insofern gleich und miteinander verwandt: «Brüder von Natur aus und Nachkommen des Zeus» [6]. Sie bildeten zusammen ein *politikon systema*, einen vernünftigen Lebenszusammenhang, standen unter den gleichen Geboten und vor den gleichen Aufgaben, waren gleichermaßen in Liebe aufeinander bezogen. Da das Weltgesetz für alle Menschen galt, war das Zusammenleben auf der Welt konstitutionell kosmopolitisch.

Die Welt wurde von den Stoikern als Materialisierung vernünftiger Weltgedanken verstanden. Die planvolle Ökonomie und der harmonisch geordnete Ablauf des irdischen Geschehens erschien ihnen als Zeugnis und Beweis seiner Vernünftigkeit. Darin drückte sich Alexanders *Homonoia* aus, das Einvernehmen der Herzen, eine der maßgeblichsten und wirkungsmächtigsten Ideen im Hellenismus. Individuum und Gemeinschaft waren in dieses System eingebunden, sie waren aufeinander angewiesen, standen in Wechselbeziehung zueinander, wie die Teile zum aristotelischen Ganzen. Der stoische Weise befand sich also in Nachfolge seines sophistischen Vorgängers, insofern er, Individualist wie dieser, sich selbst und seine innere Entwicklung zum Ziel seines Denkens und Handelns setzte. Auch er versuchte, Lebensglück durch praktische Lebenskunst zu verwirklichen; auch er strebte nach der geistigen Unabhängigkeit, nach Verzicht auf die Leidenschaften und Begehrlichkeiten des Alltagslebens. Sein Lebensideal war die *galene tes psyches*, die Meeresstille der Seele, wie es poetisch hieß, und die Haltung der *ataraxia,* der Seelenruhe. Nicht Ruhm erstrebten sie, sondern Gelassenheit, nicht Einfluß auf die Gegenwart und Erinnerung bei den Späteren, sondern Unbetroffenheit von den Zufälligkeiten des Tages; über den Dingen stehen, war ihr Ziel. *Lathe biosas,* lebe im Verborgenen, in der Stille, hieß ihre Empfehlung.

Der stoische Weise ging aber über die Kyniker und Sophisten insofern hinaus, als er sich – in scheinbarem Widerspruch zu seinem ursprünglichen Individualismus – ethischen Gemeinschaftsgeboten unterwarf. Wie Platons Philosophen-Könige, die – an sich mit Besserem, nämlich der Schau der Ideen beschäftigt – es, wenn auch stöhnend und sich selbst bezwingend[7], doch auf sich nahmen, in bestimmten Abständen in die Schattenwelt der sog. Wirklichkeit hinabzusteigen und sich für Regierungstätigkeit zur Verfügung zu stellen, so fühlten sich auch die Stoiker zum Gemeinschaftsdienst verpflichtet. Weil die Vernunft als Mittel zur Erlangung der Glückseligkeit tugendhaftes Verhalten bestimmte, nahmen sie sich in Mitleiden und Solidarität ihrer Mitmenschen an. Weil sie sich zu beherrschen wußten, unterzogen sie sich der ungeliebten Herrschaftsaufgabe. Allein der Weise war seiner Vollkommenheit wegen imstande, seine Mitbürger auf den rechten Weg zu führen und sie ihrerseits zu aktiver sozialer Tätigkeit anzuhalten. Die Weisheit gewährte ihnen Glückseligkeit, band sie aber zugleich an die Gemeinschaft. Aus der Philanthropie des Kynikers wurde des Stoikers moralische Verpflichtung: er transzendierte sich selbst, nicht nur im metaphysischen Ausgriff, sondern auch in der sozialen Aufgabe; er nahm Anteil am Schicksal der Mitmenschen wie der Arzt an der Krankheit des Patienten. Dieser suchte sie von körperlichen Leiden zu heilen, jener sie von geistigen Irrungen, Unbeherrschtheiten, Aberglauben ab- und auf den rechten Weg der Einsicht zu bringen. Kurz, der Stoiker war *koinonikos*, gesellschaftsorientiert: «Wir Menschen sind geschaffen zur Zusammenarbeit wie die Füße, die Hände, die Lider, die obere und die untere Zahnreihe»[8], reflektierte später der stoische Kaiser-Philosoph Marc Aurel.

Die Gemeinschaft, der sich die Stoiker verpflichtet wußten, war allerdings nicht der historisch gewachsene Stadtstaat, aus dem sich die Kyniker befreien wollten, sondern war das von Alexander visionär erfaßte Welt-Ganze, die Menschheit, deren Glied der einzelne war. Kosmopolitismus war nicht mehr eine Form von politischem Indifferentismus, ein Ausweichen vor ethischer Verantwortung, sondern vollzog sich in menschlicher Anteilnahme, wie sie die stoische Tugendmaxime forderte. Aus der Erfahrung des alexandrinischen Reiches wurde der Gedanke des Weltstaates genommen. Diese Abhängigkeit einer Idee von einer Realität war schon in der Antike als eine historische Besonderheit erkannt worden[9]. An die Stelle der gelebten Polis trat die vorgestellte Kosmopolis. «Universus hic mundus una civitas communis deorum atque hominum ‹sit› existimanda»[10], die ganze hiesige Welt ist als eine gemeinsame Gesellschaft der Götter und Menschen anzusehen. Es war die säkulare, welthistorische Leistung der Stoa, daß sie die in der Polis verwirklichte Bürgergemeinschaft auf die Menschengemeinschaft projiziert und damit universalisiert hat. Erst die Stoa hat den entscheidenden Schritt vom individualistischen zum gemeinschaftsbezogenen Kosmopolitismus getan, vom Nebeneinander der gleichen Individuen zur solidarischen Menschheit.

In dem Lehrgedicht «Die Republik», seinem Frühwerk, träumte Zenon aus Kition / Zypern von einer einzigen Welt ohne Grenzen und Behinderungen, soweit sie von Menschen bewohnt wurde. Er drückte damit eine strahlende Hoffnung aus, die seitdem die Menschheit nie mehr ganz verlassen hat. Die Ökumene sollte nicht durch Gesetzeszwang zusammengehalten werden, sondern durch täglich geübte freie Zustimmung der Individuen, von Zenon Liebe genannt, durch eine oberste Kraft – für die Namen nur Behelfe sind: Vorsehung, Natur, Vernunft, Recht, Tugend, auch Zeus, die Kraft, die alles aus sich herausgesetzt hat, auf die alles, was existiert, zurückgeht. Die Kosmopolis trug natürlich utopische Züge. Das Recht bedurfte da keiner Richter und Gerichte, der Gottesdienst keiner Priester und Tempel, Handel und Verkehr keines Tauschmittels. Wie in unverderbter Vorzeit brauchte man in der Kosmopolis keine geschriebenen Gesetze, keine Ehe, kein Privateigentum. Es herrschte – wie in allen Utopien – Harmonie durch Herrschaft der Vernunft.

Kosmopolitismus als übergreifende Idee enthob den Menschen jedoch nicht seiner praktischen Pflichten gegenüber den engeren Gemeinschaften, in denen er lebte. Wenn das Alexander-Ideal der Brüderlichkeit überhaupt verwirklicht werden sollte, dann konnte es – so die relativierende Schlußfolgerung – nur innerhalb der bestehenden und erhaltenswerten staatlichen Gemeinschaften erfolgen, nicht durch deren Auflösung. Der Weise sollte sich darum, Zenon zufolge, den herrschenden gesellschaftlichen Regeln anpassen, sollte heiraten, Kinder zeugen und großziehen und ein gesetzestreuer Bürger sein.

Das Gebot der Brüderlichkeit ließ sich auch auf die Staaten übertragen und legte ihnen Mäßigung im Umgang miteinander nahe. «Die Griechen waren im Zeitalter des Hellenismus so streitsüchtig wie früher, der Unterschied war jedoch, daß sie (als Folge der stoischen Reflexionen) zu zweifeln begannen, ob sie das sein *sollten*»[11]. Diese neuen Ideen über die Beziehungen der Staaten zueinander enthielten erste Keime des Völkerrechts, das in den kommenden römischen Jahrhunderten ausgebildet wurde, auch dies als unverlierbare Verpflichtung bis zum heutigen Tag. Es leitete sich von den naturrechtlichen Ideen der Sophisten ab. Jeder Mensch hat als Bürger der Kosmopolis gewisse Rechte, die ihm unabhängig von den positiven Gesetzen der Polis und der Staaten überall auf Erden zustehen. Dieses Naturrecht sollte auch für die Staaten und ihren Verkehr untereinander gelten.

Gesellschaft ohne Fremde

Die Idee der Brüderlichkeit aber hatte weiterreichende Auswirkungen auf die kosmopolitische Fragestellung. In der Kosmopolis, die ein Verband von Gleichen war, löste sich die Idee des Fremden als überflüssig auf. Keiner war dem anderen ein Fremder, sollte es jedenfalls nicht sein; denn Herkunft galt sowenig wie Rang und Stand. Natürlich ist dieses Postulat nicht verwirklicht worden. Die naturhaften Bindungen an die Lebensgemeinschaft, in der einer aufwuchs, ließen sich durch das Gleichheitsgebot der Vernunft nicht ohne weiteres beseitigen. Aber die Vorstellung der gemeinsamen Abkunft aller Menschen übte eine außerordentlich zivilisierende Wirkung auf die Zeitgenossen aus.

In primitiven Gesellschaften reichten Friede und Freundschaft nicht weiter als die Blutsbande des Familienverbandes oder der Sippe. Der Fremde, der nicht zur Gruppe gehörte, wurde als rechtlos angesehen, vielfach auch als potentieller Feind, der den Nahrungsraum bzw. die Sicherheit der Gruppe bedrohte, insofern er weder zur Einhaltung der fremden Gesetze noch zu friedlichem Verhalten verpflichtet war. Es galt darum – nach der naturhaften Ordnung des Stärkeren – als des Siegers Recht und als rechtens, bei Eroberung einer Stadt, die Männer zu töten, Frauen und Kinder als Sklaven zu verkaufen – ein viel behandeltes Thema der Literatur [12]. Nicht minder üblich war Menschenraub durch Piraterie, wodurch ebenfalls Versklavung begründet wurde.

Erst allmählich bildete sich – vor allem durch Schiffahrt und Handelsaustausch – das Gastrecht aus, das sich schließlich zu einem allgemeinen Fremden- bzw. Ausländerrecht fortentwickelte. Die grausamen Gesetze der Frühzeit wurden infolge veränderter wirtschaftlicher Bedürfnisse und damit verbundener sozialer Herausforderungen allmählich gemildert und relativiert. Wer mit seinem Nachbarn Waren tauschen, Ehen stiften oder sonstige Beziehungen aufnehmen, wer über See fahren und Handel treiben wollte, mußte Modalitäten der friedlichen Kooperation und gegenseitigen Sicherheit entwickeln und anwenden. In Griechenland ließ schon Lykurg durch ein Gesetz festlegen, daß seine Mitbürger freie Bürger anderer griechischer Poleis, die in Gefangenschaft geraten waren, nicht kaufen durften. Im gleichen Sinne der Humanisierung des Krieges wirkte die Gepflogenheit, bestimmte Plätze für unverletzlich zu erklären: Flüchtlinge konnten dort Schutz und Sicherheit finden vor Kriegsverfolgung. Weiter wurden zwischen einzelnen Städten Freundschaftsverträge geschlossen, die den befreundeten Bürgern gleiche Rechte und Vorzugsbehandlung im Vergleich zu sonstigen Fremden gewährleisteten: die *Isopolitie* und *Isigorie* (Gleichberechtigung und Gleichbehandlung in der Politeia bzw. auf der Agora, dem Markt). Das bedeutete praktisch, daß sie gute Plätze bei den panhellenischen Spielen und in den Theateraufführungen erhielten und an den öffentlichen Mahlzeiten teilnehmen durften – höchst wichtig in einer Zeit, in der der Fremdling mangels Herbergen und Restaurants auf den Gastfreund angewiesen war. In der Kosmopolis aber wurden diese Privilegien und Bevorzugungen als universale Rechte begriffen. Ein jeder sollte Mitbürger sein, ein jeder konnte gleiche Behandlung erwarten, ein jeder sich überall zu Hause fühlen. Die Mitbürgerschaft war allerdings nicht ohne Probleme.

Trotz Kosmopolitismus wurde in Wirklichkeit weiter nach dem Satz des Demosthenes verfahren, daß das Volk das souveräne Recht hat, diejenigen einzubürgern, die es will[13]. Entsprechend behielt sich das athenische Volk auch das Recht der Xenelasie vor, d. h. das Recht, einzelne oder alle Fremden, wenn es die politischen Verhältnisse erforderten, aus dem Land auszuweisen. In der Kosmopolis aber verloren diese diskriminatorischen Regelungen ihren Sinn. Fremde sollte es nicht mehr geben.

Sklaven menschlich behandeln

Die schlimmere Ungleichheit, die Sklaverei, war seit homerischen Zeiten eine feste gesellschaftliche Einrichtung. Noch Aristoteles bezeichnete die Sklaven als «beseelte (lebende) Besitzstücke». Sie galten als Eigentum des Herrn, der über sie nach seinem Willen verfügen konnte. «Wer von Natur nicht sein, sondern eines anderen Eigentum, aber ein Mensch ist, der ist ein Sklave von Natur» [14], eine Beschreibung, die Moses Hadas als inhaltlich «empörend» (shocking) [15] bezeichnet; zugleich handelt es sich um eine *petitio principii,* die Erschleichung des Beweisgrundes, da das Von-Natur-aus-Sklave-Sein durch das Von-Natur-aus-einem-anderen-Gehören definiert wird. Der gleiche Gelehrte heißt darum den später statuierten Grundsatz der Gleichheit zu Recht «vielleicht die größte Errungenschaft des hellenistischen Zeitalters» [16]. Gegen das Unrecht der Sklaverei hatten jedoch schon früher die Sophisten polemisiert. Für die Stoiker stellte die Sklaverei um so mehr ein Unrecht dar. Chrysipp aus Soli / Sizilien beispielsweise stellte die rhetorische Frage: «Einen Sklaven willst du jemand schelten, wenn du selbst ein Sklave deiner sexuellen Begierden und der Schlemmerei bist?» [17] Dieser appellierende Gedanke wurde späterhin dahin gehend erweitert, daß kein Sterblicher frei von Zwang ist: «Der Sklave muß dem Herrn, der Bürger dem Gesetz, der König dem Gott gehorchen... Und Gott selbst untersteht dem Weltgesetz. Du siehst: Für jeden gibt es eine Macht, die stärker ist und der er wie ein Sklave sich zu fügen hat» [18].

Dennoch gingen die Stoiker nicht so weit, die Abschaffung der Sklaverei zu fordern, wo sie einmal bestand, weil Leben und Wirtschaft ohne Sklavenarbeit nicht funktionieren könnten. Mit Entschiedenheit aber wandten sich diese Philosophen gegen die Vorstellung, daß sich Sklaven nicht nur in minderer Rechtsstellung befanden, sondern minderwertigeren Blutes seien. «Reaktionäre» Denker wie Theognis hatten noch geglaubt, daß der Sklave schon äußerlich an seiner gebückten Haltung «mit gekrümmtem Hals» [19] zu erkennen sei. Mit Nachdruck drangen die Stoiker darum auf menschliche Behandlung. Realistisch klingt Chrysipps bildhafter

Hinweis, daß trotz aller Gleichheitsphilosophie die Menschen sich – nach Charakter, Fähigkeiten und Lebensumständen – unterschieden: «Nichts läßt sich gegen die Tatsache unternehmen, daß im Theater manche Plätze besser als andere sind»[20]. Eben darum drangen die stoischen Philosophen darauf, den Charakter der Sklaverei abzumildern; sie taten es u. a. dadurch, daß sie für diesen offenbar unabänderlichen Mißstand eine neue Begründung suchten. Sie deuteten die Sklaverei als ethisch-pädagogische Aufgabe: zu ihrem eigenen Wohl sollten die minder entwickelten Stämme und Schichten in Abhängigkeit gehalten werden. Es war die gleiche Rechtfertigung, die später feiner besaitete Kolonisatoren den kolonisierten Völkern gaben, denen sie die Unabhängigkeit – mangels politischer Reife – versagten.

Ideologiekritisch lassen sich solche Legitimationen als Alibi für fortgesetzte Unterdrückung und Ausbeutung der Abhängigen, ob Sklaven oder Kolonialvölker, deuten. Historisch aber ist nicht dies, sondern das Neue und Zukunftsweisende wichtig. Am Ende stand, wenn auch erst nach Ablauf von zweieinhalb Jahrtausenden und nach vielen Rückfällen, unter gewandelten sozioökonomischen Verhältnissen die völlige und bedingungslose Proskription und Abschaffung der Sklaverei. Unter dem ethisch-kosmopolitisch determinierten Gleichheits- und Selbstbestimmungsgebot wurden der Rechtsstatus und die Lebensweise der Sklaven in hellenistischer und römischer Zeit teilweise gelockert und vermenschlicht. Die Sklaven in den Silber-, Quecksilber- und Goldgruben von Laurion, in Nubien, Kappadokien, später in Spanien, die zusammen mit Verbrechern arbeiteten, hatten die Hölle auf Erden. Die Sterblichkeitsraten waren entsetzlich hoch, die Beschreibungen eines Poseidonios lassen noch heute schaudern: ein schwarzer Fleck auf dem lichten Bild der hellenistischen Zeit. Mit dem Aufschwung der Wirtschaft und des Agrarkapitalismus in hellenistischer und römischer Zeit wuchs der Bedarf an Sklaven in nicht vorausgesehenem Umfang. Es wurden geradezu Menschenjagden veranstaltet – von Piraten, die ihre lebende Ware in den Häfen ausstellten und verkauften, aber auch von den Steuerpächtern, die mit stillschweigender Duldung der Behörden innerhalb der Provinzen den Steuerzahlern die «lebenden Werkzeuge» für ihre Plantagenunternehmen gegen entsprechendes Entgelt besorgten. Auf den großen Märkten wie in Delos wurden zuzeiten Zehntausende umgeschlagen. Die an ihrem Los verzweifelnden Sklaven erhoben sich gelegentlich an den verschiedensten Plätzen des Römischen Reiches. Blutige Aufstände und unmenschliche Metzeleien, die in nicht minder unmenschlicher Weise vom Militär niedergeschlagen wurden, erschütterten das soziale Gefüge der antiken Welt. Erst unter den geordneten Verhältnissen der Kaiserzeit klang diese Gefahr allmählich ab.

Die im Haus- oder Kleinbetrieb tätigen Sklaven führten hingegen ein erträgliches, häufig ein angenehmes Leben. Viele wurden freigelassen, aus *liberti* wurden *liberi*. Andere errangen angesichts ihrer überlegenen griechischen Bildung beträchtlichen Einfluß als Lehrer, Philosophen, Intellektuelle. Epiktet, der als Sklave, dann als Freigelassener im Rom des Nero und Domitian lebte, genoß den Ruf großer Weisheit. Terenz, ein aus Nordafrika importierter, hellenisierter Sklave, wurde zu einem der einflußreichsten Komödienschreiber in Rom. Von Seneca aus Cordova stammt die programmatische Stichomythie: «‹Es sind Sklaven›. – Nein, Menschen. – ‹Nur Sklaven.› – Nein, Kameraden. – ‹Nur Sklaven.› – Nein, Freunde niedrigeren Standes. – ‹Sie sind Sklaven.› – ‹Nein, unsere Mitsklaven, wenn du bedenkst, daß das Schicksal gegen beide gleichviel vermag›»[21].

Die Verbesserung ihrer Lebensbedingungen war nicht zuletzt die Folge der geistigen Umdeutung des Sklaven. Einst als *res*, als Sache gewertet, wurde er schließlich als menschliches Wesen mit den Rechten einer Person begriffen. In den zahlreichen zeitgenössischen Texten erzählenden und argumentierenden Inhalts fehlte selten ein Kapitel mit moralisch-pragmatischen Überlegungen zu dem aktuellen Thema «Herren und Sklaven». In der Neuen Komödie, die ein eigenes Gebrauchsgenre ausmachte, spielte der Sklave häufig die Rolle eines pfiffigen, spitzbübischen oder tolpatschigen Vertrauten seines Herrn. Damit erhielt das Theater zugleich eine sozial entlastende, eine die Realität legitimierende und eine pädagogisch-moralische Funktion. Der Satz der Stoiker «Von Natur ist kein Mensch Sklave» wurde zu einem Topos der hellenistischen Zeit, dem bald keiner mehr zu widersprechen wagte.

In der Folge sahen die Stoiker die Sklaverei nur als etwas «Äußerliches» an, als einen für die Befindlichkeit der Seele belanglosen Zustand. Wer durch Fügung der Götter in unglückliche Lebensumstände geraten war, dem wurde empfohlen, er solle sein Schicksal in Gleichmut, Gelassenheit und Gehorsam ertragen, da sein Wesen als Mensch dadurch nicht betroffen und nicht verändert würde. Die wesentlichen Attribute – Tugend, Weisheit und Glückseligkeit – seien dem Sklaven ebenso erreichbar wie dem Freien. Nach der Vorstellung Senecas konnte der sittlich gebildete Sklave eben darum zum Wohltäter seines Herrn werden. Auch diese Theorie kann als Sekundärrationalisierung und Alibi verstanden werden, insofern die Sklaven schließlich Sklaven blieben. Aber die veränderte moralische Deutung veränderte auch ihre soziale, wenn schon nicht ihre rechtliche und materielle Stellung. Sie wurden zumindest als menschliche Wesen gleichgestellt.

Auch die neuen Religionen, die sich, vom Osten kommend, im Römischen Reich ausbreiteten, verwiesen die in irdischer Bedrängnis lebenden Gläubigen auf die Erlösung im Jenseits; den Abstufungen in der Gesellschaft maßen sie darum nur geringe Bedeutung zu. Die Unterscheidung zwischen Herrn und Sklaven erschienen den Christen, die damit die Grundgedanken der stoischen Weisheitslehre übernahmen, als belanglos für das Heil der Seele. Paulus mahnte darum, ohne sich an dem Gebot der menschlichen Gleichheit zu stoßen: «Ihr Sklaven seid eurem leiblichen Herrn gehorsam mit Furcht und Zittern in Aufrichtigkeit eures Herzens – wie dem Herrn Christus»[22].

Humanität und Menschenwürde

Im kosmopolitisch-universalen Bezugsfeld schliffen sich die sozialen Unterschiede also allmählich ab, relativierten sich auf die allgemein menschliche Ebene. Jedem Menschen wurde ohne Rücksicht auf seine Stellung in der Gesellschaft die Menschenwürde zugesprochen. So gelangte das stoische Denken von dem Axiom der

Gleichheit zur Idee der Humanität, die sich als Toleranz gegenüber dem Schwächeren, als sittlich begründete, weil auf die gemeinsame Weltvernunft zurückgehende Pflicht zur tätigen Fürsorge für den Mitmenschen, als Liebe und Nächstenliebe äußerte. Dieses Ideal, das der stoische Weise vorleben wollte und die Mitmenschen zu befolgen hieß, hat in einer Zeit der leidenschaftlichen Machtkämpfe und politisch-dynastischen Wirren dazu beigetragen, den Glauben der Zeitgenossen an Ethos und Menschlichkeit aufrechtzuerhalten und hat dem Begriff Humanität dann jahrtausendelang Geltung und immer wieder regenerierte Wirksamkeit eröffnet. «Wohl niemals hat sich der Einfluß der geschichtlichen Umstände offensichtlicher auf das Denken der Philosophen ausgewirkt. Eine Aufzählung der Kriege, der Aufstände und der politischen Katastrophen, die im Laufe der Jahre nach dem Tode Alexanders des Großen aufeinanderfolgten und während des ganzen dritten Jahrhunderts weitergingen, erlaubt uns eine Vorstellung von der Unsicherheit, in der jeder Mensch damals zu leben gezwungen war» [23]. Die stoische Philosophie der Gelassenheit und Humanität war eine Antwort auf diese Unruhe und Erregung der Zeit.

Der Begriff Humanität umspannte den ganzen Raum zwischen den Polen des höchsten Anspruchs, den der Mensch an sich selbst stellte, und der häufig niedrigen Tatsächlichkeit des «Menschlich-Allzumenschlichen»: «homo sum, humani nihil a me alienum puto» [24], Mensch bin ich, nichts Menschliches ist mir fremd, sagte Tertullian stolz. Ideale Forderung nach moralischer Stärke, seelischer Tapferkeit, Gelassenheit und Edelmut standen dem intellektuellen Verständnis für die Schwäche gegenüber – nicht nur des Fleisches, wie im Christentum, auch des Charakters und seiner Beschränkungen: «video meliora proboque tamen deteriora sequor» [25], wohl sehe ich das Bessere und lob es, aber ich folge dem Schlechteren. Paradigmatisch ist die Seelenstärke, wie sie in der Verachtung der Macht und des Mächtigen zum Ausdruck kam, und als Paradigma rekurrierten die Zeitgenossen auf Diogenes, der auf die Frage Alexanders, welchen Wunsch er ihm erfüllen sollte, geantwortet haben soll: «Geh aus der Sonne» [26]; umgekehrt zeugt auch die Rührbarkeit angesichts fremden Unglücks von dieser Gesinnung: Scipio Aemilianus vergoß Tränen beim Anblick des brennenden Karthago und wies zu dem neben ihm stehenden Polybios auf eine mögliche Umkehr des Glücks hin[27].

Humanität, Menschenwürde und Kosmopolitismus stehen seither im gleichen moralischen Forderungskatalog der Menschheit, sie ergänzen einander, sind in ihrem geistig-gesellschaftlichen Sinngehalt letztlich identisch. An den Menschen als solchen – nicht an den Griechen, Perser, Syrer – richteten sich die ethischen Gebote; denn er stand oberhalb der historischen Zwänge, seiner Würde eingedenk, im grenzenlos kosmopolitischen Bezugsfeld.

In Ansätzen verwirklicht wurden die kosmopolitischen Vorstellungen in den ausgedehnten Gebieten der nachalexandrinischen Staatenwelt, die allmählich ins Römische Reich einwuchs und in ihm aufging. Sie umfaßte die Küsten des gesamten Mittelmeers und reichte vom Indischen bis zum Atlantischen Ozean; zahlreiche Volksgemeinschaften und Stämme gehörten dazu – von Skythen und Sarmathen am Nordrand des Schwarzen Meers bis zu den Nubiern an der Südgrenze «Africas», wo die unbekannten Weiten begannen, über die die Geographen nur «hic sunt leones» mitzuteilen wußten, hier leben Löwen. Die Schwerpunkte dieser hellenistisch-römischen Welt verschoben sich im Laufe der Jahrhunderte westwärts, von Griechenland nach Italien, von Kleinasien nach Spanien, von Mesopotamien und Syrien nach Numidien, dem heutigen Maghreb – mit dem Ägypten «des weltkulturbeherrschenden Diadochentums» (Jacob Burckhardt) als Mittelpunkt.

In den unruhigen hellenistischen Jahrhunderten vollzogen sich, worauf schon hingewiesen wurde, schwere Macht- und Nachfolgekämpfe, Reiche und Dynastien stiegen auf und sanken in sich zusammen, das Reich der Seleukiden «wanderte» von Kleinasien nach Syrien und Mesopotamien; Könige, Satrapen und Condottieri, Kinder des Kriegsglücks also, eroberten sich in wüsten Kriegszügen Herrschaften zusammen, erweiterten sie, um sie alsbald zu teilen oder zu verlieren; Eltern-, Geschwister- und Gattenmord mit Gift oder Dolch waren an der Tagesordnung – nach dem zynisch klingenden, aber realistischen Urteil späterer Historiker ein erfolgreiches Mittel, den Staat vor Bürgerkrieg zu bewahren.

Es war eine schlimme Zeit, in der Mord, Geiselnahme und Folter selbstverständliche Mittel des Machtkampfes waren. Mit den Kriegen, Erhebungen und Gewalttätigkeiten beabsichtigten die Mächtigen, den alten alexandrinischen Traum des ostwestlichen Brückenschlages und Einheitsreiches zu verwirklichen, und sie rechtfertigten ihr Tun damit; auch sie standen in der Tradition des Baus an der Kosmopolis.

Die Völker stießen aufeinander, ihre Bürger beeinflußten einander, lernten voneinander und miteinander auskommen, gewöhnten sich an das Zusammensein, vermischten sich, verschmolzen zu homogeneren Bevölkerungen; viele sprachen griechisch, insbesondere die, die es zu etwas bringen wollten; die meisten verstanden es; eine völkerverbindende Literatur und Erziehung entstanden, erst später eine einigermaßen einheitliche Kultur mit der Philosophie der Stoa als überwölbender Lehre. Für das Ganze prägte der Historiker Droysen den Begriff Hellenismus. Darunter ist der Inbegriff der von Griechenland ausstrahlenden Geistigkeit und Lebensweise zu verstehen, die sich in den Jahrhunderten nach Alexander mit den autochthonen, nicht-griechischen religiösen, geistigen und zivilisatorischen Einflüssen mischten. Die zahllosen Rezeptionen (zuerst durch Rom) und späteren Renaissancen des griechischen Vorbildes bezogen sich nur indirekt auf die klassische Antike; deren Filiation ist über den Hellenismus gelaufen. Allein daraus wird deutlich, daß der Hellenismus eine schöpferische und keineswegs, wie früher gern behauptet wurde, eine Verfallskultur[28] war, auch keine «Zwitterkultur», wenn man darunter «unschöpferisch» versteht und nicht, wie Rostovzeff den Begriff verwendet, als Nebeneinander einer Oberschicht und einer Volkskultur[29].

Barbarische Weisheiten

Außerhalb des hellenistischen Blickfelds und damit auch außerhalb der kosmopolitischen Kultur der Zeit blieb sonderbarerweise bis tief in die römische Zeit hin das keltische Gallien. Die Griechen hatten schon im sechsten Jahrhundert v. Chr. eine bedeutende und blühende Kolonie an den Gestaden des Mittelmeers errichtet, Massilia (Massalia), das in ununterbrochenem Fortgang der Geschichte bis heute besteht, Marseille. Über die frühen – wiederum vor allem kaufmännischen – Beziehungen legen Ausgrabungen Zeugnis ab[30]. Die griechischen Kolonisten, von früh in unwandelbarer Treue mit Rom verbündet, schlossen sich aber jahrhundertelang ab, widersetzten sich der von den Kelten ausgehenden Anziehung, wohl aus Angst vor Ansteckung durch ihre «barbarischen» Riten und Lebensformen. Niemals haben die Massalioten, soweit die Überlieferung reicht, eine Expedition ins gallische Landesinnere unternommen, wie etwa die griechischen Kolonisten am Schwarzen Meer, die die autochthonen Stämme erforschten und Herodot reichlich Auskunft gaben. Seit dem dritten Jahrhundert war das Interesse an der «barbarischen Weisheit» groß. Die Intellektuellen des Hellenismus beschäftigten sich mit zunehmender Intensität mit den Lehren und Praktiken der Brahmanen, der persischen Magier, der ägyptischen und israelischen Priester. Übersetzungen der orientalischen Religionslehren, von Zoroaster, Mago, der Bibel wurden gefertigt, historische und ethnographische Werke über Babylonien, Ägypten, die Juden verfaßt. Analoges gilt nicht für die Druiden, über deren heiliges Tun und tiefen Kenntnisse wenig in die mittelmeerische Welt drang, obwohl doch die Kolonisten von Massalia, weil in fremdem Umfeld lebend, für das Fremde hätten interessiert sein müssen.

Die Konditionierung des modernen Europäers durch den Hellenismus erstreckt sich sogar auf die Präsenz der damals bekannten und wahrgenommenen Kulturen im heutigen Bildungshorizont. «Das griechisch-jüdisch-römische Dreieck nimmt die zentrale Position ein. Perser, Mesopotamier und Ägypter stehen noch immer etwa an der Stelle, wo sie in der hellenistischen Geistigkeit standen, als Besitzer der ‹barbarischen Weisheit›. Phönizier, insbesondere Karthager haben weiterhin einen Ehrenplatz in unseren Schulbüchern wegen ihrer Institutionen und kolonialen Unternehmungen, in denen sich die Griechen selbst wiedererkannten. Die Kelten hingegen – griechisch: Galater – sind schlechterdings außerhalb der traditionellen Zivilisation des Abendlandes geblieben. Das Bild, das wir uns von ihnen machen, ist noch immer das des Poseidonios.

Vercingetorix, Bondicca und einige Druiden erinnern die europäischen Schüler daran, daß es in römischer Zeit auch Kelten gab»[31]. Dieses Urteil Momiglianos bedarf der nationalen Differenzierung und nach der Dekolonisierung einer gewissen Revision im Hinblick auf ein globaler gewordenes Bildungsinteresse; in wesentlichen Umrissen hat es noch heute Gültigkeit.

Vielfältige Kräfte bewirkten im Hellenismus die allmähliche Veränderung, machten aus der Ökumene einen ethnischen und kulturellen Schmelztiegel. Nach den Umsiedlungen im Gefolge der Heerzüge und der bewußten Vermischungspolitik Alexanders begannen insbesondere die Griechen aus Makedonien, dem Festland und Kleinasien, später auch Angehörige anderer Völker in den neu erschlossenen Weiten der als Gemeinbesitz betrachteten Welt ihr Glück zu suchen: sie wanderten und sie wanderten aus in die neuen Königreiche Asiens, nach Ägypten und, nach den punischen Kriegen, in nicht unähnlicher Manier nach Italien. Diese außerordentliche Mobilität vollzog sich in einem Klima zukunftsfrohen Optimismus, der seinerseits Folge des lang anhaltenden wirtschaftlichen Aufschwungs der nachalexandrinischen Epoche war. Die alten Grenzen und Sperren wurden niedergerissen, der Geist wehte frei über Städte und Länder. Der internationale Handel entfaltete sich unbehindert – wie erst wieder in unseren Zeiten. Die hellenistische Welt bildete – wie heute anspruchsweise die Europäische Gemeinschaft – einen einzigen gemeinsamen Markt mit einem «freien Fluß von Waren, Menschen, Ideen». Im Orient waren griechische Handwerksschulen eingerichtet worden. Der Export von Gewerbeerzeugnissen förderte die Vermischung. Die griechische Kultur zog die Nicht-Griechen an und wurde damit zum «Gemeingut der Welt». Das Bank- und Kreditwesen entwickelte sich, der Goldstandard war eingeführt, es wurde in großem Umfang spekuliert. Die Zeit ähnelte in manchen Zügen der unseren: eine in ständigem erbitterten Hader entzweite Welt größerer und kleinerer, fortgeschrittener und minder entwickelter Staaten unterschiedlicher Herrschafts- und Sozialordnung, die durch zahllose Kriege sich immer wieder neu einpendelnden Gleichgewichte, durch Erhebungen und Streiks unterdrückter oder unzufriedener Bevölkerungsschichten und Klassenkämpfe zwischen Kapital und Arbeit in Atem gehalten wurde, lebte und entwickelte sich unter dem Dach eines allgemein gültigen Kultursystems.

Nach den Soldaten, die sich fern der Heimat niedergelassen und Familien gegründet hatten – die römischen Legionäre wurden immer und möglichst weit außerhalb ihrer Heimatregion eingesetzt –, ergossen sich Ströme von Beamten, Kaufleuten, die Gewürze und den für die Kultstätten unentbehrlichen Weihrauch importierten, phönizischen Schiffsbauern, babylonischen Architekten und indischen Elefantentreibern, in die Fremde, ebenso Intellektuelle – Lehrer, Erzieher, Literaten, Theaterleute, Philosophen, die (in struktureller Ähnlichkeit zur heutigen Praxis des akademischen Kulturaustauschs) an fremden Schulen zu lehren eingeladen wurden. Sie heirateten häufig einheimische Frauen; Griechinnen mitzubringen war die Ausnahme. Die Kinder aus den gemischten Ehen hießen «Mixobarbaroi», Misch- oder Teilbarbaren. Das war jetzt mehr eine technisch-administrative Rubrizierung als die arrogante Abgrenzung der klassischen Zeit. Die Blutmischung nahm zunehmend größere Ausmaße an. Die Völker wurden buchstäblich durcheinandergewürfelt. Wie im Kaleidoskop die bunten Scherben purzelten in der hellenistischen Welt Angehörige weit entfernter Völker über Länder und Kontinente hin und her. In den Heeren der Diadochen – von denen einzelne (z. B. Antiochus III. der Große) – wieder Indien erreichten und die Huldigung lokaler Potentaten (des indischen Königs Sophagenus) entgegennahmen, deren Unternehmungen aber, obschon weiträumig, sich nicht in alexandrinischen Dimensionen vollzogen, marschierten Soldaten der verschiedenen griechischen Stämme, Thraker, Epiroten, daneben Illyrer, Skythen, Sarmathen; aus dem griechischen Kleinasien stießen Lyder, Phryger, Mysier dazu, aus den entlegenen Gegenden Mittel- und Südkleinasiens Glarer, Ponter, Kappadoker, Kiliker. Die in der Seefahrt alterfahrenen Phönizier taten in den verschiedenen Flotten Dienst. Die kriegstüchtigen Syrer wurden für die einander bekriegenden Armeen angeworben. Und in die östlichen Nachfolgereiche der Seleukiden und Pergamons strömten Angehörige der von Alexander eroberten oder jedenfalls erschlossenen Länder. Im Ägypten der

Ptolemäer (die Dynastie war wie die der Seleukiden makedonischer Abkunft) fühlten sich die Bewohner der benachbarten afrikanischen Länder ohnehin zu Hause – Nubier, Äthiopier, Libyer. Die hellenistische Welt bestand aus einem bunten, kosmopolitischen Völkergemisch, wie man es in Alexandria selbst heute noch in Resten vorfindet.

Die Politik der Ptolemäer etwa zielte darauf ab, zwischen den Fellachen auf dem flachen Land und der städtischen Bevölkerung am Hof, den Intellektuellen usw. eine griechisch-ägyptische Mischbevölkerung entstehen zu lassen, die von orientalischen Kulten beeinflußt sein mochte, aber von griechischer Kultur geprägt war. Jedenfalls vermochten die Einheimischen gleicherweise am politischen Leben teilzunehmen, eine bemerkenswerte Entwicklung, «ohne die es in Asien wohl fest etablierte Hellenen, aber nicht eine Hellenisierung Asiens gegeben hätte»[32].

Koiné und synkretistische Kulte

Das wichtigste Medium der Vereinheitlichung war, seit den Zügen Alexanders, die griechische Sprache, die *Koiné,* die, ähnlich wie in der gegenwärtigen Welt das Amerikanische, von den Völkern der Ökumene gern benutzt und übernommen wurde. Die Griechen selbst waren nicht oder nur selten zweisprachig, sie hatten es – weitere Parallele zu den heutigen Engländern und Amerikanern – nicht nötig und gaben das auch voller Hochmut zu verstehen. Noch im ersten nachchristlichen Jahrhundert wußte der Verfasser eines Reiseberichts durch das Eritreische Meer über den König von Äthiopien als rühmenswertestes Attribut zu berichten, daß er des Griechischen kundig war. Im gleichen Sinn argumentierte später Lukian: Bei dem von Minos, dem Herrn des Totenreichs zu entscheidenden Wettstreit zwischen Alexander und Hannibal, wem von beiden der Vorrang gebühre, legte er letzterem die Worte in den Mund: «Diesen einen Nutzen habe ich, Minos, von meinem Aufenthalt in der Unterwelt, daß ich hier auch Griechisch gelernt habe, so daß nicht einmal in dieser Hinsicht dieser (Alexander) mir gegenüber im Vorteil ist»[33].

Den Griechen entging mit dem Vorrang ihrer Sprache jedoch auch der Bildungs- und Herrschaftsvorteil des Bilingualen. Daß sich das Griechische als Verkehrssprache der damaligen Ökumene durchsetzte, ist in bezug auf *die* Länder leicht zu verstehen, die historisch ins Hintertreffen geraten waren, sei es weil ihre große ausstrahlende Zeit der Vergangenheit angehörte (Mesopotamien) und sie in ihrer erstarrten Kultur mit den Griechen nicht rivalisieren konnten, sei es weil sie (wie Stämme und Völker am Schwarzen Meer, in einzelnen Gebieten Asiens, in Gallien) noch keine gleichrangige oder gleich stark ausstrahlende Zivilisation entwickelt hatten. Schwerer erklärlich hingegen war, daß die Römer, die damals schon eine eigene lateinische Literatur besaßen, sich widerspruchslos der Koiné bedienten. Sie bewiesen damit große staatsmännische Begabung, weil sie die griechische Kultur übernahmen und sich nutzbar machten, aber nicht in ihr untergingen. Das Griechische erleichterte ihnen den Umgang mit den Städten und Staaten, die sich in verschiedenen Abhängigkeitsformen der De-jure- oder De-facto-Oberhoheit Roms unterworfen und verbunden hatten. Die politische Führungsschicht der Römer erkannte bald, daß die kulturelle und sprachliche Hellenisierung als ein unentbehrliches Bindemittel und ein wichtiger Stabilisierungsfaktor des Imperium Romanum diente. Begreiflicherweise rühmte darum der jüdische Philosoph Philon Kaiser Augustus, daß er den hellenischen Sprachbereich ausgedehnt hat. Puristische Altrömer tadelten natürlich regelmäßig die griechische Sprachmode, oder, um einen Ausdruck Fichtes, des Redners an die deutsche Nation, zu nutzen, die «Ausländerei». Cato verhöhnte die Graeculi (wie heute manchen Amerikanern die verbündeten Europäer trotz hohen Zivilisationsstandards als zur Machtausübung unfähige ‹Europäuli› erscheinen). Cicero attackierte in seinen Polemiken gegen griechische Verweichlichung und griechischen Luxus die allzu hellenisierten Römer, die nur «schlimme Taugenichtse sein können»[34]. Diese Angriffe waren jedoch zweiseitig. Die gebildeten Griechen blickten auf die kein ganz reines Griechisch sprechenden Römer ähnlich hochnäsig und bedauernd herab wie Oxford-Englisch sprechende Briten auf alle diejenigen, die dieser Gnade der Geburt und Erziehung nicht teilhaftig geworden sind.

Die Menschen verschiedener Abstammung, Artung und Gesittung begegneten in hellenistischer Zeit einander und lebten miteinander größtenteils (das städtearme Ägypten bildete eine Ausnahme) in Städten, häufig in den von Alexander und seinen Nachfolgern gegründeten Städten. Die Polis bestand weiter, wurde nach dem im frühen Hellas entwickelten und erprobten Bürgerrecht verwaltet; die Bürger trafen sich zu ihren Versammlungen; Richter wurden ausgelost und entschieden die anhängigen Streitigkeiten; die für den griechischen Jahresablauf markanten Theateraufführungen fanden statt, an den Schulen wurde nach dem klassischen Curriculum unterrichtet. Auch die kleinste Siedlung sah es als ihre Pflicht an, eine Schule zu errichten, in der die Jugend nach dem griechischen Kanon aufgezogen wurde. Die Hellenisierung begann an der Basis und wurde von den Einheimischen dankbar aufgenommen, galt es doch, sich der allgemeinen Gesittung anzupassen, was allein Gleichberechtigung, Aufstieg und Mithalten in der Gesellschaft ermöglichte. Jede Gemeinde konnte sich nach ihrer Weise selbst verwalten: sie lebte gemäß ihrer herkömmlichen Ordnung, ihrem Glauben und ihren Gebräuchen.

Ein ägyptisches Versailles

Aber die Poleis hatten innerhalb der neuen großen Reiche ihre wichtigste, ihre politische Funktion verloren. Waren die griechischen Bürger der klassischen Zeit buchstäblich Miteigner (sie erhielten Getreide und andere Deputate, sogar den Theaterobolus) und Mitregenten (sie beteiligten sich auf der Agora durch Rede und Abstimmung an den politischen Entscheidungen), so verloren sie in den hellenistischen Jahrhunderten ihren unmittelbaren Anteil an der Führung der Staatsgeschäfte. Aus der souveränen Polis wurde mit einem späteren römischen Begriff ein *municipium*, eine Provinzstadt mit bloß lokaler Selbstverwaltung. Was zählte, waren die königlichen Höfe, die sich unmittelbar nach Alexanders Tod zu Mittelpunkten nicht nur von Macht und Pracht, sondern von literarischer, wissenschaftlicher und künstlerischer Entfaltung entwickelten. Unerreicht und unvergleichlich war die Ausstrahlung

Alexandrias unter der langwährenden Herrschaft der Ptolemäer. Aber auch in anderen Metropolen entfaltete sich höfisches Leben, in Pergamon, im abgelegenen Seleukia, in Tyros und in der aufblühenden neuen Hauptstadt des Seleukidenreiches Antiochia, dem späteren Patriarchensitz. Reichtum und Raffinement, Ausschweifung und Laster bildeten die Pole, zwischen denen das glanzvolle Dasein im königlichen Alexandria pendelte. Schon Ptolemaios I. Soter – der Retter, den Beinamen gab ihm für entscheidende Hilfeleistung das dankbare Rhodos –, ein General Alexanders, stellte sich nicht nur als erfolgreicher Kriegsmann, sondern als Förderer der Literatur und insbesondere der berühmten, später von den Römern zerstörten Bibliothek dar, deren Tausenden von Papyri die Historiker bis heute nachtrauern. Mäzenatentum gehörte zur Majestät des Herrschers wie die Selbstdarbietung in äußerer Herrlichkeit von Gold und Edelstein. Die Frauen – schöne und starke Schwestern, rangbewußte, auch vernachlässigte Gemahlinnen, kluge und anziehende Mätressen – spielten eine bestimmende Rolle in der Politik; viele hießen Kleopatra, bis zu der Königin, die Cäsar einen Sohn gebar. Zwei andere Kleopatren, Mutter und Tochter, teilten sich nacheinander den gleichen Mann, Ptolemäus VII. Euergetes II., die eine als Ehefrau, die andere als blutschänderische Geliebte. Leibesschöne Günstlinge, männliche wie weibliche, gewannen häufig disproportionierten Einfluß. Die Hofhaltung – mit ihrem Luxus, ihrem Baufieber, ihren Festlichkeiten, zuweilen auf den als «schwimmende Paläste» bezeichneten Nilschiffen, ihren rivalisierenden Clans, ihren Schmeichlern und Spaßmachern – ist mit der von Versailles verglichen worden. Die Höfe waren Treffpunkte, wo Menschen unterschiedlicher Herkunft und Nationalität einander begegneten, sich vermischten und ihre Herkunft vergaßen; bei Frauen, Künstlern, Sklaven übersah man ohnedies leichter die äußeren Merkmale der Zuordnung nach Hautfarbe, Nationalität oder Religion. Ein kosmopolitisches Parfum durchflutete die Atmosphäre, eine kosmopolitische Attitüde bestimmte auch ohne Theorie den Umgang der Menschen miteinander.

Wenn die Religion die wichtigste Kulturdeterminante war, die das Verhalten der Menschen und ihrer Gemeinschaften steuerte, so war der Einstrom verschiedener Religionen auf das gleiche Territorium, ihre Begegnung und allmähliche Vermischung von bestimmender Bedeutung für die betroffenen Bevölkerungen und ihre Verschmelzung. Das griechische Pantheon öffnete sich bereitwillig den fremden Göttern. Die Überblendung, Verbindung und Versöhnung verschiedener oder gegensätzlicher Glaubenselemente vollzog sich in vielfältigen Formen und mit unterschiedlicher Zielsetzung. Fremde, als exotisch und attraktiv empfundene Gottheiten und orgiastische Kulte wurden von den durch Aufklärung und Kritik, Weltöffnung und Vergleich in ihren angestammten Überzeugungen unsicher gewordenen Völkern importiert, übernommen, den eigenen Bedürfnissen angepaßt, hellenisiert. Moden entstanden und verbreiteten sich im Sturm, über die oder Teile der weiten Gebiete, die einst Alexander erschlossen und zusammengezwungen hatte. Der anarchische Synkretismus mit seinen ‹zusammengesetzten› Gottheiten erschien als harmonistische Lösung der nationalreligiösen Widersprüche, die importierten Götter waren an kein Vaterland gebunden, weil sie sich an die *Seelen* der einzelnen, nicht an die Bürger wandten. Namensüberlagerungen und Identifizierungen halfen, konkurrierende Gottheiten und ihre Kulte nebeneinander bestehen zu lassen. Der griechische Zeus wurde mit dem römischen Jupiter, der persische Mithras mit dem phrygischen Attis gleichgesetzt. Isis, deren Kult am verbreitetsten war – vor wenigen Jahren sind bei Dion am Fuße des Olymp Tempelanlagen und Statuen des hellenistischen Isiskultes ausgegraben worden –, wurde eins mit Demeter, Ceres, Ops, Rhea, schließlich in nachchristlichen Jahrhunderten mit der Jungfrau Maria. Dionysos (Osiris, Serapis) verehrten Eingeweihte in der ganzen hellenischen Welt. Zoroaster, Hermes Trismegistos, auch Abraham und Moses wurde Respekt erwiesen. In Athen, Antiochia und Alexandria schätzte man zunehmend orientalische Einsichten.

Neben der Koiné – der synkretistischen Religion, der hellenisierten Schule und der symbolstarken Selbstdarstellung der Oberschicht – trug nichts so sehr zur Angleichung der verschiedenen ethnischen Gemeinschaften bei wie die Anziehung, die die griechische Lebensart auf die fremden Völker ausübte: der heitere Frohsinn, die zivilisierte und urbane Art des Miteinander-Umgehens, die Ausgelassenheit einer von materieller Sorge freien *jeunesse dorée*, ihre modische Eleganz, die geschliffene Literatur. Die führenden privilegierten Schichten der Nicht-Griechen wollten teilhaben an der *dolce vita* der Hellenen, auch an ihrer höheren Bildung und Kultur, am Raffinement ihrer Gesittung. Sie reichte bis in die materielle Ausstattung des Alltagslebens – gepflasterte Straßen, fortschrittliche hygienische Einrichtungen, eine wohlfunktionierende Wasserversorgung. Die ethnische Vermischung geschah unter dem Vorzeichen der Hellenisierung: Die höhere Zivilisation erweist sich häufig als stärker und setzt sich durch. Es entstand «eine Art Bildungsinternationale auf hellenistischer Basis»[35].

Das schloß natürlich nicht direkte Einflüsse in umgekehrter Richtung aus. Nicht nur die farbigeren, wuchernden, orgiastischen Kulte des Orients fanden bei den Griechen aufmerksames Interesse und immer neuen Zulauf; sie übernahmen sogar fremde Geheimwissenschaften wie die Einbalsamierung der Toten. Sie kamen jetzt unmittelbarer mit den Reizen und Absonderlichkeiten der Exotik in Berührung – Gold, Blut, Ausschweifung –, von denen sie sich seit Herodots Berichten haben faszinieren lassen.

Der Prozeß der Hellenisierung und Kosmopolitisierung vollzog sich über Jahrhunderte und kam nie zu einem Ende. Die Verschmelzung und die Überformung der verschiedenen Völker durch eine einigende Kultur schritt stetig, wenn auch in unterschiedlicher Dynamik fort. Im Seleukidenreich, einer dynastischen Staatsbildung unter griechischen Herrschern, anfangs auf altem griechischen Kolonialboden, ging die amtlich geförderte Hellenisierung unbehindert und erfolgreich vonstatten, in dem ägyptischen Einheitsstaat mit seiner jahrtausendealten durchgeformten Kultur waren die heimischen Widerstände hingegen beträchtlich. Aber auch hier blies der zeitgemäße Wind der Hellenisierung so stark, daß erst die assimilierte Mischbevölkerung, dann weitere Kreise auf die neue Gemeinkultur einschwenkten. Die orientalischen Gebiete waren nie so völlig hellenisiert worden wie die am Ostmittelmeer und im und um das Zweistromland gelegenen. Den stärksten Widerstand leisteten Teile – nur Teile – des jüdischen Volkes, die sich von der griechischen Kultur fernhielten, obwohl die Juden ursprünglich stark vom Hellenismus ergriffen waren, ja als Vehikel der griechischen Kultur fungiert haben.

Insgesamt war die hellenistische Kultur das Ergebnis der größten Völkermischung und Angleichung der wirtschaftlichen, sozialen und menschlichen Lebensformen der Geschichte bis zum damaligen Zeitpunkt. Eine kosmopolitische Einheit neuer Größenordnung war im Begriff zu entstehen, die Ökumene schien Wirklichkeit zu werden, die Menschen, zumindest die privilegierten Gruppen begannen sich in allen zugänglichen kultivierten Ländern zu Hause zu fühlen, trieben Handel, tauschten ihre Erfahrungen und Erkenntnisse aus, unternahmen Reisen zu Gesinnungs- oder Berufsgenossen (wie der damals als sensationell empfundene Besuch der Philosophen Karneades, Kritolaos und Diogenes in Rom um 155 v. Chr. zeigte). Griechische Bücher waren allgegenwärtig, die Dichter schrieben nicht mehr für einen bevorzugten Kreis ihrer Mitbürger, sondern für jedermann, der Griechisch sprach und verstand, für «die ganze Welt» also. Die kosmopolitische Komponente, die von der Stoa begrifflich zur Vorstellung des Weltstaates Kosmopolis geläutert und abstrahiert worden war, kam zur vollen Entfaltung, die Idee einer *«communis humani generis societas»*[36], einer einheitlichen Weltzivilisation wurde erstmals allgemein verbreitet.

Eine kosmopolitische Welt ist damit natürlich noch nicht entstanden. Nicht nur weil damals nur die hellenisierten Gebiete als Ökumene verstanden wurden. Die kosmopolitische Prägung erfaßte nur die gebildeten Oberschichten, drang nicht zu den Wurzeln der Völker durch. Der Hellenismus war eine Stadtkultur, weitgehend unabhängig von der einheimischen Bevölkerung. Die Hellenisierung vollzog sich zwangsläufig nur langsam. Nach den Aussagen des Apostels Paulus wurde in Kleinasien zu seiner, der römischen Zeit also, phrygisch und galatisch gesprochen; überhaupt wurden die einheimischen Sprachen immer neben dem Griechischen von den breiten Massen weiter benutzt. In Ägypten und Syrien herrschten Koptisch und Aramäisch vor. Ein Sprachverlust – wie später nach der arabischen Ausbreitung in Nordafrika und Mesopotamien – ergab sich nicht. Die autochthonen Volkskulturen existierten und entwickelten sich fort, leisteten den zu erwartenden Widerstand gegen Modernität und Fortschrittlichkeit des hellenistischen Einflusses. Die breiten Schichten hafteten am Altgewohnten.

Der hellenistischen Oberschicht wird von Historikern häufig – und fast im Ton des Vorwurfs – nachgesagt, sie hätte weder den politischen Willen noch die Phantasie gehabt, das Werk Alexanders fortzusetzen, das in der kosmopolitischen Umformung der Nationen zu einer Einheitsmenschheit hätte bestehen müssen. Das war aber eine große Denkmöglichkeit, eine Fortschreibung der seiner Zeit weit vorauseilenden Reichsbildung des Königs, die, realistisch betrachtet, damals nicht in den Karten der Geschichte lag. Auch wenn es richtig ist, daß sich die politische Aktivität der hellenistischen Herrscher großenteils in dynastischen Rivalitäten und staatlichen Machtkämpfen erschöpfte, so ist es doch angemessen, bei der historischen Bewertung der Epoche ihre vorwärtsweisenden, positiven Leistungen hervorzukehren. Es ist der hellenistischen Oberschicht zu danken, daß der Kosmopolitismus, wie ihn die Stoiker denkerisch erfaßt haben, einmal gesellschaftlich vorgelebt und dadurch zu einem unvergänglichen Motiv der Geschichte geworden ist. Daß auch der Hellenismus schließlich seine Zeit erfüllen und der Herausforderung der neuen Mächte, denen die Zukunft gehören sollte, dem Römischen Reich, der christlichen Offenbarungsreligion und den germanischen Eindringlingen nicht gewachsen sein würde, lag in der Natur des geschichtlichen Wandels. An die Stelle des kosmopolitischen Ansatzes und der kosmopolitischen Sehnsucht traten in einem Jahrhunderte währenden Prozeß neue Formen der Zusammengehörigkeit, neue Transzendenzen, neue Visionen. Die politische Loyalität der verschiedenen Völkerschaften zum Römischen Reich war zwar von kosmopolitischer Gewöhnung unterfüttert, die *pax romana* bescherte den Völkern eine (in der historischen Nachbetrachtung gewiß übertriebene) Friedensordnung der Zufriedenheit und der Wohlfahrt, aber auch das Imperium brach schließlich auseinander. Ein neuer jenseitiger Universalismus kündigte sich an[37], in dem der hellenistische Kosmopolitismus in anderer Form historisch «aufgehoben» wurde.

1 Diogenes Laertius VI 93.
2 Diogenes Laertius VI 86.
3 Euripides, fr. 1034 N.
4 Max Pohlenz, Die Stoa, Band 1. Göttingen 1959. S. 137.
5 William Woodthorpe Tarn, Alexander der Große. Darmstadt 1968. S. 748.
6 Zenon, Disc. 1. 13.
7 Platon, Der Staat. Buch VII, St. 519 f.
8 Marc Aurel, Selbstbetrachtungen. Hg. von W. Capelle. Stuttgart 1967. Buch II, 1.
9 Julius Kaerst, Geschichte des Hellenismus. 2 Bände. Leipzig, Berlin 1917, 1926. S. 125.
10 Cicero, De legibus. I. 23.
11 William Woodthorpe Tarn, Hellenistic Civilisation. London 1927. S. 70.
12 Z. B. in den Komödien des Menander, wo häufig das familiäre Verhältnis zwischen Sklaven und Freien geschildert wird.
13 Demosthenes, Die Reden. Contra Neaeram. LIX, 16.
14 Aristoteles, Politik I. 1253 b.
15 Moses Hadas, Hellenistische Kultur. Werden und Wirkung. Stuttgart 1963. (Hellenistic Culture. Fusion and Diffusion. New York 1959). S. 22.
16 Moses Hadas, From Nationalism to Cosmopolitanism. In: Journal of the History of Ideas. 4, 1963. S. 107.
17 Max Pohlenz, Stoa und Stoiker. Die Gründer Panaitios, Poseidonios. Zürich 1960. S. 140.
18 Philemon fr. 31. 22 Stob. 62.
19 Theognis, Elegien 535.
20 William Woodthorpe Tarn, Hellenistic Civilisation. London 1927. S. 273.
21 Seneca an Lucilius. 5. Buch. Brief 47. 1; 10; 15; 17.
22 Paulus, Ephes. 6. 5.
23 Pierre Grimal, Der hellenistische Osten im 3. Jahrhundert. Fischer Weltgeschichte, Band 6. Frankfurt 1965. S. 195.
24 Terenz, Heautontimoroumenos. 1. 1. 25.
25 Ovid, Metamorphosen 7, 20 f.
26 Plutarch, Bioi Paralleloi. Alexander und Cäsar. Alexander 14.
27 Polybios XXXVIII, 21. 1.
28 Michael Rostovzeff, Geschichte der alten Welt. 1. Band: Der Orient und Griechenland. Leipzig 1941. S. 44.
29 Michael Rostovzeff, Geschichte der alten Welt. 1. Band: Der Orient und Griechenland. Leipzig 1941. S. 389.
30 Jean Jacques Hatt, Kelten und Galloromanen. München, Genf, Paris 1970. S. 94.
31 Arnaldo Momigliano, Sagesses barbares. Les limites de l'hellénisation. Paris 1979. S. 23.
32 Pierre Jouguet, L'Impérialisme macédonien et l'hellénisation de l'Orient. Paris 1972. S. 376.
33 Lukian, Totengespräche 12 (Alexander und Hannibal).

34 Cicero, De oratore. II. 265.
35 Julius Jüthner, Hellenen und Barbaren. Aus der Geschichte des Nationalbewußtseins. Leipzig 1923. S. 51.
36 Cicero, De officiis, Buch III, Cap. 6, § 28. 8.
37 Paulus, Gal. III, 28.

TEIL 2

Christianopolis

KAPITEL 6

Byzanz: Ein Gott – ein Reich – ein Kaiser

Umorientierung: Jenseitsbezug – Pax romana – Heiliges Römisches Reich «griechischer» Nation – Römische Rechtstradition, orthodoxer Glaube – Disziplinierte Armee und effiziente Verwaltung – Die Entscheidungen Konstantins – Der Vorrang des Basileus – Lingua franca: Griechisch – Slawenapostolat – Königin der Städte

Als die hellenistische Welt, die eine Kultureinheit aus einander leidenschaftlich befehdenden Reichen bildete, allmählich unter römische Oberhoheit fiel, gerieten die kosmopolitischen Ideen und Realitäten zunehmend außer Gebrauch und fielen für anderthalb Jahrtausende in Vergessenheit. Das ist ein der Zeitdimension nach ungewöhnlicher Vorgang, der sich jedoch mit innerer Logik in den historischen Ablauf fügt. Denn ihrem Ende zu ging damals die griechische Weltstunde des freischweifenden Geistes, des unabhängigen Individuums und der offenen Gesellschaften, in die sich mit dem Auftreten der Sophisten die Poleis umgeformt hatten. Ein neues Weltzeitalter der geschlossenen Ordnungen und Bindungen brach an. Weltläufig-kosmopolitische Ansprüche fügten sich nicht mehr in diesen Kontext. Neue Ideale und Werte motivierten nun die Zeitgenossen zu neuen Haltungen und Taten. Erst als vom 13. Jahrhundert an in vorsichtig tastenden Ansätzen das Individuum aus geistlichen und ständischen Bindungen herausdrängte und ein weiteres Mal aus dem ewig gleichen Unabhängigkeitsimpuls seine Freiheit auf allen Lebensgebieten als natürliches Recht einforderte, wurden – im Zusammenhang mit den weltentdeckerischen Unternehmungen des 15. und 16. Jahrhunderts – auch weltbürgerliche Vorstellungen wieder virulent.

Die für unseren Zusammenhang epochale Veränderung nach dem postalexandrinischen Kosmopolitismus ergab sich mit Entstehung, Konsolidierung und Erweiterung Roms und seines Herrschaftsbereiches. Es bildete sich ein Machtzentrum von starker gestalterischer Kraft heraus, das die «bewohnte Welt», bisher das potentielle Territorium der Kosmopolis, umfaßte. Wie Eisenfeilspäne von einem Magnet in einem Feld geordnet werden, so gliederten sich jetzt Völker, Stämme und Menschen in den neuen Machtraum ein, wurden in Zucht genommen und organisiert. An die Stelle der hellenistischen Staatenvielfalt, die das Individuum für seine eigenen Zwecke freisetzte, trat mit dem Imperium Romanum ein Machtsystem, innerhalb dessen die Völker und Menschen ihren Platz erhielten und ihre Pflichten und Aufgaben wahrnehmen sollten. Vom Zentrum gingen alle Impulse aus, die die bestehenden Gemeinschaften und Individuen gesellschaftlich gliederten und in hierarchische Ordnungen einbanden. Vom Konsul und den hohen Amtsträgern bis zum Ackerknecht hatte jeder eine fest umrissene Stellung, die ihm als Korrelat zu seinen Pflichten Schutz und Sicherheit gewährte.

Diese in Rom entwickelte und über das Reich gebreitete, logisch gefügte Herrschafts- und Verantwortungsordnung wurde in den kommenden Zeiten gleichermaßen für Staat und Kirche maßgebend. Die Kirche baute das System aus, indem sie entsprechend der geographisch-administrativen Gliederung des Reiches eine eigene Ordnung nach Provinzen und Diözesen begründete und indem sie nach dem Vorbild der römischen Beamtenschaft die Priesterhierarchie einführte. Der in antiken Schriften nicht vorkommende Begriff Hierarchie, den Dionysius Areopagita erstmals verwendete, bezeichnete die gestufte Herrschaft der Diener der Ecclesia auf Erden, die der Stufenleiter der himmlischen Ordnungen – Erzengel, Engel, Tugenden – entsprach.

Die neue Machtordnung bildete einen tiefen Einschnitt für die Stellung des einzelnen im geschichtlichen und gesellschaftlichen Kontinuum. Der Mensch der neuen Zeit bezog seine Selbstwert-

Lebens- bzw. Regierungszeiten der wichtigsten in diesem Kapitel erwähnten Personen	
Alexander der Große	336– 323
Philon	20 v. Chr. –50 n. Chr.
Seneca	4 v. Chr. –65 n. Chr.
Plinius d. Ä.	23 n. Chr. –79 n. Chr.
Cicero	106– 143
P. Aelius Aristides	117– 189
Marc Aurel	161– 180
Origenes	≈ 185–nach 240
Eusebios	260– 340
Konstantin der Große	324– 337
Augustinus	354– 430
Theodosius I.	379– 395
Orose	≈ – 418
Prokop	≈ 490–nach 555
Justinian	527– 565
Gregor der Große	590– 604
Phokas	602– 610
Herakleios	610– 641
Leon III.	717– 741
Konstantin V.	741– 775
Irene	797– 802
Nikeforos I.	802– 811
Michael I. Rangabé	811– 813
Methodios	826– 885
Kyrill	827– 869
Basileios I.	867– 886
Romanós I. Lekapenós	920– 944
Otto I. der Große	936– 973
Vladimir	978–1015
Psellos	1018–1078
Konrad II.	1024–1039
Ludwig VII.	1137–1180
Manuel I. Komnenos	1143–1180
Geoffroy de Villehardouin	1150–1213
Otto IV.	1198–1215
Innozenz III.	1198–1216
Dante	1265–1321
Petrarca	1304–1374
Ghemistos Plethon	≈ 1355–1450
Philipp II.	1556–1598
Edward Gibbon	1737–1794

vorstellung aus dem Dienst an der Gemeinschaft und der Erfüllung ihrer jenseitigen Imperative. Anders als der Polites, der sich seine Imperative und seine politische Ordnung selbst gab, sah sich der Mensch der neuen Zeit in ein vorgegebenes, von ihm nicht zu veränderndes System eingefügt. Seine Tugend hieß Gehorsam, die Tugend des Polites Selbstbestimmung und Mitverantwortung.

Umorientierung: Jenseitsbezug

Die Zeitgenossen, jedenfalls die Angehörigen der Schicht, die den Zeitgeist bestimmte, empfanden sich nicht mehr dem freien Vogel gleich, der, irdischer Grenzen nicht achtend, die Welt als offen betrachtete; sondern definierten sich aus der Bezogenheit auf überindividuelle, gleich ob diesseitige oder jenseitige Ziele. Das Individuum suchte sich zu transzendieren und sich in der Solidarität mit Gleichgesinnten für das Vaterland, die Republik oder das Imperium einzusetzen, denen metaphysische Qualität beigemessen wurde; oder in Überwindung aller irdischen Begierden sich dem Göttlichen zu weihen. Dunkle Ängste, wie sie in den orientalischen Kulten zum Ausdruck gekommen waren, bemächtigten sich des zuvor geisteshellen hellenischen Bewußtseins und drängten den bereitwilligen Zeitgenossen in schützende Einfriedungen. Nicht mehr selbstbezogene Weltfreiheit, sondern Aufgehen in Höherem, Selbstaufgabe, Selbstaufopferung (vom ‹dulce et decorum est pro patria mori›, süß und angemessen ist es, für das Vaterland zu sterben, bis zum froh erlittenen Märtyrertod) galten als höchste Tugenden. Die individualistischen Determinanten der Antike – Freiheit, Selbstentfaltung, Phantasie, Lebensgenuß an irdischen Freuden oder als Seelenfrieden, Abenteuer, Ehrgeiz, Neugier, Weltoffenheit – hatten sich in den zuchtlosen hellenistischen Jahrhunderten verschlissen und galten nichts mehr.

Konsequenterweise fielen auch Reisen, Forschungs- und Handelsexpeditionen, die eine der hervorstechendsten Aktivitäten der Antike und eine Grundbedingung kosmopolitischen Verhaltens bildeten, aus der Mode. Seßhaftigkeit trat an die Stelle der Mobilität. Akzeptiert wurden Ortsveränderungen nur, wenn sie wie bei militärischen Operationen, bei den relativ seltenen diplomatischen Missionen, bei Pilger- und Bußfahrten zu heiligen Stätten, die späteren Kreuzzüge eingeschlossen, bei Wanderschaften der mittelalterlichen Handwerksburschen – institutionalisiert, ins System eingebunden und damit stabilisiert waren. Wer sonst seinen festen, angestammten Wohnsitz verließ – Zigeuner, Angehörige des ambulanten Gewerbes, Hausierer, Schauspieler, Zirkus-Artisten – wurde, wenn nicht geächtet, so doch mit Mißtrauen betrachtet. Und Odysseus, das Vorbild aller neugierigen, abenteuerlustigen Weltumfahrer, wurde von Dante in die Hölle verbannt, weil er «der Ungeduld, die Welt zu sehen und alles zu erkunden» [1], Vorrang gab vor der statisch-christlichen Tugend des Mitleides, das er Vater, Gattin und Sohn schuldete.

Im römischen ebenso wie im christlichen Tugendkatalog, die unterschiedliche Verhaltensweisen förderten und prämierten, fehlte jede dem Freiheitsstreben verwandte Eigenart. Die vier platonischen Kardinaltugenden, die bis in die römische Zeit hin unumstritten blieben, waren Tapferkeit / Seelenstärke (andreia / constantia), Weisheit (sophia, phronesis / sapientia), Maßhalten (sophrosyne), Gerechtigkeit (dikaiosyne / justitia); die theologischen *virtutes* dagegen hießen Glaube, Liebe, Hoffnung. Selbstentfaltung, in welche Richtung immer, wurde nicht angestrebt. Freiheit, die als ursprünglicher Antrieb dem Individuum zugeordnet war, wurde nunmehr als angemaßte Selbständigkeit, als Empörung gegen die bestehende Ordnung, als Revolution gegen die legitimen, durch Dauer geheiligten Gewalten, in letzter Instanz als Rebellion gegen Gott aufgefaßt. Frei sein wurde nicht als das Glück oder der Auftrag des prometheisch-selbstbewußten, weltsuchenden Tatmenschen empfunden, sondern als Unheilstand des Unbehausten und Ungeschützten. Als Gegenleistung für die verwirkte Freiheit erhielt das Individuum – zumindest als Verheißung – das hohe Gut kollektiven Schutzes, äußeren Frieden, seelische Ruhe, Aufgehobensein in Gott. Dem Kosmopolitismus wurde damit der Boden entzogen, die stoische Idee des Weltstaates Kosmopolis verlor ihre Strahlkraft, ja sie wurde unverständlich.

Diese Lebens- und Bewußtseinsumstellung von der Freiheit

zur Bindung war ein Prozeß, der sich über Jahrhunderte erstreckte, in denen beide Grundhaltungen nebeneinander bestanden, wobei die eine an Mächtigkeit ab-, die andere zunahm. So wirkte das kosmopolitische Konzept der Stoa bis in die Glanzzeit der römischen Weltherrschaft und sogar des byzantinischen Imperiums hinein, in der die zeitgemäßen Werte der Bindung und geschlossenen Ordnung längst maßgebend geworden waren. Bei Cicero wird die Überlappung deutlich. Intellektuell fühlte er sich durch die Vorstellung der Kosmopolis angezogen, die der Götter und aller Menschen gemeinsame Heimat war. Fast im gleichen Atemzug wies er aber auf die Grenzen dieser universalen Idee hin: «Wenn bei einem Vergleich zwischen den beiden Gesellschaftsformen sich die Frage stellt, welcher bei Bestimmung unserer Pflichten der Vorrang zukommt, so müssen dem Vaterland und der Familie die ersten Plätze eingeräumt werden»[2]. Seneca fand einen Ausweg aus dem Dilemma, indem er die kosmopolitische Gesellschaft der philosophischen Betrachtung zuordnete, während er dem Staat die aktuellen Aktivitäten vorbehielt. Denn die Natur, so erläutert er, hat den Menschen zugleich für die *vita activa* und die *vita contemplativa* geschaffen. Am deutlichsten stellte Antonius Marc Aurel die beiden Maßgaben nebeneinander, wobei der milde Herrscher überzeugt war, ein Bürger der Kosmopolis zu sein, «dieses ältesten und ehrwürdigsten Staates, innerhalb dessen die Einzelstaaten gleichsam wie Häuser sind»[3]. Bis heute phantasiebewegend und unvergessen ist sein Wort: «Als Antonius habe ich Rom zum Staat und Vaterland, als Mensch den Kosmos»[4].

Pax romana

Zwischen der kosmopolitischen Idee und dem Machtraum bestand kein ausschließender Gegensatz, sondern fruchtbare Spannung. Die Welt war im Römischen Reich organisiert. Angesichts der Gleichsetzung von Imperium und Ökumene schien das kosmopolitische Postulat, daß alle Menschen ungeachtet ihrer Herkunft die gleiche Heimat hätten, verwirklicht; eine Weiterverfolgung dieses Ziels erübrigte sich; die Politik der Kaiser zielte ohnehin auf Universalisierung des Reiches, wie insbesondere die Constitutio Antonina (212 n. Chr.) zeigte, durch die den freien Bewohnern des Imperiums das Bürgerrecht gewährt wurde.

Die imperiale und später auch die kirchliche Wirklichkeit überlagerte die weltbürgerlichen Theorien und Visionen. Reich und Kirche vertraten ihre eigenen universalen Vorstellungen, für die sie ihre ganze politische und geistliche Macht einsetzten. Universalistisch war beider Selbstbedeutung insofern, als sie von der Konkurrenzlosigkeit ihrer jeweiligen Stellung ausgingen. Denn nicht nur das Imperium hatte bis zur Teilung des Reiches (395 n. Chr.) und dem Untergang des westlichen Imperiums nicht seinesgleichen. Auch die Kirche schrieb sich trotz der zahlreichen in jenen synkretistischen Jahrhunderten miteinander rivalisierenden Kulte eine einzigartige, mit keiner anderen Glaubensrichtung vergleichbare Stellung zu; zu Recht, insofern allein das Christentum gleichzeitig den Anspruch auf Katholizität und Orthodoxie erhob. Die Kirche war allumfassend, potentiell (d. h. im Hinblick auf das durch Mission zu verwirklichende Endziel der Geschichte) auf die ganze Menschheit – ohne Ansehung von äußeren Unterscheidungsmerkmalen der Stämme und Völker – bezogen: Die Apostel zogen aus, um *allen* Menschen in *allen* Sprachen die Lehre des wahren Gottes zu predigen[5]. Die Kirche verkündete durch Gottes eigenes Wort die absolute, überall geltende, alleinseligmachende Wahrheit, forderte vom Gläubigen die kritiklose Nachfolge, sogar daß der Sohn für Christus Vater und Mutter verlasse[6].

Die Zeitgenossen waren es zufrieden. Plinius d. Ä. wünschte der Pax romana, sie möge ewig dauern und bat «die Götter, diese Wohltat auf ewig zu erhalten»[7]. Und noch vier Jahrhunderte später, als das Reich schon im vollen Verfall stand, schrieb ein Zeitgenosse des Augustinus, der spanische Priester Paul Orose: «An welchem Platz ich auch lande, und kennte ich auch keinen Menschen, ich bin ruhig, ich habe keine Gewalttaten zu fürchten... Die gleichen Gesetze, der gleiche Glaube, die gleiche Natur beschützen mich: ich finde überall ein Vaterland». Diesen Lobspruch auf das römische Universalreich führte Orose darauf zurück, daß «er sich – als Römer und Christ – überall an die Christen und an die Römer wenden kann». Denn «dieser einzige Gott, der dieses einzige Reich geschaffen hat zu dem Zeitpunkt, da es ihm gefiel, sich zu offenbaren, wird von allen geliebt und gefürchtet... Ich verfüge also zeitweilig über die ganze Welt als mein Vaterland»[8]. Der Zustand von Ruhe und Frieden, der im goldenen Jahrhundert unter der Herrschaft der Antonine erreicht war, wurde so hoch eingeschätzt, daß noch Edward Gibbon dieses Zeitalter zu der Periode erklärte, in der das Menschengeschlecht den höchsten Punkt des Glücks erreicht habe. «Die ganze Welt macht jetzt dauernd Feiertag»: diesen einprägsamen, propagandistisch-rühmenden Satz aus der Schrift «In Romam» des P. Aelius Aristeides zitiert der englische Historiker als Beleg. Und noch zweihundert Jahre nach Aelius benutzte der Kirchenvater und Biograph Kaiser Konstantins Eusebius das gleiche Bild: «Die Menschen haben jetzt jede Furcht vor ihren ehemaligen Bedrückern verloren, Tag um Tag verbringen sie als glänzendes Fest»[9]. Der Kosmopolitismus wandelte also Funktion und Bedeutung. Aus einem moralisch-politischen Menschheitsziel, das im Hellenismus die interessierten Kreise motivierte, wurde eine ornamentale Beigabe zur Realität des Imperiums und eine allegorische Chiffre für die Missionsaufgabe der Kirche.

Die um ihre Stellung im Reich noch kämpfenden Kirchen verhielten sich den kosmopolitischen Lehren gegenüber indifferent, weil sie ihrem Jenseitsinteresse nicht entsprachen. Aber christliche Apologeten bedienten sich kosmopolitischer Grundvorstellungen wie der «Menschheit als der einen Herde Gottes» oder der «Welt als dem einen Haus für alle» zur Begründung ihrer religiösen Lehren. Origenes nannte die Kirche den «Kosmos des Kosmos»[10]. Philon von Alexandria variierte die stoischen Ideen ins Platonische und betrachtete es als Vorzug der höchsten Menschen, der Heiligen und Propheten, daß sie nicht Kosmopoliten, also Bürger der sichtbaren Welt seien, sondern dem *noetos kosmos*, der vorgestellten Welt der unvergänglichen und unkörperlichen Ideen[11], zugehörten.

Die neuen universalen Mächte Reich und Kirche deuteten sowohl Welt wie Bürger in einem neuen, aus ihrem Weltverständnis sich ergebenden Sinn. «Welt» wurde bis zum Ende des hellenistischen Zeitalters als Ökumene begriffen. Rom setzte dann «Welt» mit dem Imperium gleich; an seinen Grenzen endete die Welt. Was nicht unterworfen war und nicht unterworfen werden sollte, konnte ignoriert werden.

Für die Christen wiederum stellte sich «Welt» als Gegensatz zu Gott dar; Frau Welt war in der mittelalterlichen Poesie die Allegorie des schönen, aber sündhaften Lebens. Im dualistischen System war das Diesseits auf das Jenseits bezogen und wurde nur von daher verstanden – als Tal der Tränen, als Stätte der Prüfung und Bewährung für das kommende Heil. Die irdischen Dimensionen blieben außer Betracht, die grenzenlosen Weiten der Welt waren nur heilsgeschichtlich von Belang, insofern auch dort Kinder Gottes lebten, die die wahre Religion, falls sie ihrer entrieten, für ihre Rettung kennenzulernen hofften.

Die Bewohner der Welt wurden aus der Perspektive der Religion nicht mehr als Bürger, sondern als Gläubige angesehen, die in die Heilsgemeinschaft aufgenommen und in die Heilsgeschichte einbezogen wurden, am Gnadenkapital der Kirche teilhatten und der Priesterschaft anvertraut waren. Die einzelnen wurden – jedenfalls nach urchristlicher Vorstellung – nicht nach Herkunft, Stand oder sonstiger Zugehörigkeit unterschieden, sondern gehörten alle der allumfassenden Gemeinschaft der – vor Gott gleichen – Gläubigen an. Anders als der Kosmopolit, der die Welt als seinen Aktionsraum betrachtete, sah sich der Gläubige als der Heilsgemeinschaft gotteskindschaftlich zugehörig an. *Sie* war das eigentliche Subjekt der Geschichte, sie allein gab dem Leben des einzelnen Sinn und Ziel.

In vergleichbarer Weise wandelten sich Funktion und Stellung des einzelnen im weltlichen Verband des Reiches. Aus dem Bürger wurde der Untertan. Dem Imperium Romanum gehörten Staatsbürger an, deren höchstes Gut und Stolz das Bürgerrecht war. Das mittelalterliche Kaisertum gliederte sich nach den feudalistischen Kriterien der Lehenstreue und Loyalität von oben nach unten aus. Das einst freie Individuum hatte einen festen Platz als Glied in der Gemeinschaft, aus der es nicht entlassen werden konnte. Rechtshistoriker verweisen darauf, daß im byzantinischen Absolutismus «der Einzelne weder Macht noch Freiheit von der Macht» genoß, es sei in keiner anderen Epoche der abendländischen Geschichte so «zerdrückt» [12] worden. Diese Auffassung ist freilich dahin gehend zu ergänzen, daß sich der einzelne in diesen Regimes durch Identifikation mit der als heilig angesehenen Ordnung, der es sich unterwarf, selbst erhöhte.

Staat und Kirche, die weltliche wie die geistliche Gewalt, mediatisierten das Individuum, entzogen ihm die Selbstverantwortung und Autonomie, indem sie es in feste Ordnungen einfügten. Der «bloß» freie Mensch erschien aus dieser Optik als ein in Einsamkeit befindliches, schwebendes und darum des vollen Lebensernstes und des wahren Lebensgenusses entbehrendes Subjekt, ein Blatt im Winde. Bezeichnend in diesem Zusammenhang ist der deutsche Begriff «vogelfrei» für einen, der sich außerhalb der Gesetze stellte (outlaw, sans-loi), also kriminell war oder von den Herrschenden als kriminell betrachtet wurde. In Umkehrung des Bildes «frei wie der Vogel» bedeutete vogelfrei Gefährdung für Leib und Leben, den Stand dessen, dem kein Herr, kein Mächtiger Hilfe angedeihen ließ; man assoziierte etwa Freiwild, die dem Jäger zum Abschuß freigegebenen Tiere [13]. Kosmopolitisches Denken und Tun, das auf Freizügigkeit und freie Welterkundung aus war, hatte innerhalb dieses neuen Welt- und Lebensgefühls der Bindung keinen Platz mehr.

Doch blieben kosmopolitische Teilelemente als – von der neuen Zeit nicht aufgesogener – Bodensatz der Geschichte erhalten. Es handelte sich nicht um bloße Erinnerungswerte. In einer unkosmopolitischen Welt wurden kosmopolitische Attitüden als eingeschliffene Verhaltensnormen aufbewahrt. Sie bildeten eine Brücke in spätere Jahrhunderte, wenn der Kosmopolitismus wieder die Geister bewegen würde.

Heiliges Römisches Reich «griechischer» Nation

Kosmopolitische Tradition erhielt sich am stärksten und am längsten in Byzanz, das bei allen Wechselfällen seiner Geschichte ein volles Jahrtausend existierte und eine starke Ausstrahlung auf die Völker in Ost und West ausübte, sich in ständiger politisch-diplomatischer, militärischer und kultureller Auseinandersetzung und

Wechselabhängigkeit mit ihnen befand. Weder die Geschichte der westlichen Reiche, Staaten und Kirchen noch die der Perser, des arabisch-islamischen Kalifats und der Seldschuken sowie des osmanisch-türkischen Reiches sind ohne die direkten Einflüsse der Byzantiner zu verstehen.

Byzanz begann als organische Fortführung des Römischen Reiches (continuatio Imperii Romani), dessen Wiederherstellung (recuperatio) mehrfach – so unter Justinian und sechs Jahrhunderte später unter Manuel Komnenos I. – versucht worden ist: kurzfristig erfolgreich, nie jedoch als volle Erneuerung (renovatio) der römischen Weltherrschaft. Das gelang weder geographisch durch Erreichung der alten Grenzen, noch politisch in der Loyalität der Unterworfenen oder sich freiwillig anschließenden Völker und Herrscher, noch in der Motivation. Byzanz war seiner Bestimmung nach, und auch was die Eroberungen anging, nach Osten hin orientiert. Die stärkste Zukunftswirkung ging von der Kodifikation des Römischen Rechts (Codex Justinianus, Pandekten, Digesten) aus, über die der Byzantinist A. Pokrowsky emphatisch urteilt: «Das römische Recht wurde zu neuem Leben erweckt und vereinigte ein zweites Mal die Welt» [14]. Der Traum der Erneuerung des Einheitsreiches gemäß Justinians Formel «Ein König, ein Gesetz, ein Glaube», die später von den französischen Königen übernommen worden ist: *«un roi, une loi, une foi»*, ist nie aufgegeben worden und innerviert «das (ganze) byzantinische Jahrtausend» [15]. Dieser Traum bestimmte in zeitgemäßer Abwandlung die Sehnsucht und den geheimen oder offenen Widerstand der Griechen innerhalb des osmanischen Vielvölkerreiches nach dem Fall von Konstantinopel (1453) bis zu der sich über ein Jahrhundert erstreckenden, schrittweisen Gründung und Vollendung des neugriechischen Staates (1821–1913) und wurde nach der gescheiterten Kleinasien-Expedition der Griechen von 1922 mit dem Ziel der Befreiung Konstantinopels («die Große Idee») noch einmal politisch geträumt und endgültig ausgeträumt.

Die Teilung des Römischen Reiches durch Theodosius I. (395) entsprang nicht einem Akt dynastischer Willkür, sosehr der Kaiser vom Orient – schon wegen der orientalischen Vorstellung von der

Kaiserwürde – fasziniert sein mochte[16]; die Entscheidung war durch die demographischen und ökonomischen Gegebenheiten des Reiches vorbestimmt. Die menschenreichen und dichter besiedelten Ostprovinzen gehörten zusammen; dort befanden sich die großen Städte, deren florierende Wirtschaft Handel und Wandel förderte. Gewerbliche Produktion, Handwerk, Bank- und Kreditwesen entwickelten sich, und die Steuerkraft konzentrierte sich an diesen Mittelpunkten, die auch kulturell hervorragten. Die Tradition der großen Reiche – des persischen, alexandrinischen und der Diadochenstaaten – wirkte fort. Ägypten belieferte insbesondere Konstantinopel mit den erforderlichen Nahrungsmitteln; Kleinasien und Syrien waren die großen Durchgangsländer für den Fernhandel und pflegten ausgedehnte Kontakte. Kenntnis der Nachbarvölker sowie Umgang und Vermischung mit ihnen, Voraussetzung kosmopolitischen Verhaltens, ergaben sich, wenn auch nur für bestimmte Schichten, von selbst.

Römische Rechtstradition, orthodoxer Glaube

Byzanz konsolidierte sich im Zusammenwirken des politischen Herrschaftsanspruchs und der Rechts- und Verwaltungstradition Roms, des orthodoxen Christentums und der mit orientalischen Elementen versetzten griechischen Sprache und hellenistischen Kultur. Es erstreckte sich zur Zeit seiner größten Ausdehnung (unter Justinian) von Südspanien bis zum Oberlauf des Euphrat, von der Donau bis Nordafrika. Es schrumpfte im Lauf seiner Geschichte gelegentlich bis auf die legendenträchtigen Mauern Konstantinopels, wurde sogar einmal von Kreuzfahrerheeren (1204) erobert; ein lateinischer Kaiser regierte von des Abendlands Gnaden. Später (unter Johannes V. und Manuel II.: 1354–1402) geriet Byzanz schließlich in tributpflichtige Abhängigkeit der Osmanen, die die byzantinischen Kaiser als Vasallen betrachteten. Kulturell blieb die griechische Vorherrschaft während des byzantinischen Jahrtausends in den nicht islamisierten Teilen der Mittelmeerwelt von den politischen Veränderungen unberührt; die griechische Sprache, Religion und Kultur behielten ihren Stand.

Ostreich – Westreich

Gegenüber den Krisen der Zeit erwies sich das Ostreich im Vergleich zur abendländischen Ordnung als stabiler und widerstandskräftiger. Zehn Jahrhunderte lang lebte es als *ein,* den größten Teil der Zeit als *der* Mittelpunkt europäischer Gesittung und Geschichte. Die Stabilität von Byzanz war um so erstaunlicher, als das Reich fast ständig an zwei besonders gefährdeten Grenzräumen herausgefordert war, sich in einem fast unaufhörlichen Zweifrontenkrieg befand. Von Norden her drangen slawische, germanische und andere Völkerschaften in das Reich ein, das einen Abwehrschwerpunkt an der unteren Donau hatte. Der zweite lag in Syrien und Armenien, wo von Osten her asiatische Völker, Perser, Mongolen, Araber, Seldschuken, Türken nach Westen anstürmten: Diese Verteidigung «Europas oder der Christenheit» wird von den Historikern des Westens als die bedeutendste Leistung des Byzantinischen Reiches gewürdigt.

Die byzantinische Weltpolitik wurde weiträumig und beweglich, einfallsreich und elastisch geführt. «Sie hat über neun Jahrhunderte hin stets eine universale Qualität. Die in dieser Politik erkennbaren Konzepte greifen weit über alle historische Erfahrung nationaler Entfaltung und Selbstbehauptung hinaus. Fest in ihren geistigen Fundamenten verankert, gibt diese Politik ein denkwürdiges Beispiel unbeirrbaren menschlichen Strebens, Ordnung im Chaos zu stiften und zu bewahren» [17].

Nicht minder bedeutend war der Umstand, daß das Reich so lange den inneren Spannungen zu widerstehen vermochte. Auf der ausgedehnten Landbrücke lebten zahlreiche europäische und asiatische Völker im gleichen Herrschaftsverband zusammen. Nach der Schwerpunktverlagerung von West- nach Ostrom gelang es den während der römischen Jahrhunderte zurückgedrängten, nur noch kulturell führenden Griechen, in einem ungewöhnlichen Revitalisierungsprozeß zum gestaltenden Reichsvolk zu werden und die nach Herkunft, Gesellschaftsordnung und Zivilisationsstand stark differierenden Mitgliedsvölker in eine Friedensordnung zu zwingen, ja sie großenteils religiös, politisch und kulturell zu assimilieren. Das war ein bemerkenswerter Integrationserfolg. Beherrschung der griechischen Sprache, Anerkennung des Kaisertums und Bekenntnis zur Orthodoxie sind die Kennzeichen für einen echten Byzantiner, der durchaus armenischer, syrischer oder slawischer Herkunft sein kann. Erst neuzeitlicher Nationalismus hat hier den Blick für die Wirklichkeit getrübt[18]. Ein autochthones griechisches Wir-Bewußtsein, das allmählich nationalen Charakter annahm, begann sich in ersten, von der griechischen Historiographie eifrig aufgespürten Ansätzen seit dem 11. Jahrhundert zu entwikkeln, als das Ostreich auf Kleinasien, das kontinentale Griechenland und die Inseln reduziert war, auf Gebiete also mit vorherrschend griechisch sprechender Bevölkerung, die sich in unaufhörlichen Abwehrkämpfen gegen die islamischen Völker befand. Die Griechen besangen indes in ihrer lebendig gesprochenen Sprache, die sich unter der Kruste des erstarrten Attizismus ungehemmt vom Kanon und den Lernregeln der Grammatik selbständig entwikkelte, die Helden des Grenzkampfes, die Akriten, vor allem den legendären Dighenis Akritas, den der Kaiser angeblich dadurch ehrte, daß er in Verletzung aller protokollarischen Form zu ihm ging, statt ihn zu sich zu berufen[19]. Das war jedoch bloße patriotische Volksliteratur.

Byzanz selbst war eine zwar griechisch geprägte, aber multinationale und offene Lebensordnung. Das Reich läßt sich in Analogie zum «Heiligen Römischen Reich deutscher Nation» als «Heiliges Römisches Reich *griechischer* Nation» bezeichnen insofern, als beide Herrschaften Abkömmlinge des Imperium Romanum waren und als solche angesehen wurden und aus christlichem Geist geformte, übernationale Ordnungen darstellten. Das abendländische Kaiserreich war «deutscher Nation» nur in bezug auf den Kaiser, die italienischen Provinzen waren nicht deutsch geprägt, die religiöse und geistige Gemeinsamkeit artikulierte sich auf lateinisch. Im Ostreich hingegen war das griechische Element infolge des Zusammenfalls von weltlicher und geistlicher Spitze beherrschend.

Byzanz verstand sich in Weiterführung des Imperiums als das Reich, dessen Aufgabe die Ausweitung und mystische Vollendung des Christentums war; es gehörte insofern zur westlichen Welt.

Tatsächlich aber war es während der größeren Spanne seiner Existenz Brücke zwischen Ost und West, zwischen den großen andrängenden orientalischen Reichen und Kulturen, deren exotischen Zauber Byzanz eingefangen und sich anverwandelt hatte, und dem noch weitgehend ungeformten, polymorphen Abendland mit seiner rationalen Geistigkeit, die in der Scholastik ihren Höhepunkt fand, seinen besonderen Machtkämpfen wie dem Investiturstreit, seiner ostwärts gerichteten Mission und Kolonisation wie der des Deutschen Ordens, seiner Abwehrfront gegen den Islam im Südwesten, die in Spanien während eines halben Jahrtausends eine raffinierte Mischkultur erzeugte, bevor sich die Halbinsel in den späteren Jahrhunderten zum Atlantik und den unentdeckten Weiten in Übersee wendete.

Die vielfältigen Kontakte insbesondere in Handel und Diplomatie, die die Byzantiner mit dem nahen und fernen Ausland unterhielten, einerseits und die Alltagsbeziehungen der verschiedenen Abstammungs- und Sprachgruppen innerhalb des Reichs andererseits bildeten die gesellschaftliche Voraussetzung einer zunehmend kosmopolitischen Lebensweise. In die enge nachbarschaftliche Gruppe drangen von allen Seiten Fremde mit ihren andersartigen Forderungen und Eigenarten ein, brachen – viel früher als im Abendland – die autarken Gehäuse auf, habitualisierten den Umgang mit denen, die von anderswoher kamen. Das galt für die herrschende Oberschicht wie für die Handel treibenden mittleren Stände und auch für die Unterschichten, die beim Militär- oder Kriegsdienst in den Grenzregionen fremde Gegenden und Völkerschaften kennenlernten. Trotz griechischen Selbstbewußtseins erklommen auch Kaiser fremden Geblüts (z. B. die Syrer Leon III. und Konstantin V.) den Thron; politische Eheverbindungen wurden mit Prinzessinnen aus europäischen und asiatischen Fürstenhäusern eingegangen; byzantinische Kaiserinnen, deren fremde und exotische Züge wir noch heute auf erhaltenen Medaillons erkennen, stammten aus dem Kaukasus, aus Syrien, Ungarn, Frankreich, Deutschland, Bulgarien. Die hohen Hof-, Verwaltungs- und Armeechargen besetzten die Kaiser – nach dem Vorbild Alexanders des Großen – in politischer Absicht mit Ausländern.

Die Westkontakte brachten Moden nach Byzanz, das in den Jahrhunderten des überzivilisierten Raffinements nach Neuem im stärker werdenden Abendland Ausschau hielt. Später wirkte die Berührung mit den Kreuzfahrern spürbar auf die Byzantiner ein. «Es war nicht mehr jene orientalisch anmutende majestätische Pracht, die einst die byzantinischen Kaiser in dem Großen Palast am Goldenen Horn umgab, sondern eine leichte, ritterliche Eleganz westlichen Gepräges» [20]. Die Spiele im Hippodrom wandelten sich zu Turnieren nach westlichem Zuschnitt, und die Literaten nahmen sich Minnelieder und Abenteuerromane zum Vorbild – ähnlich wie heute amerikanische Moden in Europa vorwiegen. «Und wenn, wie es stets beim Zusammentreffen zweier ungleicher Kulturen geschieht, die weniger entwickelte – und das war damals die westliche – in spürbarer Weise dem Einfluß der überlegenen Kultur, der arabischen, syrischen, byzantinischen ausgesetzt wurde, mit der sie in Kontakt kam, so übte sie doch auch ihrerseits beträchtlichen Einfluß aus» [21].

Von den völkerverbindenden Kontakten ging eine spürbar abschleifende Wirkung auf die Untertanen des Reichs aus, hauptsächlich auf Konstantinopel. Die souverän-legere Haltung der Bewohner ist von den Zeitgenossen ausdrücklich hervorgehoben und bestaunt worden. Freilich handelte es sich dabei nicht um eine kosmopolitische Idee und Intention, sondern um eine konstellativ bedingte Beiläufigkeit der allgemeinen Entwicklung. Die weltbürgerliche Atmosphäre war Funktion des räumlichen Zusammenlebens und Zusammenwirkens von Menschen verschiedener Herkunft unter einer gemeinsamen Herrschafts- und Friedensordnung, nicht philosophische Überzeugung und Absicht, die auf die Herausbildung der Kosmopolis als gemeinsamer Heimat aller Menschen abzielte. Nur selten ist darum in der wissenschaftlichen Literatur das Vielvölkerreich als kosmopolitisch bezeichnet worden, so von J. Kordatos [22].

Disziplinierte Armee und effiziente Verwaltung

Zur Existenzbehauptung des naturhafter innerer Kohärenz ermangelnden Vielvölkerstaates bedurfte Byzanz vorrangig einer schlagkräftigen Armee. Die Sicherheit des Territoriums gegen Angriffe der Nachbarn und der Gehorsam der Untertanen war anders nicht zu erreichen. Das Reich kam ohne eine Furcht gebietende Militärorganisation nicht aus und hat sie auch nach Niederlagen immer wieder neu aufgebaut. Die Bedeutung der Armee für das Reich wurde nicht zuletzt dadurch auffällig, daß von den achtundachtzig Kaisern mindestens dreißig aus der Armee hervorgegangen sind. Das Militär herrschte nicht; aber es war – neben Kirche, Hof und Verwaltung – eine der Stützen der Monarchie.

Die byzantinische Verwaltung, die sich in der Tradition der römischen Administration gebildet hatte, war die effizienteste der damaligen europäisch-nahöstlichen Welt. Das Reich wurde zweckmäßig und wirksam verwaltet. Die Aufteilung der Kompetenzen sowie die Organisation der Regionen waren übersichtlich und den Erfordernissen des praktischen Lebens angepaßt. Die tägliche Arbeit vollzog sich aktenmäßig. Philipps II. von Spanien berühmtes Wort *«quod non est in actis non est in mundo»* (was nicht in den Akten steht, existiert nicht auf der Welt), das die Ideologie des modernen Verwaltungsstaates ausdrückt, läßt sich prinzipiell schon auf die byzantinische Reichsadministration anwenden. Kein anderes Land konnte ihr Gleichwertiges an die Seite stellen. Das galt trotz der gerechtfertigten Klagen der Zeitgenossen. Vornehmlich handelte es sich um zweierlei Mißstände.

Erstens: Wie alle Bürokratien war auch die byzantinische konservativ, reform- und innovationsfeindlich. Sie hatte ein sich als Korpsgeist äußerndes *vested interest* an der ungeschmälerten Fortführung einmal erhaltener Aufgaben und Befugnisse, die ihre Unentbehrlichkeit in der Gesellschaft, ihre Machtstellung im Staat und ihren selbständigen Rang gegenüber dem Thron begründeten.

Zweitens litten Staat und Gesellschaft unter dem endemischen Erzübel aller Despotien, der Bestechung bzw. Bestechlichkeit. Auch für die kleinsten Dienste erwartete der Beamte ein kleines

Aufgeld. Sowenig diese Praxis einem modernen Verwaltungsstaat entspricht, so darf ihre abmildernd-wohltätige Wirkung gegen Willkürhandlungen einzelner Machtträger nicht übersehen werden. In einem so ausgedehnten Reich wie Byzanz, in dem – bei den damaligen Verkehrs- und Nachrichtenmitteln – die Kontrolle über die Verwaltungs- und Rechtspraxis außerhalb der Metropole äußerst schwierig war, fungierte die Korruption als ein unentbehrliches soziales Korrektiv gegen die schlimmsten Übergriffe und Ungerechtigkeiten zum Nachteil der Untertanen.

Die wichtigste Leistung der byzantinischen Administration bestand darin, dem Reich Stabilität und Integration der vielfältigen Bevölkergruppen zu sichern. In allen Reichsteilen sollten nicht nur die Treue zum Kaiser und dem orthodoxen Glauben, sondern auch das gleiche Recht und die gleichen politischen Ordnungsformen gelten. Dadurch wurden wiederum Vermischung und kosmopolitische Verschmelzung der Reichsbevölkerung gefördert.

Außer den Institutionen determinierten zwei weitere Faktoren Einheit und Zusammenhalt der Monarchie:

Erstens das griechisch-orthodoxe Christentum, das trotz ernster Bemühungen, auch seitens Roms, die Einheit der Kirche zu erhalten, einen eigenen Weg ging oder richtiger – bei allen unerbittlichen theologischen Streitigkeiten und grausamen Kämpfen zwischen Arianern und Athanasianern, Monophysiten und Nestorianern, Ikonolatren und Ikonoklasten (Bilderverehrern und Bilderstürmern) – doch der ursprünglichen Nachfolge Christi treu geblieben, darin allerdings auch erstarrt ist.

Und zweitens, die auf die Antike zurückgehende, im Hellenismus ausgebreitete griechische Sprache und Kultur, die dem Reich seine einheitliche geistige Form gab.

Die Entscheidungen Konstantins

Als entscheidender Faktor für die oströmische Reichsneubildung erwies sich in dem für religiöse Impulse höchst empfänglichen 4. Jahrhundert die Christianisierung. Sie erfolgte durch Entscheidungen, die Konstantin der Große traf und die eine qualitative Veränderung aller Lebensbereiche bewirkten. Durch seinen Sieg an der milvinischen Tiberbrücke (312) über seinen Rivalen Maxentius machte er sich zum unbestrittenen Herrn Roms und des Westens. Für den weiteren Gang der Geschichte des Reiches bestimmend wurde die Legende, daß dieser Sieg aufgrund einer Vision erfochten wurde, die der Kaiser – dem Bericht des Eusebios zufolge – vor der Schlacht gesichtet habe: ein Flammenkreuz am Mittagshimmel, mit der Weissagung und Weisung «en touto nikas», unter diesem Zeichen siege. Mit dieser Maxime sind in den folgenden Jahrhunderten immer wieder christliche Soldaten zum Angriff in die Schlacht gezogen. Das nachfolgende Toleranzedikt von Mailand (313) setzte den Christenverfolgungen offiziell ein Ende. In den kaiserlichen Armeen gab es so viele Christen, daß der erfahrene Politiker Konstantin es für zweckmäßig hielt, ihnen Religionsfreiheit zu gewähren.

Nach weiteren Siegen vermochte Konstantin, der sich trotz der Schwerpunktverlagerung nach Osten als römischer Kaiser empfand, im Jahre 325 das erste ökumenische Konzil nach Nikäa einzuberufen, auf dem er, allerdings vergeblich, die dogmatischen Streitigkeiten beizulegen und die Einheit der Kirche zu befestigen hoffte. Die innerkirchlichen Wirren setzten sich jedoch fort und verschärften den geschichtsmächtigen Konfessionsgegensatz, der schließlich zum Schisma führen sollte.

Als Nebenprodukt des Konzils zu Nikäa wurde der für die Ostkirche konstitutive, wenn auch nicht zu allen Zeiten gleich unangefochten geltende Primat des Kaisers gegenüber der Kirche etabliert. Die theologischen Konzilbeschlüsse erhielten erst durch kaiserliche Verkündung politisch-juristische Gesetzeskraft. Auf den Konzilen und Synoden wußten die Kaiser, nicht zuletzt durch geschickte Regie und Personalpolitik, ihre Autorität auch in geistlicher Hinsicht zu festigen. Freilich zeigten im politischen und kirchlichen Alltag auch die Patriarchen, Bischöfe und hohen Würdenträger ihre autochthone religiöse Macht. In dogmatischen und rituellen Fragen – wie etwa im Bilderstreit – fügten sie sich nur schwer den kaiserlichen Wünschen, und mancher Kirchenfürst erwies sich als ebenbürtiger Partner / Gegner des Basileus; insbesondere ihre materiellen Privilegien verteidigten die geistlichen Herren mit Zähigkeit und insgesamt mit Erfolg.

Im Ablauf des Staatsneubaus durch Konstantin folgte auf Nikäa im Jahre 336 die Gründung der neuen, nach dem Monarchen benannten Hauptstadt Konstantinopel (eine Verlegung der Reichsmetropole nach Alexandria oder Ilion/Troja hatte, Sueton zufolge[23], schon Cäsar ins Auge gefaßt), seine Taufe durch Eusebios auf dem Totenbett (337), die eine tiefe symbolische Bedeutung erlangte und die spätere Erhebung des Christentums zur Staatsreligion (bei Verbot der heidnischen Kulte) auf dem zweiten ökumenischen Konzil zu Konstantinopel (381) erleichterte. Nach dem Urteil des englischen Historikers Trevor-Roper übte Konstantin durch seine beiden Entscheidungen, das Christentum anzunehmen und eine neue uneinnehmbare Hauptstadt am Bosporus zu errichten, «den vielleicht größten Einfluß aus, den irgendein Mensch seit Christus auf die abendländische Geschichte hatte. Wer kann ermessen, was mit der Welt oder mit dem Christentum geschehen wäre, wenn das Römische Reich nicht christlich geworden oder das römische Recht und die griechische Kultur während der Zeit der barbarischen und moslemischen Eroberungen in Konstantinopel nicht bewahrt worden wäre?»[24].

Auf diese geschichtswendenden Ereignisse gründete sich die Verselbständigung des neuen zweiten Rom. Die Griechen bezeichnen sich in ungebrochener Kontinuität noch heute in ihrer intimen Alltagssprache als Römer (Rhomioi) – in Fortführung der Selbstbezeichnung der Byzantiner als (christliche) Rhomäer im Gegensatz zu den (heidnischen) Hellenen. Der wichtigste Unterschied zum Heiligen Römischen Reich deutscher Nation besteht darin, daß staatliche und kirchliche Gewalt sich im Westen in der jahrhundertelangen Auseinandersetzung um den Vorrang von Kaiser und Papst dualistisch auseinanderentwickelten, während die beiden Mächte in Byzanz in der kaiserlichen Spitze zusammenliefen.

Die kirchliche Hierarchie wurde in den Dienst der Monarchie gestellt; der Kaiser herrschte unumschränkt gemäß der wiederum von Eusebios geprägten Formel: «Ein Gott im Himmel – ein Kaiser auf Erden als Christi Statthalter». Er bezeichnete sich als *kosmikos autokrator*, als weltlicher Selbstherrscher, der seine universale und einzigartige Machtstellung von dem neu geschlossenen Pakt des *populus* Romanus mit dem christlichen Gott herleitete. Er wurde über alle Sterblichen erhoben, ja ins Transzendente entrückt. Die Untertanen beugten das Knie vor ihm und ließen ihm göttliche Verehrung angedeihen; Alexander hatte seine griechischen Mitstreiter vergeblich um die Proskynese ersucht. Der Basileus erschien in der Legende gar als 13. Apostel und wurde auch bildlich in der Mitte der Jünger an der Stelle Christi dargestellt.

In Byzanz blickte man mit Unverständnis und kaum verhehlter, gelegentlich offen bekundeter Verachtung auf die westliche Machtkonkurrenz zwischen Papst und Kaiser, die sich beide, wie ihre Titel zeigten, als unmittelbare Erben der römischen Cäsaren deuteten: Der Kaiser nahm die militärische Ehrenbezeichnung Imperator Augustus als Charakteristikum der Majestät in Anspruch, die Päpste führen noch heute den offiziellen Titel der heidnischen Erzpriester Roms «Pontifex Maximus». Ein Gott, dessen Reich nicht auch von dieser Welt war, widersprach byzantinischem Staatsdenken ebensosehr wie ein Kaiser, der seine Majestät so weit herabsetzte, daß er beim Papst um geistliche Anleitung und Weisung nachsuchte, bei einem Kirchenfürsten, der – anders als die Patriarchen – Einzigartigkeit, Souveränität und schließlich politische, ja militärische Macht beanspruchte. Das Verhältnis zwischen weltlicher und göttlicher Gewalt aus päpstlicher Sicht umriß Innozenz III. in einer drastischen Botschaft an Kaiser Otto IV. so: «Das Papsttum herrscht über das Königtum. Denn dieses übt nur säkulare und weltliche Gewalt aus, jenes hingegen göttliche und geistliche Macht. Der König regiert nur in seinem Reich und seinen Provinzen. Sankt Peter aber beherrscht sie alle, da er der Statthalter des Herren auf Erden ist»[25].

Darum maßten sich die Päpste das Recht zu lösen und zu binden an, Könige abzusetzen und die Untertanen von ihrem Treueid zu entbinden. Nach der entgegengesetzten byzantinischen Auffassung verband sich die politische Reichseinheit mit der Universalität und Katholizität der Kirche, die Konstantin durch die Beseitigung des Polytheismus durchgesetzt hatte. Das machte die Allmacht des

Kaisers möglich und nötig, die im übrigen auch im Westen jahrhundertelang unbestritten war. Der Papst war wie alle Bischöfe Untertan des Kaisers in Byzanz und als solcher unbeschadet seiner geistlichen Kompetenzen zu Gehorsam verpflichtet. Denn der Kaiser war als Nachfahr des römischen Imperators die Quelle aller legitimen Macht. Auch die Herrscher der «barbarischen Königreiche» auf dem Gebiet des zerfallenen Römischen Reiches erkannten – bei aller tatsächlichen souveränen Machtausübung – die Oberhoheit des Kaisers an. Und selbst noch ein so bedeutender Papst wie Gregor der Große brachte dem blutbesudelten «abscheulichen» Kaiser Phokas, der den Thron durch Mord erobert hatte, die gebührende Verehrung zum Ausdruck, wie die Anredeformel in seinem Sendschreiben *«ad serenissimum atque piissimum patrem nostrum»* bezeugte.

Nach dieser Vorstellung war es dem byzantinischen Reich und keinem anderen im göttlichen Heilsplan aufgegeben, das Evangelium in Nachfolge, Kultus und Ritus zu verwirklichen und die Bekehrung der Helden weltweit vorzutragen. Das war das manifeste Ziel, das Gott der Menschheit bei ihrem Gang durch die Zeiten aufgetragen hatte. Die alttestamentliche Idee des von Gott erwählten Volkes, das eine heilsgeschichtlich relevante Mission zu erfüllen hatte, war von den Byzantinern übernommen und in ihre politische Theologie eingefügt worden. Ihre normalen politischen Aktivitäten – Parteienhader, Hofkabalen, Verwandtenintrigen, Palastrevolten, Kriege mit all ihren Grausamkeiten, bevorzugt Blendung oder Verbrennung, die der Historiker Psellos mit nachfühlendem Schrecken beschrieb[26] – erhielten dadurch ihre geschichtstranszendierende Legitimität. Im Bewußtsein der byzantinischen Führungsschicht haftete all ihren politischen Unternehmungen der Charakter des Außeralltäglichen, des Gottgewollten an.

Die überblickbare Ökumene umfaßte stets eine Fülle aus eigenem Recht bestehender, miteinander rivalisierender Staaten und Reiche universalen Anspruchs – so das Heilige Römische Reich, so das Reich des persischen Großkönigs, das Reich der Kalifen, mit dessen Hervortreten die lange bewahrte hellenozentrische Einheit der Mittelmeerwelt zerbrach. Byzanz hielt dennoch an seiner Einzigartigkeit fest: die «Enosis» der vielen und schließlich aller Völker des Orients und Okzidents unter dem Zepter des rechtgläubigen Kaisers blieb unaufgebbares Staatsziel, an dem auch und gerade in Zeiten der Not und Bedrängnis nicht gedeutelt wurde. Ausgangspunkt der Vereinigungsbemühungen war letzten Endes die Reichsteilung, auf die die bis zum heutigen Tag währende Auseinandersetzung mit dem Papst zurückging. Ihm warf die byzantinische Kirche vor:

Erstens die in theologischen Fragen einzigartige Autorität der Konzile und Synoden zu mißachten, wie das bei der Hinzufügung des Filioque in das Glaubensbekenntnis geschehen war;

zweitens die traditionelle Vorrangstellung des ökumenischen Patriarchen in Konstantinopel als Primus inter pares im Kreis der anderen gleichrangigen Patriarchen (von Jerusalem, Antiochia, Alexandria) nicht anzuerkennen, ja auf dem Vorrang Roms zu bestehen;

schließlich drittens die politische Einzigartigkeit des Kaisers in Frage zu stellen, wie dies in herausfordernder Weise durch die Krönung Karls zum Kaiser im Jahre 800 geschehen war und wie dies im Laufe der Jahrhunderte sich mehrfach wiederholte, insbesondere nach der Erstürmung Konstantinopels und der Demütigung und Erniedrigung von Kaiser und Reich durch die Franken während des vierten Kreuzzuges (1204), die sich aus dem zerstückelten Universalreich eigene Fürstentümer herausschnitten – Nikäa, Trapezunt, Jannina, später das Despotat von Morea (= Peloponnes) –, statt den von den Türken bedrängten Christen zu Hilfe zu kommen. In jenen Zeiten kommt das verbitterte Wort auf, «besser sei der türkische Turban als die päpstliche Mitra»[27], ein Wort, das die Abendländer teuer zu stehen kommen sollte: Die Osmanen drangen bald bis vor die Tore von Wien.

Der Vorrang des Basileus

Die metaphysische Überhöhung der byzantinischen Geschichte kam nirgends so augenfällig zum Ausdruck wie in der Stellung und dem Vorrang des Kaisers. Der Basileus – den Titel übernahm Kaiser Herakleios vom persischen Großkönig am Ende der Sassanidendynastie – hatte es stets abgelehnt, andere Potentaten als ihm ebenbürtig anzuerkennen. Das war ihm aus religiösen Gründen auch nicht möglich, da nur er den rechten Glauben verfocht. Der Titel Basileus, der mit Kaiser übersetzt zu werden pflegt, stand nach byzantinischer Selbstdeutung nur ihm zu; die anderen Souveräne sollten sich, der qualitativen Unterscheidung wegen, mit dem bescheideneren des Königs zufriedengeben. Das byzantinische Protokoll investierte in diese Fragen der Vorrangordnung und Titulaturen unerschöpfliche Phantasie und Bemühung. In immer neuen Variationen wurde versucht, diplomatisches Entgegenkommen mit der Rangabstufung zu verbinden.

Selbst so mächtigen Herrschern wie Karl dem Großen und Otto dem Großen wurde die Gleichrangigkeit verweigert. Friedrich Barbarossa wiederum titulierte aus seinem universalen Anspruch und seiner Reichsmystik heraus den damals freilich schwer bedrängten Basileus nur als König der Griechen. Diese Titulierungen und Etikettenfragen mochten realpolitisch wenig bedeuten, für die Zeitgenossen drückte sich darin Wichtiges aus. So gewährte der byzantinische Hof Kaiser Konrad III. und Ludwig VII. von Frankreich einen Empfang gemäß dem herablassend-arroganten Protokoll, das den tatsächlichen Machtverhältnissen längst nicht mehr entsprach, wohl aber byzantinischer Tradition und Selbsteinschätzung angemessen zu sein schien.

Mit Andersgläubigen, Häretikern und Heiden konnte es sowenig einen endgültigen Ausgleich geben, wie der Basileus Geringeren im Rang Ebenbürtigkeit zubilligen konnte. Andersgläubige mußten zum rechten Glauben geführt, Häretiker zur Reue veranlaßt oder ausgetilgt, die Geringeren auf ihren Platz verwiesen werden. Toleranz wurde aus pragmatisch-politischen, nicht aus grundsätzlichen Erwägungen geübt. Mit dem Islam, dem mächtigen Gegner, wurden teils korrekte diplomatische, gelegentlich ritterliche Beziehungen gepflogen, die sich in beiden Literaturen widerspiegeln. Aber das waren nur Weisen taktischen Entgegenkommens. In der Anspruch setzenden Theorie blieb Byzanz beim Vorrang des Basileus – ähnlich dem abendländischen Kaiser, der die längst reale Souveränität der Könige von Frankreich oder England und der italienischen Republiken Venedig, Florenz, Pisa usw. «auf einen vom Kaiser anzuerkennenden Rechtstitel stützt(e), der in der Rechtsordnung des Reiches selbst begründet»[28] war, um den Schein der ihm längst entglittenen Oberhoheit zu wahren. Der Vergleich zum Kaiser von China drängt sich auf, der den Hof zu Peking noch im 19. Jahrhundert als Mittelpunkt der Welt betrachtete, von neuen Realitäten keine Notiz nahm und Geschenke Seiner britischen Majestät, mit der eine ständige Gesandtschaft vereinbart werden sollte, als ihm zustehende Tribute huldreich entgegennahm; Gleichrangigkeit vermochte sich auch der Sohn des Himmels nicht vorzustellen[29].

In der praktischen Politik wurden freilich, wenn es die Verhältnisse erforderten, Kompromisse geschlossen. Nachdem Kaiserin Irene und Kaiser Nikeforos den Gleichrangigkeitsanspruch Karls des Großen abgewiesen hatten, sah sich Michael I. Rangabé angesichts der gewaltigen Machtfülle des fränkischen «Emporkömmlings» zur Anerkennung gezwungen. Und manche Porphyrogenete (das ist eine in dem dafür vorgesehenen purpurfarbenen kaiserlichen Gemach geborene Prinzessin) wurde im Widerspruch zu den Regularien der Ebenbürtigkeit aus Staatsräson unter Stand verheiratet. Angesichts dieser byzantinischen Selbsteinschätzung war es begreiflich, daß der seit langem sich abzeichnende Fall Konstantinopels und der endgültige Untergang des Reiches im Jahre 1453 solch ungeheuren Eindruck auf die Völker des Reiches und der europäisch-nahöstlichen Welt gemacht haben. Der Sieg der Osmanen wurde – ähnlich der Zerstörung Roms im Jahre 410 – nicht als eine noch so entscheidende politische Wende, sondern als ein Unglück metaphysischer Art aufgefaßt, als wäre es das Kommen des Antichrist.

Lingua franca: Griechisch

Als zweites ideelles Herrschaftsinstrument mit völkerintegrierender Funktion wirkten neben der Orthodoxie die griechische Sprache, Sitte und Kultur, deren Überlegenheit gegenüber den autochthonen Lebens- und Ausdrucksformen – was immer ethnozentrisch-relativierende Linguisten dagegen einwenden mögen – seit der Antike nicht bestritten worden ist. Der Einfluß der höheren Bildung und Zivilisation auf die fremden Völker hatte den alexandrinischen Eroberungszügen ihren besonderen Charakter gegeben, die hellenistischen und spätrömischen Jahrhunderte ausgezeichnet und setzte sich ungeschmälert in dem byzantinischen Jahrtausend fort. Die Kontinuität als solche verstärkte die Prägekraft der herrschenden Kultur. Griechisch war und blieb die Lingua franca, in der sich die verschiedenen Sprachgruppen untereinander verständigten. Nach der Verlegung der Hauptstadt nach Ostrom folgte zwar eine Zwischenphase der Vorherrschaft des Lateinischen. Mit dem Hof und der Beamtenschaft wurde die Sprache der Römer mitgenommen, aber sie wurde nicht heimisch. Das Griechische setzte sich durch, sowohl als Amts- und Verwaltungs- wie als Sprache des Kultus, der theologischen Schriften und Debatten und der Literatur. Der Prozeß der Einbeziehung und Integrierung der nicht-griechischen Völker in den byzantinischen Macht- und Sprachraum vollzog sich in Parallele zur Ausbreitung der Orthodoxie mit einer Konsequenz, die den insbesondere von der römischen Kirche absichtlich diagnostizierten und propagierten Untergangs- und Dekadenzprophezeiungen Hohn sprachen. Die Kultur von Byzanz bewies im Gegenteil eine immer wieder neu aufblühende Lebens- und Regenerationskraft.

Jahrelang galten «die elenden Byzantiner als blasse Abbilder der dekadenten Griechen; ... ihre Kunst war stereotyp, erstarrt und ermangelte der Inspiration; ihre Regierungsweise wurde als statisch und ineffizient, ihre Literatur als flach beurteilt. ‹Byzantinus est, non legitur› (es ist ein Byzantiner, man kann das nicht lesen), war die allgemein anerkannte Maxime»[30]. Der pejorative Begriff Byzantinismus drückte diese im Abendland stets vorherrschende Einschätzung aus. Noch Hegel urteilte: «Die Geschichte des hochgebildeten oströmischen Reiches, wo, wie man glauben sollte, der Geist des Christentums in seiner Wahrheit und Reinheit aufgefaßt werden konnte, stellt uns eine tausendjährige Reihe von fortwährenden Verbrechen, Schwächen, Niederträchtigkeiten und Charakterlosigkeit dar, das schauderhafteste und deswegen uninteressanteste Bild... Intrigen der Hofleute, Ermordung oder Vergiftung der Kaiser durch ihre eigenen Gemahlinnen und Söhne, Weiber, allen Lüsten und Schandtaten sich hingebend – das sind die Szenen, welche die Geschichte uns hier vorüberführt, bis endlich das morsche Gebäude des oströmischen Reichs von den kräftigen Türken 1453 zertrümmert wird»[31]. Moderne Forschung aber stellte die Vertreter dieser Auffassung vor schwer zu beantwortende Fragen: «Wenn sie so inferior waren, wie haben die unglücklichen Byzantiner es vermocht, so lange nach dem Zusammenbruch des Westens zu leben? Wie ist die Hagia Sophia zu erklären? Und ist ein Millennium nicht eine allzu lange Zeit für einen fortgesetzten Verfall?»[32]. Oder wie Hans-Georg Beck diese Frage zugespitzt formuliert: «Wie muß wohl eine Dekadenz beschaffen sein, die tausend Jahre und mehr vorhält»[33].

In dem Bedeutungswandel des unübersetzbaren Begriffs hellenizein, sich als Grieche gebärden, der griechischen Kultur angehören, drückt sich die Transformationskraft des Reiches aus. In frühbyzantinischer Zeit wurde das Wort im Sinne von Heide, Nicht-Christ-Sein, verstanden, d. h. sich dem antiken Polytheismus der Poliswelt verpflichtet wissen; mit der Gräzisierung des oströmischen Reiches bedeutete es dann einfach griechisch sprechen und sich zur neuen christlich-griechischen Kultursymbiose bekennen. Die Herrschaft des Griechischen setzte sich auf jeden Fall fort, wie die Umbenennung des Kaisers von Augustus in Basileus verdeutlichte. Mit dieser kulturellen und sprachlichen Ausdehnung erhielt das Imperium eine eigene kosmopolitische Dimension, die zunehmend als solche begriffen wurde. «Großräumigkeit, geographisch wie ideell, ist Bewußtsein bildend. Ein prosperierender Großraum garantiert der herrschenden und besitzenden Klasse die Expansion in einem weiten Lebensraum, der erhöhte Lebensqualität mit einer Vielfalt an Variationsmöglichkeiten bietet, die ohne diese räumliche Ausdehnung materiell nicht beschaffbar wären. Für die gebildete Schicht, für die ‹Kulturträger› ermöglicht er jenes commercium, jene Austauschmöglichkeiten, jene Fülle von Anregungen, die ‹aus der Distanz› kommen müssen, sollen sie angenommen werden. In kantonaler Enge, wo, was immer kulturell vor sich geht, schon im Ansatz, eben wegen der Enge, abgewürgt zu werden droht, wird der Gebildete allzuleicht auf sich selbst zurückgeworfen, und verkümmert im geistigen Narzißmus»[34].

Byzanz machte sich Erfahrung und Tradition der römischen Kaiser zunutze, die eine hohe Staatskunst darin bewiesen, sich der Loyalität der heterogenen Bevölkerung des Reiches zu versichern. Es gelang den Römern immer wieder, aus Unterworfenen Verbündete, am Ende Bürger zu machen. Civis Romanus zu werden, war Ziel derer, die es nicht waren und werden wollten, und Stolz derer, die sich dieses Vorrechts rühmen konnten. Des gleichen Erfolgsrezepts bedienten sich die Byzantiner. Sie umarmten die besiegten Völker, so andersartig und gelegentlich widerspenstig sie sein mochten, und nahmen sie in ihre überlegene Zivilisation auf, «byzantinisierten» sie. Dabei übernahmen sie ihrerseits Elemente der fremden Kulturen. Die Chronographen des 15. Jahrhunderts Doukas, Frantzis u. a. benutzten in ihren Texten ohne Scheu italienische und türkische Wörter, womit sie ihre weltoffen-kosmopolitische Gesinnung zum Ausdruck brachten.

Der Prozeß der kulturellen Assimilierung ging zuweilen nicht ohne gewaltsame Unterdrückung und unvorstellbare, epochenspezifische Brutalitäten ab. So wurden gelegentlich ganze Stämme umgesiedelt – mit dem Ziel, die Vorherrschaft des Griechischen in einem bestimmten Gebiet durchzusetzen. Als Bulgarien im 11. Jahrhundert dem Reich als Provinz einverleibt wurde, versuchte Konstantinopel durch eine rabiate Hellenisierungspolitik die bulgarische Nation auszulöschen – vergeblich. Alle Taktiken der Denationalisierung von Minderheiten wurden schon damals angewendet: Namenswandel (statt Bulgarien wurde die Provinzbezeichnung Mosien gewählt), Ersetzung autochthoner staatlicher und kirchlicher Funktionäre durch (griechische) Beamte aus der Zentrale und insbesondere Nutzung des auf griechisch zelebrierten Kultus zur Gräzisierung der Bevölkerung. Aber derlei war Ausnahme.

Insgesamt suchten die byzantinischen Herrscher die Unterworfenen oder sich freiwillig dem Schutz des Reiches anvertrauenden Völkerschaften durch Toleranz und milde Verwaltung für sich zu gewinnen. Hellenisierung wurde im allgemeinen nicht erzwungen, sondern als selbstverständliches Ergebnis erwartet. Sprachunterdrückung bildete in Zeiten ohne Schulzwang ohnehin keine Gefahr, wenn man von dem erwähnten Fall der Umsiedlung absieht. Die Byzantiner gewährten den Fremden vielmehr, zumindest zu Anfang, Autonomie in der Regelung ihrer eigenen Angelegenheiten, billigten ihnen Sondervergünstigungen wie Steuerexemtionen zu, um die allmähliche Assimilierung zu erleichtern.

Die wichtigsten Träger der Politik der Einheit und Integration waren die Priester, die gleichzeitig an der Glaubens-, Sprach- und Reichsfront standen. Der Kaiser überzog auch aus diesem Grund seine Provinzen mit einem Netz von Bistümern, die hauptsächlich an den östlichen und nördlichen Grenzen ihrem Missionswerk nachgehen sollten. Im Verfolg dieser Politik wurden türkische und arabische Bevölkerungsgruppen, die sich in der Banschaft Vardar, dem heutigen Südjugoslawien, und auf Kreta angesiedelt hatten, christianisiert. Manche Völker widersetzten sich der Gräzisierung, weil sie sich, schon früh vom Bestreben nach nationaler Identität geleitet, auf ihre Volkssprache besannen und eigene Nationalliteraturen entfalteten – Iberer (im Kaukasus), Syrer, Armenier, Kopten.

Slawenapostolat

Das – von heute aus gesehen – welthistorisch wichtigste Ausbreitungsunternehmen war die Einbeziehung der slawischen Stämme in den Rahmen des Reiches und der byzantinischen Kultur. In vereinzelten Raubzügen waren die Slawen schon in der Völkerwanderungszeit bis nach der Peloponnes gedrungen und hatten sich in größeren Landnahmen kriegerisch oder friedlich festgesetzt. Das Missionswerk der aus Thessaloniki stammenden Brüder Konstantin, der in einem griechischen Kloster in Rom den Namen Kyrill annahm, und Methodios war ein Beginn, dessen historische Auswirkungen sich damals niemand hätte vorstellen können. Für das alternde Reich bedeutete der Kontakt mit den Slawen eine Auffrischung und Verjüngung (ähnlich der Begegnung der Römer mit den Germanen), darüber hinaus eine Aufgabe von unabsehbarer Größenordnung. Die aus Byzanz stammenden «Slawenapostel» haben durch ihr bedeutendes Übersetzungswerk (Evangeliar, Apostelgeschichte, Liturgie) die slawische Schrift und die Literatursprache begründet, woraus sich das Alt-Kirchenslawische und Alt-Bulgarische ableiten. Byzantinische Geistigkeit wurde damit west- und nordwärts zu den süd- und ostslawischen Stämmen hinausgetragen. Die höhere Zivilisation und eigentliche Geschichte der slawischen Völker bis zur Herausbildung der Nationalstaaten im Kampf gegen den osmanischen Nationalitätenstaat und vor allem des mächtig ausgreifenden Russentums unter den Zaren und ihrer sowjetischen Nachfolger ist ohne die byzantinische Christianisierungs- und Hellenisierungspolitik nicht zu verstehen.

Das Rus-Reich zu Kiew ebenso wie die bulgarischen und serbischen Staatsbildungen übernahmen, verwandelten und belebten ihrerseits die griechisch-christliche Kultur. Konstantinopel wurde Vorbild für Anlage und Prunkbauten der neuen Hauptstädte und bildete jahrhundertelang ein Ziel russischer Expansion. Die slawischen Völker assimilierten mit dem orthodoxen Bekenntnis die griechische Begrifflichkeit und formten damit ihre staatsrechtliche Dogmatik nach der byzantinischen. Das Institut des christlichen Herrschers und Autokrators vollendete sich im Absolutismus des russischen Zaren, der als Garant des rechten Glaubens und Schutzherr der Kirche als Gesalbter außerhalb irdischen Rechts stand. Byzanz befruchtete nicht nur die slawischen Völker, es trat in vielfache politisch-militärische und auch dynastisch-verwandtschaftliche Beziehungen zu ihnen. Fürst Vladimir von Kiew erhielt als Preis für die Übernahme der Orthodoxie durch die Taufe die Porphyrogenete Anna zur Frau und wuchs damit in die byzantinische Kaiserfamilie hinein. Die Christianisierung der Slawen führte nicht zu ihrer Hellenisierung, die Griechen leisteten nur Geburtshilfe für die neu entstehende Welt. Byzanz aber gewann durch die Ausstrahlung an Glanz und Bedeutung, die ihm über die Zeit des Niedergangs im 11. Jahrhundert zu erneutem Aufstieg hinweghalf.

Ausstrahlung, exemplarische Prägekraft, Fähigkeit zur Assimilierung fremder Einflüsse und Einschmelzung heterogener Völkerschaften, überlegen-kosmopolitisches Bewußtsein als Folge der jahrhundertelangen Wechselwirkung vieler und gegensätzlicher Tendenzen innerhalb des einen, als einzigartig betrachteten Reiches konzentrierten sich wie im Hohlspiegel in der Hauptstadt, die in ihrer einmalig urbanen, weltstädtisch-unprovinziellen Art einen Mikrokosmos darstellte, zu dem man freilich immer die Provinzen mit ihrem harten und rüden Leben hinzudenken muß. In geographisch begünstigter Lage am europäisch-asiatischen Kontinentalscharnier gelegen, an dem sich die Fernhandelsstraßen der damaligen Ökumene schnitten, in Verbindung mit einem sicheren, wohl ausgebauten Hafen, in dem Güter aus aller Welt umgeschlagen wurden, ein «großer Markt der Welt», wie London in seiner Blütezeit genannt wurde, eine Lichterstadt der internationalen geistigen Elite wie Paris, ein Schmelztiegel der Nationen wie New York, Drehscheibe der Reisenden aus allen Himmelsrichtungen bis nach China hin, war die große Stadt am Goldenen Horn jahrhundertelang die glänzende Metropole des Reichs, bekannt und beneidet in Ost und West.

Keine andere Stadt konnte sich mit Konstantinopel messen. In keiner anderen Stadt herrschte diese weltläufige Atmosphäre, nicht im emaille- und spiegelglänzenden Bagdad der Abassiden, nicht im kunstsinnigen Granada der Blütezeit der arabisch-spanischen Kohabitation, nicht am geist- und dichtungsbeflissenen Hof des «getauften Sultans von Sizilien», wie der Hohenstaufe Friedrich II. genannt worden ist. In Alexandrien nicht, das seine wirtschaftliche Bedeutung behielt, auch in der ehrwürdigen Patriarchenstadt Antiochia nicht. Peking und Karakorum lagen innerhalb ihrer eigenen Regionen und boten sich zum Vergleich nicht an. Im Westen begann der Aufstieg der großen Städte erst später. Rom schließlich, das sich wie Konstantinopel als Mittelpunkt des alten Imperiums verstand, war zwar zur Metropole des abendländischen Christentums geworden und verkörperte die Idee einer «heiligen Weltstadt des ewigen Friedens innerhalb der kämpfenden Menschheit», und das schien genug, der Stadt «die Liebe der Menschheit für immer zu sichern»[35]. Rom war insofern Gemeingut der Menschheit. Aber es hatte seit den Einfällen der Barbaren seine Stellung als politisches Weltzentrum eingebüßt, im Vorrangstreit zwischen Kaiser und Papst seine Einzigartigkeit verloren. Im Kampf der Adelsfaktionen und des Pöbels versank es in Dunkelheit und in Armut. Bildung und Kultur verfielen, die geistige Verödung schreckte Dante ebenso wie Petrarca. Noch im 13. Jahrhundert, als sich die Jugend des Abendlandes in Paris traf und alsbald die bedeutenden italienischen Universitäten Bologna, Padua, Neapel gegründet wurden, verfügte Rom über keine gelehrte Schule. Konstantinopel war demgegenüber in jeder Hinsicht überlegen. Die «Königin der Städte» ragte durch die Schönheit der Anlagen, die unvergleichliche Pracht ihrer Bauten, den Glanz des Basileus und der Großen des Reiches hervor, durch den Luxus und Aufwand der Frauen und den Reichtum der Bürger. Psellos sagt einmal zum Vergleich, daß «alle Schätze, die in Iberien und Arabien gesammelt, alle Reichtümer, die bei den Kelten oder Skythen (= Slawen) gefunden worden waren, sich in einem einzigen Palast ‹Konstantinopels› befanden»[36]. Zum Glanz der Stadt trugen ebenso die Frömmigkeit der Mönche und die Kostbarkeit der in ihren Klöstern aufbewahrten Reliquien bei, die «tausendmal wertvoller waren als Gold und Edelstein im Kaiserpalast». Alle Welt blickte auf die «unter Gottes besonderem Schutz» stehende Stadt, die die Stadt schlechthin, die Polis[37] genannt wurde und bei den Griechen bis heute so heißt.

Es fehlt an Worten, um die orientalische Wunderwelt dieser christlichen Stadt zu schildern. Die Literaten aus aller Welt von Stefan von Novgorod bis zu den Historikern der Kreuzzüge wetteiferten in Übertreibungen. Geoffroy de Villehardouin, Marschall der Champagne und Verfasser einer berühmt gewordenen Reiseschilderung, der, wie er versichert, noch nie etwas Wahrheitswidriges geschrieben hatte, legte Zeugnis darüber ab, daß sich «ein so schöner Anblick wie Konstantinopel noch nie eröffnet hat... Ich kann versichern, daß all diejenigen, die Konstantinopel nicht kannten, mit der gespanntesten Aufmerksamkeit die Stadt betrachteten, da sie sich niemals einen so großartigen Platz auf der ganzen Welt vorstellen konnten»[38]. Innerhalb der berühmten Mauern der Stadt befanden sich ebenso viele Weltwunder, wurde gesagt, wie die Antike insgesamt zählte, nämlich sieben, «mit denen sie sich wie mit Gestirnen schmückt(e)»: Dazu gehörte das griechische Feuer, dessen Geheimnis dem ersten christlichen Kaiser von einem Engel geoffenbart worden sei; in Wirklichkeit handelte es sich um eine von dem Architekten Kallinikos erfundene explosive, auf dem Wasser brennende chemische Zusammensetzung, die bei Operationen der Marine die Gegner in Schrecken versetzte; die Hagia Sophia, die nach dem Wort des Prokop «an einer Goldkette von der Himmelskuppel herabzuschweben» schien; oder der – durch die Meeresbrise angetriebene – sich automatisch drehende Festsaal[39], mit dem ausländische Staatsgäste beeindruckt wurden und von dem die Troubadours ihren Zuhörern auf den zugigen Ritterburgen des Westens sangen.

In Konstantinopel, wo sich zuzeiten 500 000, nach anderen Schätzungen eine Million Menschen zusammendrängten, standen «mehr Kirchen als das Jahr Tage zählt», vor deren kerzenerleuchteten, weihrauchduftenden Ikonostasen die Gläubigen beteten. In den Bazars wurden Produkte aus aller Herren Länder gehandelt, in den Werkstätten die raffiniertesten Erzeugnisse hergestellt. An der 1045 neu gegründeten Universität unterrichteten die berühmtesten Gelehrten die humanistischen und Naturwissenschaften, Jura und Medizin; die philosophische Fakultät wurde nach der Reform des Michael Psellos, eines Universalgenies seiner Zeit, der, «einem Voltaire ähnlich»[40], als Gelehrter und Literat, als Historiker und Satiriker, als Verwaltungsbeamter und Minister hervorgetreten ist, zum Vorbild für die Wiederaufnahme der antiken Studieneinteilung der westlichen Universitäten (Trivium: Grammatik, Rhetorik, Dialektik – als eine Art vorbereitende Kollegstufe; Quadrivium mit Arithmetik, Geometrie, Musik, Astronomie als «postgraduate studies»). Nicht minder vielfältig und großartig waren die Spiele und sonstigen Veranstaltungen, die Konstantinopel zur Hauptstadt des Showbusiness der Epoche machten, und deren sich die Kaiser, «um das Volk zu vergnügen», mit Eifer und Lust annahmen: Wagenrennen, Tierhetzen im Hippodrom, das 40 000 Plätze faßte, Theateraufführungen, vor allem der volksnah-komischen und burlesken Muse, Mysterienspiele, Pantomimen, Zirkusdarstellungen. «In einer Zeit ohne gedruckte Presse wurde das Hippodrom die einzige Stätte freier Meinungsäußerung, die zuzeiten der Regierung viele Entscheidungen aufzwang» [41].

In dieser, an jeder Art Wunder reichen Stadt strömte ein buntes Völkergemisch zusammen – in den überfüllten, lauten und turbulenten Vierteln des niederen Volkes, «die fast so viele Diebe wie Arme zählten», ebenso wie in den schattig-ruhigen Gärten und den arkadengeschmückten Palais der Reichen und Mächtigen. Abenteurer, die in der an Gelegenheiten reichen Metropole ihr Glück zu machen hofften, stellten sich ein. Sie kamen aus aller Welt: Skandinavier und Neger, die in der Garde dienten, Waräger «hoch wie Palmen» und lateinische Söldner, Khazaren, Ungarn, Tataren; während der Kreuzzüge machten Tausende und Abertausende von Kreuzfahrern am Bosporus Station, auf ihrem ereignisreichen Weg zum Heiligen Grab. In den verbauten und verwinkelten Gassen ebenso wie auf den öffentlichen Plätzen und in den marmorglänzenden Villen und Palästen begegneten einander Menschen verschiedener Rasse und Nationalität, lernten einander, ihre Vorstellungen und ihren Lebensstil kennen, gewöhnten sich an das Fremde, das der in bäuerlicher Enge lebende Mensch als feindlich empfand. Erst die Urbanisierung überwand die Gleichsetzung von fremd und feindlich. In den spätbyzantinischen Jahrhunderten unter den Komnenen (1081–1185) und Paläologen (1261–1453), als Niedergang und Dekadenz mit zunehmendem Raffinement parallel liefen, lernte man die Blutmischung nicht nur hinzunehmen, sondern als reizvoll zu schätzen. Eine griechisch-lateinische Mischbevölkerung entstand im Zeitalter der fränkischen und lateinischen Fürstentümer, eines Balduin von Flandern, Johannes von Brienne, Robert Guiscard; sie hießen Gasmulen und waren ein Verbindungsglied zwischen den Kulturen [42].

Die Konstantinopoliten verhielten sich wie die Bewohner aller Weltstädte überlegen und gelassen, sie verlernten, über Neues, Ungewohntes, Andersartiges zu staunen. Alle nahmen alles für selbstverständlich, da sie alles kannten, da für sie in ihrer großen Metropole das Sublime wie das Abartige Alltag war. Die kosmopolitische Attitüde war ihnen in die Wiege gelegt. Nicht nur dem welterfahrenen Diplomaten, der am Hof des deutschen Kaisers oder beim venezianischen Dogen verkehrte, dem reisekundigen Schiffs- und Handelsmann, dessen Geschäfte ihn nach Buchara oder Pristina, auf die Krim oder zum Nil führten, auch dem kleinen Handwerker, Tagelöhner, Diener, Soldaten und Verwaltungsbeamten, die die nervöse, leicht erregbare, zu Aufständen neigende Masse ausmachten, war diese in Jahrhunderten ausgebildete, durch Erziehung erworbene Haltung zweite Natur.

So lebte und glänzte Konstantinopel «in Heiterkeit und Farbigkeit», ein Jahrtausend und mehr, auch in Zeiten der Not, wenn die Stadt mehr als einmal eine belagerte Festung war, oder wenn – etwa zur Zeit des Kaisers Romanós Lekapenós – dem Reich von seinen westlichen Besitzungen nur noch das europäische Vorland von Konstantinopel verblieb, oder wenn ihm nach Verlust der asiatischen Provinzen unter den Herakliten des 7. Jahrhunderts nur noch der jenseitige Teil der Hauptstadt erhalten war. Konstantinopel war die Kraftquelle, aus der das Reich immer wieder Mut schöpfte, das Geschick zu seinen Gunsten zu wenden. Die Stadt überlebte das Reich um ein ganzes Jahrhundert. Und auch über 1453 hinaus behielt sie ihre politische und kirchliche Bedeutung als Sitz der Hohen Pforte (bis 1923, als Ankara zur Hauptstadt der neuen nationalstaatlichen Türkei bestimmt wurde) und des ökumenischen Patriarchats (bis heute). Zu Beginn des 20. Jahrhunderts war Konstantinopel noch immer eine der kosmopolitischsten Städte der Welt. Das war nicht zuletzt die Folge der Schwäche des osmanischen Reiches. Alle Großmächte hatten Interessen in dem vor dem Zusammenbruch stehenden Staatsgebilde zu vertreten, was am krassesten in der Tatsache zum Ausdruck kam, daß Briten, Franzosen, Deutsche und Italiener eigene Postverwaltungen unterhielten, da die Sultanspost als unzuverlässig galt. Der letzte Rest an Kosmopolitismus ist in der zweiten Jahrhunderthälfte mit der erzwungenen Abwanderung der Griechen erloschen; der Glanz der Stadt selbst, die nicht mehr Hauptstadt, wennschon die größte Stadt des Landes ist, dauert fort.

Das byzantinische Vielvölkerreich hatte insbesondere in den Zeiten seiner weiten Ausdehnung, als die Bewohner über Stammes- und Ländergrenzen durcheinandergewürfelt wurden, konstellative kosmopolitische Elemente, jedoch keine kosmopolitische Theorie oder Vision entwickelt. Byzanz zielte auf die Verwirklichung der christlichen Botschaft und auf die mystische Vollendung der Orthodoxie. Außer dieser metaphysischen Perspektive widersprach ein weiterer Faktor dem Kosmopolitismus der Antike, nämlich die (ebenfalls aus der Antike fortgeerbte) Selbsteinschätzung des griechischen Herrschaftsvolkes gegenüber den fremdbürtigen und fremdartigen Reichsangehörigen, die weiterhin als Barbaren galten – jedenfalls solange sie nicht hellenisiert waren. Das Gefühl der Einmaligkeit und Überlegenheit, das Bewußtsein, «als Griechen mehr zu sein»[43], verließ die byzantinischen Griechen nie. Der antike Kosmopolitismus lebte erst in der Renaissance wieder auf, die wesentliche Impulse aus Byzanz empfing. Die klassischen Ideale, besonders der platonische Lehre, wurden von Gelehrten wie Ghemistos Plethon nach Italien überführt. Symptomatisch dafür, daß der Zeitgeist in anderer Richtung wehte, war der Umstand, daß die Griechen schließlich auf ihren alten Namen zurückgriffen. Aus Oströmern, Byzantinern, Rhomäern wurden wieder Hellenen. «Diese Bezeichnung wirkt nun nicht mehr diffamierend und von 1204 an taucht Hellene als nationale Identifikation wieder auf: Gelehrte und Könige wenden ihn an, seiner Bedeutung voll bewußt; das Volk findet sich selbst in diesem Namen wieder»[44].

1 Dante, Göttliche Komödie, Hölle. 26. Gesang. Terzinen 22f.
2 Cicero, De officiis I, 17.
3 Marc Aurel, Selbstbetrachtungen, III, 11, 2.
4 Marc Aurel, Selbstbetrachtungen, VI, 44, 6.
5 Apostelgeschichte, 17.
6 Matthäus 10, 37; 19, 29.
7 Plinius d. Ä., Historia naturalis, XXVII, I i.
8 Paul Orose, Historiam Adversus Paganos, Buch V, 1. Zitiert nach Théo-

dore Ruyssen, Les sources doctrinales de l' Internationalisme, Band 1. Paris 1954. S. 35.

9 Eusebius, Kirchengeschichte, Buch 10. 9, 7. Penguin Books. Middlesex England. 1985.

10 Historisches Wörterbuch der Philosophie. Hg. von Joachim Ritter und Karlfried Gründer. Darmstadt 1976. Artikel «Kosmopolit, Kosmopolitismus». Anm. 50: Philon, de gigantibus in «legum allegoriae», 60f.

11 Historisches Wörterbuch der Philosophie, hg. von Joachim Ritter und Karlfried Gründer. Darmstadt 1976. Artikel «Kosmopolit, Kosmopolitismus». Anm. 53: Origenes, Comm. Joh. 6, 301 ff.

12 Georg Jellinek, Allgemeine Staatslehre. Berlin 1914. S. 316.

13 Der juristische Terminus vogelfrei wird seit dem 15. Jahrhundert in diesem Sinne gebraucht, freilich in der zugespitzten Vorstellung «den Vögeln frei zum Fraße überlassen wie der Gehenkte».

14 Zitiert nach A. A. Vasiliev, History of the Byzantine Empire. Band 1. Madison 1928. S. 180.

15 Hans-Georg Beck, Das byzantinische Jahrtausend. München 1978.

16 A. A. Vasiliev, History of the Byzantine Empire. Band 1. Madison 1928. S. 77.

17 Ekkehard Eickhoff, Macht und Sendung. Byzantinische Weltpolitik. Stuttgart 1981. S. 49.

18 Vgl. Elena E. Lipsic, Byzanz und Slawen. Weimar 1951.

19 Hans-Georg Beck (Hg.), Byzantinisches Lesebuch. München 1982. S. 183f.

20 Georg Ostrogorsky, Geschichte des Byzantinischen Staates... München 1952. S. 302.

21 Charles Diehl, Figures Byzantines, Deuxième Série. Paris 1948. S. 13.

22 Janis Kordatos, Blüte und Verfall von Byzanz (neugriechisch). Athen 1974. S. 16f.

23 Sueton I, 79.

24 Hugh Trevor-Roper, Der Aufstieg des christlichen Europa 325–1492. Wien, München, Zürich 1971. (The Rise of Christian Europe. 1965). S. 34–36.

25 Christian L. Lange, Histoire de l' Internationalisme. Band 1–3. Publications de l'Institut Nobel Norvégien Tome IV. Kristiania 1919 Band 1 . S. 78.

26 Michael Psellos, Chronographia. London 1953. Penguin Books. Buch II, S. 2f.

27 Pierre-Paul Roux, Les explorateurs au Moyen Age. Paris 1985. S. 34.

28 Georg Jellinek, Allgemeine Staatslehre. Berlin 1914. S. 443.

29 A. F. White, China and Foreign Powers. S. 41. Zitiert nach Arnold Toynbee, A Study in History, Band 1, S. 37.

30 E. R. Sewter, Vorwort zu «Psellos». London 1953. Penguin Books. S. 9.

31 Georg Wilhelm Friedrich Hegel, Vorlesungen über die Philosophie der Geschichte. Stuttgart 1961 (4. Auflage der Jubiläumsausgabe). S. 433, 436.

32 E. R. Sewter, Vorwort zu «Psellos». London 1953. Penguin Books. S. 9.
33 Hans-Georg Beck, Das byzantinische Jahrtausend. München 1978. S. 13.
34 Hans-Georg Beck, Das byzantinische Jahrtausend. München 1978. S. 40f.
35 Ferdinand Gregorovius, Geschichte der Stadt Rom im Mittelalter. Vom V. bis zum XVI. Jahrhundert. Band 1–4. München 1978. Buch 6, Kapitel 1, S. 468.
36 Michael Psellos, Chronographia. London 1953. Penguin Books. Buch I, S. 31.
37 Die türkische Bezeichnung für Konstantinopel steht in dieser Tradition. Der Städtename Istambul leitet sich vom griechischen «eis ten polin» ab, (wir gehen) in die Stadt.
38 Villehardouin, The Conquest of Constantinople. In: Joinville and Villehardouin. Penguin Classics. Chronicles of the Crusades. Middlesex 1984. (Artikel: Voyage to Skutari). S. 59.
39 Charles Diehl, Byzance. Grandeur et Décadence. Paris 1919. S. 120.
40 Charles Diehl, Figures Byzantines, Première Série. Paris 1948. S. 249.
41 Zitiert nach: A. A. Vasiliev, History of the Byzantine Empire, Band 1. Madison 1928. S. 191.
42 Charles Diehl, Figures Byzantines, Deuxième Série. Paris 1948. S. 18.
43 Carl Schneider, Kulturgeschichte des Hellenismus. 2 Bände. München 1967, 1969. Band 1. S. 5.
44 Apostolos Vakalopulos, Griechische Geschichte von 1204 bis heute. Köln 1985. S. 21.

KAPITEL 7

Augustinus: Die neue Sicht der Welt

Die römische Ökumene – Metaphysische Ängste – himmlischer Trost – Gottes Zumutung an den Menschen – Jedes fremde Land – ein Vaterland

Wie in Byzanz geriet der Kosmopolitismus als theoretische Zielsetzung auch im Abendland in Vergessenheit. Die ethischen Ideen der stoischen Schule, die ein halbes Jahrtausend lang die hellenistisch-römische Welt beherrschten, wurden in das christliche Denken aufgenommen. Dabei wandelten sie ihren Gehalt. Ihre freiheitlich-individualistische Komponente verlor ihre bestimmende Kraft zugunsten transzendenter Bezüge, mit denen Kirchenväter, Gnostiker und Mystiker eine neue Sinnebene in das abendländische Denken einzogen.

Der denkende und forschende Mensch begnügte sich nicht mehr, wie bislang in der Antike, damit, die Gesetze des Kosmos, der Natur und des Lebens zu erkunden und Imperative für Individuum, Staat und Gesellschaft aufzustellen. Er fragte jetzt nach dem *einen* Gott als Schöpfer des Universums und nach den Forderungen und Geboten, die er – selbst oder durch Stellvertretung oder Vermittlung – den Menschen offenbart hat. «Das neue ‹metaphysische Zeitalter› wird also an die Stelle aller Bemühungen der Religion, Mächte, Geister und Götter für die irdischen Zwecke des Menschen – mag zu diesen auch am Ende ein angenehmes Leben nach dem Tode gehören – einzuspannen, etwas ganz anderes, eigentlich umgekehrtes setzen: Nicht Götter werden durch kultische Mittel bemüht, den Menschen zu helfen, sondern Menschen werden durch eine Heilslehre angewiesen und vorbereitet, ja trainiert, dem ‹Him-

Lebens- bzw. Regierungszeiten der wichtigsten in diesem Kapitel erwähnten Personen	
Aristoteles	384– 322
Alexander der Große	336– 323
Zenon	330– 264 v. Chr.
Tertullian	160– 220 n. Chr.
Cyprian	≈ 200– 258
Diokletian	284– 305
Konstantin der Große	324– 337
Augustinus	354– 430
Alarich	≈ 370– 410
Theodosius I.	379– 395
Odoaker	433– 496
Karl der Große	768– 814
Wiclif	≈ 1370–1450
Hus	≈ 1370–1415
Luther	1483–1546
Calvin	1509–1564
Emeric Crucé	≈ 1580–1648
Abbé de Saint-Pierre	1658–1743
Woodrow Wilson	1913–1921

melreich› zu helfen (wenn man so sagen darf), dadurch nämlich, daß sie aktive Bürger des ganz anderen Reiches, der wahren Welt also, werden und – sei es schon in diesem Leben, sei es erst nach dem Tod – in jene wahre Welt ohne Rest eingehen, nicht um sich selbst, sondern um die wahre Welt zu erfüllen» [1].

Im Zusammenhang dieser Entwicklung wurde das Diesseitige gegenüber dem jenseitigen Leben als geringerwertig betrachtet; es gewann Bedeutung nur als Durchgangs- und Bewährungsstation für die «eigentliche», ganz andere Existenz nach dem Tode. Die Kategorien Ordnung (im diesseitigen und jenseitigen Kosmos) und Bindung (innerhalb dieser Ordnung) gaben dem christlichen Zeitalter seine besondere Prägung.

Im Ostreich ist der Prozeß dieser Umwandlung und Umwertung, den die Historiker als Ende der Antike und Beginn des christlichen Mittelalters bezeichnen, wie im vorigen Kapitel dargelegt, verhältnismäßig geradlinig verlaufen: Der Kaiser fungierte nach der Christianisierung als Garant der neuen Ordnung des Reiches. Er wies – im Namen Gottes – Völkern, Stämmen und Menschen ihren Platz in der Welt und im Stufenbau der Gesellschaft an; er legte ihre Pflichten, Rechte, Aufgaben und Kompetenzen fest und versprach ihnen dagegen Schutz und Sicherheit. Das Individuum fügte sich dankbar in die neue Ordnung, die bruchlos, wenn auch durch den neuen Glauben tief gewandelt, aus der römischen hervorwuchs. Es maßte sich nicht mehr an, als eigener Herr selbstverantwortlich seinen Standort in der Welt zu wählen, aus einem vielfältigen Angebot von Glaubensformen die ihm angemessene zu finden und über seine Lebenswege frei und freizügig gemäß der kosmopolitischen Maßgabe des «ubi bene ibi patria» selbst zu bestimmen.

Die römische Ökumene

Im Westen nahm die Entwicklung einen politisch andersartigen, in vieler Hinsicht gegensätzlichen Gang. Während sich das Ostreich durch Kontinuität auszeichnete, waren die Verhältnisse in der westlichen Reichshälfte durch tiefe Brüche und Verwerfungen geprägt. Einer zentralistisch geordneten, den weltlichen und geistlichen Bereich zusammenfassenden, in einer Spitze zusammenlaufenden, monistischen Ordnung im Osten stand im Westen ein aufgelockertes polyzentrisches System vieler Königreiche gegenüber, das sich, langfristig betrachtet, als entwicklungsfähiger, weil die unterschiedlichen, auch widersprüchlichen Kräfte voller zur Entfaltung bringend erwies als die starre religiös-politische Ordnung im Ostreich.

Die sich seit dem 5. Jahrhundert herausbildende und verschärfende Rivalität zwischen Papst und Kaiser (erst dem byzantinischen, dann dem deutschen) hat zwar beide nacheinander ihre Machtstellung und ihren Universalanspruch gekostet, aber das Abendland erstarkte dabei. Die Feudalaristokratie und die einander bekämpfenden Fürsten erlebten die Spannungen und Spaltungen als Herausforderungen und schufen in der Auseinandersetzung mit der kaiserlichen und päpstlichen Gewalt die moderne territorial, dynastisch und schließlich national gegliederte Ordnung des Kontinents, der mit der Entdeckung der Neuen Welt seine größte Ausweitung und durch den Auftrieb der Wissenschaften im Zeitalter der Renaissance und des Humanismus seine stärkste geistige Ausstrahlung gewann – gerade zu dem Zeitpunkt, als die Einheit der Christenheit verlorenging und schließlich zu einer nostalgischen Erinnerung und Mahnung der Novalis, Saint-Simon, de Maistre oder Donoso Cortes geriet, die dem auf die europäischen Weltkriege zusteuernden Europa den mittelalterlichen Universalismus als Vorbild vorhielten.

Ost- und Westhälte des Reiches entwickelten sich in der zweiten Jahrtausendhälfte auf einem weiteren Gebiet auseinander. Das byzantinische Reich behielt von Anbeginn den entschieden städtischen Charakter, der in Kleinasien und Nordafrika vorherrschte, der Westen wurde zunehmend ländlich. Das kosmopolitische Konstantinopel war die Königin der Städte, Rom hingegen, die ewige Stadt, verödete und verfiel, wurde – als autonomes Fürstentum oder als Republik, unter fränkischen, normannischen, hohenstaufischen, byzantinischen, päpstlichen Herrschern – provinziell. Die verarmenden römischen Kolonialstädte in Westeuropa und Afrika (Tarragona, Leptis Magna, Segovia, Arles, Köln, York) büßten mit dem Niedergang des Reiches, dessen Herrscher der jeweiligen politisch-militärischen Lage entsprechend immer neue Hauptstädte oder Hauptquartiere und Hofhaltungen gründeten (Trier, Mailand, Ravenna), ihre Strahlkraft ein. Erst mit Beginn des zweiten Jahrtausends entstanden aus eigener fürstlicher, bischöflicher oder bürgerlicher Kraft die neuen aufstrebenden, noch heute blühenden Metropolen, in denen sich nach Maßgabe der wiedererweckten hellenischen Vergangenheit erneut kosmopolitische Ideen und Lebensformen zu entfalten begannen.

Schließlich ist eine in unserem Zusammenhang besonders wichtige Unterscheidung hervorzuheben. Hatte sich in Byzanz infolge des internationalen Milieus in dem Vielvölkerstaat kosmopolitisches Verhalten gleichsam absichtslos ausgebildet und fortgesetzt, so war in dem politisch fragmentierten, gesellschaftlich provinziellen Westen dem Kosmopolitismus ein gewisses Fortleben auf andere Weise beschieden gewesen. Das erste Teilstück des Begriffs Weltbürgertum, die universalistische Sehnsucht, der Traum vom Einheitsreich, der Weltmonarchie und des allgemeinen und dauerhaften Friedens erhielt sich über die kosmopolitismuslosen Jahrhunderte und erlaubte der Idee des Kosmopolitismus auch im Abendlande sozusagen zu überwintern, bis unter geeigneteren Umständen ein Anknüpfen an die individualistisch-freiheitliche Tradition der Antike möglich wurde. Universalistische und pazifische Strömungen bestimmten die Auseinandersetzung zwischen Kaiser und Papst um das *dominium mundi*.

Die universalistischen Ansprüche der weltlichen und geistlichen Weltmonarchie waren – wie in den Anfängen der politischen Geschichte der Menschheit – großsprecherische Selbstdeutungen oder Legitimierungen tatsächlicher oder beabsichtigter Eroberungen und Expansionen, darüber hinaus aber auch metaphysische Selbstverpflichtungen. Wenn z. B. Eusebius lehrte, es gelte «die Menschheit in Eintracht zu einigen» [2], so war damit schon frühzeitig ein hoher providentieller Imperativ der Christen aufgestellt; das Thema zog sich durch ein Jahrtausend.

Der Islam blieb bei dieser Zielsetzung. Allah ist einzig, demgemäß haben seine Anhänger die Verpflichtung, den Glauben an den wahren Gott jedermann aufzuzwingen. Der Heilige Krieg ist eine von Allah selbst verordnete Forderung. Der Kalif ist durch Gesetz und Tradition gehalten, stets und überall den wahren Glauben mit Gewalt zu verbreiten. «Tötet die Ungläubigen überall, wo ihr sie aufspürt und verjagt sie, von wo sie euch verjagt haben... bekämpft sie, bis es nur noch die Religion des einzigen Gottes gibt», heißt es im Koran [3]. Ziel der Ausbreitung des wahren Glaubens ist freilich nicht wie bei den Christen die – geistige – Bekehrung, sondern die – politische – Unterwerfung der Ungläubigen, «niedriger, entwürdigter und verächtlicher Wesen, die man duldet, aber in der Erniedrigung leben läßt». In praxi bedeutete das jedoch die häufig großzügige Tolerierung der Fremdgläubigen. Der Ausbreitung des Islam waren freilich keine Grenzen gesetzt, sie war konzeptionell universal. Schon Ende des 9. Jahrhunderts verfocht Alfarabi eine Art universalistischen Imperialismus. Die menschliche Gesellschaft war diesem kühnen Denker zufolge nach dem Bild der Welt konzipiert. Ähnlich der byzantinischen Formel «ein Gott – ein Kaiser» sollte auch dem einzigen Allah *ein* Herr der Welt entsprechen; die Staatenvielfalt stellte eine Unordnung dar, die verschwinden sollte.

Im Abendland wurde der universalistische Anspruch der kaiserlichen Gewalt diesseitig-juristisch begründet, kam aber auch in einer Reichsmystik zum Ausdruck, die sich von der Barbarossa-Sage bis zur Wiedererrichtung des zweiten und dritten Deutschen Reiches fortsetzte: so als gäbe es eine Bestimmung der Geschichte, die auf diese Ordnungsfigur abzielte.

Die antike Welt, die sich im spätrömischen Reich von Diokletian neu geformt hat, vermittelte den Bewohnern des als Ökumene erlebten Reiches Sicherheit. Grundlage und Rahmen des Lebens in der Gesellschaft war und blieb die Polis, lateinisch civitas. Sie hatte zwar wesentliche Funktionen verloren, seit Alexander, die Diadochen und das Römische Reich die Politik zentralisiert hatten. Der freie Bürger beteiligte sich nicht mehr im überblickbaren Kreis der souveränen Volksversammlung an der Regelung der großen Angelegenheiten der Politik. Eine höfisch-militärische Oligarchie traf nunmehr, ob in den Diadochenstaaten oder im römischen Kaiserreich, die politischen Entscheidungen. Für das freie und freizügige Individuum erhielt darum die eigene Lebensgestaltung Vorrang vor den Staatsgeschäften. Im äußeren Lebensduktus herrschte allerdings Kontinuität. Die Menschen lebten in den alten Mauern, nach der gewohnten Ordnung, gemäß den hergebrachten Formen. Von Antiochia bis Empuria in Spanien bewegten sich Römer und romanisierte Einheimische auf gepflasterten Straßen, besuchten Tempel und Schulen, stritten sich vor Gerichtshöfen, suchten ihre Angelegenheiten in den Verwaltungsgebäuden nach den geltenden Gesetzen zu regeln, vergnügten sich in den Theatern, Arenen und öffentlichen Badeanstalten. Die kulturellen Inkrustationen dieser Zeit treffen wir noch heute in der ganzen mediterranen Welt. Die heidnischen Götter wurden ohne Inbrunst verehrt, als Teil der staatlichen Konvention. Aus dem Orient importierte Kulte fanden insbesondere bei der Unterschicht Anhänger, wurden von den noch immer kosmopolitisch-weltkundigen und abgeklärten führenden Schichten als intellektuell interessante Moden goutiert.

Diese scheinbar ewige römische Ordnung der Ökumene kam nun unmerklich und von den Zeitgenossen unbemerkt ins Wanken, verlor an Selbstverständlichkeit und Selbstgewißheit, vermochte den Reichsbürgern das Gefühl von Sicherheit und Aufgehobenheit nicht mehr zu gewährleisten. Die psychische und soziale Basis wandelte sich und mit ihr der Geist und die Ordnung der Herrschaft. Nach den anarchischen Wirren des dritten nachchristlichen Jahrhunderts, die durch den Zustrom germanischer Stämme und durch Nachfolgekämpfe bewirkt und durch Diokletian beendet wurden, schien das Reich wiederhergestellt, die Ordnung gestrafft, die Verwaltung reformiert zu sein. Aber die Ruhe währte nicht lange.

Als Diokletian das Zepter aus seiner mächtigen Hand fallen ließ, zerfiel die kaiserliche Autorität. Neue Kämpfe um Macht und Thron erschütterten das Reich, das der bedeutende Kaiser konsolidiert, aber auch, ohne daß er sich dessen hätte bewußt werden können, in seinen Fundamenten verwandelt hatte. Ähnlich Alexander dem Großen hatte er persisch-absolutistische Herrschaftsformen mit dem entsprechenden orientalisch-pompösen Hofzeremoniell übernommen, womit er zugleich den hohen Preis der völligen Aufgabe der alten römischen Freiheiten und Herrschertugenden entrichten mußte.

Andere Faktoren wirkten in gleicher Richtung. Die Germanen, die in das Römische Reich drangen, wollten das Reich nicht zerstören und haben es auch nicht zerstört. Sie bewunderten es, verfolgten keine politisch-revolutionären Ziele und wollten sich anfangs an den Grenzen, dann in den Territorien ansiedeln und an den Vorteilen des römisch geordneten Lebens teilhaben. Rom bekämpfte die Eindringlinge, machte sie dann zu Verbündeten. Ihre Romanisierung erfolgte schnell und freiwillig. Damit veränderte sich aber das Gesicht der Romania tiefgreifend. Als dann das Reich von Theodosius unter seine Söhne Honorius und Arkadius (395) geteilt wurde – der Absicht nach nur administrativ, in zwei überschaubare und leichter zu regierende Verwaltungsbezirke, tatsächlich politisch in zwei Staaten, die von Stund an eigene auseinanderdriftende Wege gingen –, brach eine neue Zeit herein.

Metaphysische Ängste – himmlischer Trost

Im Jahre 476 wurde der letzte weströmische Kaiser Romulus Augustulus von dem «Barbaren» Odoaker entthront. Das römische Reich hörte auf, als organisierte Einheit zu bestehen, auch wenn das den Zeitgenossen nicht deutlich wurde, weil, wie insbesondere Pirenne betont hat, «im Leben der Menschen eigentlich kein Wechsel eintrat» [4]; die Engländer sagen, «the past dies hard». Auf die Dauer aber wandelten sich die zentralen Koordinaten des traditionellen Lebenssystems. Die Wirtschaftskraft der Provinzen sank, die Städte verarmten, die Loyalität der Untertanen lockerte sich, die epikureisch lebende, parasitär gewordene Oberschicht verlor den Zugriff auf die bäuerliche Bevölkerung, die sich durch die wachsenden Steuern bedrückt fühlte. Unsicherheit, Unzufriedenheit und Zukunftsangst breiteten sich aus. Ein ungerichtetes Verlangen nach Trost und Heil ergriff die Seelen der Menschen, die sich nun geradezu süchtig in die aus dem Orient importierten, im Reich vagierenden Glaubensformen versenkten. Der Mithraskult mit der Opferung des Stiers, der die Sünden der Welt wegtragen sollte, und der Manichäismus (nach dem persischen Stifter Mani benannt, gekreuzigt 276), wonach die Erde, wie bei Zoroaster, der Schauplatz des Kampfes zwischen Gut und Böse um die Seelen der Menschen war, verbreiteten sich durch die weiten Gebiete des Reichs. Die von Grenze zu Grenze verschobenen Legionen waren die Träger dieser Glaubensimporte; in Germanien, Britannien und Spanien können wir noch heute die Trümmer der Tempel und Kultstätten jener Zeit betrachten. In Italien und den afrikanischen Gebieten waren es die Christen, die wachsenden Zulauf erhielten. Ihr Fanatismus und oft todesmutiger Glaube an höchst absonderliche und irrationale Dogmen wie der unbefleckten Empfängnis, der Auferstehung des Fleisches und der Dreieinigkeit, die einem gebildeten Römer nur Unverständnis und Abscheu entlocken konnten, brachten den rein formalen und duldsamen Staatsglauben in Bedrängnis. Wüstenheilige, Mönche und Eremiten beflügelten mit ihren asketischen Leibabtötungen die Phantasie der Zeitgenossen, die wahre Frömmigkeit und Heilsverheißung ersehnten.

Maßgeblich für den Sieg der neuen Religion im Westen wie im Osten waren der Absolutheitsanspruch, die Verheißung des ewigen Lebens, die Liebespredigt und nicht zuletzt die Universalität der Glaubenslehren und des Friedensgebots. Staatliche Grenzen und menschliche Sonderungen galten – wie in der Kosmopolis – nichts gegenüber den Lehren und Imperativen, die aus der Transzendenz kamen. Die frohe Botschaft der neuen Religion mußte über die Grenzen zu den noch Ungläubigen getragen werden. Wiederum wie in der stoischen Philosophie vermochten auch im Christentum irdische Unterschiede nichts gegen die Gleichheit vor Gott, die das Ende von Zwist und Krieg bewirken sollte. Sowohl das universalistische wie das pazifische Motiv gewannen mit der christlichen Lehre an Dynamik, allerdings in einer dem Kosmopolitismus der Stoa entgegengesetzten Richtung. Stoische Weltbürgerlichkeit war weltbezogen, der neue ‹katholische› Universalismus und Pazifismus des Augustinus hingegen weltabgewandt und jenseitsorientiert, zumindest insofern, als das diesseitige Dasein nach den Kategorien der Transzendenz bewertet wurde. Die Menschheit als Ganzes und jeder einzelne waren von dem neuen Glauben gemeint, aber der bezog sich nicht auf ihr Schicksal hienieden, sondern auf die jenseitige Heilsverheißung.

Den geistigen Rahmen der universalistisch-pazifischen Weltsicht steckte die mächtige Persönlichkeit des Augustinus mit den 21 Büchern seiner *civitas Dei*, des «Gottesstaates» ab. Das ganze Mittelalter stand unter dem Eindruck dieses Mannes, dessen Menschlichkeit und Geistesreichtum, dessen theologische und philosophische Widersprüche und dessen innere Geradlinigkeit und Frömmigkeit die unterschiedlichsten Denker und Gläubigen beschäftigt und beeinflußt haben. Für Karl den Großen und Otto den Großen war die ‹civitas dei› Lieblingslektüre. Im Zerwürfnis der Kaiser und Päpste benutzten beide Seiten die Argumente des Augustinus. Und Wiclif, Hus, Luther und Calvin beriefen sich auf seine subjektive Gotteserfahrung. Pascal und die Jansenisten standen noch unter dem Eindruck seiner Lehre von der Vorherbestimmtheit unseres Schicksals.

Drei Jahre nach dem Sturm auf Rom, das der Westgotenfürst Alarich im Jahre 410 nicht nur eroberte, sondern in Schutt legte, und mit direktem Bezug auf dieses, die Zeitgenossen erschütternde historische und metaphysische Skandalon – denn trotz allem Niedergang war Rom noch Rom, unverletzt seit dem Angriff der Gallier 390 v. Chr. –, begann Augustinus, Bischof von Hippo, dem heutigen Bône in Algerien, ein Nordafrikaner also wie Tertullian und andere Christen, seine Staatstheologie und Gesellschaftsphilosophie zu schreiben. Er wollte mit seiner Streitschrift den heidnischen Interpreten und Zeitbetrachtern entgegentreten, die das Unheil, das Rom getroffen hatte, als Folge der Vertreibung der alten Götter durch die Christen erklärten und die darum am liebsten neue Christenverfolgungen gesehen hätten.

Die Schuldzuweisung war nicht ungewohnt. Fanatisierte Massen pflegen natürliche und politische Kalamitäten wie Hungersnöte, Seuchen, Niederlagen gern fremden oder mißliebig gewordenen Gruppen oder Personen anzulasten, ob in jenen Tagen den Christen, später den Juden, im nationalistischen 19. und 20. Jahrhundert jeweils Ausländern. «Die Christen vor die Löwen!» lautete damals der haßerfüllte Ruf gegen die Andersgläubigen und Andersartigen. Augustinus begnügte sich nicht damit, diese Argumentation umzukehren. Das hatte schon Cyprian getan. In einer apologetischen (d. h. die neue christliche gegen die jüdischen und die heidnischen Glaubenslehren rechtfertigenden) Schrift hatte er dargelegt, daß die Heimsuchung Roms die Strafe dafür sei, daß die Mehrheit der Bewohner des Reiches weiter den alten Göttern anhing, statt sich zur Lehre des einzig wahren Gottes zu bekehren. Augustinus aber ging über diese Interpretation noch hinaus. Er ordnete das einmalige Ereignis des Jahres 410 in ein universalgeschichtliches Panorama ein, richtiger, er lehrte es als Episode des heilsgeschichtlichen und eschatologischen Menschheitsdramas zu verstehen. Seinem durchdringenden philosophischen Geist eröffneten sich damit neue grundlegende Probleme.

Beim Nachdenken über sich selbst und sein Leben konstatiert er – als erster Mensch in der Geschichte – mit Betroffenheit, daß er, die einmalige Person des Augustinus, sich selbst zum Problem geworden war: *mihi quaestio factus sum*. Er entdeckte den, wie man sagt, furchtbaren Ernst des personalen, gottesebenbildlichen Anspruchs, wonach der Mensch sein Leben in seiner Einmaligkeit und Unwiederholbarkeit, also als Geschichte zu begreifen habe. Jeder Augenblick, jede Tat und jedes Versäumnis, jede Entscheidung war, wenn sie nicht durch Gottes gnädiges Verzeihen aufgehoben wurde, fortwirkend, unkorrigierbar, ewig. Die rückhaltlose Selbsterkundung und Offenlegung seiner inneren Geschichte in den «Bekenntnissen» eröffnet eine eigene literarische Dimension. Das augustinische «se» leitete einen neuen Abschnitt in der Geschichte der Philosophie und Psychologie ein.

Im politischen und Staatsdenken stellte Augustinus die Frage nach dem transzendenten Sinn des irdischen Geschehens, d. h. des Geschichtsverlaufs und brachte damit ein neues Motiv in das abendländische Denken. Das antike Weltbild, in dem Götter und Menschen ihre vorgeschriebenen Parte spielten, war statisch. Werden, Vergehen und Vergänglichkeit, das große tragische Thema der Griechen, wurden schon von den Vorsokratikern, namentlich Parmenides als «Schein» wegdiskutiert, dem das unvergängliche «Sein» gegenüberstehe, das Platon schließlich in großartiger Vision als Reich der ewigen, ungewordenen, unwandelbaren Ideen bezeichnete. Natur und Mensch wurden als vorgegeben und unveränderlich angesehen, und diese statische Betrachtungsweise traf auch für diejenigen zu, die wie Heraklit die Welt nicht unter der Kategorie des Seins, sondern unter der des Werdens interpretierten. Die «ewige Wiederkunft des Gleichen» war statische Bewegung: «Diese Welt hier... war immer und ist und wird sein: immer lebendes Feuer, aufflammend nach Maßen und verlöschend nach Maßen»[5]. Der im ewig flammenden Feuer sich darstellende Welt*prozeß* symbolisierte jedoch einen Ruhezustand, die Harmonie des Lebens. Auch Aristoteles, der die Realität der Bewegung anerkannte und in den Mittelpunkt seiner Philosophie stellte, dehnte die Zeit damit doch nur aus, bis sie im Unbewegten aufgehoben wurde. Bewegung erfolgte aus einem Mangel, lehrte er, aus Bedürftigkeit, war Streben nach der Vollkommenheit, *amor Dei,* denn Gott als Ursprung aller Bewegung bewege die Welt dadurch, daß er geliebt werde, daß die Menschen zu ihm, zur Vollkommenheit hinstrebten. In der Teleologie frißt das Ziel die Entwicklung[6]. Erst Augustinus hat im Abendland und in Fortführung der jüdischen Weltvorstellungen das überkommene Weltbild dynamisiert und historisiert und damit in der *«magna commutatio»*, der großen Epochenumwandlung, den Schritt aus der Antike heraus vollführt.

Gottes Zumutung an den Menschen

Mit seiner christlichen Infragestellung der Überlieferung vollzog Augustinus die erste kopernikanische Wendung der Philosophie. In der Antike erschien die vorgegebene und unabänderliche Ordnung des Kosmos, der natürlichen und der menschlichen Abläufe als zweckmäßig und harmonisch, insofern als preiswürdig und göttlich. Für den Christen Augustinus hingegen waren Kosmos und Menschheit nur als Geschichte, als Heilsdrama in der Zeit mit Anfang und Ende – Schöpfung, Wandlung, Prüfung und Erlösung – zu begreifen. Schon mit der Umwandlung der mythologischen Kosmogonien in die Schöpfungsgeschichte war die Statik der Antike umgekehrt. Die Welt existierte nicht seit jeher, sondern war Folge eines einmaligen Willensaktes Gottes, dem es gefiel, daß nicht nichts sei, sondern Welt und Menschen geschaffen würden. Geschichte als Bewegung und Veränderung des Geschaffenen wandelte ihren Sinn gegenüber der antiken Vorstellung, daß Bedürftigkeit ihre Erfüllung fand. Geschichte wurde künftighin zu der Aufgabe, der Zumutung, die Gott an den Menschen stellt. Der Schöpfergott steht vor und über allem Sein, das er aus unerschöpflicher Lebendigkeit und überquellender Liebe geschaffen hat.

Der Mensch erkennt sein und der Menschheit Leben als Möglichkeit der Bewährung und des Versagens gegenüber der wahren jenseitigen Welt. Er steht mitten in der Ereignisfolge der sechs Tage der Schöpfung, des Sündenfalls, der Offenbarung der Gesetze an Moses, des Erdengangs und Todes Christi, die zum

Jüngsten Tag führen und in den ewigen Sabbat der *civitas Dei* einmünden werden. Augustinus widerspricht leidenschaftlich den Stoikern, die mit Zeitläuften rechnen, «in denen sich in der Natur der Dinge das gleiche immer wieder erneuert und wiederholt, und so auch fürderhin und ohn Unterlaß der Ring der Welten, wie sie kommen und vergehen, sich schließen muß... Fern sei, so sage ich, daß wir solches glauben! Denn einmal nur ist Christus gestorben, um unserer Sünden willen; auferstanden aber von den Toten, stirbt er nicht wieder und der Tod wird nicht mehr herrschen über ihn»[7]. Mit dem Psalmisten urteilt er: «Im Kreise herum wandeln die Gottlosen». Ungerichtetes, zyklisches Tun wäre sinnlos, entriete der Sinngebung, die Gott den Menschen schenkte und die nach vorn gerichtet ist.

Für Augustinus hingegen ist Ziel des irdischen Geschehens, soweit es sich in Staat und Gesellschaft vollzieht, die Schaffung des (immer unsicheren, immer gefährdeten) Friedens durch Stiftung von Einheit unter den Menschen – im Blick auf das Himmelreich. Frieden war im Denken der Antike kein vorrangig anvisiertes Ziel, Krieg kein Übel an sich, vielmehr Gelegenheit für den Tapferen, Mut und Tüchtigkeit zu beweisen und Nachruhm zu erwerben, wenn auch die heimgesuchten Menschen Friedenssehnsucht empfanden, seit und solange Krieg geführt und über Siege und Niederlagen berichtet wurde.

Neu war, daß Augustinus in Fortführung des christlichen Friedensgebotes[8] auch den politischen Frieden *auf Erden* als transzendenten Imperativ darstellte. Krieg war nicht nur Folge menschlicher Entzweiung und irdischer Widersprüche – sogar Christen und christliche Staaten bekämpften einander wie einst Griechen und griechische Staaten – Krieg war Folge der Erbsünde. Kein Schriftsteller vor Augustin hat je mit solcher Radikalität den Krieg als Unrecht und Widersinn hingestellt. Augustinus fragte, ob es denn etwas Großes und Rühmenswertes sei, Völker mit Krieg zu überziehen und zu unterjochen, und befand schließlich: *«Remota itaque justitia quid sunt regna nisi magna latrocinia?»*[9], ohne Gerechtigkeit seien Reiche nichts anderes als große Räuberbanden. Diese, zu jener Zeit unerhörte Behauptung, die anderthalb Jahrtausende später in Jacob Burckhardts radikalen und anfechtbaren Satz «Die Macht an sich ist böse» einmündete, war prinzipiell gemeint: Staaten, Reiche sind auf Gewalt – Landnahme, Eroberung, Unterwerfung von Menschen unter Menschen – gegründet und damit mit dem Makel des Unrechts behaftet. Augustinus verdeutlichte diesen Sachverhalt durch eine eindrückliche gleichnishafte Anekdote: Ein schlauer Seeräuber rechtfertigte sich gegenüber Alexander dem Großen, der ihm sein Verbrechen vorhielt, mit dem – moralisch schwer widerlegbaren – Widerwort, er, der Seeräuber und der König Alexander täten dasselbe. «Dennoch werde ich mit meinem kleinen Schiff ein Räuber geheißen, dich aber mit deiner großen Flotte nennen sie einen siegreichen Feldherrn» [10]. Ein literarischer Topos ist damit gegen die Fürsten und die Politik der Mächtigen überhaupt geschaffen, der sich bis in die moderne Zeit hinzieht [11].

Bei dieser moralisch-metaphysischen Analyse des Staates und seiner Natur gelangte Augustinus zu dem von Dolf Sternberger als «tollkühn» qualifizierten Satz, «Rom sei niemals ein Staat gewesen» [12]. Staat sei, solange er nicht aus christlichem Glauben Recht und Frieden gewährleiste, per se Unrechtsstaat, wie im Fall Rom schon die vielen Kriege gegen Bundesgenossen und die Bürgerkriege bewiesen, die es geführt habe. Der Bischof von Hippo, der die Suprematie der Kirche über die politische Gewalt verfocht, wollte Rom, die Civitas terrena also (der Papst ist damals nur ein Bischof neben anderen), ins Herz treffen: «Was von diesem Staat, das gilt auch von den Athenern, ... den Ägyptern, von den Assyrern, als sie ... größere oder geringere Reiche stifteten. Denn ganz allgemein mangelt die wahre Gerechtigkeit dem staatlichen Verbande von Gottlosen» [13]. Ein gerechter Staat war für Augustinus also nur derjenige, der unter der Herrschaft des wahren christlichen Gottes und seines Friedensgebotes stand. «Die wahre Gerechtigkeit ist einzig in demjenigen Gemeinwesen, dessen Gründer und Leiter Christus ist» [14]. Friede war nur dem himmlischen Reich natürlich, als «wunderbar geordnete Eintracht der Gemeinschaft im Genuß Gottes und im wechselseitigen Genuß in Gott; der Friede aller Dinge aber ist die Ruhe der Ordnung» [15].

Der weltkundige Bischof war allerdings realistisch genug, sein

Urteil, wenn nötig, zu relativieren. Das geschah, indem er – angesichts des irdischen Gesetzes von Zwist und Entzweiung – dem darum auf Erden schließlich doch unabwendbaren Krieg ein positives Motiv zuwies und seine Funktion immerhin als Instrument des Friedens deutete. *«Pacis igitur intentione geruntur bella»* [16], nur um des Friedens willen also werden Kriege geführt. «Denn jeder sucht ja durch den Krieg den Frieden und keiner durch den Frieden den Krieg. Und jene auch, die den Frieden, worin sie leben, stören wollen, hassen ja nicht den Frieden, sie wollen ihn nur ändern nach ihrem Kopf und Plan; sie wollen also nicht, daß gar kein Friede sei, vielmehr daß nur ein solcher sei, wie *sie* ihn wollen ... Selbst Räuber halten Frieden mit ihren Genossen» [17], weil sie sonst ihre schlimmen Absichten nicht verwirklichen könnten. In diesem Zusammenhang revidierte Augustinus in den späteren Abschnitten seines Werkes sein generelles Urteil über den (römischen) Staat der Gottlosen und anerkannte seine naturrechtliche Legitimität, wodurch das Recht der politischen Gewalt zur Ordnung, Weisung und Bestrafung auch außerhalb der christlichen Religion und Kirche begründet wurde. Thomas von Aquino übernahm diese Begründung: Rom wurde gerechtfertigt, weil es die besten Gesetze gegeben hatte.

Die Überlegung, daß auch der Krieg um des Friedens willen geführt wird, stellte freilich, wie Augustinus betonte, keine, auch keine mittelbare Rechtfertigung des Krieges dar. Denn auch wenn das Motiv über die Qualität der Handlung bestimmt, würde doch im praktischen Leben so dem Bösen Tür und Tor geöffnet. Gute Motive für Kriege lassen sich immer behaupten. Mit der gleichen Begründung läßt sich die Legitimität des «letzten Krieges» verfechten, mit dessen Hilfe der (säkularisierte) «ewige Friede» herbeigeführt werden soll. Auf die Theorie des «letzten Krieges» zwecks Abschaffung des Krieges überhaupt berufen sich alle Utopiker von Emeric Crucé [18] und dem Abbé de Saint-Pierre [19] bis zu Präsident Wilson, der mit dieser Maßgabe die USA in den 1. Weltkrieg führte.

Für die Christen aber ließ sich der Friede nur erreichen, wenn er wie die christliche Lehre universal war, für alle Menschen ohne Unterschied ihrer Differenzen gelte. Augustinus griff auf biblische Quellen und die stoische Tradition zurück, wonach die Menschen Kinder Gottes, mithin untereinander Brüder und zum Frieden aufgerufen seien. Anders als die Tiere, die Gott als Einsiedler wie den Löwen oder als Herdenwesen wie die Schafe geschaffen hat[20], erhielt der Mensch das Privileg, als einzelner – gewissermaßen zwischen Tier und Engel[21] – geschaffen zu werden, der sich «durch Neigung der Verwandtschaft»[22] mit seinesgleichen im Reich Gottes verbunden fühle. Das war die mystische Gemeinschaft des Corpus Christi[23]. Die Einheit des Menschengeschlechts wurde bereits in der Apokalypse Johannis herausgestellt, in der es heißt, Christus habe mit seinem Blut «die Menschen aus allen Stämmen und Sprachen und Völkern und Nationen ... für unseren Gott zu einem Königreich und zu Priestern gemacht und sie werden herrschen auf Erden»[24] – in Harmonie der Teile mit dem Ganzen, die die Bedingung des Friedens in der Ruhe der Ordnung ist. Die Botschaft des Evangeliums ist an keine irdische Ordnung gebunden. «Welchen Ursprungs ihre Missionare auch sind, die Kirche könnte sich niemals, selbst nicht unter der diskretesten Form, als Religion eines Volkes oder einer Epoche ausgeben. Der Prediger des Evangeliums muß, ohne jemals zu vergessen, was er verkündet, vergessen, woher er kommt ... Jede Zivilisation, selbst die christliche, ist verankert im Menschlichen, im Zeitlichen, im Vergänglichen. Die katholische Religion, göttlich durch ihren Gründer, hat ihre Wurzeln im Übernatürlichen, Zeitlosen, Ewigen»[25].

Die Menschheit wurde von Augustinus wie von den Stoikern als Einheit betrachtet. Herkunft und Nationalität waren gleichgültig gegenüber der Unterscheidung Christ oder Nicht-Christ. Schon für Paulus gab es «keine Hellenen und Juden, keine Beschneidung und Vorhaut, keinen Barbaren, Skythen, Sklaven, Freien, sondern alles und in allen ist Christus»[26]. Der universale Gedanke durchdrang das Christentum. In der vermutlich Ende des zweiten Jahrhunderts auf griechisch verfaßten «Epistel an Diogenes», einem apologetischen Lehrbrief, wurde festgestellt, die Christen – Griechen ebenso wie Barbaren – paßten sich in ihren Sitten und ihrer Kleidung ihren verschiedenen Heimatorten jeweils mit Selbstverständlichkeit an, denn «jedes fremde Land ist ihnen ein Vaterland und jedes Vaterland ein fremdes Land»[27], ein Vaterland, insofern sie überall in Christo sind, ein fremdes Land, wenn das Vaterland Vorrang vor der Glaubensgemeinschaft beansprucht. Die gleichen Worte hätte auch ein Zenon oder jeder beliebige Stoiker schreiben können, jedoch bezeichnet die folgende Begründung Augustins den tiefen Unterschied zwischen stoischem und christlichem Universalismus. «Denn sie sind Bürger des Himmels», heißt es bei Augustinus, die Stoiker hingegen hätten erläutert: denn sie sind Bürger der Kosmopolis, der irdischen, nicht der himmlischen Gemeinschaft also.

Zu Augustins Friedensreich gehören Engel – die Stoiker haben das insofern vorausgenommen, als sie auch die Götter zu Bewohnern der Kosmopolis erklärten – und Menschen, aber außer den Lebenden (und das ist ein für die Antike unvollziehbarer Gedanke) auch die Ungeborenen und die Toten, die in ihren Gräbern vertrauensvoll der Auferstehung harren. Die Gemeinschaft der Gläubigen ist auf Erweiterung angelegt, insofern alle Nachkommen Adams ein Recht auf den wahren Glauben, auf die Taufe und die Gnadenmittel der Kirche haben. Das begründet die Pflicht zur Evangelisation und weltweiten Mission.

Die Christenheit war wie die Kosmopolis eine auf Universalität gerichtete, aber im Unterschied zu ihr mystisch verbundene Gemeinschaft. Ruyssen weist auf die praktischen Folgerungen dieser Gegenüberstellung hin. «Die Gesellschaft ist nicht mehr – wie für die Stoiker – einfach ein Element der physischen Umgebung; sie hat eine eigene transzendente Bestimmung, die darin besteht, freiwillig die von Gott gewollte Ordnung der Werte zu verwirklichen. Diese Konzeption legt den Ton auf das Element der Pflicht: die gesellschaftliche Ordnung – väterliche Autorität, Staatsautorität, Eigentum, Achtung vor dem Leben, Friede unter den Völkern – beruht auf einem göttlichen Willensakt, der die gemeinsame Wurzel der Rechte der einen und der Pflichten der anderen darstellt»[28]. Der stoische Universalismus verlangt nur, daß die Menschen ihre irdischen – stammesmäßigen, nationalen, kulturellen – Bande geringer achteten und sich der Menschheit als Ganzer zugehörig wußten, ohne freilich die Pflichten gegenüber dem Staat zu vernachlässigen. Der welterfahrene Bischof folgte darin den Stoikern. Er kannte und anerkannte den Wert der staatlichen Ordnung und pries darum die Vaterlandsliebe. Das Gegenteil hieße, den Bürger zu Unbotmäßigkeit und Revolution – auch gegen die Kirche – anzustiften. Die Anerkennung der irdischen Pflichten der jeweiligen politischen Einheit gegenüber erfolgte aber nur in pragmatischer Absicht. Übergeordnet war das Menschengeschlecht, dessen Einheit sich als Civitas Dei verwirklichen sollte.

Civitas Dei und Civitas terrena, Gottes und irdisches Reich sind einander entgegengesetzt wie Gut und Böse, wie Gottesliebe und Selbstliebe, wie absolut und bedingt, und in Übereinstimmung mit dem Wort Jesu «Mein Reich ist nicht von dieser Welt». Beide Reiche aber sind einander verwandt und ineinander verstrickt, insofern es die gleiche Menschheit ist, die bei ihrer Wanderung durch die geschichtliche Zeit vom irdischen in den Gottesstaat überwechseln soll. Die Einheit des Menschengeschlechts ist in der gemeinsamen Abkunft von Adam begründet, und der Zwist, der die Menschhheit fortan spaltet, in seinen beiden Söhnen: Kain, der sich aus freier Entscheidung mit seiner Stadtgründung dem Reich der Welt, des Besitzes, der Macht und Gewalt zuwendete, und Abel, der wie ein Fremdling – *tamquam peregrinus*[29] – über die Erde zieht und von seinem Bruder erschlagen wurde. Der Zwist aber zielte auf Versöhnung, Wiedervereinigung der Menschheit mit sich selbst ab, die auf die Scheidung der Gerechten und Ungerechten im Jüngsten Gericht folgen wird.

Kosmopolitismus, der sich nur im Diesseits-Denken verwirklichen ließ, war nach Augustinus und solange seine Lehre in Geltung blieb, nicht mehr möglich. «Dieser himmlische Staat», so erläutert Augustin die Durchdringung der beiden Reiche auf Erden und zugleich seinen menschheitlich-universalistischen Ansatz (interessanterweise, obwohl Römer aus Nordafrika, ohne jede Bezugnahme auf Rasse und Hautfarbe), «beruft in seiner irdischen Pilgerschaft aus allen Völkern seine Bürger und sammelt seine Pilgergemeinde aus allen Sprachen, unbekümmert um alle Unterschiede in den Sitten, Gesetzen und Einrichtungen, die der Begründung oder Erhaltung des irdischen Friedens dienen. Nichts davon schafft er ab oder zerstört er, vielmehr bewahrt und befolgt er, was immer von Nation zu Nation verschieden, aber doch auf das eine gleiche Ziel des irdischen Friedens gerichtet ist, wofern es nur der Religion, die den einen höchsten wahren Gott anbeten lehrt, nicht im Wege steht. So nutzt denn auch der himmlische Staat auf dieser seiner Pilgerschaft dem irdischen Frieden, er schützt und betreibt den Zusammenklang der menschlichen Willen in den mit der sterblichen Menschennatur verknüpften Dingen, soweit es unbeschadet der Frömmigkeit und Religion geschehen kann, und diese irdische Friedensordnung setzt er in Beziehung mit der himmlischen»[30]. Das ist der einzige wahre Friede, weil allein er den Bedingungen des Friedens zwischen vernünftigen Wesen entspricht. Wenn man diesen Punkt erreicht haben wird, so werde das nicht mehr das sterbliche, sondern das vollkommene und wahrhaft lebendige Leben sein.

Durch diese Verlagerung der Einheit und des Friedens in die Transzendenz schob Augustinus trotz seiner universalistischen Betrachtungsweise die Einheit aus der irdischen Welt hinaus. Die irdischen Staaten gehörten in eine Ordnung niederen Ranges, waren belangvoll nur, insofern der Gottesstaat auf seiner geschichtlichen Wanderung durch sie hindurchgehe und sie damit adelte. Damit werde ihre Verschiedenheit gerechtfertigt und stabilisiert. Trotz des Friedensgebotes verlor die irdische Einheit des Menschengeschlechts an Gewicht. Der universale Ansatz verblaßte, seine kosmopolitische Komponente wurde blutleer. Das Einheitsreich war schließlich doch nicht von dieser Welt. An einen Universalstaat wurde nicht gedacht, konnte – angesichts der realen Verhältnisse der Zeit: gleichrangige Bischöfe, die den fernen Kaiser in Konstantinopel als oberste Gewalt und Quelle aller Legitimität anerkannten, aber selbständig ihre Diözesen in den «barbarischen» Königtümern verwalteten – nicht gedacht werden. Der Kosmopolitismus rückte weiter aus dem Sichtfeld der Zeit.

1 Johannes Kühn, Das Zeitalter der ‹Kirche› und die Metaphysik des ersten Jahrtausends vor Christus. Leipziger Universitätsreden, Heft 17. 1948. S. 4.
2 Eusebius, Die Geschichte der Kirche von Christus bis zu Konstantin. Penguin Books, 1965. Buch 10.
3 Koran, 2/187–189.
4 Henri Pirenne, Geburt des Abendlandes (Mahmud et Charlemagne). Amsterdam 1939. S. 133.
5 Heraklit B 103.
6 Heinz Heimsoeth, Die sechs großen Themen der abendländischen Metaphysik. Berlin-Steglitz 1934. S. 165.
7 Augustinus, Vom Gottesstaat. Hg. von Joseph Bernhart. Kröners Taschenausgabe, Bd. 80. Stuttgart 1947. S. 249f.
8 Matth. V. 9.
9 Dolf Sternberger, Die Wurzeln der Politik. In: Schriften. Frankfurt 1978, Band I. S. 318.
10 Dolf Sternberger, Die Wurzeln der Politik. In: Schriften. Frankfurt 1978, Band I. S. 318.
11 Schiller, Die Verschwörung des Fiesco zu Genua, Akt 3, Szene 2: «Es ist schimpflich, eine Börse zu leeren. Es ist frech, eine Million zu veruntreuen, aber es ist namenlos groß, eine Krone zu stehlen».
12 Augustinus, Civitas Dei. XIX, 21. Vgl. Dolf Sternberger, Die Wurzeln der Politik. In: Schriften II, Band I. S. 316; Band 2, S. 12.
13 Augustinus, Vom Gottesstaat. Hg. von Joseph Bernhart. Kröners Taschenausgabe, Bd. 80. Stuttgart 1947. S. 330.
14 Augustinus, Vom Gottesstaat. Hg. von Joseph Bernhart. Kröners Taschenausgabe, Bd. 80. Stuttgart 1947. S. 331, 317.
15 Augustinus, Vom Gottesstaat. Hg. von Joseph Bernhart. Kröners Taschenausgabe, Bd. 80. Stuttgart 1947. S. 316.
16 Augustinus, XIX, 11–13. Fol. 650. Zit. nach Christian L. Lange, Histoire de l'Internationalisme. Band I. Kristiania 1919. S. 43.
17 Augustinus, Vom Gottesstaat. Hg. von Joseph Bernhart. Kröners Taschenausgabe, Bd. 80. Stuttgart 1947. S. 313.
18 Emeric Crucé, Le nouveau Cinée ou Discours d'Estat représantant les occasions et moyen d'establir une paix générale, et la liberté du commerce par tout le monde. Paris 1623.
19 Abbé de Saint-Pierre, Projet d'une paix perpétuelle, 1713.
20 Augustinus, XII, 22–23. Vom Gottesstaat. Hg. von Joseph Bernhart. Kröners Taschenausgabe, Bd. 80. Stuttgart 1947. S. 259.
21 Giovanni Pico della Mirandola e Concordia, Über die Würde des Menschen. Leipzig 1940. S. 50.
22 Augustinus, Vom Gottesstaat. Hg. von Joseph Bernhart. Kröners Taschenausgabe, Bd. 80. Stuttgart 1947. S. 259.
23 Korinther XXII, 4–26.
24 Offenbarung Joh. 9–10.

25 Jean Décarreaux, Die Mönche und die abendländische Zivilisation. Wiesbaden. S. 19.
26 Paulus, Kol. 3. 11.
27 Zit. nach Ernest Renan, L'Eglise Chrétienne. Band 6: Histoire des origines du christianisme, Band VII. Paris 1925. S. 423.
28 Théodore Ruyssen, Les sources doctrinales de l'Internationalisme. Paris 1954–1961. Band 1. S. 90.
29 Augustinus, Vom Gottesstaat. Hg. von Joseph Bernhart. Kröners Taschenausgabe, Bd. 80, XV 1. Stuttgart 1947. S. 289.
30 Augustinus, Civitas Dei XV 1.

KAPITEL 8

Abendland: Einheit und Frieden

Universalmächte im Streit – Unrealistischer Kaiserspruch: Dante – Der Vorrang des Papstes: Thomas von Aquino – Mönche und Sekten – Die kulturelle Einheit der Christenheit – Lingua franca: Latein

Der Kosmopolitismus lag tot darnieder. In den Ländern und Herrschaften, die sich auf dem Gebiet des weströmischen Reiches herausgebildet hatten, galt es, das Leben der Menschen einigermaßen in Form zu bringen. Es gab anderes zu tun, als hochgemuten weltbürgerlichen Idealen nachzuhängen, geschweige sie zu Zielen der Politik zu machen. Aber im Erdreich der Geschichte wuchs unbemerkt die alte Menschheitssehnsucht in manchen Verkleidungen fort.

Das universalistische und das Friedensmotiv, wichtige Elemente des Kosmopolitismus, wirkten über Augustinus hinaus und am Prozeß der allmählichen Öffnung der Welt mit. Die Einheit der Christenheit, die christliche Weltmission, der Papst oder der Kaiser als «Herr der Welt», die *monarchia universalis*, das *imperium mundi*, die Gesellschaft der christlichen Staaten, die Schaffung des Gottesfriedens oder -waffenstillstands (pax oder treuga dei), die Schlichtung weltlicher Konflikte aus christlichem Geist: mit diesen Themen beschäftigten sich die Zeitgenossen in den nachaugustinischen Jahrhunderten, gleich ob aus echter, auf Gottesgehorsam oder Gottesversenkung beruhender Frömmigkeit, aus traditionsbedingtem Mitdenken und Mitmachen oder aus personen- oder institutionenbezogenem Machtstreben.

Die alten Wunschvorstellungen, Einheit und Frieden, die im Römischen Reich verwirklicht schienen, leuchteten in christlichem

Gewand wieder auf, ergriffen die Geister, wurden als politische Möglichkeiten an den Horizont der Zeit projiziert und in immer neuen, vergeblichen Ansätzen angesteuert. «Das Mittelalter», schreibt Christian Lange in glorifizierender Betrachtungsweise, «hat das edelste Blut und den besten Teil seiner intellektuellen und politischen Kräfte der unmöglichen Aufgabe geopfert, das Universalreich zu schaffen» [1].

Der Unerreichbarkeit dieses Ziels und der Vergeblichkeit der Anstrengung entsprachen die Intensität der Phantasie und die Stärke des Willens der Zeitgenossen. Zu der übergreifenden, auf die Menschheit als Ganzes bezogenen Vorstellungen stand allerdings die Predigt Jesu in diametralem Gegensatz. Das frühe Christentum war von dem individualistischen Ziel der Selbstheiligung in Erwartung des Gottesreiches inspiriert. Die volle Gottesherrschaft, anfangs noch auf das Geschehen im Himmel beschränkt, wurde durch das Erscheinen Christi auf Erden in baldige Zukunft verlegt, die Menschen würden ein sündenloses Leben nach dem Willen und «in Ansehung und Genuß Gottes» (visio et fruitio Dei) führen. Verbunden damit war die Verwerfung der «Welt», des Reichs des Satans, der sich den freien Willen des sündenverkehrten Menschen für seine Zwecke untertan zu machen wußte. Der auf Gottesgehorsam gerichtete Gläubige, der reinen Herzens das Heil suchte, verzichtete darum auf irdisches Glück und auf die Verstrickung in weltliche Zusammenhänge, übte sexuelle Askese, entledigte sich irdischer Besitzgüter und hielt sich insbesondere dem Machtstreben fern, worin sich Hochmut und Anmaßung ausdrückten: denn die Macht gehörte allein Gott in seiner Herrlichkeit.

Diese weltflüchtig akosmistischen Tendenzen lenkten die Christen der frühen Jahrhunderte von den in der Botschaft Jesu freilich gleichermaßen enthaltenen weltgestalterischen Aufgaben ab, von der Ausübung geistlicher und weltlicher Herrschaft – im Namen und in Stellvertretung Gottes – einerseits und andererseits von der Sammlung der Gemeinde und Bekehrung der Ungläubigen, die Christus selbst den Jüngern zur besonderen Pflicht gemacht hat. Seine Sendboten sollten den wahren Glauben und die neue Friedensbotschaft in allen Weltgegenden predigen. Diese Bot-

Lebens- bzw. Regierungszeiten der wichtigsten in diesem Kapitel erwähnten Personen	
Mani	216– 276
Konstantin der Große	324– 337
Augustin	354– 430
Gregor der Große	590– 604
Alkuin	735– 804
Karl der Große	768– 814
Agobard	779– 816
Leo III.	795– 816
Heinrich IV.	1051–1106
Gregor VII.	1073–1085
Clemens III.	1187–1191
Raymond IV., Graf von Toulouse	1194–1222
Innozenz III.	1198–1216
Roger Bacon	1214–1292
Friedrich II., König v. Sizilien, Kaiser von Deutschland	1220–1250
Thomas von Aquino	1226–1274
Innozenz IV.	1243–1254
Dante Alighieri	1265–1321
Philipp IV. der Schöne	1268–1314
Marsilius von Padua	1280–1343
Bonifaz VIII.	1294–1303

schaft war universal, an kein Volk, an keine Zivilisation gebunden. Das ist der Ausgangspunkt für das die Menschheit umfassende, universalistische und irenische Engagement des Christentums. Die Verchristlichung der Welt bewirkte die Akzeptierung der weltlichen Ordnungsinstitute, insbesondere des Staates, ging also mit der Instrumentalisierung, Domestizierung, ja Heiligung der Gewalt einher und wurde zusammen mit der geographischen Ausbreitung des Christentums zur vordringlichen, wenn nicht vornehmsten Aufgabe der Christen. Die Kirche machte ihren Frieden mit der «Welt», das Christentum wurde verweltlicht, paßte sich den Erfordernissen und den Gesetzen des irdischen Daseins an.

Verchristlichung der Welt und Verweltlichung des Christentums vollzogen sich in Parallelität zueinander. Erst beide Entwicklungen zusammen ermöglichten die Ausbildung einer christlichen Kultur mit universalem Anspruch, womit künftige kosmopolitische Lebensvorstellungen ermöglicht wurden. Der Glaube allein an die neue, überweltliche Lehre und das auf Gott und Menschenbrüder in Gott bezogene Liebesgebot reichten zur Begründung einer christlichen Gesellschaft nicht aus, wie Troeltsch ebenso dicht wie elegant formulierte: «Selbst- und Weltverleugnung und der Verzicht auf Recht und Gewalt waren keine Kulturprinzipien, sondern radikale und universale religiös-ethische Ideen, die nur sehr schwer in die Gebilde weltlicher Zweckmäßigkeit und in die Schutzvorrichtungen sich einfügten, die der Kampf ums Dasein gegen sich selbst hervorgebracht hatte»[2].

Erst mit der Ausbreitung des Christentums, anfangs in einzelnen unverbundenen Gemeinden, in den Bischofskirchen nach ihrer späteren Konsolidierung und schließlich mit dem Übertritt einzelner Herrscher, insbesondere des Merowingerkönigs Chlodwig (496), wuchsen den Kirchen in zunehmendem Maß weltgestaltende, speziell karitative Aufgaben zu, die die noch wenig entwikkelten germanischen Staaten nicht oder nur in unzureichender Weise wahrnahmen: Armenpflege, Fürsorge für Alte, Kranke, Gebrechliche und Schutz für Verfolgte und Ausgestoßene, sofern sie nicht von der Familie versorgt wurden. Der Bischof wurde damit allmählich die für die Elenden und Schutzbedürftigen zuständige Instanz. Er nahm – angesichts der ungeheuer bedrängten Lebensverhältnisse der breiten Schichten, der unaufhörlichen Kleinkriege, Stammesfehden und grausamen Barbareneinfälle und eines in seiner Härte heute unvorstellbaren Strafrechts – eine vorrangige Position in der Gesellschaft ein, die den christlichen Einfluß auf das weltliche Geschehen stärkte.

Die gesellschaftlich-kulturelle Einheit, auf die das Christentum hinsteuerte, hatte mehrere Dimensionen. Sie zielte *erstens* auf die räumliche Ausdehnung. Es galt, die christlichen Gebiete zu einer Einheit in Frieden zusammenzufassen, die von den Zeitgenossen als «die Welt» angesehen wurde, als der geschlossene Kulturkreis, dem sie angehörten. Was außerhalb geschah, an den bedrohten Grenzen oder jenseits davon in den fernen Territorien des Ostens, die nur von Handelskarawanen erreicht wurden, blieb außer Betracht, denn sie betraf die Bewohner des ehemaligen Westreichs nicht. Erstrebt wurde die Wiederherstellung des Römischen Reichs, also eines begrenzten Gebietes unter einem christlichen Herrscher, wobei das Verhältnis zum byzantinischen Kaiser bis zur Zeit Karls des Großen in der Schwebe blieb.

Die *zweite* Dimension von Frieden und Einheit betraf die Menschen, die zum *corpus mysticum christianorum* gehörigen Seelen, aber auch die vielen Ungetauften, Nicht-Bekehrten, die insbesondere auf dem flachen Land lebten. Die Sprache erinnert noch an den Zusammenhang: *paganus/payen* = Heide fand sich wieder in *paysan* = Bauer. Das Christentum war in den frühen Jahrhunderten eine Stadtreligion. Erst allmählich haben die Bischofskirchen unter der Landbevölkerung geworben und die neue Religion von den Zentren her ausgebreitet. Potentiell aber war die Gemeinschaft der Gläubigen unbegrenzt, alle Kinder Gottes waren erlösungsbedürftig, die Mission der «einen apostolischen und katholischen Kirche» sollte spätestens bis zu dem – nicht als allzu fern angesehenen – Jüngsten Tag das ganze Menschengeschlecht zum wahren Glauben bekehrt haben. Noch Jahrhunderte später gab sich Roger Bacon beiläufig Rechenschaft über die offenkundige Tatsache, daß sich fast die ganze Welt im Zustand der Verdammnis befand; gegenüber der Überzahl von Heiden, Götzendienern, Muselmanen war die Zahl der Christen lächerlich gering – und selbst unter ihnen gab es mehr laue und gleichgültige Gläubige; weit entfernt war man von der Erfüllung des christlichen Einheitsgebotes *«ut omnes unum sint»*, daß alle eins werden. Dieses universale Ziel intendierte in frühchristlicher Zeit die geistliche, nicht die politische Gemeinschaft. Ziel war nicht Weltherrschaft, sondern der Friede auf Erden.

Universalmächte im Streit

Aus diesem doppelten – geographisch-irdischen und überweltlich-missionarischen Ansatz – hat sich der folgenschwerste Gegensatz ergeben, der das Abendland über Jahrhunderte zerrissen hat, die Auseinandersetzung zwischen *sacerdotium* und *imperium*. Ziel und Mittel zur Erreichung der pazifischen Universalität widersprachen einander, wenn die *Ein*heit von *zwei* Instanzen vertreten wurde, die zwangsläufig in Rivalität zueinander gerieten. Geistliche und weltliche Gewalt haben sich allerdings unter dem Zeichen des Kreuzes, selbst wenn sie sich offen und gewaltsam bekämpften, nicht als welthistorische Gegner empfunden, vielmehr als einander ergänzende, derselben Intention verpflichtete Institutionen, die ihre Bereiche zu scheiden wußten, die sich aber gerade in Verirrung befanden, wobei natürlich jeweils dem Gegner die Schuld daran zugeschrieben wurde. Die Abgrenzung ist jahrhundertelang versucht, niemals als unmöglich hingestellt, jedoch auch niemals erreicht worden. Die geistliche Gewalt hat im Prinzip stets und erklärtermaßen darauf verzichtet, an den Auseinandersetzungen der Mächtigen dieser Erde teilzunehmen, ob es sich um Streitigkeiten der Könige untereinander oder mit ihren Vasallen handelte. Die Kirche hat das Schwert nie selbst gezogen, sondern es dem Staat überlassen oder den Staat beauftragt, die diesbezüglichen Maßnahmen zu ergreifen (was freilich den Papst als italienischen Territorialfürsten nicht gehindert hat, für das Patrimonium Petri Krieg zu führen). Die Kaiser und Fürsten wiederum haben sich direkt in dogmatische Glaubensfragen nicht eingemischt. Insofern ist auch die Autonomie der Kirche respektiert worden.

Angesichts der universalen Zielsetzungen der beiden Gewalten waren jedoch Überschneidungen von Anfang an vorprogrammiert, wenn es etwa um die Einsetzung von Bischöfen, d. h. kirchlichen Würdenträgern ging, die zugleich Untertanen des Staates waren und also für die Investitur staatlicher Zustimmung bedurften. Der Wunsch, die Einheit zu schaffen, löste also die Gegnerschaft derer aus, die sie schaffen wollten. Papst und Kaiser stritten, wem das Vorrecht zustand, die Einheit der Christenheit zu verwirklichen. Und damit verschob sich das eigentliche Einheitsziel auf den Kampf um den Vorrang zwischen den beiden Gewalten. Die Rivalität der Universalmächte gewann die Oberhand über das Ziel der Universalität selbst, die Gegnerschaft über den Frieden, der zu schaffen war. Über die Legitimität des Vorranganspruches wurde über ein Jahrtausend lang mit vielfältigen, widersprüchlichen Argumenten, auch mit massiven Fälschungen (wie der Konstantinischen Schenkung[3]) gestritten. Die wechselvollen, für die politische und geistesgeschichtliche Ergründung des Christentums gleich wichtigen Vorgänge, die oft genug erzählt und analysiert worden sind, gehören nicht bzw. nur insofern in unseren Zusammenhang, als damit der universalistische und pazifische Anspruch berührt ist. Sie sollen darum nur im Hinblick darauf untersucht werden.

In der Vorrangfrage hatte das Papsttum die älteren Ansprüche. Die *abendländische* Kaiserwürde war erst durch die Krönung Karls durch Papst Leo III. zur Weihnacht des Jahres 800 begründet worden, wodurch gleichzeitig der Vorrang und die Universalität der byzantinischen Monarchie bestritten worden waren. Tatsächlich aber besaß während der vorausgegangenen Jahrhunderte die weltliche Gewalt im Ostreich den Vorrang als christliche Vormacht, denn allein sie verfügte über die erforderlichen Machtmittel, um unter den oft anarchischen und gewaltsamen Feudalverhältnissen eine organisierte politische Einheit zu schaffen. Die Bischöfe, deren einer der römische war, wußten sich als legale Untertanen der jeweiligen politischen Gewalt, in letzter Instanz des (byzantinischen) Kaisers, nicht zuletzt weil sie auf seine Hilfe und sein kaiserliches Placet bei Durchsetzung ihrer religiösen Ziele angewiesen waren. Gerade durch diese Aufgabenverteilung und -zuweisung verstand es die Kirche, die weltlichen Machthaber in einer gewissen moralischen und geistigen Abhängigkeit zu halten. Ihnen oblag als treuen Gefolgsleuten Christi, der Kirche ihren mächtigen Arm zu leihen, ihre religiösen Ziele zu verwirklichen, das Heil und den Frieden auf Erden zu sichern.

Die weltliche Gewalt zog aus dieser Kompetenzverteilung den Schluß, daß ihr die Universalherrschaft gebühre. Bereits aus der Zeit Karls des Großen ist ein Text dieses Inhalts erhalten. Agobard, Bischof von Lyon, predigte die über die Grenzen der christianisierten Gebiete hinaus reichende Universalmonarchie unter einem christlichen Herrscher: «Möge Gott es gefallen, daß alle Menschen – ob Edelleute oder Sklaven, Beschnittene oder Heiden – die so vielen unterschiedlichen Gesetzen gehorchen, sich unter einem sehr frommen Könige dem einen wahren Gesetz unterwerfen; das würde den Weg zur Eintracht der civitas dei und der Gerechtigkeit unter den Völkern öffnen»[4]. Der Gottesbezug blieb auch für die weltliche Herrschaft konstitutiv.

Unrealistischer Kaiseranspruch: Dante

Die vielberufene *monarchia universalis* war freilich, weil weltlich-politisch, noch irrealer als die Universalherrschaft des Papstes. Das Heilige Römische Reich beschränkte sich praktisch auf Deutschland und Italien, über die großen Länder des Westens beanspruchte der Kaiser höchstens einen titularen Vorrang. Die Lehnstreue begründete keinen Gehorsam in politischen Fragen. Die italienischen Stadtstaaten definierten sich als von jeher unabhängig. Und mancher Adelsherr erhob sein Haupt gemäß dem pittoresken Wahlspruch derer von Les Beaux (in der Provence) *«Race d'aiglon – jamais vassalle»*, ein Geschlecht von Adlern, niemals untertan. Die französischen Legisten wiederum, die ihren König als «Kaiser in seinem Land» und als «souverain par dessus tout», als Herrn über alles bezeichneten, an dessen Rechtsspruch – la justice du Roi – sich jeder Untertan wenden konnte, attackierten mit ihren Theorien gleichzeitig die Machtanmaßung des Kaisers *und* des Papstes. Die Universalherrschaft des deutschen Kaisers steckte jedenfalls nie in den Karten der Geschichte. Die «Idee vom *dominium mundi* (war) literarischer Topos, Geschichtstheologie, theoretisch-hierarchisches Schema; denn niemand forderte sie und niemand anerkannte sie»[5].

Auch bei äußerster Dehnung des Begriffs konnte der Kaiser diesen Anspruch also schwerlich aufrechterhalten. Die Begründungen der kaiserlichen Vor- oder Oberlehnsherrschaft, auch die am präzisesten vorgebrachte der Libellisten (Verfasser von Schmähschriften, Polemiker) Kaiser Friedrichs II., richteten sich daher politisch in erster Linie gegen die *irdischen* Machtansprüche des Papstes. Die geistliche Oberherrschaft machte dem Pontifex maximus keiner streitig. Der Kaiser beanspruchte nur, was des Kaisers war. Diese Position vertrat literarisch am nachdrücklichsten Dante. In der «monarchia» begründete der Verfasser der «Göttlichen Komödie», warum allein der Kaiser über das Menschengeschlecht regieren und den Frieden zwischen den Völkern gewährleisten sollte. Unter zwei oder mehreren gleichberechtigten Fürsten würden sich stets Streitfragen, Interessenkonflikte ergeben; die mußte ein Dritter entscheiden, und zwar der Monarch, der Kaiser (*«Ergo inter tales opportet esse judicium... Et hic erit Monarcha, sive Imperator»*)[6]. An einen Universal- oder Weltstaat war hierbei auch nicht im Ansatz gedacht. Da dem Kaiser die oberste Schiedsrichterfunktion zugesprochen wurde, war die Aufgliederung der Welt in Teilstaaten vorausgesetzt. Die «monarchia» war also als Staatenbund mit monarchischer Spitze gedacht.

Dante schloß an die Tradition der mittelalterlichen Publizisten an, die die *translatio imperii* von den römischen auf die deutschen Kaiser auf Grund göttlichen Ratschlusses behauptete. Das war eine allgemein anerkannte, von niemandem bezweifelte Auffassung. Das Volk, dem der Kaiser vorstand, wurde *expressis verbis* als das *humanum genus*[7], als das menschliche Geschlecht definiert – nicht etwa nur die Christenheit; der universale Anspruch war für die Begründung der *monarchia,* die Kelsen einen «Idealstaat, eine geniale Utopie»[8] nannte, wesentlich, denn die deutschen Kaiser hatten in Wirklichkeit Mühe, sich gegenüber den deutschen (geschweige denn fremden) Fürsten durchzusetzen. Im gleichen Sinn argumentierte Marsilius von Padua, der, auf die *majestas populi romani* rekurrierend, dem Kaiser als Nachfolger der Cäsaren die absolute Verfügung über die zivile Gewalt, auch der Kirche zuerkannte. All diese Überlegungen und juristisch konstruierten Utopien lassen sich nicht unter den antiken Begriff Kosmopolitismus subsumieren, aber sie kamen in ihrer Universalität der späteren Wiederbelebung des Kosmopolitismus zugute.

Der Vorrang des Papstes: Thomas von Aquino

Anders stand es um den Vorherrschaftsanspruch des Papstes. Schritt für Schritt, erst indirekt, dann ausgesprochen wurde der Primat des Spirituellen festgelegt. Als Verteidiger des rechten Glaubens, *defensor fidei,* unterwarf sich der machtmäßig Stärkere dem Schwächeren, weil den Gebeten der geistlichen Gewalt die höhere Weihe eigen war. Dem Glauben wußte sich auch der Mächtige verpflichtet. In diesem Anspruch war bereits die später entwickelte Lehre der beiden Schwerter angelegt, die Karls des Großen Minister, der gelehrte Alkuin, in einprägsamer Sprache dargestellt hat. «Die Macht ist geteilt, ihr weltlicher Arm trägt das Schwert des Todes, der geistliche den Schlüssel des Lebens. Aber die beiden Gewalten müssen einander unterstützen; die weltliche hat die Priester zu schützen, die geistliche durch ihr Gebet für diese den Segen Gottes zu erflehen, so daß eine einige Gemeinde unter dem einen Gott den Frieden auf Erden genieße» [9]. Die beiden Schwerter, lehrten die geistlichen doctores, «gehören Petrus, das eine ist in seiner Hand, das andere steht zu seiner Verfügung, wenn er es für erforderlich hält» [10]. Das eine wurde von der Kirche, das andere für sie gezogen.

Der Papst, der als Inhaber des apostolischen Stuhles schon seit dem 5. und 6. Jahrhundert unbestritten den Primat in der Kirche des Okzidents beanspruchte, begnügte sich aber nicht mit dieser gleichberechtigten Zusammenarbeit zwischen den beiden Gewalten. Er strebte nach der Suprematie, anfangs mit aller Vorsicht, später in absolutem Anspruch. Gregor der Große beschränkte sich noch auf das Verlangen, daß sich die irdischen Machthaber moralischen Maßstäben unterwerfen, die von der Kirche formuliert und interpretiert wurden. Sie beanspruchte die *potestas directiva*, d. h. das Recht, den guten Willen des Kaisers zu bestimmen, noch nicht wie später die *potestas directa et indirecta*, die den Staatsapparat in all seinen Verästelungen unter die Oberleitung der Kirche stellen sollte. Es war also noch nicht die theokratische Forderung angemeldet, die im politischen Augustinismus angelegt war, daß die Kirche auch in weltlichen Angelegenheiten die entscheidende Macht sein sollte. Vielmehr suchte der Papst nur dem cäsaropapistischen Primat des byzantinischen Basileus mit gleichen Mitteln entgegenzuwirken, in dessen Machtordnung «die Religion ein Departement der Politik» [11] darstellte. Die universalistische Zielsetzung bestand jedoch fort.

Die Ansprüche des Papsttums wurden zunehmend schärfer herausgearbeitet und tiefer begründet. Unter Gregor VII. schrieb sich der Heilige Stuhl unverstellt die Weltleitung zu. Der Papst herrschte *super gentes et regna*, nicht nur über die Völker also, sondern auch über die Königreiche, d. h. auch über die Könige. Die Trennung der zwei Gewalten – der *spiritualia* und der *temporalia* – qualifizierte die Kirche, weil dualistisch, als Manichäismus und somit als Häresie. Diese Vorstellung von der Vormacht des Papstes war so allgemein und unpräzise formuliert, daß sie näherer Erläuterung bedurfte. Die Verfechter des päpstlichen Vorrangs bedienten sich der gleichen Argumente, die der Kaiser benutzt hatte. Da ein Gleicher nicht über einen Gleichen herrschen konnte – *non habeat imperium par in parem* –, und weil zwischen Gleichgestellten sich zwangsläufig Interessenkonflikte ergeben würden, mußte ein höhergestellter Dritter sie entscheiden, der Papst. Er benützte zur Begründung die alte Formel kaiserlicher Machtvollkommenheit, die sich von der römischen Verfassungslehre bis in den Absolutismus hinzieht: *quod principi placuit legis habet vigorem*, was dem Fürsten gefällt, hat Gesetzeskraft. Denn der Fürst stand über den Gesetzen, die er erließ. Der Papst bestimmte über geistliche und weltliche Fragen, über die umstrittene Bischofsinvestitur und über Ordensgründungen, über Markt- und Kreditwesen, insbesondere Wucher, über Dispense im Eherecht und anderen Familienangelegenheiten. Des Papstes Pflicht, Recht und Vorrecht war es, die Herrscher zu salben, was eine mystische Legalisierung des neuen Amtsträgers darstellte, Staaten anzuerkennen und damit in den Verbund der Christenheit aufzunehmen; bei politischen Konflikten als Vermittler und Versöhner, seltener als Schiedsrichter zu fungieren (weil er damit eine Entscheidung des weltlichen Rechtes träfe, die der geistlichen Gewalt von Rechts wegen nicht zustand). Das Oberhaupt der Christenheit konnte Fürsten bannen oder exkommunizieren, was in einem Zeitalter des Glaubens eine furchtbare Waffe darstellte; er gewährleistete die Heiligkeit der Verträge, deren Einhaltung unter seinem Schutz stand; er konnte Ehen auflösen oder den aus politischen, Erb- oder Nachfolgegründen angestrebten Dispens verweigern. Seine Legaten, die ersten ständigen Gesandten Europas, versorgten die päpstliche Diplomatie mit den wichtigsten Informationen über die religiösen und politischen Vorgänge an den Höfen und sonstigen Machtzentren und brachten als Lobbyisten ihrer Zeit die Wünsche aus Rom daselbst an den Mann. Der Vatikan wurde damit das diplomatische Zentrum des Okzidents und war Zielpunkt einer regen Besuchsaktivität: Die Fürsten brachten ihre dringenden Anliegen im persönlichen Gegenüber vor.

Der Papst beanspruchte sogar das Recht, den Kaiser abzusetzen. Das war innerhalb eines religiös bestimmten Weltbildes begreiflich. Denn vor Gott hatte der Papst auch die Taten und Unterlassungen der Fürsten zu verantworten. Es entstand, jedenfalls in der Theorie, die pontifikale Theokratie. Der Primat Petri, den allein Jesus zum Gründer der Kirche bestimmt hatte, war absolut. Die ebenfalls biblische Unterscheidung, daß Gott und Kaiser das jeweils ihnen Zustehende gehöre, übersah dieser Papst geflissentlich.

Der je nach Standpunkt als hoheitsvoll oder anmaßend bezeichnete Vorrang-, Vormacht- oder Universalanspruch des Papstes fand in Thomas von Aquino seine höchste, weil durchdachteste Ausprägung. Der Scholastiker deutete in seinem einzigen ausschließlich politischen Fragen gewidmeten Traktat *«De regimine principum»*[12] die Herrschaft der Kirche aus einem System von Entsprechungen. Wie der einzige Gott das Universum und wie die Seele den Körper beherrschten, so sollte auch ein Herrscher die ganze Menschheit in einem Staat umfassen. Das war die Universalmonarchie, unter der Thomas ausdrücklich die von Gott gegründete katholische allumschließende Kirche verstand, mit dem Papst, dem Stellvertreter Gottes auf Erden, als Herrn der Menschheit, dem die Fürsten, der Kaiser eingeschlossen, untergeordnet waren. Einen prinzipiellen Unterschied zwischen geistlicher und weltlicher Gewalt vermochte Thomas nicht zu erkennen, da beide Gewalten vom Allmächtigen selbst herstammten. Aber sofern sie sich auf Erden unterschiedlich darstellten, war die Geistlichkeit als Verwalterin der Gnadenmittel der Kirche unstreitig übergeordnet, da das Heil für jeden Menschen den absoluten Vorrang innehatte. Ausdrücklich hieß es, es sei nicht gestattet, gegen die Entscheidungen des Papstes Berufung einzulegen, geschweige denn sich ihm zu widersetzen, *«superiorem non habet; item, ipse est qui vices Dei gerit in terris»*[13], *er* ist derjenige, der keinen Höheren über sich hat, *er* ist es darum, der Gott auf Erden vertritt.

Durch diese päpstlichen Postulate wurde nicht nur die Souveränität der Kaiser bestritten, sondern die Einheit des Reiches insofern untergraben, als die geistlichen Fürsten, auf deren Reichstreue und Ergebenheit die Kaiser angewiesen waren, in Loyalitätskonflikte gerieten. Sie übten sowohl geistliche wie weltliche Gewalt aus; die Spaltung ging durch ihre eigene Person, sie standen buchstäblich zwischen Kaiser und Papst, zu beiden, aber zu keinem ganz gehörig. Welch ungeheure Macht das Papsttum in jener Zeit errang, zeigte sich an dem Gang nach Canossa (1077). Die deutsche Geschichtsschreibung liebt es, die Selbstdemütigung Heinrichs IV. als geschickten Schachzug und realpolitischen Erfolg Heinrichs zu interpretieren. Ihm gelang es in der Tat, den Papst zur Gewährung der Absolution und Lösung des Bannes zu zwingen. Taktisch mag dies als Erfolg zu deuten sein. Aber die bloße Tatsache, daß sich der Kaiser auf das gegnerische, nämlich religiöse Kampffeld begeben mußte, verdeutlicht die außerordentliche Macht und effektive Vormacht des Papstes zum damaligen Zeitpunkt und stellt Gregor VII. in welthistorischer Perspektive als den klaren Sieger in der Auseinandersetzung dar, obwohl er im Strudel der kommenden Ereignisse um den Gegenpapst Clemens III. in der Engelsburg gefangengesetzt, dann von den Normannen wieder befreit wurde, und schließlich in der Verbannung starb. Bonifaz VIII. schließlich «sagt, erklärt, definiert und verkündet» ein Jahrhundert später in der Bulle «Unam sanctam» (1302), daß es «für das Heil jedes menschlichen Geschöpfes nötig sei, daß es dem römischen Pontifex unterworfen sei». Praktische Bedeutung kam dieser Bekundung – wenige Jahre vor der Spaltung des Papsttums – freilich ebensowenig zu wie der des kaiserlichen Vorrangs.

Mönche und Sekten

Im Lauf des äußeren Geschichtsganges erfuhr die Kirche mehrfach Zeiten des Niedergangs (insbesondere im 6. und im 9. bis 11. Jahrhundert), die auf einen Verfall der Glaubensintensität und auf offene Mißbräuche der kirchlichen Organe zurückzuführen waren. Heidnische Kulte und Aberglauben wurden, kaum christlich maskiert, fortgeführt: allenthalben begegnete man der Verehrung der alten Naturgeister und -gottheiten, primitiver Wundergläubigkeit, Hexenkulten und Teufelsaustreibungen, Verstößen gegen das Gebot der Ehelosigkeit der Priester, Unzucht usw. Das schlimmste Übel war der Verkauf von Kirchenämtern, insbesondere der Bischofssitze, Simonie genannt, eine Praxis, die ursprünglich der königlichen Kirchenherrschaft zuzurechnen war. Die Führungspositionen der Hierarchie wurden an treue Gefolgsleute vergeben – ungeachtet ihrer oft mangelnden theologischen Vorbildung und auch wenn sie nicht gesonnen waren, sich christlicher Zucht und Lebensführung zu unterwerfen.

Vor der vollständigen Verweltlichung wurde die Kirche hauptsächlich durch zwei Entwicklungen bewahrt. Erstens durch das Wiederaufflammen strenger Frömmigkeit in den Mönchsklöstern, die zu Mittelpunkten von Gehorsam, Sittenstrenge und Disziplin gemäß der Regel wurden. Die Mönche selbst betätigten sich in professionell betriebener garten- und landwirtschaftlicher Arbeit und Weinkultur, schließlich auch künstlerisch und wissenschaftlich, meist freilich nur in Form des – für die Nachfahren unentbehrlichen – Kopierens überlieferter Texte. Von den Klöstern strahlte die neue Glaubensinnigkeit über das ganze Land aus. Ihre Herrschaften übergreifende, grenzüberschreitende Organisation war so wie die Kirche als Ganze insofern kosmopolitisch, als die lateinisch sprechende, auf das jenseitige Heil gerichtete Klostergemeinschaft aus der Ferne kommende Äbte, Mönche, Laienbrüder nicht als Fremde empfand, sondern buchstäblich als Brüder aufnahm.

Zweitens wurde die Kirche vor der Zerrüttung, die die Päpste und Bischöfe widerwillig als reale Bedrohung anerkennen mußten, durch das Aufkommen der Sekten bewahrt, die jahrhundertelang die Amtskirche durch ihr Verlangen nach Rückkehr zum Urchristentum und zur *imitatio Christi* von innen her gefährdeten. Sie fungierten als schlechtes Gewissen der Kirche, indem sie für die Spiritualität und gegen die Veräußerlichung und Verweltlichung der Kirche, ihrer Organisationen und ihrer Amtsträger in kompromißloser Radikalität Partei ergriffen. Sosehr sich die Sekten in den Motiven ihres Begehrens und Aufbegehrens, in ihren oft absonderlichen Zielsetzungen, ihrer häufig demokratisch-populistischen Organisation und ihrem Alltagsverhalten untereinander unterschieden: allen gemeinsam war das gleiche religiöse Anliegen, die Gefühlssuche nach Gottesnähe, die eine Sache der Herzen, der Seelen und ihrer (mystischen) Exaltation war. Auch wenn die Mediävisten die letzten Verflechtungen der zahlreichen Sekten noch nicht voll aufgehellt haben, so offenbart sich doch immer deutlicher, daß vielfache Beziehungen, Wechselabhängigkeiten und Filiationen die einzelnen Gruppen miteinander verbanden, die eine große zusammengehörige Bewegung bildeten, was freilich manche jüngere Forscher bestreiten.

Auch ein gemeinsamer Ursprung in der manichäischen Gnosis ist von den Religionswissenschaftlern behauptet worden. Hellenisierte christliche Motive vermischten sich darin mit der Licht-Finsternis-Vorstellung orientalischer Herkunft. Die mystischen, häufig mythologisch angereicherten Heils- und Erlösungslehren und -praktiken des persischen Sektengründers Mani, der sich zugleich als verheißener Paraklet des Johannes-Evangeliums, als Maitreya der Buddhisten und als Usetar bamijk der Zoroastrier verstand, hatten im Römischen Reich des 3. und 4. Jahrhunderts eine außerordentliche Verbreitung – von Armenien und Arabien bis Spanien und Gallien –, wanderten dann bis ins Innere Chinas und kehrten schließlich nach vielgestaltigen Wandlungen nach Byzanz und, aus dieser Sicht gesehen, ins Abendland zurück; in den fundamentalistischen Lehren vieler christlichen Sekten, die die Rückkehr zur Lehre und vor allem zur Lebensweise Jesu forderten und diese selbst praktizierten, begegnen wir gnostisch-manichäischen Erlösungsmotiven. Das dualistische Grunderlebnis der Sektierer war der unversöhnliche Gegensatz zwischen der gottgleichen oder gottnahen Seele des reinen Menschen einerseits und der verderbten, bösen, erlösungsbedürftigen Welt andererseits.

Die großen Themen der zahlreichen kirchlichen Reformversuche waren allesamt von den Sekten aufgebracht, übernommen, vielfach variiert und propagiert worden. Die *Humiliaten* der Lombardei und die *Waldenser*, die sich von Nordspanien über Frankreich, Italien, Deutschland bis Polen und Ungarn verbreiteten, verschrieben sich der apostolischen Lebensweise; in absoluter Armut zogen sie als Wanderprediger durch die Lande, jeweils sich der Volkssprache zum Predigen bedienend, um sich dem einzelnen zu Bekehrenden verständlich zu machen; einzelne wie Pierre de Bruys verwarfen im Blick darauf die Kindertaufe, was zu den späteren Täufern und Wiedertäufern hinleitet. Radikalere Zweige trieben die Leibesabtötung bis zum Flagellantentum: ekstatische Asketen züchtigten sich auf Straßen und Märkten und riefen die Bevölkerung zu Umkehr und Buße auf. Arbeit lehnten viele Sektierer ab, weil sie sie von ihrer wahren Berufung ablenkte, sie verließen sich als (franziskanische) Bettelmönche auf die Barmherzigkeit der Reichen, insbesondere um durch ihr Tun augenfällig auf die sündige Kluft zwischen Arm und Reich hinzuweisen. Die Liebesgebote – halte die andere Wange hin – und das Tötungsverbot wurden absolut genommen. Die *Katharer* (oder neuen Manichäer) verurteilten Krieg und Todesstrafe, verboten sogar die Tötung von Tieren (mit Ausnahme von Reptilien). Bezugspunkt der Sektierer war der einzelne, der zu persönlichem Glauben, nicht zu konformem Institutionsverhalten gewonnen werden sollte. Die subjektive Zustimmung der Person wurde intendiert, parallel dazu wurden die objektiven Gnadenmittel, über die die Heilanstalt Kirche verfügte – die Sakramente –, in ihrer Bedeutung und Geltung entwertet. Die radikalen Sektierer, die nicht das geringste Verständnis für die Bedingtheiten, Zwänge und Verstrickungen des Irdischen aufbrachten und auf der reinen Spiritualität bestanden, bezeichneten die Institution Kirche als bloßes Gehäuse, als erstarrte Verkrustung, als überflüssig, ja schädlich für die Gotteskommunion. Sie verurteilten die Anmaßung des Papstes, irdische Macht auszuüben, sahen in ihm gelegentlich den Antichrist. Messianische *Chiliasten* prophezeiten für bald – so für das Jahr 1000 – das Weltende, womit sie den Zeitgenossen Angst und Schrecken einjagten und sie zur Umkehr und zum Verzicht auf irdische Güter bewegen wollten, die dann der Kirche anheimfielen. Sogar noch im so viel aufgeschlosseneren 13. Jahrhundert hat Joachim von Floris das Ende der Zeit für das Jahr 1260 prophezeit.

Die Sektenbewegung war individualistisch in bezug auf die

Gottesnähe, die nur der einzelne Gläubige erreichte; und sie war universalistisch, insofern jeder Mensch auf Erden gemeint war. Die Sektierer verbreiteten sich jahrhundertelang über ganz Europa. Staatsgrenzen wurden – wie von der Kirche – ignoriert. Als Heimat sahen sie den Himmel an, auf Erden fühlten sie sich nur bei ihren Glaubensgenossen heimisch, wo immer sie sich gerade befanden. Sie wanderten, einem unbezwinglichen Trieb der Außenstehenden oder Ausgestoßenen folgend und um des Apostolates willen, und sie wanderten aus, um den grausamen Strafen der Ketzer aufspürenden Inquisition zu entgehen. Als Verfolgte der Amtskirche verließen sie ihre angestammte Heimat, flüchteten sich, hurtig umherziehend, zu den Glaubensgenossen, modern gesprochen, sie begaben sich in den Untergrund. Sie empfanden sich und galten bei den anderen als Unbehauste, die aus dem Ordo der Gesellschaft herausgefallen waren. Damit begann die geschichtliche Zwillingskonstellation von Sektierertum und Emigration, die während des Zeitalters der Religionskriege ihren Höhepunkt fand. Die Sektenanhänger fühlten sich zusammengehörig, jenseits der nationalen Sonderungen, kooperierten zumeist mit den Genossen in den jeweiligen Nachbarregionen, wie in Le Roy Laduries detailliert dokumentierter Montaillou-Studie[14] nachzulesen ist; eine diesseitsbezogene, kosmopolitisch aufgefaßte Gemeinschaftsideologie entwickelten die Sekten freilich nicht. Sektierer, insbesondere die Katharer (= die Reinen), die nicht nur in ihrem verformten Namen (Ketzer von Katharer) den Typus des Häretikers schufen, verstanden sich mit ihrer dualistischen Predigt – hie Gotteswelt, da die vom Satan geschaffene irdische Welt der sündigen Genüsse (körperliche Vereinigung, Fleischspeisen) – als Gegenkirche. In ihren hohen Zeiten bildeten sie eine durchorganisierte, weit verzweigte Glaubensgemeinschaft mit einer dogmatisierten Lehre und eigenen Ritualen, einer eigenen Bischofshierarchie, internationalen Konzilen und der strengen Scheidung zwischen Mitgliedern (*perfecti*) und Anhängern (*credentes*). Die römische Kirche setzte sich erfolgreich zur Wehr, indem sie die Führer der Sekten durch die dominikanische Inquisition ausrotten ließ, die Wankenden auf ihre Seite zog. Die Vernichtungskriege gegen die *Albigenser* in Südfrankreich, gegen die Innozenz III. das Kreuz predigen ließ (1208–1229), waren von unvorstellbarer Grausamkeit: nach der Eroberung der Zitadelle von Montségur durch die königlichen Truppen wurden 200 Katharer von der Inquisition lebend verbrannt. Die lokale Basis der Ketzer lag im Languedoc, das sich heute wieder auf seine traditionelle, vom übrigen Frankreich unterscheidende Identität besinnt. Die Länder Raymonds VI. von Toulouse, «des größten Grafen auf Erden», gleichbürtig Kaisern und Königen, wurden von der Kirche als anheimgefallen erklärt und jedem Eroberer rechtens zugesprochen, der sich nur zum wahren Glauben bekannte. «Die Irrlehre wurde in Strömen von Blut erstickt. Zum Ende des Jahrhunderts blickte eine neu errichtete Kathedrale von Albi und eine neue Universität von Toulouse, die als Bollwerk für den wahren Glauben errichtet worden war, über ein verheertes, aber rechtgläubiges Land»[15].

Der Abwehrsieg der Kirche über die Sektenbewegungen hat schließlich zu einer weiteren Durchdringung von Diesseits und Jenseits, von Irdischem und Göttlichem und damit zu einer Fortsetzung und gewissen Vollendung der Verchristlichung der abendländischen Kultur geführt. Umgekehrt aber hat die Hervorhebung des Individuums und seiner freien Gewissensentscheidung die Entdogmatisierung der Lehre und endliche Tolerierung von Andersgläubigen zum Ergebnis gehabt. Der Impetus der Subjektivität und Selbstgewißheit hat fortgewirkt. Von der Sektenrebellion führte der Königsweg der Freiheit in einem ein halbes Jahrtausend währenden Prozeß über die Reformbewegungen – Städte, ziviles Recht, Renaissance, Reformation – zur Aufklärung, zur freien Wissenschaft, zu Menschenrechten, Humanitätsphilosophie und dem neu erweckten Kosmopolitismus.

Alles in allem haben Mönchsbewegung und Sektenwesen die inneren Kräfte der Kirche zu neuer Entfaltung gebracht – in der Glaubensintensität wie in der äußeren Machtausübung. Die Verfallserscheinungen und Verfallszeiten wurden einmal mehr in einer gewaltigen Anstrengung des *corpus christianum* überwunden. Alle Bemühungen zielten dabei unmittelbar oder mittelbar, aber konsequent auf die Erringung des Vorrangs oder der Vorherrschaft ab. «Diejenigen, die bezweifeln, daß die Kirche beide Gewalten, die geistliche und die weltliche... beanspruchte, spotten der Quellen oder kennen sie nicht», gibt auch ein katholischer Autor wie Arquillière[16] zu. Seine papstapologetische Behauptung, der Kaiser habe die christliche Universalherrschaft gefährdet, entbehrt, so betrachtet, nicht einer gewissen Logik.

Die kulturelle Einheit der Christenheit

Das bleibende Ergebnis des religiös motivierten Universalismus und Pazifismus war die Entstehung einer christlichen Einheitskultur, die die fortbestehenden ethnischen und stammesmäßigen Ordnungen überformte und die seit Gregor VII. programmatisch als die «Christenheit» oder «das christliche Volk» bezeichnet wurde[17]. Die Behauptung Ruyssens, daß damit die «erste internationale Gemeinschaft der Geschichte»[18] entstanden sei, überzeugt nicht ganz. Denn Vergleiche zu den heutigen internationalen Organisationen wie Völkerbund oder UN, die souveräne Mitgliedsstaaten zusammenfassen, lassen sich schwerlich ziehen. Die christliche Einheitsordnung stellte ein historisch einzigartiges und außerordentliches Phänomen, eine Gemeinschaft sui generis dar.

Europa, das sich im wesentlichen schon wie heute national aufgegliedert hatte, war zu einem einheitlichen Raum zusammengewachsen: Iren und Engländer, Franzosen, Spanier, Italiener, Deutsche, Polen, Skandinavier, Ungarn und auch die slawischen Völker waren gesonderte Nationalitäten, die ihren angestammten Fürsten Gehorsam erwiesen. Sie wurden nach ihren traditionellen Rechten, Gesetzen und Freiheiten regiert, benutzten ihre Landessprache und wußten sich dennoch als Einheit dank des gemeinsamen Glaubens. Sie empfanden sich als Brüder in der gleichen Suche nach dem Heil, das die gleiche Kirche vermittelte. Staatsgrenzen, die die Bewohner voneinander getrennt hätten, bestanden für sie nicht, wenn damit auch Freizügigkeit infolge Landsässigkeit, Schollengebundenheit und anderer Bindungen nicht gewährleistet war. Die herkömmlichen volks- und stammesmäßigen Zusammengehörigkeiten wurden infolge des jenseitigen Bezuges gering veranschlagt. Schon für die Kirchenväter verlief die Trennungslinie bei der Einteilung des Menschengeschlechts nach dem Glauben, nicht nach der Abstammung. Christ ist, wer sich zum Christentum bekennt. Das Kriterium änderte sich nicht mehr.

Diese individuelle Zurechnung ging auf die noch unvergessene stoische Philosophie zurück. Beide, Stoiker und Christen, ordneten die Menschen nicht nach ihrer physischen Abstammung, sondern nach ihrer Gesinnung ein, die in freier Entscheidung von jedem einzelnen vorgenommen wurde – zum Kosmopolitismus bzw. zum neuen Glauben. Ob einer Herr oder Knecht, Hellene oder Barbar war, galt wenig, wenn er sich nur zu dem Menschheitsstaat oder zur Kirche bekannte. Die Kirche war universal und international, die Christenheit umfaßte viele Völker und achtete der irdischen Unterschiede nicht. So entstand eine jenseitsbezogene Humanitas, die sich auf Erden als christliche Brüderlichkeit artikulierte. Eben darum aber kann man das Christentum nicht als kosmopolitische Lehre bezeichnen, wenn das auch in wenig präziser Redeweise immer wieder behauptet wird[19]. Denn die Menschen waren für die Religion gleich in bezug auf ihr Seelenheil; Gleichheit auf Erden, soziale Gleichheit, aber gab es nicht, wie die kirchliche Hierarchie, die politische Herrschaft und die Ständeordnung bewiesen.

Die Christenheit bildete also ein integriertes Ensemble unterschiedlicher Völker und Fürstentümer, die von der gleichen Spiritualität durchflutet waren. Auch der moderne, Idealisierungen abgeneigte Historiker kann sich dem eigentümlichen Reiz der mittelalterlichen Einheit der Christenheit nur schwer entziehen. *Eine* Sicht des Universums, der Natur, des Lebens, des Menschen verband «die entlegensten Provinzen dieses weiten geistlichen Reiches»[20]. Ein Oberhaupt, der Papst, stand, wenn auch nur anspruchsweise, dieser Gemeinschaft vor. Er hatte zwar nicht die politische Weltleitung inne, so oft man sie ihm auch immer wieder zugeschrieben haben mochte. Aber er stellte die maßgebliche moralische Autorität dar, die weder Kaiser noch Könige, nicht die Stadtherren und nicht die *doctores* der Universität oder die neuen Handelsherren ignorieren konnten. Der kirchliche Segen war für jedes Beginnen unerläßlich, ob Herrscher ihr Amt antraten, Schiffe in See stachen oder Recht gesprochen wurde.

Lingua franca: Latein

Der wichtigste Integrationsfaktor der Christenheit – neben Dogma, Ritus und Papst – war fraglos das kircheneinheitliche Latein, nachdem das in den frühchristlichen Jahrhunderten vorherrschende Griechisch im Westen an Boden verloren hatte. Latein wurde zur Sprache der Liturgie, der Konklave, Konzile, Enzykliken und bildete damit das Fundament der gemeinchristlichen Zivilisation. Es entstand nicht nur eine gelehrte Lingua franca, die die Theologen der verschiedenen Länder miteinander verband und die Grundlage für ein wiederum theologisch gefärbtes gemeineuropäisches intellektuelles Leben schuf. Auf Latein artikulierte sich auch die erste weitgehend religiöse Dichtung des Abendlandes. In Irland und Britannien, wo sich römischer Geist und römische Gesittung am längsten erhalten haben, in Gallien und Germanien, Spanien und Italien regten sich neue Kräfte, unterschiedlich in ihrem nationalen Charakter und der gattungsmäßigen Artung, aber gleich in der religiösen Inspiration und der lateinischen Ausdrucksform. Aus dem lateinisch verfaßten kanonischen Recht und dem Gegensatz zu ihm entwickelte sich durch Anknüpfung an das Jus romanum die europäische Rechts- und Verwaltungstradition. Das Vorhandensein einer Lingua franca ermöglichte Querverbindungen, eröffnete Horizonte, förderte Bewegung. Es ergaben sich auf diese Weise in einer stabilen Gesellschaft Kontakte über Grenzen und Länder hinweg.

Die Christenheit bildete eine Einheit, der Papst war ihr Symbol. Aber seit dem 12. Jahrhundert überspannte der Inhaber des Stuhls Petri den Bogen, rief die Gegnerschaft nicht nur des Kaisers, sondern vor allem der nationalen Fürsten und ihrer Juristen hervor. Ein Jahr nach Erlaß der Bulle «Unam sanctam» erfolgte 1303 die symbolkräftige Niederlage und brutale Demütigung Bonifaz' VIII. bei Agnani. Der Abgesandte Philipps IV. des Schönen, de Nogaret, schlug dem greisen Papst, der den französischen König exkommunizieren wollte, ins Gesicht. Der Papst geriet in die Abhängigkeit des französischen Königs und nahm in Avignon Residenz (1309–1415). Päpste und Gegenpäpste regierten fortan neben- und gegeneinander, das große abendländische Schisma sorgte für entsprechend große Wirren; die Kirche, die das erste Schisma gegenüber der Ostkirche (1054) zu ignorieren und propagandistisch herunterzuspielen verstanden hatte und noch immer als universale Macht dastand, hörte jetzt auf, eine solche zu sein, konnte auch nicht mehr den Anspruch erheben, den Gottesfrieden, die Pax terrena zu gewährleisten. Neben anderen Ursachen für den Niedergang der Papstmacht – theologischen Zwistigkeiten, Entstehung neuer staatstragender Stände (Adel, Städte, Universitäten) – war wohl der Umstand ausschlaggebend, daß das Papsttum aufhörte, eine rein geistliche Macht zu sein. Es ließ sich seinerseits auf das gegnerische Kampffeld ziehen und verlor damit seine einzigartige, nur geistlich begründete Autorität.

Diese Entwicklung begann, wenn man auf die Ursprünge zurückgehen will, damit, daß der Frankenkönig Pippin der Kurze im Jahre 756 das (von den Lombarden eroberte, der Ostkirche nahestehende) Exarchat Ravenna dem Papst zum Geschenk machte. Es wurde zum Kern des künftigen Kirchenstaates. Der Papst, der bis zu diesem Tage nur über die Seelen der Menschen geherrscht hatte und damit seinen Absolutheitsanspruch aufrechterhalten konnte, wurde jetzt auch ein italienischer Territorialfürst und damit in die Zwänge und Bedingtheiten des Irdischen einbezogen. Er sah sich genötigt, von den Bewohnern Steuern zu erheben, sie unter eine angemessene Verwaltung zu stellen, die Ordnung und den äußeren Frieden durch Polizei- und Militärkräfte aufrechtzuerhalten; er wurde sogar in kriegerische Auseinandersetzungen verwickelt, kurz handelte jahrhundertelang auch gemäß den Interessen des Staates, nicht nur der Religion.

Im Hinblick auf die Wiedererstehung des Kosmopolitismus war der Wechsel der Argumentationsebene bedeutsam; die Begründung der universalistischen Theorien veränderte sich. Mit Dante, Marsilius und ihren Zeitgenossen beginnt ein neues Denken; sie markieren die staatsphilosophische Wende zur rein weltlichen Betrachtung[21]. Gleich ob die Oberherrschaft des Kaisers oder die Souveränität der Könige und Territorialfürsten verfochten wurde, es wurden innerweltliche, geradezu laizistische Argumente vorgebracht. Dante untersuchte nach pragmatischen Kriterien, mit Hilfe welcher Ordnung der Friede auf Erden erzeugt und gesichert werden konnte. Auch wenn er natürlich in den religiösen Begriffen seiner Zeit dachte, so zielte er nicht auf das ideale Postulat eines Friedens der gläubigen Herzen, sondern auf die irdischen Bedingungen, die die Fürsten und ihre Völker am Kriegführen hindern würden. Er war realistisch genug, von der Vielfalt und Unterschiedlichkeit der Völker und Staaten und der damit verbundenen Gegensätze auszugehen und zu empfehlen, daß sie als solche anerkannt werden. «Denn die Völker, Reiche und Städte besitzen Eigentümlichkeiten, die eine verschiedenartige Gesetzgebung zur Regelung verlangen... Darum ist der Satz: Die Menschheit kann durch einen einzigen höchsten Herrscher regiert werden, nicht so aufzufassen, als ob die kleinsten Verfügungen jedes kleinen Städtchens unmittelbar von ihm allein ausgehen müßten... Unsere Ansicht geht vielmehr dahin, daß die Menschheit nur in den allgemeinsten Fragen, die alle angehen, vom Monarchen geleitet oder durch die gemeinsame Regel zum Frieden geführt wird. Diese Regel oder dieses Gesetz müssen die Teilherrscher von ihm entgegennehmen»[22]. In lokalen und regionalen Fragen sollte Autonomie herrschen.

Demgemäß ließ sich die Weltgesellschaft als eine Art Bundesstaat mit monarchischer Spitze darstellen, wobei die «Weltstaatbürger»[23], die sich direkt dem Weltkaiser untertan und verpflichtet wußten, in den Alltagsfragen den Teilherrschern gehorchen sollten. Die Verfechter des souveränen Königtums, insbesondere Englands und Frankreichs, führten die realistische Betrachtungsweise Dantes so weit, daß sie den universalen Frieden der Menschheit, der Christenheit oder der internationalen Staatengesellschaft aus den Augen verloren und ihr Augenmerk nunmehr völlig auf den innerstaatlichen Frieden richteten, der seit dem 12. Jahrhundert Landfriede hieß. Angesichts des fortwirkenden universalistischen Geistes waren diese Wandlungen um so stärker hervorzuheben, als sie die (den Zeitgenossen noch unerkennbaren) Tendenzen zum Territorialstaat und damit zum Ende der aus religiöser Bindung hervorwachsenden christlichen Einheitskultur ausdrückten. Der eigentliche Ursprung des modernen Souveränitätsdenkens liegt nicht in der Auseinandersetzung von Kaiser und Papst, sondern in dem Selbständigkeitsverlangen der französischen Krone gegenüber der Kirche.

Diese säkulare Entwicklung vollzog sich im Abendland in einer gewissen Parallelität zu den Vorgängen in Byzanz. Die beiden auf dem Boden des Römischen Reiches erwachsenen christlichen Gemeinschaften, deren unterschiedliche Auffassungen von Religion und weltlicher Herrschaft dargestellt worden sind, hatten auch viele Ähnlichkeiten. Sowohl im Osten wie im Westen verstanden sich die beiden Oberhäupter, Basileus und Papst, als Nachfolger der römischen Cäsaren und zugleich als Stellvertreter Christi. Es entstanden beiderseits theokratische Strukturen. Als Herrschaftsmittel wurden die einschlägigen Bürokratien und Hierarchien fortentwickelt, die nach den römischen Rechts- und Verwaltungsmaximen die Großgemeinschaften in Form hielten. Und schließlich fühlte sich die Kirche sowohl im Osten wie im Westen durch das Gebot der Mission verpflichtet; sie griff in die Fremde aus, schaffte Kontakte und Kommunikationen nach außerhalb und damit Voraussetzungen für kosmopolitisches Leben. Die Ostkirche drang bis Ägypten und in das ferne Äthiopien vor; in beiden Ländern bestehen noch heute umfangreiche und traditionsbewußte koptische Kirchengemeinden. Durch das Vordringen des Islam wurden freilich die Christianisierungsgewinne in Palästina, Syrien, Mesopotamien und Persien wieder zunichte gemacht. Im Abendland missionierte die Kirche erst ostwärts, im Zusammenhang mit der Slawenbekehrung oder Ostkolonisation, dann weltweit, wobei sie ihre größten und bleibenden Erfolge in Lateinamerika verbuchte.

Im Morgen- wie im Abendland wirkten Sprache und Bildung, Griechisch im Osten, Latein im Westen, als wichtigste Faktoren der gesellschaftlichen und kulturellen Vereinheitlichung der heterogenen Bevölkerungen, zumindest ihrer Führungsschichten. Infolgedessen bildeten sich im Osten wie im Westen große integrierte Räume, in denen jahrhundertelang Menschen und Waren sich frei und ungehindert bewegten oder bewegt wurden. An politischen

Herrschaftsgrenzen befanden sich keine Absperrungen, sie waren selbst im Kriegsfall für Reisende ohne weiteres passierbar. Handels- und Warenzölle wurden nicht erhoben; allerdings gehörten Wegebenutzungsgebühren, Brückenmauten usw. zum Alltag, sie erschwerten das Geschäft der Handelsleute. Ebensowenig wurde die Ausbreitung von Ideen von Land zu Land oder Region zu Region unterbunden, wenn auch religiöse «Irrlehren» im Osten wie im Westen immer wieder mit Feuer und Schwert bekämpft wurden. Im Osten und Westen entstanden auf diese Weise jeweils multinationale Großräume, in denen sich ein *konstellativer Kosmopolitismus ohne kosmopolitische Ideologie* entfaltete. Es ergaben sich Kontakte zwischen Angehörigen der verschiedenen Stammes- und Sprachgemeinschaften. Als Folge davon begannen die Menschen über ihren engeren Kreis hinauszublicken. Die grenzüberschreitende Kooperation bewirkte eine sich ausweitende Welterfahrung, gelegentlich weltbürgerliche Lebensart. Weltbürgerliche Theorien aber wurden trotz Einheits- und Friedensforderungen weder in der östlichen noch in der westlichen Hälfte der Christenheit aufgestellt. Weltbürgerliche Einstellung, sofern überhaupt vorhanden, war an die Umstände gebunden, stellte keine zukunftsgerichtete Idee dar.

Schließlich erfüllten beide Gemeinschaften auch etwa in der gleichen Epoche ihre Zeit, wenn auch aus unterschiedlichen Gründen und in unterschiedlicher Weise. Der Zusammenbruch des byzantinischen Reiches vollzog sich im Kampf mit den seit Jahrhunderten nach Westen drängenden Türken. An die Stelle von Byzanz trat nach 1453 das osmanische Vielvölkerreich, das nach anfänglichen ungeheuren Geländegewinnen und späteren schweren Rückschlägen doch in das internationale System einbezogen wurde und schließlich nach dem Ersten Weltkrieg zusammenbrach.

Das Ende des abendländischen Universalismus ergab sich seinerseits fast bruchlos, als sich neue Kräfte im Inneren des Lebens- und Geistesraumes der Christenheit entfalteten, zur Verwirklichung drängten und tiefgreifende Veränderungen bewirkten: Reformation und Gegenreformation, Renaissance und Humanismus und insbesondere die Erstarkung der nationalen und Landesfürsten, die die absolute Souveränität über ihre Gebietsherrschaften durchsetzten. Die übergreifende christliche Ordnung büßte an Kraft ein. In den einzelnen sich abschließenden Gesellschaften machten sich seit dem 11. Jahrhundert Bewegung und Neugier, Mobilität und Horizonterweiterung bemerkbar und führten in eine Zukunft neuer Dimensionen, die unbeabsichtigt und fast beiläufig ein Wiedererwachen des Kosmopolitismus begünstigten.

1 Christian L. Lange, Histoire de l' Internationalisme, Band 1–3. Publications de l' Institut Nobel Norvégien Band 4. Kristiania 1919. Band 1. S. 69.
2 Ernst Troeltsch, Die Soziallehren der christlichen Kirchen und Gruppen. Tübingen 1912. S. 181 f.
3 Mitte des 8. Jahrhunderts wurde in der Auseinandersetzung mit dem (byzantinischen) Kaiser die Behauptung aufgestellt und in die pseudoisidorische Dekretalensammlung aufgenommen, daß Konstantin d. Gr. dem Papst Sylvester als Dank für die Befreiung vom Aussatz kaiserliche Ehren verliehen und die Herrschaft über Rom und ganz Italien übertragen habe. Mit dieser Fälschung wurde ein halbes Jahrtausend lang die Vorherrschaft des Papstes begründet. Mitte des 15. Jahrhunderts ist die Fälschung als solche erkannt worden.
4 Zit. nach Théodore Ruyssen, Les sources doctrinales de l'Internationalisme. Band 1–3. Paris 1954, 1958, 1962. Band 1. S. 85.
5 Karl Bosl, Europa im Aufbruch. München 1980. S. 293.
6 Dante, De monarchia, III. 10.
7 Dante, De monarchia, III. 16.
8 Hans Kelsen, Die Staatslehre des Dante Alighieri. Wien und Leipzig 1905. S. 126 (362).
9 Théodore Ruyssen, Les sources doctrinales de l'Internationalisme. Band 1. Paris 1954. S. 84.
10 Théodore Ruyssen, Les sources doctrinales de l' Internationalisme. Band 1. S. 97.
11 H.-X. Arquillière, L'Augustinisme politique. Paris 1934. S. 49.
12 Divi Thomae Aquinatis, Doctoris Angelici, De regimine principum. Ad regem Cypri. 1274. Buch 1, Kap. 2.
13 Thomas von Aquino, De regimine principum, Kapitel XI.
14 Emmanuel Le Roy Ladurie, Montaillou. Ein Dorf vor der Inquisition (Village occitan 1294–1324). Frankfurt, Berlin, Wien 1980 (Paris 1975). S. 119.
15 Hugh Trevor-Roper, Aufstieg des christlichen Europa. Wien, München, Zürich. S. 155.
16 H.-X. Arquillière, L' Augustinisme politique. Paris 1934. S. 129, 140.

17 Der Begriff Christenheit wird schon von Papst Nikolaus I. (858–867) gebraucht, aber erst im 11. Jahrhundert im Sinne eines politischen Konzepts.

18 Théodore Ruyssen, Les sources doctrinales de l'Internationalisme. Paris 1954. Band 1. S. 89.

19 Vgl. z. B. Hans Kelsen, Die Staatslehre des Dante Alighieri. Wien und Leipzig 1905. S. 121. Oder Julius Jüthner, Hellenen und Barbaren. Leipzig 1923. S. 90, mit dem unzureichenden Hinweis auf Paulus, daß *alle* Menschen nach dem Willen Jesu gerettet werden und zur Erkenntnis der Wahrheit kommen: 1. Tim. 2. 4.

20 Novalis, Die Christenheit oder Europa. Ein Fragment. 1799. S. 1.

21 Hans Kelsen, Die Staatslehre des Dante Alighieri. Wien und München 1905. S. 23.

22 Dante, De monarchia, Kapitel 10.

23 Hans Kelsen, Die Staatslehre des Dante Alighieri. Wien und Leipzig 1905. S. 132.

KAPITEL 9

Treffpunkt Straße: Mobilität und Horizonterweiterung

Aufbruchsstimmung – Pilgerreisen – Glaubenstourismus – Kreuzzüge – Handelsreisen – Märkte und Messen – Vagantenreisen – Curiositas

Das Europa des 9. / 10. Jahrhunderts zeigte – nach dem jähen Zerfall des Karolingerreiches – kaum noch Ähnlichkeiten mit der Lebenswelt des Römischen Reiches. In den Städten, die großenteils noch fortbestanden, war die urbane Kultur erloschen. Das spezialisierte Handwerk und der Regionen und Länder verbindende Berufshandel hatten aufgehört, als organisierte Wirtschaftskräfte die Aktivitäten der Gesellschaften zu bestimmen; zumindest hatte sich ihr Umfang erheblich vermindert[1]. Kriege und Epidemien hatten eine Schrumpfung der Bevölkerung bewirkt. Zur Abwehr von Überschwemmungen, Mißwuchs und anderem naturbedingten Unglück fehlten Institutionen, die die Bewohner einer Gegend zu arbeitsteiligem und solidarischem Tun hinlenken konnten. Die Bevölkerung war in den zurückliegenden Zeiten verarmt, lebte auf einer primitiveren Kulturstufe und war gezwungen, sich in Familien- bzw. Hofhaltungsverbänden selbst zu versorgen. Kunstgegenstände, Luxus und Bildungsgüter lagen außerhalb auch nur des Wunschhorizontes des gemeinen Mannes; nur Klöster und Kirchen hatten einigen Bedarf, der zumeist von den Angehörigen ihrer engeren Gemeinde befriedigt wurde.

Reise und Verkehr, Güteraustausch und Transport lagen darnieder. Die vielgerühmten, noch heute bestehenden oder durch Luft- und Satellitenbilder in ihrem Verlauf genau rekonstruierbaren römischen Straßen, die Lebensadern des Imperiums, die die

Herrschafts- und Verwaltungszentrale mit den Provinzen verbanden und es ermöglichten, daß die Legionen in Eilmärschen von Grenze zu Grenze verschoben werden konnten, waren mit ihren vom Forum Romanum genau bemessenen Meilensteinen (militaria), ihren Wachtürmen und den dem Gott des Verkehrs, Merkur, gewidmeten Heiligtümern mangels Benützung und Pflege verfallen. Die römische Post, der seit dem augusteischen Zeitalter bestehende cursus publicus, dem die Beförderung staatlicher Würdenträger, fremder Gesandtschaften und amtlicher Korrespondenz oblag, hatte allmählich aufgehört, regelmäßig zu funktionieren – anders als in der byzantinischen Osthälfte des Reiches, wo der Postdienst zumindest bis zum Zeitalter Justinians im Gang war. Das überliefert der Geschichtsschreiber Prokop, der dem Kaiser die Vernachlässigung und den schließlichen Verfall der staatlichen Eilpost anlastete. «Er stellte den Kurs von Kalchedon nach Dakibiza ein», notierte er, andere Dienste wurden auf den Seeweg gewiesen. Nach Ägypten wurden die Pferde «durch wenige Esel ersetzt»[2]. Im Westen hingegen war die reichsübergreifende Post bereits früher zusammengebrochen. In den germanischen Nachfolgestaaten wurden zwar noch Teilstrecken bedient; so unterhielt der Ostgotenkönig Theoderich dem Historiker Cassiodorus[3] zufolge ein System von Stationen für die reitenden Boten, wodurch Italien mit Spanien verbunden wurde. Und im merowingischen Gallien behalfen sich die Behörden damit, Kleriker zur Beförderung amtlicher Dokumente, als Königsboten also, einzusetzen; aus Sicherheitsgründen überbrachten sie geheime Nachrichten oft auch nur mündlich. Der international organisierte Postdienst aber gehörte der Vergangenheit an. Damit war – nach der Dekomposition der persischen und der alexandrinischen Reichspost – ein weiterer Versuch gescheitert, ein dauerhaftes Kommunikationsnetz mit regelmäßigen Verbindungen über die bekannte oder erschlossene Welt zu breiten. Erst in der Neuzeit ist ein nunmehr weltweiter und kontinuierlicher Post- und Nachrichtendienst geschaffen worden.

Grundlage des Lebens bildete die Landwirtschaft; auf dem Land lebte die Masse der Bevölkerung, meist in Streusiedlungen um den Herrenhof herum. Dörfer entstanden erst gegen Ende des

Lebens- bzw. Regierungszeiten der wichtigsten in diesem Kapitel erwähnten Personen	
Herodot	484– 424 v. Chr.
Eleni, Kaiserinmutter	247– 347 n. Chr.
Konstantin der Große	324– 337
Hieronymus	≈ 340– 420
Augustinus	354– 430
Cassiodor	≈ 485–nach 580
Prokop	≈ 490–nach 555
Theoderich	493– 526
Justinian	527– 565
Mohammed	≈ 570– 632
Alkuin	≈ 735– 804
Karl der Große	768– 814
Einhard	770– 840
Harun al Rashid	786– 809
Theodulf von Orléans	† 821
Berengar von Tours	1000–1088
Michael Psellos	1018–1078
Anselm von Canterbury	1033–1109
Roscellinus	1050–1120
Alexios Komnenos	1081–1118
Urban II.	1088–1099
Johannes v. Salisbury	1115–1180
Heinrich II. v. England	1154–1189
Saladin	1171–1193
Innozenz III.	1179–1180
Richard Löwenherz	1189–1199
Antonius, der Heilige	1195–1231
Jean Sire de Joinville	1224–1317

Jahrtausends, die Neu- oder Wiedererstehung der Städte, häufig um eine Kirche herum, datiert vom 11. Jahrhundert an. Es herrschte vorwiegend Natural- und Tauschwirtschaft, die die hochentwickelte römische Geld- und Kreditwirtschaft abgelöst hatte. Erwerbsdenken war der Zeit fremd, der Zins galt unter kirchlichem Einfluß als Wucher, nennenswerte Kapitalbildung außerhalb des Grunderwerbs erfolgte nicht, das Kreditgeschäft war in Vergessenheit geraten. Das Land wurde, wenn man die Seestädte ausnimmt, von der Grundherrschaft aus regiert, von den Fronhöfen der Herren und Grafen oder den Besitzungen der Bischöfe, Äbte und Kirchenherren. Wenigen freien Bauern, meist an der Peripherie größerer Gebiete, stand die Masse der Unfreien, Hörigen, Leibeigenen gegenüber, die bis in karolingische Zeiten häufig noch – in Fortführung römischer Rechtsvorstellungen – Sklaven (servi) waren und als Sache (res) angesehen, behandelt und sogar als solche verkauft wurden.

Auf dem Land herrschte Unsicherheit, einerseits infolge der Einfälle der Normannen im Norden, der Araber im Süden, der Ungarn im Osten, andererseits weil Plünderungen und Straßenraub zu fast normalen Erwerbsquellen des niederen Adels geworden waren, der Stärkere nahm sich sein «Recht». Die Schwächeren, d. h. diejenigen, die sich und ihre Angehörigen nicht selbst verteidigen konnten, weil sie für ihren Lebensunterhalt arbeiten mußten, überantworteten ihre Sicherheit im Tausch gegen Naturalabgaben und Leistungsverpflichtungen den Mächtigeren, die nur Jagd, Turnier und Kriegshandwerk als standesgemäße Beschäftigung ansahen. Sie ließen die Ortschaften ummauern und mit Wehrtürmen, Burgen und Kastellen schützen. So entstanden festgefügte Abhängigkeitsverhältnisse, die langfristig soziale Stabilität gewährleisteten. Die Abstufungen in der Gesellschaft galten als gottgewollt. Die in äußerster Bedürfnislosigkeit lebenden Menschen dachten nicht an Veränderungen, eine Generation folgte der nächsten in der nämlichen Spur. Die Bindung an die Scholle, den Stand oder das geistliche oder weltliche Amt machte den Ordo der Dinge aus, dem die Kirche ihren wohlbedachten Segen erteilte. Die Herren achteten streng auf Einhaltung der einmal etablierten Ordnung; ihre Privilegien gründeten auf den zu erbringenden Acker-, Spann- und sonstigen Diensten und der Ablieferung von Getreide, Vieh und Milchprodukten. Die in Texten erhaltenen Ermahnungen der Geistlichen, die den Menschen auferlegten Härten des Lebens und die Beschwernisse ihres abhängigen Standes in Geduld oder als von Gott verordnete Strafen zu ertragen, zeigten, daß die in der Lehnsordnung als wechselseitig gedeutete Abhängigkeit gemeinhin zu Lasten der unteren Stände ging. Karl der Große beklagte, daß die großen Feudalherren des Reiches den Söhnen ihrer freien Bauern das Erbrecht und damit ihren künftigen Landbesitz aberkannten. Diese gesetzeswidrigen Willkürakte bezeichnen die damalige Wirklichkeit. Durch fast ein Jahrtausend ziehen sich die erbitterten Klagen der Bauern über die Flurschäden, die rücksichtslos reitende Jäger ihnen verursachten, die hilflos zornigen Proteste der Hintersassen gegen Willkürhandlungen ihrer trunkenen oder einfach räuberischen Gebieter, die – Macht geht vor Recht – Besitz und Eigentum nicht achteten; den Skandal, daß die vornehmen Herren Rechte der niederen Minne bei den Töchtern und Frauen der Abhängigen einforderten oder sich einfach nahmen.

Fast alle Stände waren des Lesens und Schreibens unkundig. Nur in den Klöstern wurde die kulturelle Tradition weitergepflegt. Der geistige Horizont der Zeitgenossen war begrenzt, betraf nur die Ereignisse des übersehbaren Kreises. Kontakte über den engsten Verband hinaus ergaben sich nicht. Interessen, die über das praktisch Notwendige hinausgingen, konnten sich nicht herausbilden. Fremdes, Unbekanntes übte keine Anziehung aus, Neugier, die später auftauchende Curiositas war kein Motiv, das die Zeitgenossen in Bewegung setzen konnte. Kaum wußte man, daß hinter dem Berge noch Menschen wohnten. Kosmopolitische Vorstellungen konnten sich nicht entwickeln. Es bestand kein Bedarf und keine Möglichkeit.

Aufbruchsstimmung

Seit Mitte des 11. Jahrhunderts änderte sich fast schubartig das Bild. Auf Zeiten der Stabilität und Gleichförmigkeit folgten Wandel und Bewegung. Europas Genie, Charisma und Charme besteht in der schöpferischen Unruhe seiner Völker, die langwährende Ruhelagen sowenig ertragen wie unabänderliche Oberherrschaften. Die Europäer sind wissens-, neuerungs- und freiheitsdurstig. So begannen sie zu Anfang des zweiten Jahrtausends aus den festgefügten sozialen Formen und Denkvorstellungen auszubrechen. Mobilität wurde zur Signatur des Zeitalters. Aus einer scheinbar ewig geltenden wurde nach dem glücklichen Ausdruck Karl Bosls eine «Aufbruchsgesellschaft» [4].

Die Basis des gesellschaftlichen Wandels bildeten die demographischen Veränderungen. Die Zeiten einer gewissen Ruhe riefen in vielen Regionen ein beträchtliches Bevölkerungswachstum hervor, das Störungen des sozioökonomischen Gleichgewichts auslöste. Viele Grundherrschaften, deren Nahrungsbasis begrenzt war, vermochten die wachsende Anzahl von Mündern nicht mehr zu sättigen. Manche drangen in die noch wüsten Wald-, Marschen- und Moorgelände vor, rodeten, pflügten, machten Land urbar, schufen Acker- und Weideflächen. Die Folge war eine große Wanderbewegung in ganz Nord- und Westeuropa. Wer an dieser Aktivität nicht profitieren konnte, mußte sich einschränken.

Die jüngeren Söhne kinderreicher Familien sahen sich häufig veranlaßt, den Hof zu verlassen, ihr Glück in der Fremde zu suchen. Das adlige Erbrecht des ältesten Sohnes bewahrte den Besitz vor Zersplitterung, enthielt zugleich den Jüngeren einen standesgemäßen Vermögens- und Chancenanteil vor. Viele von ihnen sanken sozial herab, wurden gar Diebe und Wegelagerer. Bei den unfreien Bauern herrschte angesichts der schweren Servitute, die ihnen auferlegt waren, die schlichte Not; sie legte die Abwanderung nahe. Die einen wie die anderen machten sich dann auf den Weg, ihr Auskommen anderswo zu suchen, als Helfer bei der Ernte oder Weinlese, als angeworbene Söldner, die Gefahr, Gewinn und Abenteuer suchten und erwarteten. Das Doppelgesicht des Begriffs Abenteuer (ad ventura = unsicheres, unregelmäßiges Einkommen einerseits, Suche nach Neuem andererseits, entspringend äußerer Not und Gier nach materiellem Gewinn, dann idealisiert zur Tugend der Freiheitsliebe) nimmt hier seinen Ausgang.

In unserem Zusammenhang ist die Aufbruchsstimmung in Europa, insbesondere im Hinblick auf die Loslösung von der Scholle, die Überwindung des «Lokalismus» und die Auflockerung der starren mittelalterlichen Grenzen bedeutsam. In einer Gesellschaft, die sich ihrer fast unwandelbaren oder nur sehr langsam evolvierenden Ordnung rühmte, traten als neue Bestimmungsfaktoren Dynamik und Mobilität auf. Bewegungslust ergriff die aufgerührten Zeitgenossen. Insonderheit drei Motive veranlaßten die Menschen, die Straße zu nehmen. Drei Gruppen vornehmlich trieb es aus der heimatlich sicheren Enge in die unbekannte Fremde hinaus:

Erstens wallfahrteten die Pilger, von religiöser Inbrunst getrieben, zu heiligen Stätten und machten sich auf, Gottes Weisung folgend, in der Fremde zu predigen[5]. Die Pilgerfahrt entsprach einer Zeitströmung, wurde zur Mode. Daß weniger heilige Motive zusätzlich mitspielten – Gewinnsucht, Abenteuerlust und nicht zuletzt auch die Curiositas, das Wissenwollen –, muß angemerkt werden.

Zweitens unternahmen Hausierer, Händler, Kaufherren Reisen, um unter Gefahr für Leib und Leben und unter hohen wirtschaftlichen Risiken – bei entsprechend hohen Gewinnchancen – Waren von einem Ort zum anderen zu befördern.

Drittens schließlich bewegten sich Sänger und Spielleute sowie Schüler und Studenten von Ort zu Ort und Land zu Land, die sich mit der von Augustinus so eindringlich verheißenen Lust der Anschauung Gottes nicht mehr zufriedengaben und ihrerseits die irdischen Gefilde und Schönheiten kennenlernen wollten, diejenigen, die ihre wahre Heimat nicht im Himmel, sondern in den Weiten der Welt suchten.

Dreimal bildeten also die Straßen Treffpunkte für die Wagemutigen, die Neugierigen, die Erlebnishungrigen, die aus dem Altgewohnten heraustraten und die Berührung mit dem Fremden suchten. Auf Pilgerstraßen, Handelswegen und den Routen der Vaganten wurde in diesem Jahrhundert das Reisen wiederentdeckt, fanden die neuen fruchtbaren Begegnungen mit dem Unbekannten statt, ohne die menschliche Gesittung, Fortschritt, Kultur und kosmopolitisches Miteinander nicht möglich sind.

Mobilität eines gewissen Umfangs hat es immer gegeben. Die Ortsveränderungen des *frühen* Mittelalters beschränkten sich jedoch auf Minderheiten, deren Angehörige in Ausübung ihrer beruflichen Pflichten oder unter dem Zwang der Verhältnisse die Straßen nahmen. Das waren die Kaiser und die Großen des Reiches mit ihrem oft umfänglichen Troß, die – um im Reich wenigstens einen Schein von Ordnung und effektiver Herrschaft aufrechtzuerhalten – von Pfalz zu Pfalz und Villa zu Villa längs der großen Heerstraßen reisten, was beträchtliche Stabsplanung erforderlich machte; Gesandte in diplomatischer Mission; Boten, die amtliche Nachrichten überbrachten; Prälaten und Mönche auf dem Weg zu Konzilen oder fremden Klöstern; weltliche und kirchliche Finanzagenten und Steuereintreiber; Flüchtlinge, Vertriebene, Ausgestoßene, die vom Wind des Schicksals – infolge personeller oder politischer Veränderungen – hierhin oder dahin geweht wurden.

Pilgerreisen

Neu war im Aufbruchszeitalter, daß einzelne aus eigenem Antrieb und für eigene Ziele reisten. Den Anfang machten die Pilger, die sich auf Grund selbst gefaßter Entschlüsse auf die Reise zu religiösen Kultstätten machten. An heiligen Orten ist nach Auffassung aller Religionen die Gottheit geneigt, sich selbst oder durch Vermittler als Helfer zu offenbaren (Theophanie, Hagiophanie) und besondere Hulderweise zu gewähren. Die Gläubigen begaben sich seit frühesten Zeiten, insbesondere an Erinnerungstagen und regelmäßig wiederkehrenden Festen, der Entfernungen, Reiseschwierigkeiten und Beschwernisse nicht achtend, zu den heiligen Stätten, um an Altären zu beten, Orakel zu befragen, Weihkerzen anzuzünden, Opfer zu bringen, vor Heiligtümern in Andacht niederzufallen, Schreine zu verehren, an Prozessionen teilzunehmen.

Die Pilgerreise war eines der wichtigsten Bewegungsmotive der Menschheit. Das galt für alle frühen Hochkulturen am Mittelmeer und in Asien. Zu den ältesten Wallfahrtsorten zählten die indischen, insbesondere die heilige Stadt Benares am Ganges, in dessen reinigenden Wassern zu baden die Sehnsucht jeden frommen Inders war. Die Ägypter, so berichtete Herodot[6], fuhren auf ihren großen Nilschiffen nicht nur einmal, sondern mehrmals im Jahr zu den großen religiösen Feiern. Juden, Griechen, Römer hatten ihre Pilgerorte. Zur Pflicht erhob Mohammed die Wallfahrt. Mindestens einmal im Leben soll jeder Muslim nach Mekka pilgern. Im christlichen Bereich rechnete sich der Pilger die Gefahren und Beschwernisse, die er während der Reise auf sich nahm, den möglichen Tod eingeschlossen, als persönliches Verdienst an, das die Gunst der

Muttergottes und der Heiligen erwirken konnte. Die Wallfahrt – *perigrinatio* (der ursprünglich für die Reise vornehmer Römer durch die Sommervillen benutzte Begriff wurde sakralisiert) – kam überdies der christlichen Vorstellung entgegen, daß der Mensch nur ein Gast auf dieser Erde, ein Reisender auf dem Weg nach dem himmlischen Jerusalem sei, «ein Pilgerim und Wandermann», wie noch C. F. Meyer dichtete.

Ein starkes Motiv für die Pilgerfahrten war von früh an die Sehnsucht der Gläubigen, nicht nur den Spuren des Herrn, Mariä und der Apostel sowie der Heiligen zu folgen und sich damit in ihr Leben hineinzuversetzen, sondern auch handgreifliche Beweisstücke für die Passion in die Hand zu bekommen und womöglich in die Heimat mitzuführen, wo Verwandte und Bekannte darauf warteten, in dieser indirekten Form an der Pilgerfahrt zu partizipieren – nicht zuletzt in der Hoffnung auf Heilungswunder. Reliquien wurden gesucht, gefunden, gehandelt. Mächtige Fürsten beauftragten Pilger, ihnen bestimmte heilige Gegenstände mitzubringen, erbaten sie in diplomatischen Noten von pilgernden Kirchenfürsten. Dazu gehörten Gegenstände verschiedener Art und verschiedenen Werts: Holzsplitter vom Kreuz Christi, Teile von Gebeinen der Aposteln oder Heiligen, Gewänder und sonstige Gebrauchsgegenstände der Märtyrer. Angesichts des wachsenden Bedarfs galten später nicht nur Gegenstände, mit denen die heiligen Personen in Berührung gewesen waren, als Reliquien, sondern auch solche, die nachträglich oder indirekt als berührt angesehen werden konnten, beispielsweise wenn ein Schmuckstück, ein Tuch oder ein Evangeliar eine Zeitlang auf einem Heiligengrab gelegen hatte.

Pilgerfahrten zum nahen Grab eines lokalen Märtyrers oder Heiligen, die oft Besuche einer an gleicher Stelle gelegenen heidnischen Kultstätte mit gleicher Absicht – Kindersegen, Genesung, Abwendung von Seuchen, Dürre, Mißernte oder Sündenvergebung – fortsetzten, aber auch weiträumige, sich über Monate oder Jahre erstreckende Fernreisen zu den zentralen Heiligtümern des Christentums gehörten von früh an in die Vorstellungswelt und Lebenspraxis der Christen, bildeten einen Erlebnishöhepunkt ihres Erdendaseins. Im Orient führten solche Wallfahrten zu den Heiligen Stätten Palästinas, insbesondere nach Jerusalem und Bethlehem, im Westen zu den Aposteln- und Heiligengräbern nach Rom; die ältesten Wandinschriften von Pilgern sollen aus dem dritten Jahrhundert stammen. Pilgerreisen größeren Umfangs aber sind erst aus späterer Zeit, nach Untergang des heidnischen Rom bezeugt.

Das größte Pilgerereignis der frühen Zeit datiert von 326, dem Jahr, nach dem Konstantin das Christentum zur Reichsreligion erhoben hat. Damals hatte sich Kaiserinmutter Eleni auf eine individuelle Wallfahrt ins Heilige Land begeben und berichtete alsbald nach Byzanz, daß sie nach gründlichen Nachforschungen das Kreuz gefunden habe, an dem Christus gestorben sei. Die Nachricht löste in Konstantinopel und in der ganzen Christenheit Erschütterung aus[7]. Zahlreiche Gläubige machten sich auf den Weg in die «Hauptstadt des Christentums». Schon Ende des vierten Jahrhunderts war die noch heute im Kinderreigen gegenwärtige «Reise nach Jerusalem» zu einer Mode geworden, die für Tausende von Pilgern einen organisierten Glaubens- und Wundertourismus hervorgebracht hat. Diese Wallfahrten in die Vergangenheit des biblischen Lands folgten mutatis mutandis dem Vorbild der in der alexandrinischen und römischen Epoche üblichen Bildungsreisen etwa nach Troja[8], welche Griechen und Römer «ins Land Homers» unternahmen. Auch diese wurden schon wegen der hohen Kosten nur von Angehörigen der oberen Gesellschaftsschichten unternommen und sorgfältig vorbereitet. Aufbrüche hysterischer Massen, die Jerusalem hinter der nächsten Wegbiegung vermuteten, waren für diese Jahrhunderte nicht charakteristisch, sie gehörten in die hochemotionalisierte Stimmung der Kreuzzugszeit.

Glaubenstourismus

Die Wallfahrten ins Heilige Land wurden arbeitsteilig und rational organisiert. Mönche und Priester spezialisierten sich als Fremdenführer (*Periegeten*) und wiesen die Ankömmlinge in die fremde Welt ein, brachten sie unter, zeigten ihnen die Lage der heiligen Orte. Nach dem wiederum römischen Vorbild der entlang der großen

Verbindungsstraßen des Cursus publicus gelegenen *hospitia* oder *deversoria* oder der anspruchsvoll ausgestatteten *mansiones*, in denen offizielle Reisegruppen untergebracht und versorgt wurden, waren auch in Palästina gesonderte Häuser neben Kirchen oder Klöstern als Herbergen, Pilgerhospize (*pandocheia, xenodocheia*) eingerichtet worden. Die Stadt änderte ihr Gesicht, notierte Aetheria, die erste weibliche Pilgerin, die ein Reisetagebuch hinterlassen hat. «Die Einweihung des Heiligen Grabes» im Jahre 335 erfolgte «in mythischer Pracht: Gold, Mosaiken, kostbarer Marmor. Kaiser Konstantin wendete gewaltige Beträge für die Ausschmückung der Kirchen auf. Immer neue Kirchen und Klöster wurden gestiftet» [9], so faßt Kyriakos Simopoulos in seinem materialreichen Werk die Vorgänge in Palästina aus der Sicht Konstantinopels zusammen. In den heiligen Stätten wurden die Fremden nach festgelegtem Ritual – Friedenskuß, Fußwaschung – bewillkommnet und empfangen. In Jerusalem konnten in diesen kirchlichen «Hotels» mehr als 3000 Pilger untergebracht werden; in den großen Pilgerzentren der späteren Jahrhunderte, insbesondere in Rom und in Santiago de Compostela, vergrößerte sich diese Zahl erheblich. Die Lust an der Pilgerreise wird verständlich, wenn man bedenkt, daß in den Wallfahrtsorten, anders als in dem ereignislosen Zuhause, ein Klima der mystischen Erregung und Wundergläubigkeit herrschte, das die Zeitgenossen den Berichten zufolge in hohes Entzücken versetzte. Der Pilger durchschritt bereits auf Erden eine jenseitsbezogene Lebensstrecke. Auf der Wallfahrt verwirklichte sich nach dem Gefühl der Zeit das christliche Leben schlechthin, «Transzendenz in der Immanenz, Jenseitserfahrung schon im Diesseits» [10]. Die Sehnsucht nach solcher Erhebung der Seele hat die Gläubigen ein Jahrtausend lang bestimmt, so wenn etwa Antonius, der Heilige, glaubte, zu Kanaa in dem Bett geschlafen zu haben, in dem Jesus vor der biblischen Hochzeit geruht hatte.

Im Westen entfaltete und verzweigte sich das System der Pilgerwege und Herbergen mit der Ausbreitung des christlichen Glaubens. Für ihre Reisen durch das Frankenreich unterhielten Schotten und Engländer eigene Herbergen. An den Alpenpässen wurden berühmte Hospize in Betrieb gehalten. Der Papst ermahnte Karl den Großen, sie zu verteidigen und zu unterstützen. In Rom wurde ein eigenes Pilgerheim für die Franken, die Frankenschola gegründet; auch für Sachsen, Friesen, Langobarden entstanden entsprechende *scholae peregrinorum*; häufig gaben reiche Pilger, die mit verschwenderischen Opfergaben in die Stadt der Katakomben reisten, beträchtliche Teile ihres Vermögens für solche Zwecke her. Freilich darf die gegenseitige Durchdringung von religiösen und politischen Motiven nicht übersehen werden. «Der Schutz, den eine Weltmacht den Glaubensgenossen außerhalb ihrer Reichsgrenzen angedeihen ließ, war stets durch politisch-religiöse Ambivalenz charakterisiert... Im religiösen Universalismus trat das Politische auf der Ebene der Weltmission und der ‹heiligen Kriege› zutage. Politische und religiöse Expansionen liefen in der Regel nicht nur parallel, sondern sie stützten sich gegenseitig. Des öfteren fielen die Höhepunkte politischer Machtentfaltung, missionarischer Aktivität und missionarischen Erfolges zusammen» [11].

Die Wallfahrten wurden zunehmend institutionalisiert. Die Pilger reisten zu ihren Zielorten in erkennbarer Tracht mit Pilgerstab, -abzeichen, -tasche, breitkrempigem Hut und grauem Mantel, unbewaffnet natürlich. Sie versammelten sich zu festgelegten Terminen und wanderten in größeren Gruppen, oft Bußgesänge murmelnd, unter Leitung eines mit den Umständen und Fährnissen vertrauten Führers. Neben Rom und Jerusalem wurden andere, wechselnd berühmte und beliebte Wallfahrtsorte besucht: Kevelaaer, Vierzehnheiligen, Echternach, Padua, Assisi, Tschenstochau, Saint David's, Saint Andrews in Schottland. Zur Kreuzfahrerzeit wurden im ganzen Nahen Osten, auf Kreta, Rhodos und Zypern *hospitia hierosolymitana* gegründet; hier entsprossen dann der Johanniter- und andere Ritterorden. Die berühmteste Pilgerstraße Europas führte durch Frankreich nach Nordspanien zum Grab des Heiligen Jacob nach Compostela, wohin Gläubige aus vielen Ländern strömten. Die Geistlichkeit richtete sich auf die internationale Besucherschaft ein. Das war schon in der Antike Sitte. So weissagte die Wahrsagerin des den Thebanern gehörigen ptoischen Orakels, Herodot zufolge [12], auf karisch; einzelne Priester «imitierten jedoch nur die Idiome der Barbaren» [13]. So haben auch in christlicher Zeit sprachkundige Kleriker den aus der Fremde kommenden Gläubigen es ermöglicht, die Beichte in ihrer Sprache abzulegen, wenn sie Latein nicht oder nicht hinreichend beherrschten. Wie heute in katholischen Kirchen mit Touristenverkehr den Gläubigen fremdsprachige Beichtkabinen angeboten werden, so standen den Pilgern damals fränkische, provenzalische, britische Beichtväter zur Verfügung.

Der Pilgerverkehr war so beträchtlich, daß die Zusammenstellung spezieller Wallfahrtsführer mit einschlägigen landeskundlichen Reiseempfehlungen notwendig wurde, «die dem gleichen Zweck dienten wie der heutige Guide Michelin» [14]. Der älteste erhaltene «Pilgerführer» stammt von einem Bürger aus Bordeaux, der im Jahre 333 Jerusalem besuchte. Achthundert Jahre später erschien der «Liber Sancti Jacobi», der eine ausführliche Wegbeschreibung nach Compostela enthielt. Darin wurde die Bevölkerung ermahnt, die Pilger, ob reich oder arm, aufzunehmen und zu versorgen.

Unbedingt erforderlich waren für die Pilgerfahrten auch in jenen Zeiten Reisedokumente, die die Behörden – ebenfalls nach griechischem und römischem Vorbild – ausstellten. Das waren Beglaubigungs- und Schutzbriefe zur Gewährleistung der Sicherheit der Reisenden und zur Erleichterung ihrer Aufnahme im fremden Land. Sie enthielten wie die heutigen Reisepässe Personalbeschreibungen und Angabe des Reisezwecks. Den Reisenden wurde bestätigt, daß sie mit heiliger Absicht und nicht als Händler oder Kuriere wanderten und deshalb keine Wegezölle zu zahlen brauchten. Dem Beschluß einer fränkischen Synode von 755 zufolge sollten Pilger «niemals an Brücken, Wegen oder Furten aufgehalten noch wegen des Gepäcks belästigt oder irgendein Zoll ihnen abgefordert werden» [15]. Mehr noch, von Karl dem Großen wird berichtet, er habe die Pilger geliebt und große Fürsorge aufgewandt, um sie gut aufzunehmen. «So geschah es, daß die Menge derselben nicht nur dem Königshofe, sondern auch dem ganzen Reich eine Last wurde. Aber Karls Großmut wurde hierdurch nicht beeinträchtigt. Das Lob der Freigebigkeit und der Lohn des guten Rufes schienen ihm diese großen Unannehmlichkeiten aufzuwiegen» [16]. Er verlangte deshalb, daß man im ganzen Land Pilgern freundlich begegne. Den Fremden, welche in religiöser Absicht das Land durchzogen, sowie jedem Reisenden überhaupt müßten alle Bewohner des Reiches wenigstens Obdach gewähren, eine Stelle am Herd, um sich zu erwärmen, und Wasser, den Durst zu löschen; wer mehr gebe, sei zu loben und habe Anspruch auf ewigen Lohn.

Mit den Frommen zogen die Profiteure dieser ersten großen Reisewelle des mittelalterlichen Europa: Geschäftemacher, Abenteurer, Glücksritter, Fälscher, Räuber, Huren jeder Herkunft und Klasse, die übrigens nicht nur in den römischen Hospizen den Reisenden routinemäßig zur Verfügung standen; schon in den mesopotamischen Herbergen waren Bier und Frauen vorhanden[17]. Dem frommen Pilger waren sie ein Ärgernis, die Schwachen unter ihnen verleiteten sie zu sündiger Fleischeslust. Die Legende der reuigen Sünderin Maria Aegyptiaca berichtet von solch einem Leben in frühchristlicher Zeit. Siebzehn Jahre lang hatte die schöne Frau «in aller Öffentlichkeit der Unzucht gefrönt, nicht um des Geldes willen, bei Gott. Ich nahm nichts dafür, auch wenn man mir es anbot. Ich wollte nur möglichst viele Männer umgarnen...»[18].

Die Entartung der Wallfahrten an den heiligen Orten zu Vergnügungen, Volksfesten und Exzessen – der *abusus* – blieb durch die Jahrhunderte ein Gemeinplatz der Berichte, auf die besonders die Wallfahrtsgegner immer wieder zurückkamen. Der heilige Hieronymus beklagte in Zorn und Verzweiflung, daß die Zustände in der heiligen Stadt denen in Sodom und Gomorrha zu vergleichen seien, und Augustinus warnte vor weiten Reisen, zu denen Gott nicht aufgerufen habe, «denn Gott ist überall»[19]. Auch diese Ermahnung kehrt immer wieder. Bischof Theodulf von Orléans (†821) drang mit reformerisch-protestantisch klingenden Worten in die ihm anvertrauten Gläubigen: «Nicht so sehr nutzt es, nach Rom zu pilgern, als vielmehr rechtschaffen zu leben, sei es zu Rom, sei es sonstwo; denn nicht der Weg der Füße, sondern der Weg der guten Sitten führt zum Himmel»[20]. Und der Äbtissin Ethelburga von Fladbury/Worstershire riet Alkuin[21], als sie eine geplante Pilgerreise nach Rom nicht unternehmen durfte, sie solle den vorgesehenen Betrag den Armen zuwenden; das würde ihr mehr Verdienst verschaffen. Die Pilgerfahrten entarteten aber schließlich noch dadurch, daß sie nicht mehr persönlich, sondern durch Stellvertreter unternommen und kommerzialisiert wurden. Die «Auftragswallfahrt» gegen entsprechendes Entgelt kam in Mode; ein Beauftragter unterzog sich der beschwerlichen Reise nebst der dazugehörigen Gebetsverpflichtungen und Bußübungen. Das spätere Ablaßgeschäft war in dieser Praxis schon vorgeprägt.

Bevor solche Verfallssymptome auftraten, zeigte sich an der Fülle der Pilgerfahrten jedoch, mit welcher Glaubensintensität die Zeitgenossen ihr Leben auf das Jenseits orientierten. Könige und Fürsten unternahmen Wallfahrten. Der Frankenkönig Karlmann legte im Jahr 747 die Krone nieder, pilgerte zum Grab Petri und trat dann in ein Kloster ein. Einhard interpretierte: «Man weiß nicht aus welchen Gründen, aber es scheint, daß er aus Liebe zum beschaulichen Leben diesen Schritt tat» [22]. Welchem Umfang die Pilgerreisen schließlich annahmen, erhellt aus dem Umstand, daß Karl der Große mit Harun al Rashid einen Vertrag abschloß, der die deutschen Kaiser zu «Schutzherren des Heiligen Grabes» machte und die Sicherheit der christlichen Wallfahrer gewährleistete. Gleichzeitig erteilte der Sultan den Christen die Genehmigung zum Bau eines lateinischen Klosters in Jerusalem; der Abbasiden-Kalif wollte sich dadurch Karl im Kampf gegen die rivalisierende Omajjaden-Dynastie verpflichten. Nach anderer Lesart verpflichtete sich umgekehrt der Frankenkönig den Kalifen. Dadurch, daß Karl die Schutzherrschaft über das Heilige Grab annahm, wurde er gleichsam Haruns Lehnsmann, wodurch ein Treueverhältnis begründet wurde; das entsprach durchaus mittelalterlicher Empfindungsweise. Aus diesem Grund neigen manche Historiker zu der Vorstellung, daß diese Idee «eher am Hof von Bagdad als an dem von Aachen» [23] ersonnen worden ist.

Neben der Erfüllung religiöser Bedürfnisse vermittelte die Pilgerfahrt auch bedeutsame diesseitige Erfahrungen. Die Reise als solche, die für die meisten die einzige weitere Ortsveränderung im Leben darstellte, besaß in einer Zeit der Seßhaftigkeit einen für den heutigen Menschen kaum nachvollziehbaren Stellenwert. Ungewohnte und außerordentliche Erlebnisse strömten auf den Pilger ein, insbesondere wenn exotische Länder besucht und dabei etwa unbekannte Tierarten – Wasserbüffelherden am Jordan – angetroffen wurden. Die Reisenden lernten auf beschwerlichen Fußwanderungen unbekannte Gegenden kennen, erreichten, eine Tagereise von Compostela entfernt, das «Ende der Welt», *finis terrae*, das außer dem äußersten Westen den Untergang der Sonne und den Tod symbolisierte. Sie wurden mit dem Phänomen der Fremde und mit Fremden konfrontiert. Die Erlebnisse, die in den *Itineraria* der Zeit verzeichnet sind, bezogen sich hauptsächlich auf die Begegnung mit dem Heiligen: Erscheinungen, Reliquien und Legenden. Dennoch nahmen die Pilger auch die vielfältige natürliche und soziale Umwelt wahr, die manchen verändert in die Heimat zurückkehren ließ. Auf jeden Fall war er nun derjenige, der im Kreis der Seinigen aus der fernen Welt zu erzählen wußte, er war der welterfahrene, der gebildete Mann. Der moderne Akten- und Zeitungsleser kann sich kaum die gewaltige Wirkung des lebendig gesprochenen Wortes auf einen unbefangenen und unwissenden Geist vorstellen. Dem Einzelpilger kommt nach dem Urteil Leightons das Verdienst zu, «in jener Zeit wenigstens einen Schein von internationalem Kontakt erhalten zu haben» [24], obwohl doch «die Mehrzahl auch der gebildeten Personen ohne Verbindung mit der nichtchristlichen Welt (lebte) und sich ihr nicht wirklich (öffnete); jeder Dialog mit dem asiatischen Osten fehlte, ebenso eine größere Diskussion mit der Welt des Islam, und nicht einmal mit der Ostkirche bestand ein enger Kontakt» [25]. Die Christenheit aber stellte einen geschlossenen Raum dar, innerhalb dessen sich immer neue Verbindungen ergaben. Während der Pilgerreisen tat das Gemeinschaftserlebnis ein übriges. Die Reise erfolgte mit Genossen verschiedenen Alters, Geschlechts und Standes. Alle – von der Marketenderin bis zum Bischof – waren den gleichen Strapazen ausgesetzt. Die Pilger erfuhren sich als gleich – nicht nur vor Gott, sondern im irdischen Alltag der Gottesreise. Die durch die lange Vorbereitung gesteigerte Erregung, die Aussicht auf die gnadenspendende Umgebung, der geistige Austausch, die menschlichen und auch die allzumenschlichen Erfahrungen trafen und betrafen alle Wanderer und übten eine beträchtliche zivilisierende Wirkung aus. Das galt besonders von den festlichen Prozessionen, den Höhepunkten der Wallfahrten, die Pilger und Einheimische, Laien und Priester vereinigten. Die integrative und weltöffnende Wirkung dieser Fahrten auf die Teilnehmer ist nicht zu überschätzen. Es entstand ein Weltgefühl, das schließlich kosmopolitische Dimensionen gewann.

Kreuzzüge

Die Historiker betrachten diese christlichen Großunternehmungen je nach Einstellung und Zeitumständen als Ausfluß eines nur heilsgeschichtlich zu begreifenden Glaubensaufschwungs, als heiligen Krieg (in literarischer Umschreibung: «Gott hat ein Turnier einberufen zwischen der Hölle und dem Paradies»), als ein Phänomen kollektiven, fanatisch-religiösen Wahns – so die Aufklärer; oder als «eine zweite Völkerwanderung, ein Marsch bedürftiger Stämme und Nationen auf der Suche nach reicheren Gebieten..., eine nach Osten gerichtete Expansion Europas, eine Form von Kolonialisierung und mittelalterlichem Imperialismus» [26]; in dieser Sicht werden die Züge nicht als gesonderte und in sich abgeschlossene Begebenheiten in den Annalen der Menschheit, sondern als eins der zahlreichen Kapitel der Ost-West-Beziehungen von den Perserkriegen bis zur amerikanisch-sowjetischen Rivalität unserer Tage begriffen. Aus unserer Perspektive stellen die Kreuzzüge eine Art Massenpilgerreise, freilich in Waffen, dar. Sie haben die unternehmungslustige Jugend der Zeit generationenlang mit der Exotik bekannt gemacht, haben ihr Augen und Ohren für das Fremde geöffnet, haben sie kosmopolitisch konditioniert.

Die Kreuzzüge hießen *passagium generale* – im Gegensatz zum *passagium parvum*, der individuellen Pilgerfahrt. Den Kreuzfahrern wurde vom Papst nicht nur die Vergebung ihrer Sünden (*remissio peccatorum*) verheißen; es wurden ihnen auch andere kirchliche Gnadenerweise in Aussicht gestellt: Gewinn der Freiheit für Leibeigene, Aufhebung des Kirchenbanns, sogar Erlaß von Schulden. Viele Überlegungen motivierten diejenigen, die das Kreuz nahmen. Es war schließlich Christi Befehl: *«deus lo volt»*. Die ursprünglich religiöse Zielsetzung der *milites christiani*, die Befreiung des

Heiligen Grabes von der Herrschaft der Ungläubigen, zu der der französische Papst Urban II. in französischer Sprache zu Clermont-Ferrand im Jahre 1095 aufrief, nachdem Kaiser Alexios Komnenos zwei Jahre zuvor in einem dramatischen Appell um Hilfe für das von den Türken bedrohte Byzanz ersucht hatte, veränderte sich in dieser größten christlichen Unternehmung, die sich über zwei Jahrhunderte erstreckte und auch nach Scheitern und Niederlage sich weiter fortsetzte. Der religiöse Impetus wurde ins Politische, Gesellschaftliche, Persönliche umgebogen. An Stelle der ursprünglichen Glaubensinbrunst, die eine nie wiederholte Massenstimmung und Erhebung auslöste, traten erbitterte, oft vergiftende Rivalitäten der Anführer der verschiedenen Kontingente, die sich darüber hinaus national aufheizten: Franzosen, Deutsche, Engländer beanspruchten Vormacht und Führerschaft. Die Gründung weltlicher Herrschaften und Dynastien auf dem einst von den Byzantinern christianisierten Boden, der dann an die Moslems verlorenging, rief die Gegnerschaft der Geistlichkeit hervor, die die Befreiung des Heiligen Grabes als ihr Werk betrachtete und entsprechend die Macht für sich erstrebte oder wenigstens an ihr gebührend teilzuhaben wünschte. Auch zwischen den in Syrien und Palästina von alters her noch bestehenden, eingesessenen und orientalisierten, von den Moslems tolerierten ostchristlichen Gemeinden und ihren aus dem Westen kommenden lateinischen «Befreiern» kam es zu Zwist und Konflikt. Im Kampfgetümmel der abenteuerreichen und gewinnträchtigen Aufbauzeit verlor mancher Ritter das eigentliche Ziel der Kreuzfahrt aus den Augen. Die Eindringlinge überließen sich der Habgier, der Lust an der Macht, an Unterdrückung und Grausamkeit.

Sowenig man von diesen Verfallserscheinungen absehen kann, so waren die Kreuzzüge doch nicht nur ihrer ursprünglichen Absicht und ihrem Anspruch nach, sondern auch in der die Phantasie beflügelnden Selbstdeutung und Nacherinnerung gottgefällige Pilgerreisen einer weder vorher noch später erreichten Dimension, Dauer und Intensität. Dabei machten die Kreuzfahrer zwei nicht beabsichtigte, für ihr Leben aber bestimmende Erfahrungen, nämlich die der Mobilität und der Erweiterung ihres Horizonts. Keine andere Unternehmung hat Abendländer bis dahin in solcher Zahl an so weit von der Heimat entfernte Orte geführt, und bei keiner anderen Gelegenheit haben die Wanderer in die Ferne so viele neue Eindrücke gewonnen wie bei der Begegnung mit dem Orient. Von einer wahren Fabelwelt wußten diejenigen zu erzählen, die selbst oder deren Kinder und Kindeskinder später heil nach Hause zurückkehrten.

Die Kreuzfahrer trafen – zum Teil nach Zwischenaufenthalten in dem berühmten Konstantinopel – im Morgenland auf eine fremde Kultur und eine zwar verwandte, monotheistisch-universalistische, aber gegnerische Religion. Die Sarazenen, wie alle Muslims damals genannt wurden, erschienen den Christen als die «Ungläubigen» und ihre schlimmsten Feinde: Ihnen wurden Greueltaten gegen die heiligen Stätten und unschuldige Wallfahrer nachgesagt. Gerüchte und Propaganda wirkten zusammen, um die Kreuzzüge als notwendigen heiligen Krieg erscheinen zu lassen; sie mußten auch zur Rechtfertigung der eigenen Untaten der Kreuzfahrer herhalten, die mordend und brennend in Jerusalem eindrangen und im Tempel Salomons der Aussage des anonymen Verfassers der Gesta Francorum zufolge «im Blut bis zu den Knöcheln standen»[27]. Immerhin setzten sich die Kreuzfahrer in Palästina und Syrien fest, fast zwei Jahrhunderte lang, und gewöhnten sich trotz fortdauernder Kämpfe ein. Viele lernten die Sprache des Landes, je nachdem syrisch, arabisch, türkisch, manche wurden halbe Orientalen, identifizierten sich als Galiläer, heirateten Syrierinnen, Armenierinnen, evangelisierte Mohammedanerinnen, begannen den Orient als Heimat zu empfinden. Es entwickelte sich eine «friedliche Koexistenz der verschiedenen Religionsgemeinschaften»[28], wie sie unter günstigen Umständen sich immer wieder herausbildet und noch in unserem Jahrhundert auf kolonialem Boden bis zuletzt existierte.

Die Eingewöhnung, ja auch nur die Erlangung der Fähigkeit, sich mit den Sarazenen zu verständigen, machte anfangs Schwierigkeiten. Die christlichen Eindringlinge kamen in geschlossenen Verbänden, die sich wie alle Besatzungsarmeen inwärts orientiert verhielten, unter starkem Gruppendruck standen und wenig Erkenntnisinteresse an den Zuständen im Lande nahmen; sie kämpften und suchten sich die Schätze des Landes nutzbar zu machen. Sie transportierten nicht nur ihren Glauben, sondern auch ihre Lebens- und Wertvorstellungen in die fremde Welt. Kulturelle Gleichrangigkeit räumten sie den Ungläubigen nicht ein.

Mit fortschreitender Aufenthaltsdauer, insbesondere seit dem Dritten Kreuzzug, emanzipierten sich die Fremden jedoch von ihren mitgebrachten xenophoben Einstellungen, nahmen die Orientalen mit frischerem Blick in Augenschein, machten unmittelbare Erfahrungen, erst militärische, von Ritter zu Ritter, dann politische, sahen sich gezwungen, Verhandlungen zu führen, die sich in Abmachungen und Verträgen ausmünzten[29]. Zeitgenössischen Quellen zufolge soll sogar über eine dynastische Eheschließung zwischen Sultan Saladins Bruder und Richard Löwenherz' Schwester verhandelt worden sein. «Die Unüberwindbarkeit des Islam, wie die Kämpfe des Zweiten Kreuzzuges aller Welt vor Augen geführt hatten, bewirkte, daß man den Orient mehr und mehr als in sich gefestigte Weltmacht anerkannte, deren Eigengesetzlichkeit man gelten ließ. Die Begegnung mit dem Islam als einer ebenbürtigen geistigen Macht, deren Kampf von der gleichen religiösen Begeisterung getragen war wie der der christlichen Heere, ermöglichte eine erste Stufe menschlicher und religiöser Toleranz. Viel trug dazu die Persönlichkeit des Sultans Saladin bei, der in der zeitgenössischen Überlieferung als eine kultivierte ritterliche Gestalt erscheint. Wie die Christen führte er einen heiligen Krieg um die Kultstätten seines Glaubens in Jerusalem. Seine Milde und Gerechtigkeit sowie sein Edelmut gegenüber den Bewohnern von Jerusalem wurden von den Zeitgenossen gerühmt»[30].

Die diskriminierenden Auffassungsschemata wichen den Einsichten der eigenen Beobachtungen. In einer Analyse der «Geschichte des heiligen Ludwig» von Jean Sire de Joinville meint Friederike Hassauer, man gewinne selbst bei dem Werk dieses, fast ausschließlich auf das ritterliche Kampfgeschehen zentrierten Autors «den Eindruck, als avanciere der Islam im mentalen Horizont Joinvilles vom Status der Unkultur – auf der Basis des mitgebrachten Toposwissens – durch das Beobachtungswissen aus aktuellen Berührungssituationen zum Status der Antikultur, der eigener Systemcharakter zugebilligt wird, und darüberhinaus zum Status eines anerkannten anderen Systems, mit dem Gemeinsamkeiten bestehen»[31].

Die Orientfahrer perzipierten die überlegene arabische Kultur zuerst an ihren materiellen Errungenschaften. Bei den Ungläubigen waren öffentliche und private Bäder in Verwendung, für die rauhen Krieger aus dem Norden eine viel bestaunte Neuigkeit. Die mitziehenden Zimmerleute, Steinmetzen und Kunsthandwerker bewunderten die Filigran-Architektur, die Holz- und Elfenbeinschnitzereien, die Emaille- und Buntglasarbeiten, insbesondere der syrischen Meister. In der Schilderung von Schastel Marveile (Chateau Merveille) im Parzifal erkennt man die Wunderwerke des abbasidischen Herrscherpalastes in Bagdad wieder. Die französische Kirchengotik empfing Anregungen von der arabischen Architektur. Die Kreuzfahrer und Herren der neu gegründeten Königreiche lüfteten das bis dahin eifersüchtig gehütete Geheimnis der Damaszenerklingen und stellten es den heimischen Manufakturen zur Verfügung. Zucker und andere kulinarische Delikatessen wurden nach Westen exportiert – mit geschmackbildender und verfeinernder Wirkung. Die westeuropäischen Sprachen bewahren in ihrem Bestand an Lehnwörtern zahlreiche importierte Begriffe (Admiral, Arsenal, Kabel, Schaluppe, Magazin, Kattun, Musselin, Gilet, Satin), die «die einstige maritime Überlegenheit der Araber beweisen»[32].

Nicht minder wichtig waren die geistigen Einflüsse, die von der Humanisierung der Kampfesformen bis zur Sublimierung der Erotik reichten. Diese zivilisatorischen Veränderungen spiegelten sich, wenn gewiß in literarischer Stilisierung, insbesondere in den Darstellungen des Lebens der französischen und deutschen Troubadourdichtung und in der Epik. Aus den Schrecken verbreitenden Heiden mit dem wilden Gesichtsausdruck wurde der feine Ritter und Höfling, der schon Züge des *galantuomo* der Renaissance trug und sich auf die subtilen Spiele des Minnedienstes verstand. Die Kreuzzüge verloren zunehmend den Charakter reiner Glaubenskämpfe und wandelten sich zu normalen weltlichen Kriegen. Der blinde Heidenhaß verblaßte, galt als Zeichen rückständig-provinziellen Fanatismus, der dem vornehmen weltkundigen Ritter nicht mehr anstand. Denn ob Christ oder Muslim – Ritter gehorchten den gleichen Regeln und Wertsetzungen. Der Literarhistoriker Hermann Schneider beschreibt die nationalen Unterschiede und kulturellen Gleichartigkeiten in der idealisierenden Sicht des Akademikers: «Ritter waren Deutsche, Franzosen, Engländer, Ritter aber auch die Sarazenen, deren kriegerische Tugend man im Christenheer bald hochzuschätzen lernte ... Die Kriegführung war hart und grausam, die Schlacht aber wurde häufig eine Art Sport, erfuhr wie das Leben überhaupt eine ritterliche Umstilisierung und näherte sich dem Turnier»[33].

Der gemeinsame Stand obsiegte über den Gegensatz der Religion. Die Berufung auf den rechten Glauben verlor an Nachdrücklichkeit angesichts vordringlicherer Gemeinsamkeiten. Christliche Ritter traten in den Dienst des Sultans und verbanden sich sarazenischen Frauen. König Gahmuret erwarb sich durch den Turniersieg die Hand der Königin Herzeloyde, konnte die Ehe aber nicht eingehen, da er bereits im Orient eine Gemahlin hatte. «Ihr sollt die Mohrin um meiner Minne willen aufgeben. Der Segen der Taufe hat bessere Kraft. Und jetzt legt das Heidenwesen ab und liebt mich nach unserem Gesetz, denn ich leide nach Eurer Liebe»[34]. Der Appell der Christenfürstin war gleichsam politischer Ordnung, die gesellschaftliche und menschliche Gleichberechtigung wurde der Fremden trotz der Rivalität nicht abgesprochen. Denn die Ungläubigen taten es den Christen gleich, übertrafen sie in vieler Hinsicht.

Gelegentlich wurden die «Heiden» sogar als die Edleren dargestellt, wie in der vielzitierten Passage über den Kampf des Heidenfürsten Feirefiz mit Parzifal. Als dem Christen bei einem Schlag auf den Mohammedaner das Schwert zerspringt, verzichtet dieser großmütig darauf, den nun Waffenlosen zu töten. Mit leichter Ironie bemerkt der Dichter: «Der Heide, groß an Seelenadel, sagte jetzt in höfischer Weise auf französisch, das er beherrschte, mit heidnischem Akzent: ‹Ich sehe schon, tapferer Ritter, du müßtest weiterhin ohne Schwert kämpfen; aber was für Ruhm würde ich dann an dir gewinnen? Steh still und sage mir, wer du bist›»[35]. Am Ende stellt sich heraus, daß Feirefiz ein Bruder des Parzifal ist, womit gleichsam die Identität von Christ und Nicht-Christen, die beide Menschen und des gleichen Blutes sind, symbolisiert wird; die Glaubensunterschiede sind nur äußerlich und trügerisch – ähnlich wie ein halbes Jahrtausend später im «Nathan», wo im gleichen, wenn auch expliziteren Versöhnungssinn Sultan Saladin in dem christlichen Tempelherrn seines Bruders Sohn erkennt.

Diese hochgemuten Darstellungen des muslimischen Feindes wurden großenteils in pädagogischer Absicht verfaßt; die Gegner sollten sich als Menschen fühlen und behandeln, Humanität über Gruppenzugehörigkeit stellen. Daß damit die Wirklichkeit abgebildet worden sei, hat niemand behauptet. «Das ganze aristokratische Leben des späteren Mittelalters ist ein Versuch, einen Traum zu spielen»[36].

Unter dem Einfluß der zeitgenössischen aufklärerisch-demystifizierenden Idealismus-Kritik wird diese Auffassung von einzelnen Gesellschafts- und Literarhistorikern als romantische Kulturillusion verworfen. Eine Verschmelzung der beiden Kulturen oder Wechselwirkungen zwischen ihnen, wie sie in der Literatur geschildert werden, hätte zwar in Ländern stattgefunden, in denen die beiden Gemeinschaften über lange Zeiträume hinweg zusammengelebt hätten wie in Spanien oder Sizilien, nicht jedoch im Orient, wo während des verhältnismäßig kurzen historischen Zwischenspiels der Kreuzzüge solche Durchdringung nicht stattgefunden habe. Insbesondere der französische Mediävist Jacques le Goff verficht in seinen Schriften die Theorie, die beiden Gemeinschaften hätten «trotz zeitweiser Aneinandergewöhnung doch ihre Überlieferungen, ihre Mentalität und ihre Verhaltensweisen ‹bewahrt›. Übernahmen fremder Traditionen gibt es fast nicht. Die noch barbarischen Lateiner haben den Moslems wenig zu bieten»[37].

Diese differenzierende Kritik an der überkommenen Sichtweise ist insofern berechtigt, als sich die näheren Kontakte zwischen Arabern und Europäern insbesondere auf literarischem und wissenschaftlichem Gebiet tatsächlich vornehmlich im Westen vollzogen haben. Während der Jahrhunderte lang sich vollziehenden *Reconquistà*, die als ein Kreuzzug aus dem Geist nationaler Befreiung Spaniens bezeichnet wird, haben sich vielfältige Beziehungen ergeben. Die Einflüsse sind am deutlichsten in der spanischen Architektur und den anderen bildenden Künsten, aber auch in der Lebensweise für jedermann deutlich erkennbar. Sie sind an den Dichtungen nachweisbar, die an den «Liebeshöfen» der Provence gepflegt wurden. Diese Betonung der besonderen Entwicklung Spaniens und Siziliens, wo die Sarazenen im 9. Jahrhundert eingedrungen waren und mit Byzantinern, Römern, Normannen zusammenlebten, steht jedoch nicht im Widerspruch zu der in unserem Zusammenhang bedeutsamen allgemeinen Entwicklung zu größerer Mobilität und zu geographisch-kultureller Bewußtseinsausweitung. Das Kreuzzugserlebnis hat neue geistige und menschliche Dispositionen geschaffen und die Zeitgenossen umkonditioniert. Das Abendland öffnete sich der arabischen Geistigkeit und Wissenschaft, der von den Arabern vermittelten griechischen Philosophie, schließlich der geistigen und unternehmerischen Perspektive des anhebenden Zeitalters der Entdeckungen. Die Fremde rückte näher. Reisen auch in weite Fernen wurden als normale Unternehmungen angesehen. Die Übergänge zu den Jahrhunderten der maritimen Vorstöße nach Übersee waren fließend, begannen bei den Orientfahrern, gleichzeitig wurden erste Umrisse von Toleranz vorgeprägt: was der Umgang mit den Muslims die Kreuzritter gelehrt, wurde auf andere Weise von den Humanisten der Renaissance fortgeführt: der eigene Weg war nicht notwendig besser als der fremde. Die *humanitas* galt für alle Menschen, alle Völker. Kosmopolitische Elemente gewannen unmerklich, aber nachdrücklich an Kraft.

Handelsreisen

Eine zweite soziale Gruppe, die, von der neuen Bewegungslust erfaßt, aus den festgefügten mittelalterlichen Lebensverhältnissen ausbrach und in der Ferne Erfahrungen sammelte, waren die Handwerker und Händler. Bis Mitte des 10. Jahrhunderts war jede Grundherrschaft auch im Hinblick auf ihre baulichen Bedürfnisse (sowohl in bezug auf das Baumaterial wie personell) autark. Seither aber wurden tüchtige Bauhandwerker von den geistlichen und weltlichen Herren von benachbarten, alsbald auch fernen Orten herbeigerufen, um Kirchen und Klöster, Burgen und Palazzi zu errichten. Es bildete sich ein selbständiges Baugewerbe, das dem Hochmittelalter zur Zeit des Kathedralbaus mit seinen Bauhütten einen charakteristischen Stempel aufdrückte. Die Handwerker richteten sich jahre-, ja jahrzehntelang auf dem Baugelände ein, traten mit den Einheimischen in Umgang, knüpften Beziehungen zu den Fremden, heirateten Mädchen aus anderen Provinzen und Ländern. Ihre Kenntnisse erweiterten sich, sie lernten neue Arbeitsgeräte und -techniken kennen, neue Ausdrücke, Dialekte, Sprachen, Der Verkehrston wurde geschliffener, die Urteile und Wertungen offener, Ansätze von Weltläufigkeit ergaben sich.

Handel und Kaufmannsstand entstanden aus kleinen Anfängen. Gewiß ging man auch in den Zeitläuften ohne organisierten Handel kaufmännischen Aktivitäten nach. Insbesondere mußten die großen Höfe versorgt werden; diesem Geschäft widmeten sich die Verpflegungsfuriere, die gegen entsprechendes Entgelt herbeischafften, was gebraucht wurde; sie betätigten sich aber eher als Agenten der Hofbehörden denn als selbständige Kaufleute. Jedoch fanden sich auch Gelegenheitskaufleute, die von Fall zu Fall Waren ein- und verkauften.

Mit fortschreitender Entwicklung ergaben sich jedoch auf den alten Handelsstraßen neue Bedürfnisse. Die Unternehmungslustigen unter denen, die sich auf den Straßen befanden, Heimatlose, Landstreicher, Vagabunden, machten sich die Ortsveränderung zunutze, um hier einen Ballen Tuch, da eine selbstgefertigte Spindel oder eine gestohlene Waffe bei Fremden einzutauschen oder zu verkaufen. Es entwickelte sich und konsolidierte sich eine Art Fernhausierergeschäft. Lokale Mangellagen wurden gewinnbringend ausgenutzt. Wer bei einer durch Hagelschlag oder Überschwemmung hervorgerufenen begrenzten Hungersnot rechtzeitig Getreide aus Überschußgebieten aufzukaufen und herbeizutransportieren verstand, konnte seinen Kunden aus der Not helfen und daraus beträchtlichen Nutzen ziehen. So ließen sich bei aufmerksamer «Marktbeobachtung» spekulative Gewinne erzielen, so bildete sich wie zu römischer Zeit wieder Kapital, mit dessen Hilfe geregelte Handelsgeschäfte in Gang kamen. Das vollzog sich langsam und zögerlich. Denn die Verkehrsbedingungen waren im 11. und 12. Jahrhundert noch ungünstig – nicht nur im Vergleich zur Epoche des *cursus publicus*. Die Straßen befanden sich in schlechtem Zustand, die Brücken waren verfallen, die Unsicherheit war allgemein: Räuber und Wegelagerer gefährdeten die Reisenden; und falls sie Waren mit sich führten, um so mehr. Die Handelsleute stellten sich darauf ein, Sie suchten die Risiken auf zweierlei Weise aufzufangen. Erstens, indem sie ihre Unternehmungen genossenschaftlich organisierten, ihre Waren – Kupfer, Textilien, Pelze, Goldschmiedeerzeugnisse, Wein, später die so begehrten, aus dem Fernen Osten herbeigeführten Gewürze und Seidengespinste – auf gemeinsame Rechnung und Gefahr ein- und verkauften. Zweitens, indem sie ihre Warenzüge – Karawanen von Saumtieren, die, mit Säcken, Behältnissen, Ballen beladen, oft monatelang unterwegs waren – von schwerbewaffneten Söldnern bewachen ließen.

Märkte und Messen

Angebot schafft Nachfrage, der Bedarf fördert den weiteren Ausbau des Handels. Je mehr Güter befördert wurden, um so besser wurden die Straßen gepflegt und gesichert. Die Kaufleute sorgten selbst dafür, indem sie durch unwegsame Gelände passierbare Gassen schlugen, Abkürzungen für ihre Transporte erfanden, geschützte Herbergen und ortsgünstige Zwischenlager einrichteten. Die Fürsten und Herren erkannten rasch, welche erfreuliche Einnahmequellen der Handel eröffnete. Sie verlangten für Pflege und Ausbau der Straßen und Brücken und für den Schutz des Verkehrs Gebühren, die die Kaufherren als Entgelt für die Risikominderung willig bezahlten. Die Händler, die, ursprünglich mit dem Schwert bewaffnet, ihre Waren in die Fremde befördern mußten, vermochten sich angesichts der größeren Sicherheit in der nächsten Phase im heimischen «Büro» aufzuhalten und ihre Tätigkeit auf dispositive und finanzielle Aufgaben zu beschränken. Die Beförderung ihrer Waren überließen sie jetzt einem spezialisierten Berufszweig von Transporteuren. Das Netz des Handels weitete sich aus. Filialen wurden gegründet.

Zu den altgewohnten lokalen Wochen-, Monats- und Jahresmärkten traten seit dem 13. Jahrhundert internationale Messen, die zu bestimmten Zeiten regelmäßig von Berufskaufleuten abgehalten wurden. Pirenne vergleicht sie mit den späteren Weltausstellungen, «da niemand und nichts ausgeschlossen wurde. Jedermann, welcher Nation er auch angehörte, und Handelswaren aller Art fanden dort freundliche Aufnahme» [38]. Märkte und Messen standen unter eigenem Recht, die Territorialherren garantierten den Messefrieden und gewährten Freiheiten und Vergünstigungen, die diese Trefforte zu Anziehungspunkten mit weiter Ausstrahlung machten. Für die Dauer der Veranstaltung und innerhalb des abgegrenzten Bereichs genossen Teilnehmer und Besucher der Messe eine besondere Jurisdiktion, sie wurden wegen anderweitig begangener Straftaten nicht belangt. Die kanonischen Wuchergesetze wurden außer Kraft gesetzt, Zinszahlungen waren – bis zu einer gewissen Höchstgrenze – erlaubt. Wie die Wallfahrtsorte fungierten auch die Messen als Treffpunkte. Menschen verschiedener nationaler Herkunft und verschiedenen Standes begegneten einander und lernten ihre Gewohnheiten kennen, nahmen die Gelegenheit zum Austausch wahr. In der höfischen Gesellschaft, insbesondere natürlich der Grenzgebiete, wurde schon seit dem 11. Jahrhundert die Kenntnis fremder Sprachen als förderlich für die *«hövescheit»*, die höfische Lebensart, ja sogar «für das friedliche Zusammenleben der Völker» verstanden [39]. Manche Fürsten rühmten sich ihrer Vielsprachigkeit, so der Erzbischof Christian von Mainz († 1183), der «sich der lateinischen, romanischen, französischen, griechischen, apulischen, lombardischen und flandrischen Sprache wie seiner eigenen Muttersprache» bediente. Von Heinrich II. von England wiederum heißt es, er «habe Kenntnis aller Sprachen besessen, die es zwischen der Nordsee und dem Jordan gibt» [40].

Daß sich die Fremden während der Messetage außer ihren kommerziellen Tätigkeiten auch Vergnügungen hingaben, versteht sich nicht nur im Mittelalter von selbst. Die Situation der Reise, fern der schützenden Heimat, schaffte die für Unterhaltung, Entspannung, sündige Verlockung und oft wildes Vergnügen geeignete Stimmung. Volksfeste gehörten dazu, mit Saufereien, Prügeleien und sonstigem Über-die-Stränge-Schlagen, das in diametralem Gegensatz zum Ideal der ritterlichen «Maße», des schönen Ebenmaßes, stand. Die Zeitgenossen frönten der Spielleidenschaft in einem dem 20. Jahrhundert unvorstellbaren Ausmaß; manch einer verspielte beim Würfeln, wie es hieß, Haus, Hof und Weib. Das war begreiflich in einer Zeit ohne Alltagsablenkungen, wo die brütende Langeweile als eine wahre Lebensplage empfunden wurde. Aus ihr suchte man sich auch auf diese volkstümlich grobe Weise zu befreien.

Die wichtigste und folgenreichste Veränderung bewirkte der Handel in Gestalt der Freizügigkeit, die sich die Kaufleute als berufsspezifische Arbeitsvoraussetzung genommen haben; sie war den Leibeigenen und all denen verwehrt, denen Sach- und Dienstleistungsverpflichtungen gegenüber ihren Herren auferlegt waren und die oft mit unerbittlicher Strenge eingefordert wurden. Frei davon waren außer den Freigeborenen noch diejenigen, die ihrer Herrschaft und ihrem Frondienst entlaufen, in die Stadt geflüchtet waren und von ihrem Herrn nicht beansprucht wurden. Das waren häufig die unternehmungslustigen «Aussteiger» ihrer Zeit, die sich von der Scholle und ihren Servituten lösten und in die Ferne zogen. Sie waren die eigentlichen Pioniere des Stadtwesens.

Stadt- und Marktrechte wurden nach mittelalterlicher Vorstellung als Privilegien von Fall zu Fall durch die geistlichen und weltlichen Herren erteilt – natürlich auch und hauptsächlich im Hinblick auf den Nutzen, den sie ihnen durch Handel und Wandel einbringen würden. Wer ein Jahr und einen Tag innerhalb der Stadtumwallung lebte, wurde automatisch freier Bürger. Stadtluft macht frei, hieß es. Die Kaufleute, die sich an fremde Länder und fremde Menschen gewöhnten, legten in der Stadt ihre bäuerlichen Sitten ab. Es bildeten sich städtische Aristokratien, Patriziate, die sich aus dem Gegensatz Stadt–Land definierten und die diesen später zu der selbstüberheblichen Entgegensetzung urban–provinziell pointierten. Wer verlassen auf dem Land lebte – bis zu den mächtigen Feudalherren hin – wurde von den betriebsamen Bewohnern der Städte, wo Reichtum und Kultur, Amüsement und modische Lebendigkeit zusammenströmten, als hinterwäldlerisch eingeschätzt. Die Sprache bewahrt in dem Begriff Tölpel[41] – von Dörfler – die soziale Wertumwandlung auf. Welterfahrung überwand die engstirnige Selbstverständlichkeit, mit der bislang für die eigene Gruppe der Vorrang postuliert wurde. Der Fremde und der konstellativ kosmopolitische Umgang mit Fremden, den insbesondere die Kaufleute in den Handelsmetropolen und Hafenstädten pflegten, erhielten Prestige. Der Begriff Kosmopolitismus im eigentlichen Sinn läßt sich auch zu diesem Zeitpunkt noch nicht vollinhaltlich anwenden. Aber die Kaufleute mit ihrer Freizügigkeit und ihren internationalen Treffen befanden sich auf dem Wege zu einer kosmopolitischen Lebensweise.

Vagantenreisen

Die letzte Gruppe, die Bewegung in die christliche Gesellschaft brachte, waren die Fahrenden im weitesten Sinn des Wortes. Das waren diejenigen, die, wie der Begriff schon aussagt, Mobilität als solche erstrebten. Pilger wanderten zu heiligen Plätzen, um sich Gott wohlgefällig zu erweisen. Die Kaufleute verließen ihre Heimat, um in der Ferne Waren einzukaufen und mit Gewinn zu verkaufen. Die Fahrenden hingegen gingen ihres Weges, um ihren Wohnsitz zu verlassen. In gewissem Maß ähneln ihnen die Jugendbewegten unseres Jahrhunderts, sowohl die vor und nach dem Ersten Weltkrieg wie die, die sich in den sechziger und siebziger Jahren «on the road»[42] begaben. Beide waren von der *curiositas*, der menschlichen und intellektuellen Gier nach Neuem und Wandel gepackt, weil sie den Königsweg des Fernwehs der Sicherheit des Gemüsegartens und der Werkstatt vorziehen. Beide sind Zivilisationsflüchtlinge; beide, die mittelalterlichen und die neuzeitlichen Vaganten suchen die Ferne um der Ferne, um der Abwechslung des Unterwegsseins willen. Sie verlockte die Poesie der Straße, die ins Unbekannte, vielleicht ins Abenteuer führte. Heimat, Hof und Familiengemeinschaft wurden ihnen zu eng, das Leben dort schien zu ereignislos.

Zu den Fahrenden, denen nach mittelalterlicher Vorstellung der Makel der Unbehaustheit anhaftete – *«non habentes certum domi-*

cilium» – und die oft als recht- und friedlos angesehen wurden, gehörten sozial Höhergestellte ebenso wie der Bodensatz der Gesellschaft, eine emanzipierte intellektuelle Minorität von ordinierten Geistlichen und entlaufenen Mönchen, «verkrachten» Studenten, auch gelehrten Laien, die als *missi*, als Boten oder auf der Suche nach einer Pfarre die Straße nahmen oder aus Überdruß am heilig-asketischen Leben ihre Gemeinschaft verließen und sich den Streunern und Streichern zugesellten; Spielleute, Jongleure[43], Menestrels unterschiedlichen künstlerischen oder gesellschaftlichen Ranges, die *archipoetae* und *mimi*, die mit ihrer an sich als sündhaft angesehenen, aber schließlich als pädagogisch nützlich tolerierten Kunst sogar in Klöstern verkehrten; Troubadours, Trouvères, Minnesänger, Goliarden (von geule, geulard = Maul, Maulheld), Liedermacher im heutigen Wortverstand, die mit ihren anspruchsvolleren Poesien auf den Adelshöfen als willkommene Gäste, nicht zuletzt von den Damen empfangen wurden; ebenso Herolde, die ihre Ankündigungen bei den Ritterturnieren literarisch ausschmückten und entsprechenden künstlerischen Ehrgeiz entwickelten[44]. Zu den Fahrenden gehörten auch Possenreißer, Clowns, Dompteure, Bärenführer, Seiltänzer, Akrobaten, Schausteller und Schauspieler, die sich mit ihren volkstümlichen Darbietungen auf Jahrmärkten produzierten; hinzu kamen schließlich als niederste Gruppe des fahrenden Volkes die Bettler, Blinden, Krüppel, entwurzelte Landstreicher, Huren, professionelle Räuber[45].

Sie alle waren aus dem gesellschaftlichen *ordo* herausgefallen oder herausgedrängt worden, standen in keinem festen Herrschafts- und Abhängigkeitsverhältnis, entrieten also des Schutzes und Schirms eines Mächtigen, befanden sich im Status des Elends, *eli-lenti, el-lende.* Sie gehörten zu keinem Land, es sei auch im Sinne von Zwang und Unterworfensein. Aber sie haben diese gesellschaftliche Lage, deren Signatur die Freiheit war, selbst gewählt oder waren sich, falls sie durch Schicksalsschläge hineingeraten waren, dieser Lage bewußt, entwickelten einen bohemehaften Gegenstolz und rühmten sich einer Situation, die der Mehrheit der ein normales Leben führenden Mitmenschen als beklagens- und verachtenswert erschien.

Eine Außenseiterelite entwickelte, in psychologischem Selbstschutzverfahren, einen pervertierten Standeshochmut. Dadurch entstand im Zusammenwirken mit der sozialen Mobilität und der *curiositas* ein Entwicklungssyndrom, das mächtig zur Erschütterung der christlichen Gesellschaft beitrug. Diejenigen, die die Straße nahmen, unterschieden sich beträchtlich ihrer Herkunft, ihrem Ethos, ihrer Selbstdeutung nach. Fahrende und Händler glichen sich außer in der Mobilität noch darin, daß sie sich von dem zeitprägenden Geist der Jenseitigkeit, Heilssuche und Askese entschlossen abkehrten und ihr Leben in heidnischer Weltzugewandtheit führten. Die Vagierenden kündeten, daß das irdische Leben auch als solches, und ohne ständig die himmlischen Wonnen anzuvisieren, wahrhaft lebenswert sei und daß Wein- und Liebesseligkeit die Freuden des Jenseits wohl aufwiegen. Die Abwendung von der christlichen Weltanschauung und der herkömmlichen Ethik erfolgte in anarchisch-rebellischem Aufbegehren gegen die Mißstände der offiziellen Gesellschaft, gegen

> «Nehmen und Raffen und Rauben,
> des Papstes dreifacher Glauben»[46],

gegen die doppelte Moral der Mächtigen («ich lebe im Babylon des Westens», schrieb Petrarca über das Avignon der Päpste, «jene ekelhafte Stadt»), gegen den bloßen Glaubenskonventionalismus, dem es an Spontaneität, Herzenswärme, Betroffenheit gebrach und den auch die Sektierer beklagten. Diese Gruppen von Nicht-Angepaßten zogen freilich die entgegengesetzten Konsequenzen: mehr Heiligkeit die Sektenanhänger, mehr Weltlichkeit die Fahrenden. Ausgangspunkt für beide aber war die reformerische, gelegentlich klassenkämpferische Kritik am «Establishment», dem geistlichen wie dem weltlichen. Sozialsatiren geißelten jahrhundertelang die gleichen Entartungen und Ungerechtigkeiten.

Die lebensfrohen Themen der Vaganten hießen Genuß, Lebensfreude, «Weltlob»; dieser Begriff camouflierte auch Libertinage und derbe Weltlust: Wein, Weib und Würfel. Herrin Venus beherrschte, nach den auf Lateinisch und in den Volkssprachen gedichteten Texten zu urteilen, das Leben auf der Straße, in den Herbergen und Weinstuben: gemäß dem *«in taberna mori»* des anonymen *archipoeta*, der überzeugt war, auch damit vor dem Weltenrichter Gnade zu finden. Zart empfundene Lyrik und obszöne Bordellpoesie ergänzten einander. Gemeinsam war die Stimmung des «laßt uns leben göttergleich» (*imitemur superos*), wie sie in den horazisch-ovidisch klingenden Vagantenliedern zum Ausdruck kam. Die wiederentdeckten heiter-lebensfrohen olympischen Götter bildeten einen provokativen Gegenpol zu dem einen Gott des weltabgewandten Christentums. Die neue Weltzuwendung äußerte sich in den Dichtungen der Vaganten auch als ein dem klassischen Schönheitskanon nachempfundenes Naturgefühl, das im jenseitsorientierten Christentum verkümmert war.

Man kann behaupten, daß die Fahrenden die lebens- und naturfrohe Lebensart als herabgesunkenes Kulturgut sich von den oberen Ständen angeeignet haben, insbesondere die sinnenfrohe Erotik. Die Vornehmen pflegten den paradoxen Minnedienst, der – nicht zuletzt auf Betreiben und zur Erhöhung des Ehegatten – verheirateten Frauen in aller Öffentlichkeit erwiesen wurde; freilich durften sich die Damen bei ihren geheimen galanten Aktivitäten, mit denen sie die Rittertaten ihrer Liebhaber belohnten, von eben denselben Ehegatten nicht entdecken lassen. «In diesem Codex paßt nichts zusammen», urteilt die amerikanische Historikerin Barbara Tuchman[47] – reichlich pauschal. Joachim Bumke schreibt in differenzierterer Deutung: «Man kann die höfische Liebe als ein Gegenprogramm zu den Verhältnissen der Wirklichkeit interpretieren. Hier war alles anders: statt Gewalt und Hemmungslosigkeit ein ausgesuchtes Benehmen nach den Vorschriften der höfischen Etikette; statt einer Sexualität, die nur auf körperliche Befriedigung aus war, eine erotische Kultur, in der musikalische Begabung, Redegewandtheit und literarische Bildung einen hohen Stellenwert besaßen; statt Benachteiligung und Ausnutzung der Frau ein neues Rollenspiel, bei dem die Dame den Part der Herrin übernahm und der Herr zum Diener wurde. Die Konzeption einer neuen, besseren Gesellschaft mit Liebe als zentralem Wert war ihrem

Wesen nach eine poetische Idee, die von den Dichtern ausformuliert und wohl auch zum großen Teil von ihnen erdacht worden ist»[48].

Weltlob, Säkularismus, Diesseitigkeit drückten sich – ins Geistige sublimiert – auch bei fahrenden Schülern und Studiosi aus, die vom 12. Jahrhundert an von Universität zu Universität und von einem Lehrer zum nächsten zogen; viele von ihnen betätigten sich gelegentlich zum Unterhaltserwerb als Schreiber, Boten und Erzieher junger Adliger. Sie nahmen an den sehr irdischen Freuden der übrigen Vaganten teil, waren aber darüber hinaus von intellektueller Neugier und dem Wunsch nach rationaler Welterklärung motiviert. Die dogmatisch festgelegten Antworten der Theologen genügten der aufgeregten Jugend nicht mehr; die traditionelle christliche Empfehlung «glaube! forsche nicht!» wurde allenthalben in Frage gestellt. Auf den endlosen Straßen, auf denen die Mächtigen mit ihrem Troß, die Kaufleute mit ihren Waren, die Spaßmacher mit ihren Tieren und Schauwagen, die Pilger mit dem Kreuz daherzogen, begannen die fahrenden Schüler den Ton anzugeben. Sie entwickelten gegenüber Adel und Klerus ein neues Selbständigkeitsgefühl, das nicht mehr in Besitz von Grund und Boden oder Gottesnähe, sondern in irdischer Bildung begründet war. Hierin wurzelte ihr Sozialprestige: auf dem «ich kann» und «ich weiß», nicht mehr dem «ich habe» und «ich bin». Der wahre Adel, begann man zu denken, lag nicht im Blut und in der Herkunft des Geschlechts, sondern war nur durch Verdienst (später wird es heißen: durch Leistung) zu erwerben. Auch diese meritokratisch-bürgerliche Entwicklung trug kräftig zur Erschütterung der traditionellen christlichen Gesellschaft und zur Heraufkunft der Moderne bei, zu deren geistigem Profil die Sehnsucht nach Ungebundenheit und kosmopolitischer Weite gehören wird.

An der Schwelle dieses Wandels steht die *curiositas*[49], der wir schon mehrfach begegnet sind, der Durst, mehr zu wissen, als was die Kirche lehrte: Dieser geistige Impuls trieb die jungen Wanderer durch Europa. In den Klöstern und in anderen hohen Schulen des Kontinents wurden die gleichen Fragen gestellt, insbesondere nach dem Verhältnis und Vorrang von Glauben und Wissen; es wurde disputiert, philosophiert und theoretisiert, ob die Vernunft «ancilla theologiae» sei, die das Glaubenswissen hilfsweise – als Dienerin – erläutere und verdeutliche, oder ob umgekehrt der Glaube in die dienende Funktion absinkt, gemäß Anselm von Canterburys Satz «credo ut intelligam»: das denkerische Erfassen von Zusammenhängen, das Wissen wird Zweck, der Glaube Mittel unserer Erkenntnisbemühungen. Die ungefragt geltende christliche Lebensordnung hat ihren Zenit überschritten. Zwar wurden noch alle Fragen im Namen der Rechtgläubigkeit gestellt, alle Neuerungen als Rückkehr zu den herkömmlichen Werten verstanden, aber die allgemeine geistige Unruhe, die Unzufriedenheit mit dem Bestehenden, die Reformsehnsucht verdeutlichten, daß Neues im Werden war.

Die wichtigste Funktion der fahrenden Scholaren, die auf den Straßen Europas mit ihren Kommilitonen aus anderen Regionen und mit Angehörigen anderer Städte zusammentrafen und sich austauschten, bestand im Hinblick auf unsere kosmopolitische Fragestellung im Transport von Informationen und Ideen über Grenzen hinweg in fremde Herrschaftsbereiche. Wie die Kaufleute *nahmen* sie sich die Freizügigkeit, die die herrschenden Stände ihnen vorenthalten hatten, aber nicht mehr vorzuenthalten vermochten. Es entstand jenseits des universalen kirchlichen Glaubenszusammenhalts und der theologischen Lehrgemeinschaft ein Kommunikationsnetz diesseitiger Observanz. Nachrichten über unterschiedliche Lebensformen, Arbeitsweisen und Gedankengebäude fluktuierten im ganzen Abendland. Die Texte und Traktate, Satiren, Polemiken, Apologien zeugen von dem allgemein gewordenen Begehr, innerweltlich zu denken und zu wirken. Neue Zentren des geistigen Lebens entstanden, nicht mehr in Jerusalem und Rom, den hohen Stätten der Christenheit, sondern in Paris, Bologna und Padua, wo – zwei Generationen nach Michael Psellos' Universitätsreform in Konstantinopel[50] – die ersten neuen Universitäten gegründet wurden. Insbesondere Paris, das schon im 12. Jahrhundert vor Gründung der eigentlichen Universität (erstmals 1211 von Papst Innozenz III. als Korporation rechtlich anerkannt) durch Berengar, Anselm von Canterbury, Roscellinus, Johannes von Salisbury große Berühmtheit erlangte, wurde zur Metropole der Wissenschaft. Hier entfaltete sich durch internationale Besetzung der Lehrstühle ein kosmopolitisches geistiges Leben. Aus allen Regionen Europas strömten Scholaren zu über fünfhundert Professoren der Philosophie und Theologie an die Seine. Der Geist des Aufbruchs motivierte die Zeitgenossen, nicht nur die Jugend, auch die ältere Generation. Sogar die Päpste beauftragten die Hierarchie, fähige junge Leute ausfindig zu machen, damit sie auswärts – und damit war vornehmlich Paris gemeint – studierten und sich auf das Leben vorbereiteten[51].

1 Dietrich W. H. Schwarz, Sachgüter und Lebensformen. Einführung in die materielle Kulturgeschichte des Mittelalters und der Neuzeit. Berlin 1970. S. 167f: «Deshalb setzte der Handel ein, der schon in prähistorischer Zeit einen ansehnlichen Umfang hatte, der sich in der Zeit des römischen Kaiserreichs steigerte, im Frühmittelalter wohl gewisse Rückschläge erlitt – aber nie dermaßen, wie man vor den Forschungen von Pirenne und Dopsch angenommen hat».

2 Prokop, Anekdota XXX. Heimeran, griechisch-deutsch. S. 251.

3 Cassiodorus, Variae Epistolae. V, 39.

4 Karl Bosl, Europa im Aufbruch. München 1980.

5 Matthäus 28. 19; Markus 16. 15.

6 Herodot II, 58/60.

7 Kyriakos Simopoulos, Fremde Reisende in Griechenland. 333 n. Chr. bis 1700. 4 Bände (neugriechisch). Athen 1984. Band 1, S. 29.

8 Lionel Casson, Travel in the ancient world. London 1974, S. 304: «The scholar had to see Jerusalem even as the Greek scholar had to see Athens or the Latin scholar Rome».

9 Kyriakos Simopoulos, Fremde Reisende in Griechenland. 333 n. Chr. bis 1700. 4 Bände (neugriechisch). Athen 1984. Band 1. S. 29f. Itinerarium Aetheriae. Genf 1887.

10 Friederike Hassauer, Eine Straße durch die Zeit. Die mittelalterlichen Pilgerwege nach Santiago de Compostela. In: H. G. Gumbrecht/U. Link-Heer (Hg.), Epochenschwellen und Epochenstrukturen im Diskurs der Literar- und Sprachhistorie. Frankfurt 1986. S. 418.

11 Heinz Gollwitzer, Geschichte des weltpolitischen Denkens, Band 1. Göttingen 1982. S. 39.

12 Herodot I, 134.

13 Marie-Françoise Baslez, L'Étranger dans la Grèce antique. Paris 1984. S. 60.

14 Lionel Casson, Travel in the ancient world. London 1974, S. 187.

15 Joseph Zettinger, Die Berichte über Rompilger bis zum Jahre 800. Römische Quartalsschrift für christliche Alterthumskunde und für Kirchenpolitik. Rom 1900. S. 93.
16 Einhard, Vita Caroli, Kap. 21.
17 Lionel Casson, Travel in the ancient world. London 1974, S. 204, 37.
18 Hans-Georg Beck, Byzantinisches Lesebuch. S. 301 f.
19 Augustini Epistolae 48 (ad Paulinum, episcopum Antiochiae). Zit. nach: Kyriakos Simopoulos, Fremde Reisende in Griechenland. 333 n. Chr. bis 1700. 4 Bände (neugriechisch). Athen 1984, Band 1. S. 33.
20 Joseph Zettinger, Die Berichte über Rompilger bis zum Jahre 800. Römische Quartalsschrift für christliche Alterthumskunde und für Kirchenpolitik. Rom 1900. S. 102.
21 Alkuin, Ep. 300.
22 Einhard, Vita Caroli, Kap. 2 [744/7]
23 Aziz S. Atiya, Crusade, Commerce and Culture. Bloomington/Indiana 1962, S. 37.
24 Albert C. Leigthon, Transport and Communication in Early Medieval Europe AD 500–1000. Newton Abbot 1972. S. 13.
25 Romano Ruggiero und Alberto Tenenti, Die Grundlegung der modernen Welt. Spätmittelalter, Renaissance, Reformation. Fischer Weltgeschichte. Band 12. S. 87.
26 Aziz S. Atiya, Crusade, Commerce and Culture. Bloomington/Indiana 1962. S. 18f.
27 A. C. Krey, The First Crusade. The Accounts of eye witnesses and Participants. Gloucester/Mass. 1985. S. 256.
28 Aziz S. Atiya, Crusade, Commerce and Culture. Bloomington/Indiana 1962. S. 34f.
29 Jean Sire de Joinville, The life of Saint Louis. Chapter 10 (Negotiations with the Saracenes), Penguin Book, S. 250.
30 Friedrich-Wilhelm Wentzlaff Eggebert, Kreuzzugsdichtung des Mittelalters. Berlin 1960. S. 134f.
31 Friederike Hassauer, Eine Straße durch die Zeit. Die mittelalterlichen Pilgerwege nach Santiago de Compostela. In: H. U. Gumbrecht/U. Link-Heer (Hg.), Epochenschwellen und Epochenstrukturen im Diskurs der Literar- und Sprachhistorie. Frankfurt 1986. S. 277f.
32 Philip K. Hitti, Précis d'Histoire des Arabes. Paris 1950. S. 141.
33 Hermann Schneider, Heldendichtung, Geistlichendichtung, Ritterdichtung. Heidelberg 1925. S. 199.
34 Wolfram von Eschenbach, Parzifal II, 94, 11–16.
35 Wolfram von Eschenbach, Parzifal XV, 744–25, 745–3.
36 Johan Huizinga, Herbst des Mittelalters. München 1924. S. 48.
37 Jacques le Goff, Le Moyen Age. Paris 1962.
Jacques le Goff, La civilisation de l'Occident Médiéval. Paris 1964.
Jacques le Goff, Das Hochmittelalter. Fischers Weltgeschichte. Band 11. 1965. S. 142f.

38 Henri Pirenne, Sozial- und Wirtschaftsgeschichte Europas. Sammlung Delp 25. Bern o. J. (1948). S. 98.

39 Joachim Bumke, Höfische Kultur. Literatur und Gesellschaft im hohen Mittelalter. München 1986. Band I. S. 112f.

40 Joachim Bumke, Höfische Kultur. Literatur und Gesellschaft im hohen Mittelalter. München 1986. Band II. S. 436f.

41 Ähnlich der Ausdruck «gadscho» der Zigeuner (Bauer, dann Bauernlümmel), womit die Nicht-Zigeuner bezeichnet werden. «Der Wortschatz an Schimpfwörtern (der Zigeuner) geht zu einem Großteil auf Kosten der Seßhaften. Und ihr entschlossener Wille, sich mit niemandem zu verbinden, der nicht reinrassiger Zigeuner ist, gehört zu den erstaunlichsten Tatsachen der gegenwärtigen europäischen Soziologie»: Jean-Paul Clébert, Les Tsiganes. Paris 1961. Das Volk der Zigeuner. Wien, Berlin, Stuttgart 1964. S. 251.

42 Jack Kerouac, Les clochards Célestes. Paris 1974. S. 94. «Mañana», she said. «Everything 'll be allright tomorrow...» It was always mañana.

43 J. Ribard, un ménestrel du XIV. Siècle: Jean de Condé. Genf 1969. S. 89. «...jongleurs, ancètres des ménestrels, mais branche, si l'on peut dire, non évoluée».

44 Rolf Sprandel, Gesellschaft und Literatur im Mittelalter. Paderborn 1982. S. 121.

45 Wolfgang Hartung. Die Spielleute. Eine Randgruppe der Gesellschaft des Mittelalters. Wiesbaden 1982. S. 4.

46 Carmina Burana, übertragen von Carl Fischer. Zürich, München 1974. I, 45, 1. S. 120f.

47 Barbara Tuchman, Der ferne Spiegel. Das dramatische 14. Jahrhundert. Düsseldorf 1980. S. 74.

48 Joachim Bumke, Höfische Kultur, Literatur und Gesellschaft des Mittelalters. München 1986. Band 2. S. 569.

49 Hans Blumenberg, Die Legitimität der Neuzeit. Der Prozeß der theoretischen Neugierde. Frankfurt 1973. Die *curiositas* sah Augustinus noch als Laster an: «Der Griff nach dem Baum der Erkenntnis hat die unregulierte Wißbegierde zur vana cura einer heillosen Weltverfallenheit ausarten lassen» (S. 110). Thomas von Aquino hingegen, weltlicher und fortschrittlicher denkend, befand: «Omnis scientia bona est», unterschied aber «zwischen legitimem Erkenntniswillen (studiositas) und seiner Verzerrung in der Maßlosigkeit, der curiositas» (S. 128–131).

50 Siehe Kapitel Byzanz, Anm. 26.

51 Heinrich Denifle, Die Entstehung der Universitäten des Mittelalters bis 1400. Berlin 1885. Neudruck Graz 1956. S. 45, 773.

TEIL 3

Die weite Welt

KAPITEL 10

Die Wiedergeburt des Weltbürgertums

Kampfansage an die Mächtigen – Machiavelli, Bodin, Hobbes: Machtstaat – Klage des Friedens: Erasmus' Antikriegspropaganda – Erasmus' Nachfolger – Krieg aus Dummheit

Nicht neue oder veränderte Inhalte führten die Geschichte des Kosmopolitismus fort. Vielmehr griffen die «Reconnaissance-Humanisten» [1], die die weltbürgerliche Sehnsucht in Fortführung der mittelalterlichen Horizonterweiterung wiederentdeckten und neu belebten, auf antike Vorbilder zurück – zuerst in Italien, dann, nachdem die neuen Gedanken die Alpen überschritten hatten, in ganz Europa. Zentrales Arbeitsfeld der Humanisten waren die *studia humanitatis*, die *bonnae litterae*, die der begeisterten Auffassung der neuen Gelehrtengeneration zufolge als das einzige Mittel erschienen, die wiedergefundenen ewigen Werte und Ideale zu erkennen und zu befolgen. Die Griechen und Römer hatten die Normen eines menschenwürdigen Lebens für den einzelnen, für Staat und Gesellschaft aufgestellt und den Kanon für die Kunst, die Wissenschaft und Philosophie entwickelt; Byzantiner und Araber hatten sie über das Mittelalter bewahrt und schließlich nach Italien zurücktransportiert, wo sie eine neue Epoche der Aktivität und Dynamik einleiteten. Ihre Schlüsselbegriffe hießen Individuum und Vernunft; sie standen im Gegensatz zu den Leitworten des Mittelalters: (Heils)gemeinschaft und (göttliche) Gnade. Der antike Kosmopolitismus, nach Jacob Burckhardt «die höchste Stufe des Individualismus» [2], ist seiner Entstehung nach ein gleichsam zufälliges Nebenergebnis, der inneren Logik nach die notwendige Folge zweier antiker Elemente: des von allen tellurischen, traditionellen oder religiösen Bindungen befreiten *Individuums* und von Handlungsmaximen, die als allgemeingültig, weil *rational* erkannt worden sind.

Die Humanisten übernahmen die antiken, vor allem stoischen Vorstellungen über den Kosmopolitismus oft wortgleich. Dante Alighieri, als Opfer des Parteienstreites 1302 aus seiner Heimatstadt Florenz verbannt, lehnte ein Angebot, «unter unwürdigen Bedingungen» zurückzukehren, mit der Bemerkung ab: «Kann ich nicht das Licht der Sonne und der Gestirne überall schauen?»[3]. Er überwand, schon ein Kosmopolit, das Heimweh durch die innere Akzeptierung des Exils. An anderer Stelle erläuterte er wie Diogenes von Sinope: «Meine Heimat ist die Welt überhaupt»[4]. Aristipp formulierte bildhaft, der Weg zum *Hades* sei von überall auf der Welt gleich weit entfernt[5] und erklärte in deutlicher Sprache: «Ich verschließe mich nicht in eine Politeia, sondern bin überall ein Fremder»[6]. Thomas Morus, der humanistische Heilige, wendete den Spruch ins Positive, indem er den Weg zum Himmel von überall als gleichweit bezeichnete[7]. Cicero verfocht die triviale Weisheitsregel *«patria est ubicumque est bene»*[8]. Sie wurde von einem Humanisten zu der berufsspezifischen Selbstdeutung variiert: «Wo irgendein gelehrter Mann seinen Sitz aufschlägt, da ist gute Heimat»[9]. Erasmus lehnte das Zürcher Bürgerrecht, das ihm Zwingli 1552 anbot, mit dem Hinweis darauf ab, *«me velle esse civis totius mundi, non oppidi»*[10], er wolle ein Bürger der ganzen Welt, nicht einer Stadt sein. Aus psychologisch-biographischer Sicht mag Cornelis Augustijns apodiktische These zutreffen: «Diese Worte haben wenig mit Kosmopolitismus zu tun, aber viel mit einem Unabhängigkeitsgefühl, das der Einsamkeit sehr verwandt ist»[11]; in historischer Perspektive reiht sich die Absage des Erasmus in die kosmopolitische Denktradition. Die literarischen Rückgriffe auf die Antike sind in jedem Fall bewußte Anknüpfungen an die klassischen Texte, mit und aus denen die Humanisten die kosmopolitische Attitüde übernahmen.

Was sich im Vergleich zur klassischen Zeit änderte, waren die begleitenden Umstände, die historischen Bezüge, war der gesamtgesellschaftliche Kontext. Der *antike* Kosmopolitismus entstand als genuines Produkt der weiträumigen hellenistischen Welt der vielen Sprachen, Nationalitäten, Kulte und Philosophien, in der menschliche und geistige Toleranz der bunten Vielfalt des Bestehenden entsprach und die Akzeptierung des Fremden, auch des Absonderlichen zum guten Ton gehörte. Der Ausgleich der widerstreitenden Interessen, in der *koiné* Harmonia genannt, erfolgte durch Relativierung der Gegensätze ins Ästhetische und ihrer menschlichen Sublimierung in der Figur des um die Windstille der Seele bemühten Weisen.

Der *moderne* Kosmopolitismus hingegen war das kompensatorische und postulative Gegenbild zur damaligen italienischen Wirklichkeit; die freie weite Welt wurde der engräumig-realen gegenübergestellt. Die neue Schicht der kosmopolitischen Intellektuellen (bestehend aus Professoren an kirchenunabhängigen Universitäten und hohen Schulen, Hauslehrern an Fürstenhöfen und bei reichen Bürgern, auch Beamten im Dienst der Herrschenden, Kanzlern, Sekretären, Rede- und Briefschreibern, Beratern), die einen eigenen Standort – mit einem gewagten Vergleich: als Ordenspriester im Dienste diesseitiger Gelehrsamkeit[12] – beanspruchte, stellte sich, was unser Thema anlangt, in bewußten Gegensatz zu den neuen Machthabern, den kleinen Tyrannen, Despoten, Usurpatoren mit ihren unaufhörlichen Rivalitäten, Intrigen, Gewalttaten und Kriegen. Die neuen Männer entwickelten an Hand der enthusiastisch, aber unkritisch betrachteten Antike das Bild einer Welt, die es nicht gab, die es in Zukunft aber geben sollte – eine Welt der Freiheit, der Freizügigkeit, der Toleranz und des Friedens, in der religiöse, dynastische und sonstige Gegensätze nichts gelten würden. Kosmopolitismus wurde Aufruf und Aufgabe und von einzelnen vollzogener Aufbruch zu einer neuen Welt; der hellenistische Kosmopolitismus hingegen wollte nur vorhandene Ansätze entfalten und vollenden.

Die Entstehungsbedingungen beider Perioden ähnelten bis zu einem gewissen Grade einander. In beiden Fällen handelte es sich um Zeiten des politischen, gesellschaftlichen und geistigen Umbruchs. Die Lebensmotive der vergangenen Epoche hatten sich er-

Lebens- bzw. Regierungszeiten der wichtigsten in diesem Kapitel erwähnten Personen	
Dante	1265–1321
Philipp der Schöne	1285–1314
Georg Podiebrad	1458–1471
Pius II. (Enea Silvio de' Piccolomini)	1458–1464
Erasmus von Rotterdam	1466–1536
Niccolò Machiavelli	1469–1527
Francisco Pizarro	1475–1541
Fernando de Magalhães	≈ 1480–1521
Thomas Morus	1480–1535
Francisco de Vitoria	≈ 1483–1546
Ulrich Zwingli	1484–1531
Hernando Cortéz	1485–1547
Agrippa von Nettesheim	1486–1535
Jean-Louis Vives	1492–1540
Franz I. von Frankreich	1494–1547
Rabelais	≈ 1494–1553
Sebastian Franck	≈ 1499–1542
Julius II.	1503–1521
Heinrich VIII. von England	1509–1547
Guillaume Postel	1510–1581
Leo X.	1513–1521
Cosimo de Medici	1519–1574
Sultan Suleiman II. der Große	1520–1566
Lelio Socini	1525–1562
Jean Bodin	1530–1596
Montaigne	1533–1592
Francisco Suarez	1548–1617
Sir Walter Raleigh	1552–1618
Alberico Gentili	1552–1608
Herzog von Sully	1559–1641
Francis Bacon von Verulam	1561–1626
Tommaso Campanella	1568–1639
Heinrich IV. v. Frankreich	1572–1610
Hugo Grotius	1583–1645
Kardinal Richelieu	1585–1642
Thomas Hobbes	1588–1679
Pierre Nicole	1625–1695
Fénelon	1651–1715
Abbé de Saint-Pierre	1658–1743
Jonathan Swift	1667–1745
Immanuel Kant	1724–1804

schöpft, Neues war im Begriff zu entstehen. Die traditionelle griechische Polis mit ihren religiösen Ritualen und den durch Dauer geheiligten Gesetzen war durch Alexander ihres Glanzes verlustig gegangen, wenn sie auch weiter bestand. Analog hatten zu Beginn der Neuzeit die christlichen Motive des Mittelalters ihre Strahlkraft eingebüßt. «Die Welt, in der und auf die man sich einrichtet, ist eine Welt ohne Gott geworden. Mag Gott immerhin noch ‹da sein›, jedenfalls ist er nicht mehr in der Welt, in der man lebt. Er ist weltenfern entrückt» [13]. Die aufstrebende Schicht der Intellektuellen fühlte sich in der alten Welt nicht mehr zu Hause, überzog sie mit Kritik, wanderte umher, freiwillig oder gezwungen durch die Ungunst der politischen Verhältnisse, befand sich auf der Suche nach neuen geistigen Heimaten, die der verbannte Dante in der gemeinsamen Sprache und Literatur zu finden hoffte. Die strukturelle Parallele zu den Wanderlehrern und Sophisten der Antike ist offenkundig. Die von Cosimo de Medici in Florenz neu errichtete platonische Akademie artikulierte die Filiation im Namen selbst.

Gewichtiger waren die Differenzen zwischen den beiden Perioden. Die Kosmopoliten der Antike lebten in ausgedehnten Reichen unter multinationalen und polyglotten Bedingungen, die Humanisten der Renaissance in kleinsten, miteinander rivalisierenden, sich mit Gewalt, List und Grausamkeit bekriegenden Fürstentümern und Stadtstaaten. Als eine quasi-kosmopolitische Attitüde wurde schon aufgefaßt, wenn ein Bürger aus Florenz vertrieben wurde und in Rimini bei einem befreundeten Machthaber Schutz und Unterkommen fand; er kam sich als Heimatloser und Emigrant vor und entwickelte die entsprechenden kosmopolitischen Anpassungsmechanismen, deutete sich als Mensch, der, der angestammten Sicherheit unbedürftig, überall zu Hause war. Schließlich kam der antike Kosmopolitismus im Abenddämmerschein einer zwar glanzvollen und interessanten, aber doch allmählich verlöschenden Kultur zur vollen Entfaltung; der Kosmopolitismus der Renaissance hingegen erwuchs im hellen Morgensonnenlicht eines zukunftsfrohen, aktivistischen, ja himmelstürmerischen, von Neugier innervierten Aufbruchzeitalters. Der Stimmungsunterschied könnte schwerlich größer sein.

Demgemäß entfalteten die Humanisten der Renaissance im Gegensatz zu ihren quietistischen Vorgängern in der Antike eine innovative Aktivität. Sie schworen zwar dem stoischen Ideal des *lathe biosas*, des Rückzugs aus den Tagesgeschäften nicht ab, aber sie befolgten diese Imperative nicht. Gewiß stand das Streben nach der Glückseligkeit dem Renaissancegelehrten so gut an wie dem hellenistischen Weisen. Die schöpferische Arbeit des Denkers wie des Künstlers gedeiht nun einmal in der Stille der *vita solitaria* besser als im Sturm der Zeit. Dieses Dasein in Muße, *«procul negotiis»*[14], fern den Geschäften, wurde den Privilegierten des Glücks auf dem Land, in der «villa» ihrer reichen Freunde ermöglicht, wo sie in einem exklusiv-esoterischen Zwischenreich ihr genußreiches Leben führen konnten. Letztes Ziel der Humanisten war nach dem Urteil zahlreicher Historiker die Entfaltung der Persönlichkeit zum vollkommenen Menschen nach dem griechisch-römischen Paradigma. Diese Flucht in die Stille der Privatiersexistenz bedeute einen Verzicht auf jede politische Aktivität. Diese Argumentation überzeugt nicht. Tatsächlich flüchteten die Humanisten aus der *vita activa* nur, um konzentrierter ihren Studien nachgehen zu können, in deren Folge sie sich für politische Ziele engagierten:

erstens für die Freiheit des einzelnen, was eine eminent politische Forderung war, weil sie sich nur durch Machtbeschränkung der Mächtigen erreichen ließ;

zweitens, unmittelbar daraus folgend, für den Frieden, ein Ziel, das der «natürlichen» Äußerungsweise und liebsten Beschäftigung der Großen dieser Welt radikal zuwiderlief, dem Kriegführen zwecks Machtausweitung, Territorialgewinns und nicht verlöschenden Ruhmes. Der Kosmopolitismus der Humanisten war darum auch nicht «die Denkweise der persönlich nicht politisch Engagierten oder Antipolitischen, die sich durch nichts beunruhigen (ließen), was den Patrioten wohl Sorge bereitet(e)»[15], sondern eine offene Parteinahme gegen die Mächtigen und, wenn man so will, eine Kriegserklärung an den Krieg.

Damit beginnt in mehrfacher Hinsicht die Moderne:

erstens, weil freischwebende Intellektuelle den Kampf gegen die Mächtigen aufnahmen;

zweitens, weil dafür bewußt eine öffentliche Meinung erzeugt wurde, deren oft erratische und irrationale Ausschläge gelegentlich ins Utopische umkippten;

und drittens, weil das Individuum aus eigener Kraft, d. h. mit Hilfe seines Verstandes sich aus bestehenden Zwängen lösen und sein Leben nach seinen persönlichen und privaten Glücksvorstellungen einrichten wollte – in Frieden und Freiheit, ohne hinderliche Grenzen, in kosmopolitischer Weite.

Damit wurde eine Jahrhunderte anhaltende Entwicklung eingeleitet, die gewiß nicht das utopische Friedensreich auf die Erde gezaubert, aber doch tiefgreifende Veränderungen des politischen Lebens und der internationalen Zusammenarbeit bewirkt hat und die noch bei Gründung des Völkerbundes und der Vereinten Nationen historische Patenschaft beanspruchen kann. Wenn Erasmus von «realistischen» Historikern[16] als bloßer Moralist hingestellt wird, der selbst nie auch nur ein administratives, politisches oder kirchliches Amt innegehabt oder angestrebt hat; wenn seine pazifistischen Vorstellungen und Bemühungen als von einem edlen, aber naiven Glauben an die Vernunft und die Verbesserungsfähigkeit des Menschen abgetan werden, so wird die ursprüngliche Absicht des großen Niederländers verkannt: die Freiheit des von den mittelalterlichen Fesseln gelösten Geistes zugunsten von Toleranz und Frieden zu instrumentalisieren. Die angeblich naive Behauptung «der menschliche Geist kann, was er will» war in Wahrheit ein voluntaristischer Appell, sich entsprechend zu verhalten. Das gleiche gilt für die kosmopolitischen Bekenntnisse, die selbst der um den Nachruhm seines holländischen Landsmanns leidenschaftlich bemühte und verdiente Johan Huizinga als unpolitisch abtut: «Im klassischen *‹pasa ge patris›* (jedes Stück Erde ist mir Heimat) lag der Akzent auf dem Zustand des Glückes, den der weise und gute Mensch überall zu finden vermöge. So hat es ohne Zweifel Erasmus auch für sich verstanden. Ein eigentlich politischer Gehalt lag in dem Ausspruch überhaupt nicht»[17]. Das ist eine Fehleinschätzung. Die weltgestalterische Kraft, die von diesen «utopischen» Vorstellungen auf die Entstehung des republikanischen, demokratischen Rechts- und Sozialstaates der nächsten Jahrhunderte ausgegangen ist, läßt sich kaum überschätzen. Friedrich Meinecke hat einmal geurteilt, die Wirksamkeit der Schriften des Erasmus sei größer gewesen als die aller politischen und militärischen Taten des von ihm gewiß nicht gering geschätzten Friedrich II. von Preußen. Sie läßt sich nicht an der Tatsache messen, daß die gesetzten Ziele nicht voll erreicht worden, sondern daran, daß die von ihm ausgelösten Impulse beträchtliche gesellschaftliche Veränderungen herbeigeführt haben und bis heute wirksam geblieben sind.

Der Kosmopolitismus, der während der mittelalterlichen Jahrhunderte als Sehnsucht nach Einheit unter einem geistlichen oder weltlichen Oberhaupt – *ut omnes unum sint* – zur Geltung kam, verschob im Zeitalter der Renaissance sein Ziel auf den irdischen Frieden. Ganze Kohorten von Humanisten bezeugten durch ihre pazifistischen und Antikriegsschriften ihre aktive Partizipation an den öffentlichen Dingen. Nicht Rückzug aus der, sondern intellektuelle Einflußnahme auf die Welt machte ihr Lebensgefühl aus. Demgemäß stürzten sich diese «Abenteurer des Geistes» – ebenso wie die anderen Berufen und Beschäftigungen nachgehenden Zeitgenossen, Kaufleute, Seefahrer, Entdecker, Mäzene – ins Getümmel der Welt, ergriffen alles Neue, wo und wie es sich immer präsentierte, strebten nach Ruhm wie nach einem Lebenselixier, brauchten «Öffentlichkeit», Publikum, den Hautkontakt mit den Massen, die *«celebritas urbis»*, etwa bei der Dichterkrönung auf dem Kapitol, die selbst ein Petrarca nicht verschmähte; machten für sich und ihre Bildung höchst ungeniert Reklame, handelten bei Fürsten, Patriziern und Universitäten geschäftstüchtig hohe Honorare aus (wie heute Schriftsteller und Journalisten bei Rundfunkanstalten und Verlegern), waren «immer unterwegs», zogen von Universität zu Universität, von dieser Berühmtheit zu jenem Gönner, diskutierten und debattierten über Fachfragen und allgemein interessierende

Themen, korrespondierten unaufhörlich mit ihresgleichen und den Großen der Zeit (ausdrücklich in publizistischer Absicht, zur unmittelbaren oder späteren Veröffentlichung), ließen ihre Briefe und Traktate abschreiben und (fast in Form amtlicher Runderlasse) kursieren, suchten die Nähe der Mächtigen, um sie zu beeinflussen und sie zu veranlassen, ihre Gedanken in die Tat umzusetzen.

Der Kosmopolitismus konnte sich in der Renaissance nicht so entfalten wie in der hellenistischen Zeit. Das ist die Folge zweier widerstreitender Entwicklungen, die das Zeitalter bestimmten: einerseits die allmähliche, aber vollständige Entdeckung und Erschließung der noch unbekannten überseeischen Gebiete: erstmals wurde die Entstehung eines Weltbürgertums ermöglicht, das diesen Namen der Dimension nach zu Recht trug; im Gegensatz dazu steht andererseits die Entstehung und Konsolidierung des modernen souveränen Staates, der in seiner Abschließung allen universalen und weltbürgerlichen Tendenzen zuwiderlief. Dieser Prozeß (das *nation building*) ist in den Ländern der Dritten Welt heute noch in vollem Gang.

Nachdem sich im Mittelalter die hochfliegenden universalistischen Bemühungen von Kaiser und Papst als undurchführbar erwiesen hatten, bildeten sich Gewalten heraus, deren Herrschaftsanspruch gebietsmäßig begrenzt (und damit der kosmopolitischen Entwicklung abträglich), ihrer Kompetenz nach aber unbegrenzt sein sollten. Die italienischen Republiken definierten sich als *«superiores non recognescentes»* [18], die französischen Könige sahen sich als «*Kaiser* in ihrem Land». Diese Wendung, mit der weniger ein Anspruch begründet als ein Sachverhalt beschrieben wurde, fand, wie schon dargelegt, in den politischen Texten Frankreichs seit dem 13. Jahrhundert regelmäßig Verwendung. Die französischen Juristen entnahmen die Vorstellung des Gewaltmonopols auf einem Territorium dem römischen Recht. Danach repräsentierte der Herrscher rechtlich den ganzen Staat in seiner Person. Er hatte die *majestas.* Seine Gewalt war nicht usurpiert und bloß gewohnheitsmäßig gefestigt, sondern sie war gesetzlich. Der verwegene Satz: *«stat pro ratione voluntas»* (an Stelle der Vernunft steht der Wille) gab der absoluten Herrschergewalt den äußersten Ausdruck. Die alte republikanische Beschlußformel *«tale est nostrum placitum»* (so gefällt es uns) verwandelte sich in das im Pluralis majestatis formulierte, anmaßende absolutistische Wort *«Car ainsi nous plaist-il et le voulons estre faict»* (denn so gefällt es uns und so wünschen wir, daß es geschieht) und setzte sich seit der zweiten Regierungshälfte Franz' I. endgültig durch. Die spanische Unterschrift «Ich der König» entstammt derselben Geisteshaltung.

Machiavelli, Bodin, Hobbes: Machtstaat

Der Theoretiker des in jener Zeit entstehenden Gebildes, das den Namen *stato, état, state,* Staat erhielt, war *Machiavelli*; er legte die Sphäre des Politischen im «Principe», einer der wirkungsmächtigsten Schriften aller Zeiten, wie mit dem Skalpell frei und analysierte die Technik der Herrschaft, isoliert und ohne Beimischung historischer Bestandteile. Der darin skizzierte moderne Staat unterschied sich von den mittelalterlichen politischen Gewalten grundsätzlich in zwei Punkten. Er konstituierte sich als autonom, während im Mittelalter jede Gewalt abhängig und gebunden war. Und er entstand als Gebilde reiner Macht, während bislang daran festgehalten worden war, daß die politische Gewalt Mittel zur Verwirklichung höherer – religiöser oder ethischer – Zwecke war. Der Theoretiker dieses Staates konnte darum nicht mehr danach fragen, welche Stellung der Staat im Gesamtlebenszusammenhang innehatte, welche Ziele er befördern, kurz: wie er eingerichtet sein *sollte*. Sondern die Grundfrage mußte lauten: wie *ist* der Staat tatsächlich[19]; welchen Lebens- und Funktionsgesetzen gehorcht er, wie ist sein inneres Getriebe beschaffen? Schließlich, wie sind die Menschen, aus denen er besteht und die der Fürst beherrschen soll?

Auf diese Frage hat Machiavelli eine pessimistische Antwort: Über die Menschen, die das Mittelalter als Ebenbilder Gottes verstand, sagte der italienische Staatstheoretiker: «Sie taugen nicht viel», sie sind *«tristi»*[20], ein trauriges Pack. Davon muß der Fürst ausgehen. Seines Amtes, sein Recht und seine Pflicht ist es also, die

Untertanen zum Gehorsam zu zwingen und damit den (inneren) Frieden zu gewährleisten. Der Bruch zur vorherrschenden Meinung des christlichen Mittelalters konnte nicht brüsker sein. Bisher war die politische Ordnung durch allgemeingültige Normen begründet, die gemeinchristliche, also auch kosmopolitische Tendenzen ermöglichten. Für Machiavelli erscheinen die überkommenen Werte als Setzungen oder Übereinkünfte der Menschen, die wie alles Irdische dem Gesetz des Wandels und der Vergänglichkeit unterworfen sind. Von selbst tun die Menschen nichts Gutes. Sie wissen nicht einmal, was das Gute ist. Erst der Zwang der Lage, die *necessità* treibt sie aus diesem Zustand heraus. Hunger und Armut machen sie fleißig; Gesetze, Belohnungen und Strafen, die die Herrschenden auferlegen, lehren sie, was zu tun und zu lassen, was recht und unrecht, was gut und böse ist. Der Staat erzeugt also erst die Normen, die das Zusammenleben der Menschen regeln. Machiavellis neues Prinzip heißt: ‹Gesetz und Recht durch Macht› – im Gegensatz zu dem mittelalterlichen ‹Macht für jenseitiges Heil und für Gerechtigkeit im Diesseits›.

Die Idee des autonomen Staates entwickelte in juristischer Prägnanz *Jean Bodin* mit seinem Begriff der Souveränität fort, der *«puissance absolue et perpetuelle d'une république»*. Sie stammt nicht aus höherem Auftrag: denn dann wäre die beauftragende Stelle (Kirche, Parlament, Stände) souverän. Folglich steht der Fürst über den Gesetzen: *«Princeps legibus solutus est»*. Bodin lebte in und litt unter den Wirren der Fronden, Glaubens- und Bürgerkriege. In der Stärkung der königlichen Autorität bis zur absoluten Gewalt erkannte er das einzige Mittel zur Rettung des Gemeinwesens und Wiederherstellung der Sicherheit der Bürger. Bodin untermauert «die Notwendigkeit eines einzigen Herrn» nicht nur nach der Sitte und dem Geschmack der Zeit mit antiken Zitaten (Homer: «Einer sei Herr, einer König»; Euripides: «Die Regierung eines Hauses oder einer Stadt muß in den Händen eines einzigen Mannes liegen»), sondern berichtet auch, ohne Abscheu zu bekunden, daß Sultan Suleiman diese Lehre im Jahre 1552 «auf eine erinnerungswürdige Weise» bestätigt hat. Er ließ Mustafa, seinen Sohn, der eines großen Sieges wegen von der Truppe bejubelt wurde, unverzüglich erdrosseln. Der Herold zeigte daraufhin dem versteinerten Heer den Leichnam und verkündete «Es gibt einen Gott im Himmel und auf Erden einen Sultan, Suleiman». Zwei weitere Söhne ließ er aus dem nämlichen Grunde enthaupten, «wie bei den Osmanen üblich»[21].

Zur äußersten Konsequenz führte die Theorie des Staates schließlich *Thomas Hobbes*, dessen geistesgeschichtliche Leistung darin besteht, in konzise juristische Begriffe zu fassen, was mehr als ein Jahrhundert zuvor Machiavelli in einem Katalog von praktischen Handlungsanweisungen für Monarchen niedergelegt hatte. «Sein ganzes Werk ist ein großartiger Beleg für den geistigen Kampf um Klarheit und Wahrheit im Politischen. Nach seinem Selbstverständnis, das von der Forschung mehr und mehr bestätigt wird, ist er der erste, der Politik bewußt zur ‹Wissenschaft› in einem neuzeitlichen Sinn gemacht hat»[22] oder, wie ein englischer Autor sagt, sein Werk enthalte «den größten Vorrat politischer Weisheit, den die Welt besitzt». Ähnlich wie Bodin aus den tatsächlichen französischen hat Hobbes aus den tatsächlichen englischen Verhältnissen – hier unter Heinrich IV., da unter Heinrich VIII. – staatsrechtliche Konsequenzen gezogen. Hobbes beurteilte die Frage nach der Natur des Menschen noch pessimistischer als Machiavelli. Im vorstaatlichen, durch völlige Freiheit bzw. Willkür gekennzeichneten «Naturzustand», einer «konstruktiven Übersteigerung dessen, was im Bürgerkrieg sich tatsächlich ereignet hatte»[23], erscheint der Mensch als «fame futura famelicus», getrieben von Hunger um sein künftiges Wohl[24], jederzeit bereit, alles um sich mit Füßen zu treten. Er ist «voller Mißtrauen» und hat keine Vorstellung von Gut und Böse, Recht und Unrecht, sondern nur die von Lust und Leid.[25] Seine Natur ist unsozial. «Im Naturzustand herrscht, was das Schlimmste ist, beständige Furcht und Gefahr eines gewaltsamen Todes – das menschliche Leben ist einsam, arm, ekelhaft, tierisch und kurz»[26]. «Den Willen zu schaden, haben im Naturzustand alle Menschen». Es sind die chaotischen Zustände des Krieges aller gegen alle, des *«bellum uniuscuiusque contra unumquemque»*, die Hobbes als Naturzustand definiert. Ungezügelte Leidenschaften jagten die Herrschenden. Rechtsunsicherheit überall.

Luft von Shakespearedramen. Zusammenfassend erklärt Hobbes: *«homo homini lupus»*, der Mensch ist dem Menschen ein Wolf, eine Beleidigung für die Wölfe, wie ein noch menschenunfreundlicherer Landsmann zynisch glossierte.

Allerdings ist dieses Verhalten den Menschen nicht vorzuwerfen; sie können nichts dafür, erläutert der Philosoph vorurteilsfrei. «Wir klagen niemanden seiner Natur wegen an.» Von Natur aus ist der Mensch frei, sich seinen Vorteil zu suchen. Die Natur hat allen alles gegeben. Daraus erhellt, daß im Naturzustand der Nutzen der Maßstab des Rechts ist. Alles gehört mir – vorausgesetzt, daß ich es gegen andere verteidigen kann; denn auch allen anderen gehört es. Vor allem aber hat jeder ein Recht darauf, sich selbst zu schützen. Er ist Richter in eigener Sache und *darf* infolgedessen – vom Recht des Naturzustandes aus gesehen – «dieses Größte», nämlich töten. Vorstaatliche ethische Impulse werden einfach geleugnet.

Ein Ruf nach Frieden ging durch das Land, eine Sehnsucht nach Sicherheit bewegte alle Gemüter. Nur eine starke Autorität konnte sie erfüllen, der Staat, der als «der sterbliche Gott» definiert wird und der nichts anderes ist als ein «künstlicher Mensch..., wenn auch von größerer Gestalt und Stärke als der natürliche, zu dessen Schutz und Verteidigung er ersonnen wurde», die *machina machinarum*. In diesem Zusammenhang vergleicht der Philosoph des Absolutismus den Staat mit dem alttestamentlichen Fabeltier «Leviathan». Der gleichnamigen Schrift (1651) stellt er die Devise aus dem Buch Hiob *«non est potestas super terram quae comparetur ei»*[27] voran, nichts auf Erden kann sich mit ihm (dem Staat) an Gewalt vergleichen. Die Macht des Staates hat ihren – vertragsrechtlich kompliziert konstruierten[28] – Ursprung in sich, sie ist unbegrenzt und unbeschränkbar, unteilbar, unbefristet, absolut. Nicht nur gibt es Hobbes zufolge im Naturzustand keine naturrechtlichen, allgemein-menschlichen Imperative, es ist auch unzweifelhaft, daß «Verträge ohne das Schwert (des Staates) bloße Worte»[29] sind.

Ausgestattet mit dieser absoluten Machtfülle ist der Staat imstande, den zum ständigen Krieg aller gegen alle neigenden Individuen den Frieden aufzuzwingen. Er sichert ihnen Leben, Freiheit und Eigentum; er garantiert Ruhe und Ordnung im Lande[30].

Durch Zwangs- und Strafgewalt verhindert er Widerspenstigkeiten und Reibungen. Der Staat ist «der mit großer Macht fortwährend verhinderte Bürgerkrieg».

Die Hoheit des Staates endet allerdings an den geographischen Grenzen, beim Nachbarstaat, über den ein anderer Souverän gebietet. In ihrem Land kennen die Souveräne nur Untertanen, Befehlsempfänger; von gleich zu gleich verkehren sie mit anderen Souveränen. Zwischen ihnen entwickelt sich dann eine grenzüberschreitende kosmopolitische Kameraderie mit eigenen überstaatlichen Ritualen (Anrede: Herr Bruder oder Herr Vetter). Die Versatzstücke christlicher Machtausübung wurden treu gewahrt: In Titulaturen wie *rex christianissimus* (Frankreich), *rex catholicus* (Spanien), *rex serenissimus* (Portugal), *defensor fidei* (England); in der politischen Gewissensleitung der Souveräne durch Priester, insbesondere durch Jesuiten; in der späteren Formel «Thron und Altar». Im 16. und 17. Jahrhundert wurden die politischen und kriegerischen Auseinandersetzungen im Namen religiöser bzw. konfessioneller Zwecke, tatsächlich aber um dynastische und staatliche Zielsetzungen geführt. Richelieu war Kardinal, führte aber gegen das katholische Habsburg eine in erster Linie national-französische und nicht eine katholische Politik.

Die Kosmopolitismus-förderlichen universalen Institutionen (Reich und Kirche), Unternehmungen (Kreuzzüge) und Üblichkeiten (Friedensschlüsse durch Schiedssprüche)[31] erlitten im Zuge dieser Entwicklung eine Auszehrung, verloren an Bedeutung. Der Egoismus der souveränen Staaten verhinderte zunehmend überstaatliche Regelungen. Weitsichtige Denker forderten immer wieder, aber vergeblich eine abendländische, christliche Abwehr der vorrückenden Osmanen: so der hussitische Ketzerkönig Georg Podiebrad, der – zusammen mit Antonius Marini – den europäischen Fürsten eine christliche Liga gegen die Türken anempfahl; so Luther in seinem Traktat «Vom Kriege wider die Türken»; so der Humanist Enea Silvio de'Piccolomini, auch nach seiner Wahl zum Papst (Pius II.). Die protestantischen Kirchen verzichteten zumindest administrativ auf die christliche Universalität und wurden Staatskirchen. Insgesamt lief die Entwicklung auf die Trennung von Staat und Kirche hin. Die Kirche wurde in den Staat integriert und ins politische Abseits gestellt. Der Kaiser, einst «Herr der Welt in weltlichen Dingen», wurde Herr einer dynastischen Hausmacht, das Reich wurde am Ende dieser Entwicklung von Napoleon I. mit einem Federstrich liquidiert (1806).

Der Staat, der sich zunehmend von universalen Einflüssen frei wußte, konsolidierte und entfaltete sich nach innen und außen. Die Grenzen wurden genauer festgelegt, das Territorium von Enklaven gesäubert, arrondiert. Die lokalen und regionalen *pouvoirs intermédiaires* – Feudalherren, Städte, Klöster, Universitäten, Parlamente – wurden entmachtet. Aus selbständigen Machthabern wurden Höflinge, aus mächtigen Rivalen des Königs die devoten Herren seiner Suite; wer sich nicht in der Nähe des Souveräns bei Hofe befand, deklassierte sich zum Krautjunker. «Das Volk, das oft mit einem Wort das Wesen der Sache trifft, gab diesem kleinen Edelmann den Namen des kleinsten der Raubvögel, es nannte ihn den Bauernfalken»[32], den *hobérau*. Abhängige und versetzbare Beamte übten namens der Zentralgewalt Hoheitsrechte aus. Stehende Heere waren des Souveräns unersetzliches Standessymbol, *ultima ratio regum*. Kurz, der Souverän errang das Monopol aller personellen und sachlichen Verwaltungs- und Herrschaftsmittel im Land.

Als wichtigste Veränderung erwies sich der Bewußtseinswandel. Die Souveräne begannen nach den Interessen des Staates zu handeln und bezogen damit die politisch noch indifferenten Massen in das nationalstaatliche Kraftfeld ein. Gleichzeitig schnitten sie sie von den weiter bestehenden übergreifenden, universalen und kosmopolitischen Bezugsordnungen ab. Der Machtstaat setzte sich autonom, achtete in seiner Selbstherrlichkeit, Selbstdurchsetzung und Pleonexie weder universale Autoritäten noch allgemeingültige Normen. Als «unausweichliche Folge davon» diagnostiziert Christian Lange als Merkmal der heutigen Gegenwart «die Herrschaft des Stärkeren, den ewigen Krieg..., den Zustand vollständiger Anarchie»[33]. Das Völkerrecht, das als Korrektiv zuerst von katholischen Juristen – Francisco de Vitoria, Francisco Suarez – konzipiert, dann von Alberico

Gentili und Hugo Grotius entfaltet, schließlich auch institutionell ausgebaut worden ist, hat den zwischenstaatlichen Verkehr in mancher Hinsicht geregelt, aber die internationale Machtkonkurrenz nicht eingedämmt. Das Problem einer Frieden und Stabilität sichernden internationalen Ordnung, das durch die universalistischen Konzepte des Mittelalters, wenn gewiß nicht gelöst, aber immerhin anvisiert worden war, ist in den folgenden Jahrhunderten der Vorherrschaft des souveränen Staates nicht mehr gestellt worden, so als bestünde kein Bedarf danach.

Krieg erschien in dieser Sicht als ein natürliches, physikalisches Mittel zur Herstellung des Machtausgleichs und vorläufigen Friedens. Diese Auffassung stand in Gegensatz zu der christlichen Vorstellung, wonach Krieg Folge von bzw. Strafe für Sünde, also Ausfluß menschlicher Verderbnis sei. Krieg wurde jetzt als unabwendbares Unheil erfahren und ertragen, wie Naturkatastrophen, wie Feuersbrunst, Hagelschlag und Seuchen. Die Menschen waren an Unglück gewohnt. Das verdeutlichten die Grausamkeit der Verbrechensahndung, die Vernichtungsaktionen der Inquisition oder die Angst vor der ewigen Verdammnis, die die Priester schürten. «Es war eine böse Welt. Das Feuer des Hasses und der Gewalt loderte hoch empor. Das Unrecht war mächtig. Der Teufel bedeckte mit seinen schwarzen Fittichen eine düstere Erde. Und in Bälde erwartete die Menschheit das Ende aller Dinge»[34]. Anarchie war verbreiteter als Ordnung. Der Krieg erschien in dieser Welt nicht als das schlimmste der Übel.

Klage des Friedens: Erasmus' Antikriegspropaganda

Das änderte sich, als sich im Zeitalter der Reformation und Gegenreformation der Streit der Konfessionen zuspitzte, der einen Zeitgenossen zu dem Ausspruch veranlaßte, daß es «die Religionskriege sind, die uns die Religion vergessen lassen»[35]. Seither ähnelt der Krieg auch in der Literatur nicht mehr den Turnieren und ritterlichen Kämpfen um Ruhm und Ehre, sondern wurde objektiv als unentbehrliches Instrument der um Vorrang konkurrierenden Staaten gedeutet, oder subjektiv als Bedrohung der Unversehrtheit und Wohlfahrt des einzelnen beklagt. Die Schrecken des Krieges wurden empfunden, gefürchtet und ausgemalt, sie bildeten seit Ende des 16. Jahrhunderts einen dramatisch ausgeschmückten Gemeinplatz der gesamten pazifistischen Literatur.

In Widerspruch zu den Streitigkeiten der Zeit stellten sich die Humanisten mit ihrer Friedensbotschaft und Antikriegspropaganda. Gewiß regten sich schon im Spätmittelalter Stimmen gegen den Krieg, verhöhnten die Glorifizierung und Idealisierung von Kriegs- und Heldentaten, priesen die Friedensidylle des einfachen Bauernlebens auf dem Land; kein schlechterer Stand als der des Kriegsmannes, hieß es, der von Berufs wegen täglich gegen das christliche Liebes- und Friedensgebot verstößt: «guerre n'est que dampnacion»[36], Kriegführen ist bloße Verdammnis. Doch solche Äußerungen waren nur beiläufige Klage. Die Humanisten legten erstmals in der Geschichte ein prinzipielles Bekenntnis gegen den Krieg ab und reihten ihre Schriften damit programmatisch in die kosmopolitische Bewegung ein. Sie ignorierten die Grenzen, erhoben sich über Staaten und Nationen, kritisierten die Mächtigen und das Machtstreben, spielten Vernunft und Toleranz gegen Interessen und Notwendigkeiten aus, die Freiheit des Individuums gegen das Wohl des Staates. Sie definierten sich und ihre Freunde, Briefpartner, Schüler als Vertreter einer alle trennenden Differenzen übergreifenden Gemeinschaft geistiger Menschen, einer intellektuellen Elite, als *homines humani* und Weltbürger. Krieg erregte ihren Abscheu. Selbst ein gerechter Krieg war eine scheußliche Sache und kaum zu rechtfertigen. Unschuldige werden getötet, Frauen und Kinder in Trauer und Not gestürzt, herabgewürdigt, vergewaltigt. Erasmus klagt die unfrommen, mörderischen Gewalttaten an, erklärt, daß Krieg zwischen Christen nicht Krieg, sondern Rebellion sei. Thomas Morus nennt den Krieg etwas schlechthin Bestialisches, das trotzdem bei keiner Sorte von wilden Tieren so gang und gäbe ist wie bei den Menschen. Und in seinem Staatsroman «Utopia» schreibt er: Im Gegensatz zu der Sitte fast aller Völker «halten sie (die Utopier) nichts für so unrühmlich wie den Ruhm, den man im Kriege sucht»[37]. Agrippa von Nettesheim drückt Mißfallen, ja Ekel über den Beruf des Soldaten, insbesondere des Söldners aus, denn der Krieg ist nichts anderes als Totschlag und Räuberei[38]. Sebastian Franck geißelt die «vielerlei Schäden, die aus den Kriegen an Seel, Leib, Ehr und Gut erwachsen»[39].

Der wichtigste Vertreter der humanistischen Antikriegs-Philosophie war *Erasmus von Rotterdam*, der umfassendste, wenn auch nicht originellste Gelehrte seiner Zeit[40]. Er rückte das Thema Frieden in den Mittelpunkt des politischen Denkens – an Stelle der mittelalterlichen Einheitsfrage, die in einer Epoche zunehmender Stärke des souveränen Staates ihre Aktualität verlor. Erasmus, in seinem umfassenden Lehransatz eine Art Augustinus der Diesseitigkeit, predigte die Eintracht der Christen; er hielt die Universalmonarchie für die bestmögliche Regierungsweise, freilich nur, falls sich «ein gottähnlicher Fürst» dieser Aufgabe annähme. Er sprach sich für Schiedsgerichte und internationale Schlichtung als Instrumente der Friedenssicherung aus; empfahl die Festschreibung des Status quo, dem die Fürsten durch eine internationale Grenzgarantie (ewige) Dauer verleihen sollten: weder durch dynastische Eheschließungen[41] noch durch Verträge dürften Territorien erweitert oder vermindert werden – was auf die immer wieder geforderte utopische Abschaffung der Politik hinausliefe. Schließlich ermahnte er die Fürsten und Völker zu religiöser und nationaler Toleranz. Sie sollten darauf verzichten, den anderen zu hassen, nur weil er ein anderer sei. Erasmus kritisierte mutig die absolute Gewalt der *principi* und Monarchen, die nach seiner Auffassung die Urheber der Kriege sind. Nach seiner für den westlichen Individualismus bis heute exemplarischen Theorie ist der Mensch von Natur aus weder böse (wie sein Zeitgenosse Machiavelli meinte) noch sündig, aber erlösbar (nach christlicher Auffassung), sondern gut, unverderbt, gesellig. Er ist – im Unterschied zu den Tieren – waffenlos geschaffen, offenbar also zum Frieden und zur Freundschaft, nicht zu Krieg und Haß bestimmt. Als göttliches (oder natürliches) Erbteil ist ihm die Vernunft mitgegeben; befolgt er ihre Gesetze, so ist ein harmonisches Zusammenleben mit den Mitmenschen möglich. Er ist, anders gesagt, auf ein friedliches Miteinander hin programmiert; Gesellschaft kann nur solidarisch und kooperativ, im Sinne der christlichen Lehre funktionieren; ohne Christus im Mittelpunkt und als Garant der geltenden Ordnung kann sich der holländische Philosoph Gesellschaft überhaupt nicht vorstellen. Wenn die Wirklichkeit dem Programm der Natur nicht entspricht, so erblickt er darin nicht eine – unabänderliche – Folge der Sündhaftigkeit, sondern eine Verwirrung oder Krankheit des Geistes [42], die sich bei den Fürsten als Machtwille, Begierde und Leidenschaft äußert. Das Verderben des Krieges wird nach dieser Interpretation nicht als metaphysische Gegebenheit, sondern als zurechenbare und also auch beseitigbare menschliche Verfehlung angesehen. Erasmus setzte seine ganze Kraft daran, den Verstand der Menschen und insbesondere der Mächtigen zu erleuchten und ihr Herz zu rühren. Gemäß seiner humanistisch-optimistischen Anthropologie bedarf der Mensch nicht der Zuchtrute des Staates, um ein Leben in Freiheit und Frieden zu führen; es genügen Einsicht und Vernunft.

Konsequent an dieser Position festhaltend, setzte Erasmus einen geistesgeschichtlichen Denkanfang, indem er den Krieg als Ausfluß von Dummheit deutete und damit eine aufklärerische Denktradition begründen half, die bis in die Gegenwart reicht [43]. In dem sehr einflußreichen, häufig übersetzten Traktat mit dem wirkungsvollen, weil einleuchtenden Titel «dulce bellum inexperto», der Krieg ist süß nur für den, der ihn nicht kennt, begnügte er sich nicht mehr damit, wie in der Satire «Lob der Torheit», die Verrücktheit des Krieges, die Tollheit der Fürsten, «die satte Dummheit der Soldaten» zu verspotten, indem er die personifizierte *stultitia* (Torheit) sich ihrer Erfolge rühmen ließ. Vielmehr entrüstete er sich darüber, daß die Menschen zu dem Mittel des Krieges griffen, das doch selbst dem Sieger keinen Vorteil brächte [44]. Er predigte mit philosophischen Deduktionen und mit Ermahnungen der christlichen Moral gegen den grausamen Wahn und den Widersinn menschlicher Massaker an. Er erregte sich über die «kindlichen Streitigkeiten» der Mächtigen, die sie «besser durch Schiedsgerichte schlichten lassen als gewaltsam austragen» [45] sollten. Er distanziert sich von der römischen Rechtsdoktrin, die dem Humanisten doch teuer sein sollte, weil danach ein Krieg immer rechtens ist, wenn er von einem Fürsten als Verwalter eines göttlichen Amtes, «und sei er Kind oder töricht» [46], erklärt wird. Denn die Obrigkeit hat – auch nach christlicher Lehre – die Pflicht, Unrecht zu unterdrücken und zu strafen[47], also Gewalt anzuwenden. Aber, und das betont der holländische Humanist mit Nachdruck, jede christliche Philosophie «dedocet bellum», rät vom Kriege ab[48]. Mit Hinweis auf Augustinus' berühmten Satz bezeichnet er Krieg, falls er aus Eroberungslust, Ehrgeiz oder Rachsucht unternommen wird, als Raubzug[49], nicht als geordnete militärische Auseinandersetzung. Selbst gegen die Türken dürfe man nicht leichtfertig Krieg führen. Zu einer absoluten Verurteilung des Krieges, zu der sich auch die immer politisch denkende Kirche nicht bereitgefunden hat, verstand sich Erasmus jedoch nicht. Die Kirche konnte sich allerdings auf die Zwei-Schwerter-Lehre zurückziehen und den Krieg als Sache der Fürsten, nicht der Priester erklären. Erasmus fand sich aus Opportunitätsgründen zu Kompromissen bereit. Seine Polemiken gegen Krieg und kriegslüsterne Fürsten waren anfangs so heftig, daß er Gefahr lief, als Gegner des (heiligen) Krieges gegen die Ungläubigen verdächtigt zu werden. Also zog er sich auf ein «nein, aber» zurück: man dürfe Krieg nicht führen, außer in dem Fall, daß man ihn mit der Zustimmung Gottes führt; jedoch besser als den Ungläubigen, der uns angreift, zu bekämpfen, sei es, ihn zu bekehren. Im Prinzip blieb der Apostel des Friedens und der Versöhnung bei seiner leidenschaftlichen Perhorreszierung des Krieges und holte damit das christliche Friedensgebot ins Diesseits herab.

Erasmus erntete mit seinen Schriften, die von «a grand design for universal peace»[50], von dem bedeutenden Plan eines universalen Friedens durchzogen waren, großen Ruhm. Gerade die prophetisch-utopischen Texte[51] wurden in immer neuen Auflagen verbreitet, insbesondere die herzbewegende «Querela pacis» (Klage des Friedens, 1517). Wohin sich Erasmus begab, nach Florenz, Siena, Rom, Basel oder London, fand er sich von Gleichgesinnten aufgenommen und gefeiert, zu gelehrten Gesprächen eingeladen, in Korrespondenzen einbezogen. Die Großen seiner Zeit, geistliche ebenso wie weltliche Fürsten, standen in oder suchten den Kontakt zu ihm. Und er, der Geistesfürst, wandte sich an sie, wie von gleich zu gleich. Er beglückwünschte Franz I. von Frankreich, daß er den

Titel «allerchristlichster König» zu Recht trage; er appellierte an den Papst, wobei er den milden Leo X., «der unserem Universum den Frieden wiedergegeben hat», gegen den kriegerischen Julius II. ausspielte.

Erasmus' Nachfolger

Das Antikriegs- und Friedensthema, das Erasmus angeschlagen hat und in dem sich für ihn und seine Gesinnungsgenossen zugleich die kosmopolitische Sehnsucht niederschlug, ist von der langen Reihe seiner Nachfolger, der Vives, Agrippa von Nettesheim, Sebastian Franck, Montaigne, Campanella, Crucé, Vitoria, Suarez vielfach variiert und konsequent fortentwickelt worden. Ausgangspunkt war die Idee des von Natur aus guten Menschen, der für den Frieden geschaffen sei. Natürlich stellt kein Denker das christliche Dogma der Erbsünde in Frage, aber die sich daraus ergebende Konsequenz – Krieg als unentrinnbare Folge dieser Urschuld des Menschengeschlechts – wurde außer acht gelassen. *Rabelais:* «Die Natur hat... den Menschen nackt, zart, gebrechlich, ohne Angriffs- oder Verteidigungswaffen im Zustand der Unschuld wie im goldenen Zeitalter geschaffen: als Tier und nicht als Pflanze; als zum Frieden und nicht zum Krieg geschaffenes Lebewesen, geboren zum wunderbaren Genuß aller eßbaren Früchte und eßbaren Pflanzen»[52]. Das Motiv kehrte, ausgesprochen oder nicht, immer wieder – gelegentlich auch in entgegengesetzter Argumentation, so wenn Hugo Grotius darauf verweist, daß Tiere mit Krallen, Zähnen oder Hörnern ausgerüstet sind, während die Menschen Hände zum Verfertigen und Benützen von Waffen haben[53], daß also Gewaltanwendung von Natur erlaubt sei, vom Gott des Alten Testaments zuweilen gefordert werde; daß aus der Optik des Humanisten Gewalt aber «bestialisch» und dem Menschen unangemessen sei; Krieg aber müsse, falls unumgänglich (etwa bei Zurückschlagung von Angriffen), wenigstens nach Regeln geführt, «gehegt», in moderner Terminologie «humanisiert» werden.

Krieg aus Dummheit

In der Nachfolge des Erasmus trat auch das Motiv der Dummheit als Ursache des Krieges wieder hervor. So gegensätzliche Geister wie der grobianisch überquellende Rabelais, der skeptischfeinnervige Montaigne oder der satirisch-polemische Jonathan Swift standen mit ihren Überlegungen in der Tradition des Erasmus. So wenn der Verfasser von «Pantagruel und Gargantua» als Ursache «großer Kriege... offenbar lächerliche Anlässe» wie den Raub einiger Gebäckstücke durch hungrige Weinbauern während der Lese entdeckte. «Wo ist Glaube? Wo ist Gesetz? Wo Vernunft? Wo Gottesfurcht?»[54], empörte er sich. So wenn *Montaigne*, der Verfasser der «Essais», den Krieg, der als «die größte und pompöseste Aktion der Menschen gerühmt wird», als «Zeugnis unserer Idiotie und Unvollkommenheit» bezeichnete und in tiefster Erregung «die Wissenschaft, uns selbst zu vernichten und zu morden, unser eigenes Geschlecht zu verderben und zu zerstören» attackierte, in der es «die wilden Tiere uns nicht gleichtun können»[55].

Am unerbittlichsten und geistvollsten verhöhnte *Jonathan Swift* den Krieg als Ausfluß der Torheit und Intoleranz der Mächtigen, wenn er in «Gullivers Reisen» (1612) dartut, daß Gewalt und Verfolgung entstehen, weil «Hochhacker und Niedrighacker», d. h. diejenigen, die Schuhe mit hohen bzw. mit niedrigen Absätzen tragen, also um nichtiger Dinge wegen miteinander in unversöhnlichen Streit gerieten, oder diejenigen, die die Eier am dicken bzw. am dünnen Ende (Dickender und Dünnender) aufschlagen, womit die Fanatismen der Religionskriege gegeißelt werden sollten (Hochkirche und Sekten)[56].

Der Weg von Erasmus bis zu Swift führt von der naiv optimistischen Annahme des Holländers, daß dem Unsinn des Krieges durch Vernunft und Lehre ein Ende bereitet werden könnte, bis zu der bitteren Einsicht des Engländers, daß des Menschen Leidenschaften immer wieder Gewalt und Krieg hervorrufen würden. Der menschliche Geist kann, was er will, lehrte Erasmus in seinem «Handbüchlein des christlichen Streiters». Swift hingegen stellt dar, daß solche Hoffnungen unerfüllbar sind. Als der «Mannberg» Gulliver den Kaiser von Lilliput (England) aus seiner Not rettet, indem er, bis zum Hals im Kanal stehend, den feindlichen Kriegsschiffen mit einem Taschenmesser die Ankertaue durchschneidet und ihrer fünfzig in den Hafen von Lilliput entführt, begnügt sich dieser nicht mit dem unerwarteten Sieg und der Wiederherstellung des politischen Gleichgewichts, vielmehr ist nach Swifts charakteristischem Urteil «fürstlicher Ehrgeiz so unmäßig, daß der König an nichts Geringeres dachte, als das ganze Reich Blefusku (Frankreich) in eine Provinz zu verwandeln und durch einen Vizekönig verwalten zu lassen»[57]. Nicht der objektive Zwang der Staatsräson, welche Sicherung des Gewonnenen fordert, um dem Gegner keine Chance zur Revanche zu lassen, wird geltend gemacht. Sondern der Zusammenhang wird psychologisch-subjektiv gedeutet, indem dem Herrscher verwerfliche Motive – maßloser Ehrgeiz – unterstellt werden. Wie Erasmus verstand auch Swift Gewalt und Krieg nicht mehr als Naturtatsachen, sondern legte sie den herrschenden Schichten zur Last. Diese Übel zu beseitigen – und sei es durch eine soziale Revolution –, erschien danach als moralisches Gebot.

Geschärft wurde auch das Gefühl des Mitleids mit den kriegsbedingten Leiden der Mitmenschen. Im Zentrum stand dabei nicht mehr das christliche Mitleiden mit der gequälten Kreatur, sondern die Empörung über die geschändete Menschenwürde des einzelnen, der von den Fürsten zum Massaker getrieben wurde. Der jansenistische Theologe und Moralist Pierre Nicole urteilte: «Eine Kriegserklärung ist ein Todesurteil, das der Fürst gegen seine Untertanen ausspricht»[58]. Erklärung und Führung eines Krieges, bislang als unbezweifeltes Königsrecht und Souveränitätsattribut anerkannt, wurden moralisch disqualifiziert und nicht selten als Verbrechen hingestellt. Das war die Folge davon, daß der Mensch zum Maßstab der Beurteilung genommen wurde. Krieg erschien danach nicht mehr als zwischenstaatlicher Vorgang, sondern wurde in einen grenzüberschreitenden Bezugsrahmen gestellt und als Bürgerkrieg bewertet. Fénélon hat in seinem «Télémaque» bzw. in der darin enthaltenen Utopie «cité de Salente»[59] ausdrücklich diese Konsequenz gezogen. In unserem Jahrhundert hat Carl Friedrich von Weizsäcker aus der gleichen universalistischen Optik den analogen Begriff «Weltinnenpolitik» eingeführt.

Zur Perhorreszierung des Kriegs lief die Glorifizierung des Friedens parallel, der im Mittelalter als Zustand im Jenseits anvisiert wurde oder im Diesseits auf einen konkreten Raum beschränkt war; es gab den Reichsfrieden, Landfrieden, Kirchenfrieden, Stadtfrieden, Marktfrieden. Jetzt wurde der Friede allgemein gesetzt und als zeitlich und räumlich unbegrenzt verstanden. Die gelegentliche Beschränkung auf die christlichen oder europäischen Völker war nicht prinzipieller, sondern pragmatischer Art: man begann beim engeren Kreis, der aber für das Ganze stehen sollte. Die Reihe der Irenisten, die als Nachfolger des Erasmus zu verstehen sind, reicht von

○ Vives, der den trotz des türkischen Vormarsches weiter streitenden christlichen Monarchen ins Gewissen redet, sich zu einigen und gemeinsam die Ungläubigen zu bekämpfen;

○ über Guillaume Postel, «a self-styled Gaulois cosmopolite»[60], der in Erinnerung an Dante eine durch Bekehrung der Andersgläubigen und Heiden erweiterte, ihrem religiösen Inhalt nach vereinfachte christliche Universalmonarchie unter einem einzigen Fürsten, den allgemeinen Frieden und das Glück der Menschheit begründen wollte (de orbis terrae concordia)[61]. Diese Aufgabe stellte der französische Denker bezeichnenderweise der Krone Frankreichs. Er nannte sich in diesem Zusammenhang selbst ausdrücklich einen Kosmopoliten;

○ über die Sekte der Socinianer (Lelio und Fausto Socini), die ein vernunftorientiertes, radikal-pazifistisches Christentum verkündeten (lieber Unrecht leiden, als Unrecht tun; dem Bösen nicht mit Gewalt widerstehen) und nur eine wirkliche Heimat, den Himmel, kannten, was sie gelegentlich veranlaßte, ihre irdische Heimat zu verlassen und ein neues Vaterland zu suchen;

○ über die lange Liste der politischen, naturwissenschaftlichen, metaphysischen Utopiker – Morus, Bacon, Campanella, Emeric Crucé mit seinem spät wiederentdeckten «Nouveau Cynée» (1623), in dem die Bedingungen zur Errichtung eines allgemeinen Friedens dargelegt wurden; in diesen Kreis gehört auch des französischen Königs Heinrich IV. Minister und Freund, der Herzog von Sully[62] mit seinem «grand dessein», wonach die christlichen Konfessionen innerhalb einer föderativen Res publica Christiana friedvoll zusammenleben sollten, Christian Wolff mit seiner «civitas gentium maxima», einem republikanisch-föderativ organisierten Vielvölkerstaat mit Exekutivgewalt der Zentrale («imperium») gegen die Einzelvölker.

o bis zu dem Abbé de Saint-Pierre mit seinem vieldiskutierten «Projet de paix perpétuelle», Projekt eines dauerhaften Friedens (1715), und zu Immanuel Kant mit der Schrift «Vom ewigen Frieden» (1793).

Auch die von Erasmus empfohlenen Instrumente und Techniken der Befriedung wurden von seinen Nachfolgern in vielfachen Variationen übernommen und fortgeführt. So tauchte das Statut der obligatorischen Konfliktschlichtung und internationalen Schiedsgerichtsbarkeit in immer neuen Formen auf (bei Crucé: durch eine in Permanenz tagende Gesandtenversammlung); Grotius empfahl zusätzlich, daß die am Konflikt *un*beteiligten Mitglieder des «Conventus» das «compromissum» suchen. Das Schlichtungsmodell wurde schließlich bei den KSZE-Verhandlungen in Genf und Helsinki (1972–75) wieder diskutiert und von der Schweiz als formulierter Vorschlag eingebracht.

Wieder aufgenommen und variiert wurde von dem Abbé de Saint-Pierre ebenso wie von Kant auch des Erasmus utopische Idee eines Verzichts auf territoriale Änderung als Folge von Erbgang, dynastischen Heiraten, Kauf oder Schenkung, was auf eine Arretierung aller politischen Veränderungen im Sinne eines «ewig» gültigen Status quo hinausläuft; die zumeist auf Inseln installierten utopischen Staatswesen bilden von vornherein ein geschlossenes Territorium[63] ohne Landesgrenzen. Die modernen Gewaltverzichtserklärungen leiten sich aus dieser Status-quo-Idee ab, allerdings mit dem Unterschied, daß einvernehmliche Grenz- und Status-Veränderungen als erlaubt gelten.

Weitere Ideen, die von dem Abbé de Saint-Pierre und von Immanuel Kant übernommen wurden, beeinflussen bis heute die Politik: Nichteinmischung in die inneren Angelegenheiten anderer Staaten; Abrüstung durch Verkleinerung der stehenden Heere; Zivilisierung des Krieges durch Ausschluß von Meuchelmördern, Giftmischern usw.; dem entsprach im Ersten Weltkrieg der Verzicht auf Einsatz von Giftgasen. Der französische Abbé zielte mit seinem Projekt auf eine sofort zu installierende neue europäische Ordnung ab, während der Königsberger Philosoph den Frieden unter den damals obwaltenden Umständen nicht als reale Möglichkeit ansah, sondern als nicht aus den Augen zu verlierende regulative Idee hinstellte, der sich die Menschheit allmählich annähern müsse und die als Aufgabe die Politik bestimmen soll; er bezeichnete die Erreichung einer internationalen Organisation als das größte Problem für die Menschengattung, zu dessen Ausführung die Natur uns zwinge. Schließlich lassen sich Existenz, Wahrnehmung und Einwirkung der öffentlichen Meinung auf die Politik der Staaten als Folge der Briefe, Traktate, Petitionen an die Fürsten begreifen. Immer breitere Schichten der Völker wurden sich der Probleme bewußt, die auch sie betrafen und an deren Regelung sie als freier Bürger mitwirken wollten. Die Menschen- und Bürgerrechtstheorien verknüpften sich mit der Friedensphilosophie und lenkten die Wünsche der Zeitgenossen auf den Weg des Kosmopolitismus.

Der Begriff Kosmopolitismus als philosophische Idee, politisches Postulat oder gesellschaftliche Verhaltensform tauchte im Mittelalter und in der Renaissance sporadisch und beiläufig auf, hat sich aber unterdessen mit den pazifistischen Gedanken vollgesogen. Wenn Frieden zwischen Menschen, Völkern und Staaten herrschte, könnten sich die Menschen frei bewegen und überallhin begeben – als Bürger der einen Welt, die überall zu Hause sind und überall einen Anspruch auf Niederlassung haben. In der Welt der souveränen, ihre Grenzen abschließenden Staaten, die immer verbissener ihr Recht auf Kriegsführung wahrnahmen, kam die kosmopolitische Konzeption nur als kompensatorische Forderung zur Geltung. Bevor die verschiedenen Strömungen im 18. Jahrhundert zu einer kosmopolitischen Lebensform zumindest der oberen

Schichten gerannen, eröffnete die Globalisierung der Welt in den Jahrhunderten der Entdeckung der kosmopolitischen Sehnsucht eine neue Dimension.

1 Paul O. Kristeller, Humanismus und Renaissance, Band I und II. Philosophie, Bildung und Kunst. München o. J. (1975).
2 Jacob Burckhardt, Die Kultur der Renaissance in Italien. Gesamtausgabe, Band V. Stuttgart, Leipzig, Berlin 1930. S. 98.
3 Dante, De vulgari eloquio.
4 Jacob Burckhardt, Die Kultur der Renaissance in Italien. Gesamtausgabe, Band V. Stuttgart, Leipzig, Berlin 1930. S. 98f, Anm. 11.
5 Aristipp, Fragmente 85. (Teles ap. Stob. III 40, 8).
6 Aristipp. Xen, mem. II 1, 13.
7 Thomas Morus, Utopia. Buch 1, S. 4.
8 Cicero, Gespräche in Tusculum. Ed. Olof Gigon. München 1951. S. 108.
9 Jacob Burckhardt, Die Kultur der Renaissance in Italien. Gesamtausgabe, Band V. Stuttgart, Leipzig, Berlin 1930. S. 99.
10 Erasmus, A 1314, 3. Zit. nach Johan Huizinga, Erasmus über Vaterland und Nationen. In: Gedenkschrift zum 400. Todestag des Erasmus von Rotterdam. Basel 1936. S. 34.
11 Cornelis Augustijn, Erasmus von Rotterdam. Leben, Werk, Wirkung. Aus dem Holländischen. München 1986. S. 162.
12 Vgl. Harald Weinrich, Deutscher Geist, europäischer Geist und lateinisches Mittelalter. In: Merkur, Deutsche Zeitschrift für europäisches Denken. Dezember 1978. S. 1223.
13 Alfred von Martin, Soziologie der Renaissance. München 1932. S. 44.
14 Horaz, Epoden, 2, 1.
15 Alfred von Martin, Soziologie der Renaissance. München 1932. S. 88.
16 Vgl. Kurt von Raumer, Ewiger Friede. Friedensrufe und Friedenspläne seit der Renaissance. Freiburg, München 1955. S. 13: «Daß die Querela Pacis (und mit ihr das ganze pazifistische Schrifttum des Rotterdamers) im letzten moralischer Aufruf war, nicht aber Problemanalyse oder gar richtungsweisende Durchleuchtung zur praktischen oder auch sittlichen und intellektuellen Bewältigung der Friedensfragen, wird besonders deutlich fühlbar an der unterschiedslosen Verfemung, mit der er in sein Verdikt über den Krieg auch den Krieger hineinzieht – in einer Schärfe, die über alles Maß hinausgeht.»
17 Johan Huizinga, Erasmus über Vaterland und Nationen. In: Gedenkschrift zum 400. Todestag des Erasmus von Rotterdam. Basel 1936. S. 34.
18 Insbesondere Venedig, das sich der Tradition nach als ‹unabhängig geboren› definierte und niemals dem römischen Kaiser unterstanden bzw. dem Reich angehört zu haben behauptete.

19 Machiavelli, Der Fürst. Kapitel 15.
20 Machiavelli, Der Fürst. Kapitel 18.
21 Jean Bodin, La Méthode de l'Histoire. Œuvres Philosophiques, Tome V. 3. Hg. v. Pierre Mesnard. Paris 1951. S. 414.
22 Bernard Willms, Thomas Hobbes. Das Reich des Leviathan. München, Zürich 1987. S. 20
23 Iring Fetscher, Einleitung zu «Leviathan». Neuwied, Berlin 1962. S. XXII.
24 Hobbes, Leviathan, Kap. I, 13.
25 Hobbes, Leviathan, Kap. I, 41, 66, 75.
26 Hobbes, Leviathan, Kap. I, 96.
27 Hiob 14, 21. Ev. Joh. 41, 24. Vgl. Carl Schmitt, Leviathan in der Staatslehre des Thomas Hobbes. Hamburg 1938.
28 Georg Jellinek, Allgemeine Staatslehre. Berlin 1914, S. 207–209.
29 Thomas Hobbes, Leviathan. Herausgegeben und eingeleitet von Prof. Dr. Iring Fetscher. Neuwied und Berlin 1966. Kapitel 17.
30 Hobbes, De cive. XII, 5.
31 Nach den Berechnungen von Nowacowitsch (Les compromis et les arbitrages internationaux du XII. au XV. siècle. Paris 1905) ist zwischen 1147 und 1475 alle zwei Jahre ein Schieds- oder Schlichtungsverfahren registriert worden. Christian Lange, der Nowacowitsch zitiert, drückt in seiner «Histoire de l'Internationalisme» (Kristiania 1919, Band 1, S. 127) sein Bedauern darüber aus, daß «die Praxis der internationalen Schiedsgerichtsbarkeit sich nicht weiterentwickelt, vielmehr ein brüskes Ende gefunden» hat.
32 Martin Göhring, Weg und Sieg der modernen Staatsidee in Frankreich. Tübingen 1946. S. 20.
33 Christian L. Lange, Histoire de l'Internationalisme. Band 1–3. Publications de l'Institut Nobel Norvégien. Kristiania 1919. Band 1. S. 133.
34 Johan Huizinga, Herbst des Mittelalters. München 1924. S. 34.
35 François de la Noue, Discours politiques et militaires I. In: H. Hauser, François de la Noue. Pariser Phil. Diss. (thèse) 1892.
36 Johan Huizinga, Herbst des Mittelalters. München 1924. S. 143.
37 Thomas Morus, Utopia. Kapitel «Vom Kriege».
38 Agrippa von Nettesheim, Opera, pars posterior. S. 160.
39 Sebastian Franck, Was der krieg sey, woher er komm, und was sein ordnung, kunst, ampt und handwerck sey.
40 Kurt von Raumer, Ewiger Friede. Friedensrufe und Friedenspläne seit der Renaissance. Freiburg, München 1955. S. 8f.
41 Erasmus, Querela pacis, L. III. S. 162f.
42 Erasmus, Werke III. Hg. von Leclerc. Leyden 1702/1712. 10 Bände. S. 122–125. Zit. nach Christian L. Lange, Histoire de l'Internationalisme. Band 1–3. Publications de l'Institut Nobel Norvégien. Kristiania 1919. Band 1. S. 153.
43 Barbara Tuchman, Die Torheit der Regierenden. Frankfurt 1984. S. 11.
44 Erasmus, Adagien. Nr. 3101, Bd. 2. S. 958. Zit. nach Théodore Ruyssen,

Les sources doctrinales de l'Internationalisme. Band 1–3. Paris 1954–1961. Band 1. S. 239.

45 Christian L. Lange, Histoire de l'Internationalisme. Band 1–3. Publications de l'Institut Nobel Norvégien. Kristiania 1919. Band 1, S. 162f.

46 Erasmus, Adagien. Nr. 3101, Bd. 2, S. 959. Zit. nach Théodore Ruyssen, Les sources doctrinales de l'Internationalisme. Band 1–3. Paris 1954–1961. Band 1. S. 240.

47 Christian L. Lange, Histoire de l'Internationalisme. Band 1–3. Publications de l'Institut Nobel Norvégien. Kristiania 1919. Band 1. S. 173.

48 Christian L. Lange, Histoire de l'Internationalisme. Band 1–3. Publications de l'Institut Nobel Norvégien. Kristiania 1919. Band 1. S. 157.

49 Christian L. Lange, Histoire de l'Internationalisme. Band 1–3. Publications de l'Institut Nobel Norvégien. Kristiania 1919. Band 1, S. 173.

50 Francis Wrigley Hirst, The Arbiter in Council. London, New York 1906. S. 271. «The fourth day: Perpetual peace, of The federation of the world».

51 Z. B. das «encheiridion militis christiani» (Handbüchlein des christlichen Soldaten, 1503), die «laus stultitiae» (Lob der Torheit, 1511), die Adagien von 1508 mit dem explosiven Essay «dulce inexperto bellum» (1514), die «institutio principis christiani» (1516), eine Art Fürstenspiegel für den künftigen Kaiser Karl V.

52 Rabelais, Pantagruel et Gargantua, Buch 3, Kapitel 8.

53 Théodore Ruyssen, Les sources doctrinales de l'Internationalisme. Band 1–3. Paris 1954–1961. Band 1. S. 432.

54 Rabelais, Pantagruel et Gargantua, Kapital 21.

55 Montaigne, Les Essais. Buch 2, Kap. XII: Apologie de Raimond Sébond.

56 Jonathan Swift, Gullivers Reisen. 1. Teil, Kapitel 4. Ähnlich Emeric Crucé: «Ist es nötig, wegen Unterschieden der Zeremonien Kriege zu führen?» (Nouveau Cinéas, Préface).

57 Jonathan Swift, Gullivers Reisen. 1. Teil, Kapitel 5.

58 Théodore Ruyssen, Les sources doctrinales de l'Internationalisme. Band 1–3. Paris 1954–1961. Band 2. S. 39.

59 Hans Freyer, Die politische Insel. Eine Geschichte der Utopien von Platon bis zur Gegenwart. Leipzig 1936. S. 124.

60 Thomas J. Schlereth, The Cosmopolitan Ideal in Enlightenment Thought. Notre Dame/Indiana, London 1977, S. 181.

61 Pierre Mesnard, L'essor de la philosophie politique au XVIe. Paris 1951. S. 433, 439.

62 Das zeitweise Heinrich IV. selbst zugeschriebene Projekt ist erst zwanzig Jahre nach des Königs Tod von Sully verfaßt worden.

63 Z. B. bei Fichte, Der geschlossene Handelsstaat. 1800.

KAPITEL 11

Die planetarische Explosion

Rom – Peking – Die Erde vom Meer her sehen: Heinrich der Seefahrer – Habgier und Neugier – Die Aufteilung der Welt: Privileg des Papstes – Mißglückte Integration der Kolonialreiche – Kolonisation und Kulturzusammenstoß

Die allmähliche, kontinuierliche und vollständige Entdeckung, Vermessung, Erschließung und Verteilung der Erde, Land um Land, Erdteil um Erdteil, vor allem aber Ozean um Ozean, Archipel nach Archipel unter schließlicher Einbeziehung der Polregionen und der letzten vergessenen Inseln war für die Entfaltung des Kosmopolitismus von zukunftsbestimmender Bedeutung. Denn bis dahin standen alle weltbürgerlichen Vorstellungen unter dem stillschweigenden Vorbehalt, daß unter «Welt» stets nur der jeweils bekannte, zugängliche oder erschlossene Teil der Welt verstanden wurde, der stellvertretend oder anspruchsweise für die ganze Welt genommen wurde. Die Entwicklung führte nun nach Chaunu «von den Universen zum Universum, von der Vielzahl insularer Einheiten (die zwar nicht ohne Kenntnis voneinander waren, aber nicht wirklich miteinander in Verbindung standen, sie tauschten nur gelegentlich Mitteilungen aus) zu dem, was ich die große planetarische Erschließung genannt habe», «le grand *desenclavement* planétaire» [1]. In dem französischen Begriff kommt die zutreffende Vorstellung zum Ausdruck, daß die Erde bis dahin aus einer Anzahl bekannter Enklaven in der Unendlichkeit des Unbekannten bestand, die dann zu einer zusammenhängenden Einheit des Erforschten verschmolzen sind. Seit dem Zeitalter der Renaissance ist die Welt als Ganze in den Blick der Europäer und danach aller Kulturen gerückt. Der Prozeß der Inanspruchnahme der Erde durch den Menschen kommt damit zu einem Abschluß. Die alte Menschheitssehnsucht nach Einheit ist, zumindest in bezug auf die Geographie, erfüllt worden. Das Vorwärtsstürmen in unerforschte irdische Territorien hört auf. Der Mensch bewegt sich nun auf einer bekannten und erschlossenen Welt.

Die ereignisreiche, alle bekannten Maße des Menschlichen sprengende, vielfach phantastische, gelegentlich unglaubwürdige Geschichte der globalen Entdeckung ist hier nicht nachzuerzählen. Jedes Kapitel dieser, der vielleicht größten Menschheits-Epoche seit Alexander dem Großen, ist noch heute bewegend, ob die Geschehnisse schlicht berichtet, wissenschaftlich erforscht und in historische Zusammenhänge gebracht, poetisch gestaltet und überhöht oder in politischer Absicht gepriesen oder verurteilt werden. Keinem der großen Kapitäne, Seefahrer, Berufsentdecker, den Fernão da Pão, Bartolomäus Dias, Christoph Columbus, Vasco da Gama, Amerigo Vespucci, Pedro Alvarez Cabral, Fernão de Magalhães können wir unsere Anteilnahme, unsere Bewunderung versagen, und auch die fürchterlichsten unter ihnen, die rücksichtslosen und brutalen Konquistadoren und später die gnadenlosen Piraten, die zu Reichsgründern wurden, die Balboa und die Avila, der «furor domini» genannt wurde, die Cortéz und Pizarro, die Drake, Raleigh, Fleury und Leclerc bestaunen wir ihres unzähmbaren Mutes, ihrer heldenhaften Standfestigkeit, ihrer Leidensfähigkeit und -bereitschaft, auch der Größe ihrer Schrecklichkeit wegen. «Der Kampf um die Weltmeere war ein Kampf der Exaltierten, Abnormen, der Verrückten, der Menschen des Grenzfalles. Immer waren diese Männer Außenseiter, teils Fanatiker, teils Verbrecher, im wahrsten Sinne des Wortes ohne festen Boden unter den Füßen. Das ist wörtlich zu nehmen, denn sie haben außerhalb des Landes gelebt, außerhalb der Länder und ihrem Recht, sie haben im Exterritorialen gelebt»[2]. Im Zusammenhang unserer Darstellung interessieren ihre Taten, insofern dadurch die planetarische Ausweitung der bekannten Welt, die allmähliche zivilisatorische Vereinheitlichung der Menschheit und damit die Entwicklung des Kosmopolitismus beeinflußt wurden. Im Mittelpunkt dieses säkularen Prozesses steht die maritime Komponente, die «Ozeanisierung des politischen Raumes»[3], seit dem 18. Jahrhundert auch die Globalisierung der Historiographie.

Die Geschichte des Menschen auf dieser Erde ist – auch – die Geschichte der fortwirkenden Entdeckung unbekannter Territorien durch vorrückende Menschengruppen, ihrer Nutzbarmachung (durch Jagd, Fischfang, Sammeltätigkeit), der Rodung und Urbarmachung für Ackeraussaat, Tierzähmung und Viehhaltung, also ihre zeitweise (nomadische) oder dauernde (seßhafte) Inbesitznahme, Bewohnbarmachung, Bebauung und schließliche Besiedlung. Nach der lang anhaltenden «ursprünglichen Kolonisation», d. h. nach dem Vorstoß in menschenleere Gebiete, der sich als Kampf gegen die Natur vollzieht und die Vorgeschichte aller Zivilisationen ausmacht, erfolgt jedes weitere Vorrücken als Verdrängen oder Überlagern anderer Gruppen und zugleich als Rivalität und Konflikt unterschiedlicher Lebensweisen.

Rom – Peking

In historischer Zeit ist der Planet Erde von vorstoßenden, plündernden, raubenden, unterdrückenden ebenso wie von kultivierenden, Städte gründenden und Staaten bildenden Gruppen und einzelnen von vielen Seiten her erschlossen worden. Eine starke und konstante Dynamik entfalteten die Europäer. Die Griechen des klassischen Zeitalters drangen bis Ägypten und in den Nahen Osten vor, Alexander erreichte Indien. Im Mittelalter bestanden regelmäßige Handelsverbindungen quer durch Asien bis Karakorum und Peking. Freilich hing es von den jeweiligen politischen Umständen ab, ob und unter welchen Risiken die transasiatischen Karawanenstraßen passierbar waren. Erst unter Dschingis Khan, dem «ozeanischen» (= universalen) Herrscher über die ganze Erde, wurden die in den unübersehbaren Steppen schweifenden Reiterstämme so weit unterworfen, daß die Kaufleute sich ohne Gefahr auf die Reise machen konnten. Ende des 13. Jahrhunderts kontrollierte der Großkhan, der sich als «einzigartig wie sein Gott», der Himmel, bezeichnete, von Karakorum, später von Peking aus ganz Nordchina, damals Cathay genannt, Südchina (Mangi), Korea,

Lebens- bzw. Regierungszeiten der wichtigsten in diesem Kapitel erwähnten Personen	
Dschingis Khan	1155–1227
Pian de Carpini	≈ 1182–1252
Wilhelm von Rubruk	≈ 1220–nach 1293
Ludwig der Heilige	1226–1270
Innozenz IV.	1243–1254
Marco Polo	1254–1323
Kublai Khan	1260–1294
Dante	1265–1321
Innozenz VI.	1352–1362
Heinrich der Seefahrer	1394–1460
Bartholomäus Dias	≈ 1450–1500
Amerigo Vespucci	1451–1524
Isabella von Kastilien	1451–1504
Christoph Columbus	1451–1506
Pedro Alvarez Cabral	1467–1520
Vasco da Gama	1469–1524
Fernão de Magalhães	1470–1521
Ferdinand von Aragon	1474–1516
Pizarro	1475–1541
Bartolomé de Las Casas	1477–1560
Fernandez de Oviedo y Valdés	1478–1557
Hernando Cortéz	1485–1547
Antonio Pigafetta	1491–1534
Alexander VI.	1492–1503
Franz I. von Frankreich	1515–1547
Kaiser Karl V.	1516–1556
Francis Drake	≈ 1540–1596
Walter Raleigh	1552–1618
Gil Gonzales de Avila	1577–1658
Hugo Grotius	1583–1645
Voltaire	1694–1778
David Livingstone	1813–1873
Henry Morton Stanley	1841–1904

Tonking, Birma, ganz Mittelasien und Sibirien, Mesopotamien, Armenien, Iran, und griff von diesem unermeßlichen und befriedeten Reich im Osten nach den großen Inseln Java und Japan, im Westen nach Polen und Ungarn aus. Die erklärte «Absicht der Tataren war», wie Pian de Carpini vermutete, «die Welt zu unterwerfen» [4].

Die aus dem Abendland kommenden Reisenden trafen in dieser Zeit auf keine Grenzpfähle und hatten auch keine Angriffe, Überfälle oder sonstige Belästigungen zu fürchten, etwa die Zumutung, einen anderen Glauben zu übernehmen. Letzteres spielte eine maßgebliche Rolle für die diplomatischen Reisen, die damals in Mode kamen – mit ausdrücklicher Zustimmung, häufig auch Ermunterung der Mongolen, deren Fürsten manche Emissäre aus dem Westen zum Großen Khan geleiteten, der Formulierung Pierre Paul Roux' zufolge: «Erneut lud Asien Europa ein» [5]. Die an religiöse Toleranz nicht gewöhnten Europäer trafen auf Mongolen, die die Andersgläubigen, ihre Sitten, ihre Riten und ihre Priester respektierten und ein offenes Interesse für die Andersartigkeit der Fremden bekundeten. Marco Polo verzeichnete ähnliche Erfahrungen, die er am Ende des 13. Jahrhunderts in China gemacht hat. Der Kublai Khan, in dessen Diensten er stand, hat vor einem Osterfest erfahren, daß dies eins der wichtigsten Feste der Christen sei. Unverzüglich habe er alle Christen in der Stadt zu sich gebeten und geheißen, ihre heiligen Bücher mitzubringen, die er mit Aufmerksamkeit betrachtet und hernach in einer großen Weihrauchzeremonie als Zeichen der Verehrung geküßt habe [6]. Dieses Verhalten, das in Europa nicht unbekannt blieb, ermunterte manche von ihnen, sich auf den langen Weg in den Osten zu begeben. Päpste und Könige (Innozenz IV. und Ludwig der Heilige) entsandten schon Anfang des 13. Jahrhunderts Franziskaner- und Dominikanermönche als Gesandte in besonderer Mission nach der Tartarei. Ihr politischer Auftrag bestand darin, herauszufinden, ob die mongolischen Stammesherren als Bundesgenossen gegen den westwärts vordringenden islamischen Feind gewonnen oder zumindest zum Stillhalten, zur Neutralität bewogen werden könnten.

Diese Fernkontakte zwischen abendländischen und asiatischen Fürsten und die darüber angefertigten Berichte haben das Weltbild der an solchen Fragen interessierten Europäer erweitert. Politische Auswirkungen hatten sie nicht. Die Gesandtschaften erwiesen sich als Mißerfolge. Asien wurde für Europa nicht geöffnet. Die Gesandten bedurften einer langen Eingewöhnung in eine «völlig andere Welt», sie mußten sich mühsamen, oft umständlichen und unverständlichen Verhandlungen nach fremden Regeln unterziehen. Zu Absprachen kam es nicht. Vielmehr erschöpften sich die Gespräche bei Hofe großenteils in den seit sumerischen Zeiten wohlbekannten großsprecherischen Vormachtbehauptungen. Sowohl der Papst wie der Großkhan glaubten, ihre Herrschaftsbereiche im Abendland bzw. in Asien bildeten das Zentrum der Welt. So kehrte die Delegation des Dominikanerpaters Anselmus von 1245 mit einem in den Archiven des Vatikan verwahrten, in rüdem und verletzendem Ton verfaßten Schreiben (mit beigefügter Übersetzung in lateinischer und arabischer Sprache) an den Papst heim, dem zufolge er, der Papst, begleitet von den ihm untertänigen Fürsten, in eigener Person dem Großkhan Kujuk, dem «die ganze Erde gehört», huldigen solle. «Das ist ein Befehl, gesandt an den Großen Papst, damit er ihn zur Kenntnis nehme und verstehe... Ihr habt uns ein Ersuchen der Unterwerfung gesandt, das Eure Gesandten uns vorgetragen haben. Wenn Ihr nach Euren eigenen Worten handelt, du, der du der Große Papst bist, mit den Königen, so kommt in Person, uns zu huldigen; wir werden Euch zu diesem Zeitpunkt die Befehle des jasaq (der Gesetzessammlung von Dschingis Khan) verdeutlichen. Kommt in eigener Person an der Spitze der Könige, alle zusammen, ohne Ausnahme, kommt, uns Dienst und Huldigung anzutragen. Zu diesem Augenblick werden wir Eure Unterwerfung zur Kenntnis nehmen»[7].

Manchen dieser Emissäre, so Pian de Carpini oder Wilhelm von Rubruk, verdanken wir farbige Berichte über das Leben am Hof des Großkhans. So erfahren wir, daß in Karakorum Gesandte indischer, russischer, arabischer und anderer Potentaten versammelt waren, dreitausend, nach anderen viertausend an der Zahl. Die Mongolen beherrschten viele (auch europäische) Sprachen. Ihre Weltläufigkeit, wozu das Statut der (im Westen keinesfalls durchgängig anerkannten) Heiligkeit der Gesandten gehörte, wurde ausdrücklich gerühmt, ebenso ihre Straßen, Herbergen, Proviantstationen, der Postdienst und das in Europa noch unbekannte Papiergeld.

Der Venezianer Marco Polo, den der Historiker Zechlin «vielleicht den größten Reisenden der Weltgeschichte»[8] genannt hat, verbrachte vierundzwanzig Jahre beim Kublai Khan, in dessen Auftrag er das riesige chinesische Reich bereiste. Seine «wunderbaren» Aufzeichnungen fanden im Abendland trotz ihrer noch heute bestechenden Beobachtungsgenauigkeit keinen Glauben und wurden von den Zeitgenossen vielfach als Aufschneidereien abgetan. Mit der geltenden antik-christlichen Weltvorstellung, der zufolge Jerusalem den Mittelpunkt der Welt bildete, vertrug sich nicht eine Darstellung, die an der unbekannten Peripherie der Ökumene ein weitläufiges und hochkultiviertes Reich mit eigenem Mittelpunkt zeigte. Erst in der Renaissance wurden Polos Berichte mit leidenschaftlicher Anteilnahme aufgenommen; Heinrich der Seefahrer und Columbus besaßen Abschriften. Und es dauerte noch lange Zeit, bis die Historiker des 18. Jahrhunderts, Voltaire vor allen, China einen Platz im Kontinuum der Zeiten anwiesen: die vier- bis fünftausend Jahre chinesischer Geschichte rückten an den Anfang der Zeit. Und nicht in dem überall gesuchten Paradies, sondern in dem fernöstlichen Reich wurde jetzt der Beginn der menschlichen Kultur erblickt.

Der Landweg nach Asien war lang und beschwerlich, häufig gefahrenreich; nur zeitweise konnten europäische Kaufleute, wie wir sahen, ungehindert durch Überfälle von lokalen Machthabern und Räuberbanden, zu ihrem Ziel gelangen. Aber auch in sicheren Zeiten war die Transportkapazität der Saumtierkarawanen relativ gering. Diese Schwierigkeit konnte nur überwunden werden, wenn es gelang, den Seeweg nach Indien zu öffnen, von wo aus die ostasiatischen Gebiete erreicht werden konnten; dort lockten die fabelhaften Reichtümer an Spezereien und sonstigen im Abendland begehrten Luxusgüter; vor allem aber Gold, das im Überfluß vermutet wurde. Denn jahrhundertelang waren im Tausch für eingeführte Waren große Mengen Goldes über arabische Zwischenhändler nach dem Osten abgeflossen. Der Seeweg nach Indien, den die Kaufleute und Händler suchten, setzte wiederum die Umseglung Afrikas voraus. Ob das möglich war, lag jenseits der gesicherten Kenntnisse der Zeit, da manche Zeitgenossen den Indischen Ozean als ein für Schiffe aus Europa von See her unzugängliches, von der afrikanischen Landbarriere begrenztes Binnenmeer ansahen.

Das Entdecken war im 15. und 16. Jahrhundert auf seiten der zumeist königlichen Auftraggeber und Organisatoren ebenso wie auf seiten der Akteure, der Seefahrer, Entdecker usw. eine kosmopolitische Angelegenheit, insofern Fragen der Herkunft dabei außerhalb der Betrachtung blieben. Die Renaissancefürsten förderten die Entdecker und Kartographen, Schiffsbauer und Nautiker, ebenso wie sie Maler, Gartenarchitekten oder Goldschmiede unterstützten, ohne sich viel um ihre Nationalität zu kümmern. Europa war in dieser Beziehung eine Einheit. Italienische Baumeister und Handwerker arbeiteten in Südschweden an der Errichtung von Schloß Helsingör, und polnische Gelehrte berechneten in Ferrara und Heidelberg den Verlauf der Sternenbahnen. Die Entdecker stützten sich ihrerseits auf den allgemeinen, von den seefahrenden Nationen angesammelten Schatz an kartographischem Wissen, seemännischer Erfahrung sowie geographischen Konzeptionen. Die rege Nachfrage nach einschlägigen Karten und Büchern gewährleistete die rasche Verbreitung der Kenntnisse neuer Entdeckungen über ganz Europa. Als jedoch einzelne Entdeckungsreisen beträchtliche Gewinne abzuwerfen begannen, machte sich bald wieder der politische und wirtschaftliche Egoismus der Staaten geltend. Die Kenntnis der entdeckten Länder wurde bald Allgemeingut. Aber die Handelsbeziehungen, die sich aus den Kenntnissen ergaben, verteidigten ihre Besitzer wie ein nationales Monopol, im Einklang mit der Wirtschaftstheorie der Zeit, die den Außenhandel als eng dem Krieg verwandt, als Instrument der nationalen Machtpolitik betrachtete.

Der Einschnitt, den das Entdeckungszeitalter im Ablauf der europäischen und der Weltgeschichte bildete, war tiefgreifend, weil sich dabei eine Kehre der Wahrnehmungsachse des Menschen vollzog. Solange sich die entdeckerischen, emigratorischen und kolonisatorischen Vorgänge auf die Landmassen dieser Erde erstreckten, bestimmten Abgrenzung und Einhegung von Grund und Boden oder zusammenhängender Ländereien – wo ich sitze, das besitze ich – die menschlichen Initiativen. Das Haus und der Zaun sind Symbole dieser Ordnung. Die Entwicklung von souveränen Territorialstaaten mit ausschließenden Hoheitsrechten, deren italienische Anfänge und spätere Entwicklung in Westeuropa geschildert worden sind, bildete den historischen Höhepunkt dieser terrestrischen Phase der Menschheitsgeschichte. Das darauffolgende Zeitalter steht, von heute aus gesehen, wesentlich im Zeichen des Meeres, der Seefahrt, der Bildung von Seereichen. Alle großen geographischen Entdeckungen sowie Eroberungen und Kolonisierungen erfolgten seit dem 15. Jahrhundert von der Seeseite her. *«The great age of Discovery was the age of the Discovery of the sea»*[9]. Die wichtigste Besonderheit des Entdeckungsbeitrages der Europäer besteht fraglos in der neuen Blickrichtung: Erstmals sahen sie die Erde vom Meer her, nicht das Meer als *trait-d'union* von Landstükken; das setzte sie instand, die Erde als durch die Weltmeere zusammenhängende Einheit zu erfassen. Fast alle großen Entdeckungsfahrten sind auf diese Weise zustande gekommen. Die großen Weltreiche, deren Gründung, Ausbau, Verteidigung und schließlicher Verfall den wesentlichen Inhalt der letzten fünf Jahrhunderte ausmacht, bestanden in ihrem wichtigeren Element aus maritimen Verbindungslinien, die von einem System von Stützpunkten gesichert wurden; die eroberten Territorien waren gleichsam Zugaben. Nur Spanien bildete eine Ausnahme, das nach dem zugespitzt formulierten Urteil von Herbert Lüthy «keine See- und Handelsmacht war – und es eigentlich nie wurde, sondern eine auf Kreuz- und Raubritterschaft und schwerer Infanterie aufgebaute Landkriegsmacht, deren landhungrige Konquistadoren sich und ihrer Krone denn auch nicht ein Seereich zimmerten, sondern ein abgeschlossenes und verbarrikadiertes Kontinentalreich jenseits des Meeres»[10].

Die Erde vom Meer her sehen: Heinrich der Seefahrer

Der Ursprung der großen Kolonialreiche war maritim und kommerziell; die militärische, administrative und politische Dimension wurde in der nächstfolgenden Phase unter dem Zwang der Verhältnisse nachträglich in sie eingezogen. Die Portugiesen, die Pioniere des modernen Entdeckertums, waren die Gründer des ersten transozeanischen Weltreichs, das sich rund um den Erdkreis von Brasilien über West- und Ostafrika, das kleine Goa mit dem anspruchsvollen Titel «Estado da India» bis nach dem fernöstlichen Macao, Malakka und den Molukken erstreckte.

Der Mann, der dies ins Werk setzte, der Infant Heinrich der Seefahrer, fuhr selbst nicht zur See, weil dies seine königliche Abkunft nicht zuließ; er konzentrierte aber alle Kräfte seines Landes auf diese Aufgabe und lenkte damit die Geschichte der Seefahrt und den Gang der Weltgeschichte auf neue Bahnen. Auf Cap Sagres, dem äußersten südwestlichen *finis terrae* unseres Kontinents, errichtete er die erste Seefahrtsakademie der Welt, in die er Spitzenkräfte aus allen Ländern – Nautiker, Kosmographen, Kartenzeichner, Schiffbauer, Ingenieure, Astronomen, Mathematiker – berief. Dort wurde alles erreichbare Erfahrungsmaterial, die Texte antiker Schriftsteller wie die Berichte von Reisenden und Kapitänen, aber auch Instrumente, Seekarten usw. zusammengetragen, geordnet und ausgewertet. Des Prinzen Absicht war nicht, nach dem sagenhaften Atlantis, zu dem äthiopischen Traumreich, dem allenthalben seit Jahrhunderten gesuchten Paradies oder wenigstens der Herrschaft des legendären Erzpriesters Johannes vorzudringen, sondern er hieß seine Kapitäne systematisch südwärts segeln und Schritt um Schritt, Portion um Portion die unbekannten Küsten Afrikas erkunden. Mit einer noch heute erstaunenden Beharrlichkeit und Konsequenz, die allen Mißerfolgen trotzte, betrieb er die Umschiffung Afrikas, deren Möglichkeit schon antike Schriftsteller angenommen hatten. Des Prinzen Programm war keineswegs phantastisch, sondern höchst realistisch; es bedurfte jedoch einer produktiven Phantasie, um das Ziel zu setzen und seine Durchführung gegen immer neue Hindernisse zu gewährleisten. Der Weg über die «Säulen des Herakles» hinaus ins *mare tenebrosum* galt seit alters als gefahrvoll und war von altüberlieferten Vorurteilen und mythischen Ängsten besetzt. Das Cap Bojador wurde für unpassierbar gehalten, hier endete die Welt des Lebendigen, hieß es, das Meer verdicke sich infolge von Sonneneinstrahlung und Gluthitze zu einer gallertartigen Masse, eine grabesschwarze Wand wachse zum Himmel empor. Prinz Heinrich sandte nacheinander 51 Schiffe[11] nach Süden, bis es dem Kapitän Gil Eanes unter günstigen Umständen und ohne Schwierigkeiten gelang, den Durchbruch zu erzielen und damit den Kurs zu entdämonisieren und die «stark autosuggestiv wirkende Entmutigung»[12] der Kapitäne zu überwinden. Südlich des Wendekreises des Steinbocks, so wurde weiter gesagt, würde das Gesicht derer, die ihn zu passieren suchten, sich schwarz verfärben, und überhaupt handle es sich um eine *«regio inhabitabilis propter calorem»*, um eine Weltgegend, unbewohnbar wegen Hitze, verwüstet und verbrannt von der Glut. Gegen all diese abergläubischen Vorstellungen setzte Heinrich den Augenschein, die Erfahrung. Selbst die Theorien eines Aristoteles mußten vor den Mitteilungen glaubwürdiger Zeugen weichen, diese «moderne» Einstellung wäre einem mittelalterlichen Menschen unverständlich gewesen.

Noch bevor diese wissenschaftlichen Erkundungen beendet waren, für die der rührige Prinz beträchtliche Mittel seines Ordens einsetzte, hatten die Portugiesen wiederum als erste den praktischen Nutzen dieser wissenschaftlichen Untersuchungen erkannt. Ihre in den fernen Niederlassungen tätigen Handelsagenten befanden sich in ungeschützter Lage und bedurften der Unterstützung von zu Hause. Sie hatten die Aufgabe, in den fernöstlichen Basaren Gewürze einzuhandeln, sie in Warenhäusern zu stapeln und auf die Ankunft der nächsten Schiffe aus Lissabon zu warten, die sie heimtransportieren sollten. Während der Wartezeiten waren sie Überfällen und Raubzügen ausgesetzt. Mit jedem Jahr, das verging, brauchten sie daher immer dringlicher militärischen Schutz durch eine in der Region stationierte und operierende Flotte, die wiederum auf Stützpunkte, Häfen und die dazugehörigen *«facilities»* angewiesen war. Prinz Heinrich erkannte vor allen anderen, daß er dafür politische Machtmittel, also Waffengewalt einsetzen mußte, um die Konkurrenz, insbesondere der arabischen Schiffahrt, auszuschalten, den Kampf um die Seerouten und die neuen Länder zu bestehen und die Neuverteilung der Macht auf den Weltmeeren zugunsten seines Landes zu wenden.

Vasco da Gama, der neun Jahre nach dem Tode Heinrichs geboren wurde, verwirklichte mit seiner Indienfahrt Heinrichs Vision. Das von antiker und kirchlicher Autorität gehaltene ptolemäische Weltbild – die von Meeren umschlossene Erdscheibe –

wurde dadurch absolet. Die von den Arabern vermittelte Annahme antiker Autoren, daß die Erde Kugelgestalt besitze, obsiegte. Die Zeitgenossen versuchten nunmehr, nach Erreichung Indiens, den asiatischen Kontinentalblock von Westen her, d. h. über den Atlantik anzusteuern. Bei den für die *Westpassage* maßgebenden Berechnungen schätzte Columbus den Erdumfang an dieser Stelle auf 11 000 (statt tatsächlich 21 000 km) und also viel zu gering ein und glaubte daher (bis zu seinem Tode), die Fahrt nach Indien, die tatsächlich in der Karibik mit der Entdeckung Amerikas endete, erfolgreich bestanden zu haben. Das erwies sich als der wahrscheinlich folgenreichste Irrtum der Weltgeschichte. Den Zeitgenossen war, auch lange nach Aufklärung des Irrtums, die weltgeschichtliche Bedeutung der Entdeckung freilich nicht erkennbar.

Jedenfalls erwarb sich die Menschheit damals den weltweiten Seemannsblick. Zwischen dem Anfang des 15. und dem Ende des 17. Jahrhunderts (1427 erreichten die Portugiesen die Azoren, im Jahre 1700 nahm James Cook die Südostküste Australiens [Neusüdwales] für die britische Krone in Anspruch) lernten die Zeitgenossen, sich alle Meere als eine zusammenhängende Wasserfläche vorzustellen, die es dem Seefahrer gestattete, an jedem Küstenstrich an Land zu gehen und von da aus in das Innere der Kontinente vorzudringen. Bis dahin waren die interozeanischen Durchfahrten und Verbindungswege den Europäern nicht bekannt, manche waren überhaupt unbekannt. So unglaubwürdig es heute klingen mag, kein Schiff war je von außen her in die Karibik, in den Atlantik oder ins Mittelmeer eingefahren. Der Pazifik war als ein besonderes Meer auch Arabern, Malaien und Chinesen unbekannt, obschon ihre Seefahrer sich in den verschlungenen und inselreichen Verbindungsstraßen vom Golf von Bengalen bis zur chinesischen See auskannten. Die Ozeane und die amerikanische Landbarriere waren noch nicht ausgelotet.

Die wichtigsten Entdeckungen folgten binnen weniger Jahrzehnte vor und nach 1500 rasch aufeinander. Gebiete in einer Entfernung und von einer Ausdehnung, die die Dimensionen der bisherigen um das Mittelmeer gelegenen Welt sprengten, wurden ausgemacht, in ihrer Größenordnung erkannt und in ersten Ansätzen in Besitz genommen. Der letzte Akt dieser Inanspruchnahme des Planeten durch den Menschen ist im 20. Jahrhundert zu Ende gegangen: Kein weißer Fleck auf der Landkarte regt die Phantasie der Zeitgenossen zu entdeckerischem Abenteuer auf Erden mehr an. Livingstone und Stanley spürten Ende des 19. Jahrhunderts die letzten afrikanischen Stämme auf, die noch nie weiße Menschen gesehen hatten. Und im Zweiten Weltkrieg drangen amerikanische Soldaten auf eine verlorene Südseeinsel vor, wo sie von Ureinwohnern als «weiße Götter» angestaunt wurden. Es bleibt dem Menschen unserer Tage geographisch nichts Neues zu entdecken.

Das Werk der Erschließung der Erde ist von Europäern vorgenommen worden. Ihren Vorstößen in immer neue Räume ist die erst konzeptuelle, dann verkehrs-, wirtschafts- und kommunikationsmäßige Vereinheitlichung des irdischen Lebensraums zu danken. In strukturellem Zusammenhang damit steht die Tatsache, daß die kosmopolitischen Sehnsüchte und Bemühungen, die ihrerseits europäischen Ursprungs sind, sich zu einer Eigenart der Europäer konsolidierten. Der Sprung über die Enge der Heimat und der im geographischen wie geistigen Sinne weltumfassende und weltbürgerliche Ausgriff sind ihre Leistung. Natürlich haben auch außereuropäische Völker und Kulturen Entdeckungsfahrten unternommen, sind in unbekannte Gegenden vorgedrungen, haben Fremdes erkundet. Afrika beispielsweise ist von den Arabern von vielen Seiten her erforscht worden, lange bevor die Portugiesen ihre Reisen an der Westküste entlang begonnen haben. Das entscheidend Neue war dabei nicht ihr Erfolg, sondern die Systematik und Rationalität ihres Vorgehens. Nicht der Zufall hat sie geleitet, sondern wissenschaftliche Theorie und planvolles Handeln. Ihre Leistungen treten um so deutlicher hervor, wenn man sie mit dem sehr beträchtlichen Beitrag der nicht-europäischen Völker vergleicht. Diese haben den Europäern nicht nur die Wege in ihre angestammten Regionen gewiesen, sondern ihre Reisen auch durch ihre eigenen entdeckerischen und seemännischen Leistungen erst ermöglicht. Ostafrika beispielsweise kannten außer den Arabern auch Inder und Chinesen.

Vasco da Gama folgte auf seiner Reise nach Indien erst der von seinen Landsleuten schon erforschten Route, dann bediente er sich bei Überquerung des Golfs von Bengalen von Moçambique nach Calicut (Kalkutta) der Hilfe arabischer Seeleute, die seit Jahrhunderten diese Strecke befuhren und ihm ihre Dienste als maritime Führer gegen Entgelt zur Verfügung stellten. In ähnlicher Weise haben malaiische Lotsen europäische Kapitäne nach Malakka geleitet – auf Grund javanischer Seekarten; haben chinesische Schiffe unter chinesischen Kapitänen europäische Forscher nach Fernost befördert; erreichte Magalhães in den Marianen und später den Philippinen von der Inselbevölkerung viel befahrene lokale Wasserstraßennetze. Diese Hilfen der einheimischen Seefahrer erklären, jedenfalls teilweise, die verblüffende Schnelligkeit, mit der die Europäer in die südasiatischen Gewässer vordrangen. Sie folgten wohlbekannten Wegen. Die eigentliche europäische Leistung bestand darin, daß sie die vielen maritimen Zusammenhänge der einzelnen Regionen – geographische Kenntnisse, hydrographische, Wind- und Wetterinformationen, Seekarten, navigatorische Fähigkeiten – zu einem globalen Kenntnissystem zusammenfaßten und daß es ihnen gelungen ist, sich systematisch daran zu orientieren. Mit einem Wort, die europäischen Seefahrer haben es vermocht, aus der Beherrschung vieler regionaler Seegebiete die Herrschaft über das Meer überhaupt und damit nach Raleighs Wort der Welt zu gewinnen.

Diese Leistung muß doppelt gewertet werden, weil die Europäer gegenüber den Bewohnern der anderen Regionen weder einen nautisch-technischen noch einen wissenschaftlich-geographischen noch einen schiffbauerischen Vorsprung besaßen. Arabische Segler steuerten ihre Dhaus mit Hilfe der monsunischen Windwechsel 2000 Meilen über die hohe See. Die kosmographischen Kenntnisse der Araber und Chinesen waren denen der Genuesen und Venezianer gleichwertig oder überlegen. Und was das allgemeine Kulturniveau angeht, stand der Vorrang der Moslems gegenüber dem Abendland seit den Kreuzzügen außer Zweifel. Im Vergleich zu den fernöstlichen Hochkulturen war der Abstand noch viel größer. Als Vasco da Gama namens seines Königs dem Herrscher von Calicut Geschenke überreichen wollte, spotteten die indischen Hofbeamten ebenso wie anwesende arabische Kaufleute: Solche Armseligkeiten stellten eine Beleidigung der großen Herren des Landes dar. In den Augen der raffinierten und luxusgewohnten Orientalen, insbesondere der traditionsbewußten Chinesen erschienen die Abendländer als Barbaren, die aus Mangel und nicht ihrer Überlegenheit wegen die beschwerliche und gefährliche Reise nach dem Osten antraten, was so falsch nicht war.

Viele Entdecker haben selber und ohne Umschweife die Habgier, die Sucht nach Gewinn als das Hauptmotiv ihrer gefahrvollen Unternehmungen bezeichnet – ob es sich um Gold und Silber, Land, Sklaven oder Gewürze handelte (worunter nicht nur Zutaten zum Würzen von Speisen, sondern auch Arzneimittel, Drogen, Farbstoffe, Parfums usw. verstanden wurden). Der Traum vom schnell erworbenen Reichtum und Glück beflügelte Abenteurer und Kapitäne, Händler und Entdecker. Die einen hatten von goldführenden Flüssen, von Perlenbänken, verborgenen Schätzen oder reichen Minen gehört, deren Platz sie suchten. Die anderen hofften, fleißige Eingeborene auf eigenem Boden arbeiten zu lassen, um dem beengten Leben in der Heimat zu entgehen und als freie Männer ihr Leben zu führen. Gold ist Macht. Columbus schrieb an seine königlichen Auftraggeber, Gold sei etwas Hervorragendes, mit Gold könne man «alles machen, was man auf dieser Welt begehrt», und, offenkundig mit Bezug auf den Skandal mit den Ablaßbriefen, «man bringt damit sogar die Seelen ins Paradies» [13]. Alle sind auf materiellen Gewinn aus. Für den einzelnen Bürger hängen Wohlleben und Freiheit davon ab, für den Staat politische und militärische Machtausübung.

Habgier und Neugier

Der Erwerbsantrieb ist sowohl durch geistliche wie durch weltlich-geistige Motive überhöht worden. Einer der Konquistadoren, Bartholomäus Dias, schrieb unverstellt, er und seine Freunde seien über den Ozean gefahren, um Gott und Seiner Majestät zu dienen, um Licht denen zu bringen, die in der Finsternis schmachten und um reich zu werden, wonach alle Menschen streben. Den wahren Glauben zu verbreiten und Heiden zu bekehren (alle Nicht-Mohammedaner galten als potentielle Christen), war in jenen Tagen ein geglaubtes oder vorgeschobenes, jedenfalls immer angeführtes Rechtfertigungsmotiv für alle großen und alle furchtbaren Taten. Die Entdecker erstrebten freilich nicht nur Reichtum und Verdienst vor Gott, sondern auch Ruhm in der Nachwelt. Die Lebensideale der Renaissance schlugen durch. Nicht minder bestimmend für die Seefahrer war neben der grenzenlosen Habgier auch die unbegrenzte Neugier, die *curiositas*, die schon die Kreuzfahrer leitete und der wir bei den Fahrenden auf den mittelalterlichen Straßen begegneten. Die Funktion der *curiositas* bestand buchstäblich darin, die Welt zu öffnen, erst in der Phantasie, dann in der Realität. Alte mythische Schranken mußten dabei überwunden werden. Wie am Cap Bojador jene Wand durchstoßen werden mußte, die angeblich das Ende der Welt signalisierte, galt es generell, dem bisher gezügelten Wissensdurst freie Bahn zu schlagen.

Das Wagnis, die Säulen des Herakles zu passieren und hinaus in den freien Atlantik zu fahren – trotz des Verbots: *«nec plus ultra»*, nicht mehr weiter –, bezeichnet darum eine Zeitenwende. Solange die Religion die einzige Bestimmungsmacht war, bedurfte die *curiositas* der transzendenten Legitimation. Jedes Erkenntnis-, Erkundungs- und Entdeckungsunternehmen mußte an einen Heilssinn gebunden sein. Der Mensch durfte das ihm zugewiesene geistige oder irdische Territorium, wie Dante dargetan hat[14], ohne religiösen Bezug nicht überschreiten. Tat er es, so war das Hybris, war gemäß dem Mythos vom Baum der Erkenntnis die Ursünde. Die provokative, das bisher Gültige umkehrende Formulierung *«plus ultra»* (noch weiter), symptomatischerweise Kaiser Karls V. Wahlspruch, kennzeichnet den unbändigen Willen des neuzeitlichen Menschen, alle Grenzen, Hürden und Hindernisse zu überspringen. Die neu aufbrechende Reiseliteratur spiegelt diesen vorwärtsdrängenden Trieb. Pigafetta, der Magalhães auf seiner Weltumseglung begleitete, war der erste Reiseschriftsteller der modernen Zeit, der – unter nicht vergleichbaren Umständen, aber in ähnlicher Gesinnung wie Herodot – aus reiner Wißbegierde die Gefahren und Entbehrungen der großen Reise auf sich nahm. Er hat ein von platonischem Staunen durchwehtes Reportagewerk hinterlassen, das trotz mancher leichtgläubiger Passagen für die Gattung exemplarische Bedeutung besitzt.

Die vier genannten Motive – Gewinnsucht, Neugier, Machtwille und Bekehrungseifer –, deren Rangfolge zeitgenössische und spätere Autoren unterschiedlich bewerteten, haben die Entdecker aufs hohe Meer getrieben. Kein Faktor allein wäre hinreichend gewesen, dies zu bewirken und damit die tiefgreifenden Veränderungen aller Lebensbezüge herbeizuführen, die im Gefolge der Entdeckungen eingetreten sind. Alle monokausalen Erklärungsmodelle reichen nicht hin zum Verständnis des gewaltigen Aufbruchs.

Entdeckung war damals freilich noch kein Selbstzweck im Sinne reiner Erkenntnis. Die Seefahrer fuhren um praktischer Ziele wegen in die Ferne. Es ist schwer vorstellbar, daß einer von ihnen, ein Columbus oder Magalhães, sich die Erforschung des Nordpols vorgenommen hätte – allein der Wissenschaft wegen. Solch eine Absicht wäre damals günstigenfalls als Produkt einer romantischen Phantasie, eigentlich als absurde Vorstellung erschienen. Der Zweck der großen Unternehmungen bestand darin, Beziehungen zu Völkern anzuknüpfen, deren kostbare Waren man einhandeln wollte.

Die «planetarische Explosion» (Pierre Chaunu) konnte nur durch ein alle Kräfte des Menschen und der Gesellschaft bewegendes Motivsyndrom bewirkt werden, das seinerseits nur als Ausdruck einer plötzlich aufbrechenden Dynamik verstanden werden kann; sie hat sich seit dem 13. Jahrhundert in der langsam anlaufenden Aufbruchsbewegung als Mobilität und beginnende Horizonterweiterung angekündigt und läßt sich philosophisch zugleich als die ständige Revolte des Menschen gegen die natürliche Begrenztheit des Daseins interpretieren. In diesem Sinn muß die naheliegende Frage beantwortet werden, die in dieser Epoche oft gestellt worden ist, nämlich welche besonderen Kräfte oder Konstellationen die außerordentliche Dynamik des Westens ausgelöst haben, und daran anschließend: Warum hat Europa Asien gesucht und nicht Asien Europa? Warum sind nicht ein Chinese, Araber,

Inder oder auch ein Polynesier oder Peruaner Columbus, Vasco da Gama oder Magalhães zuvorgekommen? Warum ist das Abenteuer der globalen Entdeckungsfahrt trotz annähernd gleicher Startbedingungen ein abendländisches Monopol geworden? Verfolgten die Europäer andere Ziele als Araber, Asiaten usw.? Nur aus einer plötzlich auftretenden Kräfteaufbäumung ist es zu erklären, soweit historische Vorgänge dieser Größenordnung überhaupt erklärbar sind, daß die Europäer und nicht Angehörige anderer Völker und Kulturen, die andere nicht minder bedeutsame Leistungen für die Entwicklung des Menschengeschlechts beigetragen haben, sich aufmachten, die Welt zu entdecken.

Die antikolonialistische Blickweise der letzten Jahrzehnte hat einzelne Historiker veranlaßt, die Bezeichnung «Entdecker» als eurozentrisch und kolonialistisch zu verdächtigen. Urs Bitterli z. B. meint: «Die Chronisten der spanisch-portugiesischen Pionierzeit gebrauchten das Wort mit der Naivität eines völlig ungebrochenen Selbstgefühls, und die imperialistischen Seemächte des neunzehnten Jahrhunderts hielten es nicht anders. Die Entdeckungsreisen von Vasco da Gama und Columbus, von Stanley und Livingstone wurden von enthusiastischen Zeitgenossen nicht nur als Zeugnisse persönlichen Mutes oder Beweise der wissenschaftlichen und technischen Überlegenheit eines Landes gefeiert, sondern als schöpferische Leistungen schlechthin dargestellt, so, als hätte man die neu entdeckten Gebiete nicht bloß aufgefunden, sondern als wären sie dank ihres Entdeckers erst eigentlich existent geworden». Der Schweizer Gelehrte beklagt den «Kulturchauvinismus, der sich in solcher Sehweise seit jeher verborgen hat» und der auch in der «völkerrechtlichen Vorstellung des ‹Finderechts› wirksam geworden»[15] ist. Wie nationalistisch und rassistisch die Gesinnung der Entdekker, Eroberer und Kolonisatoren immer gewesen ist, den späteren Historikern kulturchauvinistische Arroganz zu unterstellen, geht an den Tatsachen vorbei. Richtig ist gewiß im Hinblick auf den Begriff Entdeckung, daß die in den fernen Kontinenten ansässigen Menschengruppen die von den Europäern neu entdeckten Gebiete längst kannten und für ihre eigenen Zwecke erforscht hatten. Die eigentliche und ausschließende entdeckerische Leistung der Europäer bestand jedoch in der Entdeckung der Seeverbindungen und der vorher oft postulierten, aber nie empirisch oder geographisch-wissenschaftlich erwiesenen Einheit der Erde.

Die Aufteilung der Welt: Privileg des Papstes

Während der Jahrhunderte, die dieser Prozeß in Anspruch nahm, haben sich die europäischen Staaten erbitterte Kämpfe um die Aufteilung der Welt geliefert. Jahrzehnte vor den großen entdeckerischen Durchbrüchen hat der Papst im säkularen Vorgriff auf die künftige Aufteilung der Welt dem portugiesischen König das Recht zuerkannt, «die Länder der Ungläubigen zu erobern, die Einwohner zu vertreiben, zu unterwerfen und zu versklaven». Die beiden großen iberischen Seefahrernationen erhielten dieses Recht mit immer neuen Bullen bestätigt, wobei persönliche und politische Rücksichten ihren Anteil hatten; etwa erhoffte sich Alexander VI. die internationale Unterstützung der spanischen Krone, als er seinem natürlichen Sohn ein italienisches Fürstentum sichern wollte. In einer Zeit, da die entdeckten Gebiete geographisch und kartographisch noch nicht sicher situiert waren, versuchten die Politiker, möglichst große Stücke vorsorglich ihren Staaten zu eigen geben zu lassen, «alle Inseln und Festländer, ob bereits gefunden oder noch zu finden, durch Segeln oder Reisen nach Westen und Süden, ob sie in okzidentalen oder meridionalen, in orientalischen oder indischen Gebieten liegen». Spanien und Portugal einigten sich schließlich in diplomatischen Verhandlungen auf den Vertrag von Tordesillas im Jahre 1494, zwei Jahre nach Columbus' erster Reise; Portugal war mit den Bedingungen dieser «päpstlichen Weltteilung» zufrieden, da es die vermutete Route nach dem schätzereichen Indien zugeschlagen bekam, darüber hinaus den Großteil des Atlantik mit dem damals freilich noch unentdeckten gewaltigen brasilianischen Subkontinent.

Zum Verständnis dieser Zuerkennung von bekannten und unbekannten Ländern durch den Papst muß gesagt werden, daß es zu den traditionellen, nicht in Frage gestellten Prärogativen des Heiligen Stuhles gehörte, «herrenloses Land» (*res nullius*) legitimen christlichen Herrschern auf Grund des ‹Finderechts› zuzusprechen. Erst nach der Reformation haben nicht-katholische, später auch katholische Fürsten Zweifel an der Rechtmäßigkeit dieser *«divisio mundi»* angemeldet. Die Engländer lehnten es ab, die römischen Dekrete anzuerkennen. Sie wollten die tatsächliche Inbesitznahme von Land respektieren, aber Besitzrecht an imaginären, «noch zu entdeckenden Ländern» wiesen sie zurück; derlei Titel seien in Verletzung des Völkerrechts, *contra jus gentium* ausgesprochen. Ebenso verhalte es sich mit dem Meer und der Luft, die allen Menschen gehörten. Hier kündigt sich bereits die Kontroverse um das *«mare liberum»* des Hugo Grotius an, der mit dem neuen Begriff den iberischen Mächten zum Vorteil der holländischen (und später der englischen sowie französischen) Neukömmlinge die Herrschaft über ihre ausgedehnten Seegebiete und Verbindungen bestritt. Die Schiffahrt eines jeden von und zu jedem Ziel, lehrte er in Anwendung der neuen Weltkenntnis, sei frei. Er konstruierte damit ein Naturrecht der «Freiheit der Meere», das sich als eine der wirkungsmächtigsten Ideen der Geschichte erwies. Die maritimen Weltreiche, insbesondere das britische, gründeten auf diesem Prinzip, das seither von den Seemächten, heute insbesondere von den USA, konsequent und notfalls auch mit Gewaltanwendung verteidigt wird. Mit dem Gedanken, daß die Meere allen Menschen gehörten, war auch der von der Seerechtskonvention 1982 entwikkelte Begriff des *«common heritage of mankind»* schon vorgeformt. Schließlich knotete Franz I. von Frankreich das strittige Problem gegenüber Karl V. in die provokative, die Bibel über den Papst stellende Frage nach der «Klausel in Adams Testament» zusammen, der zufolge er «von der Teilung der Welt ausgeschlossen sei».

Die päpstliche Weltteilung führte nicht zu der erwünschten einvernehmlichen und befriedeten Ordnung in den neu entdeckten Gebieten. Im Gegenteil verschärfte sich die Auseinandersetzung der alten und neuen Kolonialmächte um politische Macht, wirtschaftliche Schätze und zivilisatorischen Einfluß, Mission eingeschlossen, je weiter die Erschließung der Kolonien fortschritt.

Mißglückte Integration der Kolonialreiche

Der Kampf um die Vormacht füllte Jahrhunderte, sah wechselnde Koalitionen, Gegnerschaften, Siege, Niederlagen. Der Schwerpunkt der Rivalität lag in Europa. Die Reichtümer der Überseeprovinzen, insbesondere die Gold- und Silberströme aus Amerika wurden für dynastische und staatliche Interessen eingesetzt, europäische und Kolonialkriege wurden mit zuweilen interdependenten Ergebnissen ausgetragen, wie das berühmte Wort von William Pitt besagt: «Kanada und noch manches andere wurde in Deutschland erobert» – nämlich durch Parteinahme Englands für Preußen im Siebenjährigen Krieg.

Die Kolonialmächte wachten eifersüchtig darüber, daß sie ihre Besitzungen in Übersee zum eigenen Nutzen ausbeuteten, sie schotteten sie so dicht wie möglich nach außen ab, verwehrten Dritten den Zugang, duldeten keine Querverbindungen. Menschliche, kulturelle und Handelsbeziehungen fanden nur zwischen Mutterland und Kolonie und auch da hauptsächlich in Einbahnrichtung statt, auch und sogar in der Epoche liberaler Wirtschaftsphilosophie.

Während des ganzen Kolonialzeitalters unternahmen die Reichsherren viele, wenn auch insgesamt erfolglose Versuche der Binnenintegration. Unter Integration sollen in diesem Zusammenhang alle planmäßigen Maßnahmen verstanden werden, die funktionell, nicht wertbezogen auf Eingliederung und Einbeziehung der nicht-europäischen Bevölkerungen in die administrative, wirtschaftliche und gesellschaftliche oder kulturelle Ordnung und in die Lebensformen der Zentralmacht abzielten. Die Heranziehung der «Eingeborenen» zu Zwangsarbeiten war ein unmenschliches, moralisch verwerfliches Verfahren; funktionell hatte jedoch auch die Versklavung eine integrative Wirkung, insofern die Sklaven in das Arbeitssystem der Großgemeinschaft, wenn auch gegen ihren Willen und gegen ihr Interesse, eingebunden wurden. Noch folgenreicher für die Integration der Reiche (und in der Folge auch für die Einheit der sich herausbildenden Nationalstaaten) war die Oktroyierung bzw. Übernahme der Sprache des Mutterlandes, zumindest durch die Eliten dieser Länder. Am Ende der kolonialen Periode waren immer mehr Menschen in die moderne wissenschaftlich-technische Zivilisation einbezogen und erkannten sich insofern allen nationalistischen Sonderungstendenzen zum Trotz als Angehörige größerer grenzüberschreitender Einheiten.

Auf diesem Weg haben sich schwere Rückschläge ereignet. Dazu gehören die Verbrechen, deren sich die an der Front der Zivilisation operierenden, daher jenseits der gesetzlichen Ordnung stehenden Entdecker und Eroberer schuldig gemacht haben. Sie öffneten die Welt und bahnten der Menschheit den Weg in die Zukunft. Aber sie haben es nicht vermocht, gleichzeitig die Beziehungen zu den Völkerschaften, mit denen sie in Berührung kamen, nach menschlichen Grundsätzen zu entwickeln. Das ist vielleicht nicht verwunderlich, denn die Entdecker und Eroberer waren zum großen Teil primitive Naturen, Desperados, Glücksritter, Deserteure, entflohene Leibeigene, die das Faustrecht der Meere für die normale Verhaltensweise von Menschen ansahen. Bei ihrem Vorgehen ereigneten sich Grausamkeiten von unvorstellbarer Gräßlichkeit. Vasco da Gama etwa ließ im Indischen Ozean ein arabisches Pilgerschiff kapern und mit 200 Personen an Bord auf hoher See verbrennen; er selbst beobachtete das schreckliche Ereignis, so heißt es in dem Bericht, ungerührt und mit Zufriedenheit. Die Massaker in Indien, im Kongo, in Südafrika usw. sind Schandflecke der westlichen Kolonisation.

Ein besonders schwarzer Fleck und ein Rückschlag gegenüber den im späten Mittelalter und der Renaissance erreichten Standards mitmenschlichen Umgangs bildete die in den Kolonien praktizierte Form der Sklaverei, insbesondere Sklavenjagd, Sklavenhandel und Sklavenimport für die mittelamerikanischen Plantagen. Sklaverei, meist auf agrarischer Fronarbeit beruhend, ist ein in allen Kulturen verbreitetes soziales Statut. Selbst die erste nicht-despotische Hochzivilisation der Geschichte, die griechische Polis, gründete auf der Arbeit von Sklaven, die zumeist in Kriegsgefangenschaft geratene Fremde waren. Im mittelalterlichen Abendland mit seiner lokker gefügten Sozialordnung war das Servitut meist zu bloßer Schollensässigkeit und Frondienstbereitschaft abgeflacht. So wie keine

Herrschaft im lehnsrechtlichen Zusammenhang absolut war, so war auch keine Knechtschaft total und unwiderruflich. Eine gewisse Liberalität hatte sich weithin eingebürgert. Für unabhängige, zu Widerspruch und Widerstand neigende Naturen gab es fast überall die Möglichkeit, in die Stadt zu flüchten und nach angemessener Frist die volle Freiheit zu erwerben. Die schwarzen Sklaven in den arabischen Ländern waren besser gestellt als die Leibeigenen im Abendland.

In den Kolonien hingegen bildeten sich schon von allem Anfang an qualitativ andersartige Beziehungen heraus. Die Konquistadoren brauchten billige Arbeitskräfte für Rodung, Bebauung und Bewirtschaftung. Die meisten der neuen Herren nutzten die ihnen plötzlich zugefallene Macht nach Gutdünken und ohne Hemmung. Nach den noch auf einzelne gerichteten Menschenjagden während der kolonialen Anfänge unter portugiesischer Flagge, im Entdeckerjargon *filhamentos* geheißen, haben dann die Spanier Massendeportationen aus Afrika organisiert. Im Zusammenwirken schwarzer Potentaten, die eigens Kriege zur Beschaffung von Kriegsgefangenen anzettelten, mit arabischen Sklavenhändlern wurde die begehrte menschliche Ware aus Gebieten im Inneren Afrikas geholt, in die kein Weißer je vorgedrungen war. Die Elendsbilder der in Halszwingen zusammengeketteten, durch den Urwald sich an die Küste zur Verschiffung schleppenden Schwarzen, die an Menschenleben verlustreichen Galeerenfahrten über den Ozean und die spätere Arbeit in den Zuckerrohrpflanzungen unter dem Kommando unbarmherziger, peitschenschwingender Aufseher erregen noch heute die Empörung und das Mitgefühl jedes Menschen.

Kolonisation und Kulturzusammenstoß

Die Kolonisatoren rechtfertigten ihr Tun mit der christlichen Zwecksetzung, die ihr Verhalten freilich nicht bestimmte. Die Mohren, die schon Anfang des 15. Jahrhunderts im mediterranen Handel auftauchten und gebührend bestaunt wurden, galten zwar als Abkömmlinge Adams und also auch als erlösungsbedürftige und erlösungsfähige Mitmenschen, wurden aber von vielen zugleich als Angehörige einer minderwertigen, tierisch-niederen Rasse definiert, die eine entsprechende Behandlung verlangte. Umgekehrt betrachteten manche Indianer die erobernden Weißen als «geradewegs vom Himmel gekommen» oder, wie aus der Geschichte Moctezumas bekannt, als Götter, was die Eindringlinge in ihren selbstgerechten Vorurteilen bestärkte, daß die Eingeborenen im Vergleich zu ihnen Tiere seien – ein, wie Lévi-Strauss bemerkt, ehrenvoller Irrtum der Indianer, ein makabrer der Europäer. Die afrikanischen Sklaven wurden jedenfalls in offener Verletzung der in der Renaissance entwickelten Ideen über die Menschenwürde als bloße Arbeitsmaschinen angesehen, über deren Rentabilität die Kolonisten allenfalls nachzudenken bereit waren, ob es nämlich einträglicher wäre, sie durch ausreichende Ernährung und Arbeitspausen bei voller Schaffenskraft zu erhalten oder ob der rücksichtslose Verbrauch der Arbeitskraft bis zur Erschöpfung und späterem Neukauf billiger sei.

Bei dem Aufeinanderprall von Kulturen so verschiedener Herkunft und Prägung machten Eindringlinge und Autochthone, zumindest in der Anfangsphase, die sich über Jahrzehnte erstrecken konnte, erschütternde Erfahrungen, die sie nicht zu verarbeiten vermochten. Der Schock, der durch die Öffnung bisher abgeschirmter, nach alter Weise lebender Gesellschaften ausgelöst worden ist, kann nicht nachdrücklich genug vorgestellt werden. Den weißen Eindringlingen waren Lebensformen und Sitten der «Wilden» unverständlich. Diese wiederum vermochten die Selbstdarstellung der Zivilisierten noch weniger zu begreifen. Urs Bitterli, der auch in seinem jüngsten Buch für die kolonisierten Völker Partei ergreift, veranschaulicht dies an der Besitznahme einer Bahama-Insel durch Columbus, wie von seinem Sohn berichtet. «Man kann sich die Widersinnigkeit dieser Szene kaum eindringlich genug vor Augen halten. Das ganze Zeremoniell dieser Besitzergreifung, auf dessen formal einwandfreie Abwicklung die Spanier hier wie später peinlich genau achteten, konnte bei den Eingeborenen keine anderen Regungen als solche maßlosen Staunens hervorrufen. Die Umständlichkeit im Gehaben der Fremden, ihre aus diesem Anlaß besonders pompös gewählte Bekleidung, ihre tierähnliche Behaartheit im Gesicht und, grotesk damit kontrastierend, die Glatzköpfigkeit mancher Seeleute – dies und vieles andere versetzte die Arawaks in einen Zustand ungläubiger Verblüffung». [16] In der Tat war es noch ein glücklicher Umstand, daß es die Verschiedenheit der Sprache gab. Denn so konnten die Eingeborenen die Zeremonien der Weißen als magische Riten verstehen. Denn die beabsichtigte Besitzergreifung konnten sie als solche nicht begreifen, da die Idee des Privateigentums ihnen fremd war. Entdecker und Entdeckte waren gleichermaßen überfordert. Es dauerte Generationen, bis das Verständnis füreinander begann. Vorurteile, Irrtümer und Mißverständnisse wurden in der Fremde gewonnen und von den Fremden aufgehäuft. Sie vergifteten das Verhältnis der beiden Gruppen und liefen der kosmopolitischen Annäherung der Rassen zuwider. In der Neuen Welt trafen die Spanier auf nackte Menschen, von denen sie kurzfristig wähnten, daß sie noch im Goldenen Zeitalter lebten: ohne Herrschaft, ohne Waffen, ohne Geld, ohne Maße und Gewichte, ohne Rechtsprechung und ohne Strafe, ja ohne Züchtigung der Kinder, kurz frei und gleich, «edle Wilde» in ewig währendem paradiesischem Glück. Columbus betont in seinem Bordbuch [17] in immer neuer Verwunderung, daß die Indianer nackt und unbekleidet lebten, wie Gott sie erschaffen. Er fand sie fügsam und ohne Harm, gutherzig, selbstlos, schüchtern, liebenswert, bereit, alles herzugeben.

Die literarische Rezeption und Verarbeitung der Erfahrungen in den neu entdeckten Gebieten war voll von idealisierend-idyllisierenden Darstellungen, zumal wenn sie nicht auf Augenschein und reportagegenauer Beobachtung beruhten, sondern Ergebnis mitgeführter Denkschablonen und poetischer Topoi aus dem Mittelalter waren. Märchenelemente der Artussage und der Ritterromantik, die den Zeitgenossen unmittelbar einleuchtend waren, wurden kritiklos als wahr und wirklich angenommen: zugewachsene Paradiesgärtlein, Jungbrunnen, Zaubertränke. Die «Wunder» der Neuen Welt erschienen den nach diesen Vorgaben konditionierten Verfassern der ausführlichen Reiseberichte ebenso wie dem wissensdurstigen Lesepublikum als durchaus glaubwürdig. Noch heute wundern sich Historiker darüber, daß «vernünftige Leute»[18] wie Oviedo[19] oder Hakluyt[20] ernsthaft solchen märchenähnlichen Vorstellungen nachhängen konnten. Aber man muß die Zeitumstände berücksichtigen. Über Columbus heißt es etwa, daß «der Mann, der das Tor zur Neuzeit öffnete, so tief in der mittelalterlichen Mystik ‹steckte›, daß er sich von Gott, oder wie er zu sagen pflegte, von der Heiligen Dreifaltigkeit entsandt glaubte, um von Spanien aus den heiligen Glauben zu verbreiten, wie es in den Schriften Jesaias verheißen sei, ‹ein neues Heil und eine neue Erde zu schaffen»[21]. Der Humanist und Kolonialpolitiker Peter Martyr d'Anghera, von späteren Historikern als spanischer Empirebuilder bezeichnet, hat die Berichte von Christoph Columbus und Amerigo Vespucci in Informationsschreiben[22] an Kollegen und Kirchenmänner bekannt gemacht und sie unbewußt manipuliert. Er facettierte die Neue Welt mit Selbstverständlichkeit durch die Brille der wiederentdeckten Latinität. Den Zustand Hispaniolas zur Zeit der Entdeckung verglich er mit Latium vor der Ankunft des Äneas. Mit einem Wort, die Europäer deuteten die Neue Welt mit ihren Augen und mißverstanden sie dementsprechend.

Auf die Idealisierung folgte alsbald die Verteufelung. Schon Columbus sprach – bei Schilderung der zweiten Reise – von Mißtrauen, Unterdrückung, Mord. Je größeren Schwierigkeiten sich die Weißen gegenübergestellt sahen, ein um so düstereres Bild zeichneten sie. Während der obsessiven Suche nach Gold stießen sie bei den anfangs als friedfertig und herzensgut geschilderten Paradieskindern auf Gegenwehr und Widerstand. Mißtrauen erzeugte Mißtrauen, Grausamkeit wurde mit verstärkter Grausamkeit beantwortet. Die einst ovidisch-idyllischen Berichte aus der Neuen Welt wurden nunmehr mit Schreckensschilderungen angefüllt. «Die Entdeckung, daß das irdische Paradies von Kindern des Satan bevölkert war, versetzte die Weißen in Ratlosigkeit»[23]. An Folter und Grausamkeiten waren sie gewohnt, aber über Kannibalismus und die obszönen Körperverstümmelungen, denen ihre Landsleute ausgesetzt wurden, sprachen sie nur mit Entsetzen und Verständnislosigkeit. Die Ureinwohner der Kolonien, die aus Aberglauben, in ritueller Absicht oder zur Vergeltung so handelten, wurden jetzt als Tiere mit Menschenantlitz geschildert. Die Beziehungen zwischen Weißen und Farbigen wurden durch diese Erfahrungen bis in unvoraussehbare Zukunft korrumpiert; Unterdrückung beschädigt die Unterdrücker nicht weniger als die Unterdrückten. Die Erinnerung an die Kolonialzeit ist durch die Dekolonisierung nicht gelöscht.

Es verdient vermerkt zu werden, daß Sklaven in den Kolonien auch menschlich behandelt wurden. Als Dolmetscher, Spuren- und Fährtenleser rückten sie in begünstigte Positionen auf; Konkubinen, deren Kinder ohne Diskriminierung im Kreis der legitimen Geschwister aufwuchsen, wurden zumeist in die Familie aufgenommen. Schon Columbus notierte im «Bordbuch», er habe begriffen, daß er die Eingeborenen «weit besser durch Liebe als mit dem Schwert retten und zu unserem Heiligen Glauben bekehren könne» und bedachte sie mit Geschenken, «um sie mir zu Freunden zu machen» [24]. Das entsprach seiner religiösen Vision, die auf eine Vereinigung von Okzident und Orient unter Führung Christi abzielte. Durch das wenn auch oft erzwungene Zusammenleben der Rassen ist insbesondere in Westindien und Brasilien, wie vor allem der brasilianische Soziologe Gilberto Freyre betont hat, eine in welthistorischer Perspektive vorbildhafte Mischkultur entstanden.

Anders als die Spanier, die sich von den Autochthonen in rassischem Hochmut fernhielten, haben die Portugiesen den Einheimischen Güte und Toleranz entgegengebracht. Von den indianischen Frauen und ihrer wollüstigen erotischen Glut waren sie stark angezogen. Sie haben sich, «ein zwischen Europa und Afrika schwer einzuordnendes Volk» [25], im Laufe ihrer Geschichte ohne Bedenken mit Völkern anderer Rasse – Mauren, Mozarabern, Arabern, Berbern – vermischt. Unter den Kolonialvölkern waren sie «diejenigen, die mit den als minderwertig bezeichneten Rassen am besten fraternisiert haben». Das lag nicht zuletzt an ihrer Philosophie. Als fremd fürchteten sie nicht das andersartige Blut, sondern den falschen Glauben, die Häresie. Das hat die Geschichte des Landes geprägt. Brasilien blieb den Fremden offen, Franzosen, Italienern, Spaniern, Deutschen, Engländern – vorausgesetzt, sie waren Katholiken. Die Portugiesen haben damit «mächtig zur rassischen

Demokratisierung Brasiliens» und zur Kosmopolitisierung der Welt beigetragen.

Auch müssen die mutigen Versuche der spanischen Priester, Beamten und Intellektuellen gewürdigt werden, die seit Las Casas immer wieder auf die transozeanischen Mißstände aufmerksam gemacht und ihre Beseitigung gefordert haben. Schließlich dürfen bei einer gerechten Beurteilung des gewaltigen Kulturzusammenstoßes auch die monumentalen, in ihrer aufgeklärten Gesinnung exemplarischen Gesetzeswerke zum Schutz der Indianer nicht übersehen werden. Anders als die Neger waren die Indianer staatsrechtlich Untertanen des Königs und hatten damit Anspruch auf seinen Schutz. Karl V. untersagte darum den Konquistadoren schon frühzeitig weitere Eroberungen und Landnahmen. Philipp II. verbot durch königliche Erlasse, «die zu übertreten keiner sich trauen sollte», Mischheiraten und Rassenmischungen zum Schutze des schwächeren Bevölkerungsteils und forderte von seinen Landsleuten, daß sie die Sitten der Einheimischen achteten. Derlei war neu und ungewohnt in einem Zeitalter, in dem Plünderung Alltag und Verantwortung gegenüber Unterworfenen noch unbekannt waren. Parry schreibt diesen Regierungen einen «tiefen Sinn für Verantwortung gegenüber unterworfenen Völkern fremder Rasse» zu und erläutert: «Diese Verantwortung war mehr als eine staatsmännische Milde erfahrener Herrscher. Sie wurde als moralische Pflicht empfunden, die von Religion und Menschlichkeit auferlegt war... Diese Entwicklung ergab sich zum großen Teil aus dem Denken der spanischen Theologen und Juristen des 16. Jahrhunderts»[26]. Allerdings lag zwischen Anspruch und Erfüllung, Gesetz und Befolgung des Gesetzes eine Kluft. Angesichts eines Informations- und Befehlspostweges in die Kolonien und zurück von ein bis anderthalb Jahren und angesichts der Tatsache, daß die in der fremden Umgebung oft um ihr Leben kämpfenden Kolonisten sich jeder Kontrolle durch die Beamten entzogen, waren viele dieser menschlichen Gesetze praktisch undurchführbar und wirkungslos. Erst mit Einführung des Dampfschiffes im 19. Jahrhundert wurden die Kolonien vom Mutterland aus wirklich regierbar.

Wie die Kolonisierung, die in mehreren Schüben den Erdball

überzog, ist auch die spätere Dekolonisierung ein spezifisch europäischer Vorgang und eine spezifisch europäische Leistung. Rudolf von Albertini verdeutlicht diese Entwicklung durch einen vergleichenden Hinweis: «Im Unterschied zu früheren Eroberern, die sich sehr oft mit den Eroberten vermischten und in der Folge nicht mehr als ‹fremde›, sondern als ‹eigene› Herrschaftsschicht erschienen, blieben in der europäischen Kolonialherrschaft Herrschende und Beherrschte deutlich getrennt. Sosehr Europa auch glauben mochte, daß seine Herrschaftsposition auf absehbare Zeit gesichert sei, so wußten mindestens die Verantwortlichen, daß sie ‹Fremde im Land› waren und bleiben würden. Dies ergab ein rassisch begründetes ‹Herrschaftssyndrom›, in dem sich das Bewußtsein der eigenen Überlegenheit und die Angst und Unsicherheit vor der ‹fremden Welt› eng verbanden, es drängte auf soziale Distanz. Kolonialherrschaft war keineswegs nur repressiv, und die Repressionsmittel sind nach der faktischen Etablierung der Herrschaft verhältnismäßig selten zur Anwendung gelangt, aber Herrscher und Beherrschte wußten, wer über solche verfügte... Die einen konnten auf ihr Gewaltmonopol nicht verzichten und durften die *‹fonction d'autorité›* nicht aus der Hand geben; die anderen mußten sich so oder so an die ‹koloniale Situation› anpassen und sahen sich – *in extremis* – einem Prozeß der ‹Entfremdung› und ‹Identitätsverweigerung› ausgesetzt, solange der *transfer of power* noch nicht beschlossene Sache war» [27].

Die europäische Kolonialgeschichte war in jeder Hinsicht – ihrem Umfang nach ebenso wie was ihr Ende anlangte – ein Sonderfall. In anderen Kulturen ergaben sich einfachere Entwicklungen. Die arabischen Eroberer überfluteten im 7. und 8. Jahrhundert ganz Nordafrika und Vorderasien (bis nach Samarkand und Buchara und dem Industal) und arabisierten große Teile der dort lebenden Völkerschaften durch Vermischung mit den eingesessenen Frauen und Oktroyierung von Religion und Sprache. Die Bewohner des ganzen Staatengürtels zwischen Marokko und dem Persischen Golf fühlen und bezeichnen sich darum trotz aller Differenzen, in denen Herkunft und Tradition mitschwingen, bis heute als Araber. «Seit die Araber einmal Muslims geworden waren, haben sie mehr Fremde ihrem Glauben, ihrer Sprache und sogar ihrem physiognomischen Typ assimiliert als je vorher oder nachher von anderen Rassen, die alten Griechen, Römer, Angelsachsen und Russen eingeschlossen, geschehen ist»[28]. Ähnlich ist es den Russen, die um 1650 noch in einem kleinen Fürstentum um Moskau lebten, gelungen, sich innerhalb zweier Jahrhunderte bis zum Kaukasus, zum Eismeer und zum Pazifik auszubreiten, die erworbenen Gebiete zu durchdringen, zu erschließen, zu kolonisieren; allerdings hat Moskau zunehmend mit den Nationalitäten zu kämpfen. Dennoch ist Rußland das einzige Kolonialreich, das seine Einheit zu wahren und die Integration der nicht-russischen Bevölkerungen kontinuierlich fortzuführen vermochte.

Die westlichen Kolonialreiche hingegen zerfielen. Das liegt einesteils an den geographischen Bedingungen von Seereichen. Die Kolonien befanden sich getrennt und weit entfernt vom Mutterland in «Übersee» (der Begriff wird seit den Kreuzzügen verwendet), entzogen sich daher dem ununterbrochenen unmittelbaren Kontakt mit dem Herrschaftsvolk. Folgenreicher aber war der Umstand, daß in den westlichen Nationen – anders als in dem von der byzantinischen Autokratie beeinflußten russischen Machtbereich – von Anfang an freiheitliche Geister gegen das Unrecht der Eroberung, der Unterdrückung, der Sklaverei Front gemacht und für die eingesessene Bevölkerung Partei ergriffen haben – von Las Casas über die Aufklärer, die die Primitiven als «schöne» oder «edle» Wilde deuteten, bis zu Macaulay, der den Indern ein modernes Schulwesen gab, und zu dem Arabien-Romantiker und Prokonsul von Marokko Marschall Lyautey, der die Eingeborenenstädte in ihrer Ursprünglichkeit erhalten wollte.

Aus was für Motiven die Kritiker auch jeweils handelten, aus christlichen, aufklärerisch-moralischen oder pragmatisch-ökonomischen, die Angriffe der eigenen Landsleute auf die koloniale Praxis der Regierungen trugen in hohem Maße dazu bei, das Kolonialunternehmen als solches in Frage zu stellen. Natürlich haben die harten Kaufleute, Politiker und Militärs die philanthropischen Kämpfer und Idealisten nur verlacht und verachtet. Die Langzeitwirkung der aufgeklärten und humanen Ideen aber machte sich geltend, als die Kolonialmächte nach den beiden Weltkriegen ihre Kräfte erschöpft hatten. In den liberalen Ideen profilierte sich Europa in seiner weltgeschichtlichen Einmaligkeit gegenüber den anderen Kulturen. Kolonisierung und Dekolonisierung gehören in ihrer Gegensätzlichkeit zusammen wie Außen- und Innenseite einer Hohlkugel. Man kann aus der Rückschau die Behauptung aufstellen: Mit der Errichtung der Kolonialreiche war ihr Zerfall, war die Dekolonisierung von Anfang an dialektisch mitgedacht. Sie erfolgte schließlich in drei Phasen:

- in der Unabhängigkeitserklärung der USA 1776 und im Gefolge davon der weißen Siedlerkolonien Großbritanniens – Australien, Kanada, Neuseeland und Südafrika;
- der Verselbständigung der lateinamerikanischen Kolonien im Zusammenhang mit den Kriegen Napoleons; und schließlich
- der Entlassung in die Unabhängigkeit erst Indiens 1947 und alsbald, unerwartet rasch, der verbliebenen afrikanischen, asiatischen und ozeanischen Gebiete.

Damit wurde die Welt zwar nicht politisch vereinheitlicht, aber doch nach dem Territorialstaatsprinzip einheitlich geordnet. Souveräne Staaten und nur sie rivalisierten miteinander: Die in die Unabhängigkeit entlassenen jungen Staaten gehörten dazu und vermochten ihre Identität politisch zur Geltung zu bringen. Das war der Grund dafür, daß die «Afroasiatische Solidaritätskonferenz» zu Bandung – unmittelbar nach Beginn der Dekolonisation – 1955 ein so gewaltiges Hochgefühl unter den Beteiligten auslöste. Die farbigen Völker und ihre Führer, die kaum Kenntnis voneinander hatten, trafen sich zum ersten Mal unter feierlichen Vorzeichen, lernten einander kennen, traten als Beschlußgremium zusammen. Die Abriegelung der Überseereiche reichte bis in die Zeit nach der Dekolonisation. So konnten noch in den sechziger Jahren Telefonverbindungen zwischen den ehemaligen Kolonien Frankreichs und Englands, etwa zwischen den wenig entfernten Hauptstädten von Ghana und Elfenbeinküste, Akkra und Abidjan, nur über Paris und London geschaltet werden. «Die koloniale Situation besteht fort»[29], urteilt Albert Memmi, zumindest in dieser Hinsicht zu Recht.

Die Öffnung der Welt durch die Entdeckungen hat die Voraussetzung für die Entstehung eines globalen Kosmopolitismus verbreitert und gefestigt. Durch die Erschließung der neuen Gebiete wurden engere Beziehungen zwischen Menschen verschiedener Kulturkreise geknüpft. Die Begegnungen mit den Fremden waren Herausforderungen, die freilich erst später als solche und als historische Aufgabe begriffen worden sind.

1 Bartolomé Bennassar et Pierre Chaunu, L'ouverture du monde, XIV.–XVI. siècles = Histoire économique et sociale du monde. Band 1. Hg. v. Pierre Léon. Paris 1977. S. 15.

2 Hellmut Diewald, Der Kampf um die Weltmeere. München, Zürich 1980. S. 140.

3 Hellmut Diewald, Der Kampf um die Weltmeere. München, Zürich 1980. S. 10.

4 Jean-Paul Roux, Les explorateurs au Moyen Age. Paris 1985. S. 124.

5 Jean-Paul Roux, Les explorateurs au Moyen Age. Paris 1985. S. 101.

6 Marco Polo, The Travels, hg. von Ronald Latham. Penguin Classics. Middlesex 1959. Kapitel Kublai Khan. S. 119.

7 Zit. bei Pierre-Paul Roux, Les explorateurs au Moyen Age. Paris 1985. S. 105.

8 Egmont Zechlin, Maritime Weltgeschichte. Altertum und Mittelalter. Hamburg 1947. S. 350.

9 Johan Horace Parry, The Discovery of the Sea. London 1975. S. VIII.

10 Herbert Lüthy, In Gegenwart der Geschichte. Die Epoche der Kolonisation und die Erschließung der Erde. Versuch einer Interpretation des europäischen Zeitalters. Berlin 1967. S. 221.

11 Günter Hamann, Der Eintritt der südlichen Hemisphäre in die europäische Geschichte. Die Erschließung des Afrikaweges nach Asien vom Zeitalter Heinrich des Seefahrers bis zu Vasco da Gama. Sitzungsberichte der Akademie der Wissenschaften, Philosophisch-historische Klasse, Band 260. Wien 1968. S. 57.

12 Günter Hamann, Der Eintritt der südlichen Hemisphäre in die europäische Geschichte. Die Erschließung des Afrikaweges nach Asien vom Zeitalter Heinrich des Seefahrers bis zu Vasco da Gama. Sitzungsberichte der Akademie der Wissenschaften. Philosophisch-historische Klasse, Band 260. Wien 1968. S. 51.

13 Columbus, Select Documents, hg. von Jane. Vol. 2. S. 104.

14 Hans Blumenberg, Die Legitimität der Neuzeit. Der Prozeß der theoretischen Neugierde. Frankfurt/Main 1973. «Die eigene Neugierde auf die Reiche des Jenseits hat Dante sorgfältig abgehoben von der gescheiterten

eigenmächtigen Grenzüberschreitung des Odysseus; was er selbst zu sehen gewürdigt ist, ist ihm von höherer Macht gewährt und durch gnädige Fügung zugänglich gemacht, und er hütet sich, sich solcher Fügung unwürdig zu erweisen. Dante darf denselben Berg ersteigen, an dem Odysseus scheitert, weil er sich nicht dem eigenen Willen und der Begierde nach Erfahrung überläßt, sondern sein Unterfangen an den Heilssinn bindet».

15 Urs Bitterli, Die ‹Wilden› und die ‹Zivilisierten›. Grundzüge einer Geistes- und Kulturgeschichte der europäisch-überseeischen Beziehungen. München 1976. S. 72.

16 Urs Bitterli, Die ‹Wilden› und die ‹Zivilisierten›. Grundzüge einer Geistes- und Kulturgeschichte der europäisch-überseeischen Beziehungen. München 1976. S. 88f.

17 Columbus, Bordbuch. Sammlung Diederich 127. Bremen 1956. S. 104, 122, 158.

18 Howard M. Jones, O Strange New World. London 1965. S. 20.

19 Oviedo, Historia General de las Indias. Sevilla 1535.

20 Richard Hakluyt, The Principal Navigations, Voiages, Traffiques and Discoveries of the English Nation. 1589.

21 Egmont Zechlin, Columbus als Ausdruck der mittelalterlich-neuzeitlichen Epochenscheide. Beiträge zum internationalen Columbus-Kongreß Genua 1951. Studi Columbiani II. 1952.

22 D'Anghera, Decades 1494–1526.

23 Howard M. Jones, O Strange New World. London 1965. S. 59f.

24 Columbus, Bordbuch. Sammlung Diederich. Bremen 1956. 1. Reise. S. 89f.

25 Gilberto Freyre, Maîtres et esclaves. La Formation de la société brésilienne. Paris 1974. (Lissabon 1931). S. 27f, 180, 438.

26 H. J. Parry, Zeitalter der Entdeckungen. Zürich 1963. S. 625.

27 Rudolf von Albertini, Europäische Kolonialherrschaft 1880–1940. Zürich 1976. S. 385.

28 Philip K. Hitti, Histoire des Arabes. Paris 1950. S. 9.

29 Albert Memmi, Portrait du colonisé. Paris 1975, passim.

KAPITEL 12

Die Republik des Geistes: das 18. Jahrhundert

Anti-Nationalismus – Der Aufstieg der Intellektuellen – Salons: Geist, Geselligkeit, Konversation – Emigranten – Im Cáfe, im Club – Vaterländische Gesellschaften – Brüderlichkeit und Frieden – Humanität und Toleranz – Folter – Todesstrafe – Sklaverei – Individuum und Vernunft – Neugier, Nationalstereotype, Völkerpsychologie – Drei Beispiele: Lamprecht, Fougeret, Goldsmith – Universalsprache, Polyglottie, Weltsprachen – Internationaler Literaturbetrieb

Was während der Renaissance an kosmopolitischen Ideen und Verhaltensweisen wiederentdeckt und von einzelnen Kreisen vorgelebt worden ist, wurde im Zeitalter der Aufklärung, der *lumières*, des «wohltätigen Lichts» fortgeführt und zur bisher umfassendsten Verwirklichung gebracht. Eine beispiellose kosmopolitische Begeisterung ergriff die Geister; sie war Teil der Aufbruchsstimmung und Fortschrittsphilosophie, die das damalige Europa beflügelten, die amerikanischen Provinzen mit einbezogen. Gemäß Diderots präzis formuliertem programmatischen Wort in der Einleitung der Encyclopédie wollten die Aufklärer «die allgemeine Denkungsart verändern» [1]. D'Alembert diagnostizierte, daß sich in der Jahrhundertmitte «in allen unseren Ideen ein bemerkenswerter Wandel vollzogen hat: ein Wandel, der durch seine Schnelligkeit noch eine weit größere Umwälzung für die Zukunft verspricht... Von den Prinzipien der Wissenschaften bis zu den Grundlagen der offenbarten Religion, von den Problemen der Metaphysik bis zu denen des

Geschmacks, von der Musik bis zur Moral, von den theologischen Streitfragen bis zu den Fragen der Wirtschaft und des Handels, von der Politik bis zum Völkerrecht und zum Zivilrecht ist alles diskutiert, analysiert, aufgerührt worden»[2]. Eine allgemeine Gärung war im Gange.

Fast der ganze Kontinent, konstatierte Voltaire, hat in diesen letzten fünfzig Jahren sein Gesicht zur Toleranz hin gewandelt[3], wobei England, wo «die Freiheit geboren ist»[4], und Frankreich, wo das Herz Europas schlägt, den Schwerpunkt bildeten. Auch in dem von gegenreformatorischem Eifer und Priesterherrschaft niedergedrückten Italien regten sich unter den *illuministi* die Kräfte der Erneuerung und des weltbürgerlichen Aufbruchs: Mailand und Neapel waren leuchtende Zentren. Und selbst das unter uneingeschränkter Selbstherrschaft verharrende Rußland nahm unter aufgeklärten Monarchen wie Peter dem Großen und Katharina der Großen die neuen Ideen begierig auf. Am rückständigsten blieb die iberische Welt. Im Zeitalter Humes und Voltaires disputierten, wie noch heute gehöhnt wird, die Gelehrten «an Spaniens größter Universität Salamanca ... feierlich die Frage, welche Sprache die Engel sprachen und ob der Himmel aus einer weinartigen Flüssigkeit oder aus Glockenmetall bestehe»[5]. Aber schließlich drangen die neuen Ideen auch in Spanien und Portugal ein, bewegten die interessierten Kreise, regten sie an, nach dem Ausland zu blicken und mit ihresgleichen zusammenzutreffen. Mit Recht bezeichnet man darum das 18. als das kosmopolitische Jahrhundert, auch wenn die Völker natürlich nicht mit einem Schlage kosmopolitisch wurden und die Regierungen ihre Politik und ihre Kriege wie eh und je im Sinn der dynastischen und alsbald nationalen Staats- und Kabinettsräson führten. Aber der Geist wehte in neuer Richtung.

Das Wort des Diogenes «Ich bin ein Bürger der Welt» verwendeten die bedeutendsten Dichter, ob Hume, Voltaire oder Lessing, als programmatische Aussage: *«I am a citizen of the world», «je suis un cosmopolite»*. Man suchte nach Ahnen, um die neue Idee in der Vergangenheit zu verankern. Schon Pierre Bayle, der ganz allein eine Enzyklopädie verfaßte und für alle Nachfolger die entscheidenden

Lebens- bzw. Regierungszeiten der wichtigsten in diesem Kapitel erwähnten Personen	
Francis Bacon	1561–1626
Madeleine de Scudéry	1607–1701
Marie de Sévigné	1626–1696
John Locke	1636–1704
Ludwig XIV.	1643–1715
Isaac Newton	1643–1727
Pierre Bayle	1647–1706
Lord Shaftesbury	1671–1713
John Law	1671–1729
Joseph Addison	1672–1719
Pierre de Marivaux	1688–1763
Alexander Pope	1688–1744
Charles de Secondat de Montesquieu	1689–1755
Voltaire (François-Marie Arouet)	1694–1778
Marie-Thérèse Geoffrin	1699–1777
Benjamin Franklin	1706–1790
Claude-Henri de Voisenon	1708–1775
David Hume	1711–1776
Jean-Jacques Rousseau	1712–1778
Denis Diderot	1713–1784
Étienne Bonnot de Condillac	1714–1780
Claude-Adrien Helvétius	1715–1771
Jean-Baptiste le Rond d'Alembert	1717–1783
Friedrich-Karl v. Moser	1723–1798
Baron d'Holbach	1723–1789
Jean-François Marmontel	1723–1799
Melchior Grimm	1723–1807
Immanuel Kant	1724–1804
Anne Robert Jacques Turgot (Baron de l'Aulne)	1727–1781
Oliver Goldsmith	1728–1774
Gotthold Ephraim Lessing	1729–1781
Abbé Ferdinand Galiani	1729–1787
Edmund Burke	1729–1797
Christoph Martin Wieland	1733–1813
François-Jean Chastellux	1734–1788
Edward Gibbon	1737–1794
Thomas Paine	1737–1809
Joseph Priestley	1737–1804
Cesare Beccaria	1738–1794
Herzogin Anna Amalia	1739–1807
Friedrich II. v. Preußen	1740–1786
Thomas Jefferson	1743–1826

Johann Gottfried Herder	1744–1803
Gaetano Filangeri	1752–1788
Antoine de Rivarol	1753–1801
Joseph de Maistre	1753–1821
Anarchasis Cloots	1755–1794
Katharina II.	1762–1796
Stanislaus II. August Poniatowski	1764–1795
Joseph II.	1765–1790
Mme. de Stäel	1766–1817
Wilhelm v. Humboldt	1767–1835

Impulse gegeben hat, erklärte, der Historiker müsse «vergessen, daß er einem bestimmten Lande angehört, daß er in einem bestimmten Bekenntnis erzogen ist, daß er diesem oder jenem zu Dank verpflichtet ist, daß diese oder jene seine Eltern, seine Freunde sind... Fragt man ihn, woher er kommt, so muß er erwidern: ‹Weder Franzose noch Deutscher noch Engländer noch Spanier; ich bin ein Bürger der Welt, ich stehe weder im Dienst des Kaisers noch des Königs von Frankreich, sondern nur im Dienste der Wahrheit; sie ist meine einzige Königin, der ich den Eid des Gehorsams geleistet habe›»[6]. Montesquieu seinerseits resümierte, als je besserer Untertan sich einer erweise, um so schlechter werde er als Historiker sein. Wenn er einen Umstand wüßte, beteuerte er, der ihm nützte und seiner Familie schadete, er würde ihn ignorieren. Wenn er einen Umstand wüßte, der seiner Familie nützte, aber nicht dem Vaterland, er trachtete ihn zu vergessen. Wenn er einen Umstand wüßte, der seinem Vaterland nützte, aber Europa schadete, oder Europa nützte und dem Menschengeschlecht schadete, er würde dies als Verbrechen ansehen[7]. Der sinophile Voltaire ging auf den Universalismus Chinas zurück und nannte Konfuzius und seine gelehrten Nachfolger die ersten Kosmopoliten. Joseph Addison variierte diesen Gedanken in seinem «Spectator» dahin gehend, daß er sich als «Dänen, Schweden, Franzosen zu unterschiedlichen Zeiten»[8] und als Bürger der Welt bezeichnete. Diderot schrieb in einem Gefühlsausbruch an den befreundeten schottischen Philosophen David Hume: «Mein lieber David, du gehörst allen Nationen an, und du wirst nie einen Unglücklichen nach seinem Geburtsschein fragen. Ich schmeichle mir, daß ich wie du Bürger des großen Weltstaates bin»[9], und bittet ihn bei dieser Gelegenheit um praktische Hilfe für einen in Not geratenen Freund. Thomas Paine dichtete voller Pathos *«my country is the world, my countrymen mankind»*[10]. Gaetano Filangeri, der mit seinem bedeutenden Werk *«Scienza della legislatione»* die Aufklärung auf das Gebiet des Verfassungs- und Gesetzgebungsrechts lenkte, meinte, «der Philosoph sei ein Bürger aller Orte und aller Zeiten»[11]. Wieland, den die Franzosen euphemistisch den deutschen Voltaire nannten, glaubte: «Nur der Weltbürger kann ein guter Bürger sein», denn nur er könne «das große Werk, wozu wir berufen sind, die Kultur, Aufklärung und Veredelung des Menschengeschlechts bewirken, deren Frucht die öffentliche und allgemeine Glückseligkeit ist»[12]. Kant zeigte dialektisch auf, daß die Natur den Menschen veranlasse, «aus Lässigkeit und untätiger Genügsamkeit hinaus sich (zu) stürzen, ... damit die Kräfte der Menschheit nicht einschlafen», so daß «endlich das, was die Natur zur höchsten Absicht hat, ein allgemeiner weltbürgerlicher Zustand... dereinst einmal zustandekommen werde»[13]. Und Thomas Jefferson statuierte die universale Bestimmung der USA in die Unabhängigkeitserklärung hinein: Amerika handelt für die ganze Menschheit, was er in Abwandlung von Cicero in dem Satz ausdrückt: «Ubi libertas ibi patria»[14].

Die Stimmung der Zeitgenossen, die sich mit allgemeinen Fragen befaßten, war in einem heute schwer vorstellbaren Maße euphorisch. «Ihr, die ihr im 18. Jahrhundert lebt, und vor allem ihr, deren Leben darin beginnt, erkennt euer Glück»[15], verkündete ein französischer Homme de lettres, die Zukunft halte die besseren Zeichen noch bereit. Helvétius rühmte dithyrambisch den Sieg des guten über den bösen Gott. «Die Hölle vernichtet sich selbst, der Himmel ist auf Erden»[16]. Das Reich der Finsternis ist besiegt. Die Nacht ist vorüber. «Die Morgenröte, die die Sonne anzeigt, wird bald erscheinen»[17]. Die «philosophes», wie die Intellektuellen genannt wurden, waren der Auffassung, daß die alten Unterdrükkungsmechanismen sich – insbesondere in der zweiten Jahrhunderthälfte – in Auflösung befänden; daß die Praktiken der kirchlichen und staatlichen Strafjustiz (von der Inquisition bis zur Folter) überholt seien und abgeschafft würden. Selbst der stets kritische Voltaire bilanzierte, daß es mehr Gutes als Übles auf Erden gebe. Die Vernunft befand sich auf dem Vormarsch; glücklich müßten die Staaten geheißen werden, die ihre Platons [18] haben. «Endlich hat die Stunde der Philosophen geschlagen» [19], urteilt mit spürbarer Befriedigung noch heute der italienische Geistesgeschichtler Franco Venturi. Selbst die Könige – wie Friedrich II., Katharina II. oder Joseph II. – waren, wie von zahlreichen Autoren betont wurde, auf dem Weg, zu erkennen, daß sie ohne Rat und Leitung der Philosophen nicht auskommen könnten. Wobei sie freilich nicht zu betonen vergaßen, daß sie, die Könige, die Entscheidungen fällen und die Verantwortung tragen müßten [20]. Alles in allem, das geistige Europa war sich – jedenfalls zeitweise – darin einig, in der von Leibniz so definierten «besten aller möglichen Welten» zu leben.

Anti-Nationalismus

Die überkommenen und überholten patriotisch-chauvinistischen oder provinziellen Loyalitäten sollten endgültig überwunden werden. Das war die gemeinsame Überzeugung der «philosophes» [21], als deren Vortrupp sich die Herausgeber und Beiträger der «Encyclopédie» betrachten konnten. Weiter zurückgehend kann man den Beginn des Kosmopolitismus der Aufklärung auch bei den frühen Engländern, bei Bacon, Newton, Locke suchen. «Die Propagandisten der Aufklärung waren die Franzosen, aber ihre... Pioniere waren die Engländer» [22]. Neben Unvernunft, Aberglauben und religiöser Intoleranz war die nationalistische Enge das wichtigste Angriffsziel der Aufklärer, die die diesbezüglichen Äußerungen als Vorurteile kenntnisloser und ungebildeter Menschen verhöhnten. Voltaire deutete den gemeinen Patriotismus als eine Mischung von Selbstliebe und Vorurteilen, Samuel Johnson als «die letzte Zuflucht eines Schurken», Pope hielt einen Patrioten für einen Narren, Locke erschien die Aufgliederung der Welt in getrennte und unabhängige Staaten als eine Folge der bösen Natur des Menschen[23], die überwunden werden müsse. Lessing wünschte, «daß es in jedem Staat Männer geben möchte, die über die Vorurteile der Völkerschaft hinweg wären und genau wüßten, wo Patriotismus Tugend zu sein aufhört»[24]. Isidoro Bianchi, einem zum Kreis der Zeitschrift «Notize dei letterati» gehörigen Schriftsteller, widerstrebte die Idee des Patriotismus so sehr, daß er sich zu dem radikalen Urteil verstand: «Wer nicht die ganze Welt als eine einzige Familie ansieht und auch noch in den Bewohnern des Gegenpols nicht seine Brüder erkennt, der wird immer ein gemeines Herz haben und nie zu lieben vermögen»[25]. «Vaterlandsliebe... ist eine mit den kosmopolitischen Grundbegriffen, Gesinnungen und Pflichten unverträgliche Leidenschaft. Kein Römer konnte Kosmopolit, kein Kosmopolit ein Römer seyn»[26], urteilte Wieland in seiner Studie «Das Geheimnis des Kosmopoliter-Ordens». Ein skurriles Zeugnis der antinationalen Gesinnung verlohnt wiedergegeben zu werden. In seinem autobiographischen Reisebericht *«Le Cosmopolite»* legt Fougeret de Montbron dar, wie er sich von seinem Vaterland desolidarisiert habe. Bei einem Aufenthalt in Lissabon erbat er von seinem Botschafter einen Reisepaß nach England. Monsieur de Chavigny «fragte mich, ob ich vergessen hätte, daß wir uns im Krieg mit England befänden. Ich erwiderte, daß ich mir dessen bewußt, aber daß ich ein Bewohner der Erde sei und eine strikte Neutralität gegenüber den kriegführenden Mächten einhielte»[27]. Und Fougeret fügte, der Paradoxie seines Anliegens wohl bewußt, hinzu: «Mochte Monsieur de Chavigny meine Begründung auch nicht gefallen, hatte er doch die Güte, meinen Wünschen nachzugeben. Ich erhielt einen Paß.» Der kosmopolitische Geist bemächtigte sich auch der Naturwissenschaften zur Zeit ihrer ersten Blüte. Die englischen Physiker Humphrey Davy und Michael Faraday verhielten sich während einer Reise nach Frankreich, wo sie stürmisch gefeiert worden waren, obgleich Krieg gegen England herrschte, so, als hätten sie Fougerets Gespräch mit dem Botschafter Chavigny gerade gelesen. Davy notierte: «... wenn die zwei Länder oder Regierungen sich im Krieg befinden, so sind es die Wissenschaftler nicht... Wir sollten vielmehr durch Vermittlung der Gelehrten die Schroffheit der nationalen Feindseligkeiten abmildern»[28].

Eine Anekdote aus gleichem Geist wird über Benjamin Franklin berichtet. Ohne eigentlich dazu berechtigt zu sein, wies der US-Botschafter in Paris «alle Kapitäne und Kommandanten von Kriegsschiffen, die sich auf Anordnung des Kongresses der USA gegenwärtig im Krieg mit Großbritannien befinden», an, «britische Wissenschaftler nicht als Feinde, sondern als gemeinsame Freunde der Menschheit anzusehen»[29]. Es ist nicht bekannt, daß dieser Weisung zuwidergehandelt worden wäre. Die kosmopolitische Formel «Freunde der Menschheit» zur Kennzeichnung von Wissenschaftlern wendete übrigens schon Herzog Alba an, als er bei Besetzung der Niederlande die Gelehrten in Sicherheit zu bringen befahl. Die Wissenschaftler genossen kosmopolitische Privilegien. Selbst militärisch relevante Forschungsergebnisse wurden, wie Christoph Meinel in seiner interessanten und an Belegen reichen Studie über das 19. Jahrhundert darlegt, Wissenschaftlern fremder Nationen offenbart[30].

Eine vergleichbare Haltung wie Fougeret legte nach dem Zweiten Weltkrieg der amerikanische Pazifist Garry Davis an den Tag, als er im Mai 1948 auf der US-Botschaft in Paris seinen Paß abgab, sich zum Weltbürger Nummer 1 erklärte und vor dem Palais de Chaillot, wo die Vereinten Nationen tagten, sich «auf UN-Territorium» in einem Zelt niederließ, das freilich bald von der Polizei entfernt wurde. Die Unternehmung fiel nicht auf so günstigen Boden wie im 18. Jahrhundert. Der wackere Kosmopolit erregte zwar die Aufmerksamkeit der jede Normabweichung dankbar aufgreifenden Medien und erhielt Sympathiekundgebungen sogar von Albert Einstein sowie bekannten französischen Schriftstellern, Emmanuel Mounier, Albert Camus, André Breton. Seine kosmopolitischen Ideen aber, insbesondere die Behauptung, daß für ihn kein einzelner Staat und keine Regierung zuständig seien, wurden als Exzentrizitäten eines spleenigen Amerikaners, nicht als Visionen des Propheten eines neuen Zeitalters angesehen. Der Glaube an eine neue kosmopolitische Zeit entsprach dem Optimismus des 18., nicht der Skepsis des 20. Jahrhunderts.

Der Aufstieg der Intellektuellen

Diese optimistischen Ideen und großherzigen Ideale wurden vornehmlich von den – trotz aller persönlichen, nationalen und sachlichen Meinungsdissense insgesamt erstaunlich einigen und harmonierenden – Intellektuellen verfochten. Sie verstanden sich als informelle, aber zusammengehörige und grenzüberschreitende Gruppe eigener Kraft und eigenen Rechts. Sie trafen sich in eigenen Zentren, schlossen sich zu Gesinnungskonventikeln zusammen, reisten, um bei Zusammenkünften ihre Gedanken auszutauschen und konnten als erste von den Erträgnissen ihrer Feder unabhängig leben. Sie führten damit die Gelehrtenrepublik der Renaissance-Humanisten in die *«république des lettres»* des 18. Jahrhunderts über. Nicht in erster Linie die mit klassischen Studien befaßten Philologen, sondern die Literaten, die *gens de lettres*, die *clercs* repräsentierten die Geistigkeit der Zeit. Wissenschaftlicher Ehrgeiz war ihnen nicht fremd, wurde aber eher als Hobby empfunden, hatte Amateurcharakter. Holbach rühmte sich seiner mineralogischen und metallurgischen, Condillac seiner physiologischen Kenntnisse, Turgot war Ökonom, d'Alembert ein Physiker von Rang (das *d'Alembertsche Prinzip*). Die Erasmus und Morus und Reuchlin nutzten ihre neu erworbenen Kenntnisse der antiken Texte, um daraus Vorbilder für das private und politische Leben der Zeit abzuziehen. Die «philosophes» hingegen leiteten ihren Vorrang daraus ab, daß sie der Vernunft und den ewigen menschlichen Wahrheiten folgten, die universale Geltung für alle Menschen und Völker besaßen, von Natur aus also kosmopolitisch waren. Daher sollten auch die Politiker von ihnen lernen. Überhaupt deuteten sie sich in erster Linie als Lehrende. Diderot: «Der Richter spricht Recht; der Philosoph lehrt den Richter, was Recht und Unrecht ist. Der Soldat verteidigt sein Vaterland; der Philosoph lehrt den Soldaten, was Vaterland ist. Der Priester empfiehlt seinem Volk, die Götter zu lieben und zu achten; der Philosoph lehrt den Priester, was Götter sind. Der Souverän herrscht über alles: der Philosoph lehrt den Souverän, wo Ursprung und Grenzen seiner Autorität liegen»[31]. Die «philosophes» wurden nicht müde, Vorurteile und Aberglauben,

Intoleranz und Fanatismus der Priester zu geißeln und die Aristokratie wegen ihres Müßiggangs und ihrer sozialen Nutzlosigkeit zu attackieren. Das Verhältnis der «philosophes» zu dem *grand et beau monde* (wie das aller Aufsteigerschichten zur etablierten Oberschicht) war ambivalent. Einerseits polemisierten sie gegen die Privilegierten, andererseits heischten sie gerade ihre gesellschaftliche Anerkennung. Sie glichen sich ihren feinen Sitten an, imitierten ihre Mondänität, suchten in ihren Kreisen aufgenommen zu werden. Sie entwickelten ein Gefühl der Überlegenheit oder wenigstens der Gleichrangigkeit auf Grund ihrer Geistigkeit. Sie gewannen Prestige und Einfluß.

Mit dieser geistbezogenen Selbstdeutung fügten die «philosophes» ein neues Motiv in die überkommene gesellschaftliche Bewertungsordnung. Der Aristokrat begründete sein Gefühl des Vorrangs aus seinem ererbten Sein, aus Blut und Grundbesitz: Geburt ist Macht der Bürger auf Grund seines im Beruf erworbenen Besitzes: Reichtum ist Macht; der Intellektuelle aber durch seine erarbeiteten Kenntnisse: Wissen ist Macht. Außer der geistigen führten die Intellektuellen auch die kosmopolitische Dimension in die Rangordnung der Gesellschaft ein. Bislang mußten die gekrönten Häupter und Titularfürsten Eheverbindungen mit ebenbürtigen Prinzen und Prinzessinnen eingehen, die sie nur in anderen Staaten finden konnten. Die Adligen auf ihren Burgen und befestigten Schlössern waren Provinzherren mit Provinzmentalität. Erst als sie nach Niederwerfung der feudalen Fronden, in Frankreich unter Heinrich IV., an den Königshof gezogen wurden, entfremdeten sie sich der angestammten Heimat auf dem Lande und übernahmen in der Hauptstadt die dort geltenden kosmopolitischen Wertvorstellungen.

Die neue Elite der Intellektuellen hatte ihren sozialen Ort zwischen den angestammten Schichten. Sie bildete keinen Stand mit geburtsabhängiger Zugehörigkeit, keine Klasse im Sinne ökonomischer Gemeinsamkeit. Ihre Angehörigen waren kosmopolitisch und antipatriotisch aus Überzeugung und Gesinnung. Ihre soziale Herkunft und familiäre Abstammung reichte vom halbproletarischen Häusler bis zum Hochadligen – und dies über das ganze

18. Jahrhundert und die drei Generationen von «philosophes» hinweg, die durch die Namen Montesquieu (* 1689), Rousseau (* 1712) und Kant (* 1724) bezeichnet sein mögen. Aus armen Handwerkskreisen stammten Franklin (Vater Seifensieder), Diderot (Vater Messerschmied), Rousseau (Vater Uhrmacher), Paine (Vater Korsettmacher). Im bildungsträchtigen, aber wirtschaftlich beengten Pastoren- und Professorenmilieu wuchsen Melchior Grimm, Kant, Lessing, Wieland, Lichtenberg auf. Voltaires Vater war Justizbeamter, Jeffersons Zivilingenieur und Friedensrichter. Der Historiker Gibbon entstammte einer begüterten Kaufmannsfamilie, Helvétius' Vater war Leibarzt der Gemahlin Ludwigs XV., Maria Lesczynska; d'Alembert war der uneheliche Sohn der Madame de Tencin und eines Pionieroffiziers. Aus dem Adel kamen der Marquis de Condorcet und sein Bruder Mably; Condillac, Vicomte de Mably, der deutsche Baron Holbach, Turgot (Baron de l'Aulne), Cesare Beccaria, Graf von Volney, Freiherr Ernst Christof von Manteuffel, der kosmopolitische Gelehrte, abenteuernde Politiker und Gründer der «Gesellschaft der Alethopilen» (Wahrheitsfreunde). Die *«petite troupe des philosophes»* war soziologisch eine durch ihre Geistigkeit, ihr Künstlertum und ihre Werke ausgewiesene internationale Leitungsgruppe. Für die Zugehörigkeit waren staatliche, nationale, landsmannschaftliche Kriterien unerheblich, ebenso fehlten eine Antragstellung auf Mitgliedschaft, förmliche Zulassung. Jeder, woher er auch kam, war Teil der Gruppe, wenn er sich nur geistig als dazugehörig fühlte und von den anderen dazugerechnet wurde. Äußere Anzeichen der Zugehörigkeit waren Besuche bestimmter Treffpunkte wie Cafés, Weinhäuser, Austernkeller, wo sich die führenden Köpfe einfanden, gelegentliche oder regelmäßige Einladungen in Salons, schließlich Mitgliedschaft in Clubs, Logen, gelehrten Gesellschaften oder Akademien; der nach dem Zweiten Weltkrieg in Berlin gegründete, internationale «Kongreß für die Freiheit der Kultur»[32] mit seinen weltweiten Verbindungen und zuzeiten etwa 30 Zeitschriften, die in ebenso vielen Ländern herausgegeben wurden (Monat, Preuves, Encounter, Cuadernos, Forum, Tempo Pesente, bis hin zur philippinischen Solidarity), bildete eine späte Fortsetzung dieser kosmopolitischen intellektuellen Kultur.

Daß es sich bei dieser weltbürgerlichen Elite um eine Subkultur handle, wie gelegentlich angemerkt worden ist[33], will nicht einleuchten. Denn die kosmopolitische Intelligenzija des 18. Jahrhunderts war und deutete sich als eine tonangebende, maßstabsetzende Repräsentation der Gesellschaft und wurde als solche akzeptiert. Intellektuelle sprechen selten bloß für sich selbst, sondern kommen sich als Vertreter weiterer Zusammenhänge vor, bevorzugt der Schwachen oder der Menschheit überhaupt, deren Rechte und Freiheiten sie bewußtmachen und gegen die Mächtigen verfechten. Subkulturen hingegen sind bloße Teilmilieus mit zumeist begrenzten Zielsetzungen, die im Unterholz der Gesellschaft eine Sonderexistenz führen.

Unter dem Einfluß der modernen Mentalitätenforschung wird die Vorstellung der führenden Rolle der «philosophes» angefochten. Angelsächsische Historiker[34] bezweifeln, daß die Revolution den Kampf zwischen einer rückständigen Feudalaristokratie und einer durch die Gedankenarbeit der Intellektuellen aufgeklärten, über die Ungerechtigkeiten der Monarchie empörten Bourgeoisie um Teilhabe an der Macht darstellt. Diese Vorstellungen seien romantische *Images d'Epinal*, bloße historische Legenden. Die Intellektuellen bildeten eine schmale Minderheit. Die Bourgeoisie wiederum sei damals ausgesprochen konservativ gestimmt gewesen. Das flache Land gar gehorchte nach wie vor dem Priester. Die «schweigende Mehrheit» der Revolutionszeit las die Erbauungsbüchlein der Kirche und nicht die geistreichen Traktate von Voltaire oder Rousseau. Die Massen brauchten ihre alten Traditionen für Geburt und Tod, ihre hergebrachten Feste und Volksbräuche für Hochzeiten, Namenstage der Heiligen und nicht die hochgemuteten Fortschrittsvisionen der Philosophen.

So interessant und verdienstvoll die vor allem quantitativen Ergebnisse der modernen Mentalitäten-Forschung sind, sowenig können sie doch die alten Grundeinsichten erschüttern. Denn es ist doch nur eine Binsenweisheit, daß die neuen Ideen anfangs nur von den Wenigen verfochten werden, daß die Massen am alten Glauben hängen und erst langsam und zögernd das Neue akzeptieren und adaptieren. Mögen darum die kirchlichen Erbauungsbüchlein in der Revolutionszeit mehr gelesen worden sein als die Werke der «philosophes», so waren es doch *sie*, die das Gesicht der Zukunft bestimmt haben.

Salons: Geist, Geselligkeit, Konversation

Der charakteristischste Treffpunkt der Intellektuellen waren die Salons, deren erste schon Anfang des 17. Jahrhunderts von Damen der hohen Aristokratie eingerichtet wurden, so von der Marquise de Rambouillet, die ein halbes Jahrhundert das geistige Leben der Metropole beherrschte, der geistreichen Madame de Sévigné oder, aus einem Geschlecht des Provinzadels, der Mademoiselle de Scudéry. In den Salons wurden *«la galantérie, le bel air et le beau langage»* gepflegt, ein zivilisierter höflicher Ton gegenüber den Frauen, eine verfeinerte Lebensweise, eine graziöse und leichte Form des Gesprächs.

Als wichtigstes Mittel des Zueinanderkommens wurde die Konversation angesehen, die als ausdrücklicher Zweck der Zusammenkünfte bezeichnet wurde. Es galt dabei, ohne allzuviel Tiefgang, aber auch nicht oberflächlich, die eigenen Ansichten vorzutragen, möglichst brillant und interessant, elegant und amüsant, und die der anderen liebenswürdig und leichtfüßig aufzunehmen. Zu meiden war außer der Langeweile, dem *«genre ennuyeux»*, das nicht geduldet wurde, vor allem die Pedanterie, *le pédantisme*, dem schon Montaigne ein ganzes Kapitel der Essais[35] widmete. Kein Vorwurf traf härter als dieser: sich an einem Thema festzuhaken, verbissen recht behalten zu wollen, Kleinigkeiten aufzublasen – kurz ohne weltmännische Ungezwungenheit aufzutreten. In der Zeitschrift «Il Caffè» schrieb Alessandro Verri einen eigenen Essay zu diesem Thema, in dem er die ewige Langeweile der Vielwisser, Vielschreiber und Pedanten geißelte, und er faßte sein Urteil in dem kurzen Wort zusammen: *«molte parole, e poche cose»* – viele Worte, aber wenig steckt dahinter[36]. Alle Themen wurden diskutiert, nichts war tabu – sofern es nur mit der genügenden Leichtigkeit und mit Geschmack behandelt wurde: Religion und religiöse Toleranz, die den Zeitgenossen so sehr am Herzen lagen, Fanatismus und Aberglaube, Gesellschaft und Privilegien der Stände, an denen sich schließlich die Revolution entzünden sollte, und, nicht zuletzt, Philosophie und Aufklärung, die zum selbstgewählten Stichwort des Jahrhunderts wurde. Politik und Geschäft wurden in den Salons gemieden; selbst in der Zeit des alle Geister in Atem haltenden schottisch-französischen Bankengründers und Inflationskünstlers John Law galt es als Frage des guten Geschmacks, von solchen Problemen aus Rücksicht auf die Gastgeberinnen Abstand zu nehmen, die allzu heftige Auseinandersetzungen der Männer fürchteten.

Die wichtigste soziale Funktion des Salons war die Abschleifung der Sitten und die Integration der gesellschaftlichen Schichten. Die vorwiegend maskuline Adelswelt, deren bevorzugte Beschäftigung Pferde, Hunde und Jagd waren, gebärdete und artikulierte sich – auch auf Schlössern und bei Hofe – häufig grob und nicht selten obszön. Die zivilisierende Wirkung der Frauen und ihrer neuen Form der Geselligkeit auf die gesamte Nation war beträchtlich. Die Salons standen damit in der Nachfolge der mittelalterlichen Liebeshöfe der Provence und der literarisch engagierten Frauenzirkel der Renaissance. Zeitweise zählte Paris 800 Salons, die im *«Dictionnaire des Précieuses»* namentlich und mit Adresse aufgeführt wurden. Die Verfeinerung der Sitten und des gesellschaftlichen Lebens ging parallel mit der Erweiterung und dem Fortschritt der Erkenntnis. «Es ist eine gesellige Philosophie und eine gesellige Wissenschaft, die hier gefordert wird. Nicht nur die politischen, sondern auch die theoretischen, die ethischen, die künstlerischen Ideale werden von den Salons und für die Salons geformt. In der Wissenschaft wird die gesellschaftliche Urbanität zu einem Gradmesser und zu einem Kriterium wirklicher Einsicht erhoben. Die Gesellschaft ist die Lebensluft, in der die wahre Wissenschaft, die wahre Philosophie und die wahre Kunst allein gedeihen können. Auch alle politischen und alle ethischen Bestrebungen müssen hier ihren Grund suchen; nur von dem Wachstum und von der Ausbreitung der geistig-gesellschaftlichen Kultur ist eine Erneuerung des politischen und des sittlichen Daseins zu erhoffen»[37].

Die Geselligkeit entsprach insofern einem neuen sozialen Bedürfnis nach geistig-menschlichem Austausch. Die Gesellschaft richtete sich dafür Trefforte ein. Der literarische Salon erhielt den Rang einer neuen sozialen Realität, deren Bedeutung sich etwa an der «erstaunlichen Demut» illustrieren läßt, «mit der die Enkelin des großen Condé um Aufnahme bei den Soupers der Marquise de Lambert nachsuchte»[38]. Der Stil der Salons wurde von den Gastgeberinnen bestimmt. Eine Frau hoher Geistigkeit war Madame de Tencin. Nach einer Jugend im Kloster, aus dem sie entfloh, stürzte sie sich in wilde amouröse Abenteuer. Ein Marquis tötete sich um ihretwillen, woraufhin sie, allerdings nur kurz, ins Chatelet gesperrt wurde. Politische Intrigen, skrupellose Schuldenmacherei, finstere Geldgeschäfte bezeichneten ihren Weg. Mit 45 Jahren beendete sie, eine neue Maria Aegyptiaca[39], dieses Dasein und gründete einen Salon, der den höchsten Ansprüchen genügte. Ihr besonnenes literarisches Urteil und ihr untrüglicher Geschmack bestimmten die Gespräche und machten sie zugleich zur Talententdeckerin und -förderin.

In anderen Salons ging es weniger förmlich zu, sowohl was die lockeren Sitten, wie was die radikalen Ansichten anging, die unbefangen ausgetauscht wurden – so bei Madame Helvétius, wo zwanzig Jahre lang die sozialkritischen Ideen verfochten wurden, die die Revolution von 1789 vorbereiteten. Noch zwangloser war der Umgang bei der Schauspielerin Mademoiselle Quinault, wohin sich manche Gäste nach den anspruchsvolleren Soireen zur Entspannung begaben. Die tugendhafte Madame Geoffrin, die einer bürgerlichen Familie entstammte und zu den Aufsteigern gehörte, hatte ihren besonderen Stil. In ihrem Salon, der als *«la citadelle des philosophes»*[40] bekannt war, fiel kein zweideutiges Wort. Kein gewagter Gedanke, keine grobe Formulierung war erlaubt. Eine besonders gastfreie Aufnahme gewährte sie Ausländern, so dem temperamentvollen Botschafter von Neapel, Caraccioli, dem geistreichen schwedischen Gesandten Baron Creutz, dem vielleicht einflußreichsten Philosophen der Zeit, David Hume, dem streitbaren und umstrittenen Abbé Galiani, Francesco Algarotti[41], der in allen Metropolen zu Hause war, Horace Walpole, dem Sohn des Ministers, dem berühmten US-Botschafter und Frankreichfreund Benjamin Franklin und seinem Amtsnachfolger und späteren Präsidenten Thomas Jefferson. Ausländische Künstler unterstützte Madame Geoffrin großzügig. Sie schaffte damit nicht nur ein kosmopolitisches Klima, sondern förderte den Austausch fremder Ideen und Kunststile. Ihr Ruhm war unermeßlich, für moderne Verhältnisse unvorstellbar. Fremde Höfe beschäftigten Korrespondenten und schleusten Agenten in ihren Salon, um wenigstens indirekt über Gäste und Gespräche auf dem laufenden gehalten zu werden. Einladungen, Anfragen oder Besuchssondierungen kamen von vielen Fürsten. Ein einziges Mal hat sie Paris verlassen, um ihren Zögling Stanislaus August nach seiner Thronbesteigung zu besuchen; er empfing sie wie eine Königin. Auf der Reise nach Polen lehnte sie es trotz dringender Vorstellungen ihres Freundes Melchior Grimm ab, in Berlin Station zu machen, da sie Friedrich II. «weder für einen großen noch für einen tugendhaften Herrscher» hielt. Sie zog einen Aufenthalt bei Kaiserin Maria Theresia in Wien vor. Ihre Reise durch Europa glich einem Triumphzug.

Die Salons waren in Ausstattung und Struktur unterschiedlich: aristokratisch-aufwendig oder bürgerlich-einfach. Geladen wurde eine Handvoll Gäste zu intimen Diners oder es wurden große Empfänge für hundert und mehr Personen veranstaltet. Die Damen empfingen zweimal die Woche oder jeden Tag. Die Einteilung aber war fest geregelt. Am Sonntag wurden die *gens du monde* gebeten... *«et le mardi les intellectuels»*, wie die Formulierung noch heute heißt, die Gelehrten, Schriftsteller und Künstler. Spiele waren an diesem Tag, weil dem Gespräch abträglich, nicht zugelassen. Die soziale Zusammensetzung der Gesellschaften war die Kunst und das Geheimnis der Gastgeberin. Denn die richtige Mischung gab dem Kreis erst seinen Reiz und dem Gespräch die Würze: Finanziers und galante Abbés, Schriftsteller, Diplomaten und Höflinge, die dankbar waren, den eintönigen, von der Etikette beengten Veranstaltungen in Versailles entrinnen zu können, Architekten, Maler, Schauspieler fanden in den Salons Gelegenheit, einander kennenzulernen und miteinander auszukommen. «Die Leute des Hofes lernten zu räsonnieren, die Leute des Geistes lernten zu konversieren. Die einen hörten auf, sich zu langweilen, die anderen, langweilig zu sein. Beide Seiten empfanden gleichermaßen das Bedürfnis, sich zu beschäftigen und zu unterhalten. Die einen unterrichteten sich, indem sie einige Stunden an ihrem Schreibtisch verbrachten, die anderen, indem sie ihn verließen. Der frivole Aristokrat lernte im Umgang mit dem aufgeklärten Intellektuellen zu urteilen und wurde dadurch würdig, daß dieser ihn durch Schreiben ergötzte[42], deutete treffend und elegant Claude-Henri Abbé de Voisenon, ein Freund Voltaires. Kreative Persönlichkeiten erhielten die Chance, mit Sponsoren bekannt zu werden, die ihrerseits an das geistige Leben herangeführt wurden. Lord Shaftesbury beurteilte die Vorzüge der Salons noch allgemeiner: «Wir glätten einander, reiben unsere Ecken und Schroffheiten durch eine Art freundschaftlicher Kollision weg. Diese Form des Miteinanders einzuschränken, hieße zwangsläufig, die zwischenmenschliche Verständigung einrosten lassen»[43].

In dem gesellschaftlichen und literarischen Wechselspiel, das Peter Gay richtig, wenn auch etwas scharf als «Fortsetzung des (gesellschaftlichen) Krieges mit anderen Mitteln»[44] bezeichnet, kamen sich die Schichten näher, die durch Herkommen und selbstgesetzten Auftrag getrennt waren. Jede Teilgruppe entwickelte einen durch Geschichte und Überlieferung legitimierten Stolz und erhob sich in genüßlich-marivaudesker Medisance über die anderen. Ungeachtet dessen bewirkte der Konflikt im Salon Kenntnis voneinander und relativierende Toleranz. Alle wußten, daß sie sozial aufeinander angewiesen waren. Aristokraten und Intellektuelle begannen aufeinander zuzugehen und die Führungsschicht zu verbreitern, obschon sie von Natur aus Gegner waren, die einen auf ihr Blut, die anderen auf ihren Geist pochend; diese auf die armseligen Schreiberexistenzen herabsehend, jene auf die Hohlheit des gesellschaftlichen Vorrangs und der höfischen Etikette hinweisend.

Die Salons und ihre Herrinnen hatten auch eine mediale und kommunikative Funktion, die heute Presse und Fernsehen zugefallen ist. An diesen Trefforten informierten sich die interessierten Kreise und Personen über die jeweils akutellen intellektuellen Vorgänge. Hier wurden die neuesten Werke bekannt gemacht und lanciert. Das geschah auch im Sinne des ökonomischen Mäzenatentums. Madame de Tencin beispielsweise, die Montesquieu protegierte, kaufte fast die ganze erste Auflage seines Hauptwerks «L'Esprit des Lois» auf, dessen überragende Bedeutung für den Fortgang der Ideen sie vor allen andern erkannte; sie verteilte die Exemplare an Freunde und Bekannte, die sie als Multiplikatoren einschätzte. Die diesbezügliche Bedeutung der Frauen bewertete Montesquieu mit der Bemerkung: «Niemand gewinnt eine Stellung am Hof, in Paris oder in der Provinz, der nicht eine Frau besitzt, durch deren Hand alle Gunst und manchmal auch alle Ungunst geht, die er vergeben kann»[45]. Auch die Aufnahme in die Académie Française wurde nicht selten in den Salons betrieben und durchgesetzt. In den Kreis der vierzig Unsterblichen gelangten Montesquieu auf Verwendung der Madame de Lambert, Marivaux durch Madame de Tencin, d'Alembert dank Madame du Deffand, Marmontel, Saurin und andere auf Veranlassung der allmächtigen Madame Geoffrin, La Harpe, Chastellux dank der Mademoiselle de Lespinasse.

Wie in Paris begründeten und führten auch andernorts – von Lissabon bis Sankt Petersburg – intelligente, reizvolle, ehrgeizige Frauen Salons. Der – insofern nicht allzu kosmopolitisch urteilende – Historiker des Salons, Roger Picard, reklamiert *«la vie de salon»* als «ein rein französisches Phänomen, das wahrscheinlich ein Produkt des Geistes der Soziabilität und der Liebe zur Konversation ist, typischen Elementen des französischen Nationalcharakters»[46]. Literaten, Künstler, Denker suchten jedoch auch in den kleinen Metropolen nach sozialen Kontakten, geistigem Austausch oder einfacher Information über die Vorgänge des intellektuellen Lebens von nah und fern, nach der Möglichkeit, ihre Werke bekanntzumachen und sich vor einer kompetenten, an Talenten interessierten Öffentlichkeit in Szene zu setzen. Im Unterschied zu Paris fehlte es den Salons des Auslandes zumeist an der Allüre des *grand et beau monde*, an internationalen Verbindungen, an kosmopolitischem Air. In den kleinen deutschen Residenzen, in Weimar und Jena, wo die Geistesgrößen der Nation sich zusammenfanden, die Wieland, Herder, Goethe, Schiller, die Schlegels usw., tauchten zwar gelegentlich Ausländer auf, oft «Goethe-Touristen», die bei dem großen Mann darum nachsuchten, einmal vorsprechen zu dürfen. Auch bei den

Abendveranstaltungen der attraktiven Herzogin Anna Amalia, die nach Pariser Vorbild wechselweise Malern, Musikern, Dichtern und Schöngeistern vorbehalten waren, ebenso wie bei Johanna Schleiermachers Teeabenden, traf man ausländische Literaten, französische Besatzungsoffiziere usw. Aber das waren durchreisende Gäste, Fremde, nicht wie in Paris Ausländer, die dazugehörten und sich da zu Hause wußten.

Emigranten

Eine eigene und bewußt kosmopolitisch getönte Note erhielten die Salons in den Revolutions-, den postrevolutionären und den napoleonischen Jahren, als Ströme flüchtender französischer Aristokraten mit ihrem Gefolge im benachbarten Ausland Schutz suchten. Ganze Kolonien bildeten sich und richteten sich ein, mit eigenen Zeitschriften, Theatern, Clubs, Gotteshäusern. In Hamburg und Umgebung zählte die französische Kolonie Ende des 18. Jahrhunderts 44000 Emigranten, das kleine Münster 4000. In Koblenz wurde die Armee der königstreuen französischen Adligen aufgestellt. An vielen Orten herrschte vorrevolutionärer Amüsierbetrieb des Müßiggangs, der zu mancher bitteren Betrachtung Anlaß gab. Der Emigrant wurde Gegenstand zahlreicher literarischer Darstellungen, von den einen als heimatloser Vertriebener bemitleidet, von den anderen als einer gepriesen, dem die Gnade des einfachen Lebens gewährt sei. Die Sensibilität der Ausgewanderten gegenüber der «Exotik» der auf ihn einströmenden Eindrücke wurde als besonderes Kennzeichen entdeckt. Binationale Annäherung in den «Aufnahmeländern» wurde als gesamteuropäischer Kosmopolitismus begriffen und dargestellt. Überdies befanden sich nicht nur Franzosen, sondern auch Angehörige der von Frankreich eroberten Länder als Emigranten im Ausland. Das völkerpsychologische Interesse an den Nachbarvölkern steigerte sich durch diese Erfahrungen. Mit Verwunderung nahmen die Franzosen beispielsweise die englische Lebensweise wahr; mit dem ereignislosen Londoner Sonntag wußten sie sich nicht zu befreunden, und aus manchen deutschen Residenzstädten berichteten Herzöge, Herzoginnen und ihre Vertrauten, hier, in Trier etwa, «das einem Grabmal gleicht», herrschten tyrannische Verhältnisse und Intoleranz. Wer nur viermal in der Woche zur Messe und täglich zur Vesper gehe, werde fast wie ein Gottloser angesehen[47]. Die Reiseliteratur wurde unübersehbar. Wer schreiben konnte, fühlte sich zum Reisereporter und Interpreten der Nachbarländer, ihrer historischen und Kunstdenkmäler und ihres Volkscharakters berufen. Europa wurde in den beiden Jahrzehnten vor und nach der Jahrhundertwende durcheinandergeschüttelt. Reise-, Aus- und Rückwanderer-, Flüchtlings- und Heimkehrwellen eines nie erlebten Umfanges rollten aus allen und in alle Richtungen des Kontinents und erzeugten bei den Betroffenen, allerdings nur bei ihnen, das waren hauptsächlich Aristokraten und Intellektuelle, das Bewußtsein eines gemeinsam durchlebten Schicksals und damit einer kosmopolitischen Zusammengehörigkeit. Die Völker selbst gerieten durch die napoleonischen Kriege umgekehrt zunehmend unter die Gewalt nationaler Strömungen und Ideologien.

Diese Kosmopoliten der Emigration versammelten sich während der ereignisreichen Jahre zwischen Französischer Revolution und Wiener Kongreß in zahlreichen internationalen Zentren, wo der Wind der Veränderung und des Zufalls sie gerade hin verschlug. Wir begegnen ihnen bei Lady Hamilton in Neapel, die nicht nur Admiral Nelson, den Hof und den britischen Gesandten bezauberte, sondern auch Künstler vieler Nationalitäten in ihren Salon zog; bei dem preußischen Gesandten in Rom, Wilhelm von Humboldt, der den hervorragendsten Geistern der Zeit, die sich in der Ewigen Stadt aufhielten, ein liebenswürdiger Gastgeber war; bei venezianischen Aristokratinnen, die in den Cafés der Piazza San Marco literarischen Hof hielten; bei der Gräfin Mopox in Madrid; in den Salons russischer Aristokratinnen, über deren Zusammenkünfte Joseph de Maistre in den «Soirées des Saint-Petersbourg» berichtet; in den kleinen Hauptstädten und vor allem in dem Schlößchen Le Coppet, wo Madame de Stäel, die Gegnerin Napoleons, hinflüchten mußte; mehrere Freunde folgten ihr von Paris ins Schweizer Exil, das St. Beuve den «ständigen Ideen-Kongreß während der napoleonischen Zeit» genannt hat. Die Gastgeberin, die ihre zahlreichen Verehrer bei sich aufnahm und, wenn sie nicht gerade zwischen Frankreich, Deutschland, Italien, Österreich und Rußland herumreiste, ein offenes Haus für die schöpferischen Geister der Zeit hatte, verdiente sich den Namen «Königin des Kosmopolitismus». Das kleine Palais unweit der Straße, die von Genf nach Lausanne führt, konnte es nach dem Urteil von Charles Dédeyan während der in Rede stehenden Periode «mit Paris, London und Weimar aufnehmen» [48].

Im Café, im Club

In einem Atemzug mit den Salons sind andere Begegnungsstätten zu nennen, an denen sich ebenfalls gelegentlich Ausländer einfanden und dem Gespräch einen weltbürgerlichen Ton gaben. Das 18. war nicht nur das kosmopolitische und gesellige [49], sondern auch das kommunikative Jahrhundert. In den Cafés, die sich in England nach dem Bürgerkrieg, danach in Frankreich und Österreich etablierten, trafen sich die weniger berühmten, weniger begünstigten Intellektuellen, die Einladungen in die Salons nicht erhielten. Auch hier wurden neue Ideen verfochten und Meinungen ausgetauscht; Neugier und Begegnungsbedürfnis waren allenthalben stark, aber man blieb im wesentlichen unter Männern. Das vergleichsweise billige Getränk, das einem zeitgenössischen Werbezettel zufolge «die Geister weckt und die Herzen wärmt», ohne berauschend wie Alkohol zu wirken, der Kaffee, schuf ein demokratisches Klima. Die «philosophes» und die Schriftsteller haben im Kaffeehaus ein zweites Zuhause. Das 1737 gegründete Merchant's Coffeehouse in New York gilt als Geburtsstätte der amerikanischen Union. «Cafés werden Plätze der Legitimation sozialer Begegnungen» [50]. Festere Kreise erhielten vom Wirt Sonderräume zugewiesen, wo sie unter sich sein konnten, dabei entstanden Clubs, gelehrte oder patriotische Sozietäten, Lesegesellschaften. «Am Ende des Jahrhunderts kann man sagen, daß jede größere Stadt in Mitteleuropa – ‹größer› meint Einwohnerzahlen von etwa 10000 Einwohnern – eine Akademie oder gelehrte Gesellschaft, ein Lesekabinett, eine gemeinnützige oder ökonomische Gesellschaft, ein bis zwei Freimaurerlogen aufweist. Die Hauptstädte besaßen entsprechend mehr. In Osteuropa und in beiden Amerika waren zumindest größere Zentren von der Bewegung erfaßt»[51]. All diese Zirkel und Konventikel verbreiteten sich international; ob in Turin oder Philadelphia, in London oder Berlin, das Kaffeehaus wurde zu einer Modeerscheinung auf dem Markt der menschlichen Begegnungen. Bezeichnenderweise nannte der Abbé Galiani Paris «das Kaffeehaus Europas». Die Cafés hatten aber nicht das kosmopolitische Air wie die Salons, obschon Fremde in den Cafés gern gesehene Gäste und Mitglieder der Clubs waren, aber diese Trefforte waren eher lokal als weltbürgerlich orientiert.

Vaterländische Gesellschaften

Aus dem gleichen Bedürfnis der Kommunikation mit Gleichgesinnten wie die Salons, Clubs, Cafés in den nationalen Einheitsstaaten entstanden in den nationalstaatlich nicht geeinten Ländern, in Deutschland und Italien, patriotische Vereinigungen und vaterländische Gesellschaften. Sie standen strukturell am gleichen Ort und verfolgten nur scheinbar gegensätzliche – patriotische statt weltbürgerliche – Ziele. Sie hatten die gleichen Gegner, erhoben die gleichen Forderungen und fochten für die gleichen Ideale, nur phasenverschoben: ihr Vereinigungsziel war nicht die Menschheit, sondern – auf dem Wege dahin – das Vaterland, welche Dimension es auch gerade hatte. Zumeist galt es, für den kleinen Erdenwinkel, in dem einer geboren wurde, die volle oder ein Stück Unabhängigkeit zu erstreiten. Diese Forderungen der Patrioten richteten sich an die jeweiligen Herrscher und an die alten Stände, denen Unterdrükkung, Mißbrauch der Privilegien, Ausbeutung usw. vorgeworfen wurden – im Namen der allgemeinen Ideale des 18. Jahrhunderts: Gerechtigkeit, Humanität, Freiheit, Verfassungsmäßigkeit.

Gemeinsam war Patrioten und Kosmopoliten das republikanische Pathos der Selbstbestimmung, das die einen vaterländisch, die anderen weltbürgerlich verstanden, von dem beide aber gleicherweise die Genesung des kranken Gesellschaftskörpers erwarteten – etwa von so empörenden Mißbräuchen, wie daß Untertanen sowohl deutscher wie italienischer Fürsten zur Behebung der chronischen Geldnöte der Staatskasse zum Dienst und Sterben in ausländischen Armeen kommandiert, d. h. verkauft wurden. Aus diesem Grunde wurden die beiden Begriffe Patriot und Kosmopolit in jenen Zeiten häufig synonym verwendet. So schrieb der bedeutende Ökonom Pietro Verri in einem Brief an seinen Bruder Alessandro über einen gemeinsamen Freund, den Comte Sarmani, er sei zugleich «ein echter Kosmopolit und höchst loyaler Patriot» [52]. Tatsächlich schlossen der grandseigneurale Lebensstil mit dem weiten Erfahrungshorizont des Kosmopoliten, der für die großen Menschheitsziele stritt, und der noble Eifer des Patrioten, der für seine unglücklichen Landsleute eintrat, einander nicht aus, sondern ergänzten einander.

Ein Beispiel für diesen Zusammenhang bietet der von den französischen und englischen Zeitgenossen hochgepriesene, aber vergebliche Befreiungskampf der Korsen gegen Genua, zu deren Anführer und Symbol Pasquale Paoli wurde, der von 1765–1769 die Insel regierte – je nach Einstellung des Betrachters als Diktator, Usurpator oder aufgeklärter Patriot. Er versuchte, das Bergvolk der Korsen zu zivilisieren, sie an staatliche Ordnung und Gesetze zu gewöhnen, ihren ungestümen Unabhängigkeitswillen zu wirtschaftlichem Fortschritt zu kanalisieren. Das Inselvolk war jedoch zu klein und sozial noch nicht reif genug, als daß das erstrebte «nation building» hätte gelingen können. In Korsika herrschten noch fast anarchische Verhältnisse; die feudalen Familien führten Vendetten und Geschlechterfehden. Die Versuche Paolis, das «koloniale Joch» abzuschütteln, wie heute gelegentlich gesagt wird, blieben erfolglos. Auch als er nach langem Exil im März 1790 vor der Constituante in Paris auftrat, brachte ihn das seinem Ziel nicht näher. Wenige Jahre später wurde er vom Konvent angeklagt und verfolgt, seine politische Karriere endete damit.

Vaterländische Gesellschaften und Sozietäten bildeten sich an vielen Orten. Gelegentlich gelang es den Sozii, Zeitschriften zu gründen, in denen sie ihre Ideen verfochten. Sie brachten es zumeist nur auf wenige Jahrgänge. Die «Diskurse der Maler» erschienen, in der Redaktion einer Gruppe junger Theologen und Schriftsteller, darunter Johann Jakob Bodmer, in Zürich von 1721 bis 1723. In Hamburg wurde «Der Patriot» herausgegeben (1724 bis 1726), in Mailand von der kämpferischen «Academia dei Pugni», der Akademie der Fäuste, die schon erwähnte einflußreiche Zeitschrift «Il Caffè» (Juni 1764–Mai 1765), die die Einigung Italiens geistig vorbereitet hat.

Infolge dieser Entwicklungen hielten es die Zeitgenossen für ausgemacht, daß das kosmopolitische Zeitalter unwiderruflich angebrochen war, mochte man sich vorerst auch noch in einer Übergangsepoche befinden. So wurden in diesem Jahrhundert gleichzeitig alle Themen wieder aufgenommen und erörtert, die im Laufe der Jahrtausende das Geflecht des Kosmopolitismus zusammengewoben hatten – von Alexander des Großen übernationalem Friedensreich über die religiöse Toleranz, die dem Römischen Reich langfristig seinen Zusammenhalt gegeben hat, bis zu dem rationalen Individualismus, der erstmals von den Sophisten gepredigt worden ist.

Brüderlichkeit und Frieden

Alle Menschen sind als Kinder des gleichen Gottes Brüder und sind deshalb zur Homonoia, zur Eintracht bestimmt. Alexander der Große hat diese Vision den Nachfahren hinterlassen, die sie vielfach variiert, ins Christliche transponiert, auch lange Zeit hindurch vergessen, schließlich wieder hervorgeholt und propagiert haben. Die Begegnung mit Bewohnern fremder Kontinente während des Entdeckungszeitalters hat die Zeitgenossen an die natürliche Gleichheit der Menschen erinnert, jedenfalls haben sie sich mit der Frage auseinandergesetzt. Die Eingeborenen, zeitweise als Wilde, ja zuweilen als Tiere und Teufel angesehen, avancierten durch Kulturvergleiche zu andersartigen, aber gleichwertigen Menschen, schließlich zu von Natur aus guten «edlen Wilden», die für den Europäer zugleich seine gelebte Vergangenheit und seine projektierte Zukunft sind. Alle Menschen gehören zusammen, rief Voltaire aus, nicht nur die Christen müssen einander dulden, «ich gehe weiter: ich sage euch, daß wir alle Menschen wie unsere Brüder betrachten müssen. ‹Was! Mein Bruder der Türke? der Chinese? der Jude?› Und er antwortet, der Theorie treu, mit einem entschlossenen «Ja, ohne Zweifel, sind wir doch alle Kinder des gleichen Vaters und Geschöpfe des gleichen Gottes»[53]. Die Menschheit bildet eine Einheit, da alle Menschen außer den gleichen körperlichen Merkmalen und Dispositionen die gleichen Antriebe, Leidenschaften, Hoffnungen, Ängste, Tugenden und Mängel aufweisen. Condorcet, der letzte der Enzyklopädisten, forderte an Stelle der vielen selbständigen Staaten einen menschheitsumfassenden Weltstaat, der zugleich wünschenswert und unvermeidlich sei. Der britische Historiker Schlereth betont zu Recht, daß «das Beharren der Aufklärung auf der Einheit der Menschheit... sowohl Ursache wie Folge der Bemühung der Philosophen ist, ihrem kosmopolitischen Ideal nachzueifern»[54].

Aus dem Gedanken der Brüderlichkeit leitete sich die moralische Forderung des Friedens her, die seit Augustinus eine christlich-kosmopolitische Färbung erhielt. Im Freimaurertum drückte sie sich vielleicht am intensivsten aus, dessen weltbürgerliches «Grundgesetz» darin bestand, «jeden würdigen Mann von gehöriger Anlage ohne Unterschied des Vaterlandes, ohne Unterschied der Religion, ohne Unterschied seines bürgerlichen Standes in ihren Orden aufzunehmen»[55] und damit den Frieden von unten her aufzubauen. Politisch wurde die föderale Vereinigung von Einzelstaaten – nach dem schon vor der Unabhängigkeit viel bewunderten amerikanischen Vorbild – als der richtige Weg zu einer friedlichen Weltordnung betrachtet. Volneys *«L'Assemblée des Nations»*, des Abbé Bernard de Saint-Pierre *«Projet pour rendre la paix perpétuelle en Europe»*, Thomas Paines *«Republic of the World»*, Jeremy Benthams *«A Plea for a universal and perpetual Peace»*, Kants philosophischer Entwurf «Zum ewigen Frieden» sind Beispiele pazifistischer Projekte, die sich bis in die Gegenwart fortgesetzt haben[56]. Richard Price hielt es für möglich, daß auf diese Weise «Krieg aus der Welt ausgeschlossen wird»[57]. Da Krieg nicht wie im Mittelalter als unabwendbare Folge von Sünde, sondern als durch die blinden Leidenschaften der Fürsten und ihrer Diener verschuldetes Unheil interpretiert wurde, richteten sich die pazifistischen Bemühungen der Aufklärer vorrangig auf die Abschaffung von Willkür und Tyrannei und die Einführung republikanischer Verhältnisse, die nach übereinstimmendem Urteil von Hume und Voltaire, Franklin, Condorcet, Holbach usw. den Frieden ermöglichen würden. Die im Mittelalter praktizierte Vermittlung und Schiedsgerichtsbarkeit wurden erneut empfohlen. Den Fortschritten der Naturwissenschaften sollten Fortschritte der Moralphilosophie entsprechen, forderte Franklin, «nämlich die Entdeckung eines Planes, der die Staaten dazu bewegen würde, ihre Streitigkeiten zu regeln, ohne sich vorher die Hälse abzuschneiden», und er fügte mit einem Stoßseufzer hinzu: «wann wohl wird die Menschheit genügend fortgeschritten sein, um die Vorzüge dieser Neuerung anzuerkennen?» [58].

Skeptiker wie Voltaire, Hume oder Kant hingegen bezweifelten, daß die Menschheit mit einem Schlage zu dieser friedlichen Gesinnung erzogen werden könne. Denn «aus so krummem Holz, als woraus der Mensch gemacht ist, kann nichts Gerades gezimmert werden» [59]. Oder, um mit Voltaire zu reden: «Jeder Mensch wird mit einer ziemlich heftigen Neigung zu Herrschaft, Reichtum und Vergnügen geboren» [60]. Das begünstige Eroberungen, Gewalttaten und Kriege. Die skeptischen (ebenso wie die satirischen) Schriftsteller glaubten nicht, daß man durch bloße Erkenntnis des Rechten, wie Morus wollte, an einem Tage alle Übel von der Welt vertilgen könne. Sie beschränkten sich darum auf praktische Empfehlungen zur Humanisierung des Krieges, z. B. den Schutz der Zivilbevölkerung, insbesondere gefährdeter Berufe wie Bauern und Kaufleute; oder die Fortentwicklung der Freiheit der Schiffahrt durch Verzicht auf das Prisen- und Kaperrecht. In einem Rahmenabkommen zwischen den USA und Friedrich II., das Benjamin Franklin 1785 kurz vor des Preußenkönigs Tod schloß, wurden diese Bestimmungen festgelegt. Generell aber hielten alle «philosophes» an der pädagogischen Vorstellung fest, daß der Mensch verbessert, die Vernunft zur Herrschaft gebracht und der Sieg der Moral gesichert werden könnten. Denn alle weigerten sich, nach dem Vorbild Machiavellis ein Sonderrecht der Könige und der Politik anzuerkennen. Der Vorrang kam dem Individuum und seiner

Moral zu, die nicht mehr an den heldischen Kollektivtugenden der Vergangenheit orientiert sein sollten. Eine Illustration dazu sind diese Gedichtzeilen Voltaires an Friedrich II:

> «J'aime peu les héros, ils font trop de fracas;
> Je hais ces conquérants, fiers ennemis d'eux-mêmes,
> Qui dans les horreurs des combats ont placé le bonheur
> suprême,
> Cherchant partout la mort, et la faisant souffrir
> À cent mille hommes leurs semblables» [61].

(Ich mag nur wenig die Helden, sie machen zu viel Getöse, / Ich hasse die Eroberer, stolze Feinde ihrer selbst, / die ihr höchstes Glück / in die Schrecken der Schlacht gelegt haben, / überall den Tod suchend und / hunderttausend ihrer Mitmenschen leiden machend.)

Humanität und Toleranz

Diese Verhaltensbegriffe bilden einen zweiten kosmopolitischen Themenkomplex. Sie orientieren sich an dem Vorbild des *Weisen*, dem Mann, der sich ausschließlich von der Vernunft leiten läßt. Es ist die höchste Gestalt des Menschen. Er hält sich von den Leidenschaften fern, die Sinn und Tun des Menschen verwirren, hebt sich über die engen Zugehörigkeiten, dic zwangsläufig Parteiungen und Streitigkeiten hervorrufen, unterwirft sich den Gesetzen der Natur, bildet sich zum *homo humanus*. Dieses Ideal hat die Stoa entworfen. Das Christentum hat die moralischen Maximen vor allem Senecas (der Mensch ist dem Menschen heilig) und Marc Aurels (die Menschen sind um einander willen da) seiner Philosophie eingefügt. Die Weltbürger der Aufklärung haben die Figur des Weisen im «philosophe» wiederaufleben lassen; gemeint ist damit der praktische Lebens- und Weisheitslehrer, der sogar und gerade die Könige anweist, nach welchen Richtlinien sie die Völker regieren sollen, um das öffentliche Glück zu erreichen. Der «philosophe» wird zum Vorbild erhoben; er tritt an die Stelle, die nacheinander der Heilige und Märtyrer, der Held und Ritter, der *cortegiano* und *honnête homme* innegehabt haben. Er lebt abwechselnd in Zurückgezogenheit, um seinen meditativen Aufgaben nachzukommen, und im geselligen Umgang, um sich auszutauschen und am Fortgang des geistigen Lebens teilzunehmen und sich dadurch den Mitmenschen nützlich zu erweisen.

Die kosmopolitischen Vorstellungen der «philosophes» kamen den Zeitereignissen zupaß. Nach den Religionskriegen und blutigen Verfolgungen waren Versöhnung und Ausgleich zu einem allgemeinen Bedürfnis geworden. Den Menschen als Menschen und nicht als Calvinisten, Juden, Katholiken oder Quäker zu betrachten, bedeutete, das Trennende zu relativieren und das Verbindende hervorzukehren. In diese Richtung wies der Fortschritt.

Die Denker der Zeit konnten sich nicht genug darüber erregen, daß im Namen des einen Gottes die erbittertsten Streitigkeiten geführt worden sind. «Diejenigen, die Papisten genannt werden, essen Gott ohne Brot, die Lutheraner Brot und Gott, während die Calvinisten, die nach ihnen kamen, Brot essen, ohne Gott zu verzehren» [62], höhnte Voltaire. Religiöse, später auch politische *Toleranz* wurde daher das oberste Gebot, dem sich die «philosophes» verpflichtet fühlten. Eiferer und Fanatiker wurden als Ignoranten und Opfer blinder Vorurteile angesehen; der Aberglaube [63] galt als der schlimmste Feind einer vernunftgesteuerten Menschheit. Die obskurantistischen Pfaffen verfolgten die «philosophes» mit Haß und Hohn. *«Écrasez l'infâme»* wurde für Voltaire zum Ceterum censeo seiner Toleranz-Kampagne; bei Unterzeichnung seiner Briefe verwendete er die Abkürzung *«écrlinf»*; dieses *écrasez* war allerdings selbst nicht eben tolerant. Kein Gegensatz hat solche Zwietracht gesät wie der religiöse; «die Zwietracht ist ein großes Übel», befand er, «die Toleranz das einzige Heilmittel» [64].

Der insbesondere in literarischen Fragen skrupellose Voltaire spitzte den Konflikt um der größeren Wirkung willen bis zum Äußersten zu und warf alle Gläubigen in den einen Topf der Intoleranz und des Zelotentums. In Wahrheit unterstützten zahlreiche gemäßigte Anglikaner, moderne Lutheraner und liberale Katholiken seinen Kampf, der insgesamt nicht gegen den Glauben, sondern gegen den Aberglauben, nicht gegen die Religion, sondern gegen die Kirchen gerichtet war. Ernst Cassirer kehrte in seiner «Philosophie der Aufklärung» diese Seite absichtlich stark und einseitig hervor. Er warnte ausdrücklich davor, die Aufklärung als glaubensfeindliche Epoche zu betrachten und damit «ihre höchsten positiven Leistungen zu verkennen... Die stärksten gedanklichen Impulse der Aufklärung und ihre eigentliche geistige Kraft sind nicht in ihrer Abkehr vom Glauben begründet, sondern in dem neuen Ideal der Humanitätsgläubigkeit, das sie aufstellt, und in der neuen Form der Naturreligion, die sie in sich verkörpert»[65], was freilich auf eine Verwerfung der Offenbarungsreligionen hinausläuft.

Die moralische Wiederaufwertung der Toleranz kommt auch als Ergebnis wirtschaftspolitischer Notwendigkeiten zustande. Der sich entwickelnde freie Handel forderte weitere Räume; Grenzhürden, Sperren und Barrieren störten den freien Austausch, der im Gegensatz zur geltenden merkantilistischen Wirtschaftstheorie grundsätzlich übernational und kosmopolitisch sein sollte. In Zeiten der politischen Entspannung gewannen diese Gedanken wieder an Aktualität[66]. Zu Beginn des Artikels «Toleranz» im «Dictionnaire philosophique» veranschaulicht Voltaire den inneren Zusammenhang von Toleranz, Handel und Pluralismus. «An der Börse von Amsterdam, London, Surate und Basra handeln der Gheber, der Banian, der Jude, Muselmane, chinesische Deist, Brahmane, griechische, römische und protestantische Christ und der Quäker miteinander. Sie ziehen nicht ihren Dolch gegeneinander, um die Seele für ihre Religion zu gewinnen». Das wohlverstandene Interesse, das dem Handel zugrunde liegt, kühlt die Leidenschaften, ermöglicht eine wohltätige Harmonie der Egoismen. «Wenn zwei Religionen zusammen sind, bringen sie sich um; wenn es dreißig sind, werden sie in Frieden leben»[67].

Folter

Die Forderung nach Toleranz drückte sich nicht nur in abstrakten Theorien aus, vielmehr wurden praktische Kampagnen zur Abschaffung der schlimmsten Auswüchse der Intoleranz geführt. Im Mittelpunkt standen Todesstrafe, Folter und Sklaverei. Auf diesem

Gebiet haben die Aufklärer ihre bedeutendsten und dauerhaftesten Erfolge erzielt. Trotz allen verletzenden Hohns gegen den Fortschrittsglauben ist es eine Tatsache, daß die Vernunftpropheten dieses Zeitalters den Anstoß gegeben und aktiv daran mitgeholfen haben, das Strafrecht zu humanisieren[68], die Folter zu denunzieren und die jahrtausendelang praktizierte und akzeptierte Sklaverei abzuschaffen. Gegen die Folter hat Voltaire in einem seiner zugespitztesten und zugleich sachgerechtesten Artikel des «Dictionnaire» polemisiert. Ursprünglich hatte man gemeinen Dieben Daumenschrauben angelegt und die Sohlen verbrannt, um sie zu zwingen, das Versteck des gestohlenen Gutes preiszugeben, schreibt er, bald aber benutzten die Eroberer dieses Zwangsmittel, wenn sie die Unterworfenen verdächtigten, böse Absichten gegen sie zu hegen – z. B. die, frei zu sein. Allein in Verdacht zu stehen, rechtfertigte Tod und Folter. «Das hing irgendwie mit der Gottheit zusammen. Die Vorsehung setzt uns gelegentlich Folterqualen aus, Krankheiten wie Gicht, Skorbut, Lepra usw. Da nun die frühen Despoten, nach dem Urteil ihrer Höflinge, Ebenbilder der Gottheit waren, ahmten sie sie darin nach, so gut sie konnten». Voltaire gab der Polemik eine antinationalistische Spitze, indem er den Fall des jugendlich-übermütigen Chevalier de La Barre erzählte, dem die Richter von Abbéville die Zunge herausreißen, die Hände abhacken und den sie schließlich von fünf Henkern hinrichten ließen, weil er unfromme Lieder gesungen und vor einer Prozession von Kapuzinermönchen nicht den Hut gezogen hatte und der dann auf dem Schafott tapfer erklärte, «er habe nicht geglaubt, daß man einen Edelmann wegen eines so geringfügigen Umstands würde sterben lassen»[69]. «Die fremden Nationen», kommentiert Voltaire an anderer Stelle mit giftigem Spott, «beurteilen Frankreich nach seinen Theateraufführungen, Romanen und Balletteusen. Sie wissen nicht, daß es keine grausamere Nation als die französische gibt. Während die Russen noch um 1700 für barbarisch galten, sind wir es noch 1769»[70].

Neben Voltaire und den Enzyklopädisten kämpfte insbesondere der italienische Strafrechtler Cesare Beccaria, den Melchior Grimm «einen der größten Geister der Zeit» nannte[71], in seinem

«Trattato dei delitti e delle pene» (Traktat über Verbrechen und Strafen, 1764) gegen die Tortur, die er als Ausgeburt der Unvernunft und der Abscheulichkeit bezeichnete. Weder schrecke sie ab, weil sie im Geheimen vollzogen werde, noch bessere sie die Opfer. Härte und Grausamkeit bewirkten umgekehrt, daß Verbrecher und Verbrechen noch grausamer würden. Die Folter wurde schließlich offiziell abgeschafft, 1740 in Preußen, dem Musterland des aufgeklärten Absolutismus, 1784 im josephinischen Österreich und in Frankreich während der Großen Revolution. Im 20. Jahrhundert wird sie in zahlreichen Staaten noch immer geübt.

Todesstrafe

Verhängung und Vollstreckung der Todesstrafe ist ein uraltes, durch Dauer «geheiligtes», in entsprechenden Ritualen sanktioniertes, vom jeweiligen Herrscher beanspruchtes Recht; die Blutspur des Henkers durchzieht die Jahrtausende. Ihre Abschaffung stellt schon als gedankliche Forderung einen revolutionären Wandel des Bewußtseins dar. Die Voraussetzung dieser Forderung, die am nachdrücklichsten Beccaria verfocht, bestand in der Einsicht, daß zwischen Sünde und Verfehlung grundsätzlich zu unterscheiden sei. Nach christlich-kirchlicher Vorstellung mußte das verletzte göttliche Recht durch Buße wiederhergestellt werden; des Strafsünders Seele wurde durch Hinrichtung seines Körpers gar gerettet. Nach der säkular-laizistischen Auffassung der Aufklärer hingegen wurde Strafe nur im Hinblick auf das Interesse der Gesellschaft ausgesprochen. Strafjustiz wurde entmetaphysiziert und entdämonisiert. Es gab keinen absoluten Strafanspruch, nur einen der Opportunität. Da das Glück der einzelnen als Staatszweck anerkannt wurde, mußte auch die Gerichtsbarkeit diesem Zweck dienen. Und da der Mensch als grundsätzlich perfektibel[72] angesehen wurde, war die Verbesserung – modern gesprochen: Resozialisierung – dessen, der gegen die Gesetze der Gesellschaft verstieß, der natürliche Strafzweck. Die Todesstrafe war danach sinnlos. «Die Erfahrung lehrt, daß die Vollstreckung der Todesstrafe nie jemanden besser gemacht hat», verkündete im Sinne dieser Überlegung

Katharina die Große in dem Artikel 210 ihrer «Instruktionen» – mag sie auch während ihrer Regierungszeit von den ihr nachgerühmtem aufgeklärten Maximen abgerückt sein. Beccaria lehrte, daß die Gesellschaft kein Recht habe, einem ihrer Mitglieder das ihm von Gott gegebene Leben zu nehmen. Die Zeitgenossen wurden durch die humanen Forderungen zuweilen in große Verwirrung gestürzt. So berichtet Voltaire, ein braver hugenottischer Geistlicher sei in einer Predigt dafür eingetreten, daß auch die Verdammten, die nicht nur zu irdischer Strafe, sondern zur Höllenpein verurteilt werden, eines Tages in den Stand der Gnade zurückversetzt werden sollen, weil es eine Verhältnismäßigkeit zwischen Sünde und Bestrafung gebe und die Verfehlung des Augenblicks nicht die ewige Verdammnis verdiene. Seine Kollegen setzten den nachsichtigen Richter ab. Aber einer erklärte ihm beiläufig im Sinne der Staatsräson: «Ich glaube so wenig wie Ihr an die ewige Höllenstrafe; aber es ist gut, daß Eure Dienerin, Euer Schneider und sogar Euer Staatsanwalt daran glauben» [73].

Sklaverei

Schließlich attackierten die «philosophes» auch die Sklaverei, mochte sie ihnen auch, weil in ihren grausameren Formen hauptsächlich auf die Kolonien beschränkt, ferner liegen, und forderten im Namen der Humanität ihre Abschaffung. Die Zeitgenossen waren von den Bewohnern der überseeischen Gebiete auch ein Vierteljahrtausend nach ihrer Entdeckung fasziniert. Echte und fiktive Reiseberichte wurden verschlungen. Staatsdenker wie Romanciers befaßten sich mit der Exotik und dabei auch mit der Sklaverei. Der Abbé de Saint-Pierre zählte zu den Aufgaben einer kosmopolitischen Weltregierung die Abschaffung der Sklaverei. Voltaire machte im «Candide» darauf aufmerksam; dem vielgeprüften und doch unverdrossen optimistischen Pangalos blieben die Leiden des Galeerensklaven nicht erspart. Montesquieu und Buffon, Hume und Adam Smith bekundeten Abscheu und Protest. Franklin entfaltete eine heftige publizistische Aktivität, damit sich das britische Parlament der Sklavenfrage annahm und wirkte bei der Gründung der

«London Society for the Abolition of Slavery» mit. In Frankreich wurde die *«Societé des amis des Noirs»* gegründet. Das Thema *«Abolitionism»* begleitete die Amerikaner bis in die zweite Hälfte unseres Jahrhunderts.

Individuum und Vernunft

Das dritte Element, das die Etablierung des Kosmopolitismus erleichterte, war der aufklärerische Rationalismus, der den einzelnen als Träger der Vernunft in den Mittelpunkt stellte. Die Renaissance-Humanisten hatten dieses Thema als Gegensatz von Jenseits- und Diesseits-Orientierung artikuliert. Den Aufklärern drängte es sich als Kampf des Individuums gegen blindgläubige Autorität und leere Tradition, gegen Fürstenmacht und Pfaffenwillkür auf. Die Vernunft ist das Licht der Wahrheit, das an die Stelle des Lichts der Gnade trat. Die Väter waren blind in ihren Vorurteilen, ihren Irrtümern, ihrem Fanatismus, die Söhne werden vom Licht der Aufklärung erhellt. Tausendfach wurde dieser Gedanke variiert und sogar – in Vorwegnahme der Werbetechnik des 20. Jahrhunderts – einfach wiederholt. In ironischer Wertverkehrung ließ Pietro Verri in dem Editorial seiner Zeitschrift unter dem Titel «Im Tempel der Unwissenheit» ein abstoßendes altes Paar wie eine zerborstene Schallplatte ihren Sermon wiederholen: «Junge Leute, junge Leute, hört auf mich, vertraut nicht auf euch selbst. Was ihr in euch fühlt, ist nichts als Täuschung; traut den Alten und glaubt, daß alles, was sie getan haben, wohl getan ist... Junge Leute, junge Leute, die Vernunft ist ein Hirngespinst, wenn ihr Wahres vom Falschen unterscheiden wollt, so folgt der Meinung der vielen, die Vernunft ist ein Hirngespinst»[74]. In die von Horaz geprägte Formel *«sapere aude»* (wage dich deines Verstandes zu bedienen) faßte Kant die Sehnsüchte der Zeitgenossen zusammen, die aus der selbstverschuldeten Unmündigkeit heraustreten und ein selbstverantwortliches Leben führen wollten. Die Vernunft ermöglichte nach dem Ausdruck Humes eine universelle Verständigung, sie war ex definitione kosmopolitisch, schloß niemanden aus, wer es auch war, woher er auch stammte, wo immer er lebte. Mehr noch, ein vernunftgemäßes Leben war ein moralisches Leben, das dem aufgeklärten Eigeninteresse (bei Berücksichtigung der Rechte der Mitmenschen) folgte und das das persönliche und allgemeine Glück gewährleistete.

Neugier, Nationalstereotype, Völkerpsychologie

Unter dem Einfluß der «philosophes» und ihres Kampfes gegen die alten Gewalten und für Freiheit und Gerechtigkeit erfuhr der Kosmopolitismus eine erkennbare Akzentverschiebung, ja er wandelte sein Gesicht. Die universalistische Forderung «Einheit der Menschheit» war nur noch der abstrakte Rahmen, innerhalb dessen ein neues Interesse Platz griff, ein Interesse an der bunten Vielfalt der Völker und Nationen. Die Neugier der Menschen richtete sich jetzt auf das Konkrete. Die meisten Aufklärer erstrebten nicht mehr die Abschaffung der Staaten, die sie vielmehr als für die Sozialisation unentbehrliche Zwischenglieder zwischen Individuum und Menschheit ansahen. Der realistische Baron d'Holbach beispielsweise wußte, daß der Code der Vernunft Fürsten und Staaten nur in unvollkommenem Maß bestimmte, da vielmehr die Leidenschaften ihre Handlungen leiteten, die immer wieder Krieg verursachten. «Im Inneren der Nation befinden sich gemeinhin ihre wirklichen Feinde»[75]. Rousseau wiederum pries «die großen kosmopolitischen Seelen, die die imaginären Sperren überwinden, die die Völker trennen, und die nach dem Vorbild des höchsten Schöpferwesens das ganze menschliche Geschlecht in ihrem Wohlwollen umarmen», verurteilte indessen wie die Stoiker diejenigen Weltbürger, die in ihren Büchern die Pflichten in der Ferne suchten, die sie in ihrer Nähe praktisch zu erfüllen für unter ihrer Würde hielten[76]. Als einziger zeitgenössischer Denker verfocht Baron Cloots die Aufhebung aller Einzelstaaten und Gründung der «Republik der Menschen» – mit der Hauptstadt Paris und einer «Erklärung der Menschenrechte» als Grundsatz des Gemeinwesens, dessen Bürger sich nicht Franzosen, sondern Brüder nennen würden[77].

Die weltbürgerlichen Philosophen bewiesen – anders als ihre universalistischen Vorgänger – in wachsendem Maße Neugier an der Andersartigkeit der anderen Völker, die sie nicht mehr als Fremde empfanden. Sie fühlten sich überall zu Hause, nicht weil überall die gleichen Verhältnisse herrschten, sondern weil sie sich in den verschiedenen Ländern und Milieus zurechtzufinden wußten und nirgends Fremde waren, weil sie fremde Sprachen beherrschten und so auf ihren unablässigen Reisen die jeweilige nationale Tarnfarbe anlegen konnten. In London fühlten sie sich als Engländer, in Paris als Franzosen, in Mailand als Italiener. Sie genossen Abwechslung, das Fremde war das Interessante. Wie sich die bunten Farben des aufgefächerten Prismas zu Weiß addieren, so setzt sich der neue Kosmopolitismus aus der Vielfalt der nationalen Temperamente zusammen.

Selbst der Begriff Aufklärung schillerte nach dem Urteil von Peter Gay in nationalen Farbbrechungen. «Die Franzosen zogen ein perverses Vergnügen aus dem Gegensatz zwischen Staat und Kirche, der ihre Kampagnen für Redefreiheit und eine humane Strafgerichtsbarkeit und ihre Polemik gegen den Aberglauben nährte. Die britischen Intellektuellen waren einigermaßen zufrieden mit ihren politischen und sozialen Institutionen. Die deutschen Aufklärer schließlich waren isoliert, kraftlos und fast völlig unpolitisch... In den italienischen Staaten, die von den neuen Ideen berührt waren, vornehmlich der Lombardei und der Toscana hatten die Reformer ein verständnisvolles Publikum und die zustimmende Aufmerksamkeit der Behörden. Die Briten hatten ihre Revolution hinter sich, die Franzosen schufen die Bedingungen für eine Revolution, die Deutschen erlaubten sich nicht einmal von einer Revolution zu träumen und die Italiener vollführten eine stille Revolution mit Hilfe des Staates» [78].

Aus jedem Land übernahmen die neuen Kosmopoliten, was ihnen gefiel, aus England die naturnahe Gartenarchitektur, aus Frankreich die Mode, aus Italien die Kochrezepte. Sie waren – aus Kosmopolitismus – eklektisch in ihrem Geschmack, polyglott in ihrem sprachlichen Gehaben, pluralistisch in ihrer Gesinnung. Dadurch vermochten sie andere Nationen gerechter einzuschätzen und sich gegenüber den Fremden tolerant zu verhalten. Die Faszination der fremden Völker nahm modischen Charakter an. Die Anglophilie verdichtete sich zur Anglomanie, gelegentlich zur blinden Imitation. David Hume war von Frankreich so angetan, daß er einem Landsmann schrieb, er sei «zwar ein Citizen of the World, aber wenn ich mich mit einem Land identifizieren sollte, so wäre es Frankreich»[79]. Die Frankophilie schlug in der zweiten Jahrhunderthälfte alle Rekorde. Ob Beccaria oder Franklin, Lessing oder Gibbon, alle fanden ihren kosmopolitischen Anspruch am besten in Frankreich befriedigt. Völkerpsychologie, die allmähliche Erkundung des *«tableau des nations»*[80], wurde zum beliebten Konversationsthema und Gesellschaftsspiel und ist es bis heute bei den Diplomaten geblieben, die wegen ihres häufigen Länderwechsels von Berufs wegen für Kosmopoliten gehalten werden. Montesquieu prägte den Begriff *«esprit des nations»*, der vielfach variiert wurde; Voltaire erweiterte ihn in seinem *«essai sur les mœurs et l'esprit des nations»*; Friedrich Karl von Moser verdeutschte das Wort in Nationalgeist, Herder und die Romantiker empfanden den «Volksgeist». George Sand suchte die «Seele des Volkes»[81] (im Sinne der abhängigen Schichten). Die Literaten stürzten sich mit wahrer Leidenschaft auf das Thema. Montesquieu ließ die Franzosen, insbesondere die Pariser, von zwei erfundenen persischen Reisenden[82] beschreiben. Seine kritische Analyse der französischen Zustände kleidete er in scheinbar naive Betrachtungen, die sich den Fremden aus der Distanz ihres Standortes aufdrängten. Was den Franzosen als alltägliche Selbstverständlichkeit erschien, erregte deren höchste Verwunderung: die Arroganz der Mächtigen, die fast offen geübte Praxis der Bestechung, die Flatterhaftigkeit der Frauen, die Verschwendungssucht der Privilegierten, die Frivolität der Reden. Nach der eigenen wurden die fremden Nationen vorgenommen, denen fast immer negative Eigenschaften zugeschrieben wurden, überdies in ungerechtfertigten Generalisierungen. «Es wird die Raffgier *der* Holländer, der Aberglaube *der* Italiener und Spanier, der Spleen *der* Engländer gegeißelt – weil in den Vereinten Provinzen als Folge ihrer toleranten Politik gegenüber den Andersgläubigen gute Geschäfte gemacht werden; weil in den unter päpstlichem Einfluß stehenden Ländern seit der Gegenreformation eine unübersehbare Bigotterie herrscht; weil die toleranten Insulaner im Norden manche Skurrilität Einzelner hinnahmen»[83]. Friedrich Karl von Moser sagte in seinen «Reliquien» unter der Rubrik «Geist einer Nation»: «Jede Nation hat ihre große Triebfeder. In Deutschland ists Gehorsam, in England Freiheit, in Holland die Handlung, in Frankreich die Ehre des Königs und so weiter»[84].

Den Deutschen sagte Rivarol Grobheit und Unfähigkeit zu feiner Konversation, Madame de Ferroney Neigung zu abstrusen und schwerfälligen Meditationen nach, Rousseau kritisierte die «teutsche Bäurigkeit». Kurz, die Intellektuellen ergingen sich mit Lust in nationalcharakterologischen Beobachtungen, die als Zeichen kosmopolitischen Geschmacks und kosmopolitischer Lebenserfahrung gewertet wurden. Der erste Satz in Fougeret de Montbrons «Le Cosmopolite» lautet: «Das Universum ist eine Art Buch, von dem man nur die erste Seite gelesen hat, wenn man nur sein Land kennt»[85].

Drei Beispiele: Lamprecht, Fougeret, Goldsmith

Auch den Kosmopolitismus selbst erlebten und artikulierten die einzelnen Nationen in ihrer jeweils eigenen Weise. Drei Schriftsteller aus drei Ländern präsentieren das gleiche kosmopolitische Thema. Vergleicht man den «Weltbürger» Jakob Friedrich Lamprechts (1741/42) mit Fougeret de Montbrons «Le Cosmopolite» (1750) und Oliver Goldsmiths «Citizen of the World» (1760), so werden die nationalen Determinanten in ihren literarischen Produkten deutlich sichtbar, auch wenn sie verschiedenen Gattungen angehören. Der Reisereportage des pessimistischen Franzosen stehen die fiktiven Briefe eines auf Europatour befindlichen Chinesen an «Fuam Hoam, den ersten Vorsitzenden der Zeremonialakademie in Peking/China» des englischen Satirikers und eine Zeitschriftenfolge des anonym publizierenden preußischen Gutsherrn gegenüber, die betulichen «Annalen der Menschlichkeit und Unmenschlichkeit für die Jetztwelt und Nachwelt»[86].

Goldsmith folgte Montesquieus Vorlage. Der Chinese Altangi berichtet über London und über Europa aus geographisch wie kulturell noch größerer Entfernung und mit nicht geringerer Treffsicherheit des Urteils. Die weltbürgerliche Lehre der Briefberichte war: Trotz platter Nasen und Schlitzaugen sind «die Chinesen und wir ziemlich gleich». Die Engländer – national borniert nach des Kritikers Auffassung – wunderten sich, daß der fernöstliche Besucher, obschon «so fern von London geboren, das bekanntlich die Schule der Klugheit und Weisheit ist», doch über manche Gaben verfügt. Die Chinesen fragen sich analog, woher es kommt, daß die Europäer so fern von China mit solcher Genauigkeit und Präzision denken können. «Sie haben niemals unsere Bücher gelesen, sie können kaum unsere Schriftzeichen entziffern und reden und argumentieren doch wie wir». Die Relativität der Urteile wird an vielen Einzelheiten unnachsichtig kritisiert. Die Europäer schätzen das Geld mehr als die Chinesen: «Ihr findet Vergnügen am Überfluß, ich begnüge mich mit dem Notwendigen» [87].

Menschen sind wie Menschen, lehrte Konfuzius, und also von Natur aus Kosmopoliten, sie sind eitel und ehrgeizig, gütig und hilfswillig, stolz, angriffslustig, liebevoll. Aber in verschiedenen Gesellschaften bilden sich, worauf Rousseau mit Nachdruck hinwies [88], unterschiedliche Verhaltensweisen aus. Goldsmith führte das Thema aus. In England haben Frauen nach Altangis Beobachtung zwei Gesichter, eins zum Schlafen und für zu Hause, das andere, um sich in der Öffentlichkeit, im Theater oder beim Ball darzustellen. «Ich habe eine Dame gesehen, die beim geringsten Lüftchen in ihrer Wohnung ein Schauder überkam, die aber auf der Straße halbnackt erschien». Dasselbe gilt für das öffentliche Leben und die Politik. Alle wollen regieren, keiner ist bereit zu gehorchen. Jeder betrachtet seinen Mitmenschen als Rivalen, nicht als Genossen, der dasselbe Ziel verfolgt. Sogar die Gelehrten «verleumden, beleidigen, verachten, verhöhnen einander» [89]. Die unterschiedlichen Eigenarten der Menschen sind anerzogen. Ergebnis historisch-sozialer Konstellationen. Das Allgemeinmenschliche (ob Allzumenschliche oder Humane), Kosmopolitische gilt unabhängig von nationalen Bestimmungen.

Im Vergleich zu dieser überlegen selbstironischen Parodie auf die englischen Zustände stellt der «Cosmopolite» Fougerets eine ätzende, vielfach giftige Attacke auf die vom Verfasser besuchten

Länder und auf Frankreich selbst dar. Der Unterschied liegt im persönlichen Temperament und in der Biographie der Verfasser begründet, doch spiegelt sich in der rationalen Schärfe und geistreichen Polemik Fougerets auch französische Eigenart wider.

Fougerets Lebenserfahrungen machen seine Bitterkeit verständlich: Seine ständige, oft ans Anarchische grenzende Kritik an den Mächtigen erregte das Mißtrauen der Polizei, er wurde mehr als einmal verhaftet, verbannt und sogar in einem Käfig ausgestellt. In «Le Cosmopolite» ebenso wie in seinen übrigen Schriften schüttete er seine Verachtung und seinen Zynismus auf alle Welt, sogar auf die anfangs verehrten freiheitlichen Engländer, über deren Charakter er im Vergleich zu den Franzosen schließlich äußerte, «diese sind frohe und vergnügte Verrückte... während jene ernste und traurige Verrückte sind». Seinen Landsleuten warf er all die Eigenschaften vor, die damals als typisch französisch galten: Nichtstuerei, Unernst, Vergnügungssucht, Intriganz, Bestechlichkeit. Ob Spanien und Portugal, Venedig, Neapel oder Holland, Hamburg oder Rußland – das Ergebnis seiner vielen Reisen bestand darin, daß «ich gelernt habe, begründet zu hassen, was ich bislang instinktiv gehaßt habe»[90]. Sein Kosmopolitismus war negativer Art: Alle Länder sind gleich schlecht, die Gegenwart ist – im Zeitalter des Fortschritts – verrottet, die alten Tugenden werden nicht mehr geachtet. Das war die Erkenntnis dieses «Don Juan des Hasses»[91]. Seine zynische Variante des ciceronianischen *«ubi bene ibi patria»* lautete: «Ich befinde mich überall wohl – außer im Gefängnis»[92].

Die dritte Publikation, die den Kosmopolitismus im Titel führt, «Der Weltbürger», atmet den Geist deutscher Provinzialität. Der Herausgeber stellt sich im ersten Abschnitt des ersten Blattes selbst vor als einen Mann von 43 Jahren, der «nicht weit von B... auf seinem Land-Gute wohnet, und der kein ander Glück verlanget, als sein Leben daselbst zu beschließen. Dieses Dorf ist in gerader Linie von meinen Vorfahren auf mich gekommen, und die Briefschaften, welche diesen Besitz rechtfertigen, sind noch zu den Zeiten aufgesetzt worden, da Treue und Glaube den Deutschen so eigen waren, als die Tapferkeit»[93]. Selbstbescheidung, Tugend, das einfache Glück bestimmen den Geist dieser Blätter. Kein französischer *esprit*, kein englischer Humor, keine italienische Urbanität, vielmehr idyllische Weltweisheit ist das deutsche Pendant aufklärerischen Geistes. «Jedes Land hat die Aufklärung, die es verdient» [94], urteilt Peter Gay.

Die Zeitschrift stellt sich die Aufgabe, «zu nützen und zu ergötzen, nicht aber zu verspotten und zu erbittern» [95]. Der Verfasser hat sich in seiner Jugend mit seinem Erzieher auf eine fünfjährige Bildungsreise begeben, deren kosmopolitisches Ergebnis er mit den Worten bilanzierte: «Unsere Reisen waren glücklich, und sein Beystand kam mir bey allen dem zu Hülfe, was meine Begierde zu wissen nur verlangte. Ich sammlete tausend Schätze ein, welche von den wenigsten Menschen hochgehalten werden, von denen ich aber meinen Lesern in der Folge mehr Nachrichten ertheilen will» [96]. Die Bildungsreise animierte ihn aber nicht, seine Erfahrungen im täglichen Leben zu nutzen, «vielmehr schien mir der schlüpfrige Weg des Hofes lange nicht so viel Vortheile zu verheißen, als er mir Gefahr und Unruhe zeigte, und ich war überzeugt, daß man auch in der Stille ein guter Bürger, ein dienstfertiger Freund und ein nützliches Glied des Staates seyn kann» [97]. In den späteren Ausgaben des «Weltbürgers» wurden aus dem gleichen Geist heftige Leserbriefe über die Einstellung veröffentlicht, die später Fichte als «Ausländerei» [98] verurteilte. Darin wurden «die versilberten und vergüldeten Affen der auswärtigen Torheiten» [99] gegeißelt und die Überheblichkeit eines gewissen Frankreich-Reisenden verhöhnt, der diejenigen nicht für «angenehm, gesittet und vernünftig halten könnte, welche ihre Lebtage nicht nach Paris gekommen waren» und er «keinem Menschen antwortete, der nicht mit ihm französisch sprach» [100].

Die deutschtümelnde Kritik an der Nachäfferei französischen Wesens und Pariser Sitten war zu dem Zeitpunkt, da sie ausgesprochen wurde, aktuell und nicht unberechtigt. Tatsächlich ist man noch kein Weltmann, wenn man sich wie ein Franzose geriert, noch kein Kosmopolit, indem man französische Brocken in seine Konversation mischt. Fünfundzwanzig Jahre nach Erscheinen des «Weltbürgers» entrüstete sich Lessing: «Wir sind noch immer die geschwornen Nachahmer alles Ausländischen, besonders noch immer die untertänigen Bewunderer der nie genug bewunderten Franzosen; alles, was uns von jenseit dem Rheine kömmt, ist schön, reizend, allerliebst, göttlich; lieber verleugnen wir Gesicht und Gehör, als daß wir es anders finden sollten; lieber wollen wir Plumpheit für Ungezwungenheit, Frechheit für Grazie, Grimasse für Ausdruck, ein Geklingle von Reimen für Poesie, Geheule für Musik uns einreden lassen, als im geringsten an der Superiorität zweifeln» [101]. Auch Herder geißelt die *«Gallicomanie»* (‹Franzosensucht müßte man sie deutsch heißen›) [102].

Die Deutschen sind noch keine Nation, stehen erst im Begriff, ein literarisches Nationalgefühl, vor allem in den zahlreichen «patriotischen» Schriften auszubilden, in denen freilich mehr republikanisch-antiabsolutistische als nationale Gedanken enthalten sind. Noch zur Zeit der Revolution schreibt der Verfasser der «Kosmopolitischen Wanderungen durch einen Teil Deutschlands», Georg Friedrich Rebmann: «Es gibt hier kein gemeinsames Volksinteresse, denn es ist kein hinreichendes Land vorhanden, das aus den Deutschen ein Volk machen könnte. Ebenso wenig gibt es Einheit, Vaterland, Nation; das erste haben sie nicht, das können sie nicht sein, alles ist Zerstückelung und wechselhaft... Deutschland braucht auch in moralischer Hinsicht eine Revolution» [103]. Von der französischen nationalen Tradition aus urteilt der Literaturhistoriker Jacques Droz: «Bemerkenswert ist, daß die deutsche Elite auf diese totale Abwesenheit von Patriotismus nicht reagiert hat» [104]. Angesichts dieses Mangels gelingt es den Deutschen darum auch nicht, eine kosmopolitische Gesinnung und Attitüde wie in den westlichen Nachbarländern zu entwickeln, die sich insbesondere in der Überwindung einer vorhandenen nationalen Beengtheit und in einem Interesse an der Geistes- und Lebensart fremder Nationen hätte herausbilden müssen. Die deutsche Kleinstaatlichkeit erlaubt keine Weltläufigkeit, die Duodezfürstenseligkeit keine Weltstadturbanität und nicht den offenen weltweiten Blick über Grenzen und Ozeane. Lamprechts Aufbegehren gegen die Imitation des Fremden entspringt engstirnig-treuherziger Rechthaberei, nicht weltbürgerlicher Großzügigkeit und Toleranz.

In Deutschland erwächst weltbürgerliche Gesinnung erst in

der zweiten Jahrhunderthälfte, allerdings in einer vom westlichen Kosmopolitismus abgehobenen Weise. In den westeuropäischen Ländern gehen die Intellektuellen von der gesellschaftlichen Realität aus, ihr Ansatz ist pragmatisch-politisch. Die vielfältigen Unterschiede zwischen den Nationen werden als solche erkannt, hingenommen und kosmopolitisch überbrückt. Universalistische Nivellierung steht nicht auf der Tagesordnung. In Deutschland hingegen artikuliert sich der weltbürgerliche Impetus philosophisch-wissenschaftlich. Von Herder über Goethe zu Wilhelm von Humboldt gilt der alte Satz: «Der Mensch ist das Maß aller Dinge». Nationale Differenzierungen werden übergangen, richtiger: gar nicht wahrgenommen. Denn Humanität wird aus der vielgestaltigen Außenwelt in den Innenraum der Seele verlagert. Den deutschen Aufklärern und Klassikern geht es um die Lauterkeit und Läuterung der Einzelseele, um «die innere Reinigkeit des Herzens» [105], um Konzentration auf das eigentlich Menschliche, das das Gegenteil des Allzumenschlichen ist. Humanität, die jeden betrifft und einen universalen Anspruch darstellt, verwirklicht sich im Sieg der Sittlichkeit über die Sinnlichkeit, der Kultur über die Natur, der Vernunft über den tierischen Trieb. In den westlichen und südlichen Nationen hingegen wird das Glücksstreben des einzelnen nicht nur als Normalität erkannt und gebilligt, vielmehr wird die *pursuit of happiness* als Grundrecht in die Verfassung der USA aufgenommen und kann demnach als Staatsziel aufgefaßt werden. In Deutschland gilt es umgekehrt, den natürlichen Glücksanspruch und damit den alten Adam um der höheren Menschlichkeit willen zu überwinden. Für Herder ist Glückseligkeit nicht der Sinn, sondern nur das Maß der Humanität. Für Wieland (1781), bevor er unter dem Eindruck der französischen Ereignisse die utopischen Forderungen der Revolution verurteilt [106], damit in einzelnen Gedanken Burke vorwegnehmend, ist «der einfachste, unschuldigste, und wohlthätigste» Zweck des Kosmopoliten, «die Summe der Übel, welche die Menschheit drücken, soviel ihnen ohne selbst Unheil anzurichten, möglich ist zu vermindern und die Summe des Guten in der Welt, nach ihrem besten Vermögen zu vermehren» [107]. Und für Lessing zielt die (göttliche) «Erziehung des Menschengeschlechts» darauf, den noch nicht zur Höhe seines Menschentums erwachten Menschen Schritt für Schritt, d. h. Zeitalter für Zeitalter mit Hilfe von irdischen und überirdischen Glücksverheißungen, Belohnungen und Strafen zur Erreichung wahrer Humanität anzureizen, die darin besteht, das Gute um des Guten willen zu tun[108]. Das Glück ist nach Korffs idealistischer Interpretation[109] «eine ‹List der Idee›, den realen Menschen seiner idealen Bestimmung zuzuführen... oder ein Erziehungsmittel wie die Religion, über die wir schließlich hinauswachsen sollen» – gemäß Lessings Grundidee: «Was die Erziehung bei dem einzelnen Menschen ist, ist die Offenbarung bei dem ganzen Menschengeschlecht... Erziehung gibt dem Menschen... das, was er aus sich selbst haben könnte, nur geschwinder und leichter. Also gibt auch die Offenbarung dem Menschengeschlecht nicht, worauf die menschliche Vernunft, sich selbst überlassen, nicht auch kommen würde»[110]. Die metaphysische Anbindung der Vernunft steht in vollem Gegensatz zu dem materialistischen Rationalismus der englischen und französischen Philosophen, die Religion als Aberglaube und Offenbarung als Pfaffentrug deuten (Voltaire: «métaphysique? – ballon de vent»). Dieser Gegensatz der Weltdeutungen drückt sich auch in der unterschiedlichen Auffassung des historisch-politischen Geschehens aus. Im Deutschen wird das Nationale in dieser Phase durch Humanität im Weltbürgerlich-Allgemeinen «aufgehoben», bei den westlichen Denkern artikuliert sich Kosmopolitismus als das bunte Nebeneinander der vielen Nationen.

Damit aus dem Neben- ein kosmopolitisches Miteinander der Nationen wird, sind Mittel der Verständigung und Verbindung erforderlich, die sich zunehmend entfalten: Kenntnis fremder Sprachen, Übersetzungen, sprachübergreifende literarische Information, Reisen zu und Aufenthalt bei anderen Nationen. Vielsprachigkeit wird Mode und gilt als Ausweis für kosmopolitische Gesinnung. Der Kosmopolit ist von nun an polyglott, die beiden Begriffe werden zuzeiten wechselweise gebraucht. Denn nur wer die Sprache der anderen Nationen versteht, kann sich auch in anderen Ländern zu Hause und die Welt als seine Heimat empfinden.

Universalsprache, Polyglottie, Weltsprachen

In früheren Zeiten wußten sich die gebildeten Stände der Christenheit (auch mündlich) auf lateinisch zu verständigen. Aber die Universalsprache gehörte nicht mehr ins Zeitalter, das im Zeichen eines sich national diversifizierenden Europa und damit einer beginnenden Polyglottie stand. Zwar hatten im 17. Jahrhundert einzelne Philosophen, so Descartes, so Comenius in ihren bereits aufklärerischen Bemühungen, die Einheit der Menschheit und den Frieden durch Verbreitung von Wissen und Einsicht zu gewährleisten, die Schaffung einer Universalsprache propagiert. Mehrfach wurde versucht, ein allgemein verständliches philosophisches Vokabular zu konstruieren. Der an einer Universalreligion gleichermaßen interessierte Leibniz erfand sogar, um seine kosmopolitische Gesinnung zu krönen, eine Schriftsprache, die aus chinesischen Ideogrammen zusammengesetzt war. Die Kosmopoliten des 18. Jahrhunderts führten diesen Gedanken weiter. Condorcet projektierte ein Weltinstitut der Gelehrsamkeit, das sich der Verfertigung einer Weltsprache widmen sollte. Voltaire wie d'Alembert beklagten, daß das Latein als internationales Verständigungsmittel für Gelehrte durch die Nationalsprachen außer Kurs gekommen sei.

Gleichzeitig setzte eine Gegenbewegung ein, die das gleiche Ziel ansteuerte. Man suchte und fand im Französischen eine neue, allgemein verständliche Sprache, eine moderne *koiné*. Wie Rivarol in seiner preisgekrönten Beantwortung der französisch formulierten Preisfrage der Berliner Akademie für das Jahr 1784[111] schreibt: «Europa hat eine solche Macht erreicht, daß die Geschichte kaum Vergleichbares kennt: Die Anzahl der Hauptstädte, die Häufigkeit und Schnelligkeit der Expeditionen, die öffentlichen und privaten Verkehrsverbindungen haben ein unermeßliches Gemeinwesen (une immense république) geschaffen und es gezwungen, sich über die Wahl einer Sprache zu entscheiden»[112]. Französisch beanspruchte wegen der Machtentfaltung Frankreichs seit Ludwig XIV. und wegen der unwiderstehlichen Faszination und Anziehungskraft, die die Sprache der *clarté* ausübte, den Rang einer

Weltsprache, die zugleich zur weltweit anerkannten Sprache der Diplomaten wurde.

Bis zum Ersten Weltkrieg blieb Frankreich dieses Sprachprivileg erhalten, obwohl *la grande nation* ihren ersten Rang längst an die beiden angelsächsischen Nationen hat abgeben müssen. Aber erst 1918 setzte Präsident Wilson auf der Pariser Friedenskonferenz Englisch als gleichrangige Verhandlungs- und Diplomatensprache durch. Französisch und Englisch wurden wie einst Griechisch, Aramäisch, Lateinisch Weltsprachen, die von Völkern mit eigenen Muttersprachen als Oberschichten- und Verkehrssprachen verwendet wurden und dadurch eine verbindende kosmopolitische Funktion ausübten: Die Sprachen der beiden großen Kolonialreiche unterschieden sich ihrer Rezeption nach voneinander. Die Briten tolerierten die Sprachvarietäten, die sich in den verschiedenen Gebieten ausgebildet hatten: Amerikanisch, Australisch, Afro-Englisch usw. Die Franzosen hingegen beharrten auf ihrem von der Académie Française überwachten Sprachstandard, dem weltweit und bis heute – nicht zuletzt durch Lehrerexport – Gültigkeit verschafft wird. Ein Auseinanderfallen der englischen Sprache – wie einst des Lateinischen, aus dem sich die Vielzahl der romanischen Sprachen herausgebildet hat – ist jedenfalls vorerst nicht wahrscheinlich, da die Unterschiede sich hauptsächlich auf die Aussprache beschränken; die «Autorität der Schriftsprache»[113] ist insbesondere als internationale Wissenschaftssprache so groß, daß die Einheitlichkeit nicht bedroht erscheint.

Zur Kosmopolitisierung der Weltsprachen trug weiter folgender Umstand bei. Die Ausländer, vor allem die ausländischen Dichter, die in ihnen schreiben, stehen zwar einerseits unter dem emotionalen Druck des fremden Mediums und leiden darunter[114], Wanderer zwischen zwei Welten, die einander nicht verstehen; andererseits bringen sie ihre Erfahrungen, ihre Gefühle, ihre Geistigkeit in die fremde Sprache mit ein, erweitern damit den Horizont der Nationen, bereichern ihr geistiges und emotionales Leben, machen es welthaltiger. Das gilt sogar für die in ihrer Ausstrahlung im vergangenen halben Jahrhundert stark geminderte deutsche Sprache, die an der auf deutsch verfaßten Gastarbeiter-Dichtung profitiert[115]. Die europäischen Sprachen transzendieren sich selber, indem sie die Exotik der fremden Völker integrieren – ebenso wie die großen Metropolen durch die Niederlassung von ganzen Heeren von Ausländern (selbst bei Ghettoisierung) zunehmend kosmopolitischer werden. Das vielzitierte Wort Goethes, der selbst verhältnismäßig wenig gereist ist und dessen Kosmopolitismus hauptsächlich literarischer Natur ist, hat prophetischen Charakter: «Ich sehe mich... gern bei fremden Nationen um und rate jedem, es auch seinerseits zu tun. Nationalliteratur will jetzt nicht viel sagen, die Epoche der Weltliteratur ist an der Zeit und jeder muß jetzt dazu wirken, diese Epoche zu beschleunigen»[116].

Erst in unserem Jahrhundert können sich Literaturen wirklich global verstehen, weil das Verbreitungsgebiet, vor allem des Englischen, weltweit geworden ist: Nicht nur publizieren *Wissenschaftler* aller Nationen und Disziplinen, die internationale Aufmerksamkeit finden sollen, zunehmend auf englisch; auch *Schriftsteller*, die auf englisch schreiben oder ins Englische übersetzt werden, finden entsprechend größere Beachtung. Die Weltsprachen ermöglichen die internationale Verständigung und die kosmopolitische Annäherung der Nationen.

Internationaler Literaturbetrieb

Das Bedürfnis nach grenzüberschreitenden Informationen wurde im 18. Jahrhundert so intensiv, daß die Intellektuellen erstmals in der Geschichte einen kosmopolitischen Literaturbetrieb institutionalisierten. Das geschah auf vielfältigen Wegen:

o Periodische Zeitschriften wie «Le Journal étranger» wurden begründet, dessen kosmopolitische Zielsetzung der Herausgeber Deleyre dadurch betonte, daß er besondere italienische, englische, deutsche, polnische Sektionen einrichtete und durch Korrespondenten in den Hauptstädten eine kontinuierliche und umfassende Berichterstattung über die jeweiligen Neuerscheinungen und die Bewegungen des Geisteslebens gewährleistete. Die internationalen Beziehungen werden sich künftig, schreibt Deleyre, «nicht mehr von Staat zu Staat und von Hof zu Hof, sondern zwischen Städten,

Gesellschaften und Bürgern abspielen» [117]. Die Zeitschriften, deren Zahl – bis in die Emigration hin [118] – ständig zunahm, wurden zu einem immer einflußreicheren Vehikel kosmopolitischer Kultur.

○ Fremde Werke wurden veröffentlicht, die man – «after Babel» [119] – für ein fremder Sprachen unkundiges Lesepublikum in die eigene Sprache hineinholte. In Paris wurden spezielle Buchreihen, die *bibliothèque anglaise* und die *bibliothèque allemande* eingerichtet. Die Universität Kopenhagen errichtete einen Lehrstuhl für französische Literatur. Frau von Stäel, die die französische Literatur im Vergleich zu den «Literaturen des Nordens» für steril hielt, brachte nicht nur Shakespeare und Ossian den Franzosen nahe, sondern vermittelte ihnen in ihrem bewundernden Buch *«De l'Allemagne»* (1813) auch die deutschen Klassiker und Romantiker. Die Pflege von Übersetzungen wurde zu einem wichtigen Faktor der Erschließung fremder Geistigkeit. Seit längst vergangenen Zeiten wurden für bestimmte Zwecke (z. B. Gilgamesch-Epos, Bibel, zwischenstaatliche Vertragstexte usw.) Übersetzungen gefertigt, aber erst im 18. Jahrhundert entstand die Übersetzung als ein eigener, umfangreicher verlegerischer Zweig. Paris wurde zur Hauptstadt der Übersetzungen und damit zur internationalen Drehscheibe der Literatur. Durch die Übertragungen ins Französische wurden Texte aus allen Nationen bis nach Rußland und Spanien vermittelt. Alexander Popes beträchtlicher Einfluß in ganz Europa beruhte nicht zuletzt auf den 22 Übersetzungen der *«Pastorals»* (1709), der 36 des *«Essay on criticism»* (1711) und der 55 des *«Essay on man»* (1733/34) [120].

○ Schließlich wurde die Korrespondenz der Intellektuellen, die schon die Humanisten eifrig pflegten, zu einem grenzüberschreitenden kosmopolitischen Verbindungsglied unter den Nationen. Das Briefschreiben wurde zu einer wahren Sucht. Voltaire hat 22000 Briefe hinterlassen. Die Bedeutung des Briefes ist in einer Zeit, in der die meisten menschlichen Fernkontakte per Telefon erfolgen, kaum nachvollziehbar und mit dem flüchtigen akustischen Austausch nicht zu vergleichen. Der Brief ist ein Dokument, auf das der Empfänger in gleicher Form, mit Zeitverzug, der Nachdenken ermöglicht, reagiert, ob es sich um eine gelehrte Korrespondenz oder um ein frivoles Billett handelt. Die Briefschreiber des 18. Jahrhunderts korrespondierten – anders als ihre Vorgänger in der Renaissance, die nicht zuletzt für die Nachwelt schrieben – in aktueller Absicht. Sie wollten sich ihren Zeitgenossen verständlich machen und private und geistige Beziehungen über die Grenzen hin pflegen. Die Briefliteratur zeugt insbesondere bei ausländischen Adressaten von dem Bemühen, Kenntnisse übereinander zu transportieren und dem Partner ein Bild der intellektuellen und literarischen Vorgänge im eigenen Land zu vermitteln.

1 Dictionaire raisonné des sciences, des arts et métiers, par une société de gens de lettres.
2 D'Alembert, Eléments de Philosophie; Mélanges de Littérature d'Histoire et de Philosophie. Amsterdam 1758, IV. 1.
3 Voltaire, Œuvres complètes. Paris 1876ff. Band 25. 1893. Traité de la Tolérance. Kap. IV. S. 426.
4 Voltaire, Lettres sur les Anglais. Lettre IX: «Sur le gouvernement».
5 Hugh Thomas, Der spanische Bürgerkrieg. Berlin, Frankfurt, Wien 1964. S. 44f.
6 Pierre Bayle, Dictionaire historique et critique. Amsterdam 1734 (5. Aufl.). Band 5. Artikel Usson, Remarque F; S. 524.
7 Montesquieu, Mes pensées. In: Montesquieu – par lui même hg. von Jean Starobinski. Paris 1957. S. 154.
8 Spectator, 19. Mai 1711.
9 Diderot, Correspondance, hg. von Georges Roth. Paris 1962. Band VII. S. 16. Vom 22. Februar 1786.
10 Thomas Paine, Complete Writings, Band 1. The Rights of Man. 1791/92. S. 414.
11 Gaetano Filangeri, La scienza della Legislatione. Venedig 1807. Bd. 2, S. 174.
12 Christoph Martin Wieland, Gespräche unter vier Augen. Sämmtliche Werke, Band 31. S. 158f. Leipzig 1797. Reprint Hamburg 1984.
13 Immanuel Kant, Idee zu einer allgemeinen Geschichte in weltbürgerlicher Absicht. 1784, 4. Satz, 7. Satz, 8. Satz.
14 Staughton Lynd, Intellectual Origins of American Radicalism. Kap. 5. My country is the World. London 1969. S. 132–134.
15 François-Jean de Chastellux, De la Félicité publique. Zit. nach Paul Hazard, Die Herrschaft der Vernunft. Hamburg 1949. S. 384.
16 Helvétius, zit. nach Paul Hazard, Die Herrschaft der Vernunft. Hamburg 1949. S. 46. Fast wortgleich: Melchior Grimm, Correspondance littéraire, philosophique et critique. 1. 1. 1770 (philosophische Neujahrspredigt).

17 Melchior Grimm, Correspondance littéraire, philosophique et critique. 1. 1. 1770 (philosophische Neujahrspredigt).
18 Isidoro Bianchi, Meditazioni su vari punti. Cremona 1788. S. 151.
19 Franco Venturi, L'Europe des Lumières. Monton, Paris, La Haye 1971. S. 200.
20 Friedrich II. v. Preußen (Kronprinz) an Christian Wolff, 23. Mai 1740. In: Friedrich der Große, hg. v. Otto Bardong. Darmstadt 1982. S. 76.
21 Der Begriff «philosophe» hat sich nach der Veröffentlichung des anonym erschienenen, gelegentlich Diderot zugeschriebenen Essays «Le Philosophe» (1743) eingebürgert.
22 Peter Gay, The Enlightenment. Band 1 und 2. London 1967, 1969. Band 1. S. 11.
23 Thomas J. Schlereth, The Cosmopolitan Ideal in Enlightenment Thought. Notre Dame, London 1977. S. 105.
24 Gotthold Ephraim Lessing, Werke, hg. von Georg Witkowski. Leipzig und Wien o.J. Falk und Ernst. Gespräche für Freimaurer, 2. Gespräch. Band 7. S. 382.
25 Zit. nach Franco Venturi, L'Europe des Lumières. Monton, Paris, La Haye, 1971. S. 199.
26 Christoph Martin Wieland, Sämmtliche Werke, Das Geheimnis des Kosmopoliter-Ordens. Leipzig 1797. Reprint Hamburg 1984. Band 30. S. 177.
27 Fougeret de Montbron, Le Cosmopolite ou le Citoyen du Monde. Collection Ducros. Paris 1970. S. 122 (London 1750).
28 Christoph Meinel, Nationalismus und Internationalismus in der Chemie des 19. Jahrhunderts. In: Perspektiven der Pharmaziegeschichte. Festschrift für Rudolf Schmitz zum 65. Geburtstag. Hg. von Peter Dilg. Graz 1983. S. 226.
29 Thomas J. Schlereth, The Cosmopolitan Ideal in Enlightenment Thought. Notre Dame, London 1977. S. 30.
30 Christoph Meinel, Nationalismus und Internationalismus in der Chemie des 19. Jahrhunderts. In: Perspektiven der Pharmaziegeschichte. Festschrift für Rudolf Schmitz zum 65. Geburtstag. Hg. von Peter Dilg. Graz 1983. S. 226.
31 Diderot, Œuvres complètes, Band III. Essai sur les règnes de Claude et de Néron. S. 248.
32 Vgl. Peter Coleman, The Liberal Conspiracy. The Congress for Cultural Freedom and the Struggle for the Mind of Postwar Europe. Kapitel 4 «Encounter: Our greatest Asset» und Kapitel 5 «Magazines Against the Tide». London 1989.
33 Thomas J. Schlereth, The Cosmopolitan Ideal in Enlightenment Thought. Notre Dame, London 1977. S. 14.
34 Robert Darton, In Search of the Enlightenment: Recent Attempts to Create a Social History of Ideas. Journal of Modern History 1971, S. 113–132. Eine zusammenfassende Darstellung enthält Jacques Solé, La Révolution en questions. Paris 1988. S. 19–38.

35 Montaigne, Les Essais. Buch 1. Kap. XXIV. «Wie Pflanzen in zuviel Feuchtigkeit, Lampen in zuviel Öl ersticken, verliert auch der Geist durch zuviel Studium seine Lebendigkeit».
36 Alessandro Verri, Saggio di legislatione sul pedantismo. In: «Il Caffè.» Reprint a cura di Sergio Romagnoli. Mailand 1960. S. 198f.
37 Ernst Cassirer, Die Philosophie der Aufklärung. Tübingen 1932. S. 360f.
38 Benedetta Craveri, Madame du Deffand et son monde. Paris 1987. S. 159.
39 Hans-Georg Beck, Byzantinisches Lesebuch. S. 301f.
40 Roger Picard, Les salons littéraires et la société française 1680–1789. New York 1979. S. 19.
41 Ida Frances Treat, Un cosmopolite italien du 18ième siècle: Francesco Algarotti. Université de Paris, faculté de lettres, thèse 1913.
42 Claude-Henri, Abbé de Voisenon, zit. von Roger Picard, Les salons littéraires et la société française 1680–1789. New York 1979. S. 15.
43 Antony Shaftesbury, Werke I. Essay on the Freedom of Wit and Humor. S. 45f.
44 Peter Gay, The Enlightenment. An Interpretation. The Rise of modern Paganism. London 1966. S. 177.
45 Montesquieu, Lettres persanes. Vom letzten des Chalval-Mondes 1717.
46 Roger Picard, Les salons littéraires et la société française 1680–1789. New York 1979. S. 19.
47 Duc de Castries, La vie quotidienne des Emigrés, Band 1. Paris 1966. S. 66f.
48 Charles Dédeyan, Le cosmopolitisme européen sous la Révolution et l'Empire. Bd. 1. Paris 1976. S. 130.
49 Ulrich im Hof, Das gesellige Jahrhundert. Gesellschaft und Gesellschaften im Zeitalter der Aufklärung. München 1982.
50 Kurt W. Back und Donna Polisar, Salons und Kaffeehäuser. In: Kölner Zeitschrift für Soziologie und Sozialpsychologie 1983, S. 283.
51 Ulrich im Hof, Das gesellige Jahrhundert, Gesellschaft und Gesellschaften im Zeitalter der Aufklärung. München 1982. S. 105.
52 Franco Venturi, Italy and the Enlightenment. Studies in a Cosmopolitan Century. London 1972. S. XIX.
53 Voltaire, Traité sur la Tolérance. Œuvres complètes. Paris 1893, Bd. 25, S. 479.
54 Thomas J. Schlereth, The Cosmopolitan Ideal in Enlightenment Thought. Notre Dame, London 1977. S. 34.
55 Gotthold Ephraim Lessing, Werke, hg. von Georg Witkowski. Leipzig, Wien o. J. Ernst und Falk. Gespräche für Freimaurer, 3. Gespräch. Band 7. S. 390.
56 Theodor Hartwig, Der kosmopolitische Gedanke. Gesammelte Aufsätze zur Geschichte und Kritik der Humanisierungsbestrebungen der Menschheit. Ludwigsburg in Württb. 1924. S. 53f: «Als Maurer gehören Männer aller Nationen, Zungen, Stämme und Sprachen zu uns... Der Freimaurerbund verfolgt das Ziel, ein Menschheitsbund zu werden... Seine Lehr-

weise ist... die affektiv-symbolische des gefühlsmäßigen Kosmopolitismus zum Unterschied von der rational-begrifflichen des verstandesmäßigen Kosmopolitismus».

57 Richard Price, Observations on the Importance of the benefit of the American Revolution and the means of making it a benefit to the world. London 1785, S. 15. Zit. nach Thomas J. Schlereth, The Cosmopolitan Ideal in Enlightenment Thought. Notre Dame, London 1977. S. 121.

58 Benjamin Franklin, Correspondence, Tome 2, 1775–1790, hg. und übersetzt von E. Laboulaye. Paris 1866. S. 102f.

59 Kant, Ideen zu einer allgemeinen Geschichte in weltbürgerlicher Absicht, 1784. 6. Satz.

60 Voltaire, Dictionaire philosophique (1765). Classiques Garnier, herausgegeben, eingeleitet, mit Varianten und Anmerkungen versehen von Julien Benda. Artikel Egalité. S. 176.

61 Voltaire an den König von Preußen (Friedrich II.). Brief vom 26. Mai 1742.

62 Voltaire, Dictionaire philosophique (1765). Classiques Garnier, herausgegeben, eingeleitet, mit Varianten und Anmerkungen versehen von Julien Benda, Artikel Transsubstantation. S. 199.

63 Vgl. z. B. Baron d'Holbach, La contagion sacrée, ou Histoire naturelle de la superstition. London 1768.

64 Voltaire, Dictionaire philosophique (1765). Classiques Garnier, herausgegeben, eingeleitet, mit Varianten und Anmerkungen versehen von Julien Benda, Artikel Tolérance. S. 405.

65 Ernst Cassirer, Die Philosophie der Aufklärung, Tübingen 1932. S. 180.

66 Schon im augusteischen Zeitalter warnte der römische Historiker Florus seine Zeitgenossen: «Unterbindet den Handel, und ihr zerbrecht die Allianz des menschlichen Geschlechts»: III, 6.

67 Voltaire, Dictionaire philosophique (1765). Classiques Garnier, herausgegeben, eingeleitet, mit Varianten und Anmerkungen versehen von Julien Benda, Artikel Tolérance. S. 401 und S. 403.

68 Über die Verhältnismäßigkeit von Vergehen und Strafe ist schon in Byzanz nachgedacht worden. Psellos, Chronographia, Penguin books, 1956. Fourteen Byzantine Rulers, Book 2, Constantine VIII. S. 54.

69 Voltaire, La Mort du Chevalier de la Barre. Œuvres complètes. Paris 1893. Band 26. S. 262f.

70 Voltaire, Dictionaire philosophique (1765). Classiques Garnier, herausgegeben, eingeleitet, mit Varianten und Anmerkungen versehen von Julien Benda, Artikel Torture. S. 410.

71 Melchior Grimm, Correspondance littéraire, philosophique et critique. 1. August 1765.

72 Z. B. Jean-Jacques Rousseau, Discours sur l'Inégalité parmi les hommes. 1. Teil. Œuvres complètes, 1969. S. 142.

73 Voltaire, Dictionaire philosophique (1765). Classiques Garnier, herausge-

geben, eingeleitet, mit Varianten und Anmerkungen versehen von Julien Benda, Artikel Enfer. S. 180.

74 Il Caffè, ossia brevi e vari discorsi distribuiti in fogli periodici. Giugno 1764/Maggio 1765. Reprint a cura di Sergio Romagnoli. Mailand 1965. S. 25.

75 D'Holbach, Politique naturelle, ou Discours sur les vrais principes du gouvernement. London 1773. VIII. S. 71.

76 Jean-Jacques Rousseau, Discours sur l'Inégalité parmi les hommes. 1. Teil. Œuvres complètes, 1969. S. 142.

77 Jean-Baptiste du Val-de-Grace, Baron de Cloots, Republique universelle, ou Adresse aux Tyranniades. 1792.

78 Peter Gay, The Enlightenment. London 1967. S. 4.

79 Hume to Gilbert Elliot, 22. September 1764. Letters, Band 1. S. 470. In: Thomas J. Schlereth, The Cosmopolitan Ideal in Enlightenment Thought. Notre Dame, London 1977. S. 3, Anm. 8.

80 Rivarol, Antoine, Discours sur l'universalité de la langue Française. Paris 1929. S. 56.

81 George Sand, Un hiver à Majorque. Paris 1842. 1. Teil, 4. Kapitel.

82 Montesquieu, Lettres Persanes, 1721.

83 Charles, Dédyan, Le Cosmopolitisme Européen sous la Révolution et l'Empire. Paris 1976. Band 1. S. 84.

84 Karl Friedrich v. Moser, Reliquien. Frankfurt 1776. S. 176.

85 Fougeret de Montbron, Le Cosmopolite ou le Citoyen du Monde. Collection Ducros. Paris 1970. S. 35. (London 1750).

86 Friedrich Lamprecht, Der Weltbürger. Gesammelt von Freunden der Publizität. Germanien 1791/92.

87 Oliver Goldsmith, The Citizen of the World. (Letters of a Citizen of the World to his friends in the East). Collected Works, 1760. Oxford 1966. Editors Preface. S. 13 und 18.

88 Jean-Jacques Rousseau, Discours sur l'origine et les fondements de inégalité parmi les hommes. 1754. Pléiade No. 169. S. 171.

89 Oliver Goldsmith, The Citizen of the World. (Letters of a Citizen of the World to his friends in the East). Collected Works, 1760. Oxford 1966. Letter XX.

90 Fougeret de Montbron, Le Cosmopolite ou le Citoyen du Monde. (London 1750) Collection Ducros. Paris 1970. S. 59.

91 Franco Venturi, L'Europe et les Lumières. Paris 1971. S. 109.

92 Fougeret de Montbron, Le Cosmopolite ou le Citoyen du Monde. (London 1750) Collection Ducros. S. 130.

93 Friedrich Lamprecht, Der Weltbürger. Gesammelt von Freunden der Publizität. Germanien 1791/92. Vom 2. Februar 1741.

94 Peter Gay, Why was the Enlightenment? In: Eighteenth Century Studies, presented to Arthur Wilson, edited by Peter Gay. New York 1972. S. 70.

95 Friedrich Lamprecht, Der Weltbürger. Gesammelt von Freunden der Publizität. Germanien 1791/92. 1. Blatt vom 2. November 1741.

96 Friedrich Lamprecht, Der Weltbürger. Gesammelt von Freunden der Publizität. Germanien 1791/92. 40. Blatt vom 2. November 1741.
97 Friedrich Lamprecht, Der Weltbürger. Gesammelt von Freunden der Publizität. Germanien 1791/92. 1. Blatt vom 2. Februar 1741.
98 Johann Gottlieb Fichte, Reden an die Deutsche Nation. 5. Rede. Werke, hg. von Immanuel Hermann Fichte 1843/46. Bd. VII. S. 377.
99 Friedrich Lamprecht, Der Weltbürger. Gesammelt von Freunden der Publizität. Germanien 1791/92. 40. Blatt vom 2. November 1741.
100 Friedrich Lamprecht, Der Weltbürger. Gesammelt von Freunden der Publizität. Germanien 1791/92. Leserbrief. 28. Blatt vom 10. August 1741.
101 Gotthold Ephraim Lessing, Hamburgische Dramaturgie, Hunderterstes, -zweites, -drittes, -viertes Stück.
102 Johann Gottfried Herder, Briefe zur Beförderung der Humanität. Brief 111. In: Sämmtliche Werke, hg. von Bernhard Suphan. Berlin 1881. Band 18. S. 157.
103 Die Geißel, hg. von G. F. Rebmann. Paris 1797, Heft XI. S. 125, 129. Ähnlich, teilweise wortgleich: G. F. Rebmann, Kosmopolitische Wanderungen durch einen Teil Deutschlands. Leipzig 1793. Hg. und eingeleitet von Hedwig Voegt: «... in Deutschland gibt es große Männer, aber die Deutschen im allgemeinen haben zur Zeit weder Gemeinsinn, noch politischen, noch literarischen, noch moralischen Nationalcharakter, sondern bestehen aus einer Menge Kopien des Auslands mit stumpfen Umrissen, ohne Eigenheit». Sammlung Insel 1968. S. 56.
104 Jacques Droz, L'Allemagne et la révolution française. Paris 1949. S. 478.
105 Gotthold Ephraim Lessing, Die Erziehung des Menschengeschlechts, § 61, 80.
106 Christoph Martin Wieland, Aufsätze, welche sich auf die Französische Revolution von 1789 beziehen, oder durch dieselbe veranlaßt wurden. Sämmtliche Werke. Leipzig 1797. Band 29. Reprint Hamburg 1984. S. 145 und S. 157.
107 Christoph Martin Wieland, Das Geheimnis des Kosmopoliter-Ordens. Sämmtliche Werke. Leipzig 1797. Band 30. Reprint Hamburg 1984. S. 175.
108 Gotthold Ephraim Lessing, Die Erziehung des Menschengeschlechts, § 85.
109 H. A. Korff, Geist der Goethezeit. Leipzig 1930. Band 2. S. 155.
110 Gotthold Ephraim Lessing, Die Erziehung des Menschengeschlechts. § 1.
111 Qu' est qui a fait de la langue française la langue universelle de l'Europe; Par où mérite-t-elle cette prérogative? Est-il à supposer qu'elle la conserve? (Was hat die französische Sprache zur europäischen Universalsprache gemacht? Wodurch verdient sie diesen Vorzug? Ist anzunehmen, daß sie ihn behält?)
112 Antoine Comte de Rivarol, Discours sur l'universalité de la langue Française, ed. Marcel Hervier. Paris 1929. S. 43.
113 Florian Coulmas, Sprache und Staat. Studien zur Sprachplanung und Sprachpolitik. Sammlung Göschen 2501. Berlin, New York 1985. S. 182f.

114 Mabel Jolaoso: Konflikt.
Hier stehen wir
niedergeschlagen
schweben zwischen zwei Zivilisationen,
finden das Gleichgewicht lästig,
wünschen,
daß etwas geschieht,
uns auf den einen Weg stößt oder den andern,
tasten ins Dunkel nach hilfreicher Hand
und finden keine.
Ich bins müde, o Gott, bin es müd in der Mitte zu hängen –
wohin aber kann ich gehn?
In: Schwarzer Orpheus. Moderne Dichtung afrikanischer Völker beider Hemisphären. Ausgewählt und übertragen von Janheinz Jahn. München 1954. S. 31.

115 Harald Weinrich, Um eine Literatur von außen bittend. Merkur, 422. Dezember 1983. S. 911–920.

116 Johann Peter Eckermann, Gespräche mit Goethe, 31. Januar 1827.

117 Journal étranger, November 1756, PI et sq. Zit. nach Franco Venturi, L'Europe et les Lumières. Paris 1971. S. 58.

118 Z. B. der einflußreiche «Mercure universel de l'Europe», «Gazette de la Grande Bretagne», «Courier de Londres».

119 Vgl. George Steiner, After Babel. Aspects of Language and Translation. London 1975.

120 Charles Dédeyan, Le cosmopolitisme Européen sous la Révolution et l'Empire. Band 1. Paris 1976. S. 5.

TEIL 4

Die neue Zeit

KAPITEL 13

Der Rückfall: Nationaler Universalismus

Republikanismus – Blumengarten der Nationen: Herder, Wieland – Humanität und Volksgeist: Zimmermann, Novalis, Bouterwek – Sprachphilosophie und nationale Identität: Humboldt – «Kosmopoliten sind Allerweltsmenschen»: Schlosser, Arndt, de Maistre – Das Skandalon der nationalen Selbstüberhebung: Fichte

Der Kosmopolitismus war in der zweiten Hälfte des 18. Jahrhunderts auf einem Höhepunkt angelangt. In ganz Europa wurden die tonangebenden Schichten von dem beglückenden Gefühl erfaßt, daß der entscheidende Schritt auf dem Weg zur Einheit getan war, daß die alte universalistische Sehnsucht in voraussehbarer Zukunft verwirklicht sein werde. Das Bewußtsein war allgemein und unbezweifelt, daß man sich auf dem richtigen Weg voranbewegte. Eine kosmopolitische Welt erschien nicht mehr als ein schöner Traum, sondern als reale Möglichkeit und zwingende Notwendigkeit. Die Geschichte schien geradlinig auf immer größere Gruppen und schließlich auf die Einheit der Menschheit hin zu schreiten. Gewiß waren noch gewaltige Hindernisse zu überwinden. Gewiß hielten die Nutznießer an der alten fragmentierten Ordnung fest, Despoten und Obskurantisten, die sich durch die neuen Ideen und Impulse existentiell bedroht fühlten. Gewiß waren es bislang nur die Angehörigen der oberen Schichten, vor allem der intellektuellen Elite, die sich auf der Höhe der aufgeklärten Zeit befanden, die sich als Weltbürger verstanden und sich weltmännisch verhielten. Aber über kurz oder lang, so glaubte man, würde sich der Kosmopolitismus zu einem mächtigen Strom erweitern und immer größere Gruppen einbeziehen; selbst an die kolonisierten Völker war gedacht worden. Die Zukunft gehörte der sich perfektionierenden Weltzivilisation.

Der antinationale und kosmopolitische Enthusiasmus der Aufklärung erstand neu im Jahre 1789, dessen weltgeschichtliche Dimension von vielen Zeitgenossen frühzeitig erkannt wurde. Heinrich Steffens beschrieb rückblickend das geistige Klima jener Tage des, wie selbst Hegel sagte, «herrlichen Sonnenaufgangs» [1]. Der Vater hatte den damals Sechzehnjährigen mit seinen Brüdern zu sich gerufen: «Kinder, sagte er, ihr seid zu beneiden, welch eine schöne, glückliche Zeit liegt vor Euch!», und der Sohn bestätigte: «Es war eine wunderbare Zeit, es war nicht bloß eine französische, es war eine europäische Revolution, sie war da, sie faßte Wurzel in Millionen Gemütern, klar sehende große ‹Geister› erkannten die allgemeine Gewalt, ja verehrten sie; ein Strafgericht war über die vermodernde Zeit ergangen, ein Sieg über verkümmerte nichtige Verhältnisse war entschieden errungen. Die Revolution war in allen freien Gemütern von Europa schon da, auch wo sie nicht ausbrach. Der erste Moment der Begeisterung in der Geschichte, selbst wenn er unheilschwanger eine furchtbare Zukunft entwikkelt, hat etwas Reines, ja Heiliges, was nie vergessen werden darf. Mich ergriff eine grenzenlose Hoffnung, meine ganze Zukunft, so schien es mir, war in einen andern, frischen neuen Boden gepflanzt» [2].

Der Höhepunkt des Kosmopolitismus war zugleich der Umschlagpunkt. Die partikularistischen Gegenkräfte Patriotismus und Nationalismus befanden sich auf dem Vormarsch. Vorerst jedoch nicht im Sinne eines antagonistischen Widerspruchs, sondern als qualifizierende Ergänzung. Damit wird die Entwicklung fortgesetzt, die im vorigen Kapitel im Zusammenhang der Vaterländischen Gesellschaften behandelt worden ist, als Patriotismus und Kosmopolitismus synonyme Begriffe waren. Die prinzipielle Veränderung begann damit, daß einzelne Denker die absolute Geltung des Menschheits- und Humanitätsideals in Zweifel zogen und verkündeten, Weltbürgertum und Vaterlandsliebe seien zwar

Lebens- bzw. Regierungszeiten der wichtigsten in diesem Kapitel erwähnten Personen	
François de Salignac de la Mothe-Fénelon	1651–1715
Benjamin Franklin	1706–1790
Justus Möser	1720–1794
Johann Bernhard Basedow	1724–1790
Friedrich Klopstock	1724–1803
Johann Georg Ritter v. Zimmermann	1728–1795
George Washington	1733–1813
Christoph Martin Wieland	1733–1813
Thomas Paine	1737–1809
Johann Georg Schlosser	1739–1799
Thomas Jefferson	1743–1826
Johann Gottfried Herder	1744–1803
Johann Heinrich Pestalozzi	1746–1827
Tadeusz Kościuszko	1746–1817
Jeremy Bentham	1748–1832
Antoine de Rivarol	1753–1801
Joseph de Maistre	1753–1821
Anarchasis Cloots	1755–1794
Maximilien de Robespierre	1758–1794
Friedrich Schiller	1759–1805
Johann Gottlieb Fichte	1762–1814
Marie-Joseph Chénier	1764–1811
Friedrich Bouterwek	1766–1828
Wilhelm von Humboldt	1767–1835
Ernst Moritz Arndt	1769–1860
Novalis (Friedrich v. Hardenberg)	1772–1801
Friedrich Schlegel	1772–1829
Heinrich Steffens	1773–1845
Karl Marx	1818–1883

keine Synonyme, aber müßten Hand in Hand gehen. In diesem Sinn erklärte sich *Johann Bernhard Basedow* als «rechtschaffenen Weltbürger», der zugleich an seinem Ort «ein eifriger Patriot»[3] sei. Und er begründete diese – dem Kosmopolitismus der frühen Aufklärung entgegengesetzte – Auffassung in seiner Schrift «Agathokrator», einer Art pädagogischen Fürstenspiegels in der Nachfolge von Fénelons «Télémaque» (1699) so, daß der Zusammenhang zwischen den zwei Kräften als unauflöslich erschien: «Meine Absichten und Arbeiten sind zugleich patriotisch und weltbürgerlich... Gleich wie ein einsichtsvoller russischer oder spanischer Patriot darum, weil der Sitz der Erfindung und der ersten Ausübung in Dänemark oder an irgend einem bestimmten Orte seyn müßte, sich von der Pflicht, eine so heilsame Sache nach Vermögen zu befördern, nicht für befreyt halten könnte: also werden die Kenner und Weltbürger in der Nähe und Ferne einem so heilsamen Werke mit Vergnügen ihre hülfreichen Hände entgegen halten»[4].

So einleuchtend diese Sowohl-als-auch-Theorien auch erschienen, so eindeutig war, daß der Patriotismus, wenn auch anfangs unbeabsichtigt und unbemerkt, die kosmopolitische Gesinnung aushöhlen, sie allmählich unglaubwürdig machen und schließlich auf den historischen Rückzug leiten mußte. Das 19. Jahrhundert, das epochengeschichtlich mit dem Ausbruch der Französischen Revolution begann, wurde zum patriotischen und nationalen, schließlich zum nationalistischen und imperialistischen Jahrhundert. Der Kosmopolitismus verschwand fast völlig von der historischen Bildfläche, suchte und fand freilich Zuflucht in bestimmten dafür prädestinierten *Milieus*. Während des ganzen 19. Jahrhunderts bestanden kosmopolitische Verhältnisse fort, in bestimmten Réduits bestehen sie bis zum heutigen Tage: in der europäischen, miteinander verwandten und versippten Aristokratie, in der internationalen Diplomatie, unter Künstlern, Sportlern, Dandys, Playboys und bei den Managern der grenzüberschreitenden, später multinationalen Wirtschaftsunternehmen.

Kosmopolitismus und Patriotismus verquickten sich seit Mitte des 18. Jahrhunderts auf vielfältige Weise. Wir untersuchen den Vorgang unter drei Aspekten:

○ Erstens in verfassungspolitischer Hinsicht: der am römischen Vorbild orientierte oder gerechtfertigte Republikanismus des 18. Jahrhunderts entsprang dem modernen Individualismus, der auch das kosmopolitische Ethos begründete, förderte aber zugleich – infolge der Partizipation des Bürgers am Staate – die nationale Strömung.

○ Zweitens in der universalistischen Humanitätsphilosophie, die bei Beschäftigung mit der Sprache als der wichtigsten Ausdrucksform des Menschen die Bedeutung des Singulären entdeckte und damit auf die nationale Spur geriet.

o Und drittens bei der geschichtsphilosophischen Gleichsetzung nationaler Egoismen mit universalen Zwecken, die wir als nationalen Universalismus bezeichnen.

Republikanismus

Weltbürgertum gründet auf der Vorstellung, daß die freien und gleichen Individuen ihr Schicksal selbst bestimmen und nach eigener Maßgabe ihren Platz in der Welt suchen. Heimatliche Bindungen an Tal und Berg, Wiese und Bach werden nicht geleugnet, reichen aber nicht in die Höhen des allgemein Menschlichen, Kosmopolitischen. Wie in früheren Perioden stellten sich auch im 18. Jahrhundert der freizügigen Lebensweise des Weltbürgers die alten Mächte entgegen, die die Untertanen unter ihrer weltlichen und geistlichen Gewalt halten wollten, die Hintersassen und Schollenpflichtigen auf dem Hof, die Gläubigen im Kirchsprengel, die Untertanen im Staat. Gegen diese Herrenwillkür, Polizei- und Pfaffenherrschaft richtete sich die Entrüstung der Aufklärer, die für die unveräußerlichen Menschenrechte der Unterdrückten Partei ergriffen. «In tyrannos», wider die Tyrannen lautete darum der Wahlspruch der Zeit, den der junge Schiller den «Räubern» voranstellte. Und anläßlich der Ankündigung der Zeitschrift «Rheinische Thalia» (1784) erklärte er, er schreibe als «Weltbürger, der keinem Fürsten dient. Frühe verlor ich mein Vaterland, um es gegen die große Welt auszutauschen, die ich nur eben durch die Fernröhre kannte»[5]. Sich als «Fürstenknecht» zu betätigen, galt als im äußersten Maße schimpflich. Der tugendhafte Mann unterwarf sich nicht den Willkürlaunen der Mächtigen, despotischer Prinzen und intriganter Höflinge. Von der Errichtung einer Republik, zumindest einer verfassungsmäßigen Ordnung versprach man sich die Wende zum Besseren. Sie sollte die korrupte Feudalmonarchie ablösen und die Herrschaft der Tugend einläuten. Aus Untertanen sollten Bürger, freilich Staatsbürger, *cives, citoyens,* nicht Weltbürger, Kosmopoliten werden.

Diese Entwicklung stärkte nun nicht nur die Stellung des einzelnen im Staat, sondern auch den Staat selbst, der sich mit den Gefühlswerten des freien Individuums auflud. Der (monarchische) Staat, bisher als Unterdrücker des Individuums bekämpft, wurde nunmehr – als Republik – mit der Summe der Bürger gleichgesetzt, womit zugleich gesagt war, daß die herausgehobenen Schichten[6] ihrer Privilegien verlustig gehen sollten. Die Bürger, durch das allgemeine Wahlrecht, die obligatorische Volksschulbildung und die allgemeine Wehrpflicht politisiert, sollten sich selbst als der Staat verstehen.

Den Wendepunkt in der Entwicklung vom Kosmopolitismus zum Patriotismus markierte das Jahr 1792 mit dem Beginn der Revolutionskriege. In der für ganz Europa repräsentativen Auseinandersetzung mit dem Königtum betrachteten sich die revolutionären Franzosen als Vortrupp der Menschheit. Der Begriff humanité spielte im revolutionären Vokabular eine programmatische Rolle. Mit der Promulgation der Menschen- und Bürgerrechte und der Einführung einer verfassungsmäßigen, schließlich einer republikanischen Ordnung verwirklichten sie Freiheit und Selbstbestimmung; sie beanspruchten dafür universale Geltung. Die kosmopolitischen Ideen der Aufklärung schienen politische Realität zu gewinnen. Dieses Streben nach Universalität brachte der Schriftsteller Marie-Joseph (der jüngste und weniger bekannte Bruder von André-Marie) Chénier mit einer besonders symbolkräftigen Geste zum Ausdruck. Am 24. August 1792 – also nach dem Sturz und vor der endgültigen Abschaffung der Monarchie (10. August – 21. September 1792/Jahr 1) – ersuchte er im Verein mit einigen Schriftstellerkollegen den gerade einberufenen Nationalkonvent, eine Reihe ausländischer Intellektueller als «Verbündete des französischen Volkes» anzusehen, weil sie durch ihre Schriften «die Grundlagen der Tyrannei unterminiert und die Wege der Freiheit geebnet»[7] hatten. Auffällig ist die Ähnlichkeit dieses Antrags mit der erwähnten Weisung Benjamin Franklins an die amerikanische Flotte, mitten im Krieg gegen England englische Wissenschaftler als «Freunde der Menschheit»[8] anzusehen. Die von Chénier so bezeichneten «Wohltäter der Menschheit» sollten als Abgeordnete in die Legislative gewählt werden. «Würde sich die von allen Punkten der Welt versammelte Elite der Menschheit nicht als Kongreß der ganzen Welt darstellen?» Mit dieser enthusiastischen Rhetorik bewegten die Antragsteller die Volksversammlung, die Empfehlung Chéniers als Dekret zu verabschieden. So erhielten die französische Staatsbürgerschaft: der Philosoph des Utilitarismus Jeremy Bentham («Das größte Glück für die größte Zahl»); James Macintosh und David Williams, die in England Edmund Burke, den mächtigsten Gegner der Revolution, bekämpft hatten; die Abolitionisten Clarkson und Wilberforce, weil sie die Sache der Schwarzen zu der ihren gemacht hatten; die Amerikaner George Washington, Alexander Hamilton, Thomas Paine; aus deutschen Landen Klopstock, Schiller, der Verleger Campe und der exzentrische Anarchasis Cloots, der frühzeitig dem «Klub der Jakobiner» beitrat und schon 1790 mit einer Mannschaft von dreißig Ausländern vor der Constituante den «Beitritt der Welt zur Deklaration der Menschenrechte» vollzog, eine in der gegenwärtigen Zeit kaum nachvollziehbare hochgemute Geste voll humanem Pathos; der Schweizer Pädagoge Pestalozzi, der polnische Freiheitsheld Tadeusz Kościuszko. Anarchasis Cloots, Paine und Priestley wurden daraufhin zu Abgeordneten in den Konvent (1792) gewählt (was letzterer ablehnte). Diese Aktion hat den Gang der Revolution und die französische Politik natürlich nicht verändert, sie hatte nur demonstrativen Charakter. Immerhin wurde damit ein in der Weltgeschichte einmaliges kosmopolitisches Zeichen gesetzt.

Auch als die französischen Armeen die Landesgrenze überschritten, geschah das im Namen hoher Menschheitsideale, denen sich freilich bald massive national-französische Erwägungen zugesellten. Die Girondisten sahen den Krieg als Mittel zur Revolutionierung der unter den Despoten seufzenden europäischen Völker an. Gleichzeitig war jedoch Frankreich bestrebt, seine «natürlichen Grenzen» zu sichern, wobei die Natürlichkeit den eigenen Interessen diente. Das Interventionsrecht, das sich die Franzosen im Namen der revolutionären Freiheitsideale zuerkannten, beanspruchten dann gleichermaßen ihre Gegner im Namen der monarchischen Legitimität: Beide Ansprüche heizten das Klima auf. Unter dem

Eindruck der ersten Niederlagen gegen die österreichischen, später auch die preußischen Truppen, deren Oberbefehlshaber, der Herzog von Braunschweig, die bedingungslose Unterwerfung der französischen Streitkräfte unter den König forderte, begann die noch in revolutionärer Begeisterung stehende Nation eine gegenrevolutionäre Wendung der Ereignisse zu fürchten; sie hatte die Revolutionstribunale und den Terror Robespierres noch vor sich. Die Legislative erklärte «das Vaterland in Gefahr» (Juli 1792). Sie appellierte damit an die patriotischen Gefühle der Nation. Die Erklärung des «Großen Vaterländischen Krieges» durch Stalin 1941 nach dem Angriff Hitler-Deutschlands bildet eine fast ereignisgleiche historische Parallele; im Augenblick der Gefahr wenden sich die Mächtigen trotz universalistischer revolutionärer Ideologien an den patriotischen Verteidigungsinstinkt des archaisch-schollengebundenen, heimatliebenden Volkes – mit Erfolg.

Analog reagierten die Völker, die von den französischen Armeen «befreit» wurden. Sie empfanden alsbald die «Befreier», insbesondere unter Napoleon, als Besatzer, die die gleichen Übergriffe wie alle fremden Truppen begingen, die requirierten, sich installierten und ihre Notwendigkeiten, wenn nicht gar ihre Launen und ihre Willkür zum militärischen Gesetz machten; vor allem wurde die Bevölkerung unter dem Zwang der Verhältnisse wirtschaftlich ausgebeutet. Kosmopolitische Ideologien verschlugen gegen diese handfesten Bedrängnisse wenig. Frankreich gründete, wo seine Streitkräfte hinkamen und wenn die Verhältnisse solchen Wandel einigermaßen begünstigten, neue Republiken: Die Batavische (Niederlande 1795), die Ligurische und die Cisalpinische (Genua und Lombardei, beide 1797), die Helvetische und die Römische (Schweiz, Kirchenstaat 1798), die Parthenopeische (Neapel 1799). Die unter «Tyrannenjoch stöhnenden» Völker empfanden die Fremdherrschaft jedoch noch härter und entdeckten im Verlauf der kriegerischen Auseinandersetzungen außer ihrer dynastischen Loyalität ihre nationale Identität. Ein neuer Nationalismus war die Folge. Sobald die militärischen Möglichkeiten gegen den siegreichen Kaiser der Franzosen es zuließen, regte sich die national inspirierte Gegenwehr, die schließlich die Herrschaft Napoleons und das Revolutionszeitalter beendete. Die Spanier eröffneten einen Partisanenkrieg, in Preußen erwachte nach der Liquidierung des Reiches 1804 und der Niederlage von Jena 1806 ein neuer völkischer Geist, der schließlich – im Einvernehmen zwischen Krone, Reformern und Intellektuellen – die Befreiungskriege von 1812/13 vorbereitete.

Der Wiener Kongreß, der Europa für ein Jahrhundert befriedete, und die nachfolgende Restauration weckten in der unter scharfer legitimistischer Kontrolle stehenden deutschen und italienischen Bevölkerung den Geist nationaler Unabhängigkeit und liberalen sowie demokratischen («radikalen») Widerstands. In den abhängigen Gebieten Süd- und Osteuropas gärte die Unruhe. Liberale Bewegungen, nationale Erhebungen und Befreiungskriege, die sich auf die Lehren der Französischen Revolution beriefen, verunsicherten die großrussische Zarendespotie, die österreichische Vorherrschaft in der Vielvölkermonarchie und die bei ihrer schwächlich-starren Unterdrückungspolitik verharrende Hohe Pforte. Das führte zu neuer Unterdrückung (polnische Teilung), zu Interventionen und zur Niederwerfung von Aufständen (1830, 1848) sowie zur Ausgliederung freiheitsdurstiger Völker aus den Nationalitätenstaaten und ihrer Neugründung als unabhängige Staaten (Niederlande, Belgien, Luxemburg 1815–1831; Griechenland 1821–1830; Serbien 1804–1878; Montenegro 1860–1878; Bulgarien 1878–1908). Patriotische Emotionen und nationale Interessen bestimmten fortan mit Zeitverschiebungen die Politik in dem ganzen sich industrialisierenden Europa. Die Regierenden suchten gemäß den (mittlerweile von den Völkern internalisierten) Souveränitätslehren immer ausschließlicher den nationalen Vorteil durchzusetzen. Das galt im politischen und militärischen Bereich ebenso wie in der zunehmend wichtiger werdenden wirtschaftlichen und, wie noch zu zeigen sein wird, in der wissenschaftlichen Konkurrenz. Universalistische Motive büßten ihre bestimmende Kraft ein. Die europäische Friedensgemeinschaft flachte zum europäischen Konzert der miteinander kosmopolitisch umgehenden Monarchen ab, die übergreifende kosmopolitische Zielsetzung geriet in Vergessenheit.

Blumengarten der Nationen: Herder, Wieland

Bevor die kosmopolitische Weite des 18. in die patriotische Enge des 19. Jahrhunderts umkippte und nationalistische Egozentrik die weltbürgerliche Toleranz ablöste, durchliefen die europäischen Völker eine Übergangsperiode, in der der Gegensatz Weltbürgertum und Patriotismus als harmonisches Nebeneinander erfahren wurde. Die nationalen Revolutionen und Bewegungen, die zu 1848 führten, sind als ein gesamteuropäisches Anliegen empfunden worden. Herausragend war der philhellenische Enthusiasmus, der Bürger verschiedener Nationen nach Griechenland lockte und zu einer kosmopolitischen Gemeinde verband. In deren Sinn und Namen schufen die Lord Byron, Chateaubriand, Griechen-Müller ihre von Freiheitspathos, Antikenbegeisterung und Klassikernostalgie durchzogenen Dichtungen.

Insbesondere deutsche Denker argumentierten in dieser doppelten, zugleich weltbürgerlich-humanistischen und patriotischen Weise. Denn der Gegensatz zwischen Kosmopolitismus und Nationalismus ließ sich nicht «aufheben», sondern nur wegdisputieren oder durch pragmatische Kompromisse von Fall zu Fall auflösen. Die Besonderheit der deutschen Situation stand mit der «Verspätung» des deutschen Nationalstaates in Zusammenhang – der Terminus ist übrigens nicht zuerst von Plessner, sondern schon von Herder verwendet worden. Die Zerrissenheit des deutschen Reiches, in dessen unübersichtlichen Grenzen die alte habsburgische Reichsdynastie, die neue Großmacht Preußen, die angestammten Mittelstaaten Bayern, Sachsen, Württemberg, Baden und zahllose halbsouveräne, reichsunmittelbare Stände, Städte usw. vereint waren und sich gelegentlich noch befehdeten, belebte sowohl die noch gängigen kosmopolitischen Attitüden wie den erwachenden Patriotismus. Der Kampf gegen die an ihren Privilegien festhaltenden Fürsten ließ sich sowohl mit dem militanten Republikanismus der aufgeklärten Kosmopoliten wie mit der ebenfalls republikanischen Gesinnung der «Patrioten» verbinden. Republikanisch-nationale Strömungen der Deutschheit motivierten die Progressiven in den Einzelstaaten – bis die Verbindung in der Revolution von 1848 scheiterte und bis im Zeichen des preußisch-deutschen Nationalismus das kurzlebige Bismarckreich oder, wie als erster Karl Jaspers einschränkend definierte, der Bismarck*staat* gegründet wurde. Das zunehmend nationalistisch empfindende liberale Bürgertum bestimmte das Gesicht der aufstrebenden Industriemacht. Kosmopolitische Theorien hatten im neuen Staat nur noch Erinnerungscharakter[9].

Um die Wende des 18. zum 19. Jahrhundert strebten allein die Patrioten noch die republikanische Selbstbestimmung an. Denn die Nationen standen der damals vorherrschenden Meinung zufolge nicht in einem antagonistischen, sondern in einem Ergänzungsverhältnis zueinander – in dem gemeinsam zu führenden Kampf gegen die «Fürsten». Wie Gott bei Schöpfung der Natur nicht nur Lilien, sondern auch Rosen und Maiglöckchen entwarf und schuf, so hat er auch das Geschlecht der Menschen zu verschiedenen Nationen ausgeformt. Die Menschheit glich in dieser stark ästhetisch bestimmten Sicht, die von *Herder* bis zur Romantik vorherrschte, einem vom himmlischen Gärtner farbig komponierten Garten der Nationen, die in Frieden miteinander umgingen und den Herrn wegen seiner gelungenen Schöpfung priesen. «Wie Blumen, Bäume und Pflanzen in vielfacher Schönheit nebeneinander stehen, wie Vögel und Tiere sich in mannigfaltigen Trieben und Bildungen untereinander bewegen, und alle nur eine Erde und einen Himmel haben, so hat Gott die Länder, die Völker, die Sprachen verschieden gesetzt, auf daß Spiel, Reiz, Kampf und Lust auf Erden sei»[10]. Diese Verbindung kosmopolitischer Einheit und nationaler Sonderung blieb freilich dichterischer Phantasie und intellektueller Theorie vorbehalten; in der politischen Wirklichkeit begannen die ihrer Identität und Besonderheit zunehmend gewußt werdenden Nationen ihren Lebenswillen auf Kosten voneinander zu entfalten.

Im 18. Jahrhundert wurde Kosmopolitismus nicht nur im Sinne des universalistischen Strebens nach Einheit der Menschheit und damit der Auflösung partikularer Besonderheiten begriffen, sondern auch und vor allem im Verständnis der verschiedenen Teilgruppen füreinander. Freilich wurden die nationalen Besonderheiten damals, wie wir gesehen haben, als bloße Zufälligkeiten angesehen, während das allgemein Humane das eigentlich Wichtige war, auf das sich die Menschheit hin entwickeln sollte. Die völkerpsychologischen Interessen, die den Intellektuellen des 18. Jahrhunderts eigen waren, hatten instrumentalen Charakter; da die Einheit des Menschengeschlechts als allgemeingültige Humanität noch entferntes Ziel war, mußte man sie aus den verschiedenen Nationen gleichsam zusammensetzen. Dabei war nicht wesentlich, worin sich Italiener von Holländern, Engländer von Franzosen oder Persern unterschieden, so amüsant es sein mochte, die unterschiedlichen Merkmale herauszufiltern; wichtig war vielmehr, sich über diese Besonderheiten hinwegzusetzen, sie durch Sprach- und Landeskenntnisse «aufzuheben» und in allen Gruppen und Völkern trotz ihrer Unterschiedlichkeit das allgemein Menschliche hervorleuchten zu lassen.

Im Laufe der Zeiten wuchs jedoch das Interesse an den einzelnen Ländern und Völkern und überhaupt am historisch Gewachsenen, individuell Besonderen. Herder erinnerte an diese Tatsache: «Sind in der Natur keine zwei Blätter eines Baumes einander gleich, so sind's noch weniger zwei Menschengesichter und zwei menschliche Organisationen»[11]. Die Mannigfaltigkeit und Verschiedenartigkeit, in der sich der Mensch darstellt, die Wandlungen, denen er unterworfen ist, ziehen den Philosophen an, der die Geschichte der Menschheit als Ganzes und als Entwicklung zu erfassen sucht. Die Einheit aber verwirklicht sich in der Summe des Partikularen und des Besonderen. «Der ganze Lebenslauf eines Menschen ist Verwandlung: alle seine Lebensalter sind Fabeln derselben und so ist das ganze Geschlecht in einer fortgehenden Metamorphose». Herder nahm damit die Tradition eines Vico, eines Montesquieu oder Voltaire auf, die – jeder auf seine Weise – sich dem einmalig Historischen zugewandt hatten. Und doch zielte das in Rede stehende Kapitel Herders auf das überwölbend Gemeinsame. Er überschrieb es mit dem Satz «In so verschiedenen Formen das Menschengeschlecht auf der Erde erscheint, so ist doch überall ein und dieselbe Menschengattung», und erläuterte ihn durch den Hinweis auf das Vermögen, das allen Menschen gleichermaßen eigen ist. «Da indessen der menschliche Verstand in aller Vielartigkeit Einheit sucht und der göttliche Verstand, sein Vorbild, mit dem zahllosesten Mancherlei auf der Erde überall Einheit vermählt hat: so dürfen wir auch hier aus dem ungeheuren Reich der Veränderungen auf den einfachsten Satz zurückkehren: nur ein und dieselbe Gattung ist das Menschengeschlecht auf der Erde»[12].

In der gleichen harmonistischen Absicht beurteilte *Wieland* den Zustand der Menschheit in seiner Zeit. Den hohen Namen des Weltbürgers verdiente seiner Auffassung nach nur derjenige, «den seine herrschenden Grundsätze und Gesinnungen, durch ihre reine Zusammenstimmung mit der Natur tauglich machen, in seinem angewiesenen Kreise zum Besten der großen Stadt Gottes mitzuwirken»[13]. Und das war vorzugsweise der gute Bürger. Die Verklammerung zwischen Weltbürger und Patriot erfolgte über die ethische Idee der Pflicht. Nur derjenige, der im engen Kreis der Familie, der Gemeinde und des Staates seine Aufgaben gegenüber den Mitmenschen erfüllte, konnte zugleich den Forderungen der Humanität entsprechen, die Wieland in der Wortwahl sogar bis auf die alte Vorstellung der *civitas Dei* zurückführt. In diesem Schema läßt der Zeitdeuter die Idee vom Blumengarten der Nationen anklingen, wenn er in der umständlichen Diktion seiner Zeit erklärt, nur die Anhänger des Kosmopoliter-Ordens «betrachten alle Völker des Erdbodens als ebensoviele Zweige einer einzigen Familie, und das Universum als einen Staat, worin sie mit unzähligen anderen vernünftigen Wesen Bürger sind, um unter allgemeinen Naturgesetzen die Vollkommenheit des Ganzen zu befördern, indem jedes nach seiner besonderen Art und Weise für seinen eigenen Wohlstand geschäftig ist»[14].

Bestimmende Kraft hatte bei dieser Verbindung der Entwicklungsgedanke. In säkularisierter Fortführung der christlichen Heilslehre wurde das menschliche Dasein zur bloßen Durchgangsstufe zur Humanität. «Die Erde ist nur ein Übungsplatz, eine Vorbereitungsstätte»[15]. Wie Pico della Mirandola den Menschen als das Wesen versteht, das sich zum Göttlichen erheben und in die Tierheit zurücksinken kann, deutete auch Herder die Humanität nicht als Zustand, sondern als Ziel des Menschen in der Geschichte. «Bei ganzen Völkern liegt die Vernunft unter der Tierheit gefangen, das

Wahre wird auf den irresten Wegen gesucht und die Schönheit und Aufrichtigkeit, zu der uns Gott erschaffen, durch Vernachlässigung und Ruchlosigkeit verderbt. Bei wenigen Menschen ist die gottähnliche Humanität im reinen und weiten Umfange des Wortes eigentliches Studium des Lebens; die meisten fangen nur spät an, daran zu denken, und auch bei den Besten ziehen niedrige Triebe den erhabenen Menschen zum Tier hinunter. Wer unter den Sterblichen kann sagen, daß er das reine Bild der Menschheit, das in ihm liegt, erreiche oder erreicht habe?»[16] Humanität ist Ziel, aber zur Humanität gehört auch schon der Weg zum Ziel, der in Streben und Irren besteht. Der pädagogische Wert des Irrens wurde von Goethe insbesondere im Faust hervorgehoben. Die Reise durch die Welt ist ein Lehrgang in Menschlichkeit, auch wenn der Führer durchs Irdische Mephisto heißt. Im menschlichen Leben vollzieht sich ein Ringen um Vollkommenheit in der Unvollkommenheit, um Wahrheit mitten im Irrtum, um Humanität in einer inhumanen Welt.

Leben ist ein kathartischer Prozeß, ein unablässiges Sich-Bemühen um menschliche Vollkommenheit. «So sehr es dem Menschen schmeichelt, daß ihn die Gottheit zu ihrem Gehilfen angenommen und seine Bildung hienieden ihm selbst... überlassen habe, so zeigt doch eben dies die Unvollkommenheit unseres irdischen Daseins»[17]. Das ganze Leben ist ein Bildungsweg. Humanität und Bildung verschließen freilich die kosmopolitische Offenheit. Das universalistische Ziel saugt das Interesse des Weltbürgers an der Welt auf, der in allen Ländern zu Hause sein möchte. Der Weg zur Humanität wird in den Innenraum der Seele verlegt. Die nationalen Schauplätze, die den Kosmopoliten beschäftigen, bleiben bei der universalistischen Suche nach Vollkommenheit außer Betracht.

Humanität und Volksgeist: Zimmermann, Novalis, Bouterwek

Der Kosmopolitismus spaltet sich also in den Jahrzehnten vor und nach der Jahrhundertwende in einen metaphysischen Teil, den allen Menschen und allen Völkern gleichermaßen aufgegebenen Weg zur Humanität, und den zunehmend wichtiger werdenden politischen Teil, den sich als Volksgeist artikulierenden Patriotismus. Die Nationen, die nach dem Wort Rankes «unmittelbar zu Gott» sind, verstehen sich als Individualitäten, zu deren Natur Selbstbehauptung, Selbstverwirklichung und Selbsterweiterung gehören. Sie bestimmen fortan die Zukunft.

Aber der Gedanke der Humanität bleibt noch in Geltung und verhindert, daß sich die Nationalstaaten das Recht auf jene egoistische, konfliktträchtige Dynamik zuschreiben, die dem Nachbarn nicht zugebilligt wird. Im Sinne des Blumengartens der Nationen fordert Herder von jeder Nation ein «Gefühl der Billigkeit gegen andere Nationen», denen ausdrücklich gleiches Recht zuerkannt wird. Jede Nation muß es allgemach «unangenehm empfinden, wenn eine andere Nation beschimpft und beleidigt wird; es muß allmählich ein gemeines Gefühl erwachsen, daß jede sich an die Stelle jeder andern fühle. Hassen wird man den frechen Übertreter fremder Rechte, den Zerstörer fremder Wohlfahrt, den kecken Beleidiger fremder Sitten und Meinungen» [18]. Im Blick auf die Leiden der Kolonialvölker, denen die Eindringlinge ihre Götter und Nationalheiligtümer entwendeten, was noch immer die Phantasie der Europäer beschäftigte, forderte Herder eine «Allianz aller gebildeten Menschen gegen jede einzelne anmaßende Macht», wobei er in seiner Argumentation die republikanische Tugendkomponente hervorzukehren nicht vergißt.

Den Zeitgenossen steckte die Überzeugung noch im Blut, daß «Vaterlandsliebe eine mit den kosmopolitischen Grundbegriffen unverträgliche Leidenschaft» [19] sei. Die Unbilligkeit gegenüber anderen Nationen, deren Vorkommen Herder mit seiner Forderung nach Billigkeit voraussetzt, wird in vielen Varianten dargestellt, am ausführlichsten in *Zimmermanns* siebzehn Kapitel umfassender Schrift «Vom Nationalstolz». Der Verfasser ist von Beruf «Königlich-Großbritannischer Leibarzt» und nähert sich seinem Gegenstand in naturwissenschaftlicher Methode. Unter Verzicht auf jegliche dogmatisch vorgefaßten Urteile der christlichen, humanistischen oder kosmopolitischen Ethik, wonach Eigensucht böse, Nächstenliebe menschliche Pflicht ist, beschränkt er sich auf die Beschreibung der sich ihm darbietenden Phänomene. Die Umständlichkeit seiner Darstellung zeugt von der Ungewohnheit der Methode. Das völkerpsychologische Erfahrungserbe der kosmopolitischen Ära bietet ihm das Material für die Analyse, an die er mit den Mitteln seiner Zeit geht. Ausgangspunkt seiner Betrachtungen bildet, gut aufklärerisch, der Egoismus. «Die Brille der Eigenliebe sitzt beynahe jeder Nation auf der Nase»[20]. Alles könnte man den Nationen wegnehmen, schreibt er, «nur nicht die gute Meinung von sich selbst». Die nationalen Selbstdeutungen ergeben sich aus einer instinktiven Perspektivverschiebung. «Der Nationalstolz entsteht aus der vorteilhaftigen Vergleichung, die ein Volk zwischen den Vorzügen macht, die es hat oder zu haben glaubt, und die nach seiner Meinung einem andern Volk mangeln». Schritt um Schritt analysiert Zimmermann die verschiedenen Subjekte. «Die gesittetesten und ungesittetesten Völker erweisen, daß jedes Vorzüge an sich zu sehen glaubt, die es einem anderen nicht zugiebt; daß es mit einer ausschließenden Gefälligkeit seine Denkungsart, seine Sitten, seine Regierungsform, oder irgend einen anderen Vorzug betrachtet. Jedem einzelnen Menschen gleich, hat jedes Dorf, jede Stadt, jede Provinz und jedes Volk seine besondere Eigenliebe, und seinen besonderen Stolz. Jeder Bürger nimmt durch eine Art von Reflection an dem allgemeinen Stolze theil, und hilft seinem Dorfe oder seiner Nation, jedem anderen Dorfe oder jeder andern Nation ein krummes Maul machen»[21]. Nicht ohne Befremden, aber ohne jeden Tadel stellt der Verfasser fest: «Jeder Nation sind fremde Sitten lächerlich, weil es nicht die ihren sind». Man ist am entgegengesetzten Pol der kosmopolitischen Hochschätzung des Fremden angelangt. Was fremd ist, die *outgroup*, ist schlecht, zumindest lächerlich; die moderne Xenophobie basiert auf dem gleichen Gefühl der Ausschlieung. «Sogar die Grönländer sprechen das Wort ‹fremd› ohne Verachtung nicht aus, und den nehmlichen Sinn hat in einigen schweizerischen Städten das Wort ‹Augsburger›».

Als besonders paradox empfindet Zimmermann, der betont, kein Deutscher, sondern Schweizer zu sein, daß den damaligen Deutschen der Nationalstolz fehlt, was den späteren exzessiven Nationalismus mit erklären mag. «Dieses Volk verachtet sich selbst, es hasset sich; kauft, lebt, und ahmet nur fremde nach. Es glaubet sich weder wohl zu kleiden, noch etwas niedliches essen, noch etwas festliches trinken, noch bequem wohnen zu können, wenn es nicht seine Kleider, Weine, Köche, Schneider, Tucher, Baumeister mit großen Kosten aus andern und wohl gar von Feinden bewohnten Ländern kommen läßt. Eben dieses Volk erhebt einzig und allein den Witz und Verstand der Ausländer, die Poeten, welche in fremden Sprachen schreiben, und die auswärtigen Maler; elende ausländische, seine eigene Geschichte auf das fehlerhafteste, ungetreueste, und gehässigste vortragende Schriftsteller werden nur allein von ihm gelesen, gekauft, bewundert»[22].

Die «Ausländerei», der wir schon begegnet sind, wird bis zu den Freiheitskriegen ein unerschöpfliches Thema kosmopolitischer und nationalpolitischer Antithetik sein. Als Angehöriger der intellektuellen Elite bekennt Zimmermann: «Ich selbst verteidige ja durch diese Schrift die billichen Ansprüche aller Völker zum Weltdenken wieder die eigennützige Ausschließung, die einige besondere Völker unternommen haben. Leute von Verdienst verehre und liebe ich, welcher Nation und welchen Glaubens sie auch immer sein mögen; ich bin auf ihre Freundschaft stolz».

Die intensiven Bemühungen um den Ausgleich zwischen Kosmopolitismus und Patriotismus sind ein Merkmal der Zeit. Auch die Romantiker standen noch schwankend inmitten der universalistischen Tradition der Aufklärung und dem nationalen Enthusiasmus, der die nächsten Jahrzehnte bestimmt. Die Einheit zwischen Individuellem und Universellem, gleich ob im persönlich-biographischem oder im historisch-politischen Bereich, hatte etwa für *Novalis* Glaubensrang. In einem seiner Fragmente definiert er «Deutschheit» als Kosmopolitismus mit der kräftigsten (= nationalen) Individualität gemischt»[23]. Er versteht darunter, daß das Bildungselement Humanität als das allgemeingültig Kosmopolitische durch die Besonderheit der deutschen Nation konkretisiert wird. Denn «der Mensch vermag in jedem Augenblicke ein übersinnliches Wesen zu seyn. Ohne dies wäre er nicht Weltbürger, er wäre ein Thier». Da er als Geist-Körper-Wesen aber auch eine sinnliche Natur hat, artikuliert sich der Weltbürger zugleich als Deutscher, Franzose oder Italiener. Eine Verschmelzung des Universalen mit dem Individuellen besonders origineller Art gelingt Novalis in seiner einflußreichen Schrift «Europa oder die Christenheit». Darin zeichnet er in scheinbar konservativer Rückwärtsgerichtetheit eine kosmopolitische Welt nach dem Vorbild des christlichen Mittelalters, als Europa von Britannien bis Sizilien *einem* einzigen religiösen Gesetz gehorchte, *einem* Papst huldigte und die größtenteils kirchlich-klösterliche Intelligenz sich in der gleichen Sprache verständigte. Tatsächlich aber stellt dieses vergangenheitsbezogene, verklärt-idealisierte Bild eine Prophetie dar, die der Verfasser in naher Zukunft in einem größeren Deutschland verwirklicht sehen wollte und die er in der verehrten und romantisierten Königin Luise bereits versinnbildlicht sah[24].

Eine harmonische Aussöhnung zwischen den rivalisierenden Kräften des durch die Humanitätsphilosophie bereicherten und veredelten Kosmopolitismus und des im Zeitalter der Revolution Terrain gewinnenden Patriotismus suchte auch der Philosoph Friedrich *Bouterwek*, ein Schüler Kants, zu erreichen, der die angestammte Liebe zum eigenen Lebenskreis und die visionäre Begeisterung für das große Ziel der Menschheit als nur scheinbare Gegensätze begriff. Tatsächlich ergänzen sich nach seiner Lehre Patriotismus und Kosmopolitismus wie Natur und Verstand. Als «trostlos» bezeichnet der Philosoph in seinen «fünf kosmopolitischen Briefen» die Forderung, daß «der Mensch zuerst die Welt, dann sein Land, und dann erst sein Haus und die nächsten Angehörigen seines Herzens lieben» solle. «*Fühlen* soll sich der Mensch, der Naturordnung nach, als Sohn, Freund, Gatte und Vater; dann erst als Bürger; und dann erst als Mensch. Aber *erkennen* soll er sich, der Vernunftordnung nach, erst als Mensch, dann als Bürger, dann als Sohn, Freund, Gatte und Vater. Nur diese Vereinigung des Gefühls mit der Einsicht, des Herzens mit der Vernunft, macht ein wahres Grundgefühl der Menschlichkeit möglich; und zu dieser Vereinigung, die nicht von Regierungsformen abhängt, trägt ein menschenfreundlicher Fürst mehr bei, als ein zügelloser Apostel einer chimerischen Freiheit»[25].

Der Mensch hängt in seiner Ursprünglichkeit an seiner natürlichen Umgebung, an Eltern und Geschwistern, Wiese, Berg und Bach. «Schollenpatriotismus» (Fichte) hat sich bis zur heutigen Zeit erhalten, etwa in dem Wahlspruch des rechtsextremistischen französischen Politikers Jean-Marie Le Pen: «Ich liebe meine Töchter mehr als meine Cousinen, meine Cousinen mehr als meine Nachbarinnen und meine Nachbarinnen mehr als Fremde». Bouterwek bezeichnet diese Art von Eigenliebe als Aristokratismus: «Wer nicht wünscht, daß alles Gute, was einem Wesen widerfahren kann, allen Wesen widerfahre, der ist ein Aristokrat»[26], der das Gute nur sich und den Seinen zugute kommen lassen will – im Gegensatz zum Kosmopoliten, der «gegen alle Menschen menschlich gesinnt ist». Und er räumt ein, daß wir alle allzumal Aristokraten sind und des Ruhms ermangeln, den wir vor der Vernunft haben sollen. «Aristokratismus (ist) die Erbsünde, die auch den Klügsten und Besten auf Abwege leitet». Der kultivierte Mensch ist derjenige, der das menschheitliche Ziel im Auge behält, während er doch seine Pflicht dem Nächsten gegenüber erfüllt. «Kosmopolit, wenn du die Ehre deines Namens fassest, so sei, was du seyn kannst! Sei Freund, Gatte, Vater und Bürger. Thue, was recht ist; dann bist du sicher, etwas für's Ganze zu thun. Aber was nützlich ist für's Ganze im einen und andern Fall, das weiß nur der unendliche Genius des Ganzen. Dem überlaß diese Sorge»[27].

Bouterwek nimmt Anstoß am aufklärerisch-revolutionären Utopismus, der mit Hilfe der Vernunft die Schäden der Welt heilen und ein irdisches Paradies begründen will. Er rekurriert auf eine höhere Macht, deren Walten sich der Mensch besser anheimgibt. Die Briefe an einen imaginären Kosmopoliten, den der Verfasser immer wieder apostrophiert, sind 1794 auf dem Höhepunkt des Guillotinenterrors abgefaßt, der nach Bouterwek das historische Ergebnis des einseitigen Vernunftkultes ist. Jedoch schränkt er die Polemik ein: «Was die Missetäter», die der Vernunft Tempel und Altäre errichteten, «mit ihrer Hyänenphilosophie sündigen, darf die Vernunft nicht büßen». Bouterwek sieht die Bestimmung der Menschheit in ihrer schließlichen Vereinigung, als «das Resultat der Gemeinwirkung aller Particulargesellschaften auf die Universalgesellschaft». Er denkt in der Nachfolge Kants, der die Menschen «durch wechselseitigen Zwang unter von ihnen selbst ausgehenden Gesetzen zu einer beständig mit Entzweiung bedrohten, aber allgemein fortschreitenden Coalition in eine weltbürgerliche Gesellschaft (cosmopolitismus) sich von der Natur bestimmt fühlen: welche an sich unerreichbare Idee aber kein constitutives Princip..., sondern nur ein regulatives Princip ist»[28]. Angesichts der revolutionären Brutalisierung der Weltläufe nimmt Bouterwek sein kosmopolitisches Ziel ebenfalls nur als Zukunftsorientierung; die praktischen Aufgaben seines Kosmopoliten beginnen im eigenen Umfeld, bei dem, was Goethe «die Forderung des Tages» nennt. «Dann ist jeder ein Kosmopolit, wer gut und brav in seinem Kreise das Seine thut, unbekümmert, ob der Menschenhandel mit schwarzen Brüdern, denen er doch nicht helfen kann, durch eine Parlamentsacte abgeschafft, oder neu eingeführt wird».

Die Zukunftsideale bleiben in Geltung, aber ohne praktische Anwendung. «Von einer Weltrepublik kann gar nicht die Rede seyn, so lange die Menschen noch nicht rund um die Erde und nach allen Seiten hin fühlbar auf einander wirken. So lange in unsern Geographien noch ein Kapitel von unbekannten Ländern vorkömmt, können wir gar nicht wissen, was das Schicksal mit der künftigen Menschheit für Absichten hat. Unsere Chroniken sind zerstreute sibyllinische Blätter. Über tausend Jahre nimmt vielleicht die Weltgeschichte ihren Anfang»[29].

Diesen konservativ-zurückhaltenden Ausblick auf die Zukunft der Geschichte unternimmt Bouterwek, ein halbes Jahrhundert bevor Karl Marx das Ende der «Vorgeschichte» und damit den Beginn der von ihm «wissenschaftlich» prophezeiten klassenlosen Geschichte verkündet. Alles in allem verficht also Bouterwek in seiner komplizierten Gedankenführung als Geschichtsphilosoph eine kosmopolitische Weltauffassung, auch wenn er als politischer Denker und Moralphilosoph utopistische Projektemacherei und «Träumereien» verurteilt und vom Haus-, Stadt- und Staatsbürger die Erfüllung der näheren Pflichten fordert.

Der entscheidende Schritt, ja Sprung vom Kosmopolitismus zum Patriotismus erfolgte dann über die Sprachphilosophie. Die Kosmopoliten des 18. Jahrhunderts dachten über Werden und Wesen der Sprache und der Sprachen nicht nach. Sie nahmen die Tatsache der Polyglottie für gegeben. Ihr Anliegen bestand darin, die babylonische Verwirrung durch Erlernung vieler Nationalsprachen oder Durchsetzung einer Weltsprache kosmopolitisch aufzuheben.

Sprachphilosophie und nationale Identität: Humboldt

Eine neue Sicht des Sprachproblems brachte der vaterländische Kampf gegen die Sprachüberfremdung, dem wir schon bei Lessing und in Lamprechts Zeitschrift «Der Weltbürger» begegneten und den *Herder* und *Humboldt* fortführten. Sprache ist dem ostpreußischen Denker eine Manifestation des Volksgeistes, er hört in der deutschen Sprache das Herz der Nation schlagen. In der Vielfalt der Sprachen offenbart sich Gott auf Erden. Herder, der Kantorssohn, war so tief von der göttlichen Abkunft der Sprache überzeugt, daß er zeitweise die Auffassung verfocht, der Mensch könne sich allein aus der Tierheit nicht zur Humanität erheben, er brauche dafür hilfreiche Engel. «Wenn Sprache das Organ unserer Seelenkräfte, das Mittel unserer innersten Bildung und Erziehung ist, so können wir nicht anders als in der Sprache unsers Volks und Landes gut erzogen werden; eine sogenannte französische Erziehung, wie man sie auch wirklich nannte, in Deutschland muß deutsche Gemüther nothwendig mißbilden und irre führen. Mich dünkte, dieser Satz stehe so hell da als die Sonne am Mittage». Von wem und für wen ward die französische Sprache gebildet? «Von Franzosen für Franzosen. Sie drückt Begriffe und Verhältnisse aus, die in ihrer Welt, im Lauf ihres Lebens liegen». Wem nicht von Jugend auf das Glück zuteil wird, seine Sprache in ihrer Reinheit und Unverfälschtheit zu erkennen, «dessen Denkart wird verschraubt, sein Herz bleibt kalt für die Gegenstände, die ihm in jugendlichem Zauber auf lebenslang sein Herz gestohlen».

Herder wechselt von der nationalen Sprachmetaphysik zur Sprachsoziologie. Dadurch daß die höheren Stände – bis zum König von Preußen hinauf – sich auf französisch ausdrückten, verarmte zwangsläufig das Deutsche, wurde zu einem Unterklassenidiom. «Adel und französische Erziehung wurden eins und dasselbe; man schämte sich der deutschen Nation, wie man sich eines Fleckens in der Familie schämt». Dadurch wurde die Einheit der Nation nach Ständen und Volksklassen auseinandergerissen. «Mit wem man Deutsch sprach, der war Domestique (nur mit denen von gleichem Stande sprach man Französisch und forderte von ihnen diesen *jargon* als ein Zeichen des Eintritts in die Gesellschaft von guter Erziehung, als ein Standes-, Rang- und Ehrenzeichen); zur Dienerschaft sprach man, wie man zu Knechten und Mägden sprechen muß, ein Knechts- und Mägdedeutsch, weil man ein edleres, ein besseres Deutsch nicht verstand und über sie in dieser Denkart dachte; wenn dies ein ganzes reines Jahrhundert ungestört mit wenigen Ausnahmen, so fortging: dürfen wir uns wol wundern, warum die deutsche Nation so nachgeblieben, so zurückgekommen und ganzen Ständen nach so leer und verächtlich worden ist, als wir sie leider nach dem Gesammturtheil andrer Nationen im Angesicht Europas finden? Bis auf die Zeiten Maximilians war die deutsche Nation, so oft ihre Ehrlichkeit gemißbraucht war, doch eine geehrte Nation... Seit fremde Völker mit ihren Sitten und Sprachen sie beherrschten, von Karl V. an, ging sie hinunter. Die Reformation trennte, das politische Interesse trennte. Zuerst kam spanisches Ceremoniel zu uns: bald schrieben die Fürsten, Prinzen, Generale italienisch, bis seit dem glorreichen dreißigjährigen Kriege nach und nach fast das ganze Reich an Höfen und in den obern Ständen eine Provinz des französischen Geschmacks ward. Hinweg war jetzt in diesen Ständen der deutsche Charakter!» [30]

Herder betrachtete Humanität und Vaterland als in Wechselabhängigkeit stehend; in beiden drückt sich gleichermaßen Göttliches aus. Aber die Gewichte veränderten sich. Volksgeist, Nationalsprache und Vaterland erhielten eine emotionale Wertigkeit, die alle anderen Werte ihre Bedeutung verlieren ließen.

Auch Wilhelm von Humboldt erkannte in der nationalen Differenzierung insbesondere auf geistigem und sprachlichem Gebiet den Königsweg zur höhreren Kultur. Seiner geistigen Struktur und Lebensführung nach war der spätere preußische Minister ein Individualist und Kosmopolit im Stile des 18. Jahrhunderts.

Aus republikanischem Mißtrauen gegen die Versuchung der Macht wünschte er sich einen schwachen Staat[31], in moderner Terminologie den *minimal* state. Aber Zeitströmung und Empfindung veränderten seinen Sinn; wie viele andere Intellektuelle wurde er im nachrevolutionären Europa von Jahr zu Jahr patriotischer. In einem bekennerischen Brief, den er aus Paris an Goethe richtete, heißt es: «Wer sich mit Philosophie und Kunst beschäftigt, gehört seinem Vaterland eigentümlicher als ein anderer an. Das habe ich auch noch hier an Alexander ‹seinem Bruder› und mir erfahren... Philosophie und Kunst sind mehr der eigenen Sprache bedürftig, welche die Empfindung und die Gesinnung sich selbst gebildet haben und durch die sie wieder gebildet worden sind»[32]. Diese Überlegungen bewogen ihn später, «Über den Nationalcharakter der Sprachen»[33] zu schreiben (Bruchstück von 1822).

Die Äußerungen des Geistes wurden im Gegensatz zur Vernunftsphilosophie des 18. Jahrhunderts nicht mehr universal-allgemeingültig, sondern in nationaler Mannigfaltigkeit verstanden, wobei das gegenseitige Verstehen der verschiedenen Partikularitäten in kosmopolitischer Tradition einem groben egoistischen Patriotismus entgegenwirken sollte. In Fortführung des völkerpsychologischen Interesses der Kosmopoliten der Aufklärung strebte Humboldt in diesen Jahren die Begründung einer neuen Wissenschaft, der Vergleichenden Anthropologie an, die dazu bestimmt sein sollte, den «Lebensgeist», «den Charakter ganzer Klassen von Menschen zu suchen, vorzüglich den von Nationen und Zeiten»[34]. Der spätere preußische Gesandte in Rom, der ein großes kosmopolitisches Haus führte, betonte doch, wie viele seiner Zeitgenossen unter dem Einfluß der napoleonischen Expansion, stärker die nationale Bindung. «Ich bin mitten in Frankreich nur ein noch viel eingefleischterer Deutscher als vorher geworden»[35], schrieb er und rühmte die Überlegenheit der philosophischen Bildung der Deutschen gegenüber dem französischen Leichtsinn. Bei Gründung der Universität Berlin im Jahre 1810 standen die nationalen ebenso wie die humanistisch-bürgerlichen Grundsätze Pate. «Wenn es eine Idee gibt, die durch die ganze Geschichte hindurch in immer mehr erweiterter Geltung sichtbar ist, wenn irgendeine die vielfach bestrittene, aber noch vielfacher mißverstandene Vervollkommnung des ganzen Geschlechts beweist, so ist es die der Menschlichkeit, das Bestreben, die Grenzen, welche Vorurteile und einseitige Ansichten aller Art feindselig zwischen die Menschen stellen, aufzuheben und die gesamte Menschheit, ohne Rücksicht auf Religion, Nation und Farbe als einen großen, nahe verbrüderten Stamm zu behandeln»[36].

«Kosmopoliten sind Allerweltsmenschen»: Schlosser, Arndt, de Maistre

Eine radikale Polemik gegen den Kosmopolitismus, dem ein nivellierender, nationale und regionale Unterschiede einebnender Charakter vorgeworfen wurde, erfolgte seit Ende des 18. Jahrhunderts. *I. G. Schlosser* schrieb mit beißendem Spott: «Wem alles zu Hause wohlsteht, oder, wem's zu Hause nicht mehr gefällt, oder wer keine Heimath hat, der werde Kosmopolit – wer's ist, nahe nie meinem Vaterland! Der Jedermannsbürger ist wie der Jedermannsfreund»[37]. Die Faszination allumfassend kosmopolitischer Menschlichkeit war verblaßt, die jedermann geltende Toleranz wurde als Eigenart des «Jedermannfreundes» verhöhnt. Am Horizont stand die nationale Identität, in der sich der einzelne wiederfinden würde. Der deutsche Biedermann, der sich vielleicht nicht genügend deutsch zu fühlen gelernt hat, deutete den «Weltmann, kalt wie Schnee»[38], als wurzellosen Opportunisten. Auch *Ernst-Moritz Arndt* beklagte, daß die Weltbürger durch Ausländerei und kosmopolitisches Verhalten «neutralisiert» seien; «sie verlieren das besondere und eigentümliche Gepräge, das sie als Volk vor allen andern Völkern auszeichnen sollte; sie verlieren alle Vorliebe für sich und allen Stolz auf sich als ein solches bestimmtes Volk: sie werden ein Allerweltsvolk, Allerweltmenschen, was man mit einem prunkenden Namen Kosmopoliten genannt hat; sie sind aber bei einer solchen Verwirrung und Schwächung ihrer Eigenthümlichkeit auf dem geradesten Wege, solche Allerweltsmenschen zu werden, die man Sklaven und Juden nennt»[39]. Das Wort ist bei den Korpsstudenten des 19. Jahrhunderts[40] zu einem Modebegriff geworden. Hitler griff darauf zurück, als er den ungarischen Aristokraten und unermüdlichen Verfechter des Paneuropa-Gedankens Coudenhove-Kalergi als «jedermanns Bastard» verunglimpfte[41].

Eine andere Art Abkehr vom Kosmopolitismus vollzog der Traditionalist *Joseph de Maistre*, persönlich ein kosmopolitischer Grandseigneur, der im Sinn seiner antirationalistisch-konservativen Weltsicht einmal bemerkte: «Es gibt keine Menschen auf der Welt. Ich habe in meinem Leben Franzosen, Italiener, Russen gesehen; ich weiß sogar, dank Montesquieu, daß man Perser sein kann; was aber den Menschen angeht, erkläre ich, daß ich ihm nie im Leben begegnet bin»[42]. «Nur um des Paradoxes willen», kommentiert Ferdinand Brunetière diesen nicht besonders originellen Ausspruch, «hat der sehr katholische de Maistre ausgerechnet an diesem Tage vergessen», daß «Rom nur Christen kennt» und «nicht Italiener und Franzosen, Chinesen und Annamiten». Da aber der Kosmopolitismus auf dem Menschen, ob als Fiktion, Abstraktion oder Ideal, gründet, ist mit de Maistres Absage an den Menschen auch der Verzicht auf Weltbürgertum ausgesprochen.

Um zeitlich noch weiter vorzugreifen, nennen wir unter den Gegnern der Weltbürgerlichkeit noch einen für seine Zeit repräsentativen, engstirnig nationalistischen Autor, Edmund *Pfleiderer*, der sich ausdrücklich mit der Alternative «Kosmopolitismus und Patriotismus» (1874) befaßt hat. Der Kieler Professor entdeckte «unter dem bauschig flatternden Banner des Kosmopolitismus... die Internationale, besser Antinationale schwarzer und rother Observanz». Es erscheint ihm «jene überschwengliche Werthschätzung des Zugs in die Ferne, jene einseitig ausschließliche Betonung des Allgemeinen und Ganzen» als «Schwindel», der Kosmopolit als «geborener großer Phraseur», die Menschenrechte, «welche dem angeblichen Hauptteil der Menschheit angeblich vorenthalten seien», eine «Travestie», die weltbürgerliche Gesinnung als Ausfluß «studentischen Frohsinns... – überall bin ich zu Hause, überall bin ich bekannt und wo mir's gut geht, ist mein Vaterland – das spätere und ernste Leben stellt andere Forderungen». Die kleinbürgerliche Einstellung in der negativen Deutung des Fremden verbindet sich bei Pfleiderer mit dem selbstzufriedenen Stolz auf die Reichsgründung, die ihm als Ausweis dafür dient, daß «sich erst eine durch den Patriotismus ihrer Bürger stark gefügte und wohlbewahrte Nation»[43] eine kosmopolitische Gesinnung allenfalls als «hinzukommenden Schmuck» erlauben darf.

Die Zwischenphase der Versöhnung von Kosmopolitismus und Nationalismus und der allmählichen Schwerpunktverlagerung weg vom Humanismus und Kosmopolitismus endet in dem Augenblick mit dem Sieg des Nationalismus, als eine partikulare Gruppe zum Universalen erhoben, die eigene Nation mit der Menschheit gleichgesetzt wird. Wir bezeichnen diese nationale Selbsterhebung, die Ergebnis übertriebenen Selbstbewußtseins oder übertriebener Minderwertigkeitsgefühle ist, als nationalen Universalismus. Beispielen sind wir im Verlauf unserer Untersuchungen mehrfach und zu allen Zeiten begegnet – von dem auserwählten Volk, das mit Gott im Bunde steht, über das Volk mit der «langue à vocation universelle» bis zu «God's own country» oder dem «Vaterland aller Werktätigen». Die Tarnung des Gruppenegoismus mit universeller Zwecksetzung erfolgt aus vielfältigen Motiven. Epische Übertreibung ließ den kleinen König sich als Herrn der Welt bezeichnen. Heilsvorstellungen veranlaßten die Gläubigen, ihrer Kirche die alleinseligmachende Kraft zuzuschreiben. Legitimationszwang bestimmte die Reichsbildner, ihren Eroberungen oder ihrer Vorrangsordnung (Reich der Mitte) einen universellen Sinn zu geben.

Diese Erklärungen, die zugleich als Entschuldigungen verstanden werden können, heben doch das Anstößige und moralisch Verwerfliche des nationalen Universalismus nicht auf. Denn es handelt sich um eine geistige und politische Aggression, wenn man der eigenen Nation einen universalen Rang zuspricht, den andere Nationen nicht beanspruchen können. Wenn diese dann, was unausbleiblich ist, ihrerseits ihre Partikularität universal setzen und sich über die anderen erheben, ist die Konfrontation vorprogrammiert. Schon die Abkoppelung des sich souverän setzenden Staates von den übergreifenden Instanzen des Christentums und des Humanismus hat, wie Théodore Ruyssen zu Recht feststellt, «eine Ära der vollkommenen Anarchie eingeleitet... Sie hat Europa einer Reihe von langwährenden und zerstörerischen Kriegen ausgeliefert, die in der Geschichte nach ihrer Dauer erinnert werden: Hundertjähriger, Dreißigjähriger, Siebenjähriger Krieg»[44]. Im Zeitalter des Nationalismus und Imperialismus hat schließlich die universalistische Selbstüberhebung zu einer völkerrechtlichen und internationalen Gesetzlosigkeit geführt, die ohne Parallele in der Geschichte ist. Besonders nachhaltig war die Entwicklung des nationalistischen Geschichtsstranges in Deutschland. Die nationale Konsolidierung war in den großen westlichen Monarchien schon im wesentlichen abgeschlossen, so daß diese sich auf die innenpolitische Umformung der Gesellschaft konzentrieren konnten. Der Kampf gegen den Absolutismus wurde daher in England und Frankreich, ansatzweise auch in anderen romanischen Ländern politischer, vehementer und erfolgreicher geführt. Liberale, vom Bürgertum gegen die Krone gerichtete Revolutionen fanden in der deutschen Kleinstaatenwelt nicht statt. Es fehlten die fordernden und kämpferischen Intellektuellen wie Locke und Bentham, Voltaire und Rousseau, Beccaria, Franklin. Zu deutschem Ruhm gelangte in dieser Zeit vielmehr ein Gellert, der in seinen Gedichten zu Genügsamkeit und Gehorsam gegenüber der Obrigkeit mahnte, oder ein Justus Möser, der in der Leibeigenschaft einen Damm gegen die dem Land zum Unheil gereichende Verstädterung sah und ihre Erhaltung empfahl[45].

Diese deutsche Selbstbescheidung war zugleich die Folge einer positiven Entwicklung auf seiten der Fürsten. Die innenpolitische Lage spitzte sich in Deutschland niemals so zu, die sozialen Gegensätze klafften nirgends so weit auseinander wie in den westlichen Ländern, daß revolutionäre Bewegungen aufbrechen mußten. Insbesondere in Preußen und später in Österreich wurden vorbildhafte Reformen durchgeführt. Rechtsstaatlichkeit mit ersten Ansätzen staatlicher Wohlfahrtspflege und obligatorischer Erziehung; der Aufbau eines integren und disziplinierten Beamtenkorps als notwendige Ergänzung zu den stehenden Heeren; sowie Toleranz gegen Andersgläubige bewirkten, daß der aufgeklärte Absolutismus, insbesondere unter Friedrich II., in aller Welt als fortschrittlich und zukunftsreich angesehen wurde. Das brachte eine politische Entspannung mit sich, die wiederum dafür verantwortlich war, daß der politische Widerstand gegen das absolutistische Regime nicht herausgefordert wurde und verkümmerte. Die Deutschen gaben sich mit einer gerechten Behandlung innerhalb des Obrigkeitsstaats zufrieden. Selbständigkeit und politische Partizipation erstrebten sie nicht. Individualistische und kosmopolitische Ideale, die in den westlichen Gesellschaften politische Kraft ausübten, blieben in dem provinziellen Deutschland ohne bestimmenden Einfluß bzw. wurden ins Theoretische, Geistige, Humanitär-Pädagogische abgelenkt und von der Politik ferngehalten.

Die deutschen Volkserhebungen gegen Napoleon und gegen die Metternichsche Reaktion waren vorrangig nationale Bewegungen, gerichtet erst gegen die französische Fremdherrschaft, dann gegen die Gleichgewichtspolitik der Heiligen Allianz, die einem Einigungsverbot für die deutsche Nation gleichkam. Das liberale und demokratische Element dieser Bewegung gegen polizeiliche Freiheitsbeschränkung, Zensur usw. weckte bei weitem nicht ähnlich heftige Leidenschaften wie die nationalen Einigungssehnsüchte. Nach 1848 erregte die anstehende Entscheidung großdeutsch / kleindeutsch die deutschen Gemüter beträchtlich stärker als Verfassungs- und Bürgerrechtsfragen. Hegels Philosophie der Staatsvergottung übte bis in den Nationalliberalismus eines Treitschke bestimmenden Einfluß aus. Mit dem westlichen Liberalismus, der das Individuum zum Ausgangspunkt nahm, hatte diese deutsche Ideologie nicht mehr viel gemein.

Die westliche Kritik an dieser Entwicklung, die insbesondere nach dem Zweiten Weltkrieg als deutscher Sonderweg bezeichnet und durch die Linie Luther, Friedrich der Große, Hegel, Bismarck, Hitler in äußerster Verkürzung und polemischer Zuspitzung illustriert wurde, entsprang dem Bemühen, eine Erklärung für die unerklärlichen Barbareien der Nazis zu finden; sie verfing sich in historischen Widersprüchen und galt bald als widerlegt. Unstreitig aber bleibt die Tatsache, daß der nationale Flügel des deutschen Liberalismus sich von der Entwicklung der westlichen Demokratie zunehmend entfernte. Louis S. Snyder, einer der schärfsten Verfechter der Sonderwegstheorie, verglich «diese pervertierte Definition des Liberalismus» mit «der gegenwärtigen Umdefinierung des Begriffs Demokratie in der Sowjetunion» [46]; beide versuchten eine sehr zweifelhafte Synthese zwischen absolutistischer Staatsverherrlichung und Freiheit zustande zu bringen.

Nicht nur die preußischen Politiker mit Bismarck an der Spitze, die die Einigung der Deutschen und die Reichsgründung vorbereitet, durchgesetzt und fortgeführt haben, sondern auch die akademische Intelligenz, vor allem die Historiker waren in starkem Maß nationalistisch eingestellt und fast allesamt unfähig, den Zusammenhang zwischen nationalem Universalismus und gefährlicher internationaler Zuspitzung zu erkennen. Wenn jeder Staat sich nicht nur das Recht, sondern die heilige Pflicht zuschrieb, seine Macht zu stärken, weil dies allein seiner Selbstfindung diente, wurden Vernichtungskriege unausweichlich. Machtbehauptung, Machtdurchsetzung und Machtausdehnung wurden von dieser Seite immer neu thematisiert. Sie schienen nicht nur in erster Linie unauflöslicher Interessengegensätze und damit bis zu einem gewissen Grade gerechtfertigt, sondern wurden als eine höhere Notwendigkeit der Geschichte zur Selbstdurchsetzung der besseren Nation gedeutet – gleich ob das idealistisch als Ergebnis des das rechte Ziel ansteuernden Weltgeistes oder sozialdarwinistisch als Überleben der angepaßten und lebenstüchtigen Auslese verstanden wurde. Auch die deutschen Nationalökonomen setzten sich von den kosmopolitischen und liberalen Lehren des 18. Jahrhunderts ab. Adam Smith warfen sie vor, in seinem Werk über den «Wohlstand der Nationen» von dem abstrakten *homo oeconomicus* ausgegangen zu sein, der ebenso ein Engländer zu Beginn des Industriezeitalters wie ein Urwald-Indianer sein könne; sein System wurde darum als «atavistisch-kosmopolitisch» gebrandmarkt, «weil es gegen alle nationale Bande gerichtet» sei. Wilhelm Hennis[47] hat darauf hingewiesen, daß die deutsche Volkswirtschaftslehre, die sich von Adam Müller über Friedrich List, Engels bis Knies und Max Webers als «politische» Wissenschaft definierte, sich nicht, wie bisher gern angenommen wurde, in Gegensatz zu einer *un*politischen, sondern zu einer *kosmo*politischen Wissenschaft setzte. An die Stelle der *Welt*ökonomie der Vergangenheit sollte die *National*ökonomie treten. Denn der globale, kosmopolitische Gesichtspunkt bedeute «die Nicht-Berücksichtigung von geographischen, politischen, zeitlichen etc. Differenzierungen», den Verzicht also darauf, von den historisch gewordenen, nationalen Einheiten auszugehen, die die eigentlichen Träger wirtschaftlicher Prozesse seien. Sie allein seien die – miteinander rivalisierenden – Bestimmungsmächte des Wirtschaftsgeschehens. Übergreifender, kosmopolitischer Interessenausgleich, früher Friede genannt, als absolut vorrangiges Anliegen der Politik trat zurück gegenüber der Verfolgung nationaler Ziele und ist erst im postnationalistischen Zeitalter nach den beiden Weltkriegen, insbesondere durch die Theorien des nuklearen Gleichgewichts und durch die multiliberale Diplomatie zur politischen Leitidee geworden.

Das Skandalon der nationalen Selbstüberhebung: Fichte

Zum Paroxysmus und geschichtsphilosophischen Skandalon steigerte Johann Gottlieb Fichte das Syndrom des nationalen Universalismus. Der Philosoph des deutschen Idealismus begann in seinen Jugendwerken als glühender Verfechter der Französischen Revolution und ihres Kosmopolitismus. In seiner in großartigem Pathos artikulierten polemischen Schrift von 1793 «Zurückforderung der Denkfreiheit von den Fürsten Europens, die sie bisher unterdrückten» übte er aus republikanischem Geist Kritik an der überkommenen und als überständig angesehenen Feudalmonarchie; die optimistisch-utopische Determinante, die die Revolution durchzog, wurde schon in dem Erscheinungsvermerk «Heliopolis, im letzten Jahr der alten Finsternis» [48] demonstrativ ausgedrückt. In Fortsetzung des aufklärerischen Rationalismus und der Vernunftphilosophie Kants situierte Fichte seine Zeit in der Abfolge der von ihm so gezeichneten fünf Weltzeitalter [49]:

a) Herrschaft der Vernunft im Stande der Unschuld;

b) Stand der anhebenden Sünde durch Zwang und blinden Glauben;

c) die gegenwärtige Epoche, in der sich der Mensch von der gebietenden Autorität und damit jeglicher Vernunft in revolutionärer Unbotmäßigkeit befreit und sich «im Stande der vollendeten Sündhaftigkeit» befindet;

d) die Epoche der Vernunftwissenschaft, «wo die Wahrheit als das Höchste anerkannt und am höchsten geliebt wird»; und

e) die Epoche der Vernunftkunst, da die Menschheit frei den Weg der Vernunft wählt – «im Stande der vollendeten Rechtfertigung und Heiligung».

Die Weltgeschichte schreitet also auf dem Vernunftweg zur Selbstbestimmung des Menschen voran; in der Endphase lösen sich alle rechtlichen und sozialen Widersprüche, unter denen die Zeit leidet, in einem Reich absoluter Gleichheit und Gerechtigkeit auf. Das Reich Gottes hebt an.

Dieses, alle Menschen umfassende, universale und kosmopolitische Reich wurde von Fichte historisch begriffen. Es wird von *dem* Staat verwirklicht, der repräsentativ für alle und kosmopolitisch «auf der Höhe der Kultur steht». In seiner Schrift «Der Patriotismus und sein Gegenteil» (1806) definiert Fichte: «Kosmopolitismus ist der herrschende Wille, daß der Zweck des Daseins des Menschengeschlechts im Menschengeschlecht erreicht werde. Patriotismus ist der Wille, daß dieser Zweck erreicht werde zu allererst in derjenigen Nation, deren Mitglieder wir selbst sind, und daß von dieser aus der Erfolg sich verbreite über das ganze Geschlecht»[50]. Aus Kosmopolitismus muß daher in der geschichtlichen Konkretion zwangsläufig Patriotismus werden. «Und so wird denn jedweder Kosmopolit ganz notwendig, vermittelst seiner Beschränkung durch die Nation, Patriot; und jeder, der in seiner Nation der kräftigste und regsamste Patriot ist, ist eben darum der regsamste Weltbürger, indem der letzte Zweck aller Nationalbildung doch immer der ist, daß diese Bildung sich verbreite über das menschliche Geschlecht»[51].

Welcher Staat hat nun den höchsten und am weitesten fortgeschrittenen Entwicklungsstand erreicht, daß er den Weltzweck für die anderen befördern kann, «welches ist das Vaterland des wahrhaft ausgebildeten christlichen Europäers? Im allgemeinen ist es Europa, insbesondere ist es in jedem Zeitalter derjenige Staat in Europa, der auf der Höhe der Kultur steht. Jener Staat, der gefährlich fehlgreift, wird mit der Zeit freilich untergehen, demnach aufhören, auf der Höhe der Kultur zu stehen. Aber eben darum, weil er untergeht, und untergehen muß, kommen andere, und unter diesen Einer vorzüglich heraus, und dieser steht nunmehro auf der Höhe, auf welcher zunächst jener stand. Mögen dann doch die *Erdgeborenen*, welche in der Erdscholle, dem Flusse, dem Berge, ihr Vaterland anerkennen, Bürger des gesunkenen Staates bleiben; sie behalten, was sie wollten, und was sie beglückt: der *sonnenverwandte Geist* wird unwiderstehlich angezogen werden, und hin sich wenden, wo Licht ist, und Recht» [52]. Fichte, der «Mann mit seinem eisernen tief ausgearbeiteten modellierten Gesicht und den alles durchdringenden Feueraugen», schrieb dem deutschen Volk die Vorreiterrolle zu, weil es in der Wissenschaft und der Philosophie hervorragte. Nur der Deutsche konnte diesen Vorrang des Geistes wollen, «denn unter ihm hat die Wissenschaft begonnen und in seiner Sprache ist sie niedergelegt: es ist zu glauben, daß in derjenigen Nation, welche die Kraft hatte, die Wissenschaft zu erzeugen, auch die große Fähigkeit liegen werde, die erzeugte zu fassen. Nur der Deutsche kann dies wollen; denn nur er kann, vermittelst des Besitzes der Wissenschaft, und des ihm dadurch möglich gewordenen Verstehens der Zeit überhaupt, einsehen, daß dieses der allernächste Zweck der Menschheit sei. Jener Zweck ist der einzige mögliche patriotische Zweck; nur er kann, im Zwecke für seine Nation, die gesamte Menschheit umfassen; dagegen von nun an, seit der Erlöschung des Vernunftinstinktes und dem Eintritt allein des Egoismus in Klarheit, jeder andern Nation Patriotismus selbstisch, engherzig, und feindselig gegen das übrige Menschengeschlecht ausfallen muß» [53]. Frankreich, das bisher an der Spitze der Völker stand, hat seinen Vorrang verwirkt, seit Napoleon die Freiheitslehren der Revolution verriet und zum Despoten und Unterdrücker wurde. «England will die Fortdauer seiner Handelsherrschaft... es will nicht eigentlich Gerechtigkeit» [54]. In der Auseinandersetzung mit der unwürdigen «Ausländerei» [55], auf deren klassentrennenden Charakter er wie Herder hinweist, betont er: «*Wir* haben recht. Naturgemäßheit von deutscher Seite, Willkürlichkeit und Künstelei von der Seite des Auslandes, sind die Grundunterschiede» [56].

Er geht der Sache noch weiter auf den Grund: «Der eigentliche Unterscheidungsgrund liegt darin, ob man an ein absolut Erstes und Ursprüngliches im Menschen selbst, an Freiheit, an unendliche Verbesserlichkeit, an ewiges Fortschreiten unsers Geschlechts glaube, oder ob man an alles dieses nicht glaube, ja wohl deutlich einzusehen und zu begreifen vermeine, daß das Gegenteil von diesem allen stattfinde. Alle, die entweder selbst, schöpferisch und hervorbringend das Neue, leben, oder die, falls ihnen dies nicht zuteil geworden wäre, das Nichtige wenigstens entschieden fallen lassen und aufmerksam dastehen, ob irgendwo der Fluß ursprünglichen Lebens sie ergreifen werde, oder die, falls sie auch nicht so weit wären, die Freiheit wenigstens ahnen, und sie nicht hassen, oder vor ihr erschrecken, sondern sie lieben: alle diese sind ursprüngliche Menschen, sie sind, wenn sie als ein Volk betrachtet werden, ein *Urvolk, das Volk schlechtweg, Deutsche*»[57]. Franzosen, Italiener sind nur Mischvölker.

Fichte war nun nicht der einzige, der das deutsche als das Weltvolk auf der Höhe der Zeit sah. Schon Friedrich Schlegel formulierte den gleichen Gedanken sechs Jahre vor den «Patriotischen Dialogen», in seiner Ode mit dem programmatischen Titel «An die Deutschen. Zu Anfang des Jahres 1800»:

«Europas Geist erlosch; in Deutschland fließt
Der Quell der neuen Zeit. Die aus ihm tranken,
Sind wahrhaft deutsch; die Heldenschar ergießt
Sich überall, erhebt den raschen Franken,
den Italiener zur Natur, und Rom
wird wach, und Hellas, dessen Götter sanken.
Bleibt jung, gedenkt der Ahnen»[58]

Auch andere Zeitgenossen haben Deutschland als Quell neuer Kräfte gesehen, keiner aber hat die Voreingenommenheit oder Liebe zur eigenen Nation zu der Grundsätzlichkeit hochgetrieben, keiner hat den Nationalismus so universal gesetzt wie Fichte. Er war sich der Ungeheuerlichkeit in seinen predigtartigen Reden, Streitschriften und Dialogen offenkundig nicht bewußt. Nicht mit einer einzigen Silbe verdächtigt er sich selbst der nationalen Parteilichkeit, wenn er als Deutscher ausgerechnet die Deutschen zum «Urvolk» kürt, den anderen jede Chance der Vorbildlichkeit abspricht. Auch er gehört zu denen, über die Zimmermann urteilte: «Die Brille der Eigenliebe sitzt beynahe jeder Nation auf der Nase»[59]. Der Mann, der trotz seines theoretischen Kosmopolitismus persönlich ein provinziell beengtes Leben führte und das Ausland kaum kannte (nur von einer Hauslehrerzeit in Zürich und einer erfolglosen Vorstellungsreise nach Warschau), scheute sich nicht, den großen Nachbarvölkern jede Kreativität abzusprechen und sie auf den Kehrichthaufen der Geschichte zu verweisen. Alle, die außerhalb des Urvolkes stehen, sind bloßer «Anhang zum Leben... In der Nation, die bis auf diesen Tag sich das Volk schlechtweg oder Deutsche nennt, ist in der neuen Zeit wenigstens bis jetzt Ursprüngliches an den Tag hervorgebrochen und Schöpferkraft des Neuen hat sich gezeigt: jetzt wird endlich dieser Nation durch eine in sich selbst klar gewordene Philosophie der Spiegel vorgehalten, in welchem sie mit klarem Begriffe erkenne, was sie bisher ohne deutliches Bewußtsein durch die Natur ward, und wozu sie von derselben bestimmt ist; und es wird ihr der Antrag gemacht, nach diesem klaren Begriffe und mit besonnener und freier Kunst, vollendet und ganz sich selbst zu dem zu machen, was sie sein soll»[60]. Fichte führte die hybride nationale Selbstüberschätzung bis zum Äußersten: «Übernimmt nicht der Deutsche durch Wissenschaft die Regierung der Welt, so werden zum Beschluß von allerhand Plackereien die Tartaren, die Neger, die Nordamerikanischen Stämme sie übernehmen, und mit dem dermaligen Wesen ein Ende machen»[61]. Und schließlich, die «Am-deutschen-Wesen-wird-die-Welt-genesen»-Ideologie präludierend, dekretierte der Philosoph 1807: «Rettet nicht der Deutsche den Kulturstand der Menschheit, so wird kaum eine andere europäische Nation ihn retten»[62].

Die klassischen Interpreten des Fichteschen Nationalismus haben die Inanspruchnahme des Universalen für das eigene Volk zwar wahrgenommen, aber mitnichten als Beleidigung der anderen Völker verstanden. Sie rechtfertigten seine Auffassung damit, daß er nicht das reale, in Kleinstaaten geteilte Volk, sondern eine aus der Humanitätsphilosophie abgezogene, dem Kosmopolitismus verwandte Idee der Deutschen meinte. Als er nach der als «nationale Katastrophe» bezeichneten Niederlage von Jena in den «Reden an die Deutsche Nation» das Volk aufrütteln wollte, entwickelte er sich «zum Deutschen, nicht aus dem Preußen und Sachsen heraus, sondern aus dem Weltbürger her; aber nicht, indem er das weltbürgerliche Ideal verließ oder verwarf, sondern weil für ihn der Deutsche, und dieser allein der Träger und Vollender dieses Ideals wurde. So wurde sein Kosmopolitismus zu einem deutschen Patriotismus» [63]. Offenbar nur zufällig ist Fichte Deutscher! Der Interpret scheut nicht vor der Behauptung zurück: «Hätte Fichte erkennen müssen, daß ein anderes Volk dieser Aufgabe allein gerecht würde, so hätte er den Patriotismus dieses Volkes aus weltbürgerlichen Gründen zu dem seinen gemacht, ganz unabhängig von Geburtsort, Heimat und Vaterland». Fichte hat solche Hypothese nirgends aufgestellt, sie widerspräche auch völlig seinem Naturell. Aber sie diente als Rechtfertigung, ähnlich wie Meineckes Deutung, Fichte habe in den Deutschen «gleichsam nur das auserwählte Volk gesehen» [64]. Als ob diese archaische Einstellung nicht genug wäre!

Die idealistische Interpretation, d. h. der Hinweis darauf, daß Fichte auf den «Schollenpatriotismus» verzichtet, ist das Kernstück aller einschlägigen Rechtfertigungen. An seinen Gedanken «klebe kein Erdgeruch» [65]. Er habe, schreibt Meinecke, dem «sonnenverwandten Geist» die Aufgabe zugewiesen, sich abzukehren von seinem Staate, wenn dieser gesunken sei, und dorthin zu wenden, «wo Licht ist und Recht» [66]. Daß der Staat, von dem sich «der sonnenverwandte Geist» abwenden sollte, auch der deutsche sein könnte, behauptet freilich Meinecke, steht aber nicht bei Fichte.

Immer wieder weisen die Philosophiehistoriker auf die Identität von Kosmopolitismus und Patriotismus hin. Windelband: «Dieser Patriotismus der Reden an die deutsche Nation gleicht dem Kosmopolitismus wie ein Zwillingsbruder dem anderen» [67]. Kuno Fischer: «Der Kosmopolitismus der Wissenschaftslehre und der Patriotismus der Reden sind ein und derselbe Begriff» [68]. Selbst neuere Autoren halten Fichtes Nationalismus für unverfänglich. So nimmt Rainer Pesch «Fichtes Traum von einem Deutschland als dem vorbildlichsten Staat in Europa», der «nicht verwirklicht werden konnte»[69], für normale historische Hypothese; die Dimension des nationalen Universalismus wird nicht als Besonderheit erkannt. In seiner Fichte-Monographie erläutert Wilhelm G. Jacobs, auf Fichtes Urteil über die Französische Revolution zurückgreifend, worum es ihm bei der nationalen Erhebung gegen Napoleon ging, «nicht um kruden Nationalismus, sondern um Freiheit»[70]. Auch in einer Hallenser Festvorlesung anläßlich der 200. Wiederkehr von Fichtes Geburtstag wird «der bürgerliche Demokrat Fichte» pikanterweise gegen den Vorwurf in Schutz genommen, ein Verfechter der «Am-deutschen-Wesen-wird-die-Welt-genesen»-Ideologie gewesen zu sein[71]. Und Roland Meister billigt Fichte zu, mit «seiner Kampfansage gegen das ‹Traumbild einer Universalmonarchie›, das Frieden durch Universalherrschaft vorspiegele und die Eigentümlichkeit der Nationen negiere», «auf dem Boden realer Klassenkämpfe»[72] zu stehen.

All diese Interpretationen stützen sich auf die unbestrittene Tatsache, daß Fichte ein ideales Deutschland gemeint hat. Sie folgern daraus, daß der Vorwurf des aggressiven Nationalismus und konfrontativen nationalen Universalismus nicht trifft. Zu Unrecht, wie uns scheint. Schollenpatriotismus und Heimatbindung sind ein vergleichsweise harmloses und inoffensives Gefühl, die Selbsterhebung einer Nation hingegen eine gefährliche, andere Nationen verneinende und herabsetzende Idee.

Das Heimaterlebnis, «ein erweitertes Familienerlebnis»[73], ist bewahrender Natur, richtet sich nach innen, vermittelt den jeweiligen Zugehörigen (des Dorfes, der Nachbarschaft, der Landschaft) Geborgenheit und Schutz vor der als bedrohlich empfundenen Außenwelt. Nationaler Universalismus hingegen richtet sich nach außen, ist dynamisch-aggressiv, zielt auf utopische Weltveränderung. Das eigene den anderen Völkern, die Heimat der Fremde vorzuziehen, ist menschlich und natürlich, wenn auch noch ein zurückgebliebener Status in der Entwicklung zur Einheit der Menschheit. Die Aussage «es ist (für einen Kosaken) schöner am Don als an der Elbe begraben zu sein»[74], ist eine traditionalistisch-romantische, durchaus nachvollziehbare Empfindung. Der engere Kreis ist dem Menschen gefühlsmäßig näher als der weitere. Bouterweks Unterscheidung zwischen naturhafter und vernunftgemäßer Rangfolge der Selbsteinordnung als Haus-, Stadt- und Weltbürger leuchtet ein. Nicht jeder Mensch kann sich in die metaphysischen Höhen der Humanität erheben oder sich den Weiten kosmopolitischer Welterfassung öffnen; er hält sich vorzugsweise an seine Familie und das eigene Volk. Daran nimmt keiner Anstoß. Das ist Nationalismus im Sinn der friedlichen Garten-der-Nationen-Doktrin.

Der eigenen Nation aber eine universale weltgeschichtliche Mission und menschheits-errettende Aufgabe zuzuweisen, die zu allem Überfluß noch ausschließlichen Charakter hat – nur die Deutschen können sie wahrnehmen –, stellt eine existentielle Bedrohung für die anderen dar, deren gleichberechtigte Selbstentfaltung damit in Frage gestellt wird. Fichte kommt nicht der immerhin naheliegende Gedanke, daß andere Nationen mit gleichem Recht, wenn auch mit anderer Begründung ihren weltgeschichtlichen Vorrang behaupten und entsprechende Ansprüche erheben könnten, z. B. indem sie auf ihre religiösen Offenbarungen, ihre welterschließenden und kolonialpädagogischen Taten oder ihre geschmacksbildenden und künstlerischen Leistungen verweisen. Das Zerstörerische in Fichtes Geschichtsphilosophie der Nationen besteht darin, daß er die letzten fortbestehenden Reste einer universalen Weltsicht ausgehöhlt hat, indem er sie auf die eigene ideal gesetzte Nation projiziert. Der radikale Nationalismus wird damit als legitim hingestellt, das kosmopolitische Ethos ausgelöscht. Eine Folge dieser Sicht: «Zahllose Schulkinder in Deutschland wuchsen mit dem Eindruck auf, daß Fichte es war, der Napoleon besiegte.» [75] Die fatalen Auswirkungen des nationalen Universalismus auf die jüngste Geschichte, die durch wachsenden Fanatismus und zunehmende Intoleranz der Nationen gekennzeichnet ist, lassen sich kaum überschätzen.

1 G. W. F. Hegel, Philosophie der Geschichte. Werke, hg. v. Glockner. Stuttgart 1949. Bd. 11, S. 557.

2 Heinrich Steffens, Was ich erlebte. 10 Bände, 1840–1843. «Knabenjahre in Kopenhagen». Sammlung Dieterich, 1938. S. 46.

3 Johann Bernhard Basedow, Agathokrator: oder von Erziehung künftiger Regenten. Leipzig 1771. S. 206. agathos = gut; kratein = herrschen.

4 Johann Bernhard Basedow, Agathokrator: oder von Erziehung künftiger Regenten. Leipzig 1771. S. 206.

5 Friedrich Schiller, Sämtliche Schriften, Horenausgabe München, Leipzig o. J. [1910] Band 2. S. 429.

6 Michel Vovelle, Die Französische Revolution. Soziale Bewegungen und Umbruch der Mentalitäten. Frankfurt 1985. S. 10. «Die Revolution verfolgte die Absicht, die Feudalität zu zerstören».

7 Charles Dédeyan, Le Cosmopolitisme Européen sous la Révolution et l'Empire. Paris 1976. Band 1. S. 228f.

8 Thomas J. Schlereth, The Cosmopolitan Ideal in Enlightenment Thought. Notre Dame, London 1977. S. 30. S. oben Kap. 12, S. 8.

9 Beispielsweise «Cosmopolitische Briefe über den verschiedenen Gebrauch des allgemeinen Staatsrechts bey den neuern Auftritten in Europa überhaupt und in Deutschland insbesondere» (anonym). Frankfurt und Leipzig 1790.

10 Johann Gottfried Herder, Ideen zur Philosophie der Geschichte der Menschheit. 1782–1791. 7. Buch. S. 72.

11 Johann Gottfried Herder, Ideen zur Philosophie der Geschichte der Menschheit. 1782–1791. 7. Buch. S. 72f.

12 Johann Gottfried Herder, Ideen zur Philosophie der Geschichte der Menschheit. 1782–1791. 7. Buch. S. 72f.

13 Christoph Martin Wieland, Sämmtliche Werke. Leipzig 1794–1811. Band 30. 1797. S. 171.

14 Christoph Martin Wieland, Sämmtliche Werke, 1797. Band 30. Leipzig 1794–1811. S. 167f.

15 Johann Gottfried Herder, Ideen zur Philosophie der Geschichte der Menschheit. 1782–1791. In: Sämtliche Werke, hg. von Suphan. Band 13. Berlin 1881. S. 190.

16 Johann Gottfried Herder, Ideen zur Philosophie der Geschichte der Menschheit. 1782–1791. In: Sämtliche Werke, hg. von Suphan. Band 13. Berlin 1881. S. 189.

17 Johann Gottfried Herder, Ideen zur Philosophie der Geschichte der Menschheit. 1782–1791. Sämtliche Werke, hg. von Suphan. Band 13. Berlin 1881. S. 350f.

18 Johann Gottfried Herder, Briefe zur Beförderung der Humanität. 10. Sammlung. 5. Gesinnung. In: Sämtliche Werke, hg. von Bernhard Suphan. Berlin 1881. Band 18. S. 271.

19 Christoph Martin Wieland, Sämmtliche Werke. Leipzig 1794–1811. Band 35. S. 177.

20 Ritter I. G. von Zimmermann, Vom Nationalstolz. Zürich 1758. S. 5–7.

21 Ritter I. G. von Zimmermann, Vom Nationalstolz. Zürich 1758. S. 31 bis 33.

22 Ritter I. G. von Zimmermann, Vom Nationalstolz. Zürich 1758. S. 10, 8.

23 Novalis, Schriften, hg. von Paul Kluckhohn/R. Samuel, o.J. [1975]. Band 4. S. 237, 421.
24 Peter Coulmas, Zukunft und Vergangenheit im politischen Denken der deutschen Romantik. Hamburger philosophische Habilitationsschrift (MS) 1944. S. 17f.
25 Friedrich Bouterwek, Fünf kosmopolitische Briefe. Berlin 1794, S. 11, 61.
26 Friedrich Bouterwek, Fünf kosmopolitische Briefe. Berlin 1794, S. 5, 56f, 147.
27 Friedrich Bouterwek, Fünf kosmopolitische Briefe. Berlin 1794, S. 18f, 55, 69.
28 Immanuel Kant, Akademie-Ausgabe, Band 7. S. 331.
29 Friedrich Bouterwek, Fünf kosmopolitische Briefe. Berlin 1794, S. 14, 148.
30 Johann Gottfried Herder, Briefe zur Beförderung der Humanität. Brief 111. In: Sämtliche Werke, hg. von Bernhard Suphan. Berlin 1881, Band 18. S. 161.
31 Wilhelm v. Humboldt, Ideen zu einem Versuch, die Grenzen der Wirksamkeit des Staates zu bestimmen, 1792. Akademie-Ausgabe, Band 1. S. 97f, passim.
32 Wilhelm v. Humboldt an Goethe, Brief vom 18. März 1799.
33 Wilhelm v. Humboldt, Über den Nationalcharakter der Sprachen. Akademieausgabe, Band 4. S. 420.
34 Wilhelm v. Humboldt, Plan zu einer vergleichenden Anthropologie. 1795. Akademieausgabe, Band 1. S. 384.
35 Wilhelm v. Humboldt an Jacobi, 26. Oktober 1798.
36 Wilhelm v. Humboldt, Akademieausgabe, Band VI. 1. Hälfte, «Über die Verschiedenheiten des menschlichen Sprachbaus». S. 114f (Abschnitt 4).
37 J. G. Schlosser, Kleine Schriften 2. 1780. Neudruck 1972. S. 237.
38 C. F. D. Schubarth, Gedichte, 1802, 2. Band. S. 258.
39 Ernst Moritz Arndt, Über Volkshaß und über den Gebrauch einer fremden Sprache. In: E. M. Arndts Schriften für und an seine lieben Deutschen, erster Theil. Leipzig 1845. S. 376.
40 Gordon A. Craig, Deutsche Geschichte 1866–1945. München 1978. S. 190.
41 David P. Calleo, Legende und Wirklichkeit der deutschen Gefahr. Bonn 1980. S. 174.
42 Ferdinand Brunetière, Le Cosmopolitisme et la Littérature Nationale. La Revue des deux Mondes, Octobre 1895. S. 636.
43 Edmund Pfleiderer, Kosmopolitismus und Patriotismus. Berlin 1874. Zeit- und Streitfragen, deutsche Hefte Nr. 36. S. 4, 11, 5, 14, 40.
44 Théodore Ruyssen, Les sources doctrinales de l'Internationalisme. Band 2. 1958. S. 90f.
45 Justus Möser, Zur Frage des Leibeigentums. Sämtliche Werke, hg. von B. R. Abeken. Berlin 1842/43. Band IX. S. 168.
46 Louis L. Snyder, German Nationalism: the Tragedy of a People. Extremism contra Liberalism in modern German History. Harrisburg/Pennsylvania 1952. S. 103.

47 Wilhelm Hennis, Max Webers Fragestellung. Tübingen 1987. S. 131–133.
48 Heliopolis = Sonnenstadt.
49 Johann Gottlieb Fichte, Grundzüge des gegenwärtigen Zeitalters. Berlin 1806. 1. Vorlesung. S. 17. In: Werke hg. von Immanuel Fichte. Band VII. S. 11.
50 Johann Gottlieb Fichte, Der Patriotismus und sein Gegenteil. Patriotische Dialogen. 1806/07. S. 10. In: Werke hg. von Immanuel Fichte. Band III. S. 229.
51 Johann Gottlieb Fichte, Der Patriotismus und sein Gegenteil. Patriotische Dialogen. 1806/07. S. 28. In: Werke hg. von Immanuel Fichte. Band III. S. 229.
52 Johann Gottlieb Fichte, Grundzüge des gegenwärtigen Zeitalters. Berlin 1806. 14. Vorlesung. S. 217 f. In: Werke hg. von Immanuel Fichte. Band VII. S. 212.
53 Johann Gottlieb Fichte, Der Patriotismus und sein Gegenteil. Patriotische Dialogen. 1806/07. S. 28. In: Werke hg. von Immanuel Fichte. Band III. S. 234.
54 Johann Gottlieb Fichte, Entwurf zu einer politischen Schrift. S. 36. In: Werke hg. von Immanuel Fichte. Band VII. S. 554.
55 Johann Gottlieb Fichte, Reden an die deutsche Nation. 5. Rede. S. 84. In: Werke hg. von Immanuel Fichte. Band VII. S. 338.
56 Johann Gottlieb Fichte, Reden an die deutsche Nation. 5. Rede. S. 84. In: Werke hg. von Immanuel Fichte. Band VII. S. 337.
57 Johann Gottlieb Fichte, Reden an die deutsche Nation. 7. Rede. S. 121. In: Werke hg. von Immanuel Fichte. Band VII. S. 374.
58 Friedrich Schlegel, Sämmtliche Werke, Band 9. Wien 1846. S. 11.
59 Ritter I. G. von Zimmermann, Vom Nationalstolz. Zürich 1758. S. 7.
60 Johann Gottlieb Fichte, Reden an die deutsche Nation. 7. Rede. In: Werke hg. von Immanuel Fichte. Band VII. S. 121 f.
61 Johann Gottlieb Fichte, Der Patriotismus und sein Gegenteil. Patriotische Dialogen. 1806/07. S. 28. In: Werke hg. von Immanuel Fichte. Band III. S. 243.
62 Johann Gottlieb Fichte, Der Patriotismus und sein Gegenteil. Patriotische Dialogen. 1806/07. S. 53. In: Werke hg. von Immanuel Fichte. Band III. S. 266.
63 Hans Schulz, Einleitung zu Fichtes «Der Patriotismus und sein Gegenteil. Patriotische Dialogen». 1806/07. S. 28. In: Werke hg. von Immanuel Fichte. Band III. S. IV.
64 Friedrich Meinecke, Weltbürgertum und Nationalstaat. Berlin 1907. S. 99.
65 Wilhelm Windelband, Fichtes Idee des deutschen Staates. Straßburger Universitätsrede. 1890. S. 11.
66 Friedrich Meinecke, Weltbürgertum und Nationalstaat. Berlin 1907. S. 96.
67 Wilhelm Windelband, Fichtes Idee des deutschen Staates. Straßburger Universitätsrede. S. 11.
68 Kuno Fischer, Fichte. Leben, Werke und Lehre. Heidelberg 1900. S. 627.

69 Rainer Pesch, Die politische Philosophie Fichtes und ihre Rezeption im Nationalsozialismus. Kassel 1982. S. 40.

70 Wilhelm G. Jacobs, Johann Gottlieb Fichte. Rowohlts Monographien. Reinbek 1984. S. 125.

71 Dieter Bergner, Johann Gottlieb Fichte und seine Bedeutung für die Gegenwart. Jenaer Reden und Schriften. Neue Folge. Heft 4. 1962.

72 Roland Meister, Ideen vom Weltstaat und der Weltgemeinschaft im Wandel imperialistischer Herrschaftsstrategien. Berlin 1973. S. 17. – Vgl. auch Heinz Kamnitzer, Weltbürgertum und Nationalstaat. Die gesellschaftliche Funktion des Kosmopolitismus. Berlin 1952. S. 4f.

73 Staatslexikon, hg. von Hermann Sacher. Freiburg/Br. 1927. Artikel Heimat. S. 1148.

74 Fedor Stepun, Heimat und Fremde. In: Kölner Zeitschrift für Soziologie, 1950/1951. 3. 2. S. 6–18.

75 Fritz K. Ringer, Die Gelehrten. Der Niedergang der deutschen Mandarine 1890–1933. Stuttgart 1933 (Cambridge/Mass. 1969), S. 111.

KAPITEL 14

Kosmopolitische Milieus

Mikrokosmos Weltstadt – Moskau, Peking, Tokio – Alexandria, Rom, Wien, Berlin – New York, London, Paris – der Ausländer – Kulturpessimistische Großstadtfeindschaft – Die Psychologie des Weltstädters – Hotel, Ozeandampfer, Grands Trains – Diplomaten, Banker, Künstler, Sportler, Wissenschaftler – Gastarbeiter und Massentourismus – Mischehen

Der universalistische Impetus des 18. Jahrhunderts, der in der europäischen Aufklärung und in der deutschen Klassik als Kosmopolitismus und Humanismus Ausdruck fand, stellte die geistige Vorwegnahme der heutigen Globalisierung der Welt dar. Sie äußerte sich als ein zweiter Expansionsschub von unerhörtem Ausmaß. Die Kraft der europäischen Völker erwies sich durch die erste Kolonisierungswelle als bei weitem noch nicht erschöpft. Noch gab es für individuellen Wagemut und staatlichen Expansionswillen genügend «leere», dem Zugriff der Mächtigen offenstehende Räume. Dieser zweite Kolonisierungsvorstoß der europäischen Mächte hat kosmopolitische Fortschritte gebracht, die Völker einander angenähert, die Integration der Menschheit gefördert, freilich auch Kulturzusammenstöße und Katastrophen von noch heute unvorhersehbarer Wirkung hervorgebracht.

Gewaltige transozeanische und transkontinentale Reiche wurden zusammenerobert. Abgelegene, isoliert dahinlebende Stämme und Völkerschaften wurden mit der Reichszentrale – mit London, Paris, Brüssel, Madrid, Lissabon, Den Haag –, freilich nicht untereinander, in Verbindung gebracht. Querverbindungen der abhängigen Völker untereinander wurden nicht zugelassen. Selbst

Lebens- bzw. Regierungszeiten der wichtigsten in diesem Kapitel erwähnten Personen	
Voltaire	1694–1778
Moses Mendelssohn	1729–1814
Johann Gottlieb Fichte	1762–1814
Wilhelm v. Humboldt	1767–1835
Georg Wilhelm Friedrich Hegel	1770–1831
Charles Babbage	1792–1871
Alexandre Dumas Père	1802–1870
George Sand	1804–1876
Henri de Toulouse-Lautrec	1864–1901
Oswald Spengler	1880–1936
Stefan Zweig	1881–1942
Maurice Dékobra	1885–1973
Ernst Robert Curtius	1886–1956
Conrad Hilton	1887–1954
Thea von Harbou	1888–1954
Agatha Christie	1891–1976
Marilyn Monroe	1926–1962
Leonid Breschnew	1964–1982

telefonische Verbindungen von Kolonie zu Kolonie mußten unter erhöhten Kosten über die Metropolen geschaltet werden. Nach universalistischen Motiven wird man dabei vergeblich suchen.

Insgesamt aber wurden einst abgeschlossene, für sich lebende Gebiete in die Weltwirtschaft einbezogen. Grenzüberwindende Verkehrs- und Kommunikationsnetze überspannten nunmehr die Reiche. Die westlichen Kolonialmächte haben sich darüber hinaus als Vorkämpfer von Menschenrechten (Verbot der Witwenverbrennung) und als Beförderer des materiellen und geistigen Fortschritts (Straßen- und Eisenbahnbau, Hygiene, Schule) betätigt und damit die Vereinheitlichung der Menschheit im Zeichen der westlichen Zivilisation vorangetrieben. In ihren *Auswirkungen* förderte die koloniale Aktion die universalistische Entwicklung. Die Welt wuchs zusammen, Menschen verschiedener Hautfarbe, insbesondere der akademischen Jugend, kamen in regelmäßigen Kontakt zueinander, entwickelten kosmopolitische Verhaltensweisen. Das beeinflußte in besonderem Maße die Völker ohne oder mit nur spärlichen Außenbeziehungen. Sie gerieten in einen Sog neuer Kontakte, der sie schockartigen Erlebnissen aussetzte und häufig das Gegenteil dessen bewirkte, was von vielen erhofft worden war. Statt Freiheit und Gleichheit brachte die westliche Zivilisation eher neue Unfreiheit und Ungleichheit, in vielen Ländern die Herausbildung privilegierter verwestlichter, mit dem Westen zusammenarbeitender Oberschichten über einer proletarisierten Bevölkerung. Nicht minder negativ wirkten sich die nationalen Vorurteile und rassischen Privilegien der Europäer aus, die zu einer Demütigung und Deklassierung der «Eingeborenen» und damit zu neuer Entzweiung führten.

Alles in allem wich der Kosmopolitismus im 19. und 20. Jahrhundert gegenüber den nationalistischen und imperialen Aktivitäten der souveränen Staaten zurück, verlor an Dynamik, wurde gelegentlich als treuherzig-idealistischer Moralismus verhöhnt, der gegenüber den harten Realitäten der nimmersatten politischen und wirtschaftlichen Expansion der Nationalstaaten keine gestaltende Kraft besaß. Der Begriff Kosmopolitismus sank Ende des Jahrhunderts in der kulturellen und gesellschaftlichen Bewertung herab, wurde zum Titel zahlreicher Zeitschriften erst der gehobenen Unterhaltung – selbst in Indien und Australien treffen wir auf «Cosmopolitan Revues» oder auf die anonyme Autorenbezeichnung «By a Cosmopolitan» –; heute ist «Cosmopolitan» eine Frauenzeitschrift, deren Kosmopolitismus vornehmlich darin besteht, daß ein amerikanischer Verlag sie mit Ausgaben in zahlreichen Sprachen weltweit vertreibt. Ähnlich gestaltete sich die Entwicklung in der Literatur. Der Roman «Cosmopolis» [1] wurde zu einem Bestseller in seiner Zeit. Sein kosmopolitischer Inhalt reduziert sich auf eine banale Geschichte von Liaisons, Eifersuchtsszenen, fragwürdigen Geldgeschäften und Duellen in der internationalen High-Society Roms.

Die Veränderung des geistigen Klimas ist bis in spezielle wissenschaftliche Gebiete aufweisbar. Akademien, Kongresse und Fachzeitschriften, die ursprünglich in der kosmopolitischen Tradition der Gelehrtenrepublik standen, entwickelten sich, dem Zwang der politischen Verhältnisse folgend, zum Nationalen hin [2]. Bis zum ersten Drittel des 19. Jahrhunderts fühlten sich deutsche, französische, englische, italienische Gelehrte bei Treffen oder in Zusammenarbeit mit Kollegen unterschiedslos als Mitglieder der *«scientific community»*; die Staatsangehörigkeit spielte keine Rolle, denn «seit langem hat uns die Wissenschaft alle zu Angehörigen der gleichen Familie gemacht»[3]. Die ersten Versuche, infolge der verbesserten Verkehrsmöglichkeiten zum Zwecke des Erfahrungsaustauschs internationale wissenschaftliche Kongresse zu organisieren, vollzogen sich darum auf europäischer Ebene. Insbesondere die Angehörigen der kleinen Länder wie der Schweiz setzten sich aus Furcht vor dem Übergewicht der großen Länder dafür ein, daß kontinentweite Organisationen gegründet würden. So sollten nach dem Projekt des englischen Mathematikers Charles Babbage die Sitzungen der Akademie turnusmäßig in den Hauptstädten der verschiedenen Länder abgehalten werden. Diskussionen über moralische, politische und religiöse Themen sollten unterbleiben, damit persönliche Streitigkeiten ausgeschlossen würden. Das Projekt scheiterte, weil die Regierungen der großen Länder für staatenübergreifende Unternehmungen kein Interesse aufbrachten und keine Mittel bewilligten.

So zogen sich kosmopolitisches Verhalten und kosmopolitische Ideen auf bestimmte *Réduits* zurück. Während die Völker und ihre führenden Schichten immer offener expansive nationalistische Ziele verfolgten, existierten einzelne gesellschaftliche Eliten – Hochadel, Intellektuelle, Künstler, Hochfinanz – weiterhin in übernationalen Zusammenhängen, und es entwickelte sich in urbanen Zentren kosmopolitisches Leben fort. Die Kosmopoliten des 19. und 20. Jahrhunderts waren jedoch, von wenigen Ausnahmen wie zeitweise Heinrich Heine abgesehen, nicht mehr kämpferische Pioniere wie ihre Vorgänger im 18. Jahrhundert, die das Leben der Völker kosmopolitisch reformieren wollten, sondern es waren Privilegierte, die es sich leisten konnten, ihr Leben ohne Ansehung nationaler Zugehörigkeit zu führen. Die Angehörigen der bürgerlichen Leistungselite legten in unablässiger Arbeit und in nationaler Konkurrenz die industriellen Grundsteine des heutigen Wohlstands. Gleichzeitig lernten Finanz- und Wirtschaftsgruppen international zusammenzuarbeiten, während die Oberschicht die Vorzüge kosmopolitischer Gemeinsamkeit genoß.

Die Bedeutung dieser kosmopolitischen Milieus darf nicht geringgeschätzt werden. Ihre historische Funktion bestand und besteht noch immer darin, daß sie die weltbürgerlichen Gestaltungsprinzipien für die Zukunft aufbewahren, wenn sie wieder gebraucht werden – ähnlich wie während der tausendjährigen «Pause» des Kosmopolitismus im Mittelalter die kosmopolitischen Ideen und Verhaltensweisen in Byzanz und anderen Milieus «aufgehoben» worden sind.

Mikrokosmos Weltstadt

Der Nationalismus hat sich schwerpunktmäßig von den Haupt- bzw. Residenzstädten her entwickelt, wo Regierung, zentrale Behörden, landesweite Institutionen und Organisationen ihren Sitz haben. Der Kosmopolitismus hingegen gedeiht in der Weltstadt. Unter Weltstadt verstehen wir in unserem Zusammenhang nicht die großen, ausgedehnten Agglomerationen wie Mexico City, Tokio, São Paolo, Schanghai mit ihren 10–20 Millionen Einwohnern, ihren breiten Boulevards, ihren elenden Vorstädten und ihrem überbordenden Verkehr, sondern Städte, die durch ihren Geist ebenso wie durch ihre Größe auf die Welt ausstrahlen und sich als überregionale Mittelpunkte verstehen. Wirtschafts-, Verkehrs- und Bevölkerungsgeographen, deren Kriterien vorwiegend natürliche und quantitative Gegebenheiten sind, unterscheiden nicht zwischen Groß- und Weltstädten. Die auf dem 32. Deutschen Geographentag in Berlin[4] versammelten Fachwissenschaftler haben folgenden «Weltstädten» ihre Aufmerksamkeit gewidmet: Paris, Rom, Stockholm, Kapstadt, Chicago, Tokio, Kalkutta, Buenos Aires. Auch wenn diese Auswahl wissenschaftlicher Opportunität folgte, weil zufällig Fachleute verfügbar waren, fielen unter die dabei verwendete Definition der Weltstadt zahlreiche Städte, die weder im vorwissenschaftlichen Wortgebrauch noch nach historisch-politischen Kriterien dazu gerechnet werden. Weltstädte sind nicht nur «Großstadt-Sonderklasse, deren Wirkungsfeld Naturschranken und Staatsgrenzen überschreiten»[5] und durch ihren «multifunktionalen, Kulturraum bildenden Charakter»[6] bezeichnet werden. Vielmehr ist eine Weltstadt durch die Auswirkung auf und Beeinflussung durch die Welt bestimmt. Kosmopolitischer Geist ist ein unerläßlicher Bestandteil der Weltstadt. Unter dieser Definition gibt es heute nur drei Weltstädte: Paris, London, New York.

In diesen Weltstädten sind politische Macht, wirtschaftliche und finanzielle Stärke, Medienaktualität, wissenschaftliche Potenz und künstlerische Produktivität in einer nirgendwo sonst erreichten Dichte konzentriert. Der Lebensstil, der sich in der Weltstadt als Folge dieser Kulturdichte ausgebildet hat, ist hochtourig und trägt den Stempel des Maßgeblichen, Gültigen: Hier findet die Zeit ihren Höhepunkt, hier werden die Richtsprüche gefällt. Jede Abweichung von dem weltstädtischen Vorbild erscheint als «beklagenswert provinziell..., plump und, was noch entsetzlicher ist, unzeitgemäß»[7]. Der Weltstädter deklassiert den Nicht-Weltstädter. «Die Weltstadt ist Abbild der weiten Welt im Kleinen, ihre Wälle umschließen alle Klassen, alle Völker, alle Sprachen»[8]. Nur hier haben Einheimische und Fremde das sonst sich nirgendwo einstellende Gefühl, im Mittelpunkt der Welt zu leben, an allen wesentlichen Vorgängen, Veränderungen und Entscheidungen teilzuhaben und sich folglich um den Rest der Welt nicht kümmern zu müssen. Innerhalb der Grenzen ihrer Stadt findet die Welt statt. Die Weltstadt ist darum – als Kulturgebilde (nicht als Versorgungseinheit) – autark.

Ihre Universalität betrifft die kulturelle, nicht die naturhafte Dimension. In diesem Gebilde aus Stein und Mensch, das sich aus der natürlichen Landschaft ausgrenzt und in Gegensatz zu ihr tritt, spiegelt sich nicht die vielfältige Beschaffenheit der Erde, sondern die facettenreiche Vielfalt geistiger Individualitäten, politischer Konstrukte, wissenschaftlicher Entdeckungen, künstlerischen Schaffens. «Eine solche Weltstadt», erkannte der Geograph Carl Ritter anläßlich eines Parisbesuches im Jahre 1824, «ist das künstlichste Produkt der Geschichte, es ist die allerkünstlichste Frucht, welche die Erde trägt, das verwickelteste Gebilde der Zivilisation eines Volkes»[9]. Auf engstem Raum drängen sich in einem Mikrokosmos die unterschiedlichsten und gegensätzlichsten Formen menschlichen Ausdrucks zusammen. Die Weltstadt ist eine Musterkarte und Abbreviatur der Kultur in Raum und Zeit. Wie geologische Ablagerungen bauen sich die historischen Schichten übereinander auf. Die Monumente der Vergangenheit prägen die Gegenwart. Wie der Bürgermeister von Paris, Chirac, einmal erläuterte, fühlte er sich «auch als Konservator des historischen Paris. Doch bin ich mir bewußt, daß die Stadt nur werden konnte, was sie heute ist, weil sie stets offen gegenüber allen Neuerungen und Modernen war».

Ebenso wie in der Zeit greift die Weltstadt auch räumlich über ihre Grenzen hinaus. Sie ist, nach der glücklichen Formulierung von Germaine Tillon, «zugleich die nationalste und die internationalste Stadt im Lande»; die nationalste, insofern alle dynamischen Kräfte der Provinzen in die Metropole streben und erst dort zur Geltung kommen, die internationalste, insofern die Weltstadt alles Fremde anzieht, aufnimmt und sich aneignet. Ihre integrative Kraft ist wegen ihrer Vielschichtigkeit praktisch unbegrenzt. Sie ist in dieser Hinsicht beschaffen, wie ein Rokokoschloß stilisiert ist: in das nach Zeitgeschmack eingerichtete Ganze fügen sich architektonische und dekorative Anleihen aus fremden Ländern, hier ein türkisches Kabinett, dort eine chinesische Pagode, da ein persisches Interieur mit Spiegeleffekten: Die Einheit des Ganzen bleibt doch erhalten.

Moskau, Peking, Tokio

Manche Metropole, die nach Alltagsbegriffen als Weltstadt bezeichnet wird, ist es nicht, weil ihr wesentliche Merkmale fehlen, so insbesondere die Prägung durch die Fremden und die durch geistigen Austausch entstehende kosmopolitische Einstellung. *Moskau* beispielsweise, eins der großen Glaubenszentren der orthodoxen Kirche, das dritte Rom, die «Welthauptstadt der Arbeiterklasse» und Zentrale des Weltkommunismus, ein Mischkessel, in den die zahlreichen Gruppen des Sowjetstaates strömen: Ukrainer, Esten und Letten, Kirgisen, Usbeken und Armenier, Atheisten, Christen,

Muslims und Sektenangehörige. Trotz dieser Menschenanhäufung ist die Sowjetmetropole keine Weltstadt; nicht so sehr, weil sie von ihren Bewohnern wie von Fremden eher als eine alte, ziemlich arme, verschlafene russische Stadt mit viel Gemütlichkeit, keinem Nachtleben und dürftigem Verkehr erfahren wird, sondern weil die Sowjetunion keine offene Gesellschaft ist. Es fehlt trotz Glasnost noch immer die unbehinderte öffentliche Diskussion, der unkontrollierte intellektuelle Austausch, die gegenseitige Befruchtung – im geistigen Experiment und in tentativer Extravaganz.

Ähnliches gilt heute auch für *Peking*. China ist trotz wirtschaftlicher Öffnung noch eine Welt für sich, in mancher Hinsicht sogar eine Welt abseits, die mit ihrer Vergangenheit noch nicht fertig ist, mit der frühen, die den Stolz der Nation ausmacht, ebenso wie mit der dieses Jahrhunderts, der *war lords*, der Revolution, des Bürgerkriegs, der Jahre Mao Tse-tungs. Vor allem aber liegt die wirtschaftliche Rückständigkeit wie ein ständiger Druck auf der Hauptstadt, über deren weiten Straßen sich die Massen von Radfahrern tummeln: man hat vom *Weltdorf* gesprochen.

Andersartige Gründe sind ausschlaggebend dafür, daß auch *Tokio* keine Weltstadt ist. Die Ausstrahlung der japanischen Hauptstadt ist noch begrenzt. Ungeachtet einer zunehmend weltweit bekannt werdenden Literatur, international anerkannter wissenschaftlicher Leistungen und Kohorten japanischer Künstler, die die Festivals, Ausstellungen, Musikveranstaltungen aller Kontinente bevölkern, sind die Japaner erst im Begriff, Maßstäbe zu setzen. Japan ist eine offene Gesellschaft, nach Tokio kann jeder reisen, ohne Überwachung und Verbote fürchten zu müssen. Die japanische Hauptstadt ist ein internationaler Treffpunkt für Geschäftsleute, Politiker, Wissenschaftler, Sportler, Musiker, Filmer und eine beliebte Kongreßstadt. Darum kann ein Exzentriker wie Luigi Colani, eine wahre Weltstadtexistenz, der seinen Beruf mit «Gesamtdesigner» (in Nachfolge des Gesamtkunstwerks) angibt, sich mit der provokativen Erklärung in Tokio ansiedeln: «London ist längst kaputt, Mailand und Rom sind Dörfer, Paris ist tot» [10]. Aber Japans Entscheidung, eine zweigleisige und insofern paradoxe Politik zu führen, also wirtschaftliche Stärke mit militärischer Abstinenz zu verbinden, hat seine politische Machtstellung in den ersten Jahrzehnten nach dem Krieg vermindert; gegenwärtig allerdings scheint Tokio im Begriff zu sein, seine Prioritäten zu ändern; der alte politische Ehrgeiz wird wieder spürbar. Das drückt sich auch auf einem anderen Gebiet aus. Die ungewöhnliche Schwierigkeit der japanischen Sprache schreckt seit alters viele Fremde ab, Japanisch zu lernen. Das ist schon bei dem gescheiterten spätkolonialen Versuch, die fernöstlich-pazifische «Koprosperitätssphäre» zu begründen, bemerkt worden. Japanisch eignet sich nur schwer dazu, zweite Sprache zu sein und als *lingua franca* eine verbindende kulturelle Funktion auszuüben[11]. Die Studenten aus der pazifischen Region vervollkommnen ihre Ausbildung darum seltener an den nahegelegenen japanischen als an amerikanischen Universitäten. Gerade das aber strebt die japanische Regierung gegenwärtig an; sie hat sich zum Ziel gesetzt, in nächster Zukunft – durch Stipendien und andere Erleichterungen – 100000 ausländische Studenten an die Universitäten des Landes zu ziehen. Japanisch wird nach den rein zahlenmäßigen Kriterien der UN-Klassifikation nicht als Weltsprache gewertet, was allerdings – ähnlich dem Deutschen – damit zusammenhängt, daß Japan wie Deutschland die Unterlegenen im Zweiten Weltkrieg waren, als bald nach Gründung der Weltorganisation die Amtssprachen festgelegt wurden. Japan bemüht sich, das Land und die Hauptstadt zu einem internationalen Anziehungspunkt zu machen. Tokio ist insofern eine Weltstadt im Werden.

Alexandria, Rom, Wien, Berlin

Weltstädte mit universalem Anspruch und kosmopolitischem Air haben sich erst bilden können, als sich bürgerliche und individuelle Freiheit – erstmals in Griechenland – entwickelten. Alexandria ist, so betrachtet, die erste Weltstadt der Geschichte, deren Licht über Jahrhunderte glänzte und die erst vom imperialen Rom überstrahlt wurde, ohne daß ihre kosmopolitische Eigenart dadurch verlorengegangen wäre.

Alexandria hatte eine ungewöhnlich kurze Entstehungszeit

und einen ungewöhnlich langen Bestand als Weltstadt. Als Neustadt-Gründung (neben dem phönizischen Rhakatos) durch Alexander den Großen blühte es rasch auf als Residenz der Ptolemäer, als internationale Handels- und Hafenstadt, als kosmopolitisches Wissenschafts- und Kunstzentrum und behielt diesen Rang bei machtbedingt wechselnden Schicksalen unter hellenischer, römischer, persischer, ägyptischer, arabischer Herrschaft. Ende des 18. Jahrhunderts war Alexandria zu einem Dorf von 4000 Seelen geschrumpft, ein halbes Jahrhundert danach erlangte es unter britischem Einfluß als stark griechisch geprägte kosmopolitische Handelsstadt für einige Jahrzehnte seinen traditionellen Glanz zurück. Im Laufe der Geschichte haben sich übrigens häufig mehrere Weltstädte nebeneinander herausgebildet: so erhielt sich Alexandria neben Rom; ebenso blühten gleichzeitig Rom und Ostrom; Granada, Konstantinopel und Bagdad; Madrid und Wien, die beiden Habsburger Metropolen des kolonialen Weltreichs und der mitteleuropäischen Vielvölkermonarchie; Wien und das osmanische Istambul; im 18./19. Jahrhundert wuchsen schließlich die nationalen Hauptstädte Paris, London und zuletzt Berlin zu internationalen Mittelpunkten. Den Aufstieg New Yorks zur Weltstadt nach dem Sezessionskrieg 1861–65 bezeichnete Oswald Spengler in gewohnter Übertreibung, aber tendenziell Richtiges hervorkehrend, als «vielleicht das folgenschwerste Ereignis des vorigen Jahrhunderts» [12].

Auch andere Weltstädte, deren historische Stunde als Folge der Wechselfälle der Geschichte abgelaufen ist, erhielten sich über lange Zeitabschnitte das kosmopolitische Air. *Rom* beispielsweise, die Ewige Stadt, die Hauptstadt des Imperiums, die Metropole der westlichen Christenheit mit ihren unvergleichlichen Kunstwerken aus der klassischen Antike, dem religiösen Mittelalter und der Renaissance, heute eine Stadt, die nach dem Wort ihres Bürgermeisters lernen muß, modern zu sein, die Metropole der *alta moda*, die der Pariser *Haute Couture* den Rang abzulaufen im Begriff ist, übt noch heute den Reiz einer kosmopolitischen Weltstadt aus. Die Römer, für die es nichts Neues unter der Sonne gibt, lehren uns, wie man humane Liebenswürdigkeit, eine leicht zynische Überlegenheit und Toleranz verbindet, die es ermöglicht, daß der Fürst und der Handwerker, die Bibliothekarin und der Filmstar ohne Klassenabstand miteinander umgehen. Alberto Moravia hat den Zauber der römischen Gesellschaft in seinen Romanen eingefangen.

Wien wiederum, das nach dem Zerfall des Kaiserreichs 1918 zur überdimensionierten Hauptstadt einer kleinen Republik wurde, bewahrte trotz österreichischer Enge seine weltstädtische Attitüde – nicht nur im großzügigen architektonischen Zuschnitt der an den Boulevards von Paris orientierten Ringe und den schönen Palais deutscher, italienischer, böhmischer und ungarischer Adliger, der Schwarzenberg, Piccolomini, Lobkowitz, Esterhazy, sondern auch als internationale Begegnungsstätte (Kennedy–Chruschtschow 1961; Carter–Breschnew 1979; MBFR 1973–1988; Schutz der Ozonsphäre 1987; Sitz der Atomenergiekommission, OPEC). Die intellektuelle, künstlerische, musikalische und Theatertradition, der Zusammenfluß aller Ströme der europäischen Kultur an einem Platz; die Lebenskunst einer den Umgang mit Fremden altgewohnten Bevölkerung geben Wien bis heute seinen besonderen Charakter. Stefan Zweigs Urteil gilt noch immer: «Es war lind, hier zu leben, in dieser Atmosphäre geistiger Konzilianz, und unbewußt wurde jeder Bürger dieser Stadt zum übernationalen, zum kosmopolitischen, zum Weltbürger erzogen» [13].

Die kürzeste Frist als Weltstadt war *Berlin* zugemessen, das «auf der Durchmesserlinie dieser Weltlandbauzone... (der) west-östlichen Zivilisationsachse New York – Paris – Köln – Hannover – Berlin – Posen – Warschau – Minsk – Moskau – Wladiwostok» [14] gelegen ist und das nach den ehrgeizigen Anfängen der friderizianischen und postfriderizianischen Zeit mit dem Wirken Voltaires, Mendelssohns, der Romantiker, Fichtes, Humboldts und Hegels seit der Reichsgründung 1871 seinen Aufstieg zur Weltstadt unternahm und sich fortan in Rivalität zu Paris und London sah. Es gewann den Ruf «einer weltoffenen, wollüstigen, aufgeregt-geistreichen Stadt» [15] und wurde schließlich international als geistige Hauptstadt Europas anerkannt. «In Berlin schlägt die Uhr der Geschichte. Zwischen 1904 und 1934 war hier der Weltgeist, wenn nicht zu Hause, so doch ziemlich getreuer Dauergast. Und alles was an ihm jung und modern, progressiv und auch etwas frivol war, logierte rund um den Kurfürstendamm»[16]. Die Tatsache, daß Berlin indessen von konservativen Kreisen als Stätte der Sittenverderbnis, Liederlichkeit und Verworfenheit geziehen und als «Spree-Chicago» oder «Parvenupolis» verunglimpft wurde, beweist ex negativo die Weltstadtqualität. Bis in den Zweiten Weltkrieg hinein erhielt sich der kosmopolitische Geist. Tatjana Metternich, die weißrussische Emigrantin, die als junges Mädchen im Auswärtigen Amt ein Unterkommen fand, schreibt in ihren Erinnerungen: «Das Berlin der Kriegszeit war zu einem Hauptanziehungspunkt für viele junge Leute aus den entferntesten Randgebieten des ehemaligen ‹Heiligen Römischen Reichs Deutscher Nation› geworden, die sich nun wohl oder übel im ‹Dritten Reich› wiedervereinigt fanden... Vielleicht gab ihnen die Freundschaft zu uns das Gefühl, noch zum abendländischen Kulturkreis zu gehören, der ihrer aller Erbe war und der eine Hauptzielscheibe für Goebbels' giftige Hetzreden bildete»[17].

New York, London, Paris

Die heutigen drei Weltstädte schließlich sind sowohl in ihrer Binnenstruktur wie in ihrer Außenwirkung universal, in ihrer Gestimmtheit kosmopolitisch. Sowohl New York wie Paris und London haben einen besonderen Schwerpunkt, ihre Legende und hegen ihre eigenen Ambitionen, sind immer auf Innovation und Zukunft gerichtet. Auf immer neuen Gebieten leisten sie Hervorragendes, Zeitbestimmendes, weltweit Gültiges.

New York, als Nicht-Hauptstadt ein Sonderfall, ist das Finanz- und Börsenzentrum der Welt, beherbergt die Weltorganisation, setzt Maßstäbe als Kunstmarkt, als Opernmetropole, als Filmzentrum, als Medienhochburg und fasziniert Menschen aus aller Welt mit seinem Milliarden umsetzenden Showgeschäft.

Das imperiale *London* hat sein Weltstadtgesicht nicht zuletzt durch die City und die dort beheimatete Westminster-Demokratie gewonnen. Das Unterhaus wird als Mutter aller Parlamente gerühmt. Die um Whitehall zusammengedrängten Behörden, die einen unnachahmlichen Herrschaftsstil entwickelt haben, gelten als Muster eines mit verhältnismäßig wenigen, aber vorzüglich geschulten und ethisch motivierten Beamten auskommenden Apparates. London, Welthafen, internationales Flugkreuz, noch immer mit einem Abglanz von Weltreichgröße, «ist die größte Ansammlung menschlichen Lebens, das vollständigste Kompendium der Welt. Dort ist das Menschengeschlecht besser vertreten als irgendwo sonst»[18].

Paris schließlich, «die gemeinsame Hauptstadt aller Fremden»[19], gilt in Selbst- und Fremddeutung schon seit dem Mittelalter als Metropole des Geistes, des Geschmacks, der feinen Sitte, der guten Manieren, des zivilisierten Umgangs, der heiteren Geselligkeit, der sublimen Lebenskunst – mit der Pariserin als tonangebender Figur der Gesellschaft. Paris ist noch immer, wie Goethe sagte, die Stadt, «wo die vorzüglichsten Köpfe eines großen Reiches auf einem einzigen Flecken beisammen sind und in täglichem Verkehr, Kampf und Wetteifer sich gegenseitig belehren und steigern»[20].

Ihren universalen und kosmopolitischen Stil haben die drei Weltstädte in den letzten Jahrhunderten nicht zuletzt als Mittelpunkte ausgedehnter Gebietsansammlungen ausgebildet. London und Paris herrschten über Kolonien, Protektorate, Besitzungen, Mandatsgebiete, die über die ganze Welt verstreut waren. Im Zusammenhang damit reisten Regierungsvertreter, Militärs, Geschäftsleute, Lehrer, Ärzte, Administratoren, Ethnologen, Globetrotter in alle Kontinente, waren dort oft Jahre und Jahrzehnte auf Posten, lernten die Verhältnisse in «Übersee» kennen, erhielten im günstigen Falle durch den Umgang mit fremden Völkern und Rassen eine kosmopolitische Bildung und eigneten sich eine gewisse Weltläufigkeit an. Im ungünstigeren Falle, der der häufigere war, wuchs der nationalistische und Rassenhochmut der Angehörigen der Mutterländer.

Die Dekolonisation und die Desintegration der Kolonialreiche haben die Bedeutung der Metropolen nicht geschmälert. London und Paris sind weiterhin für die jungen Nationen die maßgeblichen Orientierungspunkte. Die Reise in die französische oder englische

Metropole ist für jeden, der im eigenen Land vorankommen und etwas gelten will, ein unverzichtbares gesellschaftliches Element der Selbsterziehung. Seit der Unabhängigkeit kommen Jahr für Jahr mehr farbige Studenten nach London und Paris, um dort ihre Studien zu vollenden, ihren Horizont zu erweitern und sich weltstädtischen Schliff anzueignen. Die wirtschaftlichen Beziehungen werden immer intensiver, der politische und geistige Austausch immer reger. Missionen, Kulturhäuser, Touristenbüros, Propagandainstitute lassen sich in der City nieder und wirken ihrerseits daraufhin, daß sich der kosmopolitische Horizont der Weltstadt und ihr weltweites Programm ausweiten.

Die im Commonwealth und in der frankophonen Staatengemeinschaft zusammengeschlossenen farbigen Nationen sind sich darüber im klaren, daß sie in mancher internationalen Beziehung nur über die ehemaligen Reichsmittelpunkte zur Geltung kommen können. Sie bedürfen der Unterstützung der französischen oder englischen Regierung, wenn sie ihre Forderungen beim Weltwährungsfonds durchsetzen wollen oder wenn sie sich darum bewerben, daß internationale Sportwettbewerbe in ihrem Land ausgetragen werden; sie sind angewiesen auf die Verleger, auf den Buchmarkt und das intellektuelle Klima von London oder Paris, wenn sie Gelegenheiten zur Übersetzung, Veröffentlichung und Verbreitung der Werke ihrer Schriftsteller oder Wissenschaftler suchen.

Solche Mittelpunktfunktion nimmt in bestimmer Hinsicht auch New York für die zwei Dutzend Republiken des Doppelkontinents ein, die nach der Loslösung von Madrid und Lissabon noch immer ihre postkoloniale Identität in der oft konfrontativen Auseinandersetzung mit den modernen, in New York konzentrierten geistigen und künstlerischen Strömungen der Welt suchen.

Jede Weltstadt nimmt die Phantasie der Menschen ihrer Universalität wegen in Anspruch, fordert ihre Kräfte heraus. Jede hat einen eigenen kosmopolitischen Mythos entwickelt und hält die Vorstellungswelt der Zeitgenossen damit besetzt. Von außen her gesehen ist die Weltstadt eine Abbreviatur der Menschheit, von innen her ein universaler Mikrokosmos. Ihr Angebot ist so umfassend, daß es Einwohnern und Besuchern eine differenzierte

Auswahl nicht nur an Waren des materiellen Konsums, auch der ausgefallensten, ermöglicht, sondern auch an Menschen und Schicksalen, Gelegenheiten und Chancen.

Der Ausländer

Eine herausragende und bestimmende Kategorie des universalen Angebotes und schöpferischen Reservoirs der Weltstadt bilden die Fremden, die aus aller Welt in die Weltstadt reisen, flüchten, sich in ihr niederlassen und zu ihrem kosmopolitischen Stil beitragen. Die wichtigsten Gruppen unter ihnen sind ihres frei schweifenden Geistes wegen die aus dem Ausland kommenden Intellektuellen, das größte Prestige eignet den Diplomaten, die wichtigste Funktion im praktischen Leben haben die Geschäftsleute, die die Völker und ihre Wissenschaft wie schon vor 3000 Jahren in Verbindung bringen.

Die fremden Intellektuellen sind zum Teil Exilierte und Emigranten, die der Polizei oder den Zensurbehörden ihrer Heimatländer zu entkommen vermochten, teils einfach Kosmopoliten, deren Neigung dem Fremden oder dem Atem der großen Welt gilt; die der vielfältigen Anregungen der Weltstadt für ihren Beruf und ihr Schaffen bedürfen; für die es eine Notwendigkeit ist, sich in den Ateliers der Kollegen, bei Galeristen und auf Probenbühnen umzusehen; an den gerade aktuellen Vernissagen und Premieren teilzunehmen; in Cafés und Clubs, Redaktionsstuben und Agenturen zu diskutieren, kritisieren, polemisieren. Diese Intellektuellen, zu denen auch Künstler, heute auch die große Gruppe der Agenten, Vermittler, Werbefachleute, Auslandskorrespondenten gezählt werden müssen, integrieren sich gewöhnlich schnell und vollkommen in das fremde Milieu; sie sind wurzellos, insofern sie sich durch ihre Herkunft und Heimat nicht gebunden fühlen; weil sie sich vorrangig ihrer «Sache» und erst in zweiter Linie ihrem Staat oder ihrer Nation verpflichtet wissen; weil sie zur Gattung der weltläufigen, geselligen, sprachkundigen, extravertierten Menschen gehören, die sich zu assimilieren wissen (im Gegensatz zu den introvertierten, dem klösterlich-weltabgewandten Leben im Elfenbeinturm sich Zuwendenden, die die andere Kategorie der geistigen Menschen bilden). Die Weltstädte profitieren davon; viele der besten Köpfe gehen dem Ursprungsland, insbesondere wenn es kleine Länder mit wenig Gelegenheiten sind, auf diesem Wege des Brain-Drain verloren.

Wie die verschiedenen Schichten, Regionen und Dialekte sich in der Hauptstadt abschleifen und dadurch eine nationale Einheit und gemeinsame Hochsprache entsteht, so vollzieht sich in der Weltstadt der Vorgang der Entprovinzialisierung auf höherer übernationaler Ebene. Es entsteht der weltbürgerliche Lebensstil und der Menschentypus des Weltmanns. Die nationalen Schranken und die nationale Borniertheit werden abgestreift. Nach einer gewissen Zeit verliert, wer in die Weltstadt kommt, die eckig-ungeschlachte, ungelenke Lebensart des Provinzlers. Die lokalen Trachten, die altväterischen Gebräuche, der störrische Stolz auf das Anderssein fallen in der Kosmopolis allmählich ab. Die weltstädtische Toleranz erreicht globales Ausmaß.

Kulturpessimistische Großstadtfeindschaft

Die Weltstadt ist ihrem Wesen nach fremden*freundlich*. Sie fürchtet die Fremden nicht, sie integriert oder assimiliert sie. Fremden*feindlichkeit* und Selbstabschließung sind provinzielle Attitüden. In den letzten dreißig Jahren machen sie sich jedoch auch in den Weltstädten bemerkbar als Ergebnis der Masseneinwanderung von Arbeits- und Asylsuchenden, die aus aller Welt in die großen Städte der Wohlstandsländer streben. Die Roman- und Filmliteratur der jüngsten Zeit hat sich des Themas in vielfachen Brechungen angenommen. Was für eine Bewandtnis es damit in Zukunft auch haben wird, die Weltstädte werden, wenn sie weiterhin die impulsgebenden und innovativen Zentren der modernen Kultur bleiben, die Assimilationskraft aufbringen, die Fremden binnen eines überschaubaren Zeitraums sozial zu integrieren und die von ihnen mitgebrachten Lebensformen und Geschmacksrichtungen in das Ensemble der Gesellschaft als bereichernde Elemente einzufügen und damit einen Beitrag zur kosmopolitischen Erweiterung des modernen Lebens zu leisten.

Sollten hingegen die Zivilisationspessimisten – die Spengler[21], Toynbee[22], Lavedan[23], Mumford[24], Gravier[25] – recht behalten, die die Stadt und insbesondere die Weltstadt als «soziale Wucherung» oder «Krankheit der Gesellschaft» deuten, so erübrigen sich Prognosen, da ohnehin jede Fortentwicklung als Stadium auf dem Weg zur allmählichen Selbstzerstörung und zum Tod der modernen rationalen Industriekultur diagnostiziert wird. Weltstadt und Kosmopolitismus erscheinen in dieser organizistischen, aus dem Gegensatz Kultur–Zivilisation abgeleiteten Sicht als Verfallsprodukte: Die Riesenstädte «wiederholen das sinnlose Gigantentum» der modernen Zeit, sie finden sich in ständiger Expansion bis hin zur strukturlosen, überfließenden, den gestalteten Unterschied zwischen Stadt und Land aufhebenden «Konurbation», deren Bevölkerungsmassen «einer geschlagenen und desorganisierten Armee» gleichen. Die Weltstadt, anonyme Heimat der Intelligenzija und der Kosmopoliten, die heimatlose Nomaden sind, definiert sich nach Auffassung der fortschrittsfeindlichen Kulturkritiker als «Stadt», der die Absicht unterstellt wird, das von ihnen romantisierte «Land» zu «vernichten». In diesen nach kurzer Blüte rasch der Zersetzung entgegenschreitenden Großgebilden, über die der Soziologe Hans Paul Bahrdt sagt, «gegen sie sei polemisiert worden, ehe es sie überhaupt gab»[26], vollziehen sich die naturfeindlichen Prozesse, die den Verfall beschleunigen: Geld- und Kapitalwirtschaft; Gewinnstreben statt Befriedigung von lebensnotwendigen Bedürfnissen; Sport statt körperlicher Arbeit; Luxus und Verschwendung; Glück oder Selbstverwirklichung des Individuums in partnerschaftlichen Beziehungen statt in zukunftsbezogener Pflege der Familie und Nachkommenschaft («statt der Kinder haben sie seelische Konflikte»[27]). Alle Laster werden der «Treibhausexistenz der Weltstadt» zugeschrieben, alle Vorurteile, Ängste, Irritationen auf sie projiziert.

Diese antimodernistisch-rückwärtsgewandte Kritik[28], die den Verzicht auf eine Verbesserung des materiellen Wohlergehens der breiten Schichten impliziert, widerspricht der hier vertretenen Auffassung, der zufolge die Weltstadt – trotz all ihrer durch ihre Größe bedingten und nicht zu leugnenden Fehlentwicklungen und Mißstände – Motor der gegenwärtigen Kulturentwicklung ist, weil an keinem anderen, so eng begrenzten Platz sonst Menschen, Meinungen und Interessen so permanent und so intensiv aufeinanderstoßen und einander befruchten. In der Weltstadt entwickelt sich darum der Kosmopolitismus als konstruktives Element einer modernen grenzüberschreitenden, den zeitgenössischen Größenverhältnissen entsprechenden Gesellschaft fort. Kosmopolitismus drückt sich in der Lebenspraxis der Weltstadt als täglich Einheit fordernde Dynamik aus und ist keineswegs die Ideologie einer müßiggängerischen Oberschicht im Sinn der *leisure class* Veblens[29], in dessen allein auf die USA bezogenem Buch die kosmopolitische Komponente der Geldelite übrigens keine Erwähnung findet. Die Weltstadt treibt die Integration voran, weil sie die Welteinheit miniaturisiert im Alltag darstellt.

Die Vermischung und Vereinheitlichung der verschiedenen Gruppen beginnt im Inneren der Stadt selbst. Die Weltstadt «birgt», wie Ernst Robert Curtius über Paris schrieb, «eine Fülle kleiner Vaterländer»[30] – selbständiger Einheiten, Viertel, Vorstädte, *boroughs, arrondissements* mit oft dörflicher Psychologie, denen sich die Bewohner zugehörig fühlen. «Auf den echten Pariser alten Schlages», fährt Curtius fort, «paßt das Wort von Dumas Père: ‹Quand on est né dans une grande ville comme Paris, on n'a de patrie, on a une rue›», wenn man in einer großen Stadt wie Paris geboren ist, hat man kein Vaterland, man hat eine Straße. Das gilt für die anderen Weltstädte gleichermaßen. Es gibt Londoner, die noch nie aus ihrem Fulham, New Yorker, die nie aus der Bronx herausgekommen sind und für die die Fifth Avenue oder Pall Mall Ausland sind. Je mehr diese kleinen Vaterländer sich in die Weltstadt integrieren, um so mehr verlieren sie ihre Eigenart, ihren Charakter. Umgekehrt saugt sich die Stadt um so mehr mit ihren Besonderheiten voll.

Montmartre ist heute nicht mehr die Malerkolonie der Belle Époque, Greenwich Village nicht mehr das amerikanische Quartier Latin, in dem ein Henry James, ein Hemingway, ein Henry Miller gelebt und beobachtet, geschrieben und gedichtet haben; vom alten Village ebenso wie von Soho ist nur noch die leere Kulisse erhalten. Die Intellektuellen trifft man bei ihren Verlegern und Agenten in der Madison Avenue. Vereinheitlichung und Nivellierung sind der Preis des Wandels und des Fortschritts. Auf ihrem Territorium findet sich alles, und auch was nicht zusammengehört, wird assimiliert. Gegensätze und Unverträgliches stehen nebeneinander: Luxus und Slums, Schönheit und abstoßende Häßlichkeit; das herrschaftliche Ritual öffentlichen Aufwandes bei Staatsveranstaltungen und die öffentliche Armut, wenn Elendsgestalten in Mülleimern nach einem Rest Brot graben – ein beliebter Fernsehspot; *le beau monde* der Millionäre in den prächtigen Appartmenthäusern mit ihren marmornen, spiegelgetäfelten Eingangsfluchten und raffinierten Dachgärten am Central Park, am Bois de Boulogne, am Hydepark und daneben die gewerbsmäßige, organisierte Kriminalität, die Limousinen-Prostitution, die internationale Mafia des Drogenhandels, ein nächtlicher Mikrokosmos des Lasters und des Verbrechens. Alles gibt es in der Weltstadt: *big money* und Prominenz, exquisite Mode und verrückte Modetorheiten, aber auch die Masse der braven Familienväter, die nach der Arbeit noch im Pub ein Bier, im Bistro ein Glas Wein nehmen, bevor sie zum abendlichen Fernsehen heimkehren. Und daneben die tausend absonderlichen Charaktere, vom Genie bis zum Kretin, romanhafte Existenzen und tragische Biographien. Der Durchschnittsmensch nimmt daran keinen Anteil. Aber davon zu wissen und solchen Gestalten begegnen zu können, macht ihn erst zum Weltstädter.

So sieht er vielleicht, beim Vorübergehen, kopfschüttelnd die seriösen Herren, die am Sonntagmorgen mit Frack und Zylinder auf dem Friedhof Père Lachaise künstliche Veilchen auf das Grab der Dichterin George Sand legen und zum Champagner eine Szene aus ihren Theaterstücken deklamieren; beobachtet zufällig die Besucher orientalischer Kokainhöllen, die sich bewußtseinserweiternde Träume leisten; die Teilnehmer an Schwarzen Messen, Teufelsaustreibungen, Hahnenschächtungen, Voudou-Zeremonien; liest in seinem Boulevardblatt über die Wahrsagerinnen, die zahlungskräftigen englischen Aristokratinnen ihre Langeweile zu vertreiben helfen; oder über die «Höfe» abgesetzter, vertriebener, geflüchteter, exilierter, zurückgetretener Könige und Präsidenten, die, materiell oft bestens ausgestattet, doch auf die Solidarität und

Anerkennung amtierender Majestäten und Staatschefs angewiesen sind; über die Passionierten der Pferderennen und Wettbüros, die auf die Erlösung ihres Weltleids durch den großen Glückstreffer hoffen; über die pittoresken Clochards und konsumverachtenden Bettelfürsten aus der Zeit der Folies-Bergère und des Malers Toulouse-Lautrec, deren Nachfahren heute eher zur Armee der Nichtangepaßten gehören und auf die Sozialhilfe vertrauen müssen; den Rockern und Punks, Schlägern und Asozialen, und den Graffiti-Dichtern und Al-fresco-Malern, die in der trotz mitfahrender schwer bewaffneter Polizisten stets unsicheren New Yorker Subway ihrem unorthodoxen Beruf nachgehen und deren Erzeugnisse ein paar Jahre später in den modischen Galerien teuer verkauft werden. Verbrechen und Elend sind aus der Weltstadt so wenig wegzudenken wie Macht und Prunk. Die Weltstadt begünstigt die Extreme. Dunkle Existenzen und Abenteurer hoffen, ihr Glück ohne Arbeit zu machen. In der Anonymität sieht der Gesetzesbrecher die Chance, nicht entdeckt zu werden. Die klassischen Kriminalgeschichten spielen darum nicht umsonst bevorzugt in London oder New York.

Die Psychologie des Weltstädters

leitet sich aus der Universalität dieses Lebens ab. In seiner riesigen Stadt hat er alles und findet er alles, ist vieler Dinge überdrüssig, die dem Provinzler den Atem rauben. Seine unerschütterliche Gelassenheit und souveräne Arroganz sind sprichwörtlich. Der Erfolgsdichter des imperialen Rom, Horaz, hat diesen Charakterzug auf die stoische Formel *«nil admirari»*[31], sich über nichts zu wundern, gebracht; die Berliner drücken die gleiche Einstellung in volkstümlichem Humor aus: «Uns kann keener – und im Ernstfall können se uns alle». Der New Yorker schließlich scherzte auf Plakaten überlegen-abgründig «Build star wars defence or learn Russian». Dem Weltstädter kann nichts imponieren. Keine Meinung, keine Kunstrichtung, kein Lebensstil sind so ausgefallen, so widersinnig, daß sie nicht – insbesondere unter den Jugendlichen, deren Lust die Provokation, die Eskalation und Übertreibung ist – Anhänger finden;

die Toleranz reicht bis zum Geltenlassen des Absurden und Extravaganten.

Die Weltstädter bequemen sich darum nur selten und mit Widerstreben nach auswärts: sie haben es nicht nötig. Ihre Stadt ist die Welt, sie haben keine Veranlassung, die Ereignisse der Welt anderswo zu suchen. Ihre Welt hört an der Stadtgrenze auf, und die Provinzler sind oft genauer über die Kunstereignisse informiert als die Pariser oder New Yorker selbst. Was sich jenseits der Mauern ihrer Stadt ereignet, findet für sie nicht statt. Sie sehen derartige Veranstaltungen als bloße Generalproben an. Ihre Psychologie ähnelt der der New Yorker Musical-Manager, die den Erfolg eines neuen Stückes erst einmal auf einer Provinzbühne testen, bevor sie sich auf die teuren Theater des Broadway hinauswagen. Die Premiere findet trotzdem in New York statt.

Des Weltstädters Lebensform ist schließlich die ständige Wachheit. Der oft nur flüchtige Kontakt mit immer neuen Menschen läßt ihn in unaufhörlicher Alarmbereitschaft leben. Er wird provoziert und muß Stellung beziehen. Er wird gefragt und muß antworten, muß sich behaupten. In dem hochsensitiven, zu überscharfer und überschneller Kritik neigenden Weltstadtmilieu gilt keine Entschuldigung für ein auch nur kurzfristiges Ermatten. Wer versagt, muß die Folgen tragen – Einbuße an allgemeiner Wertschätzung, sozialen Prestigeverlusten, schließlich Ausscheiden oder Ausgestoßenwerden aus der Gemeinde derer, die dazugehören.

Hotel, Ozeandampfer, Grands Trains

Ist die Weltstadt «das Abbild einer weiten Welt im Kleinen», wo sich «Vertreter aller Klassen und vieler Völker und daneben Sprecher vieler Sprachen» [32] begegnen, so ist das internationale Hotel ein En-miniature-Abbild der Weltstadt. Auch in den großen Hotels verkehrt ein internationales Publikum: Manager, Politiker, Stars, Spitzensportler mit ihrem Troß, Musiker, Flugzeugbesatzungen, Journalisten. Aber anders als die Millionenbevölkerung einer Weltstadt gehören die Besucher der großen Hotels nicht «allen Klassen» an. Vielmehr werden die modernen Herbergen von Angehörigen einer und derselben Klasse bevölkert, von den Prominenten und denen, die sich in ihrer Nähe aufhalten. Ihnen ist gemeinsam, daß sie zu den – im weitesten Sinn – Begüterten gehören, gleich ob sie selbst Vermögen besitzen oder ob ihre Firmen, Behörden und Organisationen die hohen Reisespesen bezahlen und ihnen damit den Lebensstandard der Reichen ermöglichen. Es sind die Privilegierten der modernen Arbeitsgesellschaft, die ihrer mobilen Lebensweise wegen als *Jet-set* bezeichnet werden. Die Kriterien der Zugehörigkeit sind nicht mehr Herkunft, Blut, Name, Geschlecht, sondern Vermögen, Position und Einkommen. Im Hotelmilieu erfolgt wie in der Weltstadt die Integration der verschiedenen Berufe zu einer Schicht.

Die großen Hotels haben in gewisser Hinsicht die Funktion des Salons als Treffort des *grand monde* übernommen. In ihren Räumen herrscht infolge der vielen Ausländer eine kosmopolitische Atmosphäre. Luxus und Komfort umgeben die Gäste. Ein Heer von fachlich geschulten Bediensteten, die an die Stelle der einstigen Lakaien getreten sind, kümmert sich um ihr Wohlbefinden. Anders aber als in den Salons, wo die Gäste viele Sprachen beherrschten, erwarten die heutigen Hotelgäste, insbesondere Amerikaner und Engländer, als selbstverständliche Serviceleistung des Personals, daß es ihre Sprache beherrscht. Psychologisch empfinden sich die Gäste wie auf exterritorialem Boden, auch wenn es keine Immunität für ausländische Gäste, keine Wiener Konvention für Hotels gibt. Anders als der Salon, in dem ein fester, nur gelegentlich durch Fremde aufgelockerter Kreis verkehrte, hat das kommerziell betriebene Hotel ein fluktuierendes Publikum. Manche Gäste kommen nur einmal, andere kehren regelmäßig zu Messen, Kongressen usw. ein. Stets aber herrscht erwünschte Anonymität. Das Hotel vermittelt kein häusliches Milieu, es gibt keine Dame des Hauses, auch wenn die großen Häuser gern Damen mit adligem Namen in ihrer Empfangsetage beschäftigen. Hotels veranstalten keine Réunions von Philosophen und Literaten; aber es werden Tagungen und Konferenzen abgehalten, auf denen Fachleute diskutieren, gleichgültig ob IBM-Manager über Marketing-Techniken oder

Philosophieprofessoren über die Wissenschaftsgeschichte der Goethezeit. Der Umgang im Hotel ist völlig abstrakt, schon wegen des durch die Größe des Unternehmens bedingten Personal- und Gästewechsels. Aber dem Publikum wird durch den Stil des Hauses der Eindruck vermittelt, daß die Gäste unter sich sind. Die *habitués* sind darum so herablassend-arrogant gegenüber den Nicht-*habitués* wie die Weltstädter gegenüber den Provinzlern. Und sie demonstrieren ihren begünstigten Status – heute wie gestern – je nachdem in vornehmer Zurückhaltung oder plakativer Aufdringlichkeit: Jacht statt Jagd, Privatjet statt Vierspänner.

Das Hotel ist ein Durchgangsort auf dem Weg von zu Hause zum nächsten Ziel, der Hotelbesucher ist unterwegs, fern der heimischen Zwänge. Das begünstigt unverbindliche Beziehungen, ein persönliches Sich-Öffnen und Intimitäten, gerade weil man den Partner vermutlich nie wieder trifft. Soziale Homogenität, Anonymität und Mobilität sind die Elemente, die die Außeralltäglichkeit des Hotels ausmachen und damit die Bedingungen für extreme Situationen – von rascher Erotik bis zum Selbstmord – schaffen. Selbst in Zeiten, in denen weniger permissive Moralvorstellungen als gegenwärtig herrschten, wurden Laster und Sünden (wie häufig in Oberschichtmilieus) nicht nur toleriert, man rühmte sich ihrer. Das internationale Hotel ist *«l'espace romanesque»*[33] par excellence, ähnlich wie das auf Schienen rollende oder das schwimmende Hotel. Die Romanciers und Drehbuchautoren haben ihre Handlungen immer wieder in dieses reizvolle Milieu verlegt (Thea von Harbou: «Menschen im Hotel»; Maurice Dékobra: «La Madone des sleepings»; Agatha Christie: «Orient-Express»; «The Prince and the showgirl»: Marilyn Monroe).

Die Architektur der großen Hotels – ebenso wie der Ozeanriesen und der Schlafwagen der «Compagnie internationale des wagon-lits» (seit 1872) – spiegelt Kontinuität und Wandel des Fremdenbeherbergungsmilieus. Die Grandhotels der Jahrhundertwende waren eine Fortbildung der fürstlichen Palais mit ihrem zeitgemäßen Raumaufwand (Hallen, Salons, Wintergarten, Schreibzimmer) und den engen Schlaftraks für die Dienerschaft, die der aristokratisch-müßiggängerisch dahinlebenden, bezahlte Arbeit als unstandesgemäß verachtenden «Herrschaft» aufwartete. Inzwischen haben sich die Hotelbauten der funktionalen Bauweise der Banken und Unternehmenshauptquartiere angeglichen, den Gästen werden Swimmingpool, Fitnesscenter, Konferenzräume, den Attributen moderner Millionärs-Gemütlichkeit, zur Verfügung gestellt.

Die internationalen Hotels sind schließlich – wiederum wie die Weltstädte – Stätten, in denen kosmopolitisches Leben in einer national gesinnten, unkosmopolitischen Weltgesellschaft eine vorläufige Heimat gefunden hat. Darüber hinaus haben diese Hotels eine kosmopolitische Funktion insofern gewonnen, als sie die westliche Zivilisation in noch unerschlossene Weltgegenden vorgetragen haben. Conrad Hilton ist zum Symbol jener für die moderne Reisezivilisation charakteristischen Hotelketten (Intercontinental, Sheraton, Nikko usw.) geworden. Er und seine Nachfolger haben ihre Vorposten bis in die Länder der Dritten Welt vorgeschoben und stehen – ähnlich den Erbauern der transkontinentalen Eisenbahn- und Highwaysysteme – in einer Reihe mit den Pionieren des kolonialen Zeitalters. Sie haben moderne Bleiben in Weltgegenden errichtet, in denen es keine gab und damit die Ausbreitung der modernen Industriezivilisation erleichtert. Wie die Seefahrer des 15./16. Jahrhunderts haben sie Wege in die Fremde geschlagen, den internationalen Verkehr gefördert und damit dem Kosmopolitismus gedient. Idealistische Motive bestimmten ihre Initiativen nicht. Hilton schreibt in seiner in dieser Hinsicht informativen Autobiographie anläßlich einer Hoteleröffnung: «Meine Freude war, Hotels zu kaufen, das Abenteuer, das Wagnis. Dieser gesegnete Zustand bedeutet nur eines für mich: ich konnte mir wieder Träume leisten»[34]. Die psychologische Ähnlichkeit zu den Berichten der Entdecker fällt auf. Von einer zivilisatorischen Mission ist nirgends die Rede. Aber die Geschäftsleute können heute an den fernsten Plätzen in jenen standardisierten Hotels amerikanischen Zuschnitts unterkommen, wo sie den hygienischen Anforderungen der Zeit gemäß leben und sich verpflegen können, vor allem aber an ein funktionsfähiges Kommunikationsnetz angeschlossen sind. Es ist kein Zufall, daß diese Hotels von vornherein als kleine Städte mit Ladenpassagen entworfen sind, in denen man Artikel des täglichen und des Luxusbedarfs erhält. Ein Stück westlicher Zivilisation wird in die Dritte Welt getragen, ein Stück Dritte Welt wird erschlossen, die Vereinheitlichung der Welt schreitet voran, dem Kosmopolitismus wird eine Bresche geschlagen.

Diplomaten, Banker, Künstler, Sportler, Wissenschaftler

Für manche sozialen Gruppen, die aus Notwendigkeit oder Neigung häufig reisen und sich für Fremdes interessieren, ist Kosmopolitismus eine natürliche, im Alltag praktizierte Gesinnung, die doch darum noch nicht thematisiert oder politisch verfochten wird. Diese Kosmopoliten akzeptieren die nationalstaatlich gegliederte Welt mit ihren kosmopolitischen Enklaven so, wie sie ist, mögen auch manche von ihnen auf eine einheitlichere Welt hoffen.

Unter den kosmopolitischen Gruppen genießen die *Diplomaten* ein besonderes Prestige, obwohl sie als Vertreter von Nationen zu Kosmopoliten nicht vorbestimmt sind. Vielmehr sollen sie ihre Nation bis in ihre Lebensführung hin in exemplarischer Weise repräsentieren, sich also auf Auslandsposten besonders brasilianisch, besonders dänisch oder japanisch betragen. Trotz der nationalen Determination sind sie aber auch kosmopolitisch, einerseits wegen ihres ideellen Auftrags, andererseits wegen ihrer gesellschaftlichen Lebensform. Zweck des diplomatischen Metiers – in der Zentrale ebenso wie auf Auslandsmission – ist der zwischenstaatliche Ausgleich, auch wenn zuzeiten Bestechung und Spionage, die heute noch unter Mißbrauch der diplomatischen Immunität von den Geheimdiensten getrieben wird[35], früher unbestritten zum Aufgabenbereich des Diplomaten gehörten. Die Gesandten lebten darum, wie nicht nur die Missionsberichte von Aufenthalten beim Großtürken beweisen, gefährlich. Sie tun es heute wieder, wie die Attentate und Geiselnahmen zeigen. Seit die Diplomaten unter einem besonderen internationalen Statut stehen und ein eigenes grenzüberschreitendes Korps bilden, stehen sie immer unter einem doppelten – nationalen und übernationalen – Gesetz, unter doppelter Loyalität zum eigenen und zum Gastland. Sie vertreten die Ziele ihrer Regierung, tun dies aber stets auch mit Rücksicht auf die Regierung, bei der sie akkreditiert sind. Auch in einer konfrontativen Zeit gehört es zum Berufsethos des Diplomaten, die Tür zu einvernehmlicher Streitlösung offenzuhalten. Selbst Abbruch der Beziehungen und Kriegserklärungen («Exzellenz, meine Pässe») werden nach den geltenden Ritualen mit dem Ausdruck des Bedauerns und im Blick auf baldige Normalisierung kundgegeben. Frieden ist das stete Ziel des Diplomaten, der Punkt, auf den seine Arbeit gerichtet ist. Er untersteht insofern einem höheren, überstaatlichen Gesetz.

Der zweite, oberflächlichere Grund für den Kosmopolitismus des Diplomaten liegt in seiner nomadisierenden Lebensführung. Die Angehörigen des auswärtigen Dienstes treffen sich im Laufe ihrer Karriere in den verschiedensten Ländern, wissen voneinander, von ihrem beruflichen Fortkommen, ihren menschlichen Schicksalen. In ihren Salons mit dem weltweit schablonisierten Mahagonimobiliar verkehren Politiker und Künstler, Geschäftsleute, Tycoons, Intellektuelle und Wissenschaftler in einer Atmosphäre förderlichen Luxus. Viele der Gäste blicken mit offener Herablassung auf die öde Konventionalität der langweiligen Cocktails und Dinners, aber sie kommen doch alle, wenn sie eingeladen werden, der tieferen Einsicht folgend, daß die soziale Osmose so verschiedener Menschen auch für sie von Vorteil ist. Die Diplomaten leben in ihrem Ghetto unter sich, ihre Kinder besuchen – aus Sprachgründen – häufig besondere Schulen. So lernen sie frühzeitig kosmopolitische Attitüden, wissen sich in der vornehmen Gesellschaft zu bewegen: Eleganz, unbefangenes Auftreten und Unerschütterlichkeit selbst gegenüber schlimmen Widerfahrnissen und unverschämten Zumutungen sind ihnen selbstverständlich. Ihre Psychologie ähnelt darin dem Stoizismus des Weltstädters, den auch nichts aus der Ruhe bringen kann. Die Erziehung des Diplomaten ist darauf abgestellt. Er wird auf den Krisenfall, auf die unvorhersehbare Situation hin erzogen, die sich im Kleinen und Großen in jedem Diplomatenleben gelegentlich einstellt. Er muß fähig sein, die Nerven zu behalten und stets Gelassenheit an den Tag zu legen, was einem Mangel an Spontaneität, eine gewisse Affektiertheit und Arroganz einschließt.

Das Handwerk des Diplomaten wird durch die soziale Homogenität erleichtert, ein übernationaler Kodex politischer Grundvorstellungen bestimmt das Verhalten. Trotz Demokratisierung des mittlerweile nach Leistungskriterien rekrutierten Personals haben sich viele Verhaltenselemente bis heute erhalten. Mag die Selbständigkeit des Botschafters dank der modernen Kommunikationsmittel erheblich eingeschränkt und seine Tätigkeit nach einer häufig vorgebrachten Klage die eines hochbezahlten Briefträgers, Empfangschefs und Reiseleiters geworden sein: Kaum ein anderer Beruf hat sich ein solches Ansehen und so zählebige Traditionen erhalten. Denn die zwischenstaatlichen Beziehungen und ihre Wechselfälle haben sich kaum geändert; vor allem aber hat es das Korps der Diplomaten verstanden, in vornehmer, standesgemäßer Manier, aber mit Zähnen und Klauen seine Privilegien zu verteidigen. Statusveränderungen wurden nach Revolutionen ebenso regelmäßig wie vergeblich versucht, beschränkten sich auf Äußerlichkeiten. Die wesentlichen Elemente – Immunität, Exterritorialität, Steuerexemtionen, hohe Bezüge und Aufwandsentschädigungen – blieben erhalten. Und als Exzellenzen lassen sich gerade die Botschafter junger Regime besonders gern nennen. Die Diplomaten wissen sich vorrangig national determiniert, fühlen sich aber gleichzeitig ihrem Lebensstil und Gehaben nach als Kosmopoliten. Ihr Kosmopolitismus ist allerdings ebenso vordergründig wie ihr Nationalismus selbstverständlich.

Auch die Tätigkeit der *Künstler, Wissenschaftler, Finanzleute, Sportler* unterliegt weltweit geltenden, insofern kosmopolitischen Gesetzen, die sach-, nicht gruppenbezogen sind. Der Arzt behandelt den Kranken nach den Regeln seiner Wissenschaft – unangesehen der Herkunft oder Zugehörigkeit des Patienten. Die Primaballerina assoluta, die Eiskunstläuferin tanzen, der Pianist, der Tennisstar spielen, der Architekt baut in allen Klimazonen, unter allen Herrschaftsformen. Der Jurist, Raumfahrttechniker oder Philosoph forschen unter dem gleichbleibenden Gebot der Wahrheit. Alle streben nach – möglichst internationaler – Anerkennung, was sich zugleich in höheren Einnahmen ausmünzt. Selbst der von der Sprache abhängige, also in seinem direkten Wirkungsbereich räumlich begrenzte Schriftsteller zielt auf weltweite Verbreitung – durch Übersetzung. Der internationale Übersetzungsmarkt weitet sich proportional zur Verdichtung der Kontakte zwischen den Nationen aus. Wenn sich die Technik der Übersetzungsmaschinen vervollkommnet, wird die Literatur wahrhaft universal werden, ein literarischer Kosmopolitismus anbrechen, Goethes Zeitalter der Weltliteratur sich verwirklichen, die babylonische Sprachverwirrung wenigstens partiell überwunden werden.

Der kosmopolitische Geltungsradius dieser Berufe findet freilich seine Ergänzung im nationalen Bezug. Wie die Diplomaten werden auch Künstler, Sportler, Wissenschaftler als Repräsentanten ihrer Nation verstanden («der beste Botschafter Deutschlands»). Die Nation, d. h. die breite Bevölkerung vom Präsidenten bis zum Arbeitslosen, identifiziert sich mit der eigenen Mannschaft, empfindet den Sieg der eigenen Tenniskünstlerin als eigenen Sieg, bezieht den individuell zugeteilten Nobel- oder Jugendfilmpreis ohne weiteres auf das nationale Kollektiv, schmückt sich mit den Exporterfolgen des neuen Industriekonstrukts. Sie alle beziehen Leistungen der Gemeinschaft auf sich, auch wenn sie nicht in ihrem Namen erbracht werden.

Der Kosmopolitismus der *Finanzwelt* ist anderer Natur. Banker, Geldmagnaten, Finanzpolitiker wissen sich verantwortlich für die Stabilität der Weltwirtschaftsordnung und die Funktionsfähigkeit der internationalen Geldmärkte, von denen «der Wohlstand der Nationen» abhängt. Geld fließt, seine Haupteigenschaft ist Liquidität; die Geld- und Währungsinstitute reagieren auf die kleinsten Veränderungen der von Stunde zu Stunde wechselnden Weltverhältnisse nach dem Gesetz von Angebot und Nachfrage. Die Börsen registrieren auch die geringfügigsten Ausschläge, die durch jede wirtschaftliche Transaktion, jeden politischen Einfluß, jede psychologische Beurteilung bewirkt werden. Die Finanzleute sind daher prinzipiell der Auffassung, daß der freie Fluß des Geldes nicht oder nur mit großer Vorsicht und Sachkunde behindert werden darf, daß der Geld- und Kreditmarkt weltweit und frei sein soll. Alle Steuerungsmechanismen, Sperren, zeitweise unumgänglichen Schutzmaßnahmen für schwächere Nationalwirtschaften und alle

Protektionismen, die dirigistische Währungs- und Wirtschaftspolitiker errichten oder errichten wollen, sind ihnen verhaßt. Die internationale Hochfinanz versteht sich als kosmopolitisch, weil ihre Interessen zunehmend weltweit sind und weil sie – wie die multinationalen Gesellschaften zeigen – die nationalen Zoll-, Steuer- und sonstigen Schranken durchlässig zu machen weiß; andererseits weil sich ihre Mitglieder in einer kosmopolitischen Umgebung befinden: in den Weltstädten ihre Hauptquartiere haben, sich in den internationalen Hotels treffen, zum Jet-set gehören und dabei die entsprechenden Allüren annehmen; schließlich drittens, weil sie den Kosmopolitismus auch als Theorie verfechten; sie rechtfertigen damit ihre allein auf materiellen Profit abzielenden, insofern häufig als dubios betrachteten Aktivitäten. Kreise des internationalen Handels, der Exportwirtschaft und der Schiffahrt vertreten einen ähnlich definierten liberalen Kosmopolitismus, der sie freilich nicht daran hindert, staatliche Subventionen zu fordern und in Anspruch zu nehmen.

In all diesen Fällen bilden sich Üblichkeiten, Usancen, Rituale aus, die den Kosmopolitismus in den zwischenmenschlichen Beziehungen befestigen und stabilisieren. Angehörige verschiedener Nationen treten an entfernten Plätzen unter ähnlichen Bedingungen in Kontakt und verhalten sich nach allgemein geltenden Mustern. Der Sportler unterwirft sich dem Fairnessgebot, was sich in scheinbaren Äußerlichkeiten ausdrückt, aber moralische Qualitäten erfordert, diszipliniertes Auftreten, Unterdrücken von Unmut, gelassenes Hinnehmen von tatsächlichen oder angenommenen Fehlentscheidungen des Schiedsrichters, Befolgung des sportlichen Grundkonsenses, daß der Kampf ein bloßes Spiel und – auch bei friedensfördernden Olympiaden, auch bei noch so hoher Bezahlung – nicht ernst ist.

Zunehmendes Gewicht für die Weltstadt haben in unserer Zeit schließlich die fremden Geschäftsleute erlangt. Sie müssen im internationalen Verkehr die beider- oder mehrseitigen Sitten und Umgangsformen bei Abschluß und Abwicklung von Transaktionen kennen und entwickeln dabei gemeinsame Gepflogenheiten: von der alten «Ein-Mann-ein-Wort»-Regel und dem Handschlag als verbindliche Anerkenntnis des Vereinbarten bis zu den modernen vorgedruckten Verträgen: Das Entscheidende für das Zustandekommen des Geschäfts, das allen Vorteil bringen soll, besteht darin, daß gemeinsame Regeln anerkannt und befolgt werden, der Vorgang dadurch kalkulierbar wird.

Angesichts einer sich immer dichter verstrebenden und vereinheitlichenden Weltwirtschaft müssen Weltfirmen mit internationaler Verflechtung in allen großen Städten – durch Repräsentanten, Filialen, Tochterunternehmen, Lobbyisten, Auslieferungslager – präsent sein. Wirtschaftsverbände einzelner Produktionszweige unterhalten eigene Büros für Verkaufsförderung, Promotion, Marketing; sie sind so zahlreich, daß eigene Adreß- und Telefonbücher Interessierten den Weg zu ihnen bahnen. Die Firmen beschäftigen zwar bevorzugt Mitarbeiter des Gastlandes, die mit den nationalen Gegebenheiten besser vertraut und überdies billiger sind; die Chefs werden je nachdem aus der Zentrale entsandt oder am Ort rekrutiert. Zweisprachigkeit ist zwangsläufig Voraussetzung für die Mitarbeit. Sie fördert nicht nur das Verständnis für die Wirtschafts- und Lebensform der anderen Nation, sondern auch beiderseits die kosmopolitische Allüre. Die fremden Geschäftsleute, die das Bild der Weltstadt maßgeblich mitformen, sind die Nachfahren jener venezianischen, genuesischen, deutschen Fernkaufleute, die im Mittelalter Transportwege eröffneten und Waren aus und in ferne Länder im- und exportierten und auf Märkten und Messen zum Verkauf darboten; beide wirkten und wirken weiterhin als Pioniere des Kosmopolitismus.

Ebenso richten sich die *Wissenschaftler* nach allgemeinen, international geltenden Regeln, die übrigens ihre Abkunft aus Standesvorstellungen nicht verleugnen. Bei Eröffnung internationaler Gelehrtenkongresse werden die Gäste nach einem oft starren Protokoll mit konventionellen Floskeln begrüßt. Auch in der Sachauseinandersetzung oder bei kritischen Bemerkungen, die oft die wissenschaftliche Vernichtung des Angesprochenen zum Ziel haben, werden stets verbindliche und verbindende Höflichkeitsformen gewahrt. Und mögen manche dieser Formen als überaltert, byzantinistisch und reformbedürftig erscheinen, so helfen sie doch, einen reibungslosen Ablauf der Konferenz zu gewährleisten.

Ob auf dem Sportfeld, im Büro oder Konferenzsaal: es wird stets ein durch Regeln gesicherter Raum kosmopolitischer Gemeinsamkeit geschaffen, der für Menschen verschiedener Nationalitäten und divergierender Interessen eine vereinigende Heimat darstellt. All diese gruppenspezifischen Kosmopolitismen sind in ihrem Geltungsbereich nur partiell. So verhält sich die grenzüberschreitend verwandte und verschwägerte europäische Hocharistokratie im Binnenverkehr kosmopolitisch; gegenüber den sog. «Bürgerlichen» hingegen herrscht die Exklusivität des Kastengeistes. Die Selbstidentifizierung erfolgt nach ständischen, nicht nach nationalen Maßgaben, ist also nicht universal. Das Verhalten von Sportlern, Wissenschaftlern, Finanziers ist nicht anders: Ihr Kosmopolitismus überwindet die nationalen Schranken, errichtet indessen andere, ständische, berufliche. Wahre menschheitliche Universalität wird nicht erstrebt und nicht erreicht. Aber das Blickfeld weitet sich aus, Fremde werden toleriert, ja als Bereicherung empfunden, die Welt wird mehr und mehr als Einheit betrachtet.

Gastarbeiter und Massentourismus

Weltgeschichtlich betrachtet läßt sich der partielle Kosmopolitismus unter die Lessingsche Marke «Erziehung des Menschengeschlechts» subsumieren. Einheit, Frieden und kosmopolitische Gesinnung waren Ziele, die von engagierten Geistern angesteuert, aber nicht erreicht wurden. Der Glaube an die Macht der Vernunft reichte nicht hin, die Massen zu motivieren und zu mobilisieren. Die Integration und allmähliche Homogenisierung der regionalen und nationalen Gruppen erwies sich als vordringlicher. Im 20. Jahrhundert sind nun auch breitere Schichten auf den Weg zum Kosmopolitismus gebracht worden. In jüngster Zeit strömen größere Massen von Gastarbeitern (*immigrants, emigrati*) in die westlichen Länder. Sie nehmen Einfluß durch ihre bloße Präsenz, durch ihre Sprache, ihre Sitten und Gewohnheiten (vom Essen bis zum Verhältnis der Geschlechter), die einheimische Bevölkerung lernt im

Alltag fremde Lebensformen kennen, reibt und gewöhnt sich daran, praktiziert Toleranz, urbanes und kosmopolitisches Verhalten. Die Tugenden der Geld- und Geistesaristokratie sinken sozial herab, werden demokratisiert. Gelassenheit gegenüber den anderen, Geltenlassen des Unbekannten, Xenophilie und Kosmopolitismus werden jetzt auch in breiteren Schichten heimisch.

Der Massentourismus setzt Jahr für Jahr Millionen von Europäern, Amerikanern, Japanern und mittlerweile auch schon Angehörigen anderer Staaten in Bewegung und bringt sie mit Fremden in Kontakt. Nicht nur die Engländer, die durch das ungünstige Klima und die politischen Erfordernisse des Empire eine althergebrachte Reisetradition haben; nicht nur die Deutschen, deren Italiensehnsucht ihren Ausdruck in der «Bildungsreise» fand; auch die Franzosen, die bis zum Zweiten Weltkrieg ihr Hexagon nicht zu verlassen pflegten und ihre Ferien auf dem ererbten Besitz in der Provinz verbrachten; auch die anderen Völker haben sich den neu wahrgenommenen Reiz der Ferne und dem Diktat der Tourismusindustrie nicht zu entziehen vermocht.

Die Zeitgenossen, die heute in vor einem halben Jahrtausend unentdeckte, vor zweihundert Jahren unzugängliche Fernen fahren, sind das soziologische Analogon zu den in die Arbeitswelt der industrialisierten Länder strömenden Millionen *ausländischer Arbeitnehmer*. Beide Gruppen suchen die Fremde, die einen aus Not, weil die Heimat ihnen nicht genug Brot und Arbeit gewährt, die anderen aus Überfluß und zum Vergnügen. Beide lernen fremde Länder kennen: die Gastarbeiter *ein* Land intensiv, in dem sie sich auf Jahre oder Jahrzehnte niederlassen; die Touristen meist mehrere Länder, die sie aber nur oberflächlich, weil kurz besuchen – am Strand, im Hotel, auf der Einkaufsstraße und bei Besichtigung von Sehenswürdigkeiten, wobei ausführlichere Begegnungen mit den Einheimischen, häufig schon aus Sprachgründen, ganz unterbleiben oder zufällig und peripher sind. Durch diese Form von plötzlicher Kulturberührung zwischen Völkern verschiedener Entwicklungsstufe entstehen natürlich nicht wie durch Zauberschlag Kosmopoliten. Sieben Fließbandjahre bei Ford in Köln machen aus einem Türken oder Italiener noch keinen Weltbürger, sowenig wie ein gutdotierter Montageaufenthalt in Bangladesh oder Peru deutsche Facharbeiter zu Globetrottern macht. Und die polyglotten Hotelportiers, Schlafwagenschaffner und Air-Hostessen tragen zwar kosmopolitische Züge, sind aber keine Kosmopoliten. Es fehlt die gegenseitige Befruchtung der Geister.

Der Tourist von heute ist weder der Entdeckungsreisende der frühen Jahrhunderte, der auszog, fremde Völker und Territorien auszukundschaften, noch der romantische Bildungsreisende des 19. Jahrhunderts, der nacherleben wollte, wie die Alten auf der Agora oder dem Kapitol gelebt haben. Damals «hatte der Reisende ein günstiges Vorurteil für die Völker der entfernten Territorien, und er suchte sie seinen Landsleuten zu beschreiben. ‹Aber ganze Jahre sind zu kurz, um die Sitten der Menschen zu studieren›»[36]; der moderne Mensch aber ist eilig. Der Tourist trifft also eine andere Wahl: Die Dinge und nicht mehr die Menschen werden Gegenstand seiner Vorliebe. Landschaften, Monumente, Ruinen sind es, die «‹einen Umweg rechtfertigen› oder ‹eine Reise wert sind›... Die Toten den Lebenden und die Objekte den Subjekten vorziehen: das ist das doppelte Erbe, das Chateaubriand den modernen Touristen nachgelassen hat»[37].

Für die Mehrzahl der Touristen bedeutet der Aufenthalt in einem fernen Land unmittelbar wenig. Sie suchen Erholung, sportliche Betätigung, Unterhaltung. Vielfach wirft derartige Auslandserfahrung den Zeitgenossen eher auf sich selbst und seinen engeren räumlichen Bereich zurück. Er fühlt sich bestätigt in seinen nationalen Vorurteilen. Die heimischen Krautwickel werden doppelt geschätzt nach der höchstens als «interessant» gewerteten Begegnung mit den knoblauchgeschmorten oder ingwerhaltigen Hammelgerichten des Nahen oder Fernen Ostens. Philisterhafte Genugtuung, daß wir nicht so sind, wie die anderen, stellt sich häufig als Resultat der Reise ein. Kurze und selektive Erfahrungen bekräftigen nur das meist negative Vorwissen über die andere Nation, korrigieren es nicht, erweitern es nicht. Aus der langfristigen Kulturberührung der Gastarbeiter mit den Einheimischen wird statt einer für beide Seiten positiven Kulturbeziehung oft xenophober Kulturzusammenstoß.[38]

Diese unbestrittenen Kehrseiten des Tourismus haben eine negative Bewertung aus rückwärtsgerichtetem, kulturpessimistischem Geist hervorgerufen. Die alljährlichen Wellen sommerlicher oder winterlicher Reiselust, die die Völker erfassen, werden als Verfallserscheinungen der modernen Massenzivilisation interpretiert. Millionen von Individuen, die zu selbständigen, spontanen Lebensäußerungen unfähig seien, heißt es, unterwerfen sich blindlings dem Konsum- und Modediktat der Tourismusindustrie, hetzen fremdgesteuert von Land zu Land (wir haben Sri Lanka, Malaysia und Bali ‹gemacht›, wird gesagt). Wir teilen diese Auffassung nicht. Auch wenn die Kritiker bei der Tatsachenerfassung sich um Objektivität bemühen, verkennen sie doch den historischen Stellenwert solch einer schon der Größenordnung nach bedeutenden Entwicklung. Touristische ebenso wie sonstige kooperative und kohabitative Breitenkontakte zu Angehörigen fremder Nationen können nicht ohne langfristigen Einfluß bleiben. Fernwirkende Bewußtseinsveränderungen sind unausbleiblich, wenn große Gruppen, sei es auch nur passiv, durch Kenntnisnahme, mit Fremden in Berührung kommen, ihre andersartigen Lebens- und Arbeitsweisen in Augenschein nehmen, vielleicht gar sich daran orientieren. Mögen die persönlichen Beziehungen der einheimischen Bevölkerung zu den Gastarbeitern auch nur oberflächlich sein, sie machen sich schon heute eindringlich bemerkbar, wenn auch, wie die ausländerfeindlichen Reaktionen und Ausschreitungen zeigen, nicht immer in der erwünschten Richtung. Die für die Mentalität der Völker so wichtigen Weisen der Ernährung demonstrieren die Beeinflussung in nachdrücklicher Weise. Die Übernahme fremder Nahrungsmittel oder Gewürze (deren Einfuhr aus dem Fernen Osten ein wichtiges Motiv der Entdeckungsfahrten gewesen ist) und die Einbeziehung unbekannter Rezepte auf dem heimischen Küchenzettel sind wichtige Indikatoren für Kulturbegegnung und kulturellen Wandel. Wenn die deutsche Hausfrau binnen weniger Jahre Auberginen und Zucchini zu verwenden gelernt hat, so ist das mitbedingt durch exportwirtschaftliche, transporttechnische und werbemäßige Ursachen, aber die Bereitschaft, die fremden Früchte, die die Gastarbeiter zubereiten, zu übernehmen, weist auf eine erstaunliche Horizonterweiterung seit der Zeit hin, als noch der Satz galt «Wat de Buur nich kennt, det fret he nich». Der Genuß der fremden Speisen nähert uns dem Fremden an, stellt fortan keinen Grund zu Fremdenverachtung dar. Solche positiven Entwicklungen der Kulturberührung wirken sich nur langsam aus. Die Völker brauchen lange Zeit, um ihre Unterschiede als weniger wichtig zu empfinden, aber schon heute werden auf Reisen nicht nur nationale Vorurteile bestätigt, sondern viele bemerken durch Augenschein, daß es auch im Ausland gute, wertvolle, angenehme, interessante Menschen gibt. Für den Auslandstouristen wird natürlich auch künftighin das Erholungsmotiv im Vordergrund stehen, die kosmopolitische Entwicklung nur eine Nebenerscheinung sein. Dennoch sind Bewußtseinsveränderungen unausbleiblich.

Wenn man auf der Autobahn durch Südfrankreich an dem Hinweisschild *«le Paysage de Cézanne»* vorüberfährt, regt das den Touristen an, das Haus des Malers zu besichtigen, seine Gemälde im nächsten Museum daraufhin zu prüfen, wie weit sie der Landschaft entsprechen, die man selbst gesehen hat, sie mit Bildern der heimischen Maler zu vergleichen. Neugier stellt sich ein und konditioniert vor allem die Kinder, die von früh an mit dem Fremden in Berührung kommen, das sie selbst nicht mehr als fremd auffassen. Diese pädagogische Wirkung des Tourismus läßt sich schwer abmessen, leugnen läßt sie sich nicht. Der Geist der provinziellen Enge, der uns lehrt, das Eigene für das einzig Richtige und stets Bessere zu halten, wird, wenn schon nicht im Verlauf einer Generation, überwunden, aber noch in Frage gestellt. Die Welt öffnet sich, erhält mehr Farben; man lernt das Fremde zu tolerieren, vielleicht zu schätzen. Das Bewußtsein der Zusammengehörigkeit der Menschheit breitet sich aus, der Kosmopolitismus demokratisiert sich, erfaßt schrittweise breitere Schichten. Für die privilegierten Eliten, denen einige Jahrzehnte lang die Reisewelt der fernen Länder exklusiv vorbehalten war, bedeutet der Massentourismus zweifellos ein Verlust an Lebensqualität. Die Millionen profitieren davon.

Mischehen

Die Berührung mit der fremden Natur, mit fremden Menschen und Sitten wirkt relativierend; man lernt, differenzierter, nuancierter zu urteilen, die eigene Vorstellungen kritisch zu betrachten und in größeren Zusammenhang zu stellen. Der Zeitgenosse, für den die Gegenwart das Selbstverständliche ist, gibt sich keine Rechenschaft darüber, daß seine Großeltern und Eltern kaum je mit Ausländern Umgang hatten. Heute gibt es kaum noch junge Menschen, die noch niemals im Ausland gewesen sind – auf dem Fahrrad oder im Flugzeug, in einem Jugendlager, auf Klassenfahrt, zum Skifahren, zum Turnier oder als Delegierte einer Städtepartnerschaft. Bei diesen Treffen ergeben sich oft zwischennationale Freundschaften, nicht selten auch Mischheiraten. Diese kürzeren oder dauerhafteren Beziehungen über Grenzen hinweg sind – auf breiterer Basis – eine Errungenschaft der zweiten Hälfte des 20. Jahrhunderts. Sie bedeuten eine Demokratisierung der Berührung mit Ausländern und insbesondere des Konnubiums, dessen Bedeutung für die Zukunft des Kosmopolitismus nicht gering sein wird. Sich jenseits des engeren regionalen oder nationalen Lebenskreises nach einem passenden Partner umzusehen, war bis zum Anfang dieses Jahrhunderts ein Privileg bzw. (wegen der beschränkten Zahl zur Wahl stehender standesgemäßer Partner) eine Notwendigkeit regierender Häuser; später mögen berufliche Aufenthalte in den Kolonien oder sonstige Schicksalsverstrickungen auch in bürgerlichen Kreisen Mischheiraten herbeigeführt haben. Das waren jedoch Ausnahmen, über die der Dichter reflektierte oder der Schriftsteller Zeugnis ablegte.

Heute ist insbesondere in der zweiten Gastarbeitergeneration die Heirat mit Angehörigen der Gastnation so sehr an der Tagesordnung, daß die früher unausbleiblichen Familienkrisen vielfach ganz unterbleiben oder die Verbindung wenigstens nicht mehr verhindern. Auch in den breiteren Schichten finden Mischheiraten statt. Diese Ehen sind schwierig, sie werden häufiger geschieden, die Unterschiede geben Anlaß zu Reibungen, auf der anderen Seite sind sie interessanter, lebendiger und werden nicht durch die Langeweile des Alltags bedroht. In Glücksfällen wird der oder die neue fremdländische Verwandte als Bereicherung des Familienverbandes verstanden; man rühmt sich der prestigefördernden Erweiterung zur Schwiegerfamilie im Ausland, findet Anlaß zu intensiveren Besuchen im Land der Angehörigen, kommt sich schließlich kosmopolitisch vor. Im Ehe- und Familienalltag wird das multikulturelle Milieu Routine. Die Umwelt gewöhnt sich daran.

1 Paul Bourget, Cosmopolis. Paris 1892.

2 Giuliano Pancaldi. Cosmopolitismo e formazione della communità scientifica italiana (1828–1839). In: Intersezioni. Rivista di storia delle idee 2. (Bologna, 1982), S. 331–343.

3 Christoph Meinel. Nationalismus und Internationalismus in der Chemie des 19. Jahrhunderts. In: Perspektiven der Pharmaziegeschichte. Festschrift für Rudolf Schmitz zum 65. Geburtstag. Hg. von Peter Dilg. Graz 1983. S. 227.

4 Zum Problem der Weltstadt. Festschrift zum 32. Deutschen Geographentag. Berlin 1959.

5 Hans Schrepfer, Zur Geographie der Großstadt und ihrer Bevölkerung. Zeitschrift für Erdkunde 1944. S. 270.

6 Joachim H. Schultze, Die Weltstadt als Objekt geographischer Forschung – In: Zum Problem der Weltstadt. Festschrift zum 32. Deutschen Geographentag. S. XVI/XVII. Berlin 1959.

7 Lewis Mumford, Die Stadt. Geschichte und Ausblick. (The City in History, 1961). Köln, Berlin 1963. S. 628.

8 Arnold Toynbee, Gang der Weltgeschichte (A Study on History). Band 2, Kulturen im Übergang. Zürich 1958. S. 243.

9 Karl Ritter, 26. August 1824. In: Friedrich Ratzel, Politische Geographie, München 1923. S. 298.

10 Zeitmagazin, 4. 7. 86. S. 6.

11 Beim Übersetzen innerhalb anderer Sprachgruppen ist Frank Gibney zufolge «der Stoff des Gedankens neu zu schneidern, damit er in die andere Sprache passe, aus dem Japanischen [muß] dagegen alles aufgetrennt und ganz neu vom Faden gewebt werden». In: «Zwei zaghafte Riesen; Deutschland und Japan seit 1945», hg. von Arnulf Baring und Masamori Sase. Zürich 1977. S. 20.

12 Oswald Spengler, Der Untergang des Abendlandes, Band II. München 1922, S. 117.

13 Stefan Zweig, Die Welt von gestern. Berlin 1947. S. 29.

14 Martin Pfannschmied, Probleme der Weltstadt Berlin. In: Zum Problem der Weltstadt. Festschrift zum 32. Geographentag. Berlin 1959. S. 9.

15 Golo Mann, Friedrich von Gentz. Geschichte eines europäischen Staatsmannes. Zürich, Wien 1947. S. 29.
16 Horst Krüger, Der Kurfürstendamm. Glanz und Elend eines Boulevards. Hamburg 1982. S. 51.
17 Tatjana Metternich, Bericht eines ungewöhnlichen Lebens. (London 1976). Wien 1978. S. 107.
18 Lewis Mumford, Die Stadt. Geschichte und Ausblick. (The City in History, 1961). Köln 1963. S. 656.
19 Montesquieu, Lettres persanes, XXIII.
20 Goethe, Gespräche mit Eckermann I. 3. Mai 1827.
21 Oswald Spengler, Untergang des Abendlandes, Band II. München 1922. S. 104–131.
22 Arnold J. Toynbee, Gang der Weltgeschichte, Band 2, Kulturen im Übergang. Zürich 1958, S. 43.
23 Pierre Lavedan, Histoire de l'urbanisme, Band 3. S. 53.
24 Lewis Mumford, Die Stadt. Geschichte und Ausblick. (The City in History, 1961). Köln, Berlin 1963. S. 629–648.
25 Jean-François Gravier, Paris et le désert français. Paris 1942. Passim. – Jean-François Gravier, Paris et le désert Français en 1972. Paris 1972. S. 106.
26 Hans Paul Bahrdt, Die moderne Großstadt. Reinbek 1961. S. 16.
27 Oswald Spengler, Der Untergang des Abendlandes, München 1922. II. Teil, S. 124.
28 Vgl. Klaus Bergmann, Agrarromantik und Großstadtfeindschaft. Marburger Abhandlungen zur Politischen Wissenschaft, Band 20. Meisenheim a. Glan 1969. S. 1 ff, 37.
29 Thorstein Veblen, Theory of the Leisure Class. New York 1962. S. 30: «The life of leisure is beautiful and ennobling in all civilised men's eyes».
30 Ernst Robert Curtius, Die französische Kultur. Berlin, Leipzig 1930. S. 171.
31 Horaz, Episteln I. 6. 1 b: «Nichts anstaunen – nur dies kann Menschen glücklich machen und erhalten».
32 Arnold Toynbee, Gang der Weltgeschichte (A Study on History). Band 2, Kulturen im Übergang. Zürich 1958. S. 43.
33 Pascal Bruckner / Alain Finkielkraut. Au coin de la rue l'aventure. Paris, 1979. S. 144.
34 Conrad Hilton, Die Welt bei mir zu Gast. München, 1960. S. 220.
35 James Reston, «Diplomacy: Remake Old Rules». International Herald Tribune. 15. 6. 1986.
36 Chateaubriand, Les Martyrs. S. 41.
37 Tzvetan Todorov, Nous et les Autres. La réflexion française sur la diversité humaine. Paris 1989. S. 337, 339.
38 Vgl. Urs Bitterli, Alte Welt – Neue Welt. München 1981. S. 17 f.

KAPITEL 15

Globalisierung und Zerfall

Die Einheit der Wissenschaft, Technik, Kommunikation, Wirtschaft – Die Menschheit als Betroffenheits- und Leidensgemeinschaft – Kein Land steht außerhalb der Weltpolitik – Die Übermacht des Staates – Nationalstaatliche Einteilung des Alltags – Pseudomorphose Internationalismus – Die Angst vor der Größe – Die Suche nach der Identität (1) – Selbstkritik des Eurozentrismus – Regionalismus, Lokalismus, Separatismus: die Suche nach der Identität (2) – Zukunftshoffnungen und Zukunftsängste

«Das große Paradox dieses Jahrhunderts besteht darin, daß wir über die ganze Welt hin einen extremen Höhepunkt an Nationalgefühl gerade in dem Augenblick erreicht haben, in dem wir von jedem rationalen Gesichtspunkt aus Wege finden müssen, den Nationalismus zu überwinden» [1]. Noch dramatischer als Barbara Ward in diesen Sätzen geht der Berliner Philosoph Ernst Tugendhat das Problem mit der Behauptung an: «Es ist ziemlich unwahrscheinlich, daß die Menschheit noch lange überleben kann, wenn das gegenwärtige System souveräner Staaten fortbesteht» [2]. Diese Feststellungen lassen sich dahin gehend ergänzen, daß nicht nur nationale, sondern auch regionale und lokale Zugehörigkeiten den Einheitstendenzen zuwiderlaufen. Das 20. Jahrhundert wird durch Weltkriege mit Millionenopfern charakterisiert, die zum höheren Ruhm der Nationen sterben mußten; die Unterdrückung der Menschenrechte und bürgerlichen Freiheiten ist von einer bislang unbekannten Perfektion und hat eine Brutalität sondergleichen zur Folge gehabt. Kosmopolitische Weltoffenheit hat sich auf einzelne Winkel und Réduits zurückgezogen. Universalistische Theorien

Lebens- bzw. Regierungszeiten der wichtigsten in diesem Kapitel erwähnten Personen	
Goethe	1749–1832
Claude-Henri Graf von Saint-Simon	1760–1825
Robert Owen	1771–1858
Charles Fourier	1772–1837
Simon Bolivar	1783–1830
Heinrich Heine	1797–1856
Charles Babbage	1798–1857
Auguste Comte	1798–1857
Victor Hugo	1802–1885
Giuseppe Mazzini	1805–1872
Giuseppe Garibaldi	1807–1882
Michael Bakunin	1814–1876
Theodor Mommsen	1817–1903
Karl Marx	1818–1883
Prinzgemahl Albert	1819–1861
Herbert Spencer	1820–1903
Paul de Lagarde	1827–1891
Heinrich v. Treitschke	1834–1896
Maréchal Pétain	1856–1951
Maurice Barrès	1862–1923
Gabriele d'Annunzio	1863–1938
Rudyard Kipling	1865–1936
Romain Rolland	1866–1944
Julien Benda	1867–1956
Charles Maurras	1868–1952
Charles Péguy	1873–1914
Ezra Pound	1882–1914
James Joyce	1882–1941
Wendell Willkie	1892–1944
Aldous Huxley	1894–1963
Gunnar Myrdal	1898–1987
George Orwell	1903–1950
Frantz Fanon	1925–1961
Adolf Hitler	1933–1945
Mao Tse-tung	1949–1976
Kwame Nkrumah	1957–1966

werden wie im 19. Jahrhundert, aber in neuen Brechungen, nationalistisch verfremdet. Zweihundert Jahre nachdem Voltaire und Goethe den *homo humanus* als Verpflichtung für einen jeden – ob Juden, Buddhisten, Christen, ob Engländer oder Chinesen – proklamierten und damit dem Kosmopolitismus ihren Tribut zollten, benutzten Stalin und Hitler den Begriff Kosmopolitismus als Schimpfwort. Die moderne Kunst wurde nicht nur als unverständlich und entartet, sondern als kosmopolitisch verurteilt. Maurice Barrès verkündete eine *«vérité française»*[3]. Ein anerkannter Fachwissenschaftler verfaßte während der Nazizeit eine «Deutsche Physik»[4]. Frantz Fanon transponiert das nationalistische Bekenntnis in eine antikolonialistische Polemik. «Das Wahre ist, was die Einheimischen schützt und die Fremden verdirbt... Das Gute ist einfach, was ihnen weh tut»[5]. Und die modernen Ethnologen, die sich als Vertreter einer Philosophie der Dekolonisation hervortun, relativieren und verwerfen schließlich die eine allgemeingültige humane Wahrheit im Namen der Toleranz gegenüber den unterschiedlichen und als gleichwertig hingestellten Lebens- und Denkweisen der Nationen. Der Mensch, gar der Kosmopolit wird als Abstraktum abqualifiziert, Humanismus als ein Tarnbegriff für die Durchsetzung eigener Interessen «entlarvt».

Der Rückgang an kosmopolitischer Substanz äußert sich selbst im lexikalischen Bereich. Ausführungen zum Stichwort Kosmopolitismus werden immer kürzer und immer seltener[6]. Die Auswahlkriterien der Stichworte sind großenteils national; nicht die Bedeutung der angeführten Personen oder Ereignisse, sondern die Zugehörigkeit zur Nation entscheidet darüber, ob bzw. wie lang der Gegenstand berücksichtigt wird. Zweit- und drittklassige französische Schriftsteller werden im «Larousse» oft länger abgehandelt als erstklassige amerikanische oder italienische, und umgekehrt geschieht es im «Brockhaus» oder der (amerikanischen) «Encyclopedia Britannica». Das Verzeichnis der «Library of Congress» subsumiert «Kosmopolitismus» unter «Internationalismus», nimmt dem Thema also die eigene Würde und Wichtigkeit. Pipers «Lexikon der Politik»[7] enthält kein Stichwort, ja nicht einmal einen einschlägigen Verweis zu diesem Tatbestand. Das gleiche gilt von dem «Historischen Lexikon zur politisch-sozialen Sprache in Deutschland»[8]: In dem Fehlen des Stichworts wird das verminderte Interesse an dem universalen Begriff deutlich.

Trotz der negativen kosmopolitischen Bilanz ist im 20. Jahrhundert ein noch vor wenigen Jahrzehnten unvorstellbarer Zugewinn an Universalität zu registrieren. Der Planet, den der Mensch bewohnt, ist erstmals, seit die Erinnerung zurückreicht, zu einer historischen Einheit geworden – sowohl im Hinblick auf die ubiquitäre Nachrichtentechnik, wie auf die Ausbreitung einer arbeitsteiligen und kooperativen Wirtschaft, wie schließlich und in hervorgehobenem Maß auf die Gefährdung der Fortexistenz des Menschengeschlechts durch die vom Menschen entfesselten nuklearen Gewalten und die Überbeanspruchung der irdischen Ressourcen. Die Menschheit als Ganze ist und weiß sich im Positiven wie im Negativen gleichermaßen betroffen. Das sollte, wenn auch erst in der Dialektik einer langfristigen Entwicklung und sofern die von vielen befürchtete globale Katastrophe ausbleibt, der Fortbildung des Kosmopolitismus zugute kommen.

Die Einheit der Wissenschaft, Technik, Kommunikation, Wirtschaft

Die Zunahme an Universalität erfolgt auf den Gebieten, die seit dem Rationalismus der Aufklärung die moderne Zivilisation am nachhaltigsten geprägt haben: Wissenschaft und Technik, Wirtschaft, Industrie, Verkehr und Kommunikation. Hier sind die Fortschritte erzielt worden, die das 18. und 19. Jahrhundert prophezeit haben, ohne sich allerdings die Sorgen und Ängste ihrer Nachfahren vorstellen zu können. Noch im letzten Drittel des vorigen Jahrhunderts konnte ein Gelehrter in hybrider Wissenschaftsgläubigkeit ausrufen: «Was kann der modernen Kultur etwas anhaben? Wo ist der Blitz, der diesen Babylonischen Turm zerschmettert? Man schwindelt bei dem Gedanken, wohin die gegenwärtige Entwicklung in hundert, in tausend, in zehntausend, in hunderttausend und immer noch mehr Jahren die Menschheit führen werde. Was kann ihr unerreichbar sein?»[9] Der Fortschritt und seine heute vielbeschworene Kehrseite sind weiterhin universal. Der Vereinheitlichung der Menschheit sind wir dadurch jedoch nicht näher gerückt. Die alten Konflikte bestehen fort. Nach wie vor gilt der Vorrang des Politischen. Den Schlüssel zur Fortexistenz oder Selbstvernichtung der Menschheit haben gegenwärtig die beiden Supermächte. Angesichts des aufgehäuften Zerstörungspotentials sind sie auf dem Gebiet der Machtkonkurrenz und der territorialen Expansion weitgehend zur Bewegungslosigkeit verurteilt. Die großen Veränderungen der äußeren Weltgestaltung erfolgen abseits der Entscheidungen über Frieden oder Krieg, Tod und Leben. Diese Entwicklung wird heute von der Macht kontrolliert, die über den technischen Fortschritt gebietet und über die größere geistige Ausstrahlung verfügt.

Die Menschheit als Betroffenheits- und Leidensgemeinschaft

Die Menschheit ist nach wie vor politisch nicht handlungsfähig; sie ist aber, und das zum ersten Mal, eine Betroffenheits- und Leidensgemeinschaft geworden. In der abstrakten Betrachtung der Philosophie steht die Menschheit als Ganze seit eh und je der Natur gegenüber, die eine Herausforderung darstellt und deren Kräfte sich der Mensch untertan macht. Aber das ist bisher nie im koordinierten Einsatz des Menschengeschlechts geschehen. Selbst Naturkatastrophen – Erdbeben, Seuchen, Hungersnöte, sogar Eiszeiten – betrafen immer nur begrenzte geographische Räume. Seit Hiroshima ist aber jeder und weiß sich fast jeder Bewohner dieser Erde von den neuen Elementargewalten gefährdet. Ähnliches gilt von der atomaren Strahlungsbedrohung mitten im Frieden. Tschernobyl beunruhigt die Menschheit als Ganze, wenn auch in unterschiedlicher Intensität. Noch Anfang des Jahrhunderts konnte der Mensch die irdischen Heimsuchungen und Katastrophen in optimistischer Betrachtung «als Balance- und Kompensationsakte mit positiven Konsequenzen»[10] im Sinne einer Strafe Gottes oder der Wiederherstellung des demographischen Gleichgewichts deuten.

Die im Wind über Kontinente und Ozeane treibende radioaktive Wolke von Tschernobyl, über deren Spätwirkungen nur Wahrscheinlichkeitsprognosen vorgenommen werden können, betrifft die Menschheit als Ganze. Zwangsläufig wird ihr dadurch in zunehmendem Maß bewußt werden, daß sie eine Einheit darstellt. «Grenzen können ‹die radioaktive Wolke› nicht aufhalten», schreibt der französische Philosoph André Glucksmann; «sie ignoriert das hochheilige Recht des Volkes auf Selbstbestimmung und zeigt keinerlei Respekt gegenüber Staaten, die sich gegenseitig das Recht zubilligen, frei über ihre Bevölkerung zu verfügen» [11]. Das gleiche lehrt in positiver Perspektive der Umstand, daß die Menschheit seit dem Ausgriff in die interstellaren Räume sich selbst und ihren Planeten mit einem Blick als Einheit erfassen kann: Das Fernsehen strahlt die Satellitenwetterkarte allabendlich als selbstverständliche Serviceleistung in die Wohnstuben. Wir sind damit ins planetarische Zeitalter eingetreten, in dem wir allerdings noch keineswegs heimisch sind.

Kein Land steht außerhalb der Weltpolitik

Vereinheitlicht wurde die Welt und die Menschheit weiterhin insofern, als es keine isolierten Gruppen mehr für sich und ohne Kommunikation mit anderen geben kann. Die Welt ist in souveräne Länder aufgeteilt, aber keins von ihnen kann sich außerhalb der Prozesse der Weltpolitik stellen. Das gleiche gilt für die Weltwirtschaft, die Weltmärkte und Weltindustrien. Die «Weltrevolution der Verwestlichung» (v. Laue) vereinheitlicht die Erde und die Menschheit; dem Diktat des industriellen Systems kann sich keiner entziehen; keine Alternative zu dieser Entwicklung wird auch nur ernsthaft diskutiert. Die Länder der Dritten Welt, die bisher nur ansatzweise in das System integriert sind, werden «umkultiviert», sie werden durch die Verhältnisse gezwungen, sich auf die westlichen Modelle umzustellen. Daraus folgt als zusätzliches Verklammerungselement der von Theodore von Laue so bezeichnete «neidische (gemeint ist neiderregende) Vergleich aller mit allen», der «eine noch nie dagewesene Welteinheit mit größter politischer

Problematik herstellt». Die weniger begünstigten Länder haben die bessergestellten – und damit die ganze Welt – ständig im Blick und messen ihren Lebensstandard und ihre Lebensweisen an den anderen. «Die Menschheit (wohnt) in einem vom Westen errichteten Weltgehäuse, unter universalen Regeln, die von der westlichen Entwicklung abgeleitet sind»[12].

Nicht neu ist die Universalität jedoch insofern, als sich der Geist, der sich in Wissenschaft und Forschung, in Technik und Kunst verwirklicht, noch nie an den zufälligen irdischen Grenzen hat aufhalten lassen; er ist seinem Wesen nach universal. Und mögen die modernen zivilen und militärischen Großforschungsprojekte von Geheimhaltungsgeboten umgrenzt sein – angesichts der raschen Fortschritte der modernen Wissenschaft sind die entsprechenden Maßnahmen ohnehin bald überholt, so daß mit einigem Zeitverzug die universale Disponibilität der Forschungsergebnisse auch heute gewährleistet ist. Auch früher war das so: Das byzantinische Feuer wurde beispielsweise als Staatsgeheimnis gehütet, dann aber verraten; und bis Anfang des 19. Jahrhunderts genossen die Wissenschaftler noch einen (kosmopolitischen) Sonderstatus, insofern ihnen sogar militärisch relevante Geheimnisse mitgeteilt wurden[13]. Als Folge davon sind die erstaunlichen Vereinheitlichungsleistungen dieses Jahrhunderts zu werten. Verwirklicht worden sind mittlerweile:

o die *universale Erreichbarkeit* des einzelnen vermittels Post und Telegraf, die schriftliche Mitteilungen, Bilder, Pakete, auch Geld an die entferntesten Orte befördern. Nach mehreren Versuchen – seitens der chinesischen, der persischen Reichspost und des römischen *cursus publicus* – ist es schließlich geglückt, mit dem Weltpostverein eine menschheitsumfassende Institution auf Dauer einzurichten. Durch das Telefon ist die unmittelbare akustische Kommunikation (auch mehrerer Teilnehmer in Konferenzschaltung) ermöglicht. In den Industriestaaten mit hoher Teilnehmerdichte kann sich praktisch jeder Mensch jederzeit an ein Telefon begeben und von dort anrufen oder angerufen werden. Die jederzeitige und allgemeine Erreichbarkeit des einzelnen auch unterwegs durch mitgeführte Geräte (heute im Auto- und Zugtelefon und für den engeren Bereich durch den sogenannten «Europieper» bereits verwirklicht) dürfte in voraussehbarer Zukunft weiter ausgebaut werden.

o die *universale Transportierbarkeit* von Menschen und Gütern an Ziele auf der ganzen Welt. Die globale Mobilität ist im ständigen Wachsen; nicht nur Geschäftsleute, Politiker, Wissenschaftler, Sportler reisen über Kontinente und Ozeane, auch Touristen sind Reisen in exotische Weltgegenden fast selbstverständlich geworden. Universale Institutionen privatwirtschaftlicher Art ergänzen die Entwicklung: Hertz und Avis vermieten auf der ganzen Welt einer internationalen Kundschaft ihre Autos.

o die *universale Partizipation* am Weltgeschehen durch die elektronischen und gedruckten Medien. Ob «die aufklärerische Wucht der Universalmedien» [14] so beträchtlich ist, wie Journalisten glauben, mag bezweifelt werden; sicher ist jedoch, daß die Menschen im Fernsehzeitalter einen bisher noch nie erreichten Informationsstand besitzen, der immer weiteren Kreisen die Mitwirkung am öffentlichen Leben in Kenntnis der Ereignisse ermöglicht. Das schließt freilich die Gefahr der Überinformation und der Veralltäglichung des Außeralltäglichen, der Verflachung der Nachrichten auf Show-Niveau und die Banalisierung ihrer Inhalte sowie der Abstumpfung des Publikums gegen das Schreckliche ein. Kriege, Gewalttaten, Leichen werden gleichrangig mit Sport- und Star-Ereignissen von den Medien alle Stunden ins Haus geliefert.

Nicht nur die Wissenschaft und die Medien, auch die Werbung entwickelt sich zum Universalen hin. Gegenwärtig tobt ein Schulstreit, ob globale oder multinationale Werbungsmethoden mehr Aussicht bieten, ob man also erfolgreicher am Äquator und am Pol mit der gleich aussehenden Cocaflasche oder mit klimatisch und national differierenden Bildern und Texten wirbt [15]. Die wachsende Vernetzung der wirtschaftlichen, wissenschaftlichen, administrativen und sogar der biologischen Bezüge (Vereinheitlichung der Mikroben [16]), ihre Interaktion und Interkommunikation verstärken weiter die Tendenz zum Universalen.

Die Übermacht des Staates

In vollem Gegensatz zum Universalismus des 20. Jahrhunderts steht die politische Entwicklung. Wir registrieren zugleich eine beispiellose Erstarkung des Nationalstaates – sowohl nach außen (was die Machtmittel in der Konkurrenz der Staaten angeht) wie nach innen (in der Einbindung der Bürger). Der souveräne Staat, der sich mit der Zustimmung aller Schichten der Nation vollgesogen hat, wird zum alleinigen und unangefochtenen Sieger auf der Bühne der Geschichte. Nach dem Ersten Weltkrieg wird Europa, das damals noch die Welt bedeutete, nach Woodrow Wilsons Leitgedanken vom Selbstbestimmungsrecht der Völker durchgehend nationalstaatlich gegliedert. Die Vielvölkerreiche – Donaumonarchie, Osmanisches Reich – zerbarsten unter dem Ansturm der nationalen Befreiungsbewegungen. Nach dem Zweiten Weltkrieg wiederholte sich diese Neuordnung im Weltmaßstab. Die europäischen Kolonialreiche brachen nach der Überanstrengung der beiden Kriege und unter dem Druck der künftigen Weltmächte auseinander. Binnen zwei Jahrzehnten erlangten einige Dutzend neuer Staaten, beginnend mit Indien, «dem Juwel der britischen Krone», die Unabhängigkeit. Und alle zogen sich von Anbeginn das nationalstaatliche Gewand über, um sich in gleicher Gestalt wie alle anderen in die Familie der Völker einreihen zu können, auch Indien und China, die beide ihrer inneren Struktur nach mehr Kultureinheiten als Nationen sind. Die neuen Staaten Afrikas haben sich in den größtenteils unhistorischen, gewachsene Stammeseinheiten durchschneidenden kolonialen Grenzen eingerichtet, die sie wohlweislich sanktionierten, weil Grenzstreitigkeiten zwangsläufig zu einem verheerenden Krieg aller gegen alle führen mußten. Kein neues Ordnungsprinzip wurde jedoch anvisiert, wie es etwa Simon Bolivar – allerdings vergeblich – mit seinem föderalistischen Konzept für Südamerika versucht hat. Die Führer der neuen Staaten haben sich rein imitativ verhalten. «Nation Building» nach europäischem Vorbild (freilich zumeist ohne demokratisch-freiheitliche Komponente) wurde ihre Devise. Die ausländischen Beobachter haben blindlings ihr Argument übernommen, sie müßten die nationale Stufe in ihrer Entwicklung «nachholen», als sei die leidenschaftlich herbeigesehnte und erstrittene Souveränität der Weisheit letzter Schluß und die Nationalstaatlichkeit ein unabdingbares Schicksal, als seien eigene, etwa föderale Muster nicht realisierbar. Die alten Stammesloyalitäten wurden von den neuen Staatslenkern als überholt bezeichnet; ihre Destruktion wurde zum wichtigsten innenpolitischen Anliegen. Den Stammesangehörigen mußte dabei, wie Kwame Nkrumah einmal sagte, «die Seele im Leibe umgedreht werden»[17]. Der Nationalstaat in seiner Selbstherrlichkeit, mit seinen Insignien und seiner Beamtenhierarchie setzte sich auch bei Bevölkerungen durch, denen er ursprünglich fremd war. Der Vollständigkeit halber muß noch erwähnt werden, daß sich auch die USA und die Sowjetunion auf ihre besondere Weise als Nationalstaaten verstehen.

Damit ist die ganze Welt nationalstaatlich organisiert. Ob die Staaten groß oder klein sind, ob sie demokratisch oder diktatorisch, pluralistisch oder nach Einparteiensystem regiert werden – niemand setzt die Legitimität der nationalstaatlichen Ordnung in Zweifel. De Gaulles These, nur Nationen seien Handlungssubjekte der Politik, Versuche, inter- oder übernationale Gebilde (z. B. den Kommunismus) an ihre Stelle oder neben sie zu setzen, stellten «Kinderkrankheiten» dar, scheint weltweit geteilt zu werden. Die Nationalstaaten sind gegenwärtig die einzigen funktionsfähigen Ordnungsfaktoren in der Ebene der großen Politik, auch wenn sie den globalen Herausforderungen der Zeit nicht mehr gewachsen sind. Das Urteil des Pariser Soziologen Edgar Morin, die Nationalstaaten seien «paranoide Monster», ist radikal und einseitig formuliert, aber im Kern zutreffend. Von welchen Absichten und Vorstellungen die einzelnen Politiker sich auch bestimmen lassen mögen, Staaten betrachten einander a priori als potentielle Feinde und ihre eigenen Bürger als verdächtig. Sie gehen miteinander «wie Dinosaurier und Pterodaktylen ... im wahnsinnigen Blutfuror um. Sie anerkennen kein höheres Gesetz über ihrem barbarischen Willen. Verträge sind immer nur ein Fetzen Papier, die jedes neue Kräfteverhältnis zerreißt. Sie sind unfähig zu lieben und ermangeln des Gewissens. Und wir, die Individuen ebenso wie die Menschheit, hängen zur Gänze von der trunkenen Wut und den Grausamkeiten dieser uranischen[18] Ungetüme ab. Das Schicksal des Planeten befindet sich in ihren Händen. Tatsächlich sind es die Nationalstaaten, von denen sich die äußerste Bedrohung der Individuen als Individuen (die totalitäre Entfremdung) und der Menschheit als Menschheit (die totale Vernichtung) herleiten»[19]. Die Herrschaft der Nationalstaaten ist total. Die Supermächte belauern einander, daß sie sich keine Blöße geben und jede Schwäche des Rivalen rechtzeitig erkennen. Nach der allgemein geltenden Vorstellung ist des einen Machtverminderung des anderen Machtvermehrung. Sie rüsten und rüsten immer fort in der nie nachlassenden Furcht, überrundet zu werden und der niemanden überzeugenden Hoffnung, den Gegner «totrüsten» zu können und damit Herr der Welt zu werden. Sie führen damit eine vieltausendjährige Tradition des Menschengeschlechts fort, übersteigern sie ins Surreale, insofern jede neue Waffengeneration, die eine frühere ersetzt, hergestellt wird, um nicht benutzt, sondern verschrottet zu werden. Die tastenden Rüstungskontroll- und Abrüstungsversuche sind noch nicht siebzig Jahre alt und ihre Leistungen – trotz des ersten effektiven Erfolges bei den Mittelstreckenraketen – angesichts der Fortrüstung auf den Gebieten der zerstörerischen Spitzentechnologie noch wenig überzeugend. Der Friede ist heute ein Produkt der Angst. Andere Felder des Staatenwettbewerbs und der Machtlegitimierung – wie sie die Renaissancefürsten und absoluten Monarchen zuzeiten in der Entfaltung mäzenatischen Künstlerehrgeizes oder imponierender Baupracht gefunden haben – sind von den Weltmächten bisher nicht einmal anvisiert worden. Solche Formen wären heute nicht mehr zeitgemäß. Die Konkurrenz der Mächtigen müßte sich gegenwärtig darauf erstrecken, Vorbilder für die kleineren Nationen zu sein, ihnen Lebens-, Gesellschafts- und Kulturentwürfe anzubieten, ohne zu versuchen, sie ihnen zu eigenen selbstsüchtigen Zwecken zu oktroyieren. Die kleineren Nationalstaaten üben sich daher weiterhin «im grausigen Würfelspiel des Krieges»[20] oder der Kriegsdrohungen. Sie sind (noch) nicht im Besitz von Atomwaffen, können sich daher nach den herkömmlichen Regeln der souveränen Staaten verhalten.

Die unheilvollste Auswirkung der Übermacht des Staates besteht darin, daß die Politiker gehindert werden, vorrangig die Aufgaben in Angriff zu nehmen, die sich der Menschheit als Ganzer oder größeren Weltregionen stellen: Friedenssicherung und -kontrolle, Umweltschutz in all seinen Ausformungen, z. B. Ozonloch, Erhaltung der tropischen Wälder, der Meere und Flüsse. Organe, die für Aufgaben dieser Dimension zur Verfügung stünden und über Exekutivmacht verfügten, sind bisher nicht installiert worden. Die souveränen Staaten, die die Dringlichkeit dieser Probleme durchaus erkannt haben, sind noch nicht fähig oder nicht bereit, über die intergouvernementale Zusammenarbeit hinauszugehen, mit der allein sie heute diese Probleme angreifen; ihre Unzulänglichkeit steht nicht in Frage. Nicht einmal übernationale Lösungen werden für Teilgebiete angestrebt. Der Begriff Souveränitätsverzicht, die Leitparole der EG in ihrer Gründungsphase, ist seit den 70er Jahren selbst aus dem Vokabular ihrer amtlichen Rhetorik verschwunden. Die nationalen Egoismen, die sich hauptsächlich in den ihre Kompetenzen und Interessen verteidigenden Bürokratien ausdrücken, sind stärker als die das Überleben der Menschheit betreffenden Erfordernisse.

An übergreifenden Instanzen als solchen – Haager Schiedsgerichtshof, Völkerbund, UN, KSZE – fehlt es nicht, und ihre Bedeutung als Bühnen der Diskussion und Foren des Ausgleichs darf nicht unterschätzt werden. In Fällen aber, in denen die souveränen Staaten ihre, wie es heißt, *vitalen* Interessen für berührt erklären, ist ihre Geltung gering, oft gleich Null. Denn sie sind darin Richter in eigener Sache. Universale Ordnungsvorstellungen haben – trotz verbaler Bekundungen («Nicht-Einmischung», «souveräne Gleichheit» usw.) – nur geringe bestimmende Kraft. Der gegenwärtige Staat ist sich selbst genug, sucht seine Legitimität nicht einmal wie zu Beginn der nationalstaatlichen Ära in einem besonderen «historischen Auftrag», der Deutschheit, der *francité*, dem *british way of life*. Frieden wird von den modernen Staaten als bloße Abwesenheit von Krieg verstanden – ohne inhaltliche Ausfüllung, die die Menschen zur Gemeinsamkeit durch neue Aufgaben motivieren könnte. Fast könnte man sagen, Frieden sei nur ein Notbehelf angesichts der atomaren Bedrohung. Die eigentliche raison d'être des Staates – Machterhalt und Machtausweitung – ist leer, bloß formal. Im Zeitalter der globalen Weltzivilisation fehlt dem Staat als Institution jede Zukunftsperspektive, er ist durch geistige Sterilität gekennzeichnet. Weder die sozialistische Internationale noch die internationale Demokratie üben eine ethisch determinierende Kraft aus. An großen Ideen, ja selbst an rhetorischen Gesten herrscht Mangel. Das Pathos der großen Geste, die das 19. Jahrhundert noch besaß, ist dahin. Die Weltausstellungen – die erste von Prinzgemahl Albert enthusiastisch geförderte (1851) im Londoner Kristallpalast wurde als ein vorwärtsweisendes kosmopolitisches Ereignis gefeiert – sind zu wirtschaftlichen Routineveranstaltungen ohne zukunftsgestaltende Zielsetzung geworden. Die hochherzigen Utopisten, die ideale Formen des Zusammenlebens entwarfen, die Fourier und Comte und Spencer, haben nur in den negativen Utopien Nachfolger gefunden, bei dem kulturpessimistischen Aldous Huxley mit seiner technisch bedingten Schreckensvision *«Brave new world»* oder bei George Orwell mit seiner nicht minder erschreckenden totalitären Prophetie *«Animal Farm»*. Die Science-fiction-Raumfahrtromane und -Filme sind keine Utopien mit zukunftsgestalterischer Absicht in der Art von Thomas Morus' politischem Gesellschaftsentwurf «Utopia», Campanellas metaphysisch-religiösem «Sonnenstaat» oder von Francis Bacons Wissenschafts- und Technik-Utopie «Nova Atlantis»; sie sind vielmehr bloße märchenartige Fortschreibungen der gegenwärtigen Entwicklung für Zwecke der Unterhaltung. Kein Victor Hugo prophezeit heute mit gläubigem Optimismus: «Ein Tag wird kommen, wo man die Kanonen in Museen zeigen wird, wie dies heute mit den Folterwerkzeugen geschieht, und man wird staunen, wie dergleichen einst möglich gewesen ist» [21]. Kein neuer Romain Rolland ruft aus: «Wir haben alle nur *ein* Vaterland» [22]. Kein moskaugläubiger Widerstandskämpfer singt mehr: «Ein Sechstel des Erdballs ist befreit!». Der Nationalstaat mit seiner Resignation und seinem Realismus beherrscht das Geschehen.

Nationalstaatliche Einteilung des Alltags

Nicht genug damit, der Nationalstaat ist heute auch das vorrangig benutzte politisch-gesellschaftliche Einteilungsmerkmal, gleichermaßen das vorherrschende Selbstdeutungsprinzip. Die meisten Menschen verstehen sich Ende des 20. Jahrhunderts in erster Linie als Angehörige ihrer Nation, stellen nicht die berufliche, soziale, religiöse oder Klassenzuordnung heraus, mögen sie dadurch auch stärker determiniert sein.[23] Nur selten (und nur im Kreis von Gleichgesinnten) wird man einen zu erwartenden ausländischen Gast als Protestanten, Tory oder Informatiker bezeichnen, vielmehr fast immer als Dänen, Argentinier oder Syrer. Ebenso werden inter- und übernationale Gruppierungen – UN-Organisationen, Gewerkschaften, Sportverbände, Kirchen oder sogar die Sozialistische Internationale (im krassen Widerspruch zur Gründungsintention) – nach nationalstaatlicher Zugehörigkeit aufgegliedert. Das gleiche gilt für wissenschaftliche Verbände, die ihrerseits entgegen dem wissenschaftlichen Universalismus sich nationalstaatlich organisieren und internationale Dachverbände gründen. Bei der Postenvergabe in den internationalen Führungs- und Repräsentativgremien wird das Prinzip nationalstaatlicher Quotierung stillschweigend oder ausdrücklich, aber fast ausschließlich befolgt. Nur die geschlechterspezifische Zuordnung setzt sich in jüngster Zeit als zusätzliches Einteilungs- und Qualifizierungsprinzip, sogar als Quorum durch; die Mitwirkung von Frauen in Parlamenten und sonstigen staatlichen oder privaten Vertretungskörperschaften ist allerorten erwünscht.

Insgesamt ist die nationale Determiniertheit so stark, daß selbst die von Positions wegen übernational und kosmopolitisch präparierten und programmierten, polyglotten UN-, IMF-, EG- und sonstigen Funktionäre ihre nationale Herkunft nicht zu ignorieren oder wenigstens hintanzustellen vermögen. Diese hochqualifizierten Beamten sind während ihres Dienstes in Brüssel oder Straßburg, New York, Washington oder Paris institutionell denationalisiert; ihr Dienstherr sind die Vereinten Nationen, der Weltwährungsfonds, die Kommission; von ihnen hängen sie finanziell ab, die Entsendestaaten stellen sie nur frei und gewähren eine Rückkehrgarantie. Diese übernationalen Funktionäre haben eine hohe Technik des zwischenstaatlichen Interessenausgleichs entwickelt, sind Profis der intergouvernementalen Konsultations- und Koordinationsmechanismen, Routiniers der grenzüberschreitenden Kooperation, sind selbst aber keine Kosmopoliten, sondern Angehörige ihrer Nationen, die nur schwer über ihren nationalen Schatten springen können und die häufig in den Gremien nach nationalen Kriterien abstimmen, weil das von ihnen erwartet wird. In ihrem privaten Dasein fallen sie in ihre nationalen Lebensschemata zurück, verkehren gesellschaftlich und freundschaftlich hauptsächlich im Kreis der Landsleute, wohnen bevorzugt in heimischer Weise, die Italiener in Appartements, die Deutschen in Eigenheimen usw. Sie suchen gerade in der Fremde nostalgisch die Nestwärme des Heimatlichen.

Ihr Stolz ist nicht das Allgemeine, Kosmopolitische, die Polyglottie, die kenntnisreiche, odysseische Welterfahrung und Weltläufigkeit, die geistbezogene Humanität, was sie über die große Mehrzahl der Zeitgenossen herausheben würde, sondern die nationale Eigenart und Verwurzelung. Die meisten Funktionäre blicken auf ihre Zukunft nach der Pensionierung im heimatlichen Fünen, Burgund, Braganza oder Akarnanien und nicht in der glitzernden kosmopolitischen Metropole. Ihnen fehlen beide Seiten des Kosmopolitismus, sowohl der Glaube an die Notwendigkeit des Universalen wie die Lust an der Besonderheit der Fremde. Sie entraten sowohl des visionären Vorgriffs auf die Zukunft, die man neu gestalten will, wie jener *curiositas* und Entdeckerlust, die die intellektuellen und politischen Eliten bis ins 19. Jahrhundert auszeichneten, das Begehren zu wissen, wie es in andern Ländern zugeht, die Anteilnahme an den literarischen, künstlerischen, politischen Vorgängen und Veränderungen jenseits der eigenen Grenzen. Die Verkümmerung dieser Neugier ist auch eine Folge der zunehmenden Information durch Tourismus und Fernsehen. Man kennt sich schon aus im Ausland, wenn auch nur oberflächlich; zur Neugier besteht, wie man glaubt, kein Anlaß.

Sichtbaren und störenden Ausdruck findet die archaische Gesinnung der Abschließung in den (allein in der Europäischen Gemeinschaft nach Hunderttausenden zählenden) Kohorten von Aufpassern, Grenzwächtern, Paßkontrolleuren, Zöllnern, die ihrem unzeitgemäßen Werk obliegen und auch in offenen Gesellschaften immer neue Argumente finden, die Fortführung und Ausweitung ihrer Tätigkeit und ihrer Kompetenzen zu rechtfertigen (Bekämpfung des Drogenhandels, Terrorismus usw.). Würde man die Masse dieser großenteils nur mit dem nutzlosen Durchwinken von Autos beschäftigten Grenzbeamten gezielt darauf ansetzen, die diesbezügliche Kriminalität zu bekämpfen, so würde man zweifellos nennenswertere Ergebnisse erzielen als durch das Errichten von Sperren, Barrieren, Zollhäusern, die, selbst die prohibitive Wirkung mit einberechnet, die ständig anschwellenden Verkehrs- und Transportströme nicht kontrollieren können.

Die übergroße Macht des modernen Staates artikuliert sich wie im Außen- so auch im Binnenverhältnis. Die Bürger büßen ihre Selbständigkeit ein. Ihre Freiheit wird vom Staat weniger unterdrückt als aufgesogen. Das gilt von den totalitären ebenso wie von den Wohlfahrts- und Sozialstaaten westlichen Zuschnitts. In den faschistischen und kommunistischen Staaten herrscht(e) die Allmacht der Parteiführung, die im Namen einer gleichmacherischen «Wahrheit», d. h. der jakobinischen Annahme von der Identität von Staat und Gesellschaft die Selbstentfaltung des einzelnen behindert; die Reformen der Zeit nach Stalin haben insbesondere auf dem Gebiet der Rechtssicherheit, seit Gorbatschows Glasnost auch der Meinungsäußerung und Transparenz wesentliche Wandlungen herbeigeführt, aber das System des Einparteienstaates selbst nicht verändert. In den freiheitlichen Demokratien wiederum beengen die bürokratischen Zwänge die Aktionsfreiheit der Bürger – selbst in den Bereichen, die die Regierungen aus wirtschaftlichem Eigeninteresse der freien Entwicklung überlassen. Der Staat ist Subventionsgeber und Auftragserteiler für militärische und zivile Forschung und industrielle Fertigung und beeinflußt damit maßgeblich das wirtschaftliche Geschehen und den Arbeitsmarkt – selbst bei Enthaltung dirigistisch-arbeitsmarktpolitischer Maßnahmen. Die insgesamt höchst funktionsfähigen und großenteils philanthropisch gesinnten Bürokratien, die dem um Gewährung eines Wintermantels nachsuchenden Rentner das «ihm Zustehende» zuteilen, die ihn umsorgen, verwalten und unterstützen, sind so allgegenwärtig, verzweigt und mächtig, daß die unbekümmerte Freiheit des einzelnen sich im wesentlichen nur noch auf den privaten Bereich bezieht – was freilich wichtig genug ist. Es ist keineswegs überraschend und höchst bezeichnend, daß die zumeist ehrlicher Überzeugung entspringenden liberalen Appelle, zu denen sich viele konservative Regierungen veranlaßt sehen – weniger Staat, Stelleneinsparung bei Behörden, Abbau von Subventionen und überflüssigen oder entbehrlichen Ausgaben –, fast ausnahmslos bloße Rhetorik bleiben, weil sie angesichts neuer Aufgaben und neuer Forderungen der Bevölkerung nicht durchgesetzt werden können. Selbst in den ihrer Natur nach global operierenden Finanzbehörden sind Rückfälle zu registrieren, so wenn der Gouverneur der Bank von England das Innerste des britischen Geldsystems von ausländischer Eignerschaft freihalten will, «mystically», wie der «Economist»[24] schreibt.

Unter diesen Behinderungen gedeihen radikal nationalistische und fremdenfeindliche Aktivitäten – etwa gegenüber den Gastarbeitern und Asylsuchenden. In den letzten Jahren sind Millionen Arbeitsuchende in die westeuropäischen Wohlstandsstaaten geströmt, die dort beim Wiederaufbau der kriegszerstörten Industrien gebraucht wurden: Westinder nach England, Algerier nach Frankreich, Marokkaner nach Spanien, Ambonesen in die Niederlande, Türken, Italiener, Jugoslawen, Griechen in die Bundesrepublik, Pakistaner und Schwarzafrikaner nach Süditalien und Griechenland. Nationalistische Demagogen und Rassisten vom Schlage eines Le Pen in Frankreich, von Neonazigruppen in Deutschland argumentieren gegen die Fremden nach dem biologischen Abstammungsprinzip: wer nicht zu uns gehört, hat auch unter uns nichts zu suchen. Wer sich für Asylbewerber einsetzt, gehört zur «mafia cosmopolite», die sich gegen «La France française» stellt[25]. Fremdenfeindlichkeit artikuliert sich in einer besonders unehrlichen Weise, wenn die Eingliederung der Ausländer angeblich in ihrem eigenen Interesse als «kulturelles Genozid» bezeichnet und propagandistisch unter der Devise «Ausländerintegration ist Völkermord» verurteilt wird.

Noch schlimmer werden die Asylsuchenden behandelt, die nicht als *«cosmopolites forcés»*[26] (Zwangskosmopoliten), sondern als bettelnde Eindringlinge erscheinen, die mit verschärften Absperrungsmaßnahmen außer Landes gehalten werden sollen. Der Paß der Staatenlosen gilt nicht mehr als Ehrenurkunde für Personen, die sich wegen mutigen Verhaltens gegen illiberale Gesetze und Praktiken im eigenen Land mißliebig gemacht haben, flüchten mußten und Anspruch auf die kosmopolitische Solidarität anderer Staaten haben, sondern macht den Inhaber zum amtlich nur geduldeten, in allen diesbezüglichen Fragen diskriminierten Heimatlosen, zum *Apolis.*

Pseudomorphose Internationalismus

Auf die Globalisierung der Wirtschafts-, Verkehrs- und Kommunikationspolitik einerseits und das paradoxe Wiedererstarken des Nationalismus andererseits reagierte die Politik im 19. Jahrhundert mit einem neuen universalistischen Versuch, dem Internationalismus, der eine Pseudomorphose des Kosmopolitismus ist. Kosmopolitismus und Internationalismus haben den gleichen geistigen Ursprung, stehen in der gleichen weltgeschichtlichen Tradition, sind Spielarten der gleichen menschlichen Sehnsucht und verfolgen die gleichen Ziele: Frieden durch Einheit der Menschheit. Das universalistische und das pazifistische Motiv bestimmen die Geschichte der Theorien und Aktivitäten aller Internationalen, der «roten» (sozialistischen), der polemisch so bezeichneten «schwarzen» (kirchlichen) und «grauen» (liberalen). Es änderte sich anfangs nur das Vokabular. An die Stelle des etwas schwärmerischen kosmopolitischen Bekenntnisses «Alle Menschen werden Brüder»[27] tritt die klassenkämpferische Parole des Kommunistischen Manifests «Proletarier aller Länder, vereinigt euch». Der Begriffswandel zum Internationalismus erfolgte einerseits, weil sich die kosmopolitische Dynamik des 18. Jahrhunderts erschöpft hatte und schließlich erst in den «nationalen Universalismus» Fichtescher Observanz, dann in einen kruden imperialistischen Nationalismus umgekippt war. Andererseits war der Kosmopolitismus der Aufklärung ein Produkt der oberen Schichten, was nicht mehr in die Zeit paßte. Im 19. Jahrhundert bemächtigten sich die neuen Klassen der industriellen Arbeitswelt des Themas, Unternehmer ebenso wie Arbeiter, wobei wiederum Intellektuelle die Pionierarbeit leisteten. Die Einheit der Menschheit sollte nunmehr in der wirtschaftlichen Dimension vorangetrieben werden. Marx stellte der Bourgeoisie die Aufgabe, den Weltmarkt herzustellen, also alle Menschen zu Wirtschaftssubjekten zu machen, sie ökonomisch universal zu stellen. Dabei würden sich die sozialen Gegensätze verschärfen. Der Klassenkampf, der aller Geschichte zugrunde liegt, würde bewußter geführt, die Weltrevolution vorangetrieben werden. Die Bourgeoisie würde endgültig unterliegen und von der Bühne der Geschichte abtreten. Damit würde eine Gesellschaft der Gleichen (jeder nach seinen Fähigkeiten, jedem nach seinen Bedürfnissen) entstehen, wie sie von den zahlreichen Theoretikern (Proudhon), Philanthropen (Owen), Politikern (Garibaldi), Geheimbündlern (Mazzini, Blanqui) seit Beginn des 19. Jahrhunderts entworfen worden ist.

Dieser Prozeß, den Marx als geschichtslogisch, darum unentrinnbar und wissenschaftlich erkennbar definierte, sollte zum Absterben des Staates als Herrschaftssystem führen, der nur ein Instrument der herrschenden Klasse zur Unterwerfung der arbeitenden Schichten sei; an seine Stelle würde als Folge der Weltrevolution eine bloße, von den Bürgern selbstbestimmte Verwaltung treten. Mit dem Staat würde auch die Staatenkonkurrenz beseitigt, zöge der Frieden auf Erden ein. Zwei Revolutionen säkularen Ausmaßes, die russische (1917) und die chinesische (1948) und einige Nachfolgerevolutionen in kleineren Ländern (Titos Jugoslawien 1948, Castros Kuba 1959 usw.), waren von den Marxschen Gedanken inspiriert. Sie haben ihre hochgesteckten Ziele nicht erreicht. Der internationalistische Versuch saldierte sich mit Diktatur, polizeistaatlichen Methoden, menschenverachtenden Zwangsordnungen, Konzentrationslagern, war gleichwohl auf das Ziel der Einheit des Menschengeschlechts gerichtet.

Die universalistischen Elemente, die in der sozialistischen

Theorie enthalten waren, verblaßten bei den Versuchen, sie in die politische Wirklichkeit umzusetzen. Die Gründung der sozialistischen und der Arbeiterparteien erfolgte im Rahmen der existierenden Staaten, in denen sie ihre gesellschaftlichen Ziele zu verwirklichen unternahmen, nicht auf inter- oder übernationaler Ebene. Die Sozialistischen Internationalen verstanden sich definitionsgemäß als die Menschheit umfassende Organisationen, haben aber die entsprechenden Ziele kaum angesteuert. Die Erste Internationale (IAA, Internationale Arbeiter Assoziation, gegründet in London 1864, letzter Kongreß 1877) befaßte sich kaum mit politischen Fragen, erschöpfte sich im wesentlichen in Theorie-Diskussionen. Der «Internationale» eine straffe übernationale Organisation zu geben, gelang auch Karl Marx nicht; die von Bakunin geführte radikal sozialrevolutionäre, antietatistische Opposition war zu stark.

Die Zweite Internationale (als Zusammenschluß sozialdemokratischer Parteien und Gewerkschaften in Paris 1889 gegründet) stellte sich nach Ausschluß der Anarchisten von Anfang an auf die Vielfalt der Staatenwirklichkeit ein und suchte ihre vornehmlich marxistischen Ziele mit parlamentarischen Mitteln zu erreichen. Die nationalen Sektionen arbeiteten weitgehend autonom. Internationale Manifestationen z. B. für den Acht-Stunden-Tag haben Signale gesetzt, aber keine internationalistischen Durchbrüche erzielt. Insgesamt kennzeichnen wiederum endlose theoretische Debatten und Richtungsstreitigkeiten (Reformismus, Revisionismus, Ministerialismus [= Mitarbeit in bürgerlichen Regierungen], später Volksfront) ihre Arbeit. Die oft pathetische Rhetorik («Arbeiter haben kein Vaterland; es gibt weder einen französischen noch einen deutschen noch einen belgischen Sozialismus: es gibt nur einen proletarischen Sozialismus», so Jean Jaurès auf dem V. Kongreß 1900) vermochte die Tatsache nicht zu überdecken, daß die entscheidende, die existentielle Frage nach dem Primat des Staates und der Haltung der Organisation gegenüber den militärischen Anforderungen an den Bürger nie ernsthaft gestellt worden ist; das Prinzip der Landesverteidigung war bei fast allen Ländersektionen unumstritten.

In der Krisensituation von 1914 kamen dann die theoretischen Widersprüche und Zweideutigkeiten als unversöhnliche Gegensätze zum Vorschein. Die Kriegsfrage stand zwar von 1889 an auf der Tagesordnung aller Kongresse; man diskutierte Resolutionen, wonach «das Proletariat» den Kriegsfall mit Aufständen, mit Generalstreiks und Gehorsamsverweigerung beantworten sollte. Es stellte sich aber alsbald heraus, daß es zwar eine Welt der Nationen, aber keine der Arbeiter oder des Proletariats gab. Die Arbeiterklasse hatte sich in die bestehende Gesellschaftsordnung der Nationalstaaten widerspruchslos eingefügt und war bereit, diesen zu verteidigen. Als sich die internationale Lage zuspitzte, überschwemmte eine patriotisch-nationalistische Welle den europäischen Kontinent. Damit zerstoben die Illusionen des «rhetorischen Internationalismus». Die in ihren wirklichkeitsfernen Ideologien befangenen Führer der Zweiten Internationale hatten sich in der Annahme getäuscht, daß die Ideen der Weltrevolution die Arbeiterschaft motivierten. Deren selbstverständliche, aus unbewußten Gefühlsschichten gespeiste Loyalität gehörte dem Vaterland, nicht der Menschheit. Das Experiment der Internationalen war damit gescheitert.

Nach Kriegsende und im Gefolge der russischen Revolution wurde die Dritte (kommunistische) Internationale (Komintern, Moskau 1919) gegründet und von Anbeginn an als Instrument der sowjetischen Machtpolitik definiert. Die Mitgliedsparteien hatten ihre Eigenständigkeit aufzugeben und wurden nach dem sowjetischen Gliederungsprinzip des demokratischen Zentralismus organisiert. Lenin war seit langem der Auffassung, daß die Führer der Zweiten Internationale, insbesondere durch Bewilligung der Kriegskredite, den proletarischen Internationalismus verraten haben, und daß allein die KP den revolutionären Prozeß weiterführen könne. Mit Stalin aber wurde die internationalistische Dimension der weltrevolutionären Bewegung durch Festlegung auf den zeitbedingten «Sozialismus in einem Land» endgültig ausgelöscht. Internationalismus wurde seither als Gegensatz zu dem reaktionären, die Klassengegensätze und die imperialistische Expansion mit humanitären Ideologien verschleiernden Kosmopolitismus der

Bourgeoisie definiert. Internationalismus bedeutet in der gegenwärtigen Zeit nach kommunistischer Lehre die Solidarität der nationalen Sektionen der Arbeiterklasse[28].

Die Angst vor der Größe

Das paradoxe Wiedererstarken des Nationalismus und die Bereitschaft der Bürger, sich vom Staat in die Pflicht nehmen zu lassen, erfolgten trotz der Wucht der universalen Determinanten des wissenschaftlich-technischen und des auf möglichst globale Märkte hinzielenden wirtschaftlichen Lebens. Sie lassen sich nur aus der Angst der einzelnen vor der sie überfordernden globalen Herausforderung interpretieren. Wohl erkennt der Zeitgenosse die Bedeutung der universalen Postulate. Das zeigt die intensive Beschäftigung mit Problemen der Umwelt, Kernwirtschaft, Gentechnologie. Er ist sich also der Notwendigkeit bewußt, sich den daraus resultierenden Aufgaben zu stellen. Aber er fühlt sich überfordert, der Mächtigkeit der anstehenden Reformen nicht gewachsen. Vor der Überspannung seiner Kräfte flüchtet er in die kleinen, scheinbar Schutz, zumindest psychologische Wärme bietenden Gemeinschaften, zieht sich in das gewohnte nationale, regionale oder lokale Schneckenhaus zurück. Universalistische Betrachtungsweisen schrecken, kosmopolitisches Verhalten wird als abstrakt oder arrogant und kalt zurückgewiesen. Der sich in der Defensive fühlende einzelne sucht instinktiv Gemeinsamkeit, Anlehnung, Nachbarschaft und Nähe – nicht wie der Kosmopolit Allgemeinheit, Selbständigkeit, Weite und Ferne. Der Kosmopolit erscheint danach als eigenschaftsarmes, aller besonderen Prägungen entratendes Abstraktum, als «aalglatter Allerweltsmensch»[29] – ein Nicht-Deutscher, Nicht-Bayer, Nicht-Münchner, ein Nichts. In der nationalistischen Polemik wird Kosmopolit zum Schmähwort. Kommunisten und Nazis, Heimat-, Boden- und Rassengläubige gebrauchen es zur Kennzeichnung der anderen, der Nicht-Dazugehörigen, der «Dekadenten», nicht zuletzt der Juden. Kosmopolitismus und Antisemitismus werden zeitweise Synonyme: das hatte zur Folge, daß der Kosmopolitismus durch den Antisemitismus diskreditiert wurde. Das archaische Syndrom «der Fremde ist der Feind», aus Angst und Inferioritätsempfindungen entstanden, tauchte wieder auf. Schon bald nach der Reichsgründung wandten sich die Nationalen «im Namen der Selbsterhaltung der Völker gegen doktrinäre ‹Humanität› und empfindsam angekränkelten Kosmopolitismus und malte(n) die Ausweisung aller Juden aus Deutschland aus». Lagarde erklärte bündig: «Mit der Humanität müssen wir brechen: denn nicht das allen Menschen Gemeinsame ist unsere eigenste Pflicht, sondern nur das uns Eignende ist es. Die Humanität ist unsere Schuld, die (nationale) Individualität unsere Aufgabe»[30]. «La terre, elle, ne ment pas», die Erde, die Scholle lügt nicht, sagte Pétain den Franzosen im Krieg, (nur) auf die Unseren können wir uns verlassen.

Die Suche nach der Identität (1)

Die Modeworte Identität und Selbstverwirklichung verraten ein diesbezügliches Bedürfnis. Nach heutigem Verständnis visiert der Begriff Identität mit seinen Derivaten (Identifikation, Identitätssuche, -behauptung, -verlust, -verfall, -krise, -verweigerung) das Gegenteil dessen an, was unter Kosmopolitismus verstanden, auch mißverstanden wird. Kosmopolitisches Verhalten geht vom Individuum aus, das die Welt als seinen Bewegungs- und Entfaltungsraum beansprucht; in dem alle Menschen Mitmenschen und Brüder sind. Die bestehenden Menschengruppen, heute in erster Linie die Nationen, werden in dieser Sicht als freie Assoziationen verstanden (*«un plébiscite de tous les jours»*)[31]. Man ist Franzose, Deutscher «par adhésion, non par imprégnation»[32], durch einen Willensakt, nicht durch naturhafte Prägung. «Die nationale Identität ist schließlich kein biologischer Tatbestand – wer unter uns hat einen Gallier als Vorfahren? –, sondern ein kultureller: man ist Franzose dadurch, daß man sich in einer Sprache ausdrückt, eine Kultur internalisiert, am politischen und wirtschaftlichen Leben teilhat»[33]. Der Kosmopolit ignoriert, verneint, verachtet zwar keineswegs die historisch zustande gekommenen Unterschiedlichkeiten der Nationen und sonstigen Herkunftsgruppen, sie wecken durchaus sein

Interesse. Er schreibt ihnen aber keine mystische oder metaphysische Qualität zu, wie sie in Formulierungen wie «Nationen sind Gedanken Gottes», Völker sind «unmittelbar zu Gott», haben einen «historischen Auftrag» zum Ausdruck kommen. Der Kosmopolit will die fremden Nationen in ihren Bewohnern, ihren Institutionen, ihrer Literatur oder Philosophie kennenlernen, mit ihnen umgehen, sich gegebenenfalls mit ihnen vermischen, immer im Blick auf die eine Menschheit und ihre vorrangigen, allgemeingültigen Imperative, die die Abschleifung der nationalen oder provinziellen Enge zum weltoffen-urbanen Lebensstil einschließen. Er stößt sich nicht an den Besonderheiten und Unterschieden, weil er sie – als eigene Kulturanamnese – in sich aufnimmt und im hegelschen Sinn «aufhebt»: die aus heimatlicher Herkunft, landsmannschaftlicher und völkischer oder rassischer Prägung sich ergebenden Differenzen werden *bewahrt*, insofern sie nicht aufgegeben, nicht vergessen werden, zumindest also als Erinnerung fortwirken; sie werden *beseitigt*, insoweit sie im Widerspruch zu den höherrangigen Determinanten stehen; sie werden auf eine höhere Stufe *erhoben*, weil sie den Kosmopoliten selbst mitprägen. Der nach Frankreich emigrierte gebürtige Bulgare Tzvetan Todorov schreibt in seinem wichtigen Buch «Nous et les Autres» zu Recht: «Auch wenn die gegenwärtigen Kontakte zwischen den Völkern im Sinne der Annäherung wirken, erzeugt das Gewicht der Geschichte, das sich nie auflöst, einen gegenläufigen Effekt. Überdies ist die Konstituierung eines Universalstaates nicht eine Sache von morgen; die Menschen sind darauf angewiesen, sich in ihrer Besonderheit zu verstehen... Die Differenzen verschieben und verwandeln sich; sie verschwinden nicht»[34]. Bernard-Henri Lévy, der moderne Aufklärer, versteht den kosmopolitischen Intellektuellen, dessen Lob er anstimmt, keineswegs als *déraciné*, als Entwurzelten, er weist ihm vielmehr durchaus einen «Ort», eine Heimat, sogar eine Nation an, aber das ist eine offene Nation, «eine Nation, deren Grenzen er beim bloßen Reden darüber ständig überquert, transzendiert». Der kosmopolitische Intellektuelle «hat ein Territorium, ja, aber dieses Territorium ist stets ein Aufbruchsfeld. Eine Einladung zur Reise und zum Exil. Es ist ein Ort zum Durchqueren eher als ein Ort zum sich Verwurzeln!»[35]. Der Kosmopolit ist nicht der bestimmungslose Mensch, sondern zugleich ein Bürger von Audièrne, ein Bretone, Franzose, Europäer und Mensch, dem nichts Menschliches – also auch nichts, was anders geprägt ist – fremd ist. Und der nicht auf das spezifisch kosmopolitische Parfum, um uns paradox auszudrücken, auf die kosmopolitische Besonderheit verzichtet. Kosmopolitisches Leben vollzieht sich nicht in einer kosmopolitischen Monokultur, sondern in der Bejahung der verschiedenen Lebensformen, die einander zur Anregung und Bereicherung dienen.

Die Verfechter des Vorrangs der historischen Identität hingegen gehen nicht vom Allgemeinen, sondern vom Besonderen aus. Der einzelne, die Landschaft, die Nation interessieren in ihrer Einzigartigkeit und Unverwechselbarkeit, in den Merkmalen, die sie mit anderen *nicht* teilen. Romantiker und Traditionalisten schieben die allgemeingültigen Werte beiseite im Hinblick auf die Eigenarten und das Eigenständige der historisch gewordenen Gestalten. Nationen haben ihre Identität ausgebildet als Auswirkung von Kontinuität und Dauer. Selbst Staatsverfassungen werden als Ergebnis des *«patient travail des siècles»*[36], der geduldigen Arbeit von Jahrhunderten interpretiert. Dieses Hervorheben der nationalen Identität, die Herder[37] in der Auseinandersetzung mit dem Kosmopolitismus erstmals und in bester humanistischer Absicht entwickelt hat, führt allmählich zur Aushöhlung der universalen Perspektive, die in der Aufklärung erreicht worden ist. Er wollte der Nivellierung und Uniformität entgegensteuern. Alain Finkielkraut attackiert die Folgen dieser Entwicklung: «Die schöne Idee des Volksgeistes offenbart sich bald als der gefährlichste Explosivstoff der modernen Zeit»[38]. Guy Scarpetta polemisiert gar in seinem intellektuell erregenden Buch «Lob des Kosmopolitismus»: «Die Verteidigung der ‹nationalen› Besonderheiten verschiebt sich zur Selbstbehauptung der ‹biologischen› Ungleichheiten der Nationen»[39] und drückt sich in der Diskriminierung der Fremden, Juden (wie im Dreyfusprozeß) aus, in den expansionistischen Ideen (Lebensraum), in politischer Aggressivität und Kriegsverherrlichung.

Die Katastrophe der beiden, insbesondere des Zweiten Weltkrieges hat den davon betroffenen Teil der Menschheit, die fortgeschrittenen Industriegesellschaften, vom Nationalismus nicht geheilt, wie nach Kriegsende manche gehofft und geglaubt haben. Immerhin ist ein qualitativer Unterschied festzustellen. Das selbstverständliche gute Gewissen des Selbstbehauptungs- und Selbstdurchsetzungswillens der Nationen, nach Art eines Mommsen, Treitschke, Barrès, Péguy, Maurras, d'Annunzio, Kipling; ebenso wie Mussolinis treffende und aussagestarke Devise des «*sacro* egoismo» haben ihre Kraft über die Völker eingebüßt. «Die mystische Anbetung der Nation», die Begier zahlreicher Menschen, einer starken Nation anzugehören und an ihrem Ruhm zu partizipieren, die Julien Benda in seinem Pamphlet «Der Verrat der Intellektuellen» schon 1927 diagnostizierte; der «Right or wrong – my country»-Patriotismus; die Angst vor «Entwurzelung»[40] oder der «Beschmutzung» durch fremde Art; der angestaute nationalistische Haß, heute in der Dritten Welt heimisch, haben sich in den westlichen Industrienationen im Vergleich zur Vorkriegszeit beträchtlich vermindert. Keine Regierung berühmt sich mehr erobernder Aktivitäten; expansionistisches Vorgehen wird auch von den rücksichtslos vorgehenden Großmächten verschämt als Unterstützung von «Befreiungs»bewegungen gedeutet oder als Hilfe für bedrängte legitime Regierungen, die von «terroristischen» Partisanen unter Druck gesetzt werden. Sozialistische oder demokratische Ideologien müssen herhalten, um offene Einmischungen zu rechtfertigen. Selbst irredentistische Forderungen, die noch in den 20er und 30er Jahren dieses Jahrhunderts keiner Rechtfertigung bedurften, werden nur maskiert – im Sinne von Interessenausgleich oder föderalistischer Ergänzung – vorgetragen. Orden werden (seit der 1802 von Napoleon gestifteten, häufig imitierten *légion d'honneur*) nicht nur für militärische, sondern auch und hauptsächlich für zivile Leistungen verliehen. Kein fortgeschrittenes Land traut sich noch, die Ziele der eigenen Nation als gottgewollt zu bezeichnen, der offenen Gewalt das Wort zu reden, den «fröhlichen» Krieg zu preisen. Zur Begründung der eigenen Position werden kooperative Anleihen gemacht, bemüht man sich um ein internationales Votum, mag ihm im operativen Vorgehen der Diplomaten auch nur ein nachgeordneter Stellenwert zugeschrieben werden. Dieses schlechte Gewissen der Nationalstaaten ändert nicht die Maximen der aktuellen Politik, dürfte aber auf längere Sicht einen nicht gering zu schätzenden Bewußtseinswandel auf ein den globalen Herausforderungen angepaßtes Handeln der Nationalstaaten bewirken.

Selbstkritik des Eurozentrismus

Am stärksten hat das schlechte Gewissen die westlichen Staaten bei Formulierung ihrer Dritte-Welt-Politik beeinflußt. Den ehemaligen Kolonialreichen wird die «Schuld» an ihren imperialistischen Eroberungen, der politischen und militärischen Unterdrückung, wirtschaftlichen Benachteiligung und der kulturellen Vernachlässigung der einheimischen Bevölkerung angelastet. Insbesondere die Ethnologen haben den jungen «Nationen» ihre Dignität als selbständige Nationen und Identitäten «zurück»zugeben unternommen, wobei sie den in den willkürlichen kolonialen Verwaltungsgrenzen lebenden Stämmen und Kultureinheiten den Charakter von Nationen zuschreiben, den sie erst nach der Entlassung in die Unabhängigkeit zu erwerben begonnen haben. Den imperialen Mächten wird rückblickend vor allem die «eurozentrische» Geisteshaltung zum Vorwurf gemacht. Die «Erziehung» der «Eingeborenen» habe im Namen westlicher Paradigmen und Ideale stattgefunden, die mit naiver Selbstgerechtigkeit absolut gesetzt worden seien. Am häufigsten wird ein Beispiel aus dem frankophonen Erziehungswesen Afrikas herangezogen. Die braunen und schwarzen Volksschüler mußten nach dem vom Pariser Unterrichtsministerium bestimmten Lehrbuch die Geschichte *«de nos pères* les Gaulois», unserer Väter, der Gallier memorieren. Eurozentrismus, gleichbedeutend mit ideologischem «Kolonialismus», wurde zum selbstbezichtigenden Schimpfwort der europäischen Intellektuellen, die damit vielleicht die wichtigste Eigenart der Europäer bewiesen, nämlich «die Fähigkeit, sich selbst in Frage zu stellen»[41].

Der Vorwurf des Eurozentrismus trifft natürlich insofern zu, als historische Vorgänge binneninterpretatorisch, d. h. aus ihrem eigenen Kultur- und Wertsystem untersucht werden müssen. Andererseits leben auch diese Nationen im Zeitalter der wissenschaftlich-technischen Weltzivilisation, aus dem sie nicht heraustreten können. Mehr noch, sie oder jedenfalls ihre Eliten streben – trotz Identitätssuche, Traditionspflege und Herkunftsstolz – mit aller Macht nach Angleichung an die westlichen Lebensschemata, sie wollen mit den Industrieländern gleichziehen und dadurch ihre nationale Würde finden. Diese Absicht und Bemühung in Zweifel zu ziehen im Namen lange gültiger, aber mittlerweile überholter Kulturüberlieferungen, ist unhistorisch und widerspricht dem Selbstverständnis dieser Völker. Allen Nicht-Europäern werden unter den gegebenen Umständen zwangsläufig schwere, aber nicht zu umgehende Identitätsverzichte abverlangt. Ein Maß hat Japan gesetzt, das als erstes außereuropäisches Land sich in den letzten anderthalb Jahrhunderten mit der westlichen Lebensart auseinandergesetzt und sich so viel davon angeeignet und assimiliert hat, wie ihm nützlich und verträglich schien.

Die westliche Selbstkritik – vor allem der amerikanischen Kulturanthropologie [42], französischen Ethnologie [43], deutschen Soziologie – hat ihre kulturrelativistischen Überzeugungen in gefährlicher Weise radikalisiert. In ihrem von der UNESCO geförderten Bemühen, die Rechte der Farbigen gegen die Arroganz der Weißen zu verfechten, deren Vorgehen alsbald ungeniert mit dem Rassismus der Nazis gleichgesetzt wurde, haben die Kritiker die universalen Kulturwerte aus den Augen verloren. Es geht ihnen nicht mehr darum, den wissenschaftlich-technisch entwicklungsbedürftigen Völkern auf ihrem Weg zur Modernität zu helfen, sondern umgekehrt sie in ihrem angestammten Sosein zu bestätigen. Gemäß der Volksgeistlehre wurde der *homo humanus* als spezifisch europäisches Produkt deklariert. Danach gibt es nicht die *eine* menschheitliche Kultur, die *eine* Wahrheit, die die Völker in gemeinsamer, wenn auch unkoordinierter Anstrengung, Stufe um Stufe geschaffen oder erreicht haben, sondern nur Kulturen und Wahrheiten in der Mehrzahl, «l'humanité existe au pluriel» [44]. Die Europäer sind nach dieser Vorstellung auch nur «Eingeborene ihres Kontinents». Es gibt darum keinen prinzipiellen, vielleicht nicht einmal einen graduellen Unterschied zwischen dem Aufreihen von

Muscheln auf eine Kette nach polynesischem Geschmack und dem Errichten einer romanischen Kathedrale: Beide sind Emanationen einer in sich stimmigen ethnischen Kultur. Die zeitgenössische Xenophobie entspringt nicht zuletzt diesem kulturrelativistischen Konzept, wonach jeder «ein Recht auf Anderssein» beanspruchen kann, universale Wahrheiten aber nicht existieren. «Das Wahre wird als das ‹unsere› definiert»[45].

Tatsächlich aber haben im Laufe der Menschheitsgeschichte Religionsstifter und Philosophen in immer neuen und unvollkommenen Vorstößen versucht, zu der einen allgemeingültigen Wahrheit zu gelangen. Das Dilemma dieses Versuchs bestand immer in dem Widerspruch zwischen der generalisierenden Absicht und dem jeweils individuellen, von der historischen Situation geprägten Standort des Wahrheitssuchers. So wurden jeweils unterschiedliche, nuancierte Wahrheiten gefunden, insbesondere auf moralischem Gebiet – ein Lieblingsthema der Aufklärung, die die tatsächlichen und scheinbaren Differenzen und Gemeinsamkeiten der Gottesvorstellungen (Poly-, Mono-, Pan-, Atheismus); der Sozialordnung (Heiligkeit der Monarchen, Strafrecht, Sklaverei); der Handlungsanweisungen für den Alltag (Mono-, Polygamie, Mono-, Polyandrie; Vorrang der Geschlechter, Generationsverhältnis) verglichen und untersucht hat. Trotz aller Einsicht in die Relativität der Erkenntnisse wurden Versuch und Anspruch nicht aufgegeben, der einen allgemein geltenden Wahrheit auf die Spur zu kommen. Immanuel Kant hat durch Formalisierung der bisher materiell bestimmten Imperative die allgemeinste Form der Morallehre begründet («handle so, daß die Maxime deines Willens jederzeit zugleich als Prinzip einer allgemeinen Gesetzgebung gelten könne»). Aber auch über die Gültigkeit einzelner materieller Wahrheiten bestand und besteht weitgehend Einigkeit, der immer neu angestrebte *consensus omnium*. Mitmenschliche «Liebe», der Respekt vor den Rechten des anderen, Freiheit und Gerechtigkeit werden von der Mehrzahl der Denker, Völker, Menschen als gültige Werte anerkannt.

Die radikalen Ethnozentristen weichen von diesem Weg ab. Sie begeben sich damit der Verpflichtung, die Menschen- und

Bürgerrechte auch für die Bewohner der Dritte-Welt-Staaten einzufordern. Um diesen Völkern die kulturelle Autonomie zu gewähren, gelangen sie schließlich, so ist gesagt worden, zur Rechtfertigung der Knute und Leibeigenschaft. Denn auch diese Elemente gehören zur kulturellen Tradition und Identität dieser Völker. Von den Europäern aber zu verlangen, daß sie die inhumanen Praktiken früherer Kulturstufen (grausame Körperstrafen wie Amputation von Gliedmaßen als Buße selbst für geringfügige Diebstahlsdelikte oder die sexuelle Verstümmelung der Mädchen in muslimischen Ländern) untätig geschehen lassen, widerspricht den elementarsten moralischen Imperativen.

Theoretisch stehen nationale Identität und Kosmopolitismus in einem Ergänzungsverhältnis. Es gilt das förderalistische Subsidiaritätsprinzip. Die engere Gemeinschaft übernimmt so viele Aufgaben wie möglich, die umfassendere Einheit tritt in Funktion, wenn die Kräfte der ersten überfordert sind. Der Unterschied zwischen Kosmopolitismus und nationaler Identität liegt in der Richtung, die eingeschlagen wird. Maßgeblich für Kosmopolitismus ist die abnehmende Zuordnungsintensität zur engeren Gemeinschaft hin. Die höheren Bestimmungen, Belange, Aufgaben müssen Vorrang haben. Menschheitsrecht, das sich in den Menschenrechten ausdrückt, bricht Staatsrecht wie dieses Landes- und Gemeinderecht. Die Regionalisten denken in entgegengesetzter Richtung.

Die bisherige Weltgeschichte ist von den kleineren zu den größeren Einheiten vorangeschritten, von selbständigen Familienverbänden, Sippen, Stämmen über Stadt- und Flächenstaaten zu kontinentweiten Reichen. Dieser Prozeß ist in Überlagerungen und Rückfällen verlaufen. Großreiche, die sich nicht zusammenhalten ließen, barsten; Klein- und Kleinststaaten erhielten sich als zufällige Versteinerungen älterer Zeiten. Insgesamt aber schreitet die Entwicklung – schon aus Gründen der Produktionsnotwendigkeiten, der wirtschaftlichen Arbeitsteilung, der Konsummöglichkeiten – zu umfangreicheren Bildungen hin.

Regionalismus, Lokalismus, Separatismus: die Suche nach der Identität (2)

In den letzten Jahrzehnten sind gegen- und rückläufige Tendenzen zu kleineren Gruppierungen zu registrieren, denen eigene erhaltenswerte Identitäten zugeordnet werden. Diese Rückwendung kommt in den regionalistischen und lokalistischen Bewegungen zum Ausdruck, die im gegenwärtigen Europa, auch in den Vereinigten Staaten zu beobachten sind. Die aus der Dritten Welt übernommene Devise *«small is beautiful»* macht im Westen Karriere. Heimatkultur wird Mode und äußert sich als Verlebendigung von bisher als absolut angesehenen Trachten, Bräuchen, Tänzen; in der Errichtung von Heimatmuseen; in der Pflege von Denkmälern und historischen Erinnerungen an ortsgebundene Persönlichkeiten. Mundarten werden gefördert, der Dialekt gilt nicht mehr als überholte oder verballhornte Hochsprache, sondern als Ausdrucksmittel eigener Dignität. Während noch zu Beginn dieses Jahrhunderts für weltweite Kunstsprachen (Welthilfssprachen[46]) wie Esperanto, Volapük, Mundolingue, Interlingua oder Universal geworben wurde, die den universalen Bedürfnissen der auf dem Weg zur Einheit befindlichen Menschheit angemessen wären, sucht man heute totgeglaubte oder zu baldigem Verschwinden verurteilte Idiome – Bretonisch, Okzitanisch, Friesisch – lebendig zu erhalten oder zu erneutem Leben zu bringen. Diese nostalgischen Rückblicke widersprechen dem Gang der Geschichte zu größeren Einheiten. Die Nationalsprachen sind dadurch entstanden, daß Dialekte zumindest als Schriftsprache überwunden wurden. Die Angleichung impliziert Verzicht auf das Besondere. Dieser «Verarmung» entspricht jedoch eine Bereicherung insofern, als infolge der wachsenden Mobilität mehr Menschen mit Angehörigen von mehr Nationen in Kontakt kommen, mehr Sprachen beherrschen oder verstehen. Weiter wird das Lob des Kleinstaates[47] angestimmt. Die kleinen Einheiten werden als überschaubar und menschlichem Maß angemessen gepriesen. Der einzelne kann sich in ihnen zurechtfinden, kann nach Maßgabe seiner Kräfte als freier Mensch selbstverantwortlich handeln, muß sich nicht von mächtigen Bürokratien verwalten lassen; zumindest findet eine gewisse Entlastung in dieser Hinsicht statt. Unstreitig ist, daß es sich nach der hergebrachten heimischen Art weniger angestrengt lebt. «Nur», heißt es dagegen in einem Aufsatz der Neuen Zürcher Zeitung, «investieren wir übermäßig viel Kraft, um unsere Eigenarten und Besonderheiten nach rückwärts abzusichern»[48].

Ob man diese Rückwendung zum Kleinen nun als notwendige Kompensation des modernen Gigantismus lobt oder als romantische Flucht in die Vergangenheit verurteilt, in jedem Fall handelt es sich um eine bewußt oder unbewußt retrograde Bewegung. Aus der Weltgesellschaft der Aufklärung drohen wir in eine Gesellschaft der zerfallenden kleinen Einheiten zurückzufallen. Dabei ist dieser Gegensatz, der gegenwärtig die Gemüter erregt, eigentlich irrelevant. Denn kulturelle Vielfalt und politisch-wirtschaftliche Einheit sind, wie gesagt, durchaus vereinbar.

In jüngster Zeit haben vor allem französische Schriftsteller (Pascal Bruckner, Bernard-Henri Lévy, Alain Finkielkraut) auf den dubiosen Charakter des Kampfes um ‹Verwurzelung›, ‹Heimatbindung›, ‹Wiegenort› mit allen dazugehörigen Archaismen, kulturellen Provinzialismen und «Verweigerungen einer internationalen Auseinandersetzung» hingewiesen. Guy Scarpetta, der seinem Buch keinen anderen Zweck zuschreibt, als «der stummen Komplizenschaft der Nationalismen, Heimatverwurzelungen und Mikrochauvinismen Widerstand entgegenzusetzen»[49], diagnostiziert aus der Optik des Kosmopoliten, daß diese Bewegungen «... alles andere als harmlos» sind. Im gleichen Sinn zitiert Finkielkraut in seinem brillanten Essay *«La défaite de la pensée»* zustimmend den polnischen Romancier und Essayisten Gombrowicz mit der Überlegung: «Ist ein Franzose, der außerhalb Frankreichs nichts wahrnimmt, mehr Franzose oder weniger Franzose?» Nein. «In Wahrheit bedeutet Franzose sein gerade noch anderes wahrnehmen als Frankreich.» Finkielkraut entdeckt in dieser kosmopolitischen Offenheit den Reiz, den «Frankreich lange Zeit hindurch auf Fremde ausgeübt hat, die aus ihrem Land infolge der haßerfüllten Dummheit der Volksgeist-Anhänger vertrieben worden sind»[50]. Diese kosmopolitische Offenheit ist gegenwärtig vom Geist chauvinistischer Enge bedroht.

Natürlich sind Heimat- und Folklorebewegungen nicht generell zu verwerfen. Rechtfertigen läßt sich der störrische Stolz des Bauern auf sein Dorf, wenn er für die Errichtung eines Heimatmuseums eintritt und es sich dabei um Nachholbedarf an kultureller Betätigung handelt. Das Recht auf die eigene Besonderheit, also das Recht, anders als die anderen zu sein, gehört zum unbestrittenen Bestand einer liberalen und humanistischen Lebenskultur. Legitim sind auch andere Formen von Regionalismus, etwa Kooperationsgemeinschaften von Gebietskörperschaften wie Euregio (niederländische und deutsche Kommunen), Arge-Alp (österreichische, schweizer, deutsche und italienische Provinzen), die für gemeinsame praktische Probleme der Ökologie und des Tourismus (Flora und Sicherheit der Skigebiete) Lösungen suchen.

Verständlich ist auch die Suche nach nationaler und regionaler Identität aus Angst vor Standardisierung und Uniformisierung des Lebens – vorausgesetzt immer, daß damit nicht der Verlust des Allgemeinen einhergeht. Die Vereinheitlichung der äußeren Lebensvollzüge ist in der Industriewelt unabdingbar. Die Einheit von Maßen und Gewichten ist eine frühe Leistung des souveränen Staates. Mit den weltweiten Industrienormen, vereinheitlichten Verkehrsregeln und -zeichen usw. setzt sich die Rationalisierungstendenz fort. Die Kehrseite dieser Entwicklung besteht in der Standardisierung der Lebensstile auf dem niedrigsten gemeinsamen Nenner, wogegen interessanterweise sozialistische Politiker (Jack Lang, Melina Mercouri) polemisiert haben. Im Namen der vielfältigen europäischen Identität haben sie die Coca-Cola-Kultur und die McDonaldisierung als Ausdruck des ausschließlich kommerziell-materialistisch motivierten Amerikanismus attackiert. Stein des Anstoßes ist hier jedoch nicht die Vereinheitlichung, sondern die Verflachung – etwa der vorgestanzten, individueller Inspiration ermangelnden Hollywood-Schemata.

Zukunftshoffnungen und Zukunftsängste

In der immer komplexer werdenden Welt der Gegenwart wirken universale und partikulare Motive, globale und regionale Elemente, kosmopolitische und antikosmopolitische Ideen unverbunden nebeneinander, oft ohne daß es die Betroffenen bemerken. Die jeweils größere Einheit wird als Verheißung oder als Bedrohung, als Wunsch- oder Schreckbild erlebt. Eine vereinigte Menschheit als Endziel, das freilich noch kaum vorgestellt wird, bedeutet für die einen die Hoffnung und einzige Möglichkeit, die Ära der Kriege und gewalttätigen Konflikte zu beenden; für die anderen ist damit die Heraufkunft eines Zwangsstaates anvisiert, der nicht nur die lokalen und regionalen Besonderheiten in sich aufsaugen, sondern die Freiheit vernichten würde, die aus der Vielfalt stammt und die den eigentlichen Erfolg der Geschichte der Menschheit darstellt.

Optimisten und Pessimisten stilisieren den Gang der Geschichte je nachdem auf ein gutes oder böses Ende hin, entdecken einen positiven oder negativen Fortschritt, der zu höheren Qualitäten des Menschseins oder zum Untergang des Menschengeschlechts hinführt. Der «Club of Rome» ließ den Menschen des 21. Jahrhunderts, wie in ironischer Verkürzung gesagt wurde, nur die Wahl, zu verhungern, zu verdursten, vergiftet zu werden oder wegen Übervölkerung einander totzudrücken. Der Genueser Professor und ENEA-Präsident Umberto Colombo hingegen behauptet: «Die Welt von heute ist für *alle* (meine Unterstreichung; P. C.) Bewohner eine bei weitem lebenswertere Welt als in irgendeiner anderen Zeit der Vergangenheit. Es hat nie ein verlorenes goldenes Zeitalter gegeben, und wenn es so etwas überhaupt geben kann, dann liegt es noch vor uns. In Wirklichkeit geben uns Wissenschaft und Technologie neue Hoffnung»[51].

Nun leben wir gegenwärtig in einer interdependenten, technisch und wirtschaftlich vereinheitlichten, aber politisch unzureichend geordneten Welt; es fehlen allgemein verbindliche Regeln des Miteinander-Seins und Miteinander-Auskommens. Neue kraftvolle universale Ideen, Visionen für einen zivilisierten Umgang der Staaten sind kaum auszumachen. Die Vorschläge, die seit einem halben Jahrhundert in diese Richtung zielen, sind von sonderbarer Blaßheit, konturlos, ohne Ausstrahlung. So die von Rosika Schwimmer 1937 initiierte *«International Campaign for World Government»*, deren Ziel nach kommunistischer Lesart darin bestand, die UNO zu einem Weltherrschaftsmechanismus ... für amerikanische Weltherrschaftspläne umzufunktionieren und die sie zugleich als internationale Herrschaft des Rechts (*Rule of Law*) mystifizieren sollte[52]. So Clarence Streits *«Union now»*-Bewegung[53], die während des Zweiten Weltkrieges insbesondere in der amerikanischen Jugend viele Anhänger fand, nach Gründung der Vereinten Nationen aber in Vergessenheit geriet. So Wendell Willkies *«One World»*-Konzept[54], das wegen des einprägsamen Titels internationale Aufmerksamkeit erregte, aber keine eigenen Ideen enthielt, sondern nur der Vorbereitung der Präsidentschaftskandidatur des Verfassers diente. So des Nobelpreisträgers Noel Baker «Programm für internationale Abrüstung». So Gunnar Myrdals Plädoyer zur Beseitigung der Armut in der Dritten Welt[55]. So die heutige *«New-age»*-Bewegung, die das kartesianisch-newtonsche Zeitalter der rationalen, kalkulierbaren Welterkenntnis für beendet erklärt und in verflachter Fortführung von Teilhard de Chardins Gedanken mystische Einsichten und Erkenntnisse der modernen Naturwissenschaften, verbunden mit sektiererischen Heilsideen («letzte Chance der Menschheit»), entwickelt und als Bestseller vermarktet. All diese Ideen blieben wirkungslos.

Gegenwärtig stellt sich den Menschen und Staaten, den Regierungen und Denkern erstmals die Aufgabe, in praktischer politischer Arbeit eine universale Organisierung der Menschheit, «die harte Arbeit am Weltfrieden, der nicht ferner vor uns liegt als der so viel berufene Weltuntergang», ins Auge zu fassen, wobei zu betonen ist, daß der Weltfrieden nicht als paradiesischer Zustand der Konfliktlosigkeit, sondern als stetige, unendliche Aufgabe, vielleicht ein unendlicher Prozeß zu verstehen ist. «Diese Aufgabe aber, eine Theorie der Politik als *Welt*politik darzustellen – so wie Aristoteles die Theorie der ‹Politik› als Staatspolitik dargestellt hat, wird ein politischer Klassiker der Zukunft in Angriff zu nehmen haben: ein ‹*kosmo*politischer› Klassiker» [56]. Eine wichtige Voraussetzung dieses Prozesses der Universalisierung der Weltbezüge, die in diesem Buch an Hand des Begriffs Kosmopolitismus thematisiert worden sind, ist ein neuer Schritt der Bewußtseinserhellung. Es gilt – angesichts wieder modern gewordener Irrationalismen – die herkömmliche Vorstellung zu destruieren, daß metaphysische Zwänge das Menschengeschlecht zur ewigen, Gewalt erzeugenden Entzweiung verdammen. Es gilt, mit allen Mitteln moderner Aufklärungsarbeit den Völkern der Welt zu verdeutlichen, daß Krieg weder ein taugliches noch ein notwendiges Mittel zur Erreichung politischer und weltgestalterischer Ziele ist. Im Laufe der bisherigen Geschichte haben Könige und Philosophen den Krieg immer wieder als Folge von oder Strafe für menschliche Verfehlungen erklärt. Hier wurde ein Geschlechterfluch, da die Erbsünde, dort das «Tragische», die «gebrechliche Einrichtung der Welt» [57] oder heute die natürliche Aggressivität des Menschen als Grund für die angebliche Unvermeidlichkeit gewaltsamer Auseinandersetzungen zwischen Menschen und Völkern herangezogen. Auch Gott ist für diesen Mißstand verantwortlich gemacht oder in Theodizeen gerechtfertigt worden. Diese Theorien müssen als zeitbedingt verstanden und relativiert werden. Diese Aufgabe ist unauflöslich verbunden mit der Verdeutlichung des Ziels, daß die Menschheit weiterhin in Frieden auf dem Weg zu größeren Einheiten voranschreitet. Dazu bedarf es Souveränitätsverzichte und föderaler Lösungen, durch die gefährliche Machtzusammenballungen vermieden werden.

1 Barbara Ward, Five Ideas that Change the World. The Aggrey-Fraser-Guggisberg Lectures. London 1959. S. 115.

2 Ernst Tugendhat, Überlegungen zum Dritten Weltkrieg. Die Zeit, 27. November 1987. S. 76f.

3 Maurice Barrès, Mes Cahiers, Band 2. S. 86. Band 1, S. 88: «La vérité, les vérités il n'y a pas. Il y en a une pour chaque homme».

4 Philip Lenard, Deutsche Physik. Vier Bände. München 1936.

5 Frantz Fanon, Les damnés de la terre. Paris 1961.

6 Auch in früheren Zeiten ist der Begriff gelegentlich übersehen oder nur beiläufig erläutert worden. Das Dictionarium universale latino-gallicum, Paris 1721, beispielsweise, weist unter «Cosmopolis» nur auf die so bezeichnete Stadt Porto Ferraio auf Elba hin.

7 Pipers Wörterbuch zur Politik, hg. von Dieter Nohlen. 6 Bände. München 1985f.

8 Geschichtliche Grundbegriffe. Historisches Lexikon zur politisch-sozialen Sprache in Deutschland. Hg. von Otto Brunner, Werner Conze, Reinhart Koselleck. Stuttgart 1972.

9 Zit. von Wolf Lepenies, Das Ende der Aufklärung? Vom Enthusiasmus zur Skepsis in Technik und Wissenschaft. Gedenkschrift zu Ehren von Peter v. Siemens, 9. Oktober 1986. Bayrische Akademie der Wissenschaften. München. S. 24.

10 Wolf Lepenies, Das Ende der Aufklärung? Vom Enthusiasmus zur Skepsis in Technik und Wissenschaft. Gedenkschrift zu Ehren von Peter v. Siemens, 9. Oktober 1986. Bayrische Akademie der Wissenschaften. München, S. 25.

11 André Glucksmann, Die Pest von Tschernobyl. Frankfurter Allgemeine Zeitung, 20. Juni 1986. S. 25.

12 Theodore H. von Laue, Die Ausbreitung der «westlichen» Kultur als Weltrevolution betrachtet. Beiträge zur Konfliktforschung. 2/1987. S. 5–26.

13 Christoph Meinel, Nationalismus und Internationalismus in der Chemie des 19. Jahrhunderts. In: Perspektiven der Pharmaziegeschichte. Festschrift für Rudolf Schmitz zum 65. Geburtstag. Hg. von Peter Dilg. Graz 1983. S. 226.

14 Gerd Bracher, Grenzenlose Welt der Medien. Europäische Rundschau Wien, 1985. Heft 3. S. 10.

15 Prof. Heribert Meffert, Internationale Marktkommunikation im Spannungsfeld zwischen globalem Wettbewerbsdruck und nationalen Bedürfnissen. Neue Zürcher Zeitung, 2. Dezember 1986.

16 Vgl. Bernardin de Saint-Pierre, Harmonies de la nature (1815), livre II, anim: «De tous les genres d'êtres organisés, le genre des insectes est le seule cosmopolite».

17 Peter Coulmas, Der Fluch der Freiheit. Oldenburg, Hamburg 1963. S. 185f.

18 Der Titan Uranos, der Himmelsgott, stieß aus Haß seine Kinder gleich nach der Geburt in die Tiefe der Erde (Gaia) zurück und wurde als Reaktion darauf mit Hilfe der Gaia von Kronos, dem Gott der Zeit, entmannt.

19 Edgar Morin, Pour sortir du vingtième siècle. Paris 1981. S. 350.

20 D. F. Kattenbusch, Vaterlandsliebe und Weltbürgertum. Theologische Studien 1914, Hallensische Rektoratsrede, 12. Juli 1913, S. 417.

21 Victor Hugo, Eröffnungsrede auf dem ersten internationalen Friedenskongreß 1848.

22 Romain Rolland, Les poètes contre la guerre. Anthologie. Vorwort. Genf 1920.

23 Nach einer Umfrage von Sofres (Juli 1986) haben 68% der Befragten auf die Aufforderung «définissez-vous» an erster Stelle nicht Geschlecht, Alter, Beruf, Aussehen, gesellschaftliche Stellung, Erfolg oder sonst ein Kriterium, sondern einfach den Umstand «je suis Français» geantwortet.
24 The Economist, Xenophobic Banking. 21. November 1987. S. 18.
25 Le Pen, Le Monde, 20. 9. 1988, S. 8.
26 Charles Dédeyan, Le Cosmopolitisme Européen sous la Révolution et l'Empire. Band 1. Paris 1976. S. 76.
27 Friedrich Schiller, Ode an die Freude. Horenausgabe. Band 19. S. 62.
28 Great Soviet Encyclopedia. A Translation of the Third Edition. New York 1966/1972. Vol. 10. S. 341.
29 D. F. Kattenbusch, Vaterlandsliebe und Weltbürgertum, Theologische Studien 1914, Hallensische Rektoratsrede, 12. Juli 1913. S. 395.
30 Geschichtliche Grundbegriffe. Historisches Lexikon zur politisch-sozialen Sprache in Deutschland. Hg. von Otto Brunner, Werner Conze, Reinhart Koselleck. Stuttgart 1972. Artikel Antisemitismus, Band 1. S. 144.
31 Ernest Renan, Qu'est-ce qu'une nation? In: Œuvres Complètes, Band 1. Paris 1947. S. 904.
32 Alain Finkielkraut. La défaite de la pensée. Paris 1987. S. 114.
33 Dominique Schnapper, Unité nationale et particularismes culturels. Commentaires, Paris. Été 1987. Nr. 38. S. 361. – Vgl. auch La Mosaique France – Histoire des étrangers et de l'immigration en France», sous la direction d'Yves Lequin. Paris 1988.
34 Tzvetan Todorov, Nous et les Autres. La réflexion française sur la diversité humaine. Paris 1989. S. 93.
35 Bernard-Henri Lévy, Éloge des Intellectuels. Paris 1987. S. XX.
36 Joseph de Maistre, Œuvres complètes, Band I. Lyon 1884. S. 75.
37 Johann Gottfried Herder, Sämtliche Werke, hg. von Barnhard Suphan. Berlin 1881. Auch eine Philosophie der Geschichte. Band 5. S. 510. «Das Vorurtheil ist *gut*, zu seiner Zeit; denn es macht *glücklich*. Es drängt Völker zu ihrem Mittelpunkte zusammen, macht sie fester auf ihrem Stamme, blühender in ihrer Art, brünstiger und also auch glücklicher in ihren Neigungen und Zwecken.»
38 Alain Finkielkraut, La défaite de la pensée. Paris 1987. S. 57.
39 Guy Scarpetta, Éloge du cosmopolitisme. Paris 1981. S. 19.
40 Maurice Barrès, Les Déracinés. «Le Roman de l'Énergie nationale». Paris 1898.
41 Leszek Kolakowski, Wo sind die Barbaren? Ein Lob des Eurozentrismus. In: Der Monat 272. Oktober 1980. S. 73f.
42 Schon vor einem halben Jahrhundert urteilte Melvin M. Knight (Artikel «Backward Countries», in: Encyclopedia of the Social Sciences. New York 1931): «No people are backward in the context of their own culture.»
43 Claude Lévi-Strauss, der das «wichtigste, wenn nicht einzige Ziel der Ethnologie» darin sieht, «die Differenzen der Kulturen zu analysieren und zu interpretieren» (Anthropologie structurale, 19), nennt es absurd, eine Kul-

tur als der anderen überlegen zu bezeichnen (S. 413) und schreibt: «Keine Gesellschaft ist von Grund auf gut; aber auch keine ist absolut schlecht; alle bieten ihren Mitgliedern angesichts eines überall einigermaßen konstanten Maßes an Ungerechtigkeit gewisse Vorteile» (Tristes Tropiques, S. 347).

44 Alain Finkielkraut, La défaite de la pensée. Paris 1987, S. 72.

45 Tzvetan Todorov, Nous et les Autres. La réflexion française sur la diversité humaine. Paris 1989. S. 23.

46 Vgl. Sowjetsystem und demokratische Gesellschaft. Eine vergleichende Enzyklopädie. Freiburg, Berlin, Wien 1969. Band 3. S. 284: «Mit der Entwicklung einer proletarischen Weltsprache neben den Kultursprachen würde der Nationalstaat entbehrlich werden: ‹Sind wir aber einmal so weit, ... dann ist auch die Grundlage gegeben zum allmählichen Zurücktreten und völligen Verschwinden zunächst der Sprachen kleinerer Nationen; zur schließlichen Zusammenfassung der gesamten Kulturmenschheit in *einer* Sprache und *einer* Nationalität.› (Kautsky, 1908, S. 17)».

47 Gerd-Klaus Kaltenbrunner (Hg.), Lob des Kleinstaates. Vom Sinn überschaubarer Lebensräume. Freiburg/B. 1979. S. 133–143.

48 Iso Camartin, Vermessenes Zuhause. Zwischen Heimatgefühl und Kosmopolitismus. Neue Zürcher Zeitung. 11/12. Januar 1987.

49 Guy Scarpetta, Éloge du cosmopolitisme. Paris 1981. S. 18f.

50 Alain Finkielkraut, La défaite de la pensée. Paris 1987. S. 125.

51 Umberto Colombo, Technologie und die Globalisierung der Weltwirtschaft. Europäische Rundschau 1987, Heft 4. S. 20. – Vgl. dazu: Gunther S. Stent, The Coming of the Golden Age. A View of the End of Progress. Published for The American Museum of Natural History. New York 1969. Der Molekularbiologe Stent ist auf Grund einer Analyse der modernen Wissenschaften, von denen mehrere ausgeforscht sind (z. B. die Geographie), der modernen bildenden Künste und der Musik zu der Überzeugung gekommen, daß die gesamte Menschheit in absehbarer Zeit durch Wissenschaft und Technologie zu einem Wohlstand gekommen sein wird, der den Kampf der Mächte, ähnlich wie schon Marx annahm, überflüssig machen wird. Eine Minorität von *uncommon men*, die die Wissenschaft voranbringen und die Maschinen bedienen, werden einer Mehrzahl von *common men* gegenüberstehen, die die Untätigkeit – nach dem Vorbild der Polynesier – nicht als drückende Langeweile, sondern als Glück empfinden werden. In den USA sind solche Überlegungen – anders als in Europa und insbesondere in der Bundesrepublik – Gegenstand ernster Betrachtungen.

52 Roland Meister, Ideen vom Weltstaat und der Weltgemeinschaft im Wandel imperialistischer Herrschaftsstrategien. Berlin (Ost) 1973. S. 38.

53 Clarence Kirchman Streit, Union now with Britain. New York 1941; derselbe, Union now, a proposal for an Atlantic federal Union of the free nations. New York 1949.

54 Wendell Willkie, One World. New York 1943.

55 Gunnar Myrdal, The Challenge of World Poverty. A world anti-poverty program in outline. New York 1970.

56 Dolf Sternberger, Was ist ein politischer Klassiker? Vortrag Wolfenbüttel, 5. Mai 1988.

57 Heinrich v. Kleist, Die Marquise von O..., hg. von Erich Schmidt. Leipzig und Wien o. J. S. 294.

Namenregister

Die vorliegende Weltgeschichte der Idee «Kosmopolitismus» zitiert Hunderte von Werken aus Dutzenden von Sprachen. Der Wortlaut von Zitaten ist natürlich sakrosankt. Das gilt auch für die Orthographie. Unvermeidlich tauchen daher manche Personennamen in divergierenden Schreibweisen auf, als Beispiel: Kolumbus, Columbus, Colombo, Colón. Gerade in einem Buch über Kosmopolitismus wäre es provinziell, die multikulturelle Vielfalt der Schreibweisen stur auf nur eine einzige Norm zurechtzustutzen. Bei der Erstellung des Registers haben wir uns im Interesse der Benutzer pragmatisch für die geläufigste und folglich wohl am ehesten nachgeschlagene Schreibung entschieden.

Thomas Gebhardt
Christiane Detje
Patrick Ganser

Über den Autor

Peter Coulmas, 1914 als Sohn griechischer Eltern in Dresden geboren, ist mit Griechisch als Muttersprache, aber Deutsch als Sprache seines journalistischen und schriftstellerischen Ausdrucks aufgewachsen. Er studierte, promovierte und habilitierte sich in Hamburg. Als einer der bekanntesten deutschen Rundfunkkorrespondenten ist er auf allen Kontinenten herumgekommen, hat Jahre in Frankreich, England, den USA gelebt. Trotz geistiger Identifikation mit Deutschland hat er sich nie voll in Lebensduktus, Geschmack und elementaren Wertvorstellungen, zu denen das Kosmopolitische gehört, dem Deutschsein zugehörig gefühlt.

Nationale Verwurzelungen zu entbehren empfindet er als Vorzug, nicht als Mangel. Als Weltbürger fühlt er sich in Paris, Rom oder London mehr zu Hause als in Detmold, Orléans oder Larissa. Den engherzigen Provinzialismus findet er so ärgerlich wie die neuentdeckte Liebe zu Dialekten; der Ersatzpatriotismus der Fußball- oder Tennisfans erscheint ihm als schlicht vulgär; für den «Right or wrong – my country»-Nationalismus hegt er keine Sympathie. Überzeugt, daß sich die Tendenz zum Universalen fortsetzen wird, hofft er, daß die künftige Welt auch in der Lebensführung der Menschen kosmopolitisch sein wird.

Dietrich Dörner

Die Logik des Mißlingens

Strategisches Denken in komplexen Situationen

320 Seiten mit zahlreichen Grafiken. Gebunden

Professor Dietrich Dörner ist bekannt durch seine ideenreichen und hochaktuellen Forschungen über Denken, Planen und Informationsverarbeitung beim Problemlösen vor allem in realitätsnahen, also ziemlich komplexen Situationen. Zusammen mit seinem Team an der Universität Bamberg kann Dörner auf einen reichen Fundus von empirischen Resultaten zurückgreifen, um den Zusammenhang von Denken, Fühlen und Wollen bei der Lösung komplizierter Probleme aufzuhellen.

«Wir berichten über die Ergebnisse von Experimenten, die wir unternommen haben, um die Merkmale menschlichen Planens und Entscheidens in komplexen Situationen festzustellen. Wir haben uns bei diesen Experimenten einer spezifischen Methode bedient: Die Computertechnik bietet die Möglichkeit, komplizierte Realitäten zu *simulieren.*

Dabei fanden wir heraus, daß nicht die großen Fehler, auch nicht moralische Defekte, nicht Dummheit, Faulheit oder Bosheit und kein rücksichtsloser Wille zur Macht schuld daran sind, wenn etwas schiefgeht. Viele kleine Fehler im Denken und Handeln, zum Beispiel verursacht durch die Unzulänglichkeiten des menschlichen Kurzzeitgedächtnisses, addieren sich unbemerkt, bis die Katastrophe eintritt. Alltägliches und allzumenschliches Versagen unseres Planens in schwer durchschaubaren Situationen, wie das Leben sie ständig neu bietet – das ist die Logik des Mißlingens.» (Dietrich Dörner)

«Originelle Wissenschaft kann sich durch Verschiedenes auszeichnen: durch originelle Fragestellungen, Methoden, Konzepte oder Begriffsbildungen; im glücklichsten Fall durch dies alles zusammen. Bei der ‹Logik des Mißlingens› ist ein solcher Glücksfall gelungen.»

Michael Maar, FAZ

Rowohlt

Julian Jaynes

Der Ursprung des Bewußtseins durch den Zusammenbruch der bikameralen Psyche

Deutsch von Kurt Neff

560 Seiten mit zahlreichen Abbildungen. Gebunden

«Lassen Sie sich nicht abschrecken von dem akademisch klingenden Titel dieses Buches», schrieb die *New York Times* bei Erscheinen von *The Origin of Consciousness in the Breakdown of the Bicameral Mind.* «Die Sprache ist immer klar und verständlich, häufig sogar von poetischer Schönheit und Kraft.»

Eines der originellsten und aufregendsten Bücher unserer Zeit durchdringt die für uns moderne Menschen als naturgegeben erscheinenden Schichten des Bewußtseins, bis sich in einer Entfernung von drei Jahrtausenden der vor-bewußte Frühmensch des bikameralen Anfangs aller Kulturen und Religionen entdecken läßt.

Das angesehene Renzensionsorgan *Kirkus Review* urteilte: «Die Urknall-Theorie des Bewußtseins, packend vorgetragen, von beeindrukkender Gelehrsamkeit und Akribie, schneidend in ihrer Kritik älterer Hypothesen, mit interessanten Darlegungen über Hypnose, Schizophrenie, Weissagung und über das Wesen des Schöpferischen bei Dichtern und Künstlern.»

Rowohlt

Christian Graf von Krockow

Die Deutschen in ihrem Jahrhundert
1890–1990

544 Seiten. Gebunden

Christian Graf von Krockows große Studie über die Deutschen ist das Ergebnis seiner jahrzehntelangen wissenschaftlichen und publizistischen Auseinandersetzung mit den Hoffnungen und Ängsten, den Schwächen und Stärken unserer Nation. Es ist eine der aufregendsten Antworten unserer Zeit auf die immer neue und doch so alte deutsche Frage: Wer sind wir?

«Christian Graf von Krockow verfügt über eine stupende Literaturkenntnis und versteht es, seine zum Teil sehr komplexen theoretischen Deutungen mit Beobachtungen aus dem jeweiligen Alltag so zu verbinden, daß die Lektüre uneingeschränkten Genuß bereitet.»

Stephan Wehowsky, Süddeutsche Zeitung

«Hier ist ein Buch entstanden, das bei diesem vorgegebenen Inhalt nicht heiter sein kann und das zu lesen dennoch ein Vergnügen ist für jeden, der Nachdenklichkeit für nützlich hält, der Selbstfindung und Selbsterkenntnis sucht, aber auch für jeden, der gern schlimme Geschichten in gutem Deutsch liest. Es sollte Lieblingslektüre in den Oberklassen der Gymnasien und unter den Erstsemestern der Geschichtsstudenten werden. Wer auch immer wissen möchte, wie wir dorthin gekommen sind, wo wir uns heute befinden, kann schwerlich Besseres tun, als dieses Buch zu lesen.»

Rudolf Walter Leonhardt, Die Zeit

Rowohlt